어머니의 숨결 Ⅱ

김선희 회상록

어머니의 숨결 Ⅱ
| 어머니는 神人출현을 예고했다 |

글쓴이 김 선 희

도서출판 신정

작가의 말

내가
부모님 공경하고
사노라면
바로 그것이
나의 미래
모습이 될 것이다.

차례

작가의 말 / 5

제3장

불어온 불운(不運)은 패키지 수준이다 ················ 11
또 다시 시작된 휠체어와의 행군 ···················· 13
피투성이가 되어 집에 들어온 아들을 보고 나는 경악한다 ········ 23
이 또한 지나가리라 ···························· 27
나는 막내 여동생과 처음으로 진솔한 이야기를 한다 ············ 34
나는 또 다시 개금병원으로 해운대병원으로 두 사람을 따로 따로
　　입원 시킨다 ····························· 59
드디어 남편 암 수술을 한다 ························ 68
또 다른 시련이 나를 기다리고 있었다 ·················· 97
저는 이제 정말로 저희 어머님 전담반이 되었다 ············· 144
길고 긴 45일간의 고달픈 여정이 끝났다 ················· 172
너무 무리한 수를 두지 않았나? ····················· 210

제4장

나의 좌우명(座右銘)은 100전 99패 1승이다 ·· 329
참으로 다사다난했던 한해가 저물어 간다 ·· 359
이제 남편 항문 복원 수술 할 날짜가 되었다 ··· 375
어머님 숨소리가 예사롭지 않다 ·· 404
아마 길고 긴 터널을 빠져 나오는 마음이 바로 이런 마음 일 것이다 ······· 417
어떤 강한 힘에 쓰러진 특별한 경험을 한다 ·· 425
이젠 완연한 봄이다 ·· 433

제3장

불어온 불운(不運)은 패키지 수준이다

   성품이 남들에 비해 깔끔하시고 까다로우시고 유별나심이 메가톤급인 저희 어머니가 더러는 나도 불감당(不堪當)일 때가 있다. 이렇게 유별나신 우리 엄마를 그 누가 받들 것이며 며느리인들 감당 하겠는가? 싶은 생각에 나는 암 환자가 되어버린 남편을 뒷전으로 하고 어머님에게 이렇게 일념을 하고 있는 이유다. 나는 분명 두 환자를 감당 할 수가 있을 것 같다. 왜냐 하면 남편은 아직 젊어 혼자 할 수 있는 일들이 많아 제가 옆에서 약간의 보조만 해주면 되고 식사는 같은 공간에 있으니 같이 먹으면 되는 것이기에 두 환자 돌보는 것은 그다지 큰 문제는 아닐 것이라 생각한다. 저의 행동을 못 마땅히 여긴 남편이 지 성질을 못 이겨 스스로를 힘들게 할뿐 나는 이 상황을 지혜롭게 풀어 갈 준비는 되어 있다. 중간 중간 예상치 못하게 남편이 나에게 정신적으로 힘들게 하지 않는 이상 나는 이 고비 또한 이겨낼 수 있을 것이라 생각한다.

   남편은 엄마만 챙기고 있다고 너무 불만이 많았고 신경질적으로 살다 보니 이상하게 이런 사고가 생겨서 남편과 자연스럽게 떨어져 있게 되었으니 이것이 바로 조화가 아닐까? 라는 생각이 든 부분이다. 남편은 암 환자가 된 자기만 살펴주기를 바랄 때가 많다. 그 부분이 제일 제게는 불편한 일이었다. 저는 어머님 눈치를 더 보았던 이유이기도 하다. 하늘은 불평불만(不平不滿)이 많은 남편을 오히려 마누라 보살핌을 더 못 받게 만든 사례가 이런 경우가 아닐까? 싶은 생각이 문득 든다. 이번 사고 때문에 오히려 마누라 보살핌을 받지 못하게 된 사연이다. 이번 일을 겪고 깨달은 것이 있다면 세상은 그냥 흘러가고 있는 것 같아도 하늘은 상벌(賞罰)을 분명하게 구분지어 주신다는 것을 깨달은 것이다. 옛말을 빌리자면 적덕지가(積德之家)필유여경(必有如慶)이라고 하는 의미는 덕(德)을 쌓으면 반듯이 경사스러운 일이 생긴다는 뜻이고 죄를 지으면 분명 죄 값을 치르게 되는 것이라는 것을 알게 된 사례다. 이 뜻을 해석해보자면 하늘은 착한 일에는 반듯이 상(賞)을 준다는 것이고 죄는 꼭 죄 값을 치르게 된다는 뜻이다. 즉 정의(正義)에 목적(目的)을 상선 벌악(賞善 罰惡)으로 정(定)할 때는 분명 악(惡)을 행(行)할 땐 분명 벌(罰)이 수반 된다는 의미다. 세상만사를 볼라치면 악을 행하는 사람은 결말이 좋은 사례가 없던 이유고 불평과 시비로 사는 사람 또한 결국 자기 자신에게 돌아오는 인과관계(因果關係)의 법칙이 적용되어 결과는 좋은 결실을 맺지 못한다는 의미가 될 것이다. 죄(罪)는 짖는 데로 가고 덕(德)은 쌓은 데로 가는 것이 우주에 법칙이라는 뜻이다. 자신의 발자취가 타인(他人)에게는 이정표가 되므로 본인 발자취를 조심스럽게 걸어가라는 의미(意味)다. 대표적으로 서산대사 설법(說法)중 답설야중거(踏雪野中去)가 그 의미(意味)를 잘 내포한 내용이라 여긴다. 즉 답설야중거(踏雪野中去) 눈 내리는 들판을 걸을 때에는 불수호란행(不須胡亂行)… 그 발걸음을 어지러이 걷지 마라. 금일아행적(今日我行跡)오늘 걸어가는 나의 발자국이 수작후인정(遂作後人程) 뒤에 오는 사람의 이정표(里程標)가 되리라. 라는 서산대사 설법처럼 우리는 무심코 행하는 잘못된 행동들은 타인에게 악(惡)영향을 줄 수 있다는 사실을 잊지 말라는 의미다. 그 누군가는 저에게 시대에 뒤 떨어진 사고방식의 생각이라고 말을 한다. 각자의 생각이 다르고 추구하는 목표가 다르고 지향하는 목적이 달라 그렇게 말하는 사람도 더러는 있을 것이라 이해는 한다. 제 생각은 저의 작은 행동 하나 하나가 훗날 최소한 저희 아이들 이정표가 될 것이라 믿는다. 저희 아이들 인생길에 더러는 분명 좋은 방향으로 반영이 될 수도 있다. 라는 생각도 한다. 제가 걸어온 길이 비록 험난한 인생길이라 할지라도 꾀부리지 않고 고달파도 원칙(原則)을 지켜나가는 이유이며 나부터서 우선 먼저 남을 배려하는 것이다. 제 생각은 확고(確固)하게 사람의 도리가 근본(根本)이 되어야 한다고 주장하는 사람 중에 한 사람이다. 도리의 범위(範圍)가 광범위(廣範圍)하여 성인군자(聖人君子)도 도리를 다 행(行)하며 살지는 못 했을 거라는 생각을 한다. 저만이라도 도리(道理)를 벗어나서 사는 삶이란 큰 의미가 없을 것이라 생각한다. 따로 도리라는 개념을 목적에 두고 행 하지는 않았다. 목적이 있든 없든 상관없이 그저 삶 자체가 도(道)를 기초로 삼았기에 저는 평상심이 도(道)라 여겼던 이유다. 저는 도(道)가 산속에 있는 것이 아니고 우리네 삶 속에 진정(眞正)한 도(道)가 있다는 사실을 깨달은 것이다. 사회성 부족한 저의 짧은 소견이지만 세간(世間)을 떠나 산속으로 도(道)를 찾아 떠나신 분은 자신(自身)의 수양(修養)과 수련(修練)을 위함이지 도(道)를 행(行)하고자 하는 마음과는 불일치(不一致) 하지 않겠나 하는 생각도 있다. 저의 개인적인 짧은 생각 일뿐 주장(主張)하지는 않을 것이다.

또 다시 시작된 휠체어와의 행군

저는 어제 남편에게 밤에 들리겠다고 하였는데 그 약속을 지키지 못했기에 미안한 마음이 있어 남편이 있는 병원으로 일찍 가려고 나름 서두르고 있다. 하지만 거동이 불편한 어머님을 챙기다 보니 시간이 자꾸만 지체되었다. 그러나 어머님을 두고 간다는 것은 상상을 못 할 일이라 어머님과 동행을 해야 되므로 용기를 내 일단 어머니를 일으켜 세웠다. 그리고 생각을 한다. 어떻게 하면 어머니나 내가 힘이 덜 들고 현관 밖에 세워둔 차까지 갈 것인지 잠시 생각한다. 물론 차는 현관 앞에다 세워 시동을 걸어 논 상태다.

 나는 일단 어머님을 들어 세워 휠체어에 앉힌 다음 현간 문 앞에까지는 수월하게 왔다. 소파에서 현관까지는 3 ~ 4M 코스다. 나는 휠체어를 현관에 세우고 어머님 앉아 계시는 틈을 타 신발을 신겨 드린다. 남편 방사선 치료 다니면서 괴사 때문에 편한 신발을 하나 구입해서 신고 다녔던 터라 신발은 문제가 되지 않는다. 어머님 발에 신발을 신겨 다시금 어머니를 일으켜 세워놓고 벽을 기대어 서 계시게 한 다음 휠체어를 뒤로 빼냈다. 어머니를 부둥켜 앉고서 조금씩 움직여 현관문 밖까지는 일단 나왔다. 다시 어머니에게 한 손은 벽을 의지하고 한 손은 저를 부여잡고 계단 앞에 까지만 가자고 했다. 어머니는 한 손은 벽면을 의지 하고 트위스트를 추는 스텝으로 현관 계단 앞에 이르렀다. 한고비는 넘겼다. 차 앞까지 10M도 안 되는 이 구간이 저에게는 마(魔)의 고지라 여겨진다. 아이들이라도 옆에 있어 조금만 부추겨 주었으면 좋겠지만 아들은 아침 일찍 직장 나가고 딸 둘은 학교 가는 날이라 평일에는 도움의 손길이 전혀 없다는 사실이다. 저 혼자 이렇게 어머니를 차로 모시려하니 힘이 많이 붙인 구간이고 가장 위험한 구간이 바로 계단이다. 울 엄마 한발 한발 옮겨 딛는 발걸음이 다리에 힘이 전혀 들어가지 않은지 자꾸만 비틀거리며 주저앉는 현상 때문에 나의 모든 세포가 날카로워졌다. 계단에서 넘어지면 큰일이라는 생각에 신경이 곤두섰던 곳이 바로 계단이다. 나의 우려(憂慮)와는 다르게 어머님께서 계단 난간 대를 어찌나 아무지게 잡으시고서 내려딛는 바람에 비록 걸음은 다소 불안전(不

安全)했지만 나의 우려와는 다르게 무탈하게 계단을 내려서니 안도의 숨이 쉬어졌다. 이 부분만 놓고 보면 저희 어머님 의지력(意志力)은 정말 갑(甲)이라 여겨진다. 우리 어머니가 의지의 한국인이라 생각한다. 계단은 짧고 몇 개 안되었지만 어머님과 제가 서로 놓치지 않으려고 어찌나 용을 썼던지 온 몸이 땀에 젖어버렸다. 비록 짧은 구간이라 할지라도 위험한 곳이라 혼신(魂神)의 힘을 쏟아야했기에 우리 모녀는 젖 먹던 힘까지 썼는지 벌써 온 몸이 땀범벅이 되었다. 설상가상(雪上加霜)으로 이마에 흐른 땀이 눈에 들어가니 눈이 아려 눈알이 빠질 정도로 통증이 심했다. 눈에 땀이 들어가면 도저히 눈을 뜰 수 없는 통증이 왔다. 눈에 통증이 심 때는 몇 초라도 눈을 감고 통증을 견디는 것이 상책(上策)이다. 계단은 내려섰지만 정작 지탱 할 것 없는 차 앞까지 거리가 있어 나는 다시 용기(勇氣)내 어머님 어깨를 제 목 위에 휘감아놓고 한발 한발 조심스럽게 발을 옮긴다. 이 구간이 여차하면 힘없는 다리라 주저앉으면 잡을 수 있는 것이 전혀 없다. 여간 조심스러운 구간이다. 나는 여차하면 주저앉으실 것 같은 위태로운 상황이라 있는 힘껏 어머님 허리를 감싸고서 아주 천천히 발을 부벼 옮기시는 엄마 보폭(步幅)에다 나의 모든 세포와 함께 보폭을 맞추어 나간다. 어머니께서도 부들부들 떨리는 다리로 한발 한발 조심스럽게 내 딛으셨다. 이 장면은 아기가 첫걸음을 내딛는 순간처럼 위태로운 장면이다. 마음대로 움직여지지 않는 다리를 질질 끌며 넘어지지 않으려고 안간힘을 쓰고 계시는 울 엄마 이 모습은 정말 너무나 안쓰러운 장면이다. 왠지 어머니에게 미안한 생각이 든다. 자식이라면 의당(宜當)부모님을 잘 보살펴 드렸어야 했지만 왠지 제가 잘 모시지 못한 것만 같아 죄책감이 든다. 지금은 죄책감에 사로잡혀 있을 상황이 분명 아니다. 정신일도(精神一到)하여 이 순간도 소홀이 다루어서는 안 되는 상황이라 정신 바짝 차려야만 한다. 어머님 부둥켜 않고 내려오는 과정이 몇 분 안 되지만 힘이 많이 들었는지 땀이 비 오듯 쏟아져 벌써 속옷까지 젖어버린 상태다. 땀 많이 흐른 것이 뭐 그리 대수인가 싶다. 어머니와 저는 험난한 고지를 통과하는 기분으로 조심스럽게 몸을 움직여 어머니를 차에 앉혀 드렸다. 나는 숨 돌릴 사이 없이 서둘러 휠체어를 접어 차에 실었다. 남편이 휠체어를 차에 실어 줄때는 그렇게 무거워 보이지 않던 휠체어는 왜? 그리도 무거운지 아니면 어머니를 이동시켜드리면서 힘을 다 소진해 그랬는지 휠체어 무게가 저에게는 부담스러울 정도로 무겁게 느껴졌다. 저는 차 트렁크에 휠체어를 겨우 싣고 숨을 고른다. 참 누가 이 심정을 알까싶기도 한 상황이다. 너무 힘에 겨우니 이 과정이 괜히 원망스럽다는 생각이 순간 스쳤다. 환자 두 사람은 저에게는 아주 소중한 사람들이기에 누구하나 소홀하게 대해서는 안 될 것이라 생각하여 마음을 밝게 가지려한다. 저는 운전석에 앉아 잠시라도 헐떡이는 숨을 진정시켜야만 했다. 온 몸이 덜덜 떨림이 남아 있어 잠시 숨을 더 진정시키는 시간을 가진다. 저 나름 긴장했고 온 힘을 쏟아 부었기에 벌써 나는 지쳐버린 것이다. 옆자리에 의연(毅然)하게 앉아 계시던 어머니께서 나의 이 모습을 보시고서 안쓰러우셨는지 저에게 그랬어. 라고 하신다. 아마 그 말씀은 고생이 많다. 라는 뜻으로 해석하면 될 것 같다. 저는 흐르는 땀을 닦고서 몸이 어느 정도 진정이 되어 출발을 한다. 미리 내비를 찍어 놓은 상태라 바로 출발하면 된다. 세상에서 제일가는 길치가 바로 나라 여긴다. 저는 운전하는 것을 싫어한다. 하지만 어머님을 모시고 다니기 위해 용기를 내어 본격적으로 운전을 하였던 것이 10여년이 넘었다.

면허는 82년도에 땄지만 그동안은 장롱면허이었으리라 생각한다. 그렇지만 말 못하시고 거동 불편한 우리엄마 발이 되어 주고 싶은 마음에 용기를 내어 운전을 하게 되었던 동기다. 제가 저희 어머님 고관절로 입원하시기 며칠 전에 자동차 정기 검사가 있었다. 그 때 기록한 킬로수가 72000km이었다. 어머니께서 아산병원에서 퇴원하시고난 후 타이어 교체 할 때 킬로수를 보았더니 무려 11만km가 육박했다. 그동안 어머님 병원에 입원하시고 계시던 6개월 동안 제가 병원과 집을 들락 거렸던 킬로가 무려 3만km 넘게 운행되었다는 증거가 된다. 저는 이렇게 많이 달려 열심히 운전을 하고 다녔지만. 언제나 초보자 운전수순이다. 그런데다 길 눈 또한 밝지를 못해 운전하는 것을 별로 좋아하지 않는 이유다. 그러나 상황이 상황인지라 어쩔 수 없이 운전을 한다. 저는 옆 자석에 의연하게 앉아 계시는 어머니를 살펴보았다. 나름 편안해 보이셨다. 이젠 아무런 문제없이 남편이 입원해있는 부산 하단병원으로 가면 된다. 가는 길은 어제 다녀왔기에 그다지 낯설지가 않다는 생각을 한다. 그리고 종종 남편과 어머님 모시고 낚시를 다녔던 길이라 어느 정도 알 수가 있는 도로다. 어머니와 제가 집을 나선지 50여분 지나 목적지 하단병원에 도착을 했다. 병원 근처에서 좁다란 골목 골목이라 서너 바퀴는 기본으로 돌다 병원을 찾았다. 분명 어제 택시 타고 온 길이 아니라 잠시 당황하기도 했다. 네비가 가르쳐준 좌회전과 좁은 골목길을 인식을 잘 못해 여러 차례 반복해서 병원 근처를 돌았던 이유다. 제가 병원을 빨리 찾지 못하고 서 네 바퀴째 돌고 있으니 어머니께서 답답하셨는지. 아이고 참 말로. 라고 하셨다. 제가 생각해도 너무한 것 같아. 어머니께 내가 좀 그렸죠. 라고 했을 정도다. 저는 겨우 병원을 찾아 주차장에 주차를 하고 휠체어를 트렁크에서 꺼내 어머니 앉아 계시는 조수석 문 쪽으로 휠체어를 바짝 갖다 붙여놓았다. 저희 모녀의 모습을 눈여겨보셨는지 주차장 관리 아저씨가 다가오셔서 어머님을 부추겨주셨다. 이 상황에서는 고사리 손이라도 빌리고 싶을 정도였다. 주차관리 아저씨께서 오셔서 힘을 보태주시니 한결 쉬웠다. 제가 어머님을 휠체어에 앉혀드리고 나니 아저씨께서 저에게 이런 말씀을 하신다. 환자를 모시고 또 환자를 보려오셨습니까? 환자하고 관계는 어떻게 되시는지요. 라고 물으신다. 왠지 그 질문은 저를 참 서글프게 했다. 누가 지금에 처해있는 내 처지를 알까 무서웠다. 왠지 저의 사항을 알면 팔자도 참 상그럽다고 할까봐서 두려웠던 것이다. 저는 아저씨의 질문에 답 대신 그냥 미소로만 응했다. 한편으로는 아저씨께서 되묻지 않아줘서 감사했다. 저는 휠체어를 밀어 승강기를 타고 남편이 있는 병실로 들어섰다. 남편은 씁쓸한 모습으로 우리를 맞이한다. 그도 그럴 것이 거동 불편하신 장모님을 휠체어에 태워 병실로 들어오는 마누라가 뭐가 그리 반갑겠는가? 싶은 생각도 든다. 우리모녀를 씁쓸하게 보는 남편의 그 표정도 충분히 이해함이다. 병실 사람들에게 우환(憂患)이 겹친 집안 사정을 보여 주고 싶지 않는 마음도 있었을 것이라 생각한다. 한편으로는 본인도 환자라 자기도 환자 노릇하고 싶은 마음도 조금은 있었지 않았을까? 하고 짐작 해본다. 이 상황에선 마냥 화만 내고 있을 상황이 아니라는 것을 남편은 느꼈는지 마음이 조금 누그러진 것이 느껴졌다. 남편은 침대에서 일어나 멋쩍게 장모님께 인사를 하고 바로 베란다 가서 차나 한잔 하자며 장모님 휠체어를 밀고 베란다로 우리를 안내를 했다. 남편은 자판기에서 커피를 뽑아 이동 용 링거 대 위에다 올려가지고 와서 저에게 커피를 건넨다. 남편이 없었다면 이런 경험도 없었으리라 생각한다. 서글프지만 또 다른 한편으로는 남편이 있으니 남편으로 하여금 겪는 이런저런 경험을 다 겪는 이유라 생각하련다. 옛말에 경험(經驗)만한 스승은 없다. 하였다. 이 또한 저에게는 커다란 공부가 될 것이다. 남편은 어머님 휠체어까지 밀고서 자기 찾아온 마누라를 보노라니 밉기도 하고 서글프기도 할 것이라 생각한다. 셋이 앉아 커피를 마시고 있지만 이 상황에서 무슨 말을 해야 할지 몰라 그저 흰 구름 둥실둥실 떠 있는 높은 가을 하늘만 그저 넋 나간 사람처럼 쳐다보고 있는 세 사람의 모습이 서글프다. 왜? 이렇게 분위기가 어색한지 사실 매사를 고깝게만 보는 남편과의 대화는 지금까지 경험상으로 보아 서로 그나마 전우애(戰友愛)라도 유지를 하려면 차라리 안하느니만 못 할 때가 많아 가급적 남편과의 대화를 회피하는 수준이다. 오늘 이 어색함은 시비가 생길까봐 회피하는 대화가 아니다. 그저 두 환자를 양쪽에 두고 있는 저 자신이 너무 기가 막혀 할 말이 없었다. 어색한 분위기가 한 20여분쯤 흐르고 있을 때 남편이 먼저 내일 올 때는 병원에서 필요한 생필품들을 챙겨다주소. 라고 얘기를 한다. 제가 병원에 올 때 병실에서 필요한 것들을 몇 가지 챙겨 온 것들도 있다. 저희들이 그동안 병원생활을 여러 달 해온 터라 기본적인 것을 대충 챙겨왔지만. 본인이 필요한 것들이 따로 있었는지 주문한 것이 제법 된 것 같다는 생각이 든다. 남편이 내일은 저에게 어머님을 남에게 잠시 맡겨두고 혼자 와서 목욕을 시켜줬으면 좋겠다고 말을 한다. 저 역시도 그렇게 해 줄 수 있으면 좋겠지만 어머님을 함부로 누군가에게 맡길 수 있는 상황이 아닌 것이 문제 중에 문제라는 것을 남편은 너무 모른다. 어머니께서는 다른 분과는 달리 옆구리에 스탠스를 삽입한 관계로 일으켜 드릴 때나 눕혀드릴 때 아주 조심스럽게 다루어야 한다는 사실이다. 엄마는 유독(惟獨)내가 옆에 없으면 꼭 사단이 일었던 터라 저기에 대한 트라우마가 저에게는 생겨 가급적 어머님 곁을 못 벗어나고 있다는 사실을 모르고 하는 말이라 하겠다. 저는 남편에게 오른손이 다쳐 일상이 많이 불편 하겠지만 그래도 생명에는 지장이 없으니 우리 함께 좋은 방법을 생각해보도록 하자고 조심스럽게 말을 건넸다. 남편은 속마음으로는 저를 많이 원망 할지언정 장모님 앞이라 그런지 많이 부드러워지고 많이 편해 보이며 그렇게 하자고 한다. 이 상황에서 예전처럼 날카로운 면도날처럼 날카롭고 예리하게 굴어본들 아무 의미 없다는 것을 느꼈는지 아니면 깨달았는지 남편은 하루 밤 사이 순한 양처럼 제 말에 순응한다.

   참 별일이다 싶은 생각이 들 정도로 제 말을 따라주니 사실 낯설지만 이 상황에서는 서로 양보하고 협조해 살아가는 것이 지혜로울 것이다. 이 시점에서는 기고만장(氣高萬丈)하게 날뛰는 것도 기백(氣魄)이 있어야 되고 젊은 청춘(靑春)과 건강(健康)이 뒤받쳐줘야 하는 몸짓이라는 것을 이제 사 남편은 깨달았는지 모르겠다. 나는 남편마음으로 전하고 싶은 메시지가 생겼다. 그것은 이 험한 상황을 우리 서로 잘 견디어 지혜롭게 헤쳐 나가자. 라는 메시다. 그렇지만 이 말을 나는 남편에게 전하지 못하고 목구멍에서만 크게 외쳐본다. 우리가 병원에 온지가 한 시간쯤 흘렀다. 수시로 살펴보는 어머님 안색이 이제는 집으로 가자라는 의미로 읽힌 것이다. 이렇게 병실에 오래 있다고 해서 남편에게 큰 도움이 되지는 않을 것이라 생각한다. 분명 이것은 시간이 해결해 주는 문제이고 시간을 두고 문제를 해결하는 것이 또 약이 될 것이다. 오른손에 큰 장애가 발생 하지 않도록 치료를 잘 받아야 된다는 것이 숙제다. 남편 암수술 날짜까지는 두 달 정도의 기간이 남아 있어 어차피 이렇게 세월 보내나 저렇게 시간 보내는 것은 매한가지이겠지만 이번 일로 이렇게 남편과 잠시 떨어져 지내는 것도 나쁘지 않은 방법이라 생각한다. 같은 공간에서 아옹다옹 하면서 불만을 축적하기보다는 좀 떨어져서 자신의 배우자가 얼마나 소중한지 서로 알아가는 것도 좋을 것이라 생각한다. 이렇게 저는 다시 한 두어 달 이 병원을 어머님 모시고 찾아와야만 될 운명이라 여겨진 부분이다. 저는 어머님을 차에 다시 앉혀드리고 주차장 아저씨께 주차비를 드렸다. 그런데 주차비를 받지 않으신다. 물론 시간이 그리 많이 걸리지는 않았지만 아저씨께서 오늘은 그냥 가시라고 하신 것이다. 지금 와서 생각해보니 입원 첫날은 환자 보호자에게 무료이긴 하다는 생각이 든다. 엄연히 따지자면 입원 다음날이라 주차비를 받으셔야 옳지만 주차비를 받지 않으셔서 미안하면서 감사했다. 다음 날부터 본격적으로 저희 모녀는 또다시 이렇게 하단 병원으로 남편을 만나기위해서 무거운 휠체어를 싣고 한 발짝도 스스로 걸어보지 못하시는 어머니와 저는 사이좋게 운동 삼아 매일 이 먼 곳 까지 다녀야 하는 신세다. 거부 할 수 없는 운명 앞에 힘들다고 생각을 하니 기가 막힐 정도로 힘이 들었다. 자신의 몸 하나 마음대로 움직이지 못하시는 어머니 앞에서 힘들다는 표현은 더더욱 나는 할 수 없는 신세다. 그 마음을 저희 어머니께서 더 잘 알고 계실 터이니 더욱 힘든 내색도 할 수가 없는 것이 나의 현 주소다. 우리는 매일 이렇게 휠체어를 싣고서 남편 병실을 일주일 넘게 별탈없이 열심히 찾아다니면서 시간을 보내고 있다. 지난밤부터 심하게 내린 비바람이 예사롭지가 않다는 생각이 들 정도로 몰아치는 것이 예사롭지가 않다. 태풍주의보가 내려졌다. 태풍이름은 매미다. 그런데 요즘 들어 아들이 새벽 출근을 한다. 이유는 관리자 분이 집이 멀어 요즘 자기가 일찍 가서 마트 문을 열어 물건들을 받아야 한다고 길을 나선 것이다. 비바람이 너무 세차게 불어 우산이 무용지물이 될 정도로 비바람이 세찬 날씨다. 엄마 입장에서는 아들 출근길이 걱정이 되었다. 거리는 그다지 멀지 않아 평소에는 아들은 걸어서 출근했었다. 아들이 제대하고 알바로 취직한지 벌써 두 어 달이 약간 넘었던 시기다. 집안 사정 고려해서 급하게 잡은 알바자리이다 보니 더운밥 찬밥을 가릴 형편은 아니었다. 한 달 전부터 새벽에 출근 하는 것이 보였다. 이른 새벽부터 출근하는 아들에게 왜 이렇게 새벽부터 출근을 하냐고 물어보았다. 주임이 집이 멀어 자기가 마트 문을 열어야 한다고 했다. 이날은 유독 세찬 비바람 속에 걸어서 출근을 하려는 아들을 보니 약간 안쓰러운 생각이 들었다. 보통 집에 아들 같았으면 지금쯤은 복학을 하였을 것이다. 자기가 좋아하는 전공을 살려 적성에 맞는 직장에 들어가기를 바라는 마음은 어느 부모나 제 마음은 매한가지 일 것이다. 그러나 지금 우리 집 형편을 고려해 볼 땐 복학을 한다든가 자기 전공을 살린다는 것은 우리에게는 호사다. 그나마 일 할 수 있는 사람은 아들뿐이라 닥치는 대로 일을 잡아 연명을 해야 되는 상황이 지금 우리 집 형편이라 항상 아들에게 미안함이 있다. 이전에도 경제적으로도 압류딱지 9번을 받고서부터 고달팠던 우리 집 경제사정을 아들이 고 3때부터 알바해서 저에게 많은 힘을 보태주었던 착하고 믿음직한 아들이었다. 알바로 들어 간지 얼마 안 되어 대형마트 문을 열어주는 사람이 되었다고 하니 한편으로는 기특한 마음도 들었다. 대형마트 문 열고 물건을 받는 업무는 그러니까 신뢰가 없고서는 열쇠꾸러미를 아무에게 주지 않는 자리라 저는 여겼기 때문에 그런 생각을 했던 것이다. 제 생각이 어리석은 생각이겠지만 사회성 부족한 제 입장에서 생각하기로는 아직 어리고 젊은 사람이 새벽 5시 반에 출근 한다는 것은 그리 쉬운 일은 아니라고 생각한 것이다. 이날은 강한 태풍으로 비바람이 너무 세찬 그냥 걸어가라고 하기엔. 너무 위험해 보였다. 나는 출근하는 아들을 내차로 데려다 주고 돌아왔다. 걸어 다닌 출근길이라 가까운 거리다. 그렇지만 나는 10분이라도 울 엄마 허락 없이는 어머님 옆을 떠날 수 없어 어머니께 허락을 받고 거센 비바람을 뚫고 아들을 데려다 주고 왔었다. 나는 아들이 건물 안에서 근무 할 것이라 믿고 비바람이 거세도 특별히 걱정을 하지 않고 있었다. 저는 평소와 같이 어머니를 먼저 씻겨 드리고 아침식사 챙겨 드리고 난 후에 발뒤꿈치 거즈를 다시 갈아 드린다. 평소 같았으면 남편 병원가려고 어머님 옷을 갈아 입혀드리는 시간이다. 오늘은 비바람이 너무 거세 남편에게 가는 것을 포기한 상태다. 다소 내게 시간적 여유가 생겨 느긋하게 오늘 일과를 하는 중이었다. 나는 궂은 날씨 때문에 병원엘 가지 못하게 되니 그동안 밀린 집안 청소와 빨래를 하고나니 점심때가 되었다. 태풍이 오전 내내 심하게 불어 간간히 집나간 사람들이 은근히 염려되기도 했다. 점심때가 지나고 나니 그렇게 요란스럽게 불어 되던 태풍도 어느 정도 자자들고 비도 서서히 멈추어 가고 있다.

피투성이가 되어 집에 들어온 아들을 보고 나는 경악한다

　마당은 세찬 비바람에 떨어진 나뭇잎과 나뭇가지들로 어수선 한 풍경이 베란다 창문을 통해서 보인다. 저는 잠시나마 한가한 시간을 이용해 어머니 옆에 앉아 누워계시는 노모님의 다리를 주물러 드린다. 현관 비밀번호 누르는 소리와 동시에 현관문이 열리는 삐비빅 하는 소리 들렸다. 나는 이 시간에 올 사람이 없는데? 라는 생각을 하며 현관 쪽으로 귀를 쫑긋 세우고 이 시간에 누가 들어오는지를 확인코자 시선을 현관 쪽으로 고정시켜놓고 누가 오는지 주시한다. 중문이 열리며 아들이 들어왔다. 저는 아들이 이 시간에 들어 올 리 없는데 아들을 보고 놀라 아들이 시간에 웬일? 라고 묻는 찰라 아들 얼굴이 백지장처럼 허옇고 목과 하얀 옷이 피 범벅이 되어 들어오는 모습에 그만 입이 벌어진다. 피 범벅이 된 왼쪽 정수리 쪽에 하얀 거즈가 아이 손바닥 크기 하나가 붙여져 있는 것이 보였다. 아 아 이 무슨 일? 라는 말을 하며 아들과 눈과 마주쳤다. 피범벅이 되어 돌아온 아들 얼굴빛이 창백함을 지나 백지장처럼 허옇다는 것을 엄마의 동물적(動物的)감각(感覺)으로 느낀다. 이 상황은 분명 내가 꿈을 꾸고 있는 것이라 생각이 든다. 차라리 이 현실이 꿈이라면 좋겠다는 생각을 한다. 나는 너무 놀랬는지 몸이 경직되어 좀처럼 움직여지지 않아 꿈속에서 가위눌림을 당하고 있는 기분이다. 참 기막힌 순간이다. 바로 이 순간이 기막힌 순간이 아닐까? 싶다. 저에게 닥친 비운들을 어떻게 받아드려야 할지… 이 무슨 운명의 장난이더란 말인가? 엊그제 남편이 전기톱으로 손등을 잘라 피 또한 실컷 봤건만 또 이렇게 피범벅이 된 아들모습까지 봐야 했었는지? 아 정말 무슨 기구한 운명인지? 이런 변고가 한 가정에 패키지로 닥친단 말인가? 깊은 시름이 절로 나온다. 누워계셨던 어머니께서도 누군가 들어오는 소리에 몸을 일으키려고 애를 쓰신다. 저는 반사적으로 어머니를 일으켜드렸다. 눈은 아들을 향하고 있다. 아들은 우리에게 설명도 없이 들어오는 길로 욕실로 가서 10여분 씻고 나와 우리 앞에 앉았다. 피를 얼마나 흘렸는지 얼굴색이 백지장처럼 허옇다. 올해 들어 유난히 사건사고가 저희 가정에 연이어 터지니 경황(驚惶)없는 운명 같아 서글픈 마음이 밀려왔다. 아들은 죄인처럼 우리 앞에 꿇어앉아 사고 자초지정을 말했다. 이 날 사고는 마트에서 일하던 중 너무 태풍이 심해 밖에 쌓아둔 물건들을 창고로 나르는 과정에서 지게차 운반용 팔레트가 태풍에 날아와 머리에 내리 꽂혀 다는 것이다. 저는 그 크고 무거운 팔레트가 날아와 머리에 꽂혔다는 말을 듣는 순간 헉 아들에게서 사고 경위를 듣는 순간 정말 섬뜩한 기분이 들었다. 그 큰 팔레트가 날아와 꽂혔는데 상처가 이 정도 뿐이라면 진정 우리 식구는 천운(天運)을 받은 것이라 생각이 든 것이다. 만약에 팔레트가 머리 중앙으로 꽂혔으면 정말 뇌손상을 피해가지 못했을 것이고 여차하여 팔레트가 1cm만 비켜서 눈으로 떨어졌다면 실명(失明)을 면치 못했을 것이라는 생각이 든 것이다. 상상만 해도 정말 아찔한 사고다. 다행스럽게도 큰 팔레트가 날아와 꽂혔지만 그래도 이 정도 상처만 냈다는 것은 아마도 천우신조(天佑神助)가 아니었을까? 생각한다. 신(神)의 보살핌 없이는 있을 수 없는 상처라 여겨지는 부분이다. 신(神)께서 항상 우리를 지켜주시고 계셨음을 이제사 깨달은 것이다. 내가 그동안 삶이 너무 고달파 알아차리지 못했을 뿐 항상 하늘은 우리들을 지켜보고 계셨던 것이고 우리 가정에 위험(危險)이 닥쳤을 땐 항상 상처 깊지 않게 하늘은 우리를 지켜주고 계셨던 것이라 여겨진다. 이런 일을 다시 겪고 나니 저희 가정을 살펴주시는 천지신명님들 가호(加護)가 있었던 것을 사뭇 깨달으며 보이지는 않지만 조상님들 보살핌이라 생각하여 조상님들께 감사함을 가져본다. 집안에 잦은 사고들은 있었지만 그래도 큰 장애(障礙)생기지 않고 그저 상흔(傷痕)정도 마무리 될 수 있을 것 같아 정말 정말 나는 천운(天運)을 얻은 사람이지 싶다. 많은 피를 아들은 쏟았지만 이 정도 상처로 끝나서 하늘에 감사하고 조상님께 감사하고 또 어머님께 감사했다. 아마 다시 생각해봐도 바로 이런 경우가 천우신조(天佑神助)가 아니겠는가? 싶다. 하늘이 돕고 신령님들이 살펴주셨으니 큰 사고로 이어질 뻔한 사건(事件)을 큰 장애(障碍)없도록 하여 주심에 그저 나는 감사하고 감사 할 뿐이다. 남편 손도 마찬가지라 여긴다. 어떻게 전기톱이 손을 가르는데 피부만 잘랐을까? 싶은 생각에 지금 이 순간 나는 분명 비운(悲運)이 아니고 천운(天運)을 받고 있었음을 실감(實感)한다. 이면(裏面)에는 보이지 않은 저희 어머님 은공(隱功)이 컷으리라 생각되어 마음 깊이 어머님께 감사함을 표한다. 어쨌든 1 ~ 2cm 차이로 실명(失明)이 된다든가 뇌손상이 심할 수 있는 상황이었지만 천우신조로 왼쪽 머리 모서리부분만 맞고 떨어졌으니 이것이 바로 신(神)의 작품이 아니고 무엇이겠는가? 싶다. 머리 상처는 30바늘 넘게 꿰맸으나 장애가 생기지 않을 것이라 하니 그저 감사하고 감사할 뿐이다. 바늘 꿰맨 햇수가 많은 이유가 상처부위를 달팽이관처럼 빙그르 두세 바퀴 돌려 꿰매다 보니 바늘 수가 늘어났다는 것이 관건이다. 상처 넓이가 아기 주먹만큼 넓었지만 머리에 땜방처럼 흉터 만들지 않으려고 머리카락을 살려 빙그르 돌려 꿰매서 나중에 흉터가 생기더라도 큰 흉터는 남지 않는다고 했다. 남편과 아들이 이 정도 상처로 끝났으니 정말 이것이 천운(天運)이 아니고 무엇이겠는가? 싶어 저는 하늘에 다시 한 번 더 감사드렸다. 아들은 병원에서 엑스레이 촬영해서 머리에 뇌출혈이 있었는지? 여부까지 검사를 했다고 하니 그것은 참 잘한 일이라 생각이 든다. 상처 때문에 모발이 자라지 않을 것을 우려(憂慮)해 병원에서는 짓이겨진 피부 속에서 모낭을 살려 꿰매느라 시간이 많이 걸렸다고 말을 했다. 그 말끝에 나는 아들에게 잘했다. 라고 말하고선 많이 놀랐을 텐데 좀 가서 쉬어라. 라고 했다. 남편과 아들 사고에는 신(神)의 계산법(計算法)에서만이 나오는 상처의 흔적이라 생각한다. 그렇지 않고서 어떻게 저렇게 두 사람 다 피부만 흠집을 냈는지 보이지 않는 신의 세계는 참으로 경이롭고 신비할 따름이다. 나는 신(神)의 보살핌에 감사하고 감사해서 자동으로 아이고 하느님, 부처님, 조상님, 천지신명님 감사합니다. 라는 말이 연이어 절로 나왔다. 저희 어머니께서도 많이 놀라셨는지 아니면 안쓰러우셨는지 외손자를 보시고 혀를 끌 끌 끌 차시면서 아이고 참말로. 라고 하신다. 지망년이(至亡年)(살림이 거털 나는 해) 따로 있는 것이 아니라는 생각이 든다. 바로 지금 우리가 당하고 있는 이 상황 그러니까 비운을 패키지로 받는 올해를 두고 지망년이라고 하는 말이 아닌가? 생각한다. 아들 다친 상처부위가 컸지만 장애(障碍)또한 생기지 않을 것 같아 불행(不幸)중 다행이라 생각하며 범사(凡事)에 감사(感謝)한다.

이 또한 지나가리라

　근래에 들어와 저희 집에 사건사고가 연이어 일어나고 있어 저희 형제들은 제가 이런저런 일로 연락을 하노라면 또 무슨 일이 다냐? 라고 놀라던 시기(時期)다. 오늘 아들 사고까지 이야기를 덧붙인다면 또 뭐라고 말 할 건지 아무튼 형제들에게 이런 이야기를 또 전하는 것도 이젠 망설이게 된다. 내가 내 자신의 삶을 돌아보아도 정말 사연(事緣)이 참 많은 인생이라 여겨진다. 특히 왜 이다지도 내 삶이 이리도 팍팍하고 고달픈지 아무튼 기구한 내 운명 앞에 나 자신도 할 말을 잊는 경우다. 나는 전생에 많은 악업을 쌓았던지 아니면 파란만장한 삶을 슬기롭게 극복해서 더 나은 세상을 개척해 가라는 뜻인지 요즘 들어 내게 불어온 바람은 보통 바람은 분명 아니라 여겨진다. 남들은 한번 겪기도 힘든 불운(不運)들을 나는 패키지로 받고 있는 기분이다.

　이 길이 정녕 내가 걸어가야 하는 길이고 나의 운명(運命)이고 숙명(宿命)이 이런 것인지? 정말 이제껏 바르게 살아왔고 탐욕한번 부리지 않고 살아왔다고 자부하건만 그러나 아무리 힘들고 고달파도 신세타령이나 하면서 살지는 않을 것이다. 이 모든 과정들이 내 숙명이고 운명이라면 나는 기필코 피하지 않을 것이고 내게 닥친 이 모든 불행들을 겸허(謙虛)히 받아 드려서 세상사 순리(順理)에 맞게 살아 갈 것이라 다짐한다. 제가 하늘의 섭리(攝理)에 순응하며 욕심 부리지 않고 꾀부리지 않고 사노라면 나도 언젠가는 여보란듯이 타인(他人)의 귀감(龜鑑)이 될 것이라 생각한다. 이렇게 어려운 환경 속에서도 올곧게 살아가는 나의 모습들이 더러는 자라나는 저희 아이들의 이정표가 되지 않겠는가? 라는 생각도 한다. 제가 이렇게 많은 시련을 겪어가노라면 남다른 경험을 자연스럽게 쌓게 될 것이고 이런 경험 속에서 더러는 삶의 지혜도 생기지 않겠나 싶다. 이 과정들을 이겨내고 극복하며 극한시련 속에서 굳셈과 지혜를 얻는다면 이것은 분명 실패한 인생이라고 하지는 않을 것이다. 신세타령보다는 더 정성스런 마음으로 험한 세상을 헤쳐 나가 볼 심산이다. 나의 지난날을 돌아 놓고 보면 서럽고 서러운 인생이지만 그래도 굳세게 견디어 살다보면 분명 호시절(好時節)도 오는 법이 바로 우주에 법칙이라는 부분에 저는 주안점을 두련다. 돌이켜보면 나의 지난날들은 더 척박(瘠薄)한 환경(環境)이었다. 그 또한 잘 버티어 오늘 날까지 살아왔으니 내게 닥친 지금의 불운도 잘 이겨 나가보리라 다짐하고서 정신적으로 피폐해진 나를 내 스스로 일으켜 세운다. 그렇지만 너무 기막힌 사연들이 연속이라 넋을 잃은 듯한. 느낌도 없지는 않다. 이 순간의 괴로움을 어찌 말로 표현 할 것이며 어찌 글로써 참담한 심경을 나열하겠는가?만 좋은 생각과 밝은 생각으로 이 험난한 시련기에서 빨리 벗어나야만 빨리 이 사연 많은 시기를 벗어나리라. 이 상황들이 그 누군가에게 비웃음거리가 되지는 않을까? 라는 부질없는 우려(憂慮)가 내 마음 한 구석을 조금 무겁게 한 부분이다. 하지만 이 고비 넘고 나면 나에게도 분명 해 뜰 날이 분명 찾아 올 것이라 믿는다. 오늘 이 정도 사고에 감사하고 감사하며 내 인생 더 조심스럽게 살아가리라 다짐한다. 아들은 외할머님께 걱정을 끼쳐드려 미안했었는지

"할머니 죄송해요."

라는 말을 하면 겸연쩍어 했다. 저는 아들의 핏기 없는 얼굴에서 안쓰러움을 느낀다. 부모 잘 만났으면 지금쯤 희망찬 미래를 설계하는 중요한 시기인데 파란만장한 부모 만나 아들 또한 녹록치 않는 인생길에서 부모들과 같이 허우적거리는 듯한 느낌이 들어 안쓰러운 마음이 일어

난 것이다. 자식들도 부모의 운명에 영향을 받는듯하다는 생각도 동시에 스친다. 이런 경우를 두고서 사람들은 숙명(宿命)이라 하지 않겠는가? 라는 의구(疑懼)심이 생긴 부분이다. 저는 마음속으로 아들에게 지금 비록 우리가 비운(悲運)을 만나 고달픈 삶이라 할지라도 건강만 하렴 우리가 지금 처한 삶이 비록 고달프고 힘난할지라도 합심하는 마음으로 바르고 정직하며 정성스런 마음으로 사노라면 우리에게도 언젠가는 밝은 미래(未來)를 분명 맞이하게 되리라. 라는 무언에 메시지를 마음속으로 나는 보낸다. 다음날 저는 아들 상처를 뒤로 한 체 어제 비 때문에 가지보지 못한 남편 병원으로 가야만 한다. 아들이 다쳐 집에 있어 어머니를 잠시 아들에게 맡겨두고 혼자 홀가분하게 남편에게 다녀오고 싶은 마음도 있었다. 이렇게 움직여 사위 병문안 가는 것도 어머니에게는 큰 운동이 되는 것이라 생각하여 저는 어머니와 함께 남편 병원 가기로 했다. 아들에게 할머님을 차 앞까지 부추겨 달라고 했다. 전혀 걸음을 못 하시는 어머님을 누군가 옆에서 이렇게 살짝만 부추겨주어도 저는 사실 훨씬 편안함을 느꼈다. 그러다보니 우리 인간은 서로 돕고 사는 것이 원칙이며 기본이 되지 않을까? 라는 생각이 든다. 본인이 어려운 환경에서 자랐던 경험들이 더러는 어려움에 처해있는 사람들의 입장을 조금이라도 이해를 하듯 저 또한 이 시련의 시기를 잘 극복해서 곤란을 겪고 있는 사람들에게 저의 경험담을 위로 삼으라고 이야기 할 수도 있을 것 같다. 나의 지난날 인생여정이 녹록치 않고 너무나 힘겨웠기에 그 고단한 삶에 무게를 조금은 헤아려 볼 줄 아는 안목 정도는 분명 갖지 않을까? 싶다. 스스로 배고파봤기에 배고픈 자(者)의 서러움을 공감(共感)할 줄 안다는 표현이 맞을 것이다. 시세말로 금수저가 어찌 흙 수저가 겪어온 고행의 삶을 알겠는가? 라는 뜻이다. 가족들로 하여금 억울하게 누명도 여러 차례 써 봤기 때문에 내가 먼저 누군가를 의심하고자 하는 마음을 지웠듯이 내가 험한 세상 겪으면 살아왔던 경험 많은 인생이기에 더러는 누군가의 말벗정도는 가능하리라 생각한다. 그 사람의 평가는 개관사정(蓋棺事定) 사람은 관 뚜껑을 덮어봐야 그 사람이 올곧게 살았는지 그릇되게 살았는지를 판단 할 수 있는 척도라고 하듯 나 또한 관 뚜껑을 덮었을 때 비로소 올바른 평가가 나오겠지만 그 누군가에게 한번쯤 되뇌어지는 사람으로 남겨지고 싶은 마음도 없지는 않다는 것이 제 생각이다. 아들이 다쳐 집에 있어 좋은 점은 어머니 이동시 옆에서 부추겨 줄 수 있다는 것이 나에게는 좋은 변수라 하겠다. 차 앞까지 아들이 옆에서 살짝 부추겨 주니 저는 쉽게 계단을 내려왔고 차에 앉혀드리는 것이 많이 수월해 힘들이지 않고 출발을 하게 되어 오히려 아들 다친 것이 나에게는 유리한 조건이 된다. 나는 운전 중 옆 자리에 조용히 앉아 계시는 엄마를 살짝 돌아본다. 내가 우리 엄마를 이렇게라도 모실 수가 있어 그나마 참 다행이며 아들도 남편도 심한 상처가 아니라 감사하다는 생각을 한다. 이렇게라도 어머니를 모시고 다닐 수가 있어 일상 속에 작은 행복이라 여겨지기도 한 부분이다. 사실 얼마 전까지만 하여도 병실에 누워 게신 울 엄마 생사(生死)를 가름 할 길 없어 애간장 태우며 시간을 보냈던 지난날들이었는데 지금은 비록 보행(步行)이 자유스럽지 못하고 타인의 도움을 받아야지만 움직일 수 있다하더라도 저는 이렇게 울 엄마를 옆에 태우고 비록 남편 병원 가는 길이라 할지라도 어머니와 이렇게 함께 가는 길이 행복하게 느껴진다.

    오늘은 병원 가는 길을 헤매지 않고 잘 도착 했다. 병실에 들어서니 남편이 평소와는 다르게 저희 모녀를 반긴다. 남편은 우리 모녀에게 오전에 큰어머님하고 사촌 여 동생네가 다녀갔다는 애기를 했다. 남편은 나 몰래 큰집 식구들에게 연락을 했던 모양이라 생각이 든다. 남들은 이런 경우 어떻게 생각 할지 몰겠지만 남편은 뭇사람들이 자기를 걱정하고 자기를 위해 병문안 와준 것을 좋아하는 성향인 듯했다. 그래서 친척들이 자기를 걱정을 해줘서 그런지 평소보다는 기분이 많이 좋아 보인다. 사실 저는 남편에게 암이 걸렸다는 사실을 그 누구에게도 알리지 말라고 신신당부를 해두었던 부분이다. 이런 사고들이 빈번하게 일어나는 부분을 부끄럽게 여기는 차원이라 저는 이런 상황들이 타인들에게 노출되는 것을 싫어했다. 손도 이렇게 잘렸다고 소문 내지 말고 조용히 치료받고 조용히 암수술도 받자고 당부를 해두었던 부분인데 남편은 여기저기 알려서 동정(同情)을 받고 싶은 마음이 일었는지 형제들과 친척들에게 알게 모르게 연락을 한듯하다. 나는 남편 암(癌)이라는 사실을 남들이 알까봐 부끄러웠다. 그러니까 남들이 남편에게 인생을 허구헛날 주색(酒色)잡기에 여념(餘念)이 없더니 결국은 암이 걸렸네. 라는 뒷담화가 들리까봐 염려스러웠던 이유다. 이런 일로 또 다시 남의 입에 오르내리는 것이 내 입장에서는 정말 싫었다. 나는 모든 일을 조용히 처리하고 싶은 마음이 컸다. 이런저런 이유로 암 걸린 사실을 주변에 알리지 말라고 남편에게 말을 해두었지만 본인이 손마저 다쳐 많이 외로웠는지 큰집 식구들에게까지 사고 소식을 알렸던 모양이다. 입장 바꿔놓고 생각하면 남편 마음도 이해는 간다. 본인은 암(癌)환자가 되었고 손등마저 전기톱이 지나갔으니 본인 처지를 생각하면 많이 서글펐을 것이라 이해를 해본다. 간병해 주는 사람 없고 찾아주는 사람 없으니 나름 많이 적적하고 외로웠을 것이라 충분히 이해가 가는 부분이다. 더구나 암(癌)이라는 것이 더러는 예측(豫測)할 수 없는 병이기도 하여 마음을 불안하게 가졌을 것이고 부담도 컸을 것이라 이해한다. 사람 마음은 간사하여 아프면 꼭 누군가 옆에서 챙겨주기를 바라는 심리가 크다 하지만 남편은 이 부분 만큼은 복(福)을 타고나지 않았던지 아니면 지난날의 과오(過

誤)로 죄업(罪業)을 닦는 과정인지 홀로 외롭게 병실에서 지내야 될 운명이라 생각한다. 가장 대접받고 가장 위로 받아야 할 시기인데 간병해 주는 사람하나 없으니 얼마나 쓸쓸했으면 그랬을까? 싶어 여기저기 연락한 부분에 대해 더 이상 거론하지 않았다. 남편에게 조심스럽게 아들이 다쳤다는 이야기를 했다. 아들이 다쳤다는 말을 듣고 난 남편도 마음이 아픈지 말이 없다. 그렇지만 크게 염려 할 정도는 아니라고 남편에게 말은 했지만 그래도 자식이 다쳤는데 왜? 마음이 아프지 않겠는가? 위로 할 때가 없으니 상처를 가볍게 생각해 저 나름 나를 위로하느라 그저 대수롭지 않게 말했을 뿐이다. 남편이 며칠 씻지 못했다고 병원 온 김에 자기를 좀 씻어 주고 가라고 한다. 저는 일단 알았다고 하고 어머님 눈치를 살피며 넌지시 어머님께 사위 씻어 줄때까지 기다릴 수 있겠냐고 물어 보았다. 어머니께서 흔쾌히 그렇게 하라고 하신 것이다. 제가 울 엄마 의향(意向)을 물을 수밖에 없었던 이유가 잠시 잠깐이라도 제가 눈에 보이지 않으면 어머님께서 급격히 몸 상태가 나빠지셨기에 저는 미리 이런 불상사를 만들고 싶지 않아 항상 울 엄마 의향을 먼저 묻는 이유다. 아마 불상사(不祥事)가 야기된 이유 또한 불안감(不安感)에서 오는 심리(心理)현상 일 수 있다는 생각도 나름 해보았다. 잠시 잠깐이든 어머님 허락(許諾)아래 작은 행동 하나라도 나는 조심스럽게 해야만 했다. 울 엄마 허락이 떨어졌으니 단 1분 1초라도 시간을 줄이려면 서둘러야만 했다. 나는 어머님께 남편 씻는 동안 휠체어에 잠시 앉아계시라고 하고 나는 서둘러 남편을 샤워장으로 데리고 가 붕대가 칭칭 감긴 팔을 가급적 다치지 않으려 조심하며 대충 몸을 씻겨줬다. 몸을 대충이라도 씻겨주고 나니 남편은 그동안 몸이 많이 가려웠는데 이렇게라도 씻고 나니 시원하네. 라고 한다. 오늘따라 왠지 남편 반응이 측은(惻隱)하게 들렸다. 암이 걸리기 전(前) 기고만장(氣高萬丈)하게 야생마(野生馬)처럼 날뛰던 고약한 성품이 풀이 죽어 있으니 어딘지 모르게 낯설다. 더구나 엉덩이 부분에 선명하게 남아있는 보라색 줄이 유난히 선명해 엊그제까지 방사선 치료를 받았노. 라는 증표(證票)가 되어 더 애처로운 마음까지 일었다. 그러나 지금 나는 편에게 더 이상의 것은 해 줄 수가 없다. 어머니를 더 보살펴야하는 의무가 남아있기 때문이다. 저는 남편을 대충 씻겨주며 며칠 있다가 다시 씻어 줄 수 있으면 다시 씻어 줄게. 라고 하고 샤워장에서 서둘러 나온다. 병실에 다소곳이 앉아 계시는 어머니 상태를 살펴본다. 어머님 상태가 아직은 참을 만하신 듯 조용히 휠체어에 앉아 계셔 다행이다. 더 이상 시간을 지체 할 수 없음 느낀 것이다. 어머니는 우리가 조금만 소홀이 생각하면 몸 상태가 갑자기 변하는 특성이 있어서 이렇게 편해 보일 때 서둘러 집으로 가는 것이 최선(最先)의 선택(選擇)이다. 수개월 동안 어머니를 간병하면서 터득한 현상이다. 남편 옷도 제대로 입혀주지 못하고 내일 다시 오겠다는 말을 남기고 나는 서둘러 어머니 휠체어를 밀고 병원을 빠져 나왔다.

　남편은 이렇게 서둘러 가는 마누라가 야속하게 느껴졌을 것이다. 하지만 그래도 이렇게 마누라가 있어 매일 병원 찾아주는 걸로 위로를 삼았으면 한다. 다음날 주말이 되어 막내 여동생 식구들이 내려왔다. 오랜만에 막내 여동생은 어머님을 뵈러 왔다. 우리가 대전에서 내려와 두 달간 방사선을 치료 받는 동안 보지 못했으니 못 본지가 벌써 두어 달은 넘는다. 막내가 현관에 들어서며 엄마를 보더니 엄마가 지난번 보다 건강이 많이 호전 되신 것 같아 마음이 좀 놓인다. 라는 말을 한다. 막상 동생에게서 이런 말을 듣고 보니 내 마음도 왠지 위로 받은 기분이다. 아들이 이모 온 소리 듣고 방에서 나와 인사를 하니 막내 여동생이 놀라며 너는 왜? 라고만 했다. 여동생은 이 상황이 어처구니가 없었는지 더 이상 말을 잊지 않았다. 그동안 우울한 집안 분위기가 여동생 내외 덕분에 활기가 돈는다. 엄마도 막내가 와서 북적 되니 기분이 밝아 보이신다. 엄마의 밝아진 모습을 보니 나도 덩달아 기분이 좋다. 동작이 많아 그런지 줄 줄 줄 흐르는 땀 때문에 나름 고충이 많다. 계절로 치면 추석이 내일모레인데 나는 더위 때문에 땀이 줄줄 흘러 고역이다. 아마도 갱년기 증상인지 아니면 집안 일이 바빠서인지 아무튼 열이 나고 후덥지근한 날씨에 할 일은 많고… 동생네 와서 식사도 챙겨야하고 거동 못하시는 어머님 챙겨야 하고 내야 될 공납금과 각종 세금들은 독촉장이 되어 쪽지 하나 더 붙어서 현관문에 따로 붙여 놓고 가는 것이 다반사다. 환자 식사 신경 쓰다 보니 반찬값과 환자 병문안에 드는 비용 또한 무시 할 수는 없는 상황이 맞다. 설상가상으로 아이들 급식비가 밀렸다고 하니 아무래도 내가 콧구멍이 남보다 넓으니 숨을 쉬고 사는 듯하다. 아 아 정말 꿈이라면 빨리 깨고 싶은 시기다. 나에게 이 시기 내 소원을 물어 본다면 편하게 잠 한번 자는 것이 소원이 되기도 하다는 느낌이 들 정도로 피로가 누적 되어 있는 상태다. 이런 생각을 하는 것을 보면 모든 시름에서 단 몇 분 만이라도 벗어나고 픈 심리가 아닐까? 생각한다.

나는 막내 여동생과 처음으로 진솔한 이야기를 한다

저는 오랜만에 온 막내 여동생하고 가족들 점심 준비하면서 이제껏 어머니 모시게 되면서 말 하지 못하고 살았던 이야기를 일부라도 하고 싶었다. 우리 자매가 여유롭게 앉아 이야기 나눌 수 있는 상황이 아니었다. 나는 부엌에서 밥 준비하고 여동생은 마루에 상을 펼쳐놓고 반찬을 나르는 과정에 몇 마디를 하게 되었다. 몇 개월 전 김해병원에서 막내 동생과 이러쿵저러쿵하다가 엄마한테 혼났던 기억이 있어 엄마 눈치를 보며 조심스럽게 몇 마디 건네는 수준이다. 막내 여동생과 저는 자매라 할지라도 내 나이 50이 넘도록 이제껏 속 깊은 이야기를 한 번도 하고 살지는 않아 조심스러운 부분이기도 하다. 막내 여동생은 지난번 어머님 김해병원에 계실 때 저에게 그동안 자기가 오해를 해서 미안하다는 사과를 했지만 그래도 마음 저변에는 나의 대한 불신(不信)이 아직도 많이 남아 있는 상황이라 나는 여동생과 보이지 않는 불신의 막을 조금 얇게 가져보려는 의도다. 그동안 여동생에게서 느꼈던 나에 대한 불신의 벽 두께가 10cm 두께였다면 지난번에 많이 얇아져 1cm정도 남아 있는 기분이다. 이번 기회를 빌려 이것마저 걷어버리고 싶은 심정이다. 병든 어머님 앞에서 또 다시 지난날을 운운하고 싶지 않다는 것이 나의 솔직한 심정이다. 더구나 굳이 이 시점에서 오해를 풀려는 차원은 아니다. 오해를 풀기보다는 막내에게 하고 싶은 말이 조금 있을 뿐이다. 지난번 병원에서 막내 동생이 일부 사과를 했으므로 저는 그것으로도 충분히 만족한다. 이제는 지난 과거보다는 앞으로 다시는 집안을 시끄럽게 한 불씨를 잠식시키기 위해서는 진정 무엇이 잘못 되었는가?라는 원인 정도는 인식시켜주고 싶다는 생각이 좀 있는 것이다. 저와 동생은 가족들 식사 준비하면서부터 설거지 하는 네네 마루와 부엌을 오며가며 그동안 오해가 되었던 부분들 몇 가지를 풀었다. 여동생과 나누웠던 이야기 중 일부이지만 내가 꼭 막내 여동생에게 기회가 되면 해주고 싶었던 이야기가 있었다. 지금은 막내 동생과 몇 마디 나누웠던 대화에 대해선 전혀 기억이 나지 않는다. 이 이야기만은 확실하게 기억한다. 그 이유는 말 그대로 뭣이 중헌디. 라는 주제다. 제가 막내에게 꼭 전해주고 싶었던 말인즉 어쩌면 나에게 가장 심도(深到) 깊은 이야기며 가슴 깊이 새겨두었던 부분에 대한 이야기다. 막내 여동생은 이제껏 한쪽 말에 취중해 폄하(貶下)적인 말들을 저에게 너무 많이 했었다. 아직도 나에 대한 불신(不信)을 아직도 버리지 못하고 있는 부분이 있다는 사실을 저는 이미 알고 있었던 것이다. 이번 일을 겪으면서 나에 대한 불신의 벽이 많이 얇아졌다는 사실을 느끼고서 저는 용기를 내서 여동생에게 이야기를 꺼내게 된 이유다. 우리는 상대가 어느 정도 마음에 문이 열렸을 때 상대에게 접근 하는 것이 좋을 것이라는 생각한다. 막내 여동생은 이제껏 나에 대한 불신(不信)의 벽이 너무 두꺼워 나의 모든 행동과 말은 신뢰할 수 없는 차원이라 마음이나 귀가 닫혀있어 그 어떤 말로는 공감을 얻기에는 역부족이라는 사실을 알고 이제껏 저는 침묵 할 수밖에 없었던 이유다. 이제는 그 벽이 얇아 보여 이번 기회를 빌려 여동생 생각을 조금이라도 바로 잡아주고자 이야기를 꺼냈다. 저희 자매는 식구들 밥상을 치우면서 했던 말이라 무슨 말 끝에 이 말을 하게 되었는지는 알 수 없다. 밑도 끝도 없이 제가 먼저 이 말을 꺼냈을 리는 만무(萬無)하다. 그러나 일단 제가 여동생에게

"네가 나를 바로 보지 못하고 네가 중간에서 중용(中庸)을 지키지 못했기 때문에 집안이 이제껏 이렇게 시끄러웠으며 형제끼리 하극상의 다툼까지 발생되었던 부분이다. 특히 사람이라고 하면 자고로 그 사람 행동 하나를 보면 열을 안다고 하였는데 네가 그 안목이 없었던 것이야. 특히 내가 엄마를 모시고 살면서 이제껏 원칙을 벗어나서 살더냐? 특히 다른 형제 한사람은 엄마 장애자(障碍者)신분을 이용하면서까지 사회 기본법을 유린 하며 살고 있더라만 나는 아직까지 내 인생길에 원칙과 정직을 기초로 삼고 살아온 몸이다. 소이 지식(知識)이 많은 너라도 나를 바로 보았더라면. 아니 형제 6남매 중 누군가 한 사람이라도 옥석(玉

石)만이라도 가릴 줄 아는 안목(眼目)이었더라면 형제들이 이렇게 시끄럽게 살지는 않았을 것이다."

특히 이제껏 집안이 시끄러웠던 가장 큰 원인은

"바로 네가 옥석도 못 가리는 안목(眼目)이라 집안이 시끄러웠던 하나의 이유가 될 것이다."

라고 했다. 제가 막내에게 이렇게 말을 했던 이유는 이제껏 막내 여동생이 형제 중간 연락책 역할을 담당했던 차원이라 막내에게 이런 말을 하게 된 이유다.

"엄마가 이렇게 위중하게 되신 이유도 집안이 하도 시끄러워 무엇이 잘 못 되었는지를 바로 알고 질서를 바로 잡으라는 의미다. 엄마가 이렇게 쓰러지시지 않았다면 아직도 나는 도둑년이고 사기꾼이 아니더냐."

라고 물었다. 막내가 하는 말

"그건 그리."

라고 한다. 자매가 한가하게 앉아서 많은 이야기를 나눌 수 있는 상황은 분명 아니었다. 형제간에 오해가 깊고 깊다보니 집안이 바람 잘 날이 없었던 이유이다. 사실 2~3년 전에 큰 사건하나가 있었고 그 사건은 저희 어머님 생신 때 저와 둘째 남동생 사이에 말다툼이 생겨 남매간에 손찌검까지 오고갔으니 그 얼마나 성치 않으신 부모님이나 이모님들 앞에서 부끄러운 처세(處世)가 아니었나싶어 후회가 많이 된 사건이기도 하다. 그 때 그 일을 돌이켜 생각해보면 그때는 제가 참으로 어리석은 방법으로 대응했지 않았나? 라고 후회한 부분이다. 분명 다른 방법도 있었을 텐데 라는 때 늦은 후회도 많이 했던 부분이다. 그 당시 나의 생각은 마냥 참고 양보하며 사는 것이 능사(能事)가 아니라는 것과 마냥 양상군자(梁上君子)가 되어서는 안 되었기에 제가 둘째 동생 시비에 응하여 불미스런 일이 일어났던 사건이다.

제가 이 때 더 격분하고 분개한 이유가 중간에서 간교(奸巧)한 머리로 둘째 동생과의 사이를 더 오해(誤解)깊게 만든 사람 있었다. 하지만 그 사람은 타성이라 차마의 법칙(法則)으로 직접적인 질타를 하지 못하는 입장이라 저는 어쩔 수 없이 차 선택을 택해서 역(易)이용하는 방법을 찾아야만 된 상황이었다. 피(血)를 나눈 둘째 동생과 일전을 치렀던. 바람직하지 못한 처세요. 부끄러운 과거사다. 그 사람은 하늘이 맺어준 타성[他性]의 형제다. 타성인 형제한테는 차마할 수 없는 행위(行爲)이다 타성(他姓)의 형제(兄弟)는 모타리가 작아 육체적으로나 말로도 충분이 제압할 수 있는 상대라 나의 적수는 분명 아니었다. 상대 할 필요가 없는 상대다. 싸움이란 것이 대부분 상대가 나의 상대가 되었을 때. 하는 것이 보편적이고 보면 올케는 외소(矮小)해서 등치 좋은 나의 상대는 분명 아니라는 뜻이다. 머리가 영민해서 그런지 알 수 없지만 꼭 둘째 남동생을 통해 이제껏 저를 공격한 차원이다. 올케 입장에서 보면. 어쩌면 둘째 동생을 이용해서 나를 공격하는 처세는 참으로 지혜로운 처세(處世)라 할 수 있다. 어머니와 저는 그렇게 사이드를 이용해서 저를 공격하려는 의도정도는 이미 알고 있음이다. 저희 어머님 말씀처럼 올케가 아직 세상사 이치를 모르니 그리하리라 생각 할 뿐 감정을 갖지 않는 부분이다. 의협심(義俠心)이 강(强)한 둘째 남동생은 저를 아직까지 바로 보지 못했는지 저에 대한 믿음은 눈을 씻고 찾아보려 해도 찾을 수 없다. 나는 둘째 동생에게 미운털이 심하게 박혔는지 저주스러울 정도로 나를 불신(不信)하는 차원이다. 큰 올케 입에서 제 이야기가 말 한마디라도 나오면 바로 제게 전화해서 죽이니 살리니. 를 읊조리면 살게 된 지난날의 마음 아픈 사연이다. 나에 대한 불신이 하늘을 찌르고 있는 상황에서 형수까지 나의 대한 말이 좋게 나오지 않고 있으니 둘째 동생에게 둘째 누나는 철천지원수로 여겨진듯한 느낌이다. 둘째 동생은 주변에서 나의 이야기만 나오면 이야기 본질을 알아보려 하지 않고 그저 감정을 먼저 앞세워 다짜고짜 나의 생사(生死)여탈(與奪)권을 가지고 있는 사람처럼 나를 죽이니 살리니 라는 말을 그저 읊조리고 살고 있으니 이렇게 마냥 간과만 하고 있는 것도 꼴 사운 모습이었다. 마냥 이대로 두고 보는 것이 좋은 모습이 아니라는 생각에 나는 큰 올케를 상대하지 않고 둘째 동생과 일전을 벌이게 되었던 사연이다. 어머님 쓰러지시기 전까지 언니나 막내 여동생도 자세한 내막도 모르면서 그저 큰 올케 말만 듣고 무조건 저에게 약부터 썼던 부분이라 나는 이 시점에서 막내에게 집안의 불씨가 되었던 것이 진정 무엇이었는지를 스스로 가름해주기를 바라는 마음으로 막내 여동생과 진솔한 대화를 하고 싶었다. 막내 여동생도 엄마가 여러 달 병원에 입원하시고 나서 무엇이 잘 못되었는지를 조금 아는 것 같아 이제사 막내와 대화를 해보려는 의도도. 가족끼리 폄하(貶下)적인 판단(判斷)보다는 중도(中道)로서 중용(中庸)을 지켜주기를 바라는 뜻이며 이제는 가족 간에 더 이상 불미스러운 일들이 발생하지 않았으면 하는 마음에 막내 여동생이 중간 역할을 잘 해주었으면 하는 차원에서 대화를 해보려는 이유다. 다시 말해 막내 여동생이 이제껏 형제간에 일어났던 불협화음(不協和音)의 원인(原因)이 무엇이었는지를 정확히 규명(糾明)해 중용을 지켜줬으면 좋겠다는 생각에 나는 엄마 눈치를 보면서 막간을 이용해 한마디 여동생에게 해본 것이다. 옥석도 못 가리는 둘째 동생의 의협심(義俠心)으로 인하여 가족 모임이 언제부터인지는 모르겠지만 알게 모르게 서로 눈치를 보는 모임이 되고 있어 더러는 이쯤해서 누군가의 중재(仲裁)가 필요한 시기라 여긴 것이다. 무지몽매(無知蒙昧)한 의협심(義俠心)과 사리(事理)분별(分別)못하는 용기(勇氣)는 만용(蠻勇)에 불과하다고 나는 생각한다. 지혜롭지 못한 용기는 만용이며 그만용(蠻勇)은 돌(石)을 들고 옥(玉)이라고 악을 써대는 기운자랑이다. 큰 소리에 걸쭉한 육두문자가 수반(隨伴)된 말은 폭력성 언어 폭언(暴言)일 뿐이다. 허구헌날 나에게 폭언이나 일삼는 둘째 동생과의 악순환을 이제는 종결(終決)시키려는 이유다. 언제부터인지 알 수 없으나 둘째 동생은 오랜 세월동안 저에게 유독 걸핏하면 욕하고 시비(是非)를 일삼아 왔지만 이제는 어머님 이렇게 된 이상 마냥 간과(看過)만 할 수 없다는 생각이다. 아들들은 병 깊으신 어머님을 모실 의향이 전혀 없다는 생각이 든다. 예전에는 혹여 큰 동생이 큰아들이라 어머님을 나중에라도 모시지 않겠는가? 라는 기대감이 있었다. 올케에게 미움 받지 않으려 나름 노력했었다. 언제 부터인지 모르지만 어머님을 모실 것이라는 기대감은 물 건너 간지 오래 됐다. 속 모르는 다른 형제들은 큰 아들 집에서 어머님을 잘 모시고 있는데 제가 중간에서 어머님을 모셔간 것으로 오해들 하고 있다는 사실이 조금 억울했다. 우리나라 전통은 대부분 부모님을 큰 아들집에서 모시는 것을 원칙으로 하였지만 그 원칙도 언제부터인지 모르게 시대의 흐름인지 극변하는 사회의 변천사인지 몰겠지만 그 전통도 깨진지 오래 되었다는 사실이다. 그렇지만 보수적인 둘째 남동생은 형수가 어머니를 잘 모시고 계시는데 왜? 중간에서 작은 누나가 어머니를 김해로 모시고 갔는가? 라고 못마땅하게 여겼던 부분이다. 엎친데 겹친 격으로 둘째 남동생과 저 사이에는 유독 오해가 깊어있었던 터라 그런지 사사건건(事事件件) 오해만 쌓여가게 된 사연이다. 저도 큰 동생 집에서 어머니를 모셔주기를 간절히 바란 사람이다. 지인들께서 자네 어머니 어디계신가? 라고 물었을 때 큰 아들집에 계세요. 라는 대답이 딸네 집에 계세요. 라는 답보다는 훨씬 하기도 좋았고 듣기도 좋았던 이유다. 우리나라 전통으로 장남 집에서 부모님을 모셨던 잔존의 의식들이 남아 있어 그랬는지는 모르겠지만 아무튼 제 입장에서도 부모님을 장남이 모시고 사는 것이 바람직하다고 생각했다. 저희 어머님께서도 유독 장남 집에 머무시려는 생각이 많으셨던 일도 아마 이런 이유가 많았지 않았을까? 싶다. 어머니는 평소 건강이 우선해지면 악착같이 큰 아들집으로 가서 살기를 원하셨던 이유이기도 하다. 그러나 언제부터인지 모르겠으나 누군가는 어머님 오시는 것을 원치 않았다. 물론 과학으로는 증명 할 수 없는 사례라서 어머니께서 큰 아들네 계시다가 몸이 많이 편찮으시면 저를 찾으셨고 어머님 호출로 큰 동생네를 가면 어머니는 저에게 그것이 아니네. 라는 말씀을 하시며 저에게 자기를 대리고 가달라고 자주 연락을 주셨다. 저희들 입장에서 보면 본인이 큰 아들 집에 계시기를 강하게 주장을 하셔서 언젠가는 어머니는 큰 아들집에서 사시겠구나. 라는 생각을 했었던 시절도 있다. 우리나라 사회적 분위기가 그래도 쇠퇴해가는 전통들이라고는 하지만 장남이 부모님 모시고 사는 것이 바람직했으니 언젠가 때가 되면 당연히 큰 아들이 어머니를 모시고 살줄 알았던 것이다. 어느 시점에서 어떤 연유로 어머님께서는 장남 집에 계시면 불편해하셨고 아프시니 자꾸만 제게 그것이 아니네 그것이 아니야. 라고 하시며 큰 아들집에 계시지 못하시고 저희 집으로 오시게 된다. 제가 어머님을 모시고 살면서도 큰 올케에게 늘 미안하네. 환자 위주로 하다 보니 자네 마음을 불편하게 하였네. 자네가 여러 가지 마음 불편하더라도 이해를 좀 하소. 라는 말을 달고 살았던 이유도 혹시라도 어머님 모시고 살게 되면 저와 불편했던 관계 때문에 어머님에게 그 여파가 미칠까봐 늘 사과를 했던 이유다. 울 엄마는 다른 분과 다르게 일반적인 생각으로는 다소 이해하기 어려운 부분이 있어 올케도 보통 마음으로는 이해하기 어려울 것이라 이해가 되어 가급적 우리의 의견들을 주장하지 않고 올케 위주로 살 때가 많았지 싶다. 어머니가 장남 집에 가서 사시기를 유난히 원하셨던 부분이라 어머님 고집을 꺾을 수 없음을 알고서 가능한 올케의 심기를 거스르지 않으려고 나름 비굴 할 정도로 올케에게 사과만 하고 살았던 나의 과거다. 또 다른 차원은 형제 화목을 우선시 하여 어머님을 빨리 병석에서 일으켜 드리고 싶었다. 제가 알고 있고 어머니가 알고 있던 또 다른 세계의 메시지는 바로 저희 어머님을 병석에서 일으켜 세우는 비법(秘法)이 바로 형제 화목(和睦)이라는 것을 깨달았기 때문에 저는 맹목적(盲目的)은 아닐지라도 그래도 큰 올케에게 비굴하리만큼 미안하네. 라는 말을 읊조리며 살아온 배 알도 없고 간도 쓸개도 없이 살아온 나의 한 많은 인생이다. 이런저런 이유로 사과만 하고 살았더니 올케는 나를 함부로 대해도 되는 사람 취급을 하여 걸핏하면 손위 사람인 저를 향해 악을 써 되니 한번쯤 기회를 봐서 위아래도 모르고 악부터 쓰는 올케의 악습을 갈무리를 해야겠다고 생각을 하였던 차 공교롭게도 때마침 힘세고 등치 좋고 입 거친 둘째 남동생이 시비를 해오는 바람에 때는 이때다 싶어 둘째 동생하고 죽을 각오를 하고 일전을 치렀던 부끄러운 나의 과거사다. 왜 죽을 각오로 싸워야만 했는가? 라고 누군가 제게 묻는다면 나는 어차피 어머니를 모시는 것은 나의 몫이고 그렇다고 누구하나 성치 않으신 어머니 맛있는 것이라도 사드라고 생활비를 챙겨주지도 않고 있는 이 시점에서 굳이 이렇게 악쓰고만 있는 사람들을 간과만 할 수 없었던 이유다. 이제는 시어머니를 모시고 살 것이라는 부푼 꿈은 물 건너 간지 오래된 것 같아 잃을 것 없고 얻을 것 없을 바엔 차라리 집안 질서라도 제대로 잡아 더 이상 이간질 속에서 그만 놀고 싶었던 이유고 나 자신도 이젠 비굴함에서 벗어나고자 대접전을 벌렸던 사연이다. 내가 게거품 물고 싸웠던 여파는 컸다. 그러나 성과도 컸다. 제가 본격적으로 엄마를 모시게 되면서 3개월 동안 막내 여동생이 어머니 맛있는 것이나 사드리라고 하면서 15만원을 따로 붙여 줬다. 그런데 어느 날 이 사실을 알게 된 큰 올케가 그런

돈을 자기에게 송금하지 않고 바로 저에게 송금했다고 기분 나쁘다는 말을 했다고 막내가 저에게 그 말을 전한 것이다. 그 말을 들은 나는 바로 막내 여동생에게 올케 기분 나쁘게 하며 안 되니 큰올케 기분 상하지 않게 그 돈 붙이지 마라. 내가 좀 덜 쓰면 된다. 라고 했다. 동생은 바로 한 치의 망설임도 없이 바보. 라고 하였다. 나는 바보라는 말을 듣고 너무 웃음이 터져 나왔다. 동생의 악의 없는 바보. 라는 말이 내겐 너무 정겹게 들렸다. 동생에게서 바보 소리 들으니 절로 웃음이 터져 컬 컬 컬 웃었고 내 웃음소리에 동생도 따라 크게 웃었던 기억이 있다. 작은 것 하나라도 양보 할 수 있으면 나는 양보하며 살고자 하는 주의다. 욕심 부리지 않고 순리대로 살고픈 것이다. 그런 이유로 더 이상 막내에게서도 돈이 들어오지 않아 어머니 생활비가 형제들에게서 끊어졌던 사연이라 하겠다. 어머님 모시면서 형제들에게서 생활비 10만원씩 세 번 받고 이제껏 얻어 쓴 것도 없는데 친정 시끄럽기는 무진장 시끄러워 이젠 제발 형제끼리 아옹다옹하며 살지 않았으면 하는 마음에 내가 처음으로 나도 사람이고 나름 어머님 공경하며 진솔하게 살고 있다는 의미로 큰 소리 한번 냈던 사례다. 형제들은 서로 입장이 난처해 그런지 하나같이 침묵만 지키고 있는 상황이고 하여 어차피 우리 형제들은 옥석(玉石)도 못 가리는 안목(眼目)들이라면 한 번쯤 내 목소리를 내서 바로 우리에게 가장 문제가 된 부분이 무엇인가? 를 알려 주고자 했던 마음에 한 바탕 둘째 동생과 일전(一戰) 치르게 된 동기이다. 내가 이렇게까지 할 수 밖에 없었던 단 하나의 이유는 이제껏 곡해(曲解)로 인하여 일어났던 잡다한 잡음들을 종결시키기 위한 모험이었다. 그동안에는 집안 시끄럽게 하는 것이 싫어 많이 참고 이해하고자 하는 마음에 나 도한 침묵했던 이유다. 본의(本意)아니게 저 나름 집안 화목하기 위해 그저 매사 올케에게 미안하다는 말을 일관 하면서까지 저는 바보가 되어 살아왔지만 곡해하는 수위(水位)가 도를 넘고 있으니 이제는 참는 것도 한계를 느껴 봉기를 든 이유다. 제가 이렇게 밖에 할 수 없었던 가장 큰 이유 또 한 가지는 사실 나라에서 어머니에게 지급되는 기초노령연금과 장애자 연금이라도 올케 손 빌리지 않고 어머님께 찾아드리고 싶은 마음에 이제까지는 비굴하기까지 하였던 저였지만 그 돈 들어오는 통장을 올케가 어머니에게 돌려주지 않으니 저로서는 다른 형제들도 이런 이유를 알았으면 하는 마음에 일전일 벌렸던 이유다. 봉기든 시기가 다소 늦은 감이 있었다. 이제는 마냥 참는 다는 것이 능사가 아닌 것을 알았다. 쾌도난마(快刀亂麻)처럼 잘라버릴 것은 깔끔하게 잘라버리고 싶었던 이유다. 둘째 남동생 의도는 이제껏 문제가 저에게 있는 줄로만 알고 언제나 저를 공격하였던 것이고 자기가 총대를 메고 집안을 다스려보고자 하는 의도였을 것이라 저는 이해했다. 그 생각은 어림없는 생각이다. 둘째는 힘만 앞장 세워 바로 보지 못하는 어리석음을 자행하는지라 이것은 분명 아니다. 싶어 저는 그 많은 가족들 앞에서 둘째 동생에게 내가 그동안 무엇이 그렇게도 잘못했는가? 라고 물었고 그 말끝에 둘째 동생은 나에게 네가 그동안 엄마 돈을 다 썼고 엄마 통풍에 안 좋은 지방이든 음식을 일부러 자주 갖다 드린다. 라고 했었다. 참 기가 막힌 말이다.

   그것은 분명 자기의 착각(錯覺)이요 본인에 오산(誤算)일 뿐이데 그렇게 그럴 것이다. 라는 착각에 나를 자기 생각 속에 넣어 놓고 이제껏 자기 마음 불편하게 살아왔는지 그렇게 툭하면 10여년 터울을 둔 누나인 나에게 육두문자를 써 서로 마음 불편하게 살아야 하였는지 오해라는 것이 자신을 힘들게 하는 요소이건만 사람들은 오해부터 하는 것을 보노라면 참 쓸쓸한 기분이 든 사례들이다. 나는 둘째 동생의 심지 굳은 오해에 대해선 할 말은 없다. 굳이 그렇게 남을 의심하며 세상 살아서 얻은 것이 무엇인지 정말 묻고 싶을 뿐이다. 저는 둘째 남동생에게 세상을 바로 보고 살아라. 라는 말을 해주고 싶다. 왜? 그렇게 그럴 것이다. 라는 심증(心證)만으로 남을 의심(疑心)하여 이 좋은 세상 시끄럽게 하지는 말자고 말하고 싶었다. 저는 둘째에게 참 용기(勇氣)란 무엇인가를 일러 주고 싶은 마음이다. 형제간에는 심증만 가지고 오해는 하지 말 것이며 상대가 정성으로 부모 섬기는 부분에 대해서는 왈가왈부(曰可曰否)하지 말 것이며 병든 부모님 모실 수 있는 형편 되는 사람 몇 사람 없으니 병든 부모님 모시는 부분에 대해 형편 따지고 상황 따지지 말고 병든 부모님 한번이라도 더 모시지 못함을 안타가워 하는 마음을 갖자는 의도이며 일전을 벌리게 되었던 취지(趣旨)다. 부모님 모실 수 있는 기회는 점점 더 사라지는 것이 인생살이이기에 부모 살아 계실 때 다정한 말 한마디 따뜻한 손길 한 번 더 내주는 것을 자식으로써 주저하지 말 것이며 만약 부모님을 모시는 중이라면 부모님 모실 수 있는 것에 감사하며 살아가자는 것이 뜻이 나의 의도다. 이러한 행동들이야 말로 참다운 인간으로써 가장 갖추어야 될 기본자세요. 자식 된 도리요 참다운 인간의 기본바탕이 되는 것이라 말하고 싶었다. 나부터 이런 마음으로 사노라면 분명 좋은 세상을 만들어가는 토대가 될 것이며 인간 세상의 기본 질서가 확립(確立)이 되는 것이다. 라는 말을 해주고 싶었던 것이다. 저는 참다운 용기(勇氣)란? 과연 무엇인가? 라는 주제를 놓고 생각을 했을 때 행(行)하지도 않고 용기(勇氣)도 없이 간교하게 머리 써 일구어낸 지혜는 한마디로 말해서 꾀에 불과 하다는 것을 알려주고 싶다. 지혜(智慧)없는 용기는 만용(蠻勇)이라 말하고 싶은 것이다. 내가 내린 결론은 둘째 동생 용기이야 말로 바로 사리분별 모르고 힘만 가지고 날뛰며 덤비는 만용에 불과 하다는 의미가 된다. 저는 참 용기에 대해 정의(正義)를 내린다면 사물을 옳게 보는 안목과 지혜를 겸비해 정의롭게 쓰는 힘을 저는 참 용기라 표현(表現)하고 싶다. 그것은 옳은 일에는 목숨을 내어놓을 각오도 되어있는 사람만이 참 용기를 가졌다고 말하고 싶다.

현대는 물질만능시대라 참 용기를 가진 사람 찾기란 드문 일이지 싶다. 드문 사람 찾기보다는 우리 스스로가 참 용기 있는 사람이 되어보려는 마음가짐도 중요하지 않겠는가? 라는 생각을 해본다. 저희 어머니께서 저에게 가르쳐주신 교육이 바로 정의로운 사람이 되라는 뜻이며 어머님 의중의 키포인트라 생각한다. 저희 어머니께서 항상 말씀하신 부분이 참사람이 먼저 되어야지 재물은 다음에 부수적으로 자연이 따르게 되는 것이라고 하시면서 참사람이 먼저 되라고 저에게 강조를 하셨던 부분이다. 저는 그 가르침에 어긋나지 않게 행(行)하며 사는 것이 당연하다고 여기며 살아가는 중이다. 주변사람들이 저를 두고 융통성 없고 고지식한 결정체라고 표현했다. 저 스스로도 나름 교만(驕慢)하지 않는 사람이 되도록 더 나 자신을 낮추고 다듬으며 저 자신을 극기(克己)하고자 노력한다. 저희 어머니께서 남다르게 자식들에게 가르치고 싶었던 부분이 있다면 항상 정직하고 화목하고 부모공경 하는 부분을 강조하셨는데 아마도 그 이유는 신(神)의 세계에서는 이 부분을 가장 중요시 여기기 때문이라는 뜻이다. 이런 행동들이 바로 운명을 바꿔주는 달란트가 된다는 의미다. 그러니까 출이반이(出爾反爾)라는 고사성어의 의미처럼 항상 내게서 나가면 반듯이 내게로 돌아온다는 의미이다. 간단히 말해 죄는 짓은 대로 가고 덕은 쌓은 대로 간다는 의미로 해석해 공덕을 쌓아 운명의 흠을 고쳐가라는 뜻이지 싶다. 그러나 언제부터인지 모르지만 어머님께서 바라셨던 자식상과는 다르게 잔머리 돌려 형제 이간질 시키려는 자(者)가 있어 형제 헐뜯는데 열을 올리고 있는 형국이라 저희 어머니께서 가장 애통해하셨던 부분이라. 저는 이 부분을 갈무리 하고

자 설거지 하는 막간을 이용해 막내 여동생에게 네가 바로 옥석(玉石)을 가릴 줄 아는 안목(眼目)이였다면 우리가 이렇게까지 형제간 불란(不亂)은 없었을 것이다. 라고 했다.

　내 말이 끝나자마자 여동생이 밥그릇 나르던 걸음을 멈추며 저를 휙 하고 쳐다보았다. 그러니까 막내는 언니인 내가 옥석도 가릴 줄 모른다고 자기 탓을 하는 것 같아 억울했는지 내가 뭘 어쨌는데. 라는 눈빛으로 저를 날카롭게 쳐다본다. 저는 휙 하고 쳐다보는 동생에게 자고로 사람은 하나를 보면 열을 안다고 하였다. 내가 이제껏 살면서 원칙을 벗어나 편법을 쓰면서 살아오지 않았거늘 너는 어찌하여 그렇게도 옥석도 못 가리는 안목이더냐? 라고 다시 말했다. 다시 무릇, 사람은 보편적으로 편파적인 성향이 있다 보니 대부분 편중되어 보는 경우가 더러 있는지라 그런 오류를 범하지 않으려면 자신이 바로서서 어떤 일이든 무엇을 하든지 항상 중용(中庸)을 지켜 중도(中道)로 만사를 볼 줄 알아야 하는데 이제껏 형제들 모이면 나를 폄하하고 성토대회 열어 지금까지 얻은 것이 무엇이더냐? 라고 동생에게 물었다. 내 말끝에 막내 여동생은 내게 그런데 왜? 나는 언니 말에 신뢰(信賴)가 가지 않을까? 라고 되물었다. 사실 그렇다. 세상사 이치(理致)가 더러는 마음 작용이 지배하는 경우가 많다는 사실이다. 자신의 각인된 생각 더구나 부정적 생각의 지배는 자신의 판단을 더욱 흐리게 하는 요인이 되는 경우가 이런 경우라 생각한다. 그러니까 바로 자기 마음속 깊은 곳에 세뇌(洗腦)되고 각인(刻印)되어버린 그 생각 쪽으로 대부분 판단을 하게 되는 경우가 바로 막내 여동생의 경우라 하겠다. 다시 말해 본인에게 각인(刻印)된 그 생각이 먼저 씌어져 판단능력이 각인된 쪽으로 치우치게 되는 것이 바로 잠재의식의 역할이라는 의미다. 막내 여동생 마음 깊은 곳에는 오랜 세월 둘째 언니는 사기성과 도둑성을 가진 자(者)로 인식(認識)되어버린 잠재의식의 작용이다. 잠재의식 속에 들어 있는 잘 못된 정보로 인하여 상대를 바르게 보지 못하게 했던 가장 큰 요인이 바로 둘째 언니는 도둑성과 사기성을 가진 사람으로 세뇌(洗腦) 되었던 경우라 하겠다. 저는 막내 동생 말끝에 바로 그것이다. 바로 니 마음 깊은 곳에는 항상 자리 잡고 있었기 때문에 둘째 언니는 도둑성과 사기성이 있다. 라는 전제하에 들고 받아들여지기에 나의 관련된 모든 것들이 부정적으로 들리게 되고 무슨 말이든 무슨 행동이든 바로 듣지 못하고 바로 보지 못한 요인이 되었던 이유다. 라고 했다. 동생은 그건 그리어. 라고 한다. 막내 여동생에게 이정도 이야기도 절반(半)에 울림이 될 것이라 생각한다. 그렇다면 더 이상에 말은 구차한 말이 될 것이다. 아니 더 하고 싶은 말은 많았지만 성치 않으신 어머니 앞에서 또 다시 왈가왈부해서 또 엄마 마음 불편하게 할 필요가 없다. 자고로 마음에 장애(障礙)가 있으면 눈으로 보는 세상은 모두 불공평하게 보이는 것이 보편적인 생각인 것이고 마음에 방해가 없으면 눈앞에 펼쳐지는 세상은 모두 아름답게 보이는 것이 진리이듯 내 동생 역시 오랜 세월 마음에 방해(妨害)가 있는 사람들로 인해 둘째 언니는 사기꾼이요 도둑년이라고 마음 깊은 곳에 강하고 깊게 세뇌가 되어있다는 사실이다. 이 부분은 동생 스스로가 현명해져서 털어야 하는 영역일 것이라 생각한다. 하지만 지금 제 상황은 남이 보는 세상에서 생각 할 때 그야말로 비운(悲運)을 맞이한 처량한 신세다. 제가 나의 처지(處地)를 생각해봐도 험난한 세상과 마주하고 있는 내 신세가 그야말로 처량하기 그지없어 더 이상 가타부타 이야기를 해봤자 가난한 자(者)의 말은 설령 진리라 할지라도 효력(效力)이 없을뿐더러 그저 눈에 보이는 것이 전부인 이 현실에서는 저는 지금 아주 비운(悲運)을 맞이해 고전을 면치 못하고 있는 한 여인(女人)의 신세타령일 뿐이다. 세상은 보편적으로 가진 자(者)와 성공한 자(者)에 말은 귀담아 들어도 아무리 좋은 말이고 직접 경험에서 얻었던 지혜라 할지라도 배우지 못하고 가난뱅이의 말은 귀담아 듣지 않은 것이 상례(常禮)다. 그래서 저는 가급적 말을 아껴 두려한다. 다음날 저는 어머니를 모시고 남편 병원을 다녀오기로 하고 막내 동생식구와 함께 병원으로 향하게 되었다. 아들도 다쳐 집에 있어서 이번에 함께 가기로 하고 두 가족이 남편 병원으로 총출동을 했다. 우리 가족들이 병실로 들어가니 병실 안이 좁을 정도로 우리식구들로 가득했다. 가족들이 많다보니 왠지 이 분위기는 제 마음을 훈훈하게 한다. 이런 분위기는 가족과 형제들이 많아서 누리는 다복함이 아닐까? 싶은 생각도 들었다. 이 순간만이라도 이렇게 가족들이 많으니 모든 것이 든든하게 느껴졌다. 그리고 지금은 비록 남편이 암 환자라 할지라도 왠지 크게 염려되지는 않다는 생각이 자꾸 들었다. 왜냐하면 워낙 위급했던 노모님을 그동안 너무 많이 봐서 그랬는지 일단 제 감정이 많이 무디어져 그랬는지 암 환자라는 사실이 걱정된다든가 불안하다든가 하는 심리작용에서 오는 불안증세가 없고 오히려 이번 일을 거울삼아 남편이 거듭 날 것이라는 생각만 자꾸 들었다. 나의 무식한 생각은 암에서 오는 통증은 급한 대로 진통제를 먹으면 괜찮아졌고 남편은 아직 젊고 그렇다고 다른 부위나 장기로 전이가 되지 않아 안도하는 마음이 없지는 않았기에 불안한 마음이 전혀 생기지 않았던 이유라 하겠다. 여러 달 동안 엄마로 인하여 모두가 힘들고 지친 상태라 그런지 남편 암에 대해선 가족들이 대부분 무관심한 상태다. 식구들은 남편 암에 대해선 반응이 없었다. 저 역시도 그저 잘 될 거야. 라는 마음뿐이다. 왜냐하면 제가 남편이 암 환자라 하지만 신경을 써 줄 수 있는 것이 한계가 있는지라 마음 편하게 먹기로 한 것이다. 나는 남편 병과 마주 하였을 때 걱정하는 생각보다는 당신은 암(癌)이라는 육체적(肉體的)병은 오히려 정신적(精神的)으로는 좋은 약이 될 것이다. 라고 생각하고 그동안 방탕생활을 일삼았던 지난날들의 잘못된 습관과 행동들을 바로잡아 이제부터는 가치 있고 보람 있는 인생 이모작을 잘 설계해 타인의 모범(模範)이 되는 인생 전환점을 만들어 가야 할 것이다. 라는 생각을 가졌다. 이 상황에서 이런 생각을 하고 있는 저 자신을 객관적으로 본다면 더러는 냉소적인 부분도 없지 않다는 생각도 든다. 남편 찾아오는 사람 별로 없는 썰렁한 병실에 많은 가족들이 자기를 찾아주니 남편도 기분이 밝아보였다. 그러니까 아무도 찾아주는 사람 없이 쓸쓸하게 그저 저희 모녀만 찾아 올 땐 웃는 모습 보기가 힘들었는데 연신 남편 얼굴이 싱글벙글 되어있는 모습을 보노라니 왠지 제 기분도 흐뭇하다. 남편은 아들 다친 부위를 살펴보면서 조심하지 그랬어. 라는 말을 한다. 그런데 조심하지 그랬어? 라는 남편 말을 들으니 갑자기 저 자신도 모르게 누군들 다치고 싶은 사람 있을 것이며 아프고 싶은 사람 있을 라고. 라는 반발심이 나도 모르게 마음에서 일어났다. 남편도 자식 염려하는 마음에서 말을 그리했을 것이라 이해를 해본다. 우리 일행은 점심때를 맞추어 병원을 찾아왔기 때문에 온 식구들이 어느 한적한 식당에 가서 아귀찜을 시켜 놓고 점심을 함께하는 시간을 갖게 되었다.

우리가 시킨 아귀찜이 쓴맛이 너무 강해 식당 주인보고 맛을 보라고 했다 그랬더니 식당주인은 그럴 일 없을 겁니다. 라고 하면서도 아귀찜 맛을 보지 않는다. 약간 불만을 갖고 식사를 마치고 나오게 된다. 우리는 쓴맛이 너무 강해 아귀찜을 먹지 못했는데도 미안하다는 말 대신 그럴 일 없다고만 주장하는 주인장 처세(處世)가 마음에 들지 않았지만 우리는 환자들을 데리고 간 입장이라 긴 말을 할 수가 없어 그냥 여동생이 계산을 하고 돌아섰다. 주인장이 쓴맛을 보지 않고 우김질을 하였던 부분이 조금 아쉬운 부분이라면 아쉬운 부분으로 기억한다. 세상 살아가는 처세에는 여러 가지 유형이 있겠지만 그래도 식당을 운영하는 입장에서는 최소한 손님이 불편하게 느낀 부분을 귀담아 들어 볼 줄도 알아야 된다고 생각한다. 우리들은 이 식당을 나오면서 다시는 이곳으로 오지 말자라는 농을 하면서 맛있게 먹지 못한 아쉬움을 달래며 식당 골목길을 빠져 나왔다. 골목길을 빠져나온 우리 일행은 어머님을 태운 휠체어를 앞장세워 3~4백 미터 되는 거리를 걸어서 남편병원으로 향한다. 저는 휠체어를 밀며 걷다가 무심코 올려다 본 9월의 가을 하늘 빛이 너무 눈부시게도 푸르고 양떼구름 뭉게뭉게 떠 있는 하늘이 아름다워 그 구름과 한 몸이 되어 빨려 들어가는 기분을 느꼈다. 이렇게 여러 식구들과 함께 어머님을 앞장 세워 가는 길이 너무나 행복했다. 이 순간도 잠시 뿐이라는 생각이 들어 급 기분이 우울해진다. 사실 막내 여동생네가 먼 길을 가야하므로 빨리 서둘러 보내야 되는 시간이라서 도 헤어짐이 싫었다. 만났으니 또 헤어져야 됨은 기정사실이라 우리들은 병원 앞에서 김해로 갈사람 대전으로 갈사람 병원에 남아 있을 사람으로 나뉘어 또 다시 각자의 길을 향해 떠나는 시간이라 우리는 병실로 올라가지 않고 병원 앞에서 아쉬운 작별을 한다. 헤어짐은 언제나 아쉬움을 남긴다. 더군다나 어머님께서 노쇠해진 모습이라 더욱 아쉬움이 크게 느껴지는 작별이다. 며칠 후 저희는 어느 때와 마찬가지로 남편 병원을 찾는다. 막상 남편을 만나려고 병실에 가면 남편과 딱히 할 말은 없다는 사실이다. 우리가 이렇게 병원을 찾지 않으면 왠지 남편이 허전하게 생각 할 것 같아 먼 길을 마다하지 않고 악착같이 찾아가는 이유다. 병원을 가지 않는 날은 집에 있어도 마음이 편치 않았다. 이 먼 길을 거동 불편하신 어머니와 함께 이렇게 찾아간다. 저는 남편한테 들려본다는 핑계로 울 엄마를 소파에서 한 번 더 일으켜 세워 어떻게든 한발 한발 내딛게 하여

차 앞까지 걷게 하는 것이 제가 의도하는 울 엄마 재활운동이다. 이런저런 이유로 어머니를 악착 같이 몸을 움직이도록 모시고 다닌 이유다. 못 딛는 환자를 억지로 일으켜 세우고 옷 챙겨 입혀 나서는 과정들이 너무 힘들어 더러는 혼자 훌쩍 다녀오고 싶다는 생각도 더러는 일어난다. 그래서는 안 되는 것이라 더러는 몸이 고달프고 힘들지만 어떻게 해서라도 나는 어머니를 움직이게 해야만 한다. 이런저런 이유로 엄마를 악착 같이 모시고 다녀서 그런지 요즘 어머님 발에 힘이 좀 들어간다는 것을 사실 느끼고 있다. 계단 내려딛는 부분에 조금 가볍게 발을 띄시고 반대쪽 발을 옮겨 딛는 부분도 안정감 있게 딛으신 것이다. 나는 이런 작은 변화이지만 보람을 느낀 부분이다. 뿌듯한 마음도 일어 나름 흐뭇했다. 가끔은 비가 오는 날에는 홀가분하게 혼자 다녀오고 싶은 마음도 없지는 않다. 걱정 없이 마음 편하게 남편 한 번 더 씻어 주고 푼 마음이었지 싶다. 며칠 전 비가 와서 아들에게 잠시 어머니를 부탁하고 나 혼자 남편 병원에 가게 되었다. 이유는 남편 산재문제로 회사 사장님하고 의논할 일이 있어 혼자 다녀오게 된 이유다. 병원에 도착하는 순간 아들에게서 전화가 왔다. 전화를 받으니 아들이 급한 목소리로

"엄마 할머니가 이상해요."

라고 했던 것이다. 그래서 저는 아들한테 응급조치를 취하라고 해놓고 산재 관련된 문제는 남편에게 혼자 알아서 처리하라 하고 바로 차를 돌려 집으로 되돌아왔던 사연이 있었던 것이다. 그래서 이날 생각하기를 무슨 조화(造化)속인지 잠깐이라도 어머니 곁을 벗어나면 이렇게 사단이 나는가? 라는 생각을 또 했다. 그리고 나의 의문에 대한 답인지는 몰겠지만 이런 생각이 내 가슴에 스쳤다. 그 생각은 바로 사람으로서 무엇을 먼저 해야 되고 무엇이 소중한 것인가를 가름해 병든 노모님을 잠시라도 소홀히 대하지 말라는 뜻으로 해석되었다. 1박 2일간의 막내 여

동생네 가족과 함께 보냈던 시간들이 다소 짧았었지만 이틀 동안 식구들이 많아 참 즐거웠고 든든했었던 시간을 가졌다. 동생네를 떠나보내서 그런지 병원에서 동생과 헤어지고 돌아 온 집안 분위기가 왠지 쓸쓸하게 느껴졌다. 아마도 식구들이 북적북적되던 그 순간들이 좋았던 것이다. 사실 저는 결혼해서부터 이제껏 여러 군식구들과 함께 살아와서 그랬는지 모르겠지만 저는 개인적으로 사람들이 많아 북적거리는 환경이 좋다는 생각이 많이 들었다. 물론 개인적인 시간이 많이 없어 불편한 점도 더러는 있었지만 그래도 식구들이 많아 함께 지내는 것도 나쁘지 않았던 것이다. 저는 막내딸을 보내 놓고 소파에 누우시는 어머님 곁에 조용히 앉았다. 저도 나이가 들었는지 이제는 어머님 모시고 밖에 한번 다녀오면 피곤함이 급격하게 밀려온다. 현재 나의 상황이 두 다리 펴고 편안하게 지낼 상황이 아니라 용기내고 또 용기 내어 하루하루를 버텨가는 중일 수 있다. 나는 어머니께서 누우시니 그 틈을 이용해 발을 살펴보았다. 어머님 오늘 활동량이 평소보다 많았는지 진물이 평소보다는 더 나와 있었다. 그렇지만 예전처럼 축축할 정도는 아니고 그저 진물이 거즈에 묻어 있는 수준이다. 이 진물은 상처에 생긴 얇은 막을 팅팅 불게해서 상처를 더디게 낫게 하는 것만 같다는 생각이 들어 나는 어머님 활동량이 많은 날은 거즈를 더 자주 교체해 드리게 된다. 나의 이 방법이 효과가 있는지는 알 수 없다. 상식적인 생각으론 상처의 얇은 막은 상처를 감싸주는 역할 같아 가급적 딱지가 굳도록 나두고 싶다. 그래서 더욱 열심히 진물이 새어나오지 않도록 뒤꿈치를 사수한다고는 하지만 워낙 짓눌림이 많은 뒤꿈치라 그런지 아무튼 뒤꿈치 보호하기란 어려운 곳이다. 요즘 들어 시간이 약이 되었는지 어머님 괴사된 뒤꿈치 부분이 눈에 확 띄게 아물어가고 있는 것이 눈에 보인다. 둔한 제 눈으로도 가름 할 수 있을 정도로 상처 범위가 좁혀 들어가는 과정이 속도가 빠르다.

새살이 선홍빛으로 차오르는 것이 육안으로도 식별 할 수 있게끔 차이를 보이니 마음 한구석이 뿌듯해진다. 우리 인체(人體)의 신비스러운 재생능력의 탁월(卓越)함을 내가 직접 경험하게 되는 사례다. 제 경험상 의학상식이 무지렁이인 제가 보아도 피부막이 형성되는 과정들이 너무나 경이로웠던 부분이다. 우리 인체는 상처가 아물 수 있는 여건만 갖추어지면 하루에도 수차례 쉼 없이 얇은 막을 형성하기를 여러 번 반복해 새살을 만들어 내고 있는 것을 보고 정말 우리 인체의 신비로움은 아마도 신(神)의 작품이 아닐 수 없다는 것을 깨달은 것이다. 어머님 뒤꿈치를 보면서 인체(人體)의 치유(治癒)력에 나는 탄복(歎服)했다. 그 치유력에 저는 기대며 희망(希望)을 잃지 않고 지냈던 결과다. 자주 시간만 나면 어머님 발뒤꿈치를 살펴야만 했던 이유 또한 누워계시는 어머님께 자식들이 이렇게라도 관심 갖고 치료하고 있으니 빨리 낫지 않는 부분에 대해 너무 상심하지 마시고 용기 잃지 마시라는 의미다. 울 엄마가 이 부분을 어떻게 받아드릴지는 모르겠지만 저는 오늘도 열심히 자를 들고 어머님 상처부위를 체크한다. 무료하게 누워계시는 엄마에게 한 번 더 말을 걸어 보는 기회를 만든 차원이기도 하다. 그리고 저는

"엄마 이번에는 0.1mm정도 상처가 줄어들었어요."

라는 말을 붙어보기도 하는 과정이다. 제가 그렇게 말을 꺼내면 저희 어머니께서는

"아 그래."

라고 하시니 저는 그 목소리라도 듣고 싶어 열심히 자를 들고 재는 이유다. 그런데 오늘은

"엄마 상처 부위가 많이 줄었어요."

라는 말을 했다 그런데 어머님은

"아 그래."

라고 대답을 하셨지만 제 느낌인지 모르겠으나 오늘은 아 그래. 라는 말씀에 왠지 쓸쓸함이 깊게 묻어있는 느낌이 든 것이다. 무슨 일일까? 어머님 목소리가 평소같이 않게 서글픔이 서려있는 것 같아 들리니 나의 온 세포가 곤두섰다. 왜 무슨 일 오늘 왜 기운이 없으실까? 라는 의구심이 일어난다. 괴사가 아물어가서 좋은 징조라 여기는 이 시점에 보통은 희망적이라 울 엄마목소리가 힘이 있어야 맞는데 어머니께서는 무슨 걱정으로 저렇게 무의미(無意味)한 대답을 하셨을까? 어머님께서는 과연 어떤 이유로 이리도 쓸쓸해하시는 것일까?

"막내딸을 보내고 허전한 마음이 커서일까?"

어떤 이유인지는 모르겠지만 평소같이 않게 어머님 얼굴에서는 서운한 기운이 영역하다. 좀처럼 이런 모습은 보이지 않으셨고 싫은 내색 없으시고 한결같으신 저희 어머님 얼굴 표정이 오늘따라 쓸쓸함이 짙게 보이니 왠지 내 마음도 무겁다. 사람 표정이 24시간 한결 같을 수가 있겠는가만. 그래도 그 가운데 어머니께서는 늘 온화한 모습을 유지하시고 인자한 모습마저 겸비하신 참 고운 분이셨고 부처님 같이 평온한 모습을 보이셨던 분이신데 오늘따라 왠지 쓸쓸함이 깊어 보이시니 막상 울 엄마의 이런 모습을 보노라니 가슴이 철렁 내려앉는 것이다. 과연 엄마는 무슨 생각을 그리도 골똘히 하시는지? 울 엄마의 고뇌에 찬 모습 속에서 자식의 소임을 다하지 못한 것 같아 제 마음도 저린다. 제게 전해진 느낌은 있다. 그 느낌은 요즘 들어 소식 없는 아들들 소식이 궁금하신 것이다. 엄마에게 쓸쓸한 이유를 물어 볼 수는 없다. 다만 짐작만 할 분이다. 나도 여러 달 소식 없는 동생들 소식이 궁금했다. 이렇게 동생들 소식을 기다리는 것도 어쩌면 집착에 일부다. 나도 이런 집착은 버려야 될 부분이라 생각한 부분이다. 자꾸만 제 생각도 요즘 들어 어머님께 소원해진 남동생들에게 병 깊으신 엄마에게 전화 한 통해서 목소리라도 들려줬으면 좋으련만 하는 미련을 많이 가졌었다. 기대해선 안 되는 줄 알지만 그래도 그렇지 전화 한 통 정도는 기본적으로 해드리면 좋을 텐데 뭐가 그리도 바쁜지? 아니면 내가 그리도 미워서 엄마에게마저 소식을 끊어버렸는지… 세상사 참으로 야속타… 라는 생각이 들었다. 이런 생각 자체가 부질없음을 안다. 그래서 이 생각 자체도 하지 않으려 노력한다. 종종 쓸쓸해하시는 엄마 모습을 보고 있노라면 그래도 그렇지 엄마한테 안부라도 여쭙지 더구나 안부 여쭈는데 1분도 걸리지 않을 수도 있는데. 라는 아쉬운 마음만 쌓였다. 제 생각은 와병(臥病)중이신 부모님에게 자주 찾아오지 못하면 수시로 전화라도 해서 부모님에게 목소리라도 자주 들려주었으면 좋으련만 하는 마음은 항상 갖고 있었다. 아마 이렇게 생각하는 것은 어머니께서 우울해 하시는 그 어떤 핑계거리라도 찾고 싶어 하는 저의 속절없는 마음에서 일어나는 오지랖 같다는 생각도 들었다. 인생(人生)사를 돌아볼라치면 충(忠)이든. 효(孝)든 모든 것은 자기 마음에서 우러나와야 하는 것이지 누군가의 강요(強要)에 의한 것은 다 부질없다. 형제들 오해의 대상이 되어 있는 제 입장에서는 형제들에게 전화해서 하루 종일 누워 계시는 엄마에게 종종전화를 걸어 엄마 위로 좀 해 드려라. 라는 말을 할 수 없었다. 그런 전화 한번 편하게 못하는 내 입장이 더욱 서글퍼지게 느껴지는 순간이 바로 이 순간이 아닌가 싶다. 쓸쓸해 보이시는 어머님 모습이 왠지 평소와는 다르게 느껴져 내 마음을 무겁게 한다. 나는 극약 처방으로 언니에게 전화를 걸어 누워계시는 어머니에게 언니 목소리라도 듣게 해 드렸다. 상투적인 인사 일지라도 그래도 언니 목소리를 들으시고는 조금은 마음이 풀리셨는지 전화를 끊으신 후 엄마는 거짓말처럼 편안하게 잠을 주무신다. 어머님 곤히 잠드시는 것을 보고 있잖니 신체 건강한 사람도 오늘 하루정도 외출은 피곤함을 느끼는 하루였지 않았나 싶은 고단한 하루라 여겨진다. 그런데 오랜 시간 휠체어에 앉아만 계셨으니 어머니는 우리보다 몇 배 더 피곤한 하루였을 것이라 생각을 한다. 나는 이 무렵 하는 일이라곤 남편 병원 찾아가는 것 말고는 특별히 하는 일 없이 엄마 간병하면서 그럭저럭 하루하루를 보내는 시기다. 그런데 막내 여동생네 식구들 다녀가고 다시 주말이 되니 언니와 형부가 오신 것이다. 나는 언니가 김해 도착하자마자 언니부부와 어머님을 모시고 남편 병원에 같이 들리게 된다. 언니도 한 달 전 교통사고가 있었다. 그래서 언니가 올 것이라곤 기대 하지 않았는데 이렇게 깁스를 하고 엄마를 뵈러 온 것이다. 물론 남편 손이 잘려 수술을 했다고 하니 겸사겸사 온 이유다. 언니도 입원중이라 병원에서 외출증을 끊고 왔다고 한다. 한 달 전 언니는 자기도 교통사고가 나 입원중이라고 소식을 전했었다. 그 당시 언니는 제게 내가 김해 내려가서 엄마 간병 좀 도와주려고 했는데 나도 이렇게 교통사고가 나서 꼼짝을 못하게 되었으니 아마 이것도 다 네 복(福)이지 싶다. 라는 말을 했었다. 그러니까 이 시기는 여러 가지 악재들이 우리들에게 겹쳐 서로 경황없는 상황이었지만 그래도 우리는 작은 사고로 끝난 부분에 대해 이 또한 복(福)이라 여겼다. 그리고 누구나 받는 복은 아닐 것이라는 생각을 했었다. 내게 주어진 여러 가지 복들을 하나하나 잘 챙겨 내 인생 길목 어귀에 잘 감춰두고자 한다. 사람에게 고난이 닥치는 이유가 복(福)을 받기 위한 과정이라 생각한 것이다. 고난은 아무에게 주지 않는다는 의미다. 이런 복들은 아무에게나 터지겠는가? 싶다. 여러 악재들이 겹치니 정신은 상그럽다. 하지만 인생역전 드라마를 쓰기에는 아주 기막힌 소재들이다. 야구로 치자면 9회말 2아웃에 2스트라이크 3볼에 주자는 1. 2. 3루 홈런 한방이면 역전승이다. 인생 사이클은 우리 모르게 순환(循環)하고 있어 역경(逆境)을 지혜롭게 넘기고 나면 분명 순경(順境)으로 연결 되지 않겠는가? 라는 기대도 있다. 위기(危機)란 위험(危險)하지만 기회도 된다. 자주 여러 가지 좋지 않은 일들이 겹치다보니 이 시기 저의 삶이 참 드라마틱하다는 생각이 들기도 한 부분이다. 내가 생각해봐도 사연(事緣)이 참 많은 인생여정이고 녹록치 않은 나의 삶이지 싶다. 이곳에 나의 파란만장한 인생 여정을 세세(細細)하게 적을 수는 없다. 이 글 주제가 저희 어머니와의 추억을 회상하고자 쓰는 것이라 가능한 어머니와 연관된 소재로 채우고자 함이다. 내 마음 속에 문득문득 생각나고 지워지지 않았던 부분들만 적어 볼 뿐 아무튼 사연 많은 내 삶 중에 언니마저 고통사고가 났지만 그래도 3개월 정도 치료 잘 받으면 장애가 생기지 않는다고 하니 이 또한 불행 중 다행한 일이다. 언니도 병원에서 입원 중 어머님 뵙고 제부 병문안 온다고 외출 중을 끊어 왔기 때문에 당일치기로 남편 병원만 들렸다. 바로 떠났다. 잠시였지만 언니가 떠나고 나니 왠지 모르게 서운한 마음이 일었다. 사람은 늘 만나면 헤어지는 순서가 기다리고 있어 나도 언니를 병원 앞에서 보내고 바로 떠나가는 우리를 서운해 하는 남편을 뒤로 하고 어머님 모시고 김해로 넘어왔다. 다음날 우리는 어김없이 남편 병원을 찾았다. 어머니를 모시고 병실에 들어서니 남편이 우리를 반긴다. 저에게

"오전에 누나네 식구들과 동생 내외가 병원을 다녀갔어. 그리고 누나가 용돈 줬어."

라고 한다. 남편은 누나와 동생 내외가 다녀가서 그런지 기분이 많이 밝아 보여 보기가 참 좋다. 누나한테 용돈까지 받았으니 마음도 어딘지 모르게 든든하리라 생각된다. 남편은 가장으로서 생활비를 주지 못한 부분과 암 환자라는 심리적(心理的) 불안감(不安感)이 많이 있었을 텐데 그런 내색 전혀 하지 않고 잘 견디어주고 있어 나름 고맙게 생각하고 있는데 이렇게 밝은 모습을 보이니 고맙고 고맙다. 내 호주머니 사정이 여의치 않아 용돈 한번 풍족하게 주지 못했던 부분이 마음에 걸렸는데

누나가 용돈을 주시고 가셨다고 하니 왠지 내가 용돈을 받은 것처럼 마음이 든든해졌다. 사람은 돈의 위력이 대단하다는 사실을 모르는 사람 없을 것이라 생각한다. 굶어 본 사람이 배고픈 사람의 서러움을 잘 알고 있듯 나 역시 돈이 부족해서 오는 서러움을 많이 겪어본 사람으로서 호주머니가 비워있으면 심적으로 많이 불안함을 극히 경험해 본 사람으로서 남편이 기분 좋은 이유를 심분 이해하고 남음이다. 병원에 혼자 있으면서 호주머니가 두둑하면 더 위로가 될 것이라 생각한다. 마음 한편이 무겁다. 좋은 일로 형제들을 봐야 하는데 근래에 와서 궂은 소식들뿐이라 소식전하기도 미안하다. 시댁식구들 병문안에 감사하는 마음이다.

나는 또 다시 개금병원으로 해운대병원으로 두 사람을 따로 따로 입원 시킨다

이틀 후 나는 언니에게 전화를 걸어 김해로 와달라고 전화를 했다. 언니도 알았다고 한다. 두 환자를 혼자 간병하다보니 본의 아니게 툭 하면 불러 드리는 사람이 바로 울 언니이지 싶다. 언니는 저에게만은 확실한 지원군이다. 언니가 옆에서 이렇게 음으로 양으로 여러 가지 협조를 해주니 제가 이 상황들을 그나마 견디어 가는 중이라 생각한다. 언니도 그 동안 교통사고를 당해 서 너 달 병원에 입원해 있었다. 한 달 전에 퇴원했고 지금은 깁스도 풀었다는 소식을 들은 상태라 언니에게 도움을 청한 것이다. 아직은 조심해야 할 시기라 가능한 언니 손을 빌리고 싶지 않았지만 의사소통이 원활하지 못하신 울 엄마를 단 하루라도 낯선 간병인에게 맡길 수가 없어 여러 날 고민 끝에 결국 언니에게 손을 내민 것이다. 언니는 어느 정도 다리가 아물었는지 흔쾌히 와주겠다고 하니 마음이 놓인다. 이런 상황에서 형제가 많으니 여러모로 좋다. 힘도 된다. 엄마 간병한다고 제게 간병비도 지원을 해주고 있으니 나름 든든한 부분이다. 더군다나 남편이 암이라고 하니 형제들이 두 달 전부터 한 집당 30만원씩 간병비를 올려 지원을 해주니 나에게는 정말 큰 힘이 된 부분이다. 형제들이 간병비를 여유 있게 주는 바람에 요즘 나는 어머님 생활비를 부담 없이 쓰고 있다. 형제들이 여유 있어 주는 돈이 아니기 때문에 가능한 어머님을 위해 쓰는 것에만 아끼지 않고 쓸 뿐이지 저희가족들을 위해서는 가능한 쓰지 않으려 노력중이다. 저희 어머니께서 저희 6남매를 기르시느라 많이 힘이 드셨겠지만 저에게는 형제가 많아 큰 힘이 된다. 더러는 오해로 인해 불편한 관계에 놓여 있는 형제도 있지만 그래도 불편한 것 보다는 형제 많아 좋은 점이 더 많다. 비온 뒤 땅이 더 단단하게 굳어지듯 저희 6남매도 이번 기회로 모든 오해를 씻어버리고 더욱 우애 깊은 6남매로 거듭 날 것이라 나는 기대를 해 본다. 다음날 언니가 일찍 왔다. 더구나 때마침 개금병원에서도 병실이 나왔으니 어머니를 입원시켜 검사를 다시 받아보자는 병원 측 연락이었다. 언니가 도착하자마자 어머니를 입원시킬 준비를 우리는 한다. 언니와 어머님 입원 준비를 함께하니 많이 의지가 되고 힘이 된다. 저희 자매는 아침부터 서둘러 엄마 입원준비를 해 오후 쯤 어머니를 모시고 부산병원으로 갔다. 지금은 시간이 많이 흐른 뒤라 자세히는 기억나지는 않는 일이지만 그래도 어렴풋한 기억 속에 언니가 중간에 한 번 더 내려와 이병원에 같이 왔었던 것 같은 기억이 있다. 언니랑 같이 엄마 휠체어를 우리 자매가 밀면서 진료를 마친 후 처방전을 들고 언덕길을 내려갔던 기억이 어렴풋이 떠오른 것이다. 아마 이 언덕 이 약국을 같이 휠체어를 밀고 올라갔던 기억이 있는 것을 보면 아마 어느 시점에서 울 엄마 진료를 받으려 언니랑 왔었던 것이 확실하다. 워낙 여러 차례 병원을 들고나고를 반복했고 응급상황을 수차례 겪다보니 중간 중간에 있었던 자자한 일들은 그냥 잊어버린 것이라 생각이 든다. 워낙 충격적인 일들만 조금 기억에 남아 있어 이렇게 글을 써본 것이다. 그리고 그 밖에 일들은 벌써 다 지워졌다고 해도 과언은 아닌듯하다. 하지만 그래도 개중에 어렴풋이 문득문득 연관된 일이 발생 되면 아 어느 때 그런 일도 있었지. 라는 정도의 기억만 현재는 남아 있다. 어찌 새털같이 많은 날들 속에 있었던 기막힌 사연들을 다 기억 할 수가 있겠는가만 그래도 어느 일부분은 잊혀지지 않는 사연들이라 기억을 더듬어 이렇게 두서없는 글이지만 저희 어머님과 소중한 추억이 되어버린 지난날들을 적어본 이유다. 먼 훗날 저의 과거를 돌아 볼 때 지난날을 기억하는데 적어 놓으면 많은 도움이 될 것 같기도 하다는 생각에 비록 문장력(文章力)이라고 말하기에는 그렇지만 미흡(未洽)하면 미흡한대로 적어 놓으려 한다. 옛말에 이르기를 총명이 불여둔필(總明以不如鈍筆)이라고 했는데 이 글의 뜻이 아무리 총명(聰明)해도 글로 적어두는 것만 못하다. 라는 뜻이다. 우리가 아무리 총명하더라도 적어두는 것과는 비교 할 수 없는 것이 인간의 기억력의 한계(限界)라 여겨진다. 저는 책을 보다가 가끔 좋은 글귀가 있으면 종종 적어두었던 모양이다. 정리가 잘된 것은 분명 아니다. 그러니까 그냥 손에 잡힌 종이만 있으면 적어 두었던 터라 아주 질서가 난무하다. 그렇지만 종종 청소를 하면서 서랍속이나 책장 사이에서 메모된 글을 보면 가끔 내가 언제 이런 글을 적어 두었을까? 라는 생각이 들 때가 있다. 그래서 비록 적어둔 기억은 없지만 언제 내가 이런 글도 읽었었네. 라고 했던 것이 생각나 적어둔다는 것은 참 좋은 습관 같다는 생각을 했다. 질서 정연하게 적어두었으면 더 좋았겠으나 서랍 여기저기서 꾸겨진 상태로 돌아다니다가 어느 날 문득 서랍 속에서 구겨진 메모종이 한 장 발견하면서 이게 뭐지? 라고 해가며 한 번 더 읽던 기억이 새롭다. 저는 살림살이 정리정돈을 잘못한 성격이다. 워낙 제가 선머슴 같은 성격이고 덜렁거리는 성격이라 살림살이를 잘 못한 것이다. 저는 정리정돈 부분은 정말로 제 스스로 인정 할 정도로 낙제점이라 생각한다. 저는 이번에 언니랑 같이 어머니 휠체어를 밀고 수속도 함께 밟고 병실로 안내받아 짐정리도 같이하며 어머니를 함께 부추겨 침대에 올려드리고 환자복으로도 같이 갈아 입혀드리고 간식도 같이 챙겨드리니 언니와 소소한 것 하나하나도 같이 하고 있는 것이 의지(依支)가 되고 많이 위안(慰安)이 됨을 경험한다. 분명코 인생은 홀로 걸어가는 것보다는 함께 걸어갔을 때 그 힘은 배가 되는 것을 체험하는 중이다. 사람은 독불장군(獨不將軍)없고 홀로 태어난 사람 없다는 것이다. 그래서 함께한다는 것은 백지장도 맞들면 가볍다. 라는 말이 참으로 진리라 생각한다. 우리가 병실에 들어서니 이곳 병실 사람들이 저희 세 모녀를 공진원에 뭐 마냥 유심히들 쳐다보신 중이다. 낯선 사람들이 입원하게 되면 보편적으로 관심을 갖고 바라보는 것이 보통 모습이라 이해는 되지만 그래도 유난히 저희 두 자매 행동 하나 하나를 살피시는 시선이 몹시 부담스럽다. 우리 두 자매가 어머님 섬김이 유별한지 고정된 시선을 돌리지 않고 쳐다보시는 것이 우리가 짐정리 다 할 때까지 고정되어 있다. 저희가 들어간 병실은 넓은 공간이 아니었다. 그러니까 병실이 없어 선택 할 수 있는 여건이 아니고 순번대로 6인실을 배정받아 왔기 때문에 협소하다. 그렇지만 그래도 급한 대로 지낼 수가 있을 것 같다는 생각이 든다. 이 협소한 공간 안에서 사람들이 저희 3모녀를 물끄러미 10여분 가량 쳐다만 보고 있으니 언니도 불편한지 저에게

"저 사람들은 왜? 다들 우리만 쳐다보고만 있다냐?"

동물원에 뭐 쳐다보듯이 라고 한다. 언니도 저와 교대해서 엄마를 간병 할 때마다 받았던 시선들이지 싶다. 우리 자매는 엄마 간병하면서 뭇 사람들의 관심의 대상이 되었던 것이다. 그리고 뭇 사람들이 효성스런 자식들을 두셨다고 저희 어머님을 많이들 부러워 하셨던 것이다. 주위 분들이 유난히 저희를 쳐다보시니 감시당하고 있는 시선 같기도 하다. 그러나 이젠 어느 정도 주변 시선에는 아랑곳하지 않고 그저 우리 할 일에 전념하게 된다. 짐 정리를 어느 정도 하고 나니 병원 저녁 식사 시간이 되었다. 어머니 식사를 챙겨드리고자 반찬들을 꺼낸다. 저는 어머님 입원 하실 것을 대비해 집에서 몇 가지 반찬을 만들어 좀 챙겨왔었다. 그러니까 병실 밥은 미리 신청하지 않으면 나오지 않기 때문에 들어 온지 몇 십분 되지 않아 저녁식사 신청이 불가했다. 우리 자매는 집에서 싸가지고 온 반찬들을 꺼내 어머님 저녁식사를 떠드린 것이다. 엄마는 수저질 하지 않으신 지가 수개월째다. 그렇지만 아직 수저질 하실 의사가 전혀 보이지 않고 있어 우리 자매는 이곳에서도 엄마에게 한 수저 한 수저 밥을 떠서 엄마에게 드리고 있다. 이 모습이 유독 남의 시선을 끄는 부분이지 싶을 정도로 옆 사람들 눈길을 집중 시키는 장면이다. 이곳에서도 역시나 마주보고 계시는 할머님께서는 보호자인 딸과 함께 저희 어머님 식사하시는 모습을 열심히 스캔 중이다. 연세는 저희 어머님보다 7~8세 아래이신 것이 침상에 걸려있는 이름표에 나이가 적혀 있어 짐작만 할 뿐이다. 환자 차트에 적혀있는 나이는 기록상 나이고 실제 나이하고는 약간 차이를 보이는 경우도 더러 있어 할머님 실제 나이는 모르겠지만 그래도 저희 어머니 보다는 한참 아랫니지 싶다. 이 병실 분들이 유난히 저희 어머님 식사하시는 것을 쳐다보시고 계시니 불편하다. 더구나 8순(旬) 넘으신 엄마가 총각김치를 맛있게 드시는 모습을 보고 다들 넋을 놓고 보고 계신 것이다. 밥 수저를 떠드리는 저희도 식사 때면 가끔 어머니께서 와삭와삭 소리를 내어 총각김치를 드시는 소리에 저도 모르게 침이 꿀꺽하고 넘어가는 소리를 제 귀로 직접 들었던 경험이 있다. 물끄러미 쳐다보시는 앞에 할머님 마음을 이해한다. 마침 앞 환자 따님 되신 분께서 저희에게 말을 걸어왔다.

"할머님 연세가 어떻게 되시는데 저렇게 단단한 총각김치를 맛있게 잡수세요?"

라며 저희 어머님 나이를 물었다. 총각김치를 너무 맛있게 드시는 저희 어머니가 부러워 저희 어머니 나이를 묻지 않겠나 싶다. 그래서 저는

"올해 81세 되셨습니다."

라고 했다. 그분께서

"저희 어머님은 7십대 초반인데도 치아가 없어 단단한 것은 전혀 잡수지를 못하시는데 조금 전에도 단단한 단감을 따님들이 깎아 드릴 때 그때도 저희는 놀랬는데 총각김치에다 식사를 맛있게 하시는 것을 보니 너무나 부럽습니다."

라고 하신 것이다. 아마 이 분 입장에서는 저희 어머니가 딱딱한 음식들을 맛있게 잡수시는 것을 보고시선 아주머니는 많이 부러우셨던 모양이다. 치아가 좋지 않으신 부모님을 모신 분들의 부러움을 사던 부분이 바로 저희 어머니께서 단단한 음식들을 맛있게 드셨을 때가 아닌가? 생각한다. 아무튼 식사를 마치신 어머니께서 저희에게

"맛있다."

라는 말씀을 오늘도 잊지 않으시고 하신다. 맛있다. 라는 말은 비록 짧은 단어다. 하지만 저는 왠지 그 말씀 속에 저희 어머님의 여러 가지 감정이 함축되어 있음을 느낀다. 인간은 감정에 동물이라 사소한 말 한 마디가 상대(相對)방에게 상처(傷處)를 주기도 하고 한편으로는 기쁨을 주며 희망(希望)을 갖게 한다는 사실이다. 그 말은 씨가 되어 본인에게

되돌아오는 것이 우주에 범칙이라 생각한다. 선조들께서 말을 말씨라고 하셨던 이유이다. 마음씨 솜씨라는 말도 이런 의미라 하겠다. 비록 단 한마디 말씀이었지만 항상 이렇게 인사를 아끼지 않고 말씀 해주시는 저희 어머님이 계셔 저희는 참 행복한 사람들이라는 생각을 한다. 그리고 머지않아 엄마도 건강을 되찾을 것이며 발 괴사도 곧 나을 것이라는 생각을 하니 마음이 한결 가볍다. 뒤꿈치도 이젠 1cm정도의 상처만 남겨놓고 있으니 이것마저 아물고 나면 재활치료도 열심히 할 것 같은 생각에 나는 희망을 가진다. 지금 입원은 건강이 나빠져서 입원한 것이 아니고 간담도 길에 꼽아놓은 스탠스 교체를 할 것인지 빼낼 것인지를 확인 하는 과정이라 크게 걱정이 되지는 않는다. 다른 곳에 이상이 있나 없나를 체크 하는 과정이라 안도하는 마음이다. 어머니께서 저녁식사를 마치고났더니 간호사님께서 오셔 링거를 꽂으시곤 나가셨다. 엄마는 다시 팔에 또 링거가 꼽히니 특유에 그 한마디 아이고 참말로. 라고 하신다. 사실 엄마는 병원에 입원한 그 날 이후 수개월동안 손과 팔 그리고 목에 링거들을 하염없이 달고 계셨던 분이라 정말 링거 맞는 것이 징글징글 하실 것이라 생각한다. 그런데 이런 징글징글한 것들을 다시 꼽아 놓으니 절로 아이고 참말로. 라는 말이 자동으로 나온 이유다. 다음날 어머니께서는 내시경으로 아산병원에서 꽂아 두었던 스탠스를 제거하려고 소화기내과 시술실로 들어가셨다. 그런데 시술실로 들어가신지 30여분 만에 나오신다. 이렇게 빨리 나오신 이유가 어머님 몸속에 심어놓은 스탠트에 살이 차서 스탠스를 감싸고 있는 바람에 스턴트를 빼지 못하고 그냥 나오셨다고 하신 것이다. 그래서 저는 교수님께 스탠트를 몸속에 지니고 있어도 되냐고 물었다 그랬더니 교수님께서

"이러한 경우가 더러 있습니다만 크게 염려 할 것은 아닙니다. 더구나 스탠트가 막히면 내시경을 통해 다시 뚫어 주면 괜찮습니다. 그런데 스

탠트를 잡아당기는 과정에서 약간 출혈이 생겼는데 크게 염려하지 않으셔도 됩니다."

라고 하신다. 시술실에서 나오신 어머님 모습을 보노라니 지난 날 시술을 받으셨던 때처럼 많이 지치신 모습이 영역하다. 참 부처님 같으신 울 엄마 이런저런 이유로 무던히 고생을 시켜드린 것 같아 죄송한 마음이다. 어머니를 모시고 서울로 올라 갈 것을 그랬나? 하는 아쉬움이 참 많이 남고 괜히 내가 멀다고 서울 가지 못한 부분이 혹시 잔머리 쓰지 않았나? 하고 후회하는 마음이다. 언니와 저는 시술실에서 나오신 어머니를 다시 병실로 옮겨놓고 회복을 위해 유난히 작은 이 병실에서 며칠 교대를 하면서 시간을 보낸다. 며칠 이곳에 있다 보니 어머니께서는 또 자꾸만 집으로 가자고 성화다. 어머님 생각은 이제 어느 정도 회복이 되신 것 같아 그러셨을 것이라 생각한다. 병원 측에서는 아직 경과를 더 두고 보자는 말씀이 있어 저희는 선뜻 집에 가겠다는 말을 못하고 있는 상황이라 엄마 눈치만 하염없이 보고 있는 중이다. 특히 스탠스를 빼내는 과정에서 내부에 출혈이 생겨 그곳도 지금 치료중이라 선뜻 퇴원하겠다는 말을 꺼내지 못한다. 엄마는 자꾸만 집에 가자고 성화를 부리시니 난감하다. 더구나 병실사람들이 자꾸 쳐다보며 말을 걸어오니 엄마 입장에서는 많이 불편하신 이유이지 싶다. 엄마는 오늘도 자꾸만 집으로 가자고 말씀하시고 눈을 흘기시니 눈치가 보인다. 울 엄마 의사를 마냥 무시 할 수 없어 나는 어머님께

"오늘 의사 선생님께 퇴원해도 되는지 여쭈어보고 허락하시면 우리 바로 퇴원 합시다."

라는 말씀을 드린다. 언니와도 의논하니 언니도

"엄마를 이제는 집으로 모시도록 하자."

고 한다. 저희가 엄마를 보아도 어머니는 며칠 사이에 병세가 많이 좋

아 지셨다. 이쯤 퇴원을 해도 무방하지 않겠는가? 싶다. 담당교수님께서도 염증수치가 있는 곳은 약으로 다스리자고 말씀해 주셨던 터라 이젠 교수님께 말씀드리고 퇴원 준비해도 무방할 것 같다는 생각이다. 다음 날 남편 수술 날짜가 잡혀있어 해운대병원으로 오늘 오후에 입원 시켜야 되는 상황이라 오히려 저에게는 엄마를 집으로 모셔다 놓고 남편 수술 하는 것이 어머니도 내 마음도 편하다. 이번도 어머니께서 집으로 가자고 성화 또한 심하시니 저희 자매도 어쩔 수 없이 퇴원을 강행하려 한 이유다. 저는 조심스럽게 회진 오신 교수님께 어머니 퇴원 문제를 상의한다. 남편 암 수술 날짜가 내일이라 어머님을 집으로 빨리 모셔다 놓고 남편을 병원으로 데리고 가서 입원수속을 밟아야 한다고 했다. 교수님께서 남편이 암이라는 말에 놀라셨는지

"남편이 암이라고요?"

라고 물으시며 안쓰러운 눈빛으로 잠시 저를 쳐다보신다. 그리고

"그럼 그렇게 하세요. 제가 퇴원준비 하라고 해 놓겠습니다."

그리고 처방전 잘 챙겨 약을 타가지고 가셔서 약을

"꼭, 챙겨드리세요."

라고 당부하시다. 어머니께서는 아산병원에서 챙겨온 약 6개월분을 세 달 가량만 드시고선 거의 잡수시지 않아 집에 약봉지가 가득 있다. 어머니께서는 서 너 달은 약을 잘 챙겨 드셨다. 그런데 언제부터인가 약 드시는 것을 완강히 거부하셨다. 저는 한번 고집하시면 꺾이지 않은 메가톤급 저희 어머님 고집을 감당 할 수 없다. 이제껏 약을 잡수시지 않으셔 간에 드시는 약은 아직 많이 남아 있다. 시간이 많이 흐른 지금에 제 생각은 그 당시 어머니께서 약을 거부하실 때 제가 싸워서라도 약을 드시게 했어야 했는데 그렇지 못했던 것이 약간 후회스러운 부분이 이 부분이다. 그렇지만 그 당시 어찌나 약만 드시자고 하시면 짜증을 내시

며 그것이 아니다. 라고 하시는 바람에 저희 어머니 고집을 꺾을 수가 없었던 이유다. 어머니께서는 워낙 자기주장이 강하셔 한번 NO하면 어머니를 설득시키기가 여간 쉽지 않았다. 간에 먹는 약을 끊으신지 3개월가량 되지 않았나 싶다. 교수님께서 어머님 퇴원을 허락하셔 빠르면 내일 오전 중으로 퇴원이 될 것이라 예상 된다.

드디어 남편 암 수술을 한다

　저는 언니를 어머님 파수꾼으로 병실에 두고 내일 남편 입원시키기 위해 김해로 넘어왔다. 김해에서 하루 밤을 어떻게 보냈는지를 생각해 보지만 기억에 전혀 남아있지 않다. 오늘은 병원 두 군데를 들려야 했으므로 아침부터 분주하다. 그러나 왠지 몸이 지난밤 걱정이 있어 잠을 설쳤는지 개운치가 않다는 사실이다. 그렇지만 마냥 처진 마음으로 오늘 임무에 임하고 싶지 않다. 내 스스로 파이팅을 외쳤다. 남에게 말 할 수 없어 말하지 못할 뿐이지 왜? 저라고 걱정이 없겠는가? 싶은 것이다. 남편은 아직 손에 붕대를 감고 있는 중이라 옆에서 보기가 애처롭다. 나는 지금 불행(不幸)하다면 불행한 사람이다. 그것도 불행을 패키지를 받고 있는 상황이라 나는 이 고비를 슬기롭게 헤쳐 나가 두 환자가 수술하고 회복하는데 불편함이 없도록 신경을 많이 써야 할 것이라 생각한다. 오늘은 해운대 백병원에 먼저 들려 남편을 입원시키는 일을 할 것이다. 그리고 오후에는 어머니를 퇴원시켜 김해로 모시고 갈 계획이다. 어차피 피해 갈 수 없는 운명이라면 우선적으로 저는 어머님에게 더 신경을 쓸 생각이다. 엄마는 무슨 사연으로 그런지는 모르겠지만 잠시라도 제가 당신에게 소홀히 대한듯하면 예측불허(豫測不許)의 사건들이 자주발생하다 보니 남편 암수술 보다는 그야말로 온 신경이 어머니에게 집중되어 있는 것이 사실이다. 저는 오직 남편을 살리기 위해서는 오롯이 엄마만을 살펴야만 하는 것이 나의 숙제라 여긴다. 아마도 이것이 바로 신(神)의 조화가 아닐까? 싶을 정도로 엄마는 나의 행동 하나 하나가 민감하게 엄마 병세를 좌우하고 있다는 사실이다. 이런 부분에 대해선 증명할 수 없는 부분이 바로 이 부분이지만 제가 지난 몇 개월 어머님 옆에서 실제로 겪어온 자로써 이해를 돕자면 분명 어머님 병세는 정말 고약하리만큼 신(神)의 조화(造化)가 아니고 무엇이겠는가? 라는 의문을 나는 많이 가졌던 부분이다. 다시는 어머니를 놓치고 싶지 않고 어머니를 고통 속에 놓고 싶지 않아 더욱 정신과 마음은 온통 어머님 생각뿐이다. 해운대병원으로 가기 위해 현관을 나선다. 남편은 차를 언제 현관 앞까지 세워놨는지 차가 현관 앞에 있었다. 아마도 남편은 운전 할 모양인지 운전석에 가 앉는다. 운전대를 잡은 남편은 대뜸

"해운대병원 가는 도중에 개금 병원에 들려 장모님 뵙고 가자."

라고 말을 한다. 엥? 믿기지 않는 말이지 싶다. 이렇게 기특한 생각을 하니

"참 오래 살 일이다."

라는 생각이 든다. 남편이 갑자기 이렇게 시근 있는 말을 할 줄은 꿈에도 생각 못했기 때문에 당황한 것이다. 그러니까 저는 어머니를 먼저 뵙고 간다는 생각을 거기까지는 미처 하지 못했다. 남편과 말씨름하기 싫어 남편 먼저 병원에 입원시켜놓고 어머니를 모시고 올 계획이었다. 남편은 가는 길에 어머님을 먼저 뵙고 가자고 하니 남편 생각이 참 기특한 생각이라 생각이 든다. 남편은 자신이 아프고 보니 남을 배려하는 마

음도 생겼나싶다. 옛말에 이르기를 자기가 아파봐야 남의 아픈 사정도 돌아 볼 수 있는 마음이 생긴다. 라고 하더니 진정 그 말이 맞는 말이지 싶다. 모처럼 부부가 의기투합하니 남편 옆에 앉아 있는 것이 불편치 않다. 정말 오랜만에 우리부부는 티격태격하지 않고 김해를 출발해서 어머니가 계시는 개금백병원에 도착을 한다. 엄마에게 따로 그곳 병원으로 들리겠다는 연락은 하지 않은 상태다. 어머니께서는 아침 일찍 저희 부부가 오리라곤 생각을 못하셨다가 병실 들어서니 저희를 보시고 깜짝 놀라시며 반가워하신다. 울 엄마는 밤사이 무탈 하셨는지 저희 부부의 손을 잡아주시며 왔어. 라고 하시며 반겨주신다. 우리는 오래 머물 수 없어 저는 어머니에게

"엄마 지금 조 서방 입원 시켜놓고 엄마 퇴원시키려 다시 오후에 올게요. 그러니 그때까지 마음 편하게 계세요."

그리고 조 서방 아무 탈 없이 수술 잘되게 해주세요. 라는 부탁을 드린다. 울 엄마도 나의 걱정을 아시는지 바로

"괜찮을 것이다. 괜찮을 것이야."

라는 말씀을 해주신 것이다. 저는 울 엄마 괜찮을 것이다. 라는 희망적인 그 말씀에 무거웠던 마음을 조금 내려놓을 수 있었다. 무거운 마음 떨쳐버리고 어머님께 오후에 다시 오겠다는 인사를 드리고 병실을 나온다. 우리가 병실을 나와 몇 걸음 걸어가다 마침 회진을 다니시는 담당교수님과 복도에서 마주쳤다. 이 교수님은 고통스러워하는 환자들 속에서 사신분이라 그런지 참 웃음이 인색하신 교수님이셨다. 그런데 언제부터인지는 모르겠지만 저희들을 만나면 엷은 미소를 먼저 띄시며 마음으로 대해주시는 것이 느껴진다. 이렇게 미소로 저희를 대하신 것을 유추하자면 아마 간담도 암이 아니라고 조직검사 결과 나온 이후부터지 싶다. 아무튼 교수님께서는 저희 부부를 보시며

"수술 잘 하고 오세요."

라는 인사까지 해주신다. 그래 저도

"네 감사합니다."

라는 인사를 하고서 해운대 병원으로 출발했다. 나는 해운대병원으로 가는 도중 남편 얼굴을 쳐다보았다. 수술을 앞두고 있어 마음이 착잡할 것이라 생각되어 쳐다본 이유다. 남편 얼굴은 내가 생각했던 것보다는 많이 편해 보였다. 보통사람 대부분 암이라는 사실과 생사를 넘나드는 수술을 막상 한다고 생각하면 일단 걱정부터 하지 않겠나? 수술에 대한 두려움이 먼저 오게 되지 않을까? 라는 생각이 든다. 가장이라는 책임이 알게 모르게 따르기 때문에 남편은 남모르는 걱정이 많을 것이라 생각했다. 나는 남편에게 이왕지사 그런 저런 걱정은 모두 잊고 좋은 쪽으로 생각해서 좋은 결과 바라자는 말을 어머님 병실 찾아오면서 말을 했었다. 남편은 제 말에 조금 수긍 했는지 얼굴도 마음도 많이 편해 보여 보기가 좋다. 저도 남편 마음이 편해 보여 그랬는지 모르겠으나 제 역시 걱정보다는 좋은 생각을 하고 있다. 저희 어머니 얼굴이 많이 밝아지신 모습을 보고 별 탈 없이 오늘 어머니도 퇴원을 하실 것이라는 생각이 들어 제 마음도 가볍다. 막상 차를 타고 해운대를 향해 가고는 있지만 목적지 병원까지는 30여분 걸리는 코스라 혹여 가는 도중 남편과 의견차로 또 티격태격 할 까봐 사실 나는 남편과 동승이 두려운 사람이다. 차만 타면 티격태격했던 부부라 오늘 이 시간만큼은 가급적 마찰을 피하고 싶다. 나는 너무나 발전해가는 해운대 센 템 시티를 보면서

"우와 멋지다."

를 외치면서 우뚝 솟아 있는 빌딩들을 보며 감탄의 눈을 거둬드리지 못하고 있다. 이 길은 지난 두 달간 남편 방사선치료차 매일 오갔던 길이다. 제가 이렇게 유난히 호들갑을 떠는 이유는 사실 저 자신이 저를

생각할 때 이 상황이 너무 슬퍼 마음을 진정 시켜보는 차원에서 이렇게 호들갑을 떠는 이유다. 매일 오고가던 이 길도 새롭게 느껴졌던 이유는 아마도 나의 눈은 세상 밖 사물들을 관찰하고 살피고 있었으나 너무도 험난한 삶을 살아가는 신세라 분명 눈은 센 템 시티를 바라보았으나 눈여겨 본 것이 아니었던 것이라 하겠다. 내 머리 속에 각인된 부분이 없어서 날마다 오고가는 길이었지만 새로운 건물들이 항상 낯설어 이곳이 어디쯤일까? 라고 마음속으로 되뇌며 지나갔던 길이었다. 오늘은 언니가 어머니 곁에 있어 마음에 여유가 있었는지 아름다운 조형물처럼 생긴 빌딩들을 보고가노라니 인간에 한계는 어디까지 일까?라는 궁금증도 생기기도 한다. 너무나 고급스럽게 지어진 아파트가 예술 작품 같아 감탄사가 절로 나왔다.

"참 인간의 재능은 한계(限界)가 없는 것 같았다 그리고 과연 인간(人間)의 능력(能力)은 어디까지 일까."

라는 의구(疑懼)심도 일었다. 저런 작품을 건설하시는 분들이 무척이나 나는 부러운지 도대체 어떤 사람들은 저런 능력을 부여 받았으며 도대체 어떤 복들을 전생에 지었길래 저런 위대한 역사를 이루고 살아가는지? 그저 부럽고 감탄사가 절로 나왔다. 어떤 사람들은 그리도 복(福)이 많아 저렇게 멋진 곳에서 살아가는지? 비운(悲運)을 만나 허우적거리는 나의 삶과는 너무나 상반(相反)된 삶 같아 잠시 부러운 생각을 해본다. 말로는 인간은 다 평등(平等)하다고 하지만 물질적인 면에서는 분명히 차등을 두고 있는 것이 현실이라는 사실이다. 나는 버거운 비운(悲運)을 만나 나의 소중한 친정어머니와 남편을 놓치지 않으려고 이리 뛰고 저리 뛰면서 병원비 걱정을 하고 있는 내 신세가 이 시점에서 보면 너무도 처량타. 모든 사람들이 다 불행(不幸)하다거나 행복(幸福)하다는 것은 아니겠지만 그래도 왠지 평화롭게 보이는 저 빌딩 속 사람들은 나의 부러움에 대상(對象)인 것만은 사실이다. 저기 계신 분들도 어느 시점에서 치열하게 세상과 경쟁하면서 살아오신 분들이라 생각한다. 수많은 사람들의 사연(事緣)들이야 각자 다르겠지만 그래도 저렇게 좋은 곳에 사신 분들은 외관상만이라도 사연도 없고 고민도 없이 행복해 보인 것은 사실이다. 비록 알아주는 이는 없을지 라도 열심히 경쟁(競爭) 사회에서 도태(淘汰)되지 않고 부(富)를 일으켜 저렇게 멋진 곳에서 사시는 분들께 나만이라도 힘찬 박수를 보낸다. 제가 마음의 박수를 보낸 의미는 우리 대한민국 경제발전에 크게 이바지한 역군(役軍)들이라는 뜻에서 박수를 보낸 것이다.

나는 이런저런 잡다한 생각 속에서 현실을 망각하고 있을 때 남편이 해운대병원 도착했다. 라는 말에 저의 의식은 현실 속으로 들어왔다. 제가 지금 우선적으로 해야 할 일을 생각해 봤다. 접수실로 가서 수속을 먼저 밟아 입원실을 배정 받고 들어가야 하는 일이 먼저라는 생각이 든다. 일단 주차를 하고 짐을 꺼냈다 그런데 입원 중에 사용 할 살림살이를 줄인다고 주렸는데도 만만치가 않았다. 아니 나이가 들어 힘에 부쳐서 작은 지갑도 짐스러울 정도다. 저는 짐이 무거워 주차장에 작은 카트라도 비치해두었으면 좋겠다는 생각이 든다. 저희는 짐을 들고 다니면서 수속을 밟았다. 굳이 짐을 들고 다니지 말고 휠체어 하나 끌고 와서 짐을 싣고 다녔으면 좋겠다는 생각을 한다. 남편이 반대를 하는 바람에 짐을 양손 가득 들고 10층 병실로 우리는 안내 되었다. 우리가 배정받은 입원실은 6인실이다. 그러나 개금 백병원과는 다르게 새로 지은 병원이라 그런지 아주 깨끗하고 쾌적해 마음이 편하게 느껴졌다. 낯선 병실사람들은 병실에 들어선 저희부부를 유심히 쳐다봤다. 우리가 한두 번 겪은 일은 아니지 싶다. 그러나 언제나 낯선 사람들 속으로 들어간다는 것은 왠지 어색하다. 하지만 1인실을 선택할 수 있는 형편은 더욱 아니기에 이곳에서 또다시 숨죽이며 2개월 정도 지내야만 한다는 사실이다. 저희는 먼저 입원해 계신 병실 분들에게 가볍게 인사를 하고 조용히 짐을 정리를 했다. 제가 그렇게 조용조용 짐 정리를 마무리 할 즘 간호사님이 오셔서 남편 팔에 링거를 꼽고 나니 담당 의사님께서 오셨다. 그리고 내일 수술에 대해서 간략하게 설명을 해주셨다. 그런데 수술종류가 개복(開腹)과 복강이 있는데 복강은 요즘 새로 나온 일명 다빈치 로봇 팔로 하는 것이고 장점으로는 회복이 빠르고 흉터는 쇠꼬챙이 들어가는 곳에 점과 같이 몇 군데 생긴다고 말씀하신다. 가격이 좀 비싸다는 단점이 있다고 설명 하셨다. 우리는 의학 상식은 없지만 의사선생님 설명을 듣고 보니 돈보다는 회복이 빠르고 흉터가 덜 남은 쪽이 좋을 것 같아 나는 남편과 상의(相議)끝에 로봇 팔로 수술하기로 한다. 우리 선택은 회복이 빠른 복강이라고 말을 하니 의사선생님도 알았다고 하시며

"그럼 내일 수술은 로봇 팔로 진행 하겠습니다."

라는 말씀을 남기시곤 나가신다. 이젠 정말 주사위는 던져진 셈이다. 그러니까 이 밤을 새고 나면 남편은 정말 생(生)과 사(死) 의 갈림 길이라 할 수 있는 수술대 위에 오를 것이다. 초조한 밤이 되지 싶다. 그러나 나는 울 엄마 말씀 괜찮을 것이다. 라는 말을 신앙(信仰)처럼 믿고 있을 것이다. 그리고 암 환자가 되어버린 남편 간병을 꾀부리지 않을 것이다. 나는 수술도중 불상사가 발생했을 때 문제 삼지 않겠다는 서류에 사인을 한다. 그리고 남편을 환자복으로 갈아 입혀준다. 남편 다친 오른 손이 아직 다 아물지 않은 상태라 옷을 갈아입혀준 것이다. 남편을 환복으로 갈아 입혀놓고 보니 만감(萬感)이 교차(交叉)했다. 나는 말없이 남편을 휠끔 쳐다봤다. 이유는 마음이 착잡해 자꾸만 남편을 탓하려는 마음이 일어났던 것이다. 그리고 왜? 우리는 여기까지

"꼭 와야만 했었나?"

라는 의문을 던져본다. 그러니까 어쩌면 우리가 여기까지 오게 된 연유가 분명 있을 것이라 생각이 들었던 것이다. 일단 환복으로 갈아입은 남편을 쳐다보니 나도 모르게 주마등처럼 지난날들이 스쳐 지나간다. 더구나 진즉 잊어버렸고 잊혀진지 알았던 남편의 과거사(過去事)가 전혀 잊혀 지지 않았는지 어두웠던 지난 일들이 생생하게 아니 새록새록 더 짙게 내 가슴 속에 떠오른다. 달리 내 방식대로 표현 하자면 참 가족들을 너무나 긴 세월동안 힘들게 했고 고통만 주었던 가장이었다는 생각들이 떠나지 않고 더 뚜렷하게 오늘 일처럼 마음 깊은 쪽 감정까지 자극을 해 마음을 더 무겁게 해왔다. 남편의 불우한 유년시절의 상처가 자기가족들을 이렇게 힘들게 하며 인생을 살아가라는 특명(特命)을 받았는지… 나와 결혼하기 이전 남편의 삶은 어떤 삶을 살았는지는 잘 모르겠지만 남편과 결혼하면서 내가 겪게 되었던 수렁속의 나의 결혼 생활은 정말 끔찍하리만큼 날이면 날마다 술을 먹고 들어와 우리들에게 시비하는 삶이었다는 사실이 가슴이 아팠다. 사랑과 정열을 집안을 일으키고 나라를 바로 세우는데 주력하지 않고 지하 자매들을 쟁취하고자 투쟁하며 살아온 남편의 과거사는 저로 하여금 까만 밤을 하얗게 지새우며 공포스럽게 살게 한 세월이다. 아무리 잊으려 해도 잊혀 지지 않는 부분들이 남들과 비교 할 수 없을 정도로 많아 제 가슴속 깊은 곳에 큰 상처로 남아있었던 것이다. 나는 남편을 용서할 수 없었고 용서도 안 되는 부분이 많았을 것이라 생각한다. 그렇지만 이젠 남편도 나도 과거에서 벗어나 자신을 괴롭히는 상흔(傷痕)들을 깨끗이 지우고 새롭게 거듭나는 인생을 살아가야만 될 것이다. 과거는 과거 일뿐이다. 과거를 거울삼아 옳 곧게 살아가고자 하니 가능한 지난날들을 나는 들추지 말아야 되지 싶다. 우리아이들에게 우리만이라도 남을 이해하고 배려(配慮)하는 마음으로 살아가자. 라는 말을 했고 아빠를 반면교사(反面敎師)삼아 타인(他人)의 귀감(歸勘)이 되어 우리는 살자. 라는 말을 읊조리며 살아온 인생이라 나는 지난 과거는 잊을 것이다. 아무튼 여기까지 오고 보니 더러는 남편이 원망스러워진 것은 사실이다. 그러나 지금 현실은 과거사가 중요한 것이 아니다. 남편은 암이 걸리고 나서는 지난 과거가 후회스러웠는지 암 진단을 받던 날 내가 인생을 헛살았네. 라는 말을 한 것을 보면 아무튼 과거보다는 앞으로 참되게 사는 것이 더 중요하므로 지난 과거를 거울삼아 새로운 삶을 살아 갈 거라는 희망을 남편에게 걸어본다. 나는 분명코 과거를 더 이상 묻지 않을 것이라 맹세한다. 남편도 예전과 같은 삶은 분명 다시 걷지 않으리라 생각한다. 어쩌면 비온 뒤 땅은 더 단단해지듯 우리 인생도 과거가 있었으니 후회도 하는 것이다. 이제부터라도 남편이 세상을 바로보고 바르게 생각하고 성실하게 남은 인생 전개해 나갈 것이라 믿어본다. 나는 문득 지난 번 아산병원에서 남편이 정밀검사 하는 과정에서 대장암 센터 대기실 앞에 걸려있는 사진 한 장을 우연히 보게 된다. 그 사진이 유난히 나의 시선을 고정 시켰다. 그 사진은 직장암에 걸리신 분들이 취해야 하는 특별한 자세(姿勢)를 설명하는 사진이다. 그 자세(姿勢)가 우연(偶然)치고는 하늘에다 무릎을 꿇어 두 손을 모아 잘못을 비는 모습과 똑 같아 저는 유난히 눈여겨보았던 것이다. 그 사진을 보고 이런 생각을 하였다. 분명 직작암이라는 병은 부모님께 잘못을 저질러 하늘에다 비는 형국이라는 것을 그곳에 걸린 사진을 두고 그저 아무생각 없이 보는 사람도 있겠지만 제 눈에 들어오는 직장암 걸린 사람이 취해야 하는 자세는 분명 하늘에 죄를 비는 모습이었다는 것이 아주 인상 깊게 남아서 그때 남편에게 직장암 치유하는 동작도 하늘에다 비는 포즈냐. 라는 말을 하면서 분명 이 병은 하늘이 벌(罰)하신 것이니 앞으로 남은 인생 정말 우리 바르게 살아보자. 라고 했었다. 이번 기회에 작은 사진 하나라도 참고하고 깨달아 남편이 새로운 인생길을 살아 갈 것이라 나는 기대하는 마음이 크다. 사람은 누구나 실수하고 잘못을 저질을 수는 있다. 그 실수와 잘못을 거울삼아 거듭나려는 사람은 현명하리라 생각한다. 과거는 밑거름이 될 것이라 믿고 남편의 암 수술이 잘되기만을 두 손 모아 빌 것이다. 저희 부부가 짐정리를 하고 있는데 수술 시간이 정해졌다고 간호사님께서 전해주시고 가셨다. 오늘밤 12시 이후부터는 금식이니 많이 먹어두라고 하신다. 저는 아들에게 아빠 수술 시간을 가르쳐주는 문자를 보낸다. 문자를 본 아들이 내일 하루정도는 직장을 결근하고 아빠 수술시간에 맞추어 이곳으로 오지 않겠나? 싶다. 운(運)이 나쁘면 생사(生死)의 갈림 길이 될 수도 있다. 남편 수술하는데 저 혼자 있으면 남편은 조금 서운한 마음이 들지 않을까 싶어 아들과 함께 지켜보려하는 마음에 아들에게 남편 수술 시간을 알린다. 병원에서 수술을 하기 위한 모든 절차는 마쳤다. 남편은 환자복 입고 침대에 누워 시간을 보내고 있다. 저는 아직 할 일이 남아있어 좌불안석이다. 이유는 개금병원에 계시는 어머니를 퇴원시켜서 김해 집으로 모셔드려야 되는 가장 중요한 과정이 남아있는 상황이다.

시간을 보니 어머니를 퇴원시켜야 될 시간이 다된 것이다. 저는 언니에게 전화를 걸어 그 쪽 상황을 물어보았다. 언니도 대강 퇴원 수속이 다 되었다고 했다. 짐도 다 챙기고 이젠 엄마 옷만 갈아 입혀서 처방전 나오는 대로 퇴원을 하면 될 것 같다고 말을 했다. 저는 언니에게 지금 그쪽 병원으로 넘어 가겠노라고 말을 하고 전화를 끊었다. 나는 남편에게 어머니 퇴원 시켜드리고 오겠다고 말하며 서둘러 병실을 나오는데 남편이 벌떡 일어나면서 자기가 운전해준다며 환자복 입은 그대로 따라 나선 것이다. 물론 이 상황이 당황스럽다. 남편이 환자복 입은 채로 함께 가주겠다고 말을 하니 든든하게 느껴졌다. 제가 야간 운전이 많이 서툴러 거절을 못했다. 나는 병원 허락 없이는 갈 수 없어 바로 간호사실로 가서 간호사님께 지금 개금병원으로 가서 친정어머니를 퇴원시켜드리고 오겠다고 외출증 발부를 요구했다. 간호사님께서 대뜸

"다른 가족 분들은 안계세요?"

라고 물으신다. 그래서 저는

"다른 보호자가 지금 어머니와 같이 있지만 차가없고 언니혼자서는 어머님 옮기는 것이 불감당(不堪當)이라 저희가 꼭 가서 같이 어머님을 퇴원시켜 드려야 하는 상황입니다."

라고 했다. 그랬더니 간호사님께서

"사실 환자에게 사고가 생기면 자기들 책임이라 이런 경우에는 외출을 불허(不許)하는데 사정이 그리하시다니 조심해서 다녀오십시오."

라고 하시며 순순히 외출증을 떼어 주셨다. 남편은 아직 손이 완쾌되지 않아 운전 하는데 불편할 텐데 남편은 굳이 우리들 운전을 해주겠다고 환자복을 입은 채로 나온 것이다. 저는 시간이 없어 서둘러야 했기에 옷을 갈아입고 나오라는 말이 떨어지지 않아 그냥 그대로 출발을 하게 되었다. 남편도 환자의 몸이고 늦가을에 밤기운이 쌀쌀했다. 남편은 날씨가 서늘 할뿐 춥지 않다고 환자복 입은 그대로 운전을 하겠다고 고집을 부리니 말리 수 있는 시간이 없다. 아 정말 솔직히 어머니께서 애가 타도록 기다리고 계시기 때문에 저는 어쩌면 단 1분도 지체 할 수가 없는 상황이라 윗옷하나라도 챙겨 올 상황이 아니다. 저녁 퇴근시간 까지 겹쳐 마음이 바쁘다. 누가 그렇게 마음을 바쁘게 가지라고 한 사람도 없건만 저는 왜? 그렇게 혼자 동동거리며 종종걸음으로 다녀야만 했는지 어쨌든 마음에 여유가 전혀 없다. 남편이 환자복을 입고 운전하는 모습을 보니 서글픈 마음도 일었다. 날도 싸늘한데 얇은 환자복만 입고서 운

전하는 남편 모습이 보기가 좀 그랬다.

"나 암 환자요 관심 좀 주시오."

라는 몸짓이지 싶다. 남편은 운전 도중에 아픈 손을 핸들에 올려놓고 종종 주무르며 운전을 했다. 아마 찬 밤공기 때문에 손 저림이 있을 수 있다. 라는 생각이 들어 온통 내 신경은 손 쪽으로 향했다. 그렇지만 이렇게라도 어머니를 모셔다 드릴 수 있어 그나마 다행이라 여기며 개금으로 가는 길을 서두른다. 저희가 해운대에서 출발하는 시간이 퇴근길과 맞물려 차가 정체가 조금 있어 생각했던 시간보다 한 20분가량 늦어졌다. 하지만 저희가 예상했던 시간보다는 조금 늦게 병실에 도착하였지만 저희를 보신 어머님과 언니가 반겨주시니 마음이 편하다. 어머니께 빨리 가야 된다는 생각이 각인(刻印)되었는지 약속시간 1분이라도 늦으면 불안(不安)증세(症勢)가 내게 생겨 어머님께 가는 시간이 1분1초라도 늦으면 마음이 편치 않았다. 아마도 이 증세는 나의 고질병처럼 나의 뇌리에 강박관념이 되어 버린 것이다. 그런데 울 엄마가 반겨주시니 초조하고 불안했던 현상들이 사라졌다. 하지만 언니가 환자복을 입고 온 남편을 보고 어이 없어했다. 언니 왈

"아무리 그래도 그렇지. 조서방 옷이라도 갈아입혀서 오지."

라고 핀잔을 줬다. 이런 모습은 보통 사람들의 심리는 가능한 감추고 싶어 한다. 남편은 나도 환자입니다. 라고 외치고 싶어 그랬는지 아무튼 환자복을 자랑스럽게 입고 다니는 것이 솔직히 말해서 좋은 모습으로는 보이지 않는다. 남편은 어떻게 해서든 타인으로부터 관심을 끌고 싶어 하는 듯 보였다. 저희가 짐 보따리 챙겨 병실을 나서려다 어머님 담당교수님을 복도에서 또 뵙게 되었다. 교수님으로부터 어머님의 치료결과를 듣고 주의해야 될 점을 상세히 듣고 저희들은 병원을 떠나 어머니를 모시고 집으로 넘어 왔다. 남편이 밤길 운전을 해줘 고맙고 든든하다. 같

이 어머니를 휠체어에 앉혀드리고 차에 태워 집으로 옮겨드리는 과정을 여럿이서 같이하니 어머니를 모시는 과정들이 너무도 수월해 또 한 번 함께하는 위력의 힘을 느낀 사례다. 이 때 제가 깨달은 것은 어떤 일이든 합심(合心)해서 함께 하였을 때 그 어떤 일을 하더라도 이렇게 쉽고 수월하다는 것을 이런 경험들을 통해 피부로 느끼게 된 사례다. 마음먹기를 무슨 일이든 합심(合心)하여 상생(相生)하고픈 마음을 갖고 살고자 하는 마음을 가슴에 새기게 된 사연이다. 막상 집에 도착 하고보니 저희 집 아이들 셋이 우르르 나와 할머니 양쪽겨드랑에 팔을 끼워 할머니를 부추겨 계단 올라가는 모습이 왠지 대견해보였다. 여러 번 경험이 있어 그런지 굳이 말하지 않아도 할머니를 살뜰하게 모시고 계단 오르는 모습이 너무 보기가 참 좋다. 언니와 저는 짐부터 날라 마루로 던져놓았다. 빠른 동작으로 저는 대충 어머님 누우실 자리를 살펴드렸다. 남편은 해운대 병원까지 10시안에 들어가야 했다. 시간이 별로 없었다. 남편은 자동차 시동을 끄지 않고 현관에서 나를 기다리고 있었다. 그러다보니 마음이 더 급했다. 언니에게 엄마를 부탁하고 저희 아이들에게도 외할머니 잘 살펴드려라. 라는 말을 당부하고서 서둘러 해운대 병원으로 출발한다. 다음날 남편수술 준비로 아침 일찍부터 여러 간호사님들께서 분주하게 움직이셨다. 남편을 환자복에서 수술복으로 갈아 입혀놓고 남편 몸에 나있는 무명초(無名草)들을 제거해주신 작업까지 마쳤다. 목 부위 대동맥에 카텍터를 꼽아놓고 많은 링거가 목 쪽으로 집중되게 해두었다. 수술준비는 끝났다. 더구나 아들도 아빠 수술한다고 김해에서 일찍 서둘러서왔는지 아침 일찍 병실에 도착해 있었다. 김해에서 해운대까지는 승용차로는 1시간 약간 넘게 걸리는 코스다. 하지만 대중교통을 이용하면 서너 차려 차를 갈아타야 하는지라 서너 시간 족히 넘게 걸리는 거리다. 그런데 이렇게 이른 시간에 도착한 것을 보면 아마도 김해에서 첫차를 타지 않았나 싶은 생각이 든다. 아들이 워낙 말이 없는 아이라 속도 없을 것이라 생각했었다. 그런데 아빠 수술이 나름 신경을 많이 쓰게 했던 모양이다. 옛말에 가족은 어려운 일을 마주했을 때 진가(眞價)를 발휘하다고 했다. 둔한 아들이지만 그래도 아빠가 걱정 되었는지 새벽길마다 않고 이렇게 빨리 와줘 너무 고맙다. 나 역시 어머니께 아침 문안 전화를 했다. 엄마 옆을 떠나 있으면 항상 밤새 어머님께서 무탈하셨는지가 궁금했다. 사건은 밤에 일어나는 경우가 많아 나는 밤을 잘 보내셨는지 안부를 묻고서 조금 있으면 사위 수술 하니 오늘 김해 집에 들려보지 못 한다고 전 한다. 다시 어머님께 사위 수술 잘되게 해 달라고 부탁한다. 어머님은

"괜찮을 것이다."

라고 다시 말씀 하셨다. 나는 울 엄마의 희망가를 듣고서 마음을 평안하게 갖는다. 남편 수술시간이 다 되어가니 보조간호사님께서 오셨다. 남편이 누운 침대를 수술실로 이동시킨다. 막상 수술실로 들어가는 남편 모습을 보고 있노라니 불안한 마음이 약간 일어났다. 수술실로 향하는 남편 마음이 불안 할 것 같아 나는 수술실로 들어가기 전 남편 옆으로 다가가 손을 꼭 잡아주며

"수술 잘 될 것이니 걱정하지 말고 편안하게 생각하고 수술 잘 받고 나와요."

라는 말을 했다. 남편도

"그래."

라고 말한다. 그리고 아들도 아빠 손을 잡고

"수술 잘 받고 나오세요."

라는 말을 전한다. 아들과 나는 간호사님께서 밀고 들어가는 침대를 물끄러미 쳐다보는 가운데 수술실문이 굳게 닫혀버렸다. 우리 모자는

굳게 닫힌 수술실 문을 멍하니 한참을 쳐다보았다. 아들과 저는 수술실 방 앞에서 기다림이 시작이 되었다. 수술시간은 7 ~ 8시간정도 예상 될 거라는 교수님에 말씀이 있었다. 우리가 선택한 수술은 새로 나온 다빈치 로봇 팔을 이용해 개복(開腹)이 아니 복강경 수술을 선택을 했다. 이유는 개복보다는 후유증이 적고 회복도 빠르다고 추천을 하셨기 때문에 우리는 복강경 쪽을 택한 이유다. 우리가 이제껏 살면서 암 환자들과 조우(遭遇)는 많지 않았던 것 같다는 생각이 든다. 돌이켜보면 백부님께서 대장암 수술을 하셨는데 그때 수술실 들어가시는 백부님을 보는 마음과 남편을 수술실로 보내는 마음에 온도차이는 마음에 거리만큼 있지 않았을까? 싶다. 말로만 듣던 암 수술을 바로 내 남편이 받는 날이며 시간이다. 만감이 교차하는 순간? 이라고 해야 될까?아무튼 수술실 앞에서 쉽게 돌아서지 못한 나의 발걸음… 나 무슨 미련이 있는지 굳게 닫친 수술실 문 앞을 저는 물끄러미 한참을 쳐다만 보고 있는 나의 신세는 처량하기 그지없음이다. 어떤 생각을 하고 있는 것 같지는 않다. 불안하고 초조한 마음이 일어 그랬는지 모르겠으나 좀처럼 저와 아들은 수술실 문 앞을 벗어나지를 못한 상태다.

저는 그렇게 두어 시간 대기소에서 기다리다가 아들하고 늦은 점심이나 먹고 오자고 하면서 그곳을 잠시 떠나 식당을 찾아 들어간다. 막상 식당에 도착을 하고보니 왜? 그런지 마음이 영 편치가 않는다. 점심을 먹으려간 그 사실이 왠지 수술실로 들어간 남편에게 미안한마음 일었던 것 같다는 생각이 들었다. 굳이 미안해하지 않아도 되고 간호 할 사람이 건강해야 하는 것이 정상적인 생각인데 왠지 편하게 점심 먹고 있는 제 모습이 어색했다. 생사를 넘나들고 있을 남편에게 미안해서 밥이 들어가지가 않는 것이다. 아들과 점심을 대충 때우고 다시 대기실 의자에서

네 다섯 시간을 더 기다렸다. 벌써 해는 지고 땅거미마저 내려앉아 사라진지 오래다. 그러다보니 수술자명단이 꽉 찼던 모니터가 어느새 하나둘 다 지워지고 오직 남편 이름만 오래 동안 남아있다. 더구나 시간이 많이 흐르다 보니 그 많던 수술 환자들 이름은 다 지워지고 오직 남편 이름 석 자만 덩그러니 남아 있으니 왠지 쓸쓸함이 더해진다. 기분 탓이고 기다림이 길어지니 대기실에서 이제나저제나 기다리며 애타는 마음은 더 초조하게 느껴진다. 저희가 그렇게 초조하게 기다리기를 또 두어 시간이 지난 후 밤 11시가 넘어 남편 이름 석 자가 회복실로 옮겨졌다는 내용의 모니터화면이 떴다. 우리가 이렇게 기다리기를 근 12시간이 다 되어 보는 반가운 내용 문구다. 나는 남편이 회복실로 옮겨졌다는 글을 읽고 조금 안도 하는 마음이 생겨 비로소 편안한 숨을 쉰다. 남편 수술 시간은 우리의 예상과는 다르게 시간이 많이 지체되었다. 초조하게 기다리는 신세이고 보니 더욱 시간이 길게 느껴지지 않았나 생각된다. 늦은 밤이라 병원도 이미 소등이 되어 주변이 어두컴컴했지만 그래도 수술실 대기소만은 불이 꺼지지 않고 있다. 마침 남편이 회복실로 들어간다는 문구와 동시에 대기실 불도 소등이 되어 병원 내부 전체가 어두컴컴해져 버렸다. 더구나 대기소에서 기다리는 사람은 오직 아들과 저뿐이라 병원이 고요하다 못해 적막했다. 그런데 불까지 꺼버리니 물체를 식별하기란 겨우 TV화면뿐이지 않나 싶을 정도로 사방이 어둠 속이다.

우리 모자가 그렇게 어두컴컴한 대기실 앞에서 30여분 물끄러미 수술실이 열리기만을 애타게 기다리고 있을 때 집도하셨던 교수님께서 나오셨다. 그리고 저희를 보시고선
"시간이 좀 지체 되었지만 환자수술이 아주 잘되었습니다."
라고 말씀을 해주신다. 그리고

"아직 환자가 젊어 괄약근을 살리느라 시간이 좀 오래 걸렸습니다."
라는 말씀을 하신 것이다. 그래 저도
"정말 감사하고 수고 많으셨습니다."
라는 인사를 드린다. 교수님께서도 장시간 수술하신다고 지치셨는지 더 이상 말을 잇지 않으시고 어둠속으로 사라지셨다. 아들과 저는 수술실 방 앞으로 다가가 수술실에서 남편이 나오기만을 30여분 더 초조하게 기다리고 있을 무렵 수술실 문이 활짝 열리면서 마취가 아직 덜 깬 상태로 남편이 나온다. 남편은 마취가 덜 깨서 그런지 의식은 몽중(夢中)이다. 수술에서 나온 남편의 모습은 그야말로 우주 탐사대처럼 온몸 전체가 공기압복으로 입혀져 있으며 남편이 누운 침대 사이드에는 온통 낯선 기계장치는 침대가 버거울 정도로 무거운 기계들로 가득 설치되어 있었다. 더구나 남편은 혈전 방지용 일명 공기압 옷이 입혀져 있어 우주 탐사대를 연상케 하는 모습으로 침대에 실려 나왔다. 그러나 수술실을 나온 남편 의식이 뚜렷하지 않는다. 더구나 통증과 한기(寒氣)가 심한지 신음 소리와 오한(惡寒)에서 오는 심한 떨림까지 겸하고 있어 옆에서 보기가 안쓰럽다. 저는 한기(寒氣)에 떨고 있는 남편에게 다가가
"고생 많이 했어요."
라는 말을 전했다. 그렇지만 남편은 통증으로 덜덜 떠는 과정이라서 그런지 제가 했던 말을 알아듣지 못했다. 마취가 덜 깨 아예 저희를 몰라본 상태다. 남편침대는 간호사님에 의해 이동(移動)중이다. 남편은 계속 오한이 있어 덜덜 떨면서 신음까지 하니 안쓰럽다. 남편이 정말 암 수술을 한 것을 실감하는 중이라 하겠다. 일단 승강기가 열리니 남편 침상은 승강기로 밀어 넣어졌다. 그런데 간호사님께서 10층을 누르신다. 사실 10층은 남편병실이 있던 층이다. 그러니까 보통 수술을 받으면 중환실로 옮겨가는 것이 보통과정이라 저는 여겼던 차원이라 10층을 간

호사님께서 누르시니 조금 의아해졌던 것이다. 그래서 마음속으로는 왜?10층? 그러나 물어 볼 수는 없었다. 저는 간호사님만 따라 갈뿐 특히 남편 신음소리가 적막한 병원을 울리고 있어 저는 가급적 조용히 따라가는 중이다. 신음하는 남편 몸은 온갖 낯선 장비들 속에 묻혀있어 함부로 남편을 만져볼 수는 있는 상황이 더욱 아니었다. 그렇지만 눈은 수술한 남편은 괜찮은 것인가? 하고 열심히 스캔을 하며 따라간다. 그런데 유난히 눈에 띈 것이 하나 있었던 것이다. 그러니까 바로 옆구리에 피주머니들이 내 눈에 띈 것이다. 그것도 한 두 개도 아니고 주렁주렁 5개 정도 달려있다. 피 받아내는 관들이 침상 밑에 서너 개가 또 놓여있다. 보기가 정말 흉측하다. 저희 어머님 고관절 수술 할 때는 이런 모습은 전혀 아니었다. 하지만 나중에 김해 중앙병원에서 어머니 돼지꼬리시술 할 때. 이런 흡사한 경우를 겪어 혼 줄이 났던 기억이 있어 영 기분이 좋지 않는다. 지금도 중앙병원 그때를 생각하면 어머니를 모시고 대학병원 응급실을 찾지 않고 근처 일반병원에서 급한 대로 시술을 받아 저희 어머님 너무 고생 시켰던 일이 떠올라 몸서리가 난 부분이다. 그런데 남편도 이렇게 험한 모습으로 나오니 정말 암 수술이 큰 수술은 큰 수술이었던 것임을 집작한다. 남편은 이제껏 암 환자였었지만 장모님이 더 위중하시는 바람에 마누라의 따뜻한 손길 한 번 제대로 받아보지 못한 신세였다. 그리고 중간에 수술 날짜를 잡아 놓고 그 공백 기간에 현장에서 생활비를 좀 벌어보겠다고 현장 나가 일한지 3일 만에 손등이 잘려 손등을 30여 바늘 꿰매는 봉합수술도 했던 것이다. 남편은 손등 치료받는 2개월 동안 마누라 간호 한 번 받아보지 못하고 여기까지 온 것이다. 지난 몇 개 월동안 남편은 가장 외로운 시간을 보냈던 사람이 아닐까? 싶다. 남편이 그동안 마음속으로 많이 서러웠을 것이라는 생각과 혼자 얼마나 쓸쓸하였을까? 라는 안쓰러운 생각이 떠올라 괜스레 눈가가 따뜻해졌다. 아직까지 의식 없는 남편을 보니 젊은 날 툭 하며 화를 내 가족들을 불안한 삶을 살게 했던 성난 그 기백은 어디다 두고 이렇게 초라하게 누워 있나 싶어 씁쓸한 마음이 든다. 그 와중에 혈전을 방지하기 위해서 입혀놓은 우주복 속으로 하얀 스타킹이 다리에 신겨져있는 모습이 새롭게 느껴졌다. 이 모습은 어디서 많이 보았던 낯익은 모습이라 생각이 든다. 이런 모습이 낯익었던 이유가 저희 어머님 아산병원에 계실 때 매일 아침마다 엑스레이를 찍으려 내려가면 장사진을 이루고 있는 환자들 가운데 중간 중간 침대에 누워 오신 환자 대부분이 이런 하얀 스타킹을 신고 있었던 기억 때문이라 생각이 든다. 그때 제가 생각하기를 도대체 어떤 사람들은 저런 스타킹을 신고 있을까? 라는 궁금증이 있었고 또 옆구리에는 복주머니 같이 생긴 피 주머니를 서 너 개씩 달고 다니는 이유와 무슨 병 때문에 저런 것을 신고 있으며 주머니는 왜? 달고 다니시는지가 조금 개인적으로 궁금했던 부분이다. 지금 수술실에서 나온 남편을 본 순간 왜 환자들이 피 주머니 달고 다니며 하얀 스타킹을 신었는지에 대한 궁금증이 확 사라진 순간이다. 굳이 이런 경험은 하지 않아도 되련만 하늘은 이런 경험까지 저에게 직접 경험케 하신 것이다. 사람은 여러 가지일들을 경험을 해봐야 일상에서 알지 못했던 부분들을 알게 되는 것이고 그 경험 속에서 지혜가 생겨난다고 하였는데 저는 지혜는 고사하더라도 가족들이 이렇게 고통스러움을 겪는 경험만은 정말 하고 싶지 않다. 무슨 팔자가 상그러워 인생을 살면서 굳이 겪지 않아도 되는 이런 경험들을 여러 차례 겪고 나니 소이 사회에서 말하는 경험(經驗)이니 지혜(智慧)이니 라는 말은 저에게는 다 부질없는 말이고 모든 것이 무상함으로 느껴진다. 먼 훗날 이런 경험들이 제 인생길에 어떤 방법으로 어떻게 반영(反映)이 될지는 미지수이다. 지금 현재는 경험도 지혜도 다 부질없음이다. 오직 가족들이 아프지 말고 건강했으면 좋겠다는 생각 외에는 희로애락(喜怒哀樂)에서 오는 감정 따윈 무디어진지 오래이지 싶다. 저는 저희 어머님 한분으로도 정신 못 차릴 정도로 위급한 상황들을 많이 겪었다. 그러다 보니 병원이라고 하면 뒤도 돌아보고 싶지 않다. 그러나 인생이란? 자기 마음먹는 대로 자기 뜻대로 살아지지 않는다는 것이 우리의 인생이라는 것이다. 지금 나의 처지가 인생이란? 바로 고(苦)라고 표현되는 순간이다. 남편까지 이런 모습을 여과 없이 보여주니. 지금 기막힌 시련과 직면하고 있는 제 모습이 그저 초라 할 뿐이다. 저는 마냥 신세타령이나 읊조리면 살아가지는 않을 것이다. 이렇게 수술을 무사히 마쳤으니 감사하는 마음을 가질 것이다. 일단 남편은 통증이 심한지 신음소리가 계속 나고 있고 덜덜 떠는 모습도 여전히 심하다.

아들과 저는 간호사님의 안내에 따라 10층에 있는 집중관리실로 들어가게 된다. 사실 10층에 이런 곳이 있었는지 저는 오늘 처음 알게 된 것이다. 집중관리실로 남편을 이동시킨 후 간호사님들과 힘을 합쳐 남편을 이곳에 비치된 침대로 옮겼다. 남편이 다른 침대로 눕혀지니 간호사님들의 일사불란(一絲不亂)한 움직임 속에서 온갖 기계들이 설치된다. 기계 설치가 마무리 되고나니 다양한 주사액들이 대동맥으로 연결된 바늘 속으로 들어가는 것이 보인다. 저는 무심(無心)히 이 과정들을 그저 멍하니 바라 볼 뿐 제가 도울 수 있는 것은 하나도 없었다. 그러다 보니 자연스럽게 무심한 채 간호사님들 본의 아니게 보게 된다. 간호사님들 몸짓들 하나하나가 지쳐서 무겁게 보인 것이다. 이 분들도 삶이라는 무대 위의 환자같이 느껴진 것이다. 간호사들도 환자들 뒤치다꺼리에 진이 빠져버린 만성피로 환자 같이 느껴져 보인 것이다. 너무 늦은 시간이라 그런지 만성피로에 찌든 간호사님들 모습이 왠지 내 자식처럼 느껴져서 안쓰럽기 까지 했다. 내가 이분들을 위해 할 수 있는 일은 없을 것이라 생각한다. 내가 할 수 일이 있다면 그것은 아마도 이 분들에게 누가 되지 않도록 행동들을 조심히 하는 것이 아마도 내가 이 분들을 생각하는 일이지 않을까? 생각 싶다. 아들과 나는 의료진들 옆에서 환자를 위해 이뤄진 모든 과정들을 방관자로 그저 물끄러미 바라만 보고 있을 뿐 지금은 그저 옆에서 지켜보는 것 밖에는 그 어떠한 것도 해줄 수 없음이다. 저는 잠시 정신을 가다듬고서 시간을 보니 밤이 깊었다. 저는 하루 종일 같이 있어준 아들에게 내일 출근해야 하는 입장이라 막차 끊기기 전에 서둘러 집으로 가라고 애기를 했다. 아들은 기다렸다는 듯이 바로 일어나 집으로 갈 채비를 한다. 두말 않고 바로 일어서는 아들에게 나는 조금 서운한 마음이 생긴 것이다. 참 인간은 변덕스럽다는 생각이다. 분명 나는 내일 아들 출근 걱정하면서 가라고 말 할 때는 언제이고 사양 않고 일어나는 아들을 보고 서운한 마음을 가진 내 자신이 속물스럽다. 아마 내가 서운하게 느꼈던 이유가 아직 마취에서 깨어나지 않은 아빠를 두고서 아니요 조금 있다가 갈게요. 라는 말을 나는 아들에게서 기대했던 모양이다. 아들은 무정(無情)하게도

"저 이제 갈게요."

라고 하면서 병실을 나가는 아들이 몹시 야속하게 느껴지는 순간이다. 저는 무정하게 나가는 아들 뒤 모습을 보면서 아들이 아직 어려서 그랬을까? 아니면 여러 차례 위급했던 외할머니를 봐서 감정이 메말라 버렸을까? 아님 감각이 둔해 그럴까? 라는 여러 가지 생각 속에서 서운한 마음을 지우지 못한다. 하지만 한편으로는 막차가 떨어 질까봐 그랬을 것이라고 이해한다. 왠지 서운한 마음이 얼른 살아지지 않는다. 서운한 마음 뒤로하고 저는 홀로 집중관리실 의자에 앉아 신음하는 남편을 살피게 된다. 신음하는 환자 옆에 앉아있지만 특별히 할 일은 없다. 마취가 덜 깨었는지 옆에 사람이 있어도 확실하게 구분 못하고서 그저 신

음소리와 한기(寒氣)를 느껴 제가 중간 중간에 떨면 담요 덮어주고 입술이 마르면 거즈에 물 적셔 거즈를 올려주는 일을 반복하며 환자가 무의식(無意識)중 움직여 꼬여버린 링거줄을 종종 풀어주는 것이 전부다. 집에 계시는 어머니가 걱정되고 걱정스러웠다. 저는 이곳을 떠날 수가 없다는 사실이 불안하다. 갈 수 없으니 시간이 더 길게만 느껴졌다. 엄마 옆에는 언니가 있으니 가능한 엄마 걱정은 잠시라도 잊으려 노력한다. 이곳은 집중관리실이라 간호사님들께서 수시로 들락거리며 삐삐 삐비빅 소리를 내고 있는 여러 기계들과 10여개쯤 달려 있는 링거들이 잘 들어가고 있는지 수시로 체크하고 또 체크한다지만 그래도 도리(道理)상 부부애(夫婦愛)는 없다 손 치더라도 전우애(戰友愛)라도 남아있는지 남편 의식이 확실하게 돌아 올 때까지는 지켜주고 싶다는 생각을 하며 작은 의자에서 대여섯 시간을 보내고 났더니 날이 밝았다. 저는 이렇게 지샌 밤들이 울 엄마 덕분에 많다. 작은 의자에서 대여섯 시간 지낸 일이 단련된 것은 아니지만 그래도 그런대로 견딜만 했다. 저희 어머니께서 처음 대학병원 응급실에 들어갔을 때 병실이 나오지 않아 응급실에서 일주일동안 계셨다. 아마 그 당시 응급실에서 겪었던 일들이 너무나 처참했기 때문에 그 때를 상기하면 지금 이 상황은 다소 불편하지만 그래도 호텔특실과 같다는 느낌이 든다. 작은 의자하나로 초겨울에 긴 밤을 버티기에는 다소 불편했다. 시계가 아침 여섯시를 알리니 담당의께서 게슴츠레한 눈으로 환자의 상태를 살피려 오신 것이다. 담당의께서는 당직이라 병원에서 주무시다가 나오신 것 같은 느낌이 든다. 선생님께서도 만성피로가 쌓인 모습으로 환자를 살펴보시더니 환자 상태가 생각보다 좋다면서 간호사실 옆에 있는 방으로 옮겨도 좋다고 말씀하셨다. 간호사님께도 옆방으로 환자를 옮기라는 말씀을 하신다. 저는 새벽6시라 다른 환자들은 아직 자고 있을 텐데. 라는 생각이 들었다. 하지만 병원생활이란 것이 나의 이런 걱정은 만고 부질없는 우려일 뿐이다. 수시로 환자가 들고나고 하는 곳이라서 나의 부질없는 근심은 그저 일반인들 생각 일 뿐이다. 이른 새벽부터 우리는 낯선 사람들이 몇 분 계시는 또 다른 집중 관리실로 옮겨졌다. 이곳에 계시는 환자들은 저희와 같이 수술을 하루 전에 마쳤던지 아니면 환자 상태가 중환자는 아니지만 그래도 환자상태가 그다지 좋지 않아 집중관리가 필요한 사람들만 모여 있는 병실인 듯하다. 이곳에서는 환자들 신음소리가 간간이 이고저곳에서 흘러나온 것이다. 남편은 이곳 집중관리실 쪽으로 옮겨 오는 과정에서 남편의식은 완전히 돌아왔다. 마취에서 깨어 난 것이다. 남편은 저를 보고 이곳이 어디냐고 묻는다. 수술 잘 끝마치고 회복실에 들어왔다고 말을 했다. 이른 아침이라 저는 주변분들 잠을 깨지 않으려고 숨죽이며 조용히 말을 했다. 마취에서 깬 남편은 통증이 심한지 신음 소리를 쉼 없이 낸다. 내가 해줄 수 있는 것이 없다. 그저 간간히 거즈에 물 적셔 입술만 적셔주는 정도일 뿐 신음하는 남편을 그냥 지켜봐야만 한다. 문득 남편이 직장암이라 직장을 어느 정도 잘라냈는지가 궁금해졌다. 수술 마치시고 교수님께서 말씀 하시기를 괄약근을 살려 놓았고 수술부위를 빨리 낫게 하기 위해 옆구리로 인공 항문을 만들어 변을 받아내야만 한다는 말씀이 있었다는 것 그리고 항문 복원까지는 3개월가량 걸리기 때문에 3개월 후 항문 복원 수술하게 될 것이라는 말씀을 해주셨다는 것만 어렴풋이 기억 날 뿐 그래도 그 와중에 괄약근을 살려놓았다는 부분이 나에게는 천만다행으로 여겨진 부분이다. 남편 괄약근을 살려놨다는 부분이 나에게는 관건이었다. 3개월간은 남편 장루를 갈아줘야 하는 의무가 주어진 것이다. 남편이 온갖 기구들로 쌓여있어 아직까지 내가 직접 장루를 갈아 보지는 못한 상태다. 그렇지만 간호사님께서 장루 갈 때 살짝 옆에서 보기엔 남편 옆구리에 구멍이 두 개가 나있는 것이 보였다.

소장(小腸)인지 대장(大腸)인지 나로서는 분간(分揀)못하지만 일단 장(腸)을 뒤집어 놓은 그곳에서 변이 나오며 그 변은 옆구리에 밀착시켜 놓은 봉투로 받아내는 방식(方式)이라는 정도만 알고 있다. 옆에서 장루를 처리하는 것을 보고 있노라면 장(腸)에서 가스가 나오면 장루 봉투 또한 팽창해져 옆에서 보기에 곧 터질 것 같다는 느낌이 들어 좀 불안하다는 생각이 든다. 가스 때문에 수시로 이곳을 살펴보아야 하는 번거로움이 따르지 않을까? 싶다. 남편이 이렇게 살아 있어 좋고 수술 잘되어 좋고 3개월 후면 복원 수술한다고 하시니 그것만으로도 나는 감사 할 따름이다. 달리 생각하면 이정도 후유증은 감사하다. 그리고 수술이 잘되어 평생 장루를 차지 않아도 된다고 하시니 이 보다 더 좋은 일이 어디 있을까? 싶어 그저 감사한 마음뿐이다.

집중실로 옮겨온 남편은 잠시 눈을 떠 본 뒤 마취 때문인지 무통(無痛)주사 덕분인지 다시 평온하게 깊은 수면 상태가 되기도 하였다. 그렇지만 깊은 수면 중에도 가끔 통증을 호소하면서 눈을 떠 주변을 살펴 본 다음 다시 잠들기를 반복하고 있다. 남편 신음 속에 아침이 밝아 7시를 가리킨다. 굳게 처진 옆 칸 커튼이 걷힌다. 우리가 이곳으로 들어와 짐 푼지 불과 몇 십 분 정도 밖에 지났지 않았지만 7시라서 그런지 옆 칸 보호자는 커튼을 활짝 열어 재친 것이다. 나는 몇 십 분 동안 얇은 커튼 사이로 들여오는 속삭임이 왠지 다른 환자 부부보다는 부부사이가 남다르다는 생각을 했었다. 젊은 새댁은 커튼을 걷고서 바로 제게 인사를 했다. 자기 남편이 이곳에 온 사연을 이야기를 해준다. 자기 남편은 한 달 전 공사현장에서 일하는 도중에 포크레인 기사가 뒤를 확인하지 않고 후진하면서 남편을 벽에다 밀어버렸다고 했다. 그 사고로 남편이 여러 날 의식이 없다가 얼마 전 깨어났는데 의식이 아직까지 온전치 않다고 이야기를 한다. 일부러 옆에 앉아 남편에게 말을 시켜보는 중이라고 했다. 병원생활을 여러 달하다보니 수많은 사연과 수많은 환자 가족들을 보고 듣고 왔었다. 이렇게 남편을 잘 섬기는 사람을 아직까지는 보지 못했다. 몇 달 전 아산병실에서 같이 계셨던 효자 분은 아주 특별한 케이스였다. 자식이라면 마땅히 본받아야 할 부분이 되었던 분이 바로 아산병원에 계셨던 분이 바로 진정한 효자라 여겼던 분이다. 그 이후 진정 환자에게 극진했던 사람은 보지 못했다. 하지만 이 젊은 새댁을 옆에서 보고 있노라니 남편을 대하는 정성이 남다르게 지극하니 저 자신이 많이 반성하게 된다. 이렇게 남편 간병을 정성스럽게 하는 모습을 옆에서 보고 있노라니 저 자신을 다시 돌아보게 된 경우다. 저는 왠지 남편이 신음 중인데도 불구하고 따뜻한 손길 한 번 가질 않는 것이 참으로 얄궂다. 매사 시비(是非)요 매사 불평불만(不平不滿)으로 일관하는 사람이라는 생각 때문에 그런지 그 어떤 행동(行動)하나를 하더라도 나의 행동은 자연스럽지 못하고 엉거주춤 하게 되고 망설여지며 주저하게 되니 참으로 난감하다. 나는 남편을 향한 작은 행동(行動)을 하나하나를 몹시 주저하고 있는 내 모습을 종종 보는 중이다. 상대가 툭하면 짜증이요. 툭하면 시비로 받아 들여 상대에게 트집을 잡아 말을 하는 남편 성향(性向)때문에 인간으로서 자연스럽게 표출해야 할 감정이 고체(固體)처럼 단단하게 굳어져있는 케이스다. 말이 다정스럽게 나오지 않는다. 제 눈에는 남편이 천지분간 못하고 자기 기분대로 생각 닿는 대로 살아온 부분이 싫었던 모양이다. 그저 왜? 그렇게 밖에 살 수가 없었는지. 라는 생각이 들어 남편이 조금 원망스러웠던 부분이다. 다 지난 날 원망(怨望)하고 탓하면 무엇 하리. 라는 생각을 한다. 그런 생각 자체가 부질없음이라는 사실이다. 남편이 이제부터라도 가정의 소중함을 알고 남들처럼 오순도순 살아가기를 원한다. 저는 이제껏 남편에게 우리 바르게 살아 타인(他人)의 귀감(歸勘)이 되자 자식들에게 존중받고 화목한 가정의 소중함을 일깨워주고 형제우애하며 살자. 라는 말을 애원하다시피 하며 이제껏 살았다. 이렇게 병들기까지는 나의 말은 아무런 의미 없는 말이 되었다. 남들처럼 원앙부부는 못 되더라도 비둘기부부라도 되어보자. 라고 읊조리면서 살았다. 남편에게는 그저 이런 말들이 그저 아녀자의 잔소리일 뿐이었지 싶다. 지금은 신(神)의 일침(一針)으로 암(癌)이라는 병을 얻었다. 남편에게 암(癌)이라는 병이 오히려 정신적(精神的)으로는 약이 되어 세상을 바르게 살아가라는 특효약이 될 것 같은 느낌이 든다. 세상을 고깝게 보면 고깝겠지만 아름답게 보면 정말 아름다운 것이 지금 우리가 살고 있는 현세이라 나는 생각한 부분이다. 더구나 우리가 살면서 겪어가는 곤란함과 위기들은 살아있는 자에게는 오히려 채찍이 되어 좀 더 강해지라는 하늘에 메시지며 숨 쉬고 있는 자(者)에게 연단(鍊鍛)시켜주시는 과정임을 모른 것이다. 우리 인간은 어떤 사물 하나를 놓고도 각자(各自)생각이 다르고 느낌이 다르다는 사실을 모르고 있으니 성장 과정이 아무리 불행했을지라도 자신을 극기하고 인내했어야 했다. 만사(萬事)를 자기 안목에 맞혀 놓고 시비(是非)장단(長短)에서 벗어나지를 못하는 신세이다. 세상은 생각 하나 더하면 지옥이고 생각 하나 버리면 극락임을 모르고 살고 있으니 그저 안타까운 마음이다. 이왕지사 이제부터라도 지난 과거를 거울삼아 자신(自身)을 성찰(省察)해 좀 더 진솔한 사람으로 거듭날 것이며 자기가 알고 있는 것이 옳다고 주장과 우김이 없어야 되는 것이고 작은 일 하나에도 감사 할 줄 아는 마음과 정신으로 살아가기를 바라고 또 바란다. 나는 분명 남편에게 지난날 지혜롭지 못했던 과거를 묻지는 않을 것이다. 이유는 지난 과거를 거울삼아 우리가 비록 험한 세상이라 할지라도 바르게 살아 후세들에게 귀감이 되어주고 이정표가 되어준다면 어쩌면 지난날들의 과오가 오히려 참다운 인생을 살아가는데 디딤돌이 되지 않을까? 라는 생각을 한다. 우리는 바르게 즐겁게 행복하게 살아갈 의무가 있는 사람이고 인간의 존엄(尊嚴)성의 가치(價値)를 느끼며 살아가는 존재이다. 나는 지난 과오를 거울삼아 전진하는 건설적(建設的)인 마음을 더 중요시하는 사람이고 싶어서 나는 과거는 묻고 살아 갈 것이다. 커다란 베일에 쌓여있는 우리의 미래(未來)에 대해서는 누구나 할 것 없이 고독(孤獨)자라는 사실이다. 인간은 내일을 알 수 없으며 내일을 기약(期約)할 수없는 아주 미약한 존재라 미지(未知)의 세계인 미래(未來)를 향해 우린 더욱더 바르게 즐겁게 좋은 생각으로 다가가려는 마음이 더 중요함을 느낀다. 다음날 아침 남편 우주복 상의가 탈의되었다. 어떤 용도로 사용되었는지는 알 수 없으나 이상한 기계장치도 어제 밤 하나가 제거되었다. 오늘 아침에도 어떤 용도로 사용했는지는 모르겠지만 일단 하나가 또 제거 되었다. 얼마 지나지 않아 수술 후 처음으로 담당교수님 회진이 있었다. 교수님께서 회진 오셔 하신 말씀이

"암이 다른 부위(部位)로 전이(轉移)가 전혀 안돼 수술이 아주 잘되었습니다."

라고 하시며

"당분간 불편하시더라도 장루를 통해 변을 처리합시다."

라고 말씀 하셨다. 그리고

"3개월 후 항문 복원 수술하게 되면 항문은 정상이 될 터이니 다른 걱정은 전혀 하지 마세요."

라고 하신 것이다. 집도하셨던 교수님께서 남편 수술 예후(豫後)가 좋다는 말씀을 하시니 기분이 좋다. 방사선 45회의 효과도 크겠지만 나는 남편 방사선 치료 받기 전부터 민간요법(民間療法)으로 집에서 쑥을 줄기와 함께 소금을 약간 넣고 끓여 놓았다가 그 쑥 삶은 물로 좌욕을 종

종 시켰다. 이유는 왠지 그렇게 하면 참 좋을 것 같다는 생각이 들어 쑥 물을 끓여 미지근하게 물을 데워 좌욕하기를 권했다. 남편은 검증도 안 된 민간요법을 자기한테 권한다고 한사코 거부를 했지만 그래도 권한장 사 밑지지 않으니 한번 해보라고 권했다. 남편은 암이라서 그랬는지 겁 이 많아 그랬는지는 모르겠지만 워낙 검증되지 않은 것을 권한다고 여 러 차례 거부하다가 마지못해 좌욕을 하는 것을 보고 남편에게 당신은 나에게는 우주에 하나밖에 없는 남편인데 어찌 해로운 것을 권할 것이 며 우주에 하나밖에 없는 우리 아이들의 아빠인 아주 소중한사람인데 어찌 나쁜 것을 줄 것이며 어찌 남편 아파하는 모습을 그저 바라만 보고 있겠는가? 라는 말을 했다. 이 말은 저 자신을 위로하는 말일 수 있겠으 나 한편으로 생각해보면 암세포도 일종에 염증에서 시작되었으니 염기 (鹽)을 조금 첨가한 쑥 삶은 물이 왠지 염증에는 좋을 것 같았다. 효과 (效果)도 무시 못할 정도로 좋을 것 같았다. 이 시점에서 어떤 것이 효과 가 있었는지는 증명 할 수 없어 잘 몰겠다. 일정부분 쑥 물 좌욕 효과는 분명 나쁘지는 않았으리라 생각한다. 검증할 수 없는 민간요법이다. 제 생각은 분명 암세포를 줄이는데 일정부분 효과(效果)가 있었을 것이라 생각한다. 담당교수님께서 암 수술이 생각 의외로 잘 되었다고 이젠 환 자(患者)가 안정(安靜)만 잘 취하고 시간이 흐르면 정상으로 돌아가니 아무 걱정 하지 말라고 하시니 정말 우리가 큰일을 겪어낸 것만 같아 가 슴이 뭉클해진다. 교수님은 장루 다루는 교육을 좀 받아야 된다고 하시 며 나중에 장루 담당 의사선생님을 보내주시겠다고 하시면서 다른 병실 로 발길을 돌리셨다. 환자들이나 가족들은 담당교수님 회진시간을 학수 고대(鶴首苦待)하며 기다린다. 교수님 오셔서 환자 살펴보는 시간은 고 작 1~2분이라는 사실이다. 담당교수님이 살뜰히 환자를 살피는 것은 아무래도 무리이다. 아마 환자는 넘쳐나고 의사 수요가 적어 야기되는 현상이라 어쩔 수가 없다. 환자나 환자가족들이 담당교수님 한 번 뵙는 시간이 고작 1 ~ 2분이라는 시간이 더러는 중환자를 두고 있는 가족들은 아쉬움이 많이 남는 부분이다. 남편 혼자 움직이지 못한 상황이라 아무래도 제가 24시간 지키고 있다가 장루를 갈아줘야 하는 입장이지 싶다. 마침 장루 교체해야 할 시간이다. 전혀 움직이지 못한 남편 옆구리를 나는 들쳐놓고 잠시 망설인다. 나름 용기 내 장루를 교체하고자 비닐장갑을 끼웠지만 난생 처음 해보는 일이라 긴장된 것이다. 말랑말랑한 장기를 만지게 되니 일단 징그럽기도 하고 혹여 잘 못 만져 장기(臟器)에 상처라도 낼까봐 조심스럽다. 마냥 미루고 있을 상황은 아니라 사용한 변주머니를 뜯어내고 변주머니를 새로 교체하려는 그 순간 변이 하늘로 치솟는다. 절묘한 타이밍이다. 그동안 변주머니는 압이 차서 공기 들어오기만을 기다렸다는 듯이 병실 천장가까이까지 치솟는 것이다. 변이 천장까지 치솟아 당황한 나는 엉겁결에 옆에 있는 휴지로 다른 생각할 겨를 없이 장기를 덮어버렸다. 니 더 이상 변이 위로 치솟는 것은 막은 샘이다. 그렇지만 계속해서 변은 부글부글 옆으로 흘러내렸다. 위로 치솟았던 똥은 이불위로 쏟아졌다. 주변이 그야말로 똥 범벅이 된 상황이다. 참 고약한 경험이 아닐 수 없다. 처음부터 초보자를 알고 변(便)은 하늘로 치솟아 한바탕 소란을 피웠지 싶다. 위로 치솟은 변 때문에 주위 환자나 간병하시는 분들 시선이 일제히 우리 쪽으로 모아졌다. 누군가 긴급히 간호사님을 불러주셨고 간호사님들이 총출동 해 같이 수습을 하다 보니 간호사님들 보기가 민망했다. 다행스럽게 간호사님들께서 이 상황을 이해를 해주시며 말없이 주변 정리를 깔끔하게 해주셔서 너무나 미안했고 감사하다. 세상을 살면서 굳이 이런 경험은 하지 않아도 될 터인데. 라는 생각이 든다. 저는 서툰 장루 교체로 주변을 소란스럽게 만든 상황이다. 나 같은 사람이 더러 있었는지 간호사님들은 싫은 내색 한

번 하지 않으시고 말없이 뒤치다꺼리를 해주셨다. 뒷수습이 만만치 않아 시간이 제법 걸렸다. 잠시 후 담당의사께서 오셔서 상세하게 암 환자 관리에 대해 설명을 해주셨다. 이어 장루담당의사가 오셔 장루를 다루고 자르는 것을 가르쳐주신 것이다. 피부가 약해 자주 헐 수 있으니 소독을 철저히 하고 청결을 필수로 하여야한다고 당부 말씀을 해주시고 가셨다. 저는 오전을 경황없이 보내고 점심때가 되어 겨우 점심 한 수저 뜨고 났더니 전화가 울린다. 언니다. 그동안 경황없어 수술 무사히 마쳤다는 전화만 드리고 오늘은 아직 전화 하지 못했다. 그런데 언니가 전화를 했다. 전화기 화면에 언니가 뜨니 괜히 불안하다. 아니 방정맞은 생각이 먼저 든다. 혹시 엄마에게 무슨 일이?라는 불길한 생각이 앞선다. 나는 불안한 미음으로 전화를 받는다. 역시나 전화기에서 들리는 언니 목소리가 좋지 않다. 언니는 무조건 저에게 집에 다녀가라고만 한다. 그것도 이유도 묻지 말고 다녀가라고 하면서 남편 수술 하던 날부터 어머니는 전혀 눕지를 않으셨다고 한다. 이틀밖에 지나지는 않았다. 그러나 성치 않으신 엄마가 이틀이나 누워보지 못하고 계셨다면 보통 일은 아닌 듯하다. 이렇게 시작된 울 엄마는 사위 퇴원하는 날까지 무려 45일 동안이나 전혀 누워보지 못하신 사연이다

또 다른 시련이 나를 기다리고 있었다

나는 언니로부터 엄마 소식을 듣고부터 마음에 갈피를 잡지 못한다. 왠지 불안해지기까지 했다. 왜? 또 어머니는 그러실까? 라는 의문이 생

겨 온갖 기계장치를 달고 신음하고 있는 남편을 보고 있잖니 나는 남편에게 말을 어떻게 전하고 엄마에게 다녀와야 하는가? 정말 고민스럽다. 참 난감한 상황이 아닐 수 없다. 언니에게 조 서방 아직 집중관리실에서 일반 병실로 옮기지를 못해 나가기가 곤란한 상태라고 했다. 그랬더니 언니도 엄마가 막무가내로 억지를 부리시니 나도 어쩔 수가 없다고 무조건 집에 다녀가라고 한다. 언니가 이렇게 말을 할 정도라면 언니도 밤세워 어머님 이해를 구하고자 힘든 시간을 보냈을 것이다. 나는 언니 입장을 어느 정도 알기 때문에 일단 알겠다는 말을 하고 가능한 서둘러 가겠노라고 말을 했다. 언니도 저에게 이런 전화를 걸때는 많은 고민을 하였을 것이다. 그래서 가능한 언니 걱정을 덜어주고자 빨리 가겠다는 말은 했지만 참으로 난감(難堪)하고 고민스러운 입장이다. 어쩌면 예상하지 못한 일이 생겨 몹시 불안한 것이다. 그러니까 어머니께서 이틀 동안 전혀 눕지 못하셨다는 전화를 받고부터 저 자신도 불안증세가 시작돼 무엇을 어떻게 해야 될지 온통 엄마 생각으로 무엇을 어떻게 해야 될지 마음의 방향을 잃어버린 상태다. 언니 전화 받고서부터 온통 나의 생각은 김해로 넘어가야 한다는 생각뿐이다. 그래서 남편에게 어떻게 말을 해야만 할까? 라는 생각만 있을 뿐이다. 상황 봐서 남편에게 말을 해야만 한다. 그러나 정신이 온전치 않으니 정말 많이 망설여진 부분이다. 남편은 아직 마취가 덜 깼는지 계속 수면 상태지만 신음소리 또한 멈추지 않고 있다. 나는 물끄러미 마취가 덜 깬 남편을 깨우지 못하고 그저 물끄러미 바라만 보고 있다. 그렇지만 선뜻 일어서지도 못하는 내 자신이 원망스러울 정도로 마음에 갈등을 겪는 중이다. 울 엄마 이틀 동안 자리에 누워보지 못하셨다는데 이렇게 마냥 시간을 보내고 있는 내 자신이 어리석어 보이기까지 한다. 무정한 시간은 하염없이 흐르고 빨리 어머님께 가야 하는데 참 많이 망설여진 시간이다. 바로 이런 부분을 두고 마음의 갈등이라 표현 하지 않을까? 싶을 정도로 나는 주저하고 있음이다. 더구나 나는 무슨 생각이 그리 많은지 선뜻 남편을 깨우질 못하고 있는 내 자신이 정말 싫다. 이렇게 말 못하고 망설이며 바라보고 있는 이 시간도 저에게는 너무도 고역이다. 저희 어머니를 이해 못하고 일반적인 사람이라면 참 별난 어머니이라는 생각이 들 정도로 난감하다면 난감하다. 울 엄마는 한 번 본인의 뜻과 고집을 부리시면 그 어떤 타협도 통하지 않는 분이라 나는 지금 어머니를 어떻게 받아들여야 할지 그렇지만 평소 울 엄마 성품을 헤아려 보면 일부러 딸을 이런 갈등을 겪게 하시지는 않는다는 점이다. 저희 어머님 성품을 헤아려 보잖니 분명 무슨 조화가 있을 것이라는 생각이다. 울 엄마를 이해하려는 마음을 갖고 나니 이렇게 마냥 시간을 보낼 수 없다는 생각이 들었다. 더구나 울 엄마는 일부러 나를 곤란하게 만들려고 이렇게 경황없는 나를 호출하시지는 않을 것이라는 생각이 강하게 든다. 그래서 나는 울 엄마 마음으로 나는 용기를 내서 남편을 흔들어 깨웠다. 남편에게 엄마 상태가 좋지 않아 집에 급히 다녀와야겠다고 말을 했다. 남편은 비몽사몽 중에도 자기는 아직 꼼짝도 못하는데 그런 자기를 두고 어디를 가느냐며 싫은 내색을 했다. 나 역시 남편 마음을 십분 이해하고 남음이다. 그렇지만 일단 울 엄마 상태가 좋지 않아 나도 어쩔 수 없이 김해를 다녀와야만 하는 이유다. 저는 꼼짝도 못하는 자기를 나두고 가는 마누라를 원망하는 남편 마음을 이해하면서 남편을 간호사님께 부탁하고 병실을 빠져나와 열심히 한 시간 반을 달려 김해에 도착했다. 운전을 어떻게 하고 김해에 왔는지 워낙 꿈 속 같은 현실이라 기억이 전혀 없다. 어머니께서 얼마나 애달프게 저를 기다리고 계실 거라는 추측만 갖고 달렸을 뿐이다. 어머니는 남편 입원하는 이틀 전부터 퇴원하는 45일 동안 한 번도 누워 보지 못하시고 앉아 계시게 된 사연이다. 저희도 이런 날이 무려 45일 동안이

나 계속 될 줄은 꿈에도 생각 못했던 사건이다. 저는 언니 연락을 받고 바로 서둘러 왔는데도 불구하고 워낙 차량정체로 다른 날보다 30분이 지체되어 도착한다. 평소보다는 30분가량 늦게 도착한 것이다. 언니 전화 받고 이틀 만에 집에 도착하니 울 엄마는 몹시 괴로운 표정을 지으시며 소파에 앉아 눈으로 나를 맞이 해주신다. 나는 소파에 앉아 괴로워하시는 어머님 모습을 보노라니 정말 이 현실이 이해도 되지 않고 그렇다고 무시 할 수도 없는 이 상황이 도무지 믿겨지지 않는다. 하늘은 이런 시련을 저에게 주시는지 원망스러운 한숨이 저절로 나왔다. 나는 며칠 간만이라도 언니가 어머님 간병 하고 있어 남편 옆에서 마음 편히 남편 간병을 해주려했다. 나의 계산이 아주 멋지게 빗나갔고 그런 생각 자체도 아주 큰 오산(誤算)이고 착각(錯覺)이라는 생각이 먼저 든다. 저는 괴로워하시는 어머님을 보노라니 나의 생각이 바뀐다. 이 삶이 정녕 나의 길이고 나의 인생이라면 그럼 좋다. 이 길만이 정녕 내가 걸어가야 될 길이라면 일단 회피(回避)하지 말고 마주쳐봐야지 않겠는가? 라는 생각을 한다. 이 험한 세상과 마주한 내 자신이 그 얼마만큼이나 견디어 낼 수 있는지? 굳세게 견디어 낼지 일단 내 인생이 정녕 이렇게 험난한 경험을 쌓아가야만 하는 인생이라면 나는 기꺼이 견디어 보련다. 괴로워하시는 어머님 모습에서 엄마가 나에게 원하시는 것이 있다는 것을 느낀다. 울 엄마가 원하시는 것부터 먼저 들어드려야 될 것 같다는 생각한다. 마음을 가다듬고 조심스럽게 엄마 옆으로 다가가 앉으며

"엄마 무슨 이유로 이렇게 자리에 눕지를 못하고 계시는지요? 사실 조서방 어제 겨우 수술 마쳤어요. 제가 당분간 옆에서 똥주머니를 갈아 줘야 될 것 같아요."

라고 말씀을 드렸다. 어머니는 애처로운 눈빛으로 저를 쳐다보시며

"그래서 그래."

라는 말씀을 하신 것이다. 나는 울 엄마 밑도 끝도 없는 말씀 그래서 그래. 라는 이 짧은 한마디 말씀을 어떻게 해석해야 될지? 난감하다. 그러나 분명 어머니께서 나에게 전하고 푼 말씀의 의미를 알아야만 했다. 그래서 나는 조용히 생각을 하게 된다. 그러니까 울 엄마 말씀은 마음으로 들어야만 해석이 가능해 조용히 생각 하는 시간이 필요했던 사연이다. 이런 부분이 보통 분들과 확연하게 차이가 있어 이제껏 엄마를 모시면서 겪게 되는 나의 애로사항이라 하겠다. 보통 사람들이 이해하기 어려운 영역이기도한 부분이다. 울 엄마가 단어 한마디 던져놓으시면 나는 풀어야하는 숙제이다. 나는 잠시 어머님의 의중을 마음으로 읽어보려 어머님 마음과 컨텍해 과연 저희 어머님께서 눕지 못하시는 그 사연은 도대체 무엇이며 수술 마친지 불과 12시간이 지나지 않은 사람을 두고 이 먼 길까지 부르시는 어머님의 깊으신 뜻이 무엇일까? 라는 생각을 하는 찰라 우리 엄마 그래서 그래. 라는 말씀의 뜻이 이해가 된다. 저희 어머님의 메시지는 남편을 살리려거든 남편 간병하면서 매일 내게도 이렇게 왔다가라는 뜻이다. 온종일 남편 간병만 하지 말고 이렇게 매일 집에 들려 본인마저 살피라는 뜻이다. 하늘은 제게 병중이신 부모님 관망(觀望)하지 말고 살뜰히 살펴보라는 뜻이고 매일 이렇게 병든 엄마 찾아 뵙고 작은 정성이라도 드려서 살펴드리라는 뜻이다. 저는 어머님 말씀 그래서 그래. 라는 뜻이 제가 해석한 뜻과 어머님 뜻이 일치하는지 확인이 필요했다. 저는 조심스럽게 어머님께

"엄마 저보고 매일 이렇게 엄마 옆에 있다가 가라는 뜻이지요?"

라고 묻는다. 울 엄마 한 치의 망설임도 없이

"바로 그렇지. 바로 그것이다잉 바로 그것이야."

라고 하신다. 저는 다시

"그럼 저 보고 매일 엄마한테 이렇게 와서 엄마 옆에서 두 세 시간 있

다가 가라고 하시는 뜻이에요?"

라고 묻자 엄마는 바로

"그렇지."

라는 말씀을 아주 힘주어 하신 것이다. 그러고선 어머니는

"나도 모르겠다."

라는 말씀을 덧붙이셨다. 제가 어머니 뜻을 재차 확인코자

"그럼 엄마가 빨리 낫는 다는 뜻이죠?"

라고 물었다. 어머니는 제 말끝에 완벽한 발음으로

"그럼 그렇지 바로 그것이다잉 바로 그것이야."

라고 되뇌어 주셨다. 나는 난감한 어머님 뜻을 거부 할 수는 없다. 그러나 상황이 상황인지라 어머님 뜻을 따르기에는 어딘지 모르게 난감하다. 해운대에서 김해까지 왕복시간을 잡아보면 보통 세 시간 정도 걸린다는 결과다. 그러니까 어머님을 2~3시간 보기위해서 길에다 3시간을 낭비하는 샘이다. 시간은 어찌어찌 맞추면 된다고 하더라도 담은 며칠 간만이라도 경비 좀 아껴 보려 했던 마음이 오히려 더 쓰게 생겼다는 것이 저를 허탈하게 한다. 어쩔 수 없는 일이지 싶다. 그렇게 아껴본들 생활에 얼마나 보탬이 될까? 싶은 생각도 든다. 제가 이렇게 매일 오고가야만 저희 어머니도 났고 남편도 낫는다고 하시니 탁월하신 저희 어머님 뜻을 나는 억지로라도 따를 수밖에 저희 어머니께서 스스로 이렇게 정(定)한 일은 분명 아닐 것이라고 생각한다. 저희 어머니 성품을 헤아려보더라도 울 엄마는 자식을 남보다 더 많이 사랑하시고 아껴주셨던 분이라는 사실이다. 아 자식 사랑이 남다르셨던 분께서 어찌 딸을 일부로 이렇게까지 곤란하게 만들고자 하시겠는가? 싶다. 저희 어머님 성품상 일부로 이런 곤란한 일을 자식에게 시키실 분이 전혀 아니 다는 사실에 나는 주안점을 두고서 그 어떠한 일이라도 가능한 울 엄마 뜻을 받들

고 싶은 것이 사실 제 마음이다. 평소에도 나는 어머님 뜻이라면 그 어떤 것도 거부 한 번 못하고 따르고 살았던 것이다. 아니 어쩌면 너무 완고하셔서 따를 수밖에 없었지만 이런 유사한 일들이 평소에도 종종 일어나 저희 어머님에게 고통을 주고 있어서 나는 어머님을 외면(外面) 할 수가 없었던 이유다. 이유 불문하고 이번 일도 어머님 뜻을 따를 수밖에 없는 상황이다. 옆에서 조용히 엄마와 제가 나눈 애기를 듣고 있던 언니도 말리다 지쳤는지 도저히 울 엄마를 이해 못하겠다고 궁시렁거리고 있다. 저는 이렇게 옆에서 궁 시렁 거리는 언니의 마음도 이해한다. 어찌 함께 같이 살아온 저도 어머니가 이해가 정말 안 될 때가 참 많았는데 이 상황에서 어머님 눕지 못하시는 이유를 언니라고 이해가 가겠는가? 더구나 이렇게 저렇게 변화무쌍(變化無雙)하고 자기주장이 메가톤급이신 저희 어머니를 어찌 며느리에게 모셔달라고 하겠는가? 싶다. 혈육인 친자식들인 저희도 더러는 고집이 메가톤급인 엄마가 버거울 때가 많았는데 아무것도 모르는 올케에게 시어머니를 모셔달라는 것은 확실히 무리다. 저는 어머니에게

"엄마 일단 엄마 뜻 이제 알았어요. 제가 매일 엄마 보러 이렇게 오겠습니다! 그러니 이제는 제발 누워 주무셔요. 엄마가 이렇게 앉아만 계시니 발뒤꿈치에 무리가 가서 더 더디게 낫고 있잖아요. 그리고 진물도 다시 흐르니 일단 제가 이렇게 왔으니 이제는 좀 누워봅시다."

라고 하며 엄마를 바로 눕혀드리고자 자세를 잡았다. 어머니께서도 몸을 돌려 힘겹게 누워보신다. 눕자마자 다시 일어나시면서 아니네. 라는 말씀을 하시며 일어나 버리셨다. 이 모습을 옆에서 안타깝게 보고 있던 언니와 저는

"그럼 무엇을 어떻게 해드릴까요?"

라는 말을 했다. 그렇지만 속마음은 눕지 못하시는 어머니를 보고 있

잖니 짜증이 났다. 왜? 도대체 무슨 이유로 신(神)은 우리에게 그 무엇을 요구(要求)하시는지? 일단 눕지 못하시는 엄마를 보니 안쓰럽다. 더구나 신(神)께서 우리에게 요구(要求)하는 것이 무엇인지 정확히 알 수 없어 더욱 애간장이 다 녹는다. 무엇을 어떻게 해야만 저희 어머니께서 편안(便安)하게 눕고 편안하게 누워 보실 수 있단 말인가? 라는 의구심(疑懼心)에 마음은 한층 더 심란(心亂)해졌다. 아직 마취에서 덜 깬 남편을 두고 먼 길을 달려 왔지만 어머니께서 눕지 못하시니 아 정말 하늘이 원망스럽다. 그렇지만 이해 할 수 없는 어머님 행동(行動)들 속에서 나는 다시 마음의 평정(平靜)을 찾아보려 한다. 그리고 과연 무슨 일로 하늘은 저희 어머니를 이렇게 힘들게 하시는지? 그 이유를 알아보는 것 또한 나의 숙제다. 다시 어머니의 뜻을 마음으로 들으려한다 그리고 어머니의 애처로운 눈빛 속에서 그 답을 찾고자 정신일도(精神一道)한다. 갑자기 어떤 생각이 들어왔다. 그것은 바로 저희 남편을 살려주기 위한 우리 인간이 알지 못하는 그 어떤 이유가 분명 존재했던 것이다. 우리 인간이 모르는 어떤 영역에서 보내준 메시지라는 것을 나는 깨닫는다. 나는

"엄마 이제 엄마가 이러시는 이유가 무슨 뜻인지를 알았어요. 그럼 이렇게 제가 매일 들려 엄마 옆에서 2~3시간 있다가 갈게요. 제가 그렇게 하면 되겠지요?"

라고 묻는다. 역시나 내 말이 맞는지 어머니도 망설임 없이

"바로 그것이다잉 바로 그것이야."

고 하신다. 영(靈)의 세계(世界)에서는 자식의 진정한 정성(精誠)을 요구(要求)하신 모양이다. 어머니께서도 원하지 않는 일인 듯 어머니께서도 이틀 밤 낮 전혀 누워보시지 못하셔서 너무 지쳐계셨고 언니도 중간에서 마음고생을 많이 했는지 언니 심기도 많이 불편해 보인 상황이다. 언니는 내 입장 생각해서 어제 남편 수술을 하였기에 가급적 저에게

연락을 하지 않으려고 밤새 어머니를 설득도 해보고 이해도 시켜보았지만 결국은 어머님 고집(固執)에 언니가 두 손 두발 다 들었던 상황이지 싶다. 내 사정을 그 누구 보다 잘 알고 있는 언니가 병원에 있는 저에게 쉽게 전화 할 사람은 아니기에 저에게 가급적 연락을 하지 않으려 했지만 눕지 못하시고 힘들어 하시고 오직 제가 집에 다녀가기만을 오매불망(寤寐不忘)기다리시는 어머니를 옆에서 보기가 안타까워 연락했을 것이라 생각이 드니 더욱 이 상황이 안타까운 것이다. 저는 언니의 그 마음 충분히 이해한다. 언니 말을 빌리자면 이틀 동안 어머니는 꼼짝도 않으시고 그 자리에 그대로 앉아 괴로워 끙끙 앓으셨단다. 저희 어머님 고집은 메가톤급을 지난 경지다. 이렇게 억지스러울 정도의 고집 부리시는 어머님을 옆에서 보기는 제가 더 많이 겪었을 것이라 생각한다. 그래서 언니의 난처한 입장을 충분히 이해하는 부분이다. 울 엄마만의 아주 특별하고 난감한 주문들 때문에 이골이 난사람도 바로 나다. 고집 부릴 수밖에 없는 엄마의 입장과 보이지 않은 영역에서 보내는 메시지의 깊은 뜻을 옆 사람에게 전달하기까지 어머니가 겪는 고통들이 너무 많아 옆에서 보는 우리들도 괴로운 사연이다. 평범하지 못하신 저희 어머님 고통이 너무 크다는 것이 우리로써는 그저 안타까운 것이다. 나는 그렇게 고통스러운 상황에서도 절대로 자신의 뜻을 굽히지 않으신 저희 어머니도 분명 보통사람은 아니라는 사실을 깨달았다. 나는 울 엄마를 초인(超人)이라 일컫는 이유다. 저희 어머님 마음 굳세기가 바위와 같고 화내실 때에는 성난 파도처럼 험하기가 그지없었다. 저는 어떠한 면에서는 저희 어머니가 너무 무서워 쩔쩔 매기도 한 일도 없진 않았다. 저는 이렇게 굳건하신 저희 어머니의 정신세계(精神世界)를 존중해 드리는 이유이기도 하다. 저희들이 빨리 깨닫지 못하면 어머니께서 당하시는 육체의 고통이 너무 심해 옆에서 보는 마음이 너무 괴롭다는 것이 가장 안타까운 부분이다. 어머니의 뜻을 자식들에게 전하기까지는 어머니가 겪으시는 고통이 너무 크다는 점이 우리들의 가장 큰 고민이다. 그리고 옆에서 보는 자식 입장에서는 빨리 숙제를 풀지 못하면 서로 너무 고통스러운 일이 길어졌던 부분이 가장 괴롭다. 평범하지 못한 부분 때문에 더러는 보통사람들의 안목에서 볼라치면 고집스럽고 막무가내이신 노인양반으로 오해하기 쉽다. 그래서 더욱 안타까운 부분이다. 그러나 아직 때가 아니었는지 아니면 우리들의 마음이 진솔하지 못한 부분이 있었는지 아니면 어머님께서 자식들의 운명(運命)의 흠(欠)을 고쳐주시고자 감내하시는 고통이었는지 알 수 없으나 이제라도 저희 어머님 육신이 편안해지시고 자유로워져 평범한 사람처럼 이런 고통 벗어나 자유롭게 지내시기를 자식에 입장에서 간절히 빌고 또 빌며 살아가고 있는 중이다. 반면 나 아닌 그 누군가가 깨달아 저희 어머님의 이러한 고통과 이 깊은 뜻을 알아줬으면 하는 것이 나의 큰 바램이고 소원이지만 지금은 때가 아닌지 더러는 자식들마저 외면하는 마음이고 자식들마저 힘들어 하는 부분이라 더러는 속상하고 더러는 어머님께 영민하지 못한 저 자신이 조금은 부끄럽다. 저자신도 가끔은 이해가 가지 않아 평범하시지 못한 엄마가 더러는 원망스럽기도 했던 때도 있었지만 지금은 그 마음을 많이 내려놓은 편이다. 나는 가급적 어머니를 이해하고 어머님 말이 되어주고자 함이고 울 엄마 지팡이가 되어드리고 싶은 마음뿐이다. 그 누구도 알아주지 않는 우리 엄마 고통은 그 누가 알아줄까? 싶었다. 그래서 열심히 나만이라도 울 엄마 고통을 조금이라도 덜어드리고 싶은 차원에서 나는 영민하진 못하더라도 우리 엄마 깊은 속 의중을 헤아려보려는 중이다. 하지만 워낙 내가 영민하지 못해 더러는 우리 엄마 깊으신 뜻을 헤아려보지 못해 전전긍긍(戰戰兢兢)하는 경우가 생겨 그저 미안하고 죄송할 뿐이다. 어리석게도 사람들은 당신 고집스러움에서 나오는 억지라고 타박만 했다. 그러나 나는 다른 차원에서 생각을 하면 어머님의 이런 희생(犧牲)은 자식들을 참사람으로 만들기 위함이라고 나는 생각이 들었던 부분이다. 오히려 다른 자식들은 어머니를 이해 못하고 노인양반 아프면 병원가시지 않고 엉뚱한 것을 제시하신다. 라고 못마땅하게 여기는 바람에 서로 불편함이 생긴 이유다. 어머님 뜻을 따른 자식과 따르지 않는 자식들 간에는 깊은 오해(誤解)가 쌓이고 오해는 깊고 길어지니 자연스럽게 수반되는 것이 형제간에 불화였다. 그 불화(不和)의 주체(主體)는 바로 나였다. 사실을 알고 보면 나 역시 피해자 일 수 있다. 오해(誤解)가 깊어지다 보니 지금은 원수(怨讐)수준이 된 형제도 생겨났으니 개탄(慨歎)스러운 부분이 아닐 수 없다. 이런저런 이유로 나는 친정에서는 미운오리새끼다. 형제들로 하여금 철저히 도외시(度外視) 당한 서글픈 처지다. 내 설분사연은 어머님 희생(犧牲)앞에서는 잠시 일다가 흩어지는 한 조각 구름일 뿐이다. 나는 내 것이 아니면 갖지 말아야함을 알고 있다. 제게 씌워졌던 불신(不信)들을 거울 삼아 나를 바로 세우는데 반조(反照)하는 차원이다. 이렇게 고통스러운 과정들을 홀로 감내(堪耐)하시는 저희 어머님 희생(犧牲)앞에 그저 나는 죄인이다. 우리인간의 마음으로서는 도저히 이해가 안 되는 경우가 많으셨던 저희 어머님과 동행(同行)을 선택(選擇)한 이상 나는 오늘도 우리 엄마 마음이라도 편하게 해드리는 것이 제가 할 수 있는 최선의 방범이라 생각한다. 저희 어머니의 이해(理解)못한 요구(要求)들 때문에 이제껏 나는 집안 불화를 만들어 내는 불씨로 형제들에게 낙인찍힌 이유이다. 나의 작은 행동 하나 하나가 사실 저변(底邊)에는 이제껏 어머니께서 시키시는 일들이었다. 이러한 사실을 모르는 형제들은 누구 하나 이런 사실을 인정(認定)하는 사람 없어 저는 언제나 뉘누리(소용돌이)속에 오래 동안 이방인(異邦人)이 되었던 사연(事緣)이다. 멀리 보았을 때 저희 어머님 말씀은 분명 틀린 것이 아니었다. 다만 어떻게 해석하고 이해하느냐에 따라 말도 안 되는 소리가 될 것이고 다른 각도(角度) 다른 방향(方向)으로 받아드려졌을 때 분명 방편(方便)이 되기도 하고 미래(未來)를 내다보신 예언(豫言)이기도 했다. 그렇지만 누군가는 이런 사실들을 인정하려들지 않았던 것이고 눈으로 볼 수 없음에 수긍하지 못했고 이해하지 못했던 부분이며 고집스런 노인양반의 쓸데없는 아집(我執)으로 평판(評判)된 지난날 저희 어머님의 발자취다. 이변(異變)은 저희 어머님 처음 대학병원 응급실로 들어가서 엑스레이를 찍었을 때를 참고하면 보통사람들도 어느 정도 이해가 좀 되실 부분이라 생각한다. 그러니까 저희 어머님 뇌(腦)사진을 처음으로 응급실에서 촬영했을 때. 머리전체가 새까맣게 촬영된 사건이다. 그때 의사선생님께서 저희들에게 환자분 엑스레이 사진이 새까맣게 나와 저희가 잘못 찍었나? 싶어 여러 장 다시 찍어봤는데 여러 차례 이렇게 머리전체가 새까맣게 나오는 것을 보니 환자분께서 인지능력이 제로인 것 같아요? 라는 말씀을 하셨던 것처럼 저희 어머님은 의학(醫學)상식을 뛰어넘어서는 사례(事例)가 종종 있어서 제가 생각하기를 저희 어머니가 보통사람들의 범주(帆柱)를 벗어나 있는 부분들을 상기하면서 우리 엄마는 범상치가 않으신 분이 분명 확실하다는 사실을 깨닫게 된다. 그 때 까맣게 변해버린 저희 어머님 뇌 사진을 보면서 문득 떠오른 생각은 울 엄마는 깨닫지 못하는 자식들 때문에 가슴이 아니 뇌(腦)가 이렇게 새까맣게 변해 버렸구나. 라는 탄식도 했다. 이렇게 생각하는 것도 저만의 생각이다. 그래서 이 또한 증명(證明)하기 어려운 부분이라 주장(主張)할 부분은 아니 제가 친정어머니를 모시게 되면서 깨닫게 된 부분이 있다면 어느 집을 막론(莫論)하고 부모님은 언제나 자식들 잘 되라고 빌고 또 빌어주시며 살아가신다는 것이다. 나는 저희 어머님에 대한 생각을 일반 사람들과는 조금 달리 하고 있다. 더군다나 이제껏 저희 어머님 성품(性品)을 지켜봐왔던 입장에서 생각했을 때 비록 제 자신이 남들보다는 영민하지는 못하더라도 저만이라도 저희 어머님을 알아드리고 믿고 따라 드리자는 것이 나의 생각이다. 부모가 자식을 사지(死地)로 설마 인도(引導)하겠는가? 라는 생각이 든 것이다. 자식이 부모님 말씀에 귀기우려 듣는 것은 당연지사(當然之事)라 생각한다. 제 뜻은 그저 말없이 어머님 말씀에 귀기우리며 저만이라도 울 엄마 뜻을 거스르지 않고 받들어 살고자 했던 이유다. 현대인의 생각은 늙으신 부모님께서 하시는 말씀이 대체로 시대적(時代的)으로 맞지 않다는 결론을 짓기도 하고 허무맹랑한 말씀이라고 생각하는 부분도 없진 않다. 제 생각은 저희 어머님 말씀이 지금 당장은 틀린듯하지만 그래도 어머님 말씀을 불평 없이 따르노라면 언젠가는 좋은 결과(結果)로 연결되지 않겠는가? 라는 생각으로 따를 뿐이다. 제가 저희 어머님 의사(意思)를 존중(尊重)해 주고 말없이 따르노라면 언젠가는 어머님 말씀들이 제 인생길에 커다란 이정표가 되지 않겠는가? 라는 생각도 갖고 있다. 지금 당장은 결과를 알 수 없다. 하지만 훗날 어머니 말씀을 믿고 따르는 자식과 어머니를 믿지 않고 불평만 늘어놓고 사는 자식들의 인생길에는 생각의 차이(差異)에서 오는 파장처럼 인생길이 다소 차이는 있을 것이다. 제가 이 시점에서 깊게 생각해야 될 부분이 있다면 나라는 존재는 잊고 사소한 감정에서 벗어나 다 함께 잘사는 방향(方向)으로 의식(意識)을 바꿔가는 것이 현명한 처사지 싶다. 사람에게 주어진 자유의지와 각자의 개별성 때문에서 발생하는 의견(意見)대립과 각자 지향하는 부분이 달라 국어를 좋아하는 사람과 수학을 좋아하는 사람간의 개별성 차이(差異)만 있을 뿐이라 생각한다. 더구나 보편적으로 선과 악을 깊게 생각했을 때 이 또한 불이법(不二法))으로 보아야 되겠지만 이 또한 사람들이 이분법(二分法)인 잣대를 들이대는 차별의식이 난무하여 나는 옳고 너는 틀리다. 라는 결론을 짓고 살아가는 것이 요즘 사회의 현주소라 다소 이견대립의 소재가 다분히 있어서 이 문제는 저만의 생각이라는 것에 주안점을 둔다. 상식적(常識的)인 부분으로 보았을 땐 저 또한 잘한 것이 없다는 결론이다. 어쩌면 형제들 원성이 나오게끔 사건을 만들고 살았던 부분에서 오히려 제가 가해자가 될 수 있다는 사실을 뒤 늦게 깨달은 부분이다. 저희 어머님 발자취가 영성(靈性)이 짙다보니 보지 못하고 알지 못하는 사람에게 바로 이것이다. 라고 증명(證明)할 길 없다는 사실이 조금 아쉽다면 아쉬운 부분이겠지만 이 또한 시간이 흐르고 나면 언젠가는 우리 형제들도 자연스럽게 깨닫게 될 부분이라 생각 한다. 우리일상에서도 깨달은 존자(尊者)들이 많기에 이 부분은 각자(各自)의 안목(眼目)에 맡긴다.

    요즘 추세는 학벌이 높고 지식(知識)이 많이 쌓인 사람 그리고 부(富)를 많이 이루어 재벌이 되신 분과 사회에서 성공하신 분들의 말씀을 우선적으로 우대(優待)하는 추세(趨勢)라 인지도 없는 저희 어머님 말씀을 귀담아 듣는 자식이 없다는 것이 개인적으로 애석한 부분이다. 나 어머님 뜻을 쫓고 있는 내가 학벌(學閥)이 없다보니 무식(無識)한 자(者)의 소행(所行)으로 여기는 추세라 어쩌면 어머님도 나로 하여금 어머님 뜻이 나 때문에 무시되고 묻혀버리는 경우도 없지 않았을까? 라는 생각을 해본다. 제가 학벌(學閥)이 높다거나 재산이 많아 보통사람들의 관심대상이 되었다면 어머님 뜻을 따르고 있는 사람의 안목(眼目)도 높을 것이라는 선입견(先入見)때문에라도 어머님 뜻을 더 높게 사지 않았을까? 라는 학벌 없는 자(者)로써 부질없는 생각도 했다. 더구나 남편의 허랑방탕(放蕩)생활로 제 살림살이 또한 애옥살이 살림으로 근근이 하루하루를 버티며 살아가는 상황이라 더욱더 형제들 성토대회(聲討大會)대상(對象)이 되니 뜻을 같이 한 저 때문에 저희 어머니 뜻마저도 무시 되었지 않았을까? 싶은 생각이다. 요즘 현대인들은 과학적으로 검증(檢證)되고 인증(認證)된 것들 만 인정(認定)하려드는 것이 현실이다. 이해되지 않는 것을 믿음을 통해 이해하려는 것이 신앙(信仰)이다. 그리고 이해가 되어야 이해하는 것이 바로 과학이다. 그래서 더욱 이해(理解)되지 않는 신(神)의 세계를 논하고 계시는 울 엄마의 현실감 떨어진 심안(心眼)법을 형제들은 인정(認定)못한 이유였다. 반면 영성(靈性)은 마음과 몸을 깨끗하게 닦고서 인생길을 살아가시는 분들에게 주어진 하늘의 선물이다. 그러므로 수많은 시련을 겪지 않고는 얻어지는 것이 아닌 것이 바로 영성이기에 나름 올곧게 살아가면서 수양(修養)하거나 고난(苦難)의 삶을 인내(忍耐)하고 연단하지 않으면 접(接)하기 어려운 것이 바로 하늘의 선물 영성(靈性)이지 싶다. 우리들이 저 멀리를 볼 때 만원경이라는 도구를 사용하지 않고는 정확히 사물을 식별하지 못하는 것처럼 스스로 고난의 길을 인내하고 연단하지 않고서는 얻어지는 것이 아닌 것이 바로 영성이라고 해석하면 이해가 빠르리라 생각한다. 그리고 스스로가 마음을 깨끗이 하여 반조(反照)하지 않으면 볼 수 없는 내면(內面)의 세계이기도 하여 일반인들이 쉽게 접할 수 없는 세계가 바로 영성이라서 이 부분은 정말 설명하기가 쉽지 않은 부분이다. 즉 동물들에게 피자 맛을 설명하기 어렵듯 저희 어머님의 정신(精神)세계(世界)를 제가 설명하기란 어려운 부분이며 영(靈)의 세계를 넘나드는 어머님 마음의 깊이를 가름 하기란 쉽지 않다는 것이 나의 지론이다. 저희 어머니께서는 언제나 자식들이 도(道)를 벗어난 행동(行動)을 하노라면 모른께 그런다 모른께 그러지. 라는 말씀을 달고 살아오셨던 분이다. 가난하고 학벌 없는 제가 어머님을 모시고 살다 보니 어머님 의사(意思)도 나의 가난한 살림살이에 가려버린 사례가 많았음이다. 저를 도둑년 사기꾼이라는 프레임을 씌워놓고 평가를 하다 보니 저를 바로 보지 못한 사례가 허다하지만 저 나름 무괴어천(無愧於天)'하늘을 우러러 부끄럼 없이 산다. 라는 신념(信念)하나로 살고 있지만 그래도 가난이라는 타이틀이 안겨주는 벽은 쉽게 뛰어넘을 수 없는 장벽(障壁)이란 사실을 깨달은 것이다. 세상만사 모든 것은 어떻게 생각하느냐에 따라 자기 안목에 비추어지는 것이 그 사람들의 세계이고 경지라 생각한다. 세상사 모든 이치(理致)가 무엇 하나 호리(毫釐)에 어긋남 없이 운행(運行)되고 있는 것이 바로 우주에 법칙이라는 사실을 우리는 알아야한다. 우주의 법칙은 극명하게 원인(原因)과결과(結果)가 반듯이 반영(反影)되므로 우리 선조님들께서는 후손들에게 항상 읊조리신 말씀이 바로 부모님에겐 효(孝)로써 보은(寶銀)하고 남에게는 덕을 베풀어 자식들에게 덕 쌓는 법을 가르치라고 하셨던 이유가 인과응보(因果應報)의 연계성(連繫性)을 알고 계셨기 때문이라 생각한다. 요즘 현대인들은 이러한 인과[因果]관계(關係)의 오묘(奧妙)함을 모르는 것이 보편적이고 자기의 편안함과 자신의 안위(安慰)만을 생각하며 늙고 병든 부모를 거침없이 요양병원에다 맡기고 있으니 애석하고 애석한 부분이다. 부모 모시는 것은 자기 몫이 아니다. 라고 회피하려는 이기심마저 강해졌다는 이 마음을 불편하게 만든 실상이다. 우리 주변에서 자주 보게 되는 현상들이 주로 병들었다고 가난하다는 이유로 늙으신 부모님 말씀에 귀 기우리지 않은 사람들이 예상외로 많다는 사실이 불편한 현실이다. 반려동물들에게는 넘치도록 예정을 쏟고 있는 추세이고 보면. 재롱부리는 동물들이 귀여운 것은 사실이다. 부모님 살뜰히 봉양하는 것이 먼저라는 사실을 잊지 않았으면 하는 마음이다. 저는 이틀간이나 눕지 않으시고 저를 불러 달라는 어머니와 옥신각신했을 언니 마음을 충분히 이해했다. 그러나 언니의 인간스런 마음이 반영되지 않고 결국 엄마 고집을 꺾을 수 없었던 언니는 엄마 행동이 아직도 이해가 되지 않아 화가 많이 나있는 상태다. 저도 지난 십여 년간 어머니를 모시면서 수도 없이 겪었던 일이라 언니가 화를 내고 있는 부분을 충분히 이해한 부분이다. 신(神)은 이렇게 저렇게 불편한 상황들을 자식들에게 만들어 자식들 효심을 시험(試驗)하는 과정이라 여겨진다. 저에게 어머니를 택할 것인가? 아니면 남편을 택할 것인가? 아니면 두 사람 다 살릴 방법을 찾을 것인가를 놓고 저를 시험하고 있는 것 같은 느낌이다. 어머님께서 짜놓은 각본(刻本)에 의해 어머님 요구를 따를 수밖에 없는 상황이며 다른 각본을 선택 할 여지가 없는 이번 무대라 여겨진다. 이 과정이 쉽지는 않을 것이라 예상한다. 나에게는 두 사람 다 소중한 사람들이다. 두 사람 다 살리는 방향으로 나는 결정을 한다. 분명 쉬운 일은 아닐 것이다. 울 엄마 그 어려운 고비 넘기시고 집에서 요양 중이라는 사실에 나는 감사하며 울 엄마 원하시는 것을 들어드리며 살다보면 분명 우리함께 잘 사는 길이 열릴 것이라 믿고 따를 것이다. 만약 두 사람 중 누굴 택할 것인가 물으신다면 나는 분명 병든 노모를 택해 살피 것이다. 이유는 엄마는 저에게는 세상에서 단 한분뿐이다. 생명(生命)을 주신 은혜(恩惠) 머리를 깎아 신을 삼아 드려도 부족하다. 라고 했듯이 저에게 제일 먼저가 울 엄마다. 병 깊어 절실히 누군가의 보살핌이 필요하고 말씀이 어눌해 통역이 필요 하신분이라 더더욱 옆에서 엄마를 지켜드려야만 한다. 의당(宜當)자식으로써 부모님을 살펴드려야 하는 것은 자식의 의무다. 남편은 어느 정도 회복하면 아직 젊어 사회에서 설 곳이 많다. 저에게는 두 사람 다 소중한 사람임을 하늘도 알고 땅도 알고 저 자신도 알고 있다. 나는 두 사람을 지키려는 마음뿐이다. 나는 내 스스로에게 노모님에게는 자식 된 도리에 최선을 다 할 것이고 배우자에게는 아내의 도리를 다 할 것이라고 다짐했다. 어머님 의중(意中)을 들여다보면 어머니는 저에게 진정한 도리가 무엇인가를 가르쳐 주시려는 의도라는 것을 깨달았다. 참 도리(道理)는 행동(行動)으로 하는 것이다. 라고 가르쳐 주시는 과정이라 여겨진다. 어머님께서 저에게 유독 집착(執著)하시는 이유 또한 저에게 이 곤란한 상황을 견디고 인내하여 도리를 행동으로 실천하라는 뜻 같았다. 저는 당연히 이 고비를 슬기롭게 헤쳐 나가야 될 운명이다. 저에게 이런 저런 시련들을 한꺼번에 패키지로 주시니 마음도 몸도 정신도 버겁다는 생각이 든다. 저 자신에게 다짐을 한다. 그 어떤 일이든 꾀부리지 말자. 라고 저는 가장 어려운 고비에 봉착했다. 제 개인적으로는 지금의 내 처지가 사면초가(四面楚歌)이지 않겠나 하는 생각이 든다. 지금 가장 큰 고민이라면 엄마가 전혀 눕지 못하시고 계시다는 것이 가장 큰 고민이다. 나는 어머니께 엄마가 누울 수만 있다면 하늘에 별이라도 따다드릴 심산(心算)으로 나는 다시금 울 엄마 의중(意中)을 여쭙고자 엄마 제가 이렇게 매일매일 엄마한테 다녀가면 엄마가 편안하게 주무실 거죠? 라고 다시 물었다. 울 엄마는 제가 다시 묻는 것이 불쾌하셨는지 퉁명스럽게

"나도 모르겠다."

라고 냉혹하게 대답하신 것이다. 어머니가 제 질문을 막상 못마땅하게 여기시니 당황스럽다. 어머니 말씀을 나는 어떻게 받아드리고 해석은 어떻게 해야 할지 고민스럽다. 말투로 봤을 땐 내가 매일 다녀가더라도 아직은 눕지 못하신다는 뜻으로 나에게 전달된다. 과연 그 이유가 뭘까? 고민스럽다. 무엇을 어떻게 해야 할지 난감도 하여 저는 눕지 못하셔 고통스러워하시며 퉁명스러워진 어머님 태도에 다소 당황스러워 말없이 어머님 옆에 죄인(罪人)이 되어 앉아 있다. 어머님 처분만을 기다리는 신세라 하겠다. 제가 그렇게 한참 말없이 앉아 있으니 어머니는

"나는 괜찮을 것이다."

라는 말씀을 하시며 저에게 손짓으로 이젠 병원으로 가라는 신호를

하셨다. 생각이야 어머님 옆에서 좀 더 있어 어머님의 깊은 뜻을 헤아려 보면 좋겠지만 신음 중인 남편을 홀로 두고 온 몸이라 마냥 어머님 옆에서 시간을 지체 할 수 없다는 것이 나의 현실이다. 저는 어머님 허락 하실 때 일어서야만 하는 신세다. 저는 언니에게 엄마를 부탁하고 떨어지지 않는 발걸음으로 집을 나와 병원을 향했다. 그런데 마침 퇴근시간이라 그런지 차가 많이 밀렸다. 더구나 땅거미가 지고 있으니 왠지 마음이 더 급해졌다. 만덕터널을 통과하는 이 시간이 마(魔)의 고지(高地)를 향해 올라가는 마음처럼 힘겨움이 느껴졌다. 마음은 급하고 차는 밀리고 무엇 하나 수월하게 진행 된 것이 없는 것 같아 마음이 무겁고 초조하다. 내 인생이 왜? 이다지도 무엇 하나 수월하게 넘어 가는 법이 없는지? 그저 애가타고 마음은 고단하니 서글픔이 밀려온다. 특히 어제 암 수술한 환자 홀로 두고 5시가량 병실을 비웠으니 환자는 얼마나 기다리고 있을까? 라는 생각에 마음이 바쁘다. 무슨 운명의 장난인지 나는 오늘을 기점으로 언니가 대전으로 가는 날까지 2주간은 이렇게 김해로 해운대 병원을 오가면 어머님을 뵈려 다니게 된 사연이다. 언니가 떠나간 그 날부터는 제가 집 와서 남편이 퇴원하는 그 날까지 매일 어머니를 휠체어와 함께 남편 병원을 찾아다니게 된다. 어머니는 남편 퇴원하는 그 날까지 자리에 전혀 누워보지 못하시고 장장 45일간 괴사된 발뒤꿈치를 안중에 두지 않고 앉아만 계셨다. 성한 사람도 견디기 어려운 과정이 바로 이 과정이었다. 나는 무려 45일간 초긴장된 하루하루를 보냈다. 저희 어머님 발뒤꿈치 괴사 때문에 앉아만 계시는 부분이 일반인도 상상 할 수 없는 일인데도 불구하고 어머니는 다리가 퉁퉁 붓고 진물이 흐르는 상황에서 장장 45일 동안 앉아만 계신 것이다. 제가 이 과정을 다른 각도로 해석 해 보노라면 그러니까 울 엄마는 딸 과부 만들지 않으시려고 본인께서 이렇게 고초를 겪어내신 뜻이라 나는 해석하였다. 어머님께서 앉아만 계신 관계로 다리는 퉁퉁 붓기도 하고 뻣뻣하게 마비가 되어 감각마저 느끼지 못 할 정도였다. 이런 현상들은 사실 수 없이 반복되었으니 보통사람이라면 감히 어느 누구도 이렇게 무모한 행동을 보이지는 않았을 것이다. 울 엄마는 그 긴 시간을 감내하셨고 인내하셨다. 이런 과정은 언니 외에는 다른 형제들은 겪어보지 않은 상태라 그 누구도 이해하지 못 할 것이며 상상도 안가는 일이라 여겨진다. 너무 오랫동안 앉아만 계시니 정말 나무토막처럼 뻣뻣해진 울 엄마 다리를 보고 있노라면 정말 어머니가 안쓰럽고 죄송하기 그지없었다. 사실 이 과정들을 몇 글자로 표현하기가 난해한 부분이다. 특히 저에게 45일간의 대장정의 과정은 정말 말로 표현 할 수 없을 정도로 괴롭고 안타까운 날들이 많았던 날들이지 않았나? 생각한다. 발뒤꿈치 괴사는 늘 짓눌러 있다 보니 진물이 쉼 없이 흘러 참말로 나름 괴사된 부분을 가능한 자극을 주지 않으려고 돌아가지 않은 머리 굴려 여러 가지 물건들을 옆에 두고서 발뒤꿈치 사수하느라 겨울 날씨에도 불구하고 비지땀을 흘리면 견디어온 45일간의 사투였다. 나에게 45일이라는 날들은 정말 지옥훈련을 받고 있는 느낌이었다. 언니가 직접 이 과정을 2주 동안 겪어봤기 때문에 이 과정을 지켜보는 사람도 많이 힘들었겠지만 직접 견디고 계시는 저희 어머님에게는 정말 견디기 힘든 고통의 날들이었다. 저는 이 과정을 잘 견디어 주신 저희 어머님께 감사함을 전 한다. 사람들 저녁 퇴근길과 맞물려 차가 많이 밀렸다. 시간이 제법 지체된 것 같아 미안한 마음에 나는 병원 들어서면서 남편 병실을 향해 뛰었다. 내가 예상했던 시간보다 너무 늦게 도착하다보니 본의 아니게 남편 눈치를 살피며 병실로 들어선다, 역시나 내 예상(豫想)이 빗나가지 않았다. 남편 심기(心氣)가 많이 불편(不便)해 보여 불안한 마음이 든다. 그도 그럴 것이 입술이 자주 마르다보니 거즈에 물을 적셔 입술위에 올려줘야 되는 상황이지만 옆에 간병하는 사람이 없다보니 거즈가 다 말라 있었다. 그리고 링거가 새지 않고 잘 들어가는지도 수시로 살펴봐야 하며 전혀 움직이지를 못해 장시간 누워있다 보니 종종 다리가 지가 나 중간 중간에 한 두 번씩 다리도 주물러 주기도 하고 등에 욕창이 생기지 않도록 가끔 바람 좀 들어가게 등도 좀 들어주어야했는데 이런 것들을 전혀 해주지를 못한 것이다. 더구나 옆구리 인공항문도 수시로 살펴서 터지는 일이 없도록 주의해야 하며 장루가 차면 비워 주어야 하는 상황인데 어쩔 수 없이 어머님 부름이 있어 이렇게 장시간 병실을 비워두고 이제 들어오니 남편은 화가 머리끝까지 나 있는 상태. 남편은 꼼짝도 못하는 입장에서 타인(他人)의 손길에 의존해 있는 몸이라 마음도 무겁고 육신도 힘겨워 이렇게 분개하고 있는 중이라 생각하고 그 마음 이해(理解)하려한다. 나 자신도 어머니 곁에 있는 동안 신경이 곤두서있었던 이유 하나가 이런 부분이었다. 엄마 버금 갈 정도로 까탈스러운 남편에게 입원 첫날 팔에 꽂아둔 링거가 빠져 피가 역류하는 현상이 생겼지만 그 사실을 병실이 소등해 버린 관계로 나는 빨리 보지를 못해 피가 온 시트를 벌겋게 물들려 놓아 크게 놀랐던 일도 있었다. 그래서 제가 없었을 때 혹여 움직이다가 링거가 빠지지 않았을까? 라는 걱정이 먼저 들어 늘 그 부분이 제일 염려스러웠던 부분이다. 아무튼 남편은 심기가 많이많이 불편해 저를 쳐다보기를 원수 본 듯하였다. 어제 암 수술을 해서 아직까지는 통증이 심하겠지만. 무통(無痛)기계를 달고 있어 통증(痛症)은 그런대로 참을 만한지 크게 고통스러워하지는 않은 것 같아 다행이라 생각한다. 저는 병실로 들어서자마자 남편 눈치를 살피며 입술에 거즈 교체해고 장루도 교체를 해주었다. 그리고 얼마 지나고나니 간호사님들께서 오셔 남편 몸에 입혀졌던 혈전방지용 에어백을 걷어 내셨다. 에어백을 걷어내고 나니 남편 다리에 신겨져 있는 하얀 스타킹만 보일뿐 무거운 장비들이 일부 걷어지니 조금 사람 모습 같았다. 물론 에어백이 걷어진 것은 환자가 어느 정도 회복 되었으니 아마 이런 장비를 제거하지 않겠나 싶은 추측을 한다. 일단 여러 기계장비와 에어백을 걷고 나니 담당의께서 오셔서 환자 상태가 좋으니 이젠 일반병실로 옮겨가자고 말씀을 하시며 나가셨다. 나는 일반병실로 옮기라는 의사선생님 말씀 듣고 또 짐 보따리를 주섬주섬 챙겨 정해진 병실로 옮겨 놓았다. 나는 또다시 낯선 사람들과의 생활이 시작 된다. 이 낯선 부위기가 뭐 그리 대수이겠는가? 싶은 생각이 든다. 어딜 가더라도 모든 것은 본인 처세(處世)에 달려있고 마음먹기에 달려있는걸 이곳 병실로 들어와 생활한지 며칠 지나지 않아 제가 병실을 자주 비우고 있으니 같은 병실 사람들이 저를 보고 어디를 그렇게 바삐 가느냐고 많이들 궁금해서 자주 물으시니 사실 나의 곤란한 현실을 설명하기가 여간 곤란 했던 기억이 있다. 비운(悲運)을 만나 고전(苦戰)을 면치 못하고 사는 저를 두고 사람들은 어떻게 생각 할 지는 미지수(未知數)이나 사연(事緣)많은 우리 집 사연들을 알리고 싶지 않다는 생각만 그 당시에 있었던 것이다. 저희가 배정받은 병실은 6인실이다. 하지만 새로 짖은 병원이라서 그런지 생각보다는 넓고 깨끗해 거부감 없이 좋았다. 입원하신 분들이 대부분 우리보다는 연배가 좀 있으신 분 들이었다. 젊은 청년 한사람이 있었다. 남편 침대는 출입문 쪽이다. 남편은 아직 거동을 못해서 그런지 집중실에서 사용한 침대를 그대로 사용한다. 나는 어느 정도 짐정리를 미리 해놓았던 터라 특별히 할 일이 없는 것 같아 간이 침상을 깨내 잠시 휴식을 취하고자 자리에 누었다. 오늘 하루 어찌나 긴장하고 김해를 다녀왔던지 몹시 피곤했다. 그런데 막상 눕고 보니 엄마 생각이 떠올라 집으로 전화를 걸었다. 엄마는 저녁식사는 그런대로 하셨지만 여전히 자리에 누워보지 못하시고 계신다고 한다. 자식 입장에서는 어머니가 아직 눕지 못하시고 계시다고 하니 신경이 곤두섰다. 나는 전화로 어머님께 억지로라도 누워보시라는 말만 형식적으로 해놓고서 남편 자는 틈을 이용해 나도 눈을 붙여보려 눕는다. 막상 어머님 걱정 때문에 잠이 오지 않을 것만 같았다. 나는 나도 모르게 세상 등진 사람처럼 모든 시름 잊고 잠을 자게 된다. 제가 그렇게 죽은 사람처럼 꿈속을 헤매고 있을 때. 남편이 어떻게 움직였는지 누운 채 나를 발로 깨우는 것이 느껴졌다. 왠지 발로 나를 깨운다는 사실이 상상을 초월할 정도로 기분이 나빴다. 오직 제 머릿속에 들어온 생각은 어떻게 사람을 그것도 배우자를 발로 깨우지? 라는 생각에 그동안 숨겨놓았던 감정이 폭발하기 일보직전까지 돌입했다. 이곳은 병실이고 환자라는 사실 때문에 나는 감정을 누른다. 그리고 생각한다. 이빨이 다 빠진 호랑이에게 나의 용맹(勇猛)을 자랑한들 무슨 의미가 있겠는가!?싶은 것이다. 묘하게 기분이 상한다.

"헉 아무리 그래도 그렇지. 발로 사람을 깨우다니?"

참 기분이 묘하게 나쁘다는 생각이 자꾸 들어 나는 남편을 한참을 고까운 눈빛으로 쳐다보았다. 내가 왜? 라는 무언(無言)의 눈빛으로 고깝게 쳐다보니 남편은

"코를 너무 심하게 곤다."

라고 핀잔을 줬다. 그래서 나는 그만 꼬리를 내리고

"아 그래."

라고 했다. 하지만 기분은 많이 언짢았다. 제가

"그럼 말로 깨우지 왜? 발로 깨우는데 사람 참 기분 나쁘게."

라는 말을 결국 남편에게 하고 말았다. 사실 남편이 매사(每事)를 못마땅하게 여기고 살았던 터라 저 역시 마음속에 불만(不滿)이 많이 쌓여 있었던 것이다. 나는 오늘 하루 어머니에게 긴장을 하고 갔다 오다보니 힘이 들어서 코를 골았건만 그것을 그렇게 못마땅하게 여겨 인상 쓰고

있는 남편이 보기가 싫었다. 더구나 결혼 생활 25년 동안 가족들에게 웃다가 벼락을 맞았는지 남에게는 그저 하하 호호 하면서 가족들만 보면 인상 쓰고 트집 잡고 말에 꼬리를 물고 시비하고 살더니 이젠 병이 들었구나. 라는 생각이 들면서 남편이 미워 보였다. 그러나 지금에 와서 과거의 이런 저런 일을 탓하면 무엇 할 것이며 시비해서 얻은 것은 무엇이겠는가? 싶은 생각에 더 이상 말을 하지 않고 다시 잠을 청했다.

다음날 좁은 침상에서 자고 일어났더니 온 몸이 굳어
"아이고 아이고."
소리가 절로 났다. 저에게는 병실 간이침대가 좁아도 너무 좁다. 그저 다리를 쭉 펴면 발이 뚝 떨어지는 형국이라 그저 움츠리고 자야 되는 상황이라 몸이 굳었다. 이 상황에 제가 편한 잠을 자는 것을 원한 것은 아니지만 어머니로부터 시작한 간이침상 생활을 무려 7개월 정도하다 보니 무릎 관절과 팔 관절이 좋지 않았다. 나는 오늘 일정이 빠듯해 무거운 몸이라 할지라도 일찍 일어나야만 된다. 더구나 병실 생활은 새벽 5시부터 간호사님께서 오셔서 피를 뽑아 가시기 때문에 대부분 5시부터는 설 잠을 자는 것이 보편적인 병실 생활이다. 가끔 피곤하면 더 잠을 자기도 하는 날도 있다. 저도 나이 들었는지 오늘따라 몸이 천근이 된 듯 자꾸만 몸을 땅에서 잡아당기듯 다시 눕고 다시 눕고를 반복 했다. 일어나야 하는데 일어나지 못하고 있는 마음은 더 무겁게 느껴졌다. 그러다가 결국은 6시가 되니 병실 사람들이 하나 같이 일어나 부스럭거려서 나는 억지로라도 몸을 일으켜 세워야만 하는 상황이다.

남편은 움직일 때마다 통증이 있는지 가끔씩 오만상을 찌푸렸다. 하지만 나는 왜? 남편이 아파하는 모습에서 안쓰럽다는 마음이 일지 않은지? 의문스러웠다. 이렇게 남편 병실에 있는 제 모습은 그저 의무감에 있는 느낌이라 하겠다. 집에서 전혀 누워보시지 못하시고 앉아만 계시는 어머님 걱정으로 제 생각도 멈추어버린 상태다. 그래서 저는 빨리 김해로 넘어 가야 된다는 생각이 많다 보니 남편 수발은 대충 들고 있다는 생각도 들었다. 빨리 오전에 이뤄지는 병실 일들을 마쳐놓고 오전 중으로 어머님께 다녀와야 한다는 생각만 제 머리 속에 가득했다. 아침이 되어 남편 얼굴을 수건에 물을 적셔 닦아 주고 옆구리 장루도 비워주는 일을 서둘렀다. 아침 식사시간이라 다른 환자분들은 식사를 다 마치셨다. 남편은 아직 금식이라 저 역시도 같이 굶어야 하는 상황이다. 오늘도 믹스커피로 아침식사를 대신했다. 사실 병실에서 혼자 밥 먹기가 쉽지 않아 주로 나는 이렇게 아침을 해결했다. 오늘 아침에는 교수님 회진이 있었다. 이 병원 룰은 교수님 회진이 오전에 있으면 다음 날은 보통 오후에 있다는 얘기를 들었다. 오늘은 오전에 교수님 회진이 있는 날이라서 나는 교수님에게서 환자에 대한 치료 설명과 환자상태는 어떤 상태인지 조금 알아야 할 것 같아 교수님께서 회진 오시기만을 기다리는 중이다. 남편에게는 어머니 사정을 이야기하고 교수님 뵙고 바로 김해에 다녀와야 할 것 같다고 얘기를 해놓았기에 다소 마음은 편했다. 아침 8시 조금 넘어 교수님께서 오셨다. 그리고 암수술한 사람치고는 상태가 좋다면서 신경 쓰지 말고 편안하게 지내라고 우리에게 말씀하시고 다른 병실로 이동을 하셨다. 저는 교수님 나가시자마자 간호사님께 남편을 부탁한다는 말을 던지고 서둘러 해운대병원을 빠져 나온다. 그리고 한 시간을 달려 김해에 도착을 했다. 막상 운전을 하면서도 울 엄마 4일 동안 눕지 못하시고 앉아만 계시는 상황이라 걱정이 태산이었다. 아무튼 나의 우려(憂慮)와는 달리 엄마는 벌써 깔끔하게 씻고 앉아계시는 모습이 눈에 들어왔다. 나를 다른 날 보다는 다르게 반갑게 맞이해주셨다. 그렇지만 어머니는 아직도 누워보시지 못하시고 앉아 계시니 어처구니가 없다. 현관문으로 들어선 저를 보신 엄마가 밝게 왔어? 라고 하신다. 그래서 저도 네 왔어요. 라고 하며 어머니 곁으로 다가가 앉는다. 이 무슨 변고인지 아직도 자리에 누워보지 못하셨다고 하시니. 마음이 안쓰럽다. 저는 아직까지 누워보시지 못한 어머니에게 엄마 제가 이렇게 열심히 엄마한테 다닐 터니 제발 이제라도 누워봅시다. 라고 하였다. 이렇게 말한 내 말이 어딘지 모르게 이 상황에 어울리지 않다는 느낌이다. 어머님 입장에서는 누울 수만 있다면 어머니도 천번만번 누워보고 싶을 것이라는 생각이다. 엄마 의지(意志)대로 엄마 생각한대로 되지 않아 이렇게 고통 속에 계신 분께 속없이 누워보시라고 권하고 있으니 엄마는 이렇게 말한 제가 얼마나 어리석어 보였을까? 싶은 것이다. 지금 어머님 생각과는 무관(無關)하게 전혀 눕지 못한 사태가 발생해 엄마 나름 저희들처럼 당황스럽기는 매 한가지지 싶다. 본인 마음도 본인 마음이 아니라는 것이 문제다. 그러니까 보이지 않는 세계… 특히 우리가 헤아려보지 못하는 영(靈)의 세계 메시지는 너무나 저희 어머님을 고통스럽게 하는 것 같아 그저 평범하게 사시다 나이 드시는 보통 어머니들이 부럽고 그런 상황이 아니 이 현실이 그저 안쓰럽고 안타깝고 속상하고 죄스럽다. 아니 현대에 어울리지 않는 기괴한 현상들을 겪어가는 이 과정들이 정말 끔찍이 싫다. 왜? 하늘은 저희 어머니에게 이런 고통스러운 시련을 주시는지? 왜? 이렇게 힘겨운 과정들을 울 엄마는 겪으셔야만 되는지? 도무지 보통사람의 마음으로는 이해가 되지 않는 부분이 바로 이 부분이라 여겨진다. 더구나 울 엄마는 다른 환자와는 다르게 원하시고 바라시는 것들이 너무 까탈스러워 보통 마음으로는 어머님 받들고 비위 맞추기가 쉽지는 않는다는 사실에 나는 괴롭다. 특히 이렇게 며칠을 전혀 눕지 못하시고 여러 날 앉아만 계시는 어머님 행동 또한 이해되지 않는 부분이라 그저 멍하니 엄마 얼굴만 바라 볼 뿐이다. 더구나 다른 부모님처럼 말씀이나 잘 하시면 속이나 답답하지 않겠는데 이렇게 눕지 못하시는 이유도 정확히 잘 모르지 말씀도 못하시지 그렇다고 자식들이 영민해서 어머님 깊은 뜻을 빨리 알아차리지도 못하지. 참으로 난감한 상황이 아닐 수 없다. 허나 나마저 이 상황에서 인상을 찌푸리고 있는 다면 옆에서 울 엄마 간병하고 있는 성질 급한 우리언니의 마음이 더 괴로울 터라 나만이라도 평정심을 유지해 더 이상의 투정(妬情)은 그만 해야 할 것이라 생각한다. 언니와 나는 일단 울 엄마가 요구(要求)하는 것들을 들어드릴 수 있는 한 꾀부리지 말고 어떻게든 들어드리고자 다짐 했다. 제가 엄마 앉아계시는 소파 밑에 앉아 나무토막처럼 딱딱해진 울 엄마 다리를 주물러드리고 있는 사이 언니는 저에게 밥 한 술이라도 뜨고 가라며 어느새 이른 점심상을 차려왔다. 나는 과분하게 언니가 차려준 밥상을 어머니와 함께 먹는다. 어쩌면 어머니 곁에서 언니와 함께 이렇게 밥을 먹을 수 있는 시간을 갖는 것이 이 상황에서 얻어지는 작은 행복이다. 엄마가 나를 부르시지 않으셨다면 이런 소소한 행복을 누리지 못했을 것이라 생각이 든다. 엄마는 나에게 선물 같은 시간을 느껴보라고 이렇게 저렇게 불러놓고 밥 한 끼라도 먹고 가라는 뜻이라 생각이 든다. 참 오랜만에 엄마와 언니랑 한 상에서 밥을 먹을 수 있어서 행복하다. 이 과정들이 워낙 유별해서 더러는 괴로울 수 있으나 그래도 엄마와 함께 식사를 같이 하게 된 이 순간이 비록 소소(小小)할 지라도 나에게는 행복한 시간이라 여겨진다. 어머니는 아직도 본인이 수저질하시는 것을 거부하셨다. 아이러니 하게도 저희 자매는 유난히 정반대(正反對)의 성향을 갖고 있다는 사실이다. 언니는 누군가 본인 스스로가 할 수 있는 일을 두고 하지 않으면 바로 지도교사가 되어 그 부분을 교정하려는 성향이 강했다. 성질 급한 언니는 종종 어머님께 수저질 직접해보시라고 하며 엄마 손에 수저를 쥐어드리는 모습이 종종 눈에 띈다. 나는 엄마가 원치 않아 엄마 나름 깊은 뜻이 있어 그러실 것이라 생각하고 엄마가 스스로 결정을 내리실 때까지 기다리는 성격이라 하겠다. 오늘도 언니는
 "엄마 수저 직접 들어보세요."
 라고 했다. 그렇지만 저희 어머님 역시나 아직 수저질 할 의사가 전혀 없다. 사실 언니가 자주 엄마 수저질 좀 이제 직접해보세요. 라고 권하면 엄마는 늘 나도 모르겠다. 라는 말로 일축(一蹴)하신다. 저희 어머님 병수발은 일반인 병수발하고는 차원이 달라도 너무 달라 어려움이 많다. 육체적으로 힘든 것 보다는 정신적으로 오는 스트레스가 많지 싶다. 이렇게 어머님 뜻을 받들고는 있지만 더러는 보통사람들 보다는 너무 까다로운 부분이 많다보니 자식들 입장에서는 버거운 부분이 많다는 사실이다. 몇 년 전 제가 언니에게
 "언니는 좋겠다. 부처님 같은 엄마를 둬서."
 라는 무슨 말 끝에 했었다. 제가 그렇게 말한 이유는 저희 어머님이 보통사람들의 범주를 넘어서 계신분이라는 것을 알고 그리 말을 했던 이유다. 제 말끝에 언니는 저에게 나는 부처님 같은 엄마를 원하는 것이 아니라 평범한 엄마를 원한다고. 라는 말을 할 정도로 우리들은 범상치 않으신 어머니가 많이 버거웠던 부분이다. 보통 집 어머님들하고는 일상에서도 차이(差異)가 많았고 어머님 메가톤급으로 내세우는 고집 또한 탁월(卓越)하셔서 저희가 겪었던 고충은 말과 글로는 표현(表現)이 잘 안 될 정도였다. 평소에는 너무나 다정다감(多情多感)하신분이라서 나는 무조건 울 엄마 뜻을 따르는 중이라 애로사항이 많다. 저희 어머님 인품(人品)또한 남다르셨다. 그러니까 어떨 때는 부처님의 성품(性品) 인신지라. 주변 사람들이 저희 어머님 말씀을 믿고 따르고 좋아해주신 사람도 많았던 이유다. 울 엄마 그 성품(性品)이 사라진 것은 아니다. 다만 몸이 성치 않으셔 요구 상황들이 남달라서 저희가 따르기가 매우 버

겹고 곤란(困難)해 더러는 어머님 모시는 입장에서 볼라치면 버겁고 난감한 이유다. 그런데 요즘은 그냥 단순히 성치 않으신 것이 아니라 중환자 수준이었다. 그렇지만 이제는 위험(危險)한 고비를 몇 차례 중간에 넘기셨고 이제는 치료도 어느 정도 마치시고 집에서 요양 중이신 것이 지금 저희 어머님 근황이다. 잠시 잠깐이라도 조화가 붙은 엄마를 혼자 둘 수 있는 상황은 전혀 아니라 누군가 꼭 이렇게 옆에서 엄마수발을 들어드려야만 한다. 그 수발 들 사람이 바로 저라고 선택 받았다. 그런데 공교롭게도 이 경황없는 시기에 남편마저 직장암이 걸려 2개월 방사선 마치고 4일전에 수술을 했다. 하지만 당황스럽게도 남편 수술하러 가는 날부터 엄마는 5일째 전혀 눕지를 못하고 계셔 참으로 옆에서 보기가 안쓰러운 상황을 맞이해 고전을 면치 못하는 신세다.

저는 무슨 팔자인지 남편 간호는 뒷전이 되고 이렇게 집에 들려 어머님 옆에서 서 너 시간 머물다 다시 남편 병원으로 가는 것이 요즘 나의 하루다. 그렇지만 요즘 언니가 어머님 옆에서 간병을 하고 있어 저희 자매는 매일 어머님 옆에 두고 걱정도 같이하고 어머님 시중도 같이 들고 있으니 마냥 불행 하지는 않다는 사실이다. 더구나 오늘은 언니가 점심을 맛있게 차려줘 어머님과 함께 밥을 먹고 보니 이 또한 작은 행복이 아닌가 싶다. 그러니까 행복은 멀리 있는 것이 아니라는 뜻이다. 어쩌면 불행(不幸)에 패키지 보따리를 잔뜩 받아놨지만 우리는 간간히 웃을 수 있는 순간에 감사함을 느낄 줄 안다는 뜻이다. 사람은 행복해서 웃는 것이 아니다. 다만 웃으니 행복해진 것이다. 저는 언니가 설거지 하는 틈을 타 어머님 발뒤꿈치 상태를 살펴보았다 물론 매일 보는 상황이라 육안(肉眼)으로 보아서는 크게 차도(差度)는 보이지 않다. 그러나 요즘 계속 다리를 올려보지 못한 최악의 조건에도 불구하고 발뒤꿈치 괴사는

빨갛게 새살이 많이 차오르는 현상이라 다소 안도한다. 아무튼 악조건
에서도 인체(人體)의 재생능력(再生能力)은 신비스러울 정도로 경이롭
다. 새살 돋는 것을 잃지 않고 났고 있으니 그나마 다행이라 생각한다.
어쩌면 머지않아 완쾌된 울 엄마 발을 볼 수 있을 것 같아 좀 위로가 된
부분이다. 언니는 이 시기 엄마 옆에서 발뒤꿈치를 사수하느라 갖은 방
법을 동원해 뒤꿈치에 무리가 가지 않도록 베게나 이불 아니면 수건을
겹겹이 쌓아 올려놓고 뒤꿈치를 정성을 쏟아 사수하는 모습이다. 그러
니까 언니의 지극(至極)한 정성(精誠)이 통했는지 우리의 생각과는 다
르게 여러 날 이렇게 앉아만 계시는 중에 발뒤꿈치가 나아지고 있어 참
으로 다행이다. 이 시기 언니와 저는 울 엄마 다리가 심하게 부어 시간
만 나면 엄마 다리를 붙들고 혈이 잘 통하도록 갖은 방법을 동원해 시름
했다. 제가 이렇게 어머님과 2~3시간을 보내고 있을 무렵 어머니는 저
에게 다시 남편 병원으로 가라는 신호로 손 사례를 치셨다. 그래서 또
서둘러 해운대 병원을 향한다. 특히 남편 회복 속도가 어제보다는 오늘
이 수월해 보여 제가 견딜 수 있는 시간이다. 오늘은 주말이라 시누와
시동생이 동서와 함께 남편 병실로 찾아왔다. 제 입장에서는 형제들도
좋은 일로 만나면 더 좋으련만 자꾸만 이렇게 궂은일로 식구들을 보게
되어 마음 한편이 무겁고 미안했다. 그래도 형제가 있어 이렇게 찾아오
니 많은 위로가 된다는 사실이다. 아무튼 형제란? 참 좋고 든든하다. 라
는 생각이 든다. 옛말에 궂은일에는 혈육인 형제가 제일 났다. 라는 말
이 있듯 형제는 정말 든든한 의지(依支)가지가 맞다. 남편은 많은 세월
동안 수많은 사람들과 현장에서 같이 일한 사람들이 주변에 많다. 수많
은 사람들과 오랜 세월 술도 같이 먹었지만 그래도 암이 걸려 수술을 하
였노라고 말을 하였을 때. 그다지 찾아와 줄 사람은 그리 많지 않을 것
같았다. 이런 어리석은 생각은 저의 좁은 소견에서 나오는 편견이다. 그

러나 나는 이런저런 이유로 남편에게 주변 지인들에게 암 걸렸다고 알리지 말고 조용히 수술하자고 신신당부를 했다. 하지만 형제들에게 조차 알리는 것을 말리고 싶지는 않았다. 형제들은 흉허물이 많아도 덮어주고 안타까워하는 마음이 분명 더 클 것이라 여겼기 때문이다.

시동생 내외(內外)는 잠시 머물다 먼저 떠났다. 그리고 시누와는 저녁을 같이 먹는 시간을 가졌다. 그러니까 누나 입장에서 보면 다른 형제들보다는 친정에 큰 동생이 암이 걸려 수술 한 것에 대해 제일 안타까워하는 마음이 더 클 것이라 생각해 제가 저녁이나 같이 먹자고 했다. 말하지 않아도 알 수 있는 애틋한 누나 마음을 읽었던 이유라 하겠다. 그러니까 시누는 어려서 양친부모님을 일찍 잃고 사는 동생들에게 느끼는 연민(憐憫)의에 정(情)이 남보다 더 애틋하다는 이유다. 입장 바꿔 생각하면 일찍 부모님 여의고 오직 사남매의 윗사람으로 책임감이 남달랐던 것이다. 그러니까 나는 누나의 애틋한 마음에서 나오는 안타까운 마음을 느꼈던 것이다. 그래서 같이 식사를 하는 도중 시누에게 동생 암 걸린 부분에 대해 너무 마음 아파하지 마세요. 그리고 이런 고통을 겪고서 동생이 거듭나면 오히려 더 좋은 결과가 될 것입니다. 라고 했다. 우리 시누는 나이는 나와 동갑이다. 그렇지만 양친 부모님 일찍 여의시고 남동생들에게는 부모 대신해서 많은 의지처가 되어 주셨던 분이다. 그래서 나는 우리 시누를 윗사람으로써 많이 존중해드리는 차원이다. 남편이 평범하게 살지 못해 누나 마음속에 언제나 근심이 된 사람이 바로 내 남편이지 싶다. 큰 동생이 그동안 마음속 큰 걱정거리였으나 이제는 몸이 아프다하니 속이 많이 상했을 것이라 나는 생각해 누나에게 너무 속상해 말라는 의미로 밥이나 같이 먹자고 했던 이유다. 동생이 분명 이번 일을 거울삼아 거듭 날 것이라고 제가 위로(慰勞)아니 위로(慰勞)를 했다. 저는 이렇게 짧게나마 시누에게 이젠 동생에 대해선 너무 걱정하지 말라는 말을 전했다. 이런 제 말을 시누는 어떻게 받아 드렸는지는 잘 몰겠다. 그러나 사람일이라는 것이 걱정보다는 오히려 반전을 꾀하고 희망을 갖고 사는 것이 나을 것이라는 것이 저의 지론이다. 나는 저녁식사 간단히 마치고서 시누 보내드렸다. 그리고 서둘러 병실로 들러왔다. 남편이 금식이고 움직일 수 있는 상황이 아니라서 마음 편하게 시누와 식사를 했다. 아마 그 이유는 환자는 지금 금식이다. 그래서 챙겨주지 않아도 된다. 라는 정당성(正當性)으로 밥을 편하게 먹었지 않았나 싶다. 시누와 헤어지고 병실로 들어오니 지금 이 시간에는 특별히 내가 할 일은 없었다. 물끄러미 누워있는 남편을 보고 있잖니 애증(愛憎)이 공존함이 느껴진다. 그런데 애(愛)자는 빼고 싶다는 생각이 든다. 물론 이 또한 감정이다. 그러나 나는 이런 마음마저도 버려야 된다. 그리고 나는 이번 일을 겪으면서 내 스스로 과거를 묻지 않기로 다짐한 사람이다. 더구나 우리 인간은 실수하지 않고 사는 사람 없고 과거 없는 사람 없다. 과거도 과거 나름이겠지만 지금 이 상황에서 남편 과거 생각하면 오히려 피가 거꾸로 치솟을 판이다. 그래서 나는 내 마음 편하기 위해 애써 남편 과거(過去) 행적(行寂)들을 지우고 또 지운다. 그러나 나는 수양(修養)이 덜 되었는지 자꾸만 감정(感情)에서 밀려오는 원망(怨望)이 내 마음을 시끄럽게 했다. 생각해보면 켜켜이 쌓인 원망(怨望)의 감정이 쉬이 지워 질리는 만무(萬無)하다. 이 또한 부질없는 생각이라는 것을 나는 잘 알고 있다. 쉬이 지워지지 않는 것이 지난 과거의 상흔(傷痕)이다. 그러나 나는 억지로라도 상처의 흔적들을 지워 마음의 평정을 유지해야만 한다. 나는 심란한 마음을 지우기 위해 조심스럽게 간이침상을 꺼내 잠을 청했다. 병실에서 자는 잠이란 수시로 들락거리시는 간호사님들의 분주함 속에서 꿀잠이란 있을 수 없다. 그러나 심란함을 잊기 위해서라도 잠이라도 자는 것이 좋아 꿈속으로 들어갔다. 그렇게 잠든 나는 얼마를 잤을까? 남편이 또 나를 깼다. 아마 또 코를 심하게 골았던 모양이라 여겨진다. 나는 어제와는 달리 어찌나 미안 하던지. 그저 코 골았던 것이 미안하고 주위 분들에게 민망해 커튼을 열지 않고 우두커니 한 참을 앉아 있었다. 그렇지만 일부러 누가 코를 골고 싶겠는가? 싶다. 그러나 본의 아니게 코를 골았지만 두 번 지적 받고나니 이제는 잠자는 것이 조심스럽게 느껴졌다. 하지만 조금 전 생각한 조심스러움과 민망함을 잊고 또 잠을 잤다. 그 다음은 내가 코를 또 골았는지는 알 수는 없다. 간호사님들께서 남편 무통주사량을 확인하시고 링거도 갈아 주고 가셨던 것만 어렴풋이 생각 날 뿐이다. 나는 병실이라는 사실을 잊고 세상모르고 깊은 잠을 잤다. 그리고 옆 사람들 분주하게 움직이는 발소리에 무거운 몸을 일으켰다. 남편 눈초리가 예사롭지 않다. 아마 남편 심기 불편한 그 이유가 내 코고는 소리가 주범이지 싶다. 그러나 나도 어쩔 수 없는 부분이 이 부분이다. 어느 누가 코를 골고 싶겠는가? 만성피로라는 내 몸의 신호인데 병실 분들 식사를 모두 마치고 얼마 되지 않아 교수님 회진이 있었다. 아직 남편은 금식이라 식사를 챙기지 않아도 되는 상황이다. 치워야 할 설거지도 없다. 나는 교수님 회진 마치고 난 후 남편 눈치를 살짝 보다 어머님에게로 달렸다. 집에 도착해 듣는 소리가 이제는 어머니께서 주무시는 것도 앉아서 주무신다고 언니가 못마땅한 어조(語調)로 투덜댄다. 어쩌면 좋을지 여간 걱정스럽다. 그러나 시간이 약이 될 뿐 지금은 그 어떤 방법도 비법도 없어 보인다. 이 상황이 더욱 안타깝다. 눕지 못해 괴로워하시는 엄마를 보고도 해드릴 수 있는 것이 오직 이렇게 찾아오는 것뿐이라 하시니 그저 엄마만 믿고 따를 뿐이다. 사실 병원이었다면 이런 경우 대부분 수면제 아니면 안정제를 처방하시지 않았을까? 싶다. 우리도 의학(醫學)의 힘을 빌려 편하게 살고 싶다. 더구나 편한 길 놔두고 누가 이렇게 험한 길을 택할까? 싶다. 그러니까 보통 마음으로는 정말 울 엄마 신병(神病)을 감내(堪耐)하긴 힘들다. 어려운 관문에 나는 서있는 기분이 든다. 하늘은 부모에게 정성으로써 부모를 살피라는 뜻이다. 그러나 우리 엄마를 너무 힘들게 하시니 살짝 하늘이 원망스럽다. 유난히도 유별나신 우리 엄마 덕분에 언니와 나는 돌아가지 않는 머리 굴려가며 단 몇 초라도 엄마 다리를 더 주물러서 통통 붓고 경직된 것을 최소한 막고자 쉬지 않고 엄마 다리를 붙들고 시름중이다. 이 상황으론 우리 엄마를 다시 입원시킬 여건이 아니라 병원에 입원 시킬 명분이 없다. 우리 자매는 엄마가 드시는 것만이라도 좀 더 신경을 써보려는 차원에 언니와 나는 시간만 나면 부엌을 들락 거렸다. 우리들 정성이 약이 되어 울 엄마 빨리 자리에 누워 주무시길 빌어본다. 주말이 되었다. 주말이 되니 큰딸이 교대를 하겠다고 병원을 찾아왔다. 그래 간단하게 간병인 규칙사항을 딸에게 일러주고 장류교체 하는 것도 가르쳐주고서 나는 집에 돌아와 어머니 옆에서 하루 밤을 자게 되었다. 그러니까 오랜만에 어머니 옆에서 다리를 펴고 잔 것이다. 나도 딱딱하고 비좁고 짧은 침상에서 잠을 자는 것도 앉아 주무시는 엄마와 비교 할 때 호사라는 생각을 했다. 우리는 이렇게 저렇게 일주일을 보내고 났더니 남편도 어느 정도 걸을 수 있어서 걸어 다니는 연습을 하고 있다. 남편보다는 어머님을 더 신경을 써야 했다. 남편은 자기보다는 어머님에게 신경을 많이 쓰고 있다고 몹시도 못마땅해 했다. 그 마음 십분 이해는 한다. 그렇지만 본인이 왜? 이런 대우를 받게 된 이유를 이 기회에 반성 했으면 한다. 나는 이번 일들을 겪으면서 깨달은 바가 크다고 할 수 있다. 하늘의 법칙 인과응보(因果應報)가 호리(毫釐)도 어긋남이 없이 적용되고 있어서 남편에게 일절 도움의 손길을 주지 못하게 이렇게 엄마를 희생시킨다는 사실을 깨달은 것이다. 나는 우주의 법칙이 그 얼마나 무서운가를 실감하는 차원이라 하겠다. 이 또한 증명(證明) 할 수 있는 방법은 없다. 다만 우리는 눈으로 보고 손으로 만져지는 것만 인정(認定)하고 과학(科學)으로 증명된 것만 인정하려고만 하여 영계(靈界)를 알고 있는 사람은 미신(迷信)을 쫓는 자(者)로만 치부한다. 하늘은 사람들에게 자유(自由)의지(意志)를 주셨지만 그러나 어떤 행동에 대한 책임이 따르는 상(賞)과벌(罰)이 확실(確實)하게 반영(反影)되고 있다는 것을 이번 남편에게 닥친 사건들을 보면서 깨달은 것이다. 옛 선조님들께서 늘 강조(強調)하셨던 말씀 중 죄(罪)짖지 말고 살아라. 그리고 보이지 않은 음덕(陰德)을 쌓아 사나운 운명(運命)을 비껴가라 라는 말씀을 왜 하셨는지 그 이유가 바로 이곳에 있었던 이유다. 그러니까 조상님들 경험에 의해 하늘 법이 무서우니 후손(後孫)들에게 바르게 살아가라는 의미셨다. 남편은 무슨 이유인지 내가 옆에 있으면 신경이 과민(神經過敏)스러울 정도로 예민하다. 그러니까 옆에서 남편을 조용히 지켜보노라면 매사(每事)가 짜증스러운지 자꾸만 트집거리만 찾는 느낌이 들 정도다. 제가 잠깐 쉬는 것 같으면 어디서 그런 머리가 나오는지 주사바늘이 어쩌고저쩌고 링거에 주사액이 적게 들어가고 있네. 이번에는 링거액이 빨리 들어가는 것 갔네. 를 읊조리다가 이번에는 링거 줄에 공기가 들어갔으니 간호사에게 말해 빨리 빼내주라고 해라. 라는 주문들을 너무 쏟아내니 정말 남편과 같은 공간에 있다는 사실이 너무 불편했다. 하지만 나 나름 참는데 까지는 참아 볼 마음이다. 매사를 편안하게 생각하지 않고 살아가는지 도대체 이해가 불가한 사람이 바로 남편이고 연구대상이라 하겠다. 그러니까 매사 시비로 살고 있어 면도칼처럼 날카롭게 살지 말고 도끼처럼 둔탁(鈍濁)해져서 원만하게 살아가자. 라고 누누이 말 했다. 면도칼과 도끼가 가지고 있는 특성을 부연 설명까지 해가면서 모나지 않고 원만하게 살아가자고 남편에게 애원하며 살았지 싶다. 면도칼은 얇은 종이를 자른다거나 목 연필 깎기에는 안성맞춤이다. 그렇지만 거목(巨木)을 자른다거나 커다란 물건을 자르지는 못하는 것이다. 그러나 톱이나 도끼는 둔탁해서 종이나 얇은 것을 자르기에는 다소 불편하지만 거목(巨木)을 자를 수 있고 큰 것을 잘라내는 연장이라는 사실이다. 매사에 둔탁해져서 조금은 느린 듯 조금은 모자란 듯 하고 조금은 양보 하면서 세상과 어울리면서 편하게 생각하고 바르게 살아가자고 저는 애원(哀願)하고 부탁 하면서 이제껏 살았던 것이다. 남편은 그렇게 말하는 저를 두고 언제나 바보처럼 인생을 사노라며 남을 이기지 못하고 남을 이기기 위해서는 남을 짓밟지 않으면 안 된다고 했다. 나에게 항상 그러고 사니 남에게 당하고 살지. 라고 하며 매사에 천하태평(天下泰平)이라고 저에게 늘 핀잔을 줬다. 나는 세상을 고깝게 보는 사람과 세상을 아름답게 보려는 사람의 인생길은 어느 시점에서 많은 차이가 있을 것 같다는 생각을 많이 했다. 하나에서 열 가지를 고깝게 보는 남편 성향이 바로 반사회적 성향인지 아니면 인간의 이중성(二重星)인지 알 수는 없다. 기복이 너무 심해 옆에서 비위 맞추기가 여간 힘든 배우자다. 인간의 이중성이 너무 도드라지게 나타나는 사람? 어쨌든 배우자로서는 이 부분이 너무 감당하기 힘든 부분이다. 한때는 남편에게 종종 정신과 상담을 같이 받아보자고 제안을 했었던 이유다. 사람이라면 만사(萬事)를 어느 쪽에서 보든지 바르게 볼 줄 아는 안목도 필요 하다. 그런데 우리부부는 같은 것을 보고 같은 것을 공유하면서도 서로 생각이 달라도 너무 달라 제 스스로 생각하기를 정말 저희 부부는 정말 전생에 원수가 인연이 되었나 싶을 정도로 하나에서 백가지가 너무 맞지 않는 부부였던 것이다. 옛 어르신들께서 전생 원수가 부부로 만난다고 말씀하신 그 말이 정말 맞는 말이지 싶었다. 허긴 몇 년 전까지만 해도 남편은 저에게 당신과 나는 천적(天敵)이야. 라는 말을 자주했던 시절도 있었으니. 그 얼마나 우리 부부가 맞지 않았으면 그랬을까 싶다. 그렇지만 많은 사람들 앞에서 백년해로(百年偕老)를 약속(約束)한 몸이라 저는 쉽게 결혼 생활을 포기 하고 싶지는 않았던 것이다. 제가 이 과정을 이겨내지 못한다면 또 다른 역경의 산이 제 앞을 가로막고 있을 것 같은 예감이 들었다. 전생에 얽힌 인연법을 원만하게 풀고 가고 싶다는 뜻으로 해석하면 된다. 저에게는 하나밖에 없는 남편이고 부군이고 낭군이고 배우자이자 신랑이다. 배우자를 칭(稱)하는 칭호가 많이 있는 것은 아마도 그만큼 더러는 원수 같기도 하고 소중하기도 하는 사람이라 아름다운 동행을 해야 할 의무가 있는 것이고 아이들에게 하나밖에 없는 소중한 아빠라는 의미라 배우자를 칭하는 호칭이 유난히 많지 않았을까? 라는 생각을 했다. 남편은 전생에 원수. 라는 말이 정말 저에게는 맞는 말이다. 달라도 너무 다른 인생관으로 뭉친 저희부부는 늘 불협화음 속이었지만 그래도 이렇게 부부인연을 놓지 않고 살아가노라면 언젠가는 겪은 고초만큼 보람도 크지 않을까? 라는 마음에 배우자 방탕 생활을 가능한 참아보고 이해하고 용서하며 살다가 그 마저도 통(通)하지 않아 제가 하루는 남편에게 이해하는 것도 이젠 지쳤고 용서 하는 것도 지쳤으니 이젠 맞불작전이다. 라는 말을 했을 정도로 우리 부부는 극과 극을 달렸던 부부다. 물론 제가 그런 말했던 이유는 남편이 고삐 풀린 망아지처럼 너무 품행제로의 삶을 멈추지 않아 제가 이쯤해서 한번쯤 제동을 걸어주는 것도 나쁘지 않다는 생각을 했다. 제가 이제는 맞불작전이라는 말의 의미는 남편으로써 존중해주지 못하고 이제부터는 반말로 대하겠다는 뜻으로 맞불작전이라는 말을 썼지만 실제로는 그것도 습이 되었는지 반말이 나오지 않아 큰 효력을 보지 못했던 맞불작전 사건이다. 반면 남편 마음 한구석에 작은 경종이라도 올렸던지 더러는 자제를 하려는 마음이 있음 사실 느낀 사례다.

우리 인간은 사랑해서 했던 결혼과 의무적으로 결혼을 한 결혼은 다소 살아가는 방법은 다르더라도 자식을 얻으면 자동으로 부모가 되고 부모는 자식들에게 올곧은 행동으로 좋은 모습을 보여주는 것이 자식들을 바로 이끌어주는 것이 보통 가정의 상례다. 그리고 그것이 바로 소이 우리가 흔히 말하는 가정교육이라 생각한다. 그래서 부모는 작은 행동 하나라 할지라도 모름지기 올곧게 행해야 하는 의무감이 부여된 것이 바로 부모의 역할이라는 사실이다. 모름지기 부모란 가정을 다정하게 이글어가는 견인차 역할이다. 더구나 화목하고 정겹게 살아가는 모습과 바른 행동으로 사회에 공헌(公憲)하고 이웃과 어울리면서 살아가는 모습을 자식들에게 실천으로 보여주는 것이 부모 역할인 것이다. 자식들은 은연중(隱然中) 가정의 그런 모습들이 물들러져 자연스럽게 습으로 이어지는 것이 바로 가정교육이라 여긴 것이 나의 지론이라면 지론이다. 성장하는 어린아이들에게 부부 싸움은 다른 나라 전쟁보다 더 무섭게 느껴지는 공포다. 그래 자아(自我)가 형성되지 않은 아이들에게 부모 싸움은 정신적으로 미치는 영향이 너무 커 사회에 미치는 현상은 극명(克明)하게 달라진다는 사실이다. 그래서 저는 늘 화목하게 사는 엄마아빠가 되어 화목한 가정을 만들어 주는 것이 나의 꿈이었다. 그러다보니 가능한 남편과 다툼을 피하고자 남편 행동들을 참아주고 이해하고자 했다. 반사회적인 성향을 띤 남편이 자기 행동들을 스스로 깨우치기를 기다렸던 이유라 하겠다. 그러나 그렇게 생각했던 것이 나의 착각이지만 그래도 이렇게 신(神)의 일침이라 일컬은 암(癌)을 선고 받고 깨달음을 얻었으니 이 또한 커다란 성과(成果)다. 아무튼 자식들에게 부모는 자식들의 안식처(安息處)요 삶의 이정표(里程標)라는 사실에 저는 주안점(主眼點)을 두었던 이유고 자식 인성(人性)에 큰 영향을 주는 부분도 부모의 화목(和睦)한 관계에서 배워지는 교육이라 생각한 부분이다. 저는 이런저런 이유로 가능한 결혼생활만은 어떠한 어려움이 있더라도 슬기롭게 극복해서 지켜보려는 뜻이다. 어떤 일이든 포기하지 않았을 때 분명 길은 있는 법이고 좋은 방법도 찾게 될 것이라 생각한다. 그 누군가가 저에게 삶이 무엇입니까? 하고 물었을 때 저는 아무리 험난한 일이 닥치더라도 절대 포기 하지 않은 마음이다. 라는 말을 할 때가 있지 않겠는가? 싶다. 더구나 우리가 흔히들 말하는 강한 자가 버티는 것이 아니고 버티는 자가 강하다고 들 말한다. 이 말이 정답일 수 있다. 제가 남편에게 바라는 마음은 이제부터라도 정말로 달라지고 바라져 건강을 되찾아 아름다운 동행을 꼭 했으면 좋겠다. 두 마음이 일심(一心)이 되지는 않더라도 이왕지사(已往之事)둥글게 살아 서로 소중하게 여길 것이며 자식들에게는 가정의 평온하고 따듯한 온기를 느끼게 하며 밝은 미래를 꿈꾸고 설계하는 아이들로 성장 시켜 이 사회에 꼭 필요한 사람이 되어 주기를 같이 빌며 살아가기를 바란다. 그러니까 척박한 환경에서 자란 들풀들이 오히려 강한 생명력을 지녔듯 저희 아이들도 척박한 환경에서 겪어야했던 경험과 어려운 상황들을 거울삼아 슬기롭고 지혜롭게 살아가기를 바라는 마음이다. 어려운 상황에 처해있는 자신의 환경을 두고 원망(怨望)하는 사람도 있다. 그 마저도 감사하게 생각하고 살아 있으매 감사하게 생각하는 사람의 인생길은 확연하게 다르다는 사실이다. 그리고 어려운 환경을 극복하는 과정들이 더러는 아이들 성장(成長)과 인격(人格)형성하는데 꼭 필요한 자양분(滋養分)이 되고 자신을 성찰(省察)할 줄 알며 남을 배려(配慮)할 줄 아는 그런 사람이 되지 않겠나? 생각한다. 제가 이제껏 꿈꾸어 왔고 가장 욕심냈던 부분이 있다면 바로 우리 아이들이 어려운 과정을 서로 협력하고 합심해서 서로 소중함을 알고 서로 배려하고 양보하는 마음으로 살아가는 것이다. 그러나 무슨 운명(運命)의 장난인지 전생(全生) 업보(業報)때문인지 모르겠지만 나의 배우자(配偶者) 과거(過去)는 바람직 못했다. 나의 결혼(結婚)생활이란? 정말 전생(前生)업장(業障)을 소멸(消滅)하는 수련장이지 싶을 정도로 다양한 경험을 배우자로 인하여 경험하게 된 사연이다. 배우자로 인하여 다양한 경험들은 오히려 저 자신을 바르게 세우는 곳이었다. 조상님들은 저를 혹독하게 고생시켜 운명(運命)의 흠을 고쳐가라고 이렇게 저렇게 시련을 주시지 않았을까? 라는 생각을 해본 나의 결혼 생활이다. 나는 사람이라면 사람들을 가장 귀하게 대해야 하는 것이 원칙이라 생각한다. 가능한 타인을 귀하게 여기는 것을 실천(實踐)하면서 살고자 한다. 남편도 이제부터 젊은 날의 허랑 방탕(放蕩)의 역사(歷史)는 종지부(終止符)를 찍고 새롭게 거듭나 귀(貴)하게 살아 갈 것이라 생각한다. 과거는 중요하지 않다고는 말 할 수 없지만 그래도 과거를 곱씹어 내 마음 불편하게 살고 싶지 않다. 사인여천(事人如天)이라는 말이 갑자기 생각난다. 천도교(天道敎)에서 말하는 이 말의 사전적 의미가 한울님을 공경(恭敬)하듯이 사람도 그와 같이 공경(恭敬)하여 서로의 인격(人格)과 예의(禮儀)를 존중(尊重)하는 윤리(倫理) 행위(行爲)라고 적혀있다. 이 말의 뜻은 그 만큼 사람을 귀히 여기라는 뜻이라 생각한다. 사람을 높디높은 하늘과 비교하는 부분은 다소 조심스럽다는 생각이 든 부분이다. 나 아닌 너를 그만큼 귀히 여기라는 뜻으로 해석 하면 문제가 되지 않는 부분이다. 나의 처지를 보통사람들과 비교했을 때 다소 불리하지만 와병(臥病)중이신 어머니를 먼저 살피고 귀히 여겨서 빨리 쾌차(快差)하실 수 있도록 옆에서 살피는 것이 의무(義務)요 자식의 도리(道理)라 최대한 꾀부리지 않을 것이다.

어느새 남편 암수술 한지도 벌써 2주가 되었다. 이젠 나도 장루 교체

하고 김해 오고가는 것이 익숙해졌다. 남편은 다른 암 환자들보다는 회복(回復)속도가 3 ~ 4일 늦다. 그래 교수님께서 다른 환자들에 비해 회복이 더디다며 고개를 갸우뚱하시곤 하셨는데 아마 그도 그럴 것이 남보다 차이를 보이는 이유는 아마도 환자 마음이 만사를 짜증으로 일관하니 회복 속도가 남보다는 더디진 않겠는가? 라는 제 추측만 있다. 남편은 입원하고 수술하고 치료하는 과정에서 사소한 것 하나라도 순조롭게 넘기지를 않는지라 인생길이 자꾸만 꼬인 느낌이다. 그러니 본인에게 짜증스러운 일들이 자꾸만 생기지 않았나 싶다. 이런 모습들을 보면서 생각하기를 왜? 그렇게 마음을 편하게 못 갖는 것일까? 라는 생각을 갖기도 했었다. 이왕지사 넘어졌으니 쉬어간다. 생각하면 편할 텐데 아무튼 남편에게는 소소한 불상사들이 자주 발생하고 보니 분명 우주의 법칙은 죄는 짓는 대로 가는 것이 맞다. 예를 들면 링거가 새어서 팔이 통통 자주 부어있고 장루가 터져 이불을 교체해야 하는 일이 다반사요 장루를 고정시켜 놓은 옆구리가 헐어 남들보단 고통스러운 날들이 많고 소등된 밤에는 꽂아 논 링거가 바늘이 빠져버려 불 꺼진 병실 바닥에 피가 흥건히 흘러서 옆 사람들을 혼비백산하게 만들었으며 돌아눕다 링거 바늘이 팔뚝에서 빠진 줄 모르고 자다. 피가 이불을 흠뻑 적셔 저를 경악하게 만든 사건들이 다른 환자들에 비하면 많았다. 그러니까 까탈스럽기 그지없는 남편 간병생활 2주간은 분명 나에게는 녹록치 않은 여정이었다. 더구나 집에 계시는 어머니도 아직 자리에 누워보시지 못 하시고 앉아 주무시는 것을 보니 안쓰럽고 애달프다. 제가 이렇게 매일 집에 들려 2 ~ 3시간 있다가노라면 엄마가 자리에 편안하게 누워 주무시게 될 실 것이라는 기대가 있었다. 그런데 좀처럼 어머니는 눕지를 전혀 못 하시니 몸도 마음도 많이 지친 상태다. 그러나 제가 이 상황이 많이 고달프다. 라는 생각을 하면 하루도 못 살 것 같아 더욱 이 시점에서 포기

하면 안 되는 것이고 이 곤란한 시기를 의연하게 보내고 나면 분명 이과정은 저에게는 큰 교훈이 될 것이라 생각하여 오늘도 씩씩하게 마음을 잡아본다. 마냥 제 인생도 이렇게 고난 속에서만 살지는 않을 것이라는 뜻이다. 오늘도 용기 내어 힘찬 발걸음으로 김해로 향하고 있다. 특히 남편도 회복이 어느 정도 되어 이제 부터는 혼자 병원생활을 할 수가 있을 것 같다는 생각을 한다. 이렇게 여러 날 언니를 붙잡고 있을 수는 없는 것이 우리의 현실이었다. 이제는 언니를 대전으로 보내야 될 시간이라는 뜻이다. 언니는 2주간 누워 보시지 않으신 엄마 간병하느라 정신적으로나 육체적으로 고생 많이 했었던 일이다. 하지만 아직 남편 퇴원까지 날짜가 많이 남아 있다. 그렇지만 마냥 제 편리를 보자고 언니를 붙잡고 있지는 못한 상황이다. 더구나 언니도 직장생활을 하는 사람이라 직장으로 복귀하도록 하는 것이 언니에 대한 배려이지 싶어 어제 밤 나는 언니에게 이젠 남편도 혼자 걸어 다닐 수가 있으니 대전으로 올라갈 준비를 해두라고 말을 해두었다. 어쩌면 언니는 사나운 운을 만나 고전(苦戰)하고 있는 동생 뒷바라지 하느라 고생 참 많았지 싶다. 더구나 저희엄마에게도 큰 딸 역할도 야무지게 잘했던 것이라 생각한다. 우리 엄마에게는 가장 든든한 큰 딸이라 생각한다. 그리고 내게도 가장 든든한 지원군이 언니였다는 사실이다. 그러니까 이 어려운 상황들을 겪어가는 나에게 정말 언니가 없었다면 저는 정말로 많이많이 힘들어 지금쯤 녹다운이 되지 않았을까? 싶다. 언니가 항상 옆에서 지원군이 되어주었고 응원을 해줘 나는 여기까지 견뎌 온 이유라 생각이 든 부분이다. 그러니까 제가 이번 일들을 겪으면서 가장 의지하는 사람이 바로 언니요. 가장 저에게 힘을 실어준 사람도 언니라는 사실을 알았고 이 사실을 잊지 않으려 함이다. 언니를 보내고 나면 언니의 빈자리가 크게 느껴지겠지만 그래도 남편 혼자 할 수 있는 일이 많아졌으니 두 환자를 요령껏 나는 살피노라면 큰 문제는 없을 것이라 생각한다. 언니는 제가 집에 도착하는 대로 대전으로 올라 갈 예정이다. 김해 넘어가는 것을 몹시도 싫어하는 남편 눈치를 열심히 살피면서 서둘러 해운대 병원을 빠져나왔다. 오늘은 평일이라 그런지 다른 날 보다는 차 막힘이 없어 해운대에서 만덕터널을 통과해 남해고속도로 진입을 하는데 30분밖에 걸리지 않았다. 평소 같았으면 4~50분은 족히 걸렸던 구간이다. 그런데 오늘따라 집에 오는 길이 막힘이 없어 수월하게 김해에 도착한다. 현관문에 들어선 저를 보시던 어머니가 먼저 저에게 왔어. 라고 하시며 반겨주셨다. 저도 울 엄마 말씀 따라 네 저 왔습니다. 라고 하며 어머님 앞으로 다가가 배꼽인사 올리고선 선걸음으로 부엌으로 가 물 한 컵을 숨도 안 쉬고 벌컥벌컥 들이마셨다. 목이 이렇게 탄 이유는 아마도 해운대에서 김해까지 나름 숨 가쁘게 달려왔었던 이유다. 남편 이 눈치 저 눈치 보느라 더 목말랐던 이유이고 어머님 애타게 기다리는 마음이 느껴져 이리 뛰고 저리 뛰면서 설치고 다녔던 탓이다. 언니는 15일 동안 전혀 눕지 않으신 엄마를 두고 떠나려 하니 막상 고민이 된 듯하다. 언니 얼굴은 근심으로 가득차보였다. 이 상황에서 막상 떠나려하니 밤새 눕지 않으신 엄마가 밟히는지 쉬이 발길이 떨어지지 않는 모양이다. 언니와 저는 이 일을 어쩌면 좋을지? 고민되었다. 그래 이런저런 애기를 잠시 나눠보았다. 그렇지만 이 상황에선 뾰족한 방법은 사실 없다. 이때 괴로운 심경과 참담한 현실을 적나라하게 표현 하고 싶은 생각이 많다. 그러나 굳이 적나라하게 설명하기란 덧없음을 느낀다. 이 당시 저희 자매의 서글픈 감정을 표현하기란 다소 현실감이 많이 떨어진 부분이다. 울 엄마 다리는 퉁퉁 부어 마루타 수준인데도 불구하고 보이지 않는 그 어떤 힘 때문에 남편 입원하는 날부터 시작해서 2주가 넘는 동안 전혀 눕지 못하시는 상황을 지켜보고 있을 때 종종 정말 어떤 물리적인 힘을 동원해서라도 울 엄마를 눕혀드리고 싶은 마음이 꿀떡 같았다. 그러나 보이지 않는 세계에서 뒤에 오는 후 폭풍이 염려스러워 그저 간가만 하고 있는 현실 앞에 저희 자매 심정은 정말 참담했었다. 무슨 조화(造化)인지 남편 입원하던 날부터 누워보지 않으시고 오직 소파에 기대앉아 베개를 등에 기대 놓고 주무시는 모습을 보고 있노라면 가슴이 미여졌던 것이다. 어머님 의사(意思)를 존중해드린다는 미명(美名)아래 그저 어머님의 고통을 바라만 보고 있는 방관자 입장이라 더욱 안타까운 심경이다. 자식 입장은 그저 어머님 뜻에 맡겨놓고 막연히 전혀 눕지 못하시고 눕지 못해 고통스러워하시며 앉아 주무시는 모습을 바라보면서 아무것도 해드릴 수 있는 것이 없다는 사실이 너무 괴롭고 괴로워 정말 언니 말처럼 평범한 엄마가 오히려 신간(身幹)은 편하겠다는 생각까지도 종종했던 애간장 다 녹는 시간들이었다. 어머니가 괴로워 인상이라도 찌푸리시면 저희 마음도 아슬아슬한 살얼음판을 걷고 있는듯한 고통에 시간이었다. 그런데 이제까지는 언니가 옆에 있어서 많이 의지(依支)가 되어 견딜 수가 있었던 일이다. 이제는 언니를 보내는 시간이 되고 보니 조금 두려운 생각도 든다. 그렇지만 마냥 언니를 붙들고 있을 경제적(經濟的)형편이 우리는 아니라 일단 언니라도 벌 수 있을 때 한 푼이라도 벌었으면 하는 마음으로 언니를 보내려는 차원이다. 언니는 떠나기 전 어머니에게 점심식사 떠드리면서

"할마시가 충분히 혼자서도 수저질을 잘 하겠는데 수저질을 전혀 하지 않으려 한다."

라고하며 또 구시렁거렸다. 어머니는 언니 말을 못 들으셨는지 별 말씀 안하시고서 그저 맛있다. 요것도 맛있고 저것도 맛있다. 라고 하시며 아주 맛있게 식사를 하신 모습을 보이셨다. 눕지 못하셔서 힘들어 하시면서도 식사를 맛있게 하시니 그 나마 이런 이유로라도 힘든 과정들을

보상 받은 기분이다. 이젠 언니가 정말 떠날 시간이다. 언니도 떠날 준비가 다 됐다. 그렇지만 언니도 성치 않으신 어머니를 두고 막상 떠나려 하니 발걸음이 떨어지지 않은 것인지 현관문을 나서면서 돌아보고 또 돌아보는 언니의 발걸음이 많이 무거워 보였다. 평소 같았으면 분명 저는 언니를 터미널까지 데려다 줬을 것이다. 하지만 어머님 쓰러지신 이후론 언니를 데려다 주지 못하고 있다. 특히 어머니를 혼자 두고서 문 밖을 나간다는 생각을 못한다. 그제 언니가 대전 내려가기 전 제부가 암 수술을 했는데 제부 병실 한 번 들려보지 않고 간다는 것이 도리가 아닌 것 같다며 어머니와 함께 제부 병실에 한 번 들려 보고 오고 싶다고 했다. 그래서 그때 말 나온 김에 나는 어머니와 언니를 모시고 남편 병원을 들렸었다. 우리는 병실에서 어머니를 모시고 오래 머물 수 없어 바로 병원에서 나왔다. 막상 언니가 이틀 후 면 대전으로 올라가야 하는 상황이라 보통 마음으로는 오기가 힘든 해운대까지 왔으니 해운대병원에서 10여분 거리인 기장 용궁사에 들려 바람이나 쐬주고 싶다는 생각이 갑자기 들었다. 그래서 저는 어머니에게 잠깐 용궁사만 들려 봐도 되냐고 물었다. 그랬더니 어머니께서도 그렇게 하라고 허락 하셔서 저희 자매는 어머니와 함께 용궁사 주차장에 들렸다. 거동이 불편한 어머니를 모시고 움직일 수가 없었다. 어머님께 주차장에서 잠시 기다리시라고 해 놓고 저희 자매는 종종걸음으로 그야말로 정말 용궁사 전경만 살짝 들려다 보고 돌아 왔었다. 물론 저희 자매는 주차장에 어머님을 홀로 남겨 두고 온 상황이라 달리다 시피 해 정말 용궁사 입구만 구경하고 어머님 계시는 주차장까지 숨 가쁘게 달려왔던 것이다. 그러니까 우리가 어머님 홀로 두었던 시간이 대략 10분에서 15여분 정도 시간이 소요 되었을 것이라 추측한다. 아무튼 이 상황을 어떻게 설명을 해야 할지 몰겠지만 구경보다는 빠른 경보수준으로 용궁사 전경만 눈도장만 찍고 왔다는 표현이 맞을 것 같다. 그런데 저희 어머니께서는 저희가 보이지 않아서 차 안에서 혼자 10여분 동안 악을 쓰며 저희를 찾고 계셨던 것이다. 저희도 노여운 눈빛으로 악을 쓰고 계시는 저희 어머님의 모습을 눈으로 확인하는 순간 너무 놀라 경악을 했던 사건이다. 그러니까 우리가 어머님 홀로 차에 앉아 계시게 했던 시간이 불가 10여분정도라 설마 어머니가 그리도 노여워하실 줄은 꿈에도 상상을 해보지 않았던 일이라 저희도 너무 놀랐던 사건이라 하겠다. 어머니가 차 안에서 어찌나 고래고래 소리를 지르시고 계셔서 정말 미안하고 죄송하여 어찌해야 할지 너무나 당황스러웠던 사연이다. 저는 차문을 열자마자

"엄마 죄송해요. 우리는 잠깐이라 엄마가 괜찮을지 알았어요."

라고 했던 것이다. 돌이켜 생각해보면 무모한 짓이었다. 어머니는 죄송하다는 제 말에 좀 마음이 진정 되셨는지 엄마 눈빛에서는 어느새 노여움이 사라졌던 사건이다. 이때 제 어리석은 생각은 그야말로 잠시라 별 탈 없을 줄 알았는데 하늘은 그것마저도 허락이 하지 않으셨던 것이다. 저희 자매의 어리석음으로 엄마 많이 놀라게 해드렸고 우리는 순간의 실수로 혼비백산 할 정도로 혼쭐이 났었던 잊지 못할 사연 하나이다. 지금도 그 일을 생각하면 가슴이 뛰고 울렁거린다. 그때 그 상황만 놓고 보면 오해하기 딱 좋은 순간으로 보일 수 있을 것 같다는 생각도 잠시 일었다. 그러니까 울 엄마는 차안에서 꼼짝 못하시는 상황이고 말씀도 잘 못하시고 그저 소리만 지르고 계신 장면은 그야말로 누군가 병든 어머님 버리고 간 것 같은 상황으로 보였을 장면이다. 제가 너무 안일하게 생각한 10여분 일탈(逸脫)이 가져온 파장은 저희 어머니를 너무 힘들게 했던 부분이다. 나는 그 일을 두고 지금도 반성하고 반성중이다. 그러니까 지금 생각해도 병 깊으신 노모님을 하필 햇볕 강한 한 낮에 어머니를 차에 앉혀두고 10분이라도 한가롭게 구경 할 생각 했던 그 자체는 정말

지탄 받아야 될 부분이라 생각한다. 나는 이 날 이후론 어머니를 혼자 두고서는 집안에 있는 화장실이라 할지라도 꼭 허락을 받고 다닐 정도로 어머님 허락 없이는 마당도 나가지 않게 된 사연이다. 그 이전에도 그랬겠지만 아무튼 울 엄마 간병하면서부터는 화장실 한 번 마음 편히 가보지 못한 신세였다. 그날 이후 엄마는 잠시잠깐이라도 제가 눈에 보이지 않으면 유난히도 아야 아이 하고 바로 저를 찾으셨으니 집안에서 부엌으로 가는 것마저도 어머니께 허락 받고 갈 정도로 나는 저희 어머니 시야에서 벗어나지 않고 살아야만 했던 사연이다. 저는 현관문을 나서기 전 언니를 터미널까지 바래다주지 못해 택시를 불러 놨다. 택시가 집 앞까지 오기까지는 3 ~ 4분이 남은 상태다. 그래서 나는 택시 타는 큰길까지 언니를 배웅하고자 언니 가방 하나 챙겨들고 현관문을 나선다. 언니는 현관문을 나서면서

"이렇게 고약한 상황에 처해 있는 너를 두고 가려하니 발길이 안 떨어진다. 더구나 환자 두 사람이 너를 너무 너무 힘들게 하니 두 사람 다 갖다 버려 부려라."

라는 말을 한다. 농(弄)이다. 어쩌면 환자 두 사람이 유난히도 아주 특별나게 유별났던 터라 언니는 마땅히 위로(慰勞)할 말이 없어 위로 차원에서 제게 한 말이다. 나는 언니 그 말끝에

"그래도 이젠 조서방도 수술(手術)을 잘 마쳤기 때문에 회복(回復)잘하면 될 것이고 어머니도 위험한 고비 잘 넘기고 치료도 끝나 집에 오셔 이렇게 우리와 함께 계시니 요양(療養)만 잘하면 될 일이니 너무 염려(念慮)하지 말소."

라는 말을 했다. 근데 마침 택시가 와서 아쉬운 작별을 하고 언니를 택시에 태워 보낸다. 나는 멀어져가는 언니를 보면서 저희 자매는 아주 특별한 어머니를 만나 어머님 덕분에 유별난 경험 다 하고 있는 것 같다

는 생각을 하였다. 더구나 언니도 9월 달에 교통사고 나서 두 달 가량 입원했던 몸이었다. 그렇지만 나는 어쩔 수 없이 아직 완쾌(完快)되지 않은 언니 힘을 빌릴 수밖에 없었던 것이다. 그러니까 언니가 아직 완쾌되지 않은 발로 어머니를 일으켜 드릴 때마다 소파에 무릎을 구부려 놓고 어머니를 일으켜드리는 과정을 보고 있노라면 마음이 아렸다. 언니는 완쾌되지 않은 다리로 김해 와서 엄마 수발하며 동생 편리 봐준다고 그동안 고생 많았고 자식 도리 한다고 고생 했다. 언니와 나는 무엇을 위하여? 무엇을 얻고자 그리하였는지는 모르겠다. 그러나 우선 자식 된 도리 먼저라 우리는 그리 행동했다. 우리가 가장 우선시 여겨야하는 것이 과연 무엇인가? 라는 질문을 던져보면 뭐니 뭐니 해도 자식 된 도리가 먼저이지 싶다… 저희 자매는 더 이상도 더 이하도 아닌 그저 기본 적인 자식 도리라도 해보려는 마음이었다.

저는 이제 정말로 저희 어머님 전담반이 되었다

정말 이제부터 나는 본격적으로 울 엄마 전담(全擔)반이 된 샘이다. 아무쪼록 꾀부리지 않고 울 엄마 옆을 잘 지키고 있을 것이다. 특히 기장 용궁사 사건을 거울삼아 남편은 수술한지 2주차가 되다보니 어느 정도 혼자서도 잘 걸어 다니고 옆 사람들 하고도 잘 지내고 있는 듯 보여 제가 옆에 없더라도 이제는 별문제는 없을 것이라는 생각을 한다. 같은 수술을 했던 환자들 보다는 회복 속도가 3 ~ 4일 더딘 편이다. 하지만 그래도 지금은 혼자 움직일 수가 있어 나로서는 선택의 여지가 없어서 할 수 없이 엄마를 더 살펴드리고자 엄마 곁으로 돌아왔다. 병실에 남편 혼자 두고 온 것이 다소 마음에 걸린 부분이다. 그렇지만 한편으로는 시비(是非)의 대상(對象)인 마누라가 없으니 오히려 회복하는 부분에 있어서 조금 효과(效果)가 좋지 않겠는가? 생각한다. 옆 사람들이 보더라도 마누라가 있는데 병실에 간병 할 사람이 없는 것이 남들 보기에 다소 좋지는 않아 보일 것 같다는 생각이 든 부분이다. 누가 뭐라고 할 사람은 없겠으나 왠지 옆 사람들의 시선들이 왠지 곱지 않게 보이지 않을까? 라는 불편한 마음도 없지 않다. 이 모든 생각도 저의 부질없는 생각일 뿐이다. 괜스레 남편에게 미안한 마음이 일어 이런 생각을 해본 것이지 싶다. 언니가 엄마 옆에 20여일 가량 머물면서 어머니를 눕게 해드리려고 얼마나 노력했던지 그 흔적들이 고스라니 내 시야에 들어왔다. 그러니까 어머님 옆에는 여러 이불과 잡스런 물건들이 여러 개 널브러져 있는 것들이 눈에 띈다. 저는 이 많은 물건들을 보면서 우리언니가 엄마를 누어 주무시게 하려고 그 얼마나 혼자 애를 태웠는지? 그 마음을 느끼고 보니 울컥해진 것이다. 언니는 이불 여러 개를 겹쳐놓고서 엄마가 이불에 기대서라도 주무실 수 있도록 자리를 마련했던 흔적들을 보니 가슴이 저민다. 발뒤꿈치를 보호하려고 수건도 여러 개 돌돌 말아 옆에 가지런히 놓아져있다. 그리고 그 옆에는 베게가 두 개씩 겹쳐있었다. 아마 베개를 겹쳐놓았던 이유는 추측컨데 이제껏 누워보시지 못하신 엄마 다리를 조금 높게 올려드려 발뒤꿈치에 자극이 가지 않도록 하기 위한 강구책이었으리라. 이러한 흔적들을 보며 나는 마음속으로 언니에게 언니가 이번에는 제일 수고가 많았어. 라는 인사를 전한다. 비록 언니는 지금 떠나가고 없지만 언니의 채취가 온전히 느껴지는 순간이 바로 이런 물건들을 접하는 순간이지 싶다. 옛말에 이르기를 형만 한 동생 없다. 라는 옛 속담이 되새겨지는 순간이라 하겠다. 아마도 이렇게 살뜰하게 부모님을 보필한 흔적들을 보니 역시 이 지극한 정성은 어쩌면 큰 자식만이 할 수 있는 지극함이라 여겨진 부분이다. 우리나라 속담 중 작은 자식들이 아무리 잘한다 하더라도 큰 자식만 못하다. 라는 말이 정말 맞는 말이라 생각하게 한 대목이다. 그러니까 동생들이 아무리 애를 써 봐도 큰 자식이 부모 생각하는 마음에는 미치지 못하다는 뜻이다. 부모님과 같이한 세월도 동생들보다는 몇 년을 앞선지라. 부모 생각하는 마음은 큰자식들 앞에서는 비교(比較)대상이 아닌 것이다. 어쨌든 나는 언니를 떠나보낸 후 바로 엄마 뒤꿈치부터 살펴보았다. 매일 살피는 괴사이지만 그래도 근 2주가량 앉아만 계셨던 상황이라 가장 신경이 많이 쓰였던 것이라 하겠다. 엄마가 소파에 앉아계셔 발뒤꿈치 살피는 것이 여간 불편한 상황이다. 제가 역(易)으로 바닥에 누워 발뒤꿈치를 치료해야만 한다. 그러다보니 오늘도 제가 바닥에 누워 하늘을 쳐다본 격으로 울 엄마 발뒤꿈치는 살펴본 것이다. 괴사는 우리가 생각했던 것 보다는 그런대로 양호했다. 더구나 심하게 진물도 나지 않은 것이 신기 할 정도로 양호했다. 어머니 발과 다리는 통통 부어서 마루타 같이 경직되어있고 피가 잘 통하지 않아서 그런지 어머니 다리는 한기가 느껴질 정도로 차다. 어제 오늘 일은 아니다. 그렇지만 이렇게 마냥 간과만 하고 있는 것은 아닌 듯하다. 눕지 못하시니 그저 이런 상황을 보고만 있잖니 어떻게 하면 좋을지? 난감했다. 지금 당장 다른 방법이 생각나지는 않아 그저 바라보고만 있는 자식 입장에서는 애가타고 미안해 엄마 처분만 기다리고 있는 심정은 새까맣게 타는 중이다. 저는 이 상황을 어떻게 풀어가야 할지 난감해서 그저 애꿎은 엄마에게 애원하며

"엄마 엄마 제발 이제는 누워봅시다."

이제는 저도 이렇게 집에 왔으니 누워도 괜찮지 않을까요? 라고 물었다. 어머니께서도 애가 타는 저의 심정(心情)에 답(答)이라도 해주시려

는지 온 힘을 다해 누워보셨다. 저는 어머님 누우시는 그 틈을 이용해 어머니 궁둥이를 빠르게 주물러드린다. 언제 변할지 모르는 상황이라 재바르게 다리마져 주물어 굳어진 하체(下體)에 피(血)라도 통(通)하게 했다. 그런데 역시나 그것도 잠시 1 ~ 2분 쯤 지났을까? 어머니는 아직 아니네. 라고 하시면서 다시 일어나시려고 몸을 일으키려 온 힘을 쓰신다. 저는 그 모습이 너무 안쓰러워 어머니를 부추겨 다시 일으켜 앉혀드렸다. 다시 일어나 앉으신 어머니는 저에게 그래서 그래. 라는 말씀을 하신다. 과연 울 엄마 말씀 그래서 그래. 라는 말씀의 의미를 어떻게 해석을 해야 될지? 도대체 이 말씀은 또 무슨 의미(意味)을 내포하고 있는 것인지 알 수 없다. 밑도 끝도 없는 울 엄마 그 간략한 한마디 그래서 그래. 라는 말씀은 어떤 의미고 어떻게 해석을 해야 될지 난감하다. 나는 그래서 그래. 라는 말씀을 말로써 이해하기 보다는 어머님 마음의 뜻을 이해하고자 어머니 눈을 바라보았다. 엄마는 나의 이런 모습이 애처로운지 제 이마에 본인 이마를 갖다 대주셨다. 그러니까 이것이 바로 저희 엄마 사랑의 표시인 이마 땡이다. 엄마는 저를 보시고 다시 그래서 그런다잉. 라고만 한다. 저는 엄마 말씀 그래서 그래. 라는 말씀을 하시면 종종 머리가 하얘졌다. 설명을 해주시지 못하시는 어머니 마음도 애가 타는 것이고 알아듣지 못하는 제 마음도 애가 타기는 매한가지다. 그러나 저는 어머니께서 말씀하신 뜻을 어느 정도 알고 있다. 짐작이라면 짐작이겠지만 어머니는 저를 위해 이런 고통을 감내하신다는 정도는 알고 남음이다. 이러시는 이유는 바로 사위를 살리시고자 이렇게 고통스러운 과정(過程)을 겪고 계신 뜻이라 하겠다. 그러니까 그야말로 딸자식 과부만들지 않으시려는 뜻이다. 어쩌면 이 못난 딸자식을 위해 홀로 온갖 고초를 격어내시는 과정이라면 과정이다. 그러나 증명(證明)할 길 없다. 그저 저 혼자만의 추측이며 생각이다. 더구나 바로 이 부분이 저희 어머님만의 특별한 자식 사랑의 표시가 아니겠는가? 생각한 차원이다. 어머님 뜻이 이렇다하더라도 더러는 이해가 되지 않는 부분이 많다는 사실이다. 하지만 저만이라도 울 엄마를 이해 해드리고 존중해 드리려 노력하고 어머니 모시는 부분에 대해 소홀함이 없도록 작은 정성이라도 진솔한 마음으로 쏟는 것이다. 저희 어머니가 남과 달라도 너무 다른 부분이 많다보니 옆에서 수발들기는 그리 쉽지 않다는 사실이 문제라면 문제이다. 일단 어머니는 다른 분과는 다르게 보이지 않는 세계와 연계성이 있다는 사실에 저는 주안점을 두고 엄마를 모시는 과정이다. 엄마도 본인 의지와는 별개로 몸으로 나타나는 현상들에 대해선 본인 의지대로 되지 않는 다는 점이 그저 안타까울 뿐이다. 더군다나 울 엄마 이런 점을 이해하려는 생각보다는 병든 노모의 노망된 행동(行動)이라고 치부해 버리는 자식들이 있는 것 같아 더욱 애석하다. 그러나 비록 제가 남보다는 영민하지 못 하지만 가능한 저 만이라도 저희 어머님 깊으신 뜻을 헤아려 보려 노력중이다. 저희 어머님 고충과 깊은 사랑을 느끼게 되었으니 잠시라도 어머니께 짜증을 냈던 어리석음을 마음 깊이 사죄드린다. 말하지 않아도 전해지는 엄마의 그 마음이 제 마음 깊은 곳으로 전율(典律)처럼 전해지는 순간 저는 우리 엄마의 애틋한 사랑을 오롯이 느낀 부분이다. 막상 제가 어머님의 애틋한 마음을 읽고 나니 저도 모르게 어머님에 대한 존경심이 절로 우러나와 고개를 숙인다. 더구나 잠시라도 짜증 내려했던 마음이 어머니께 너무 죄송해 몸들 바를 모르겠다. 더욱 놀라운 사실은 깊이 반성한 그런 제 마음을 어머니는 벌써 읽으시고 저에게 바로 그것이다. 바로 그것이야. 나는 이제 괜찮을 것이다. 라는 말씀 하신다. 다시 말해 울 엄마 말씀은 나는 이제 괜찮을 것이니 너무 걱정하지 말거라. 라는 뜻으로 해석된 것이다. 지금 상황은 아무도 이해해주는 사람 없다. 그렇지만 나는 울 엄마 방식(方式)인 이 방식이 진정 자식을 위한 깊은 사랑임을 가슴깊이 느낀다. 저는 이 날 밤부터 어머님 옆에서 잠을 자게 되었다. 앉아서 주무시는 어머님을 두고 어찌 제가 편한 잠을 자겠는가? 싶기도 하다. 그렇지만 넓은 마루에서 다리 떨어질 염려 없이 한숨이라도 잘 수 있다는 사실이 더러는 감사 할 일이다. 엄마 덕분에 나는 억지로라도 병실 좁은 간이 침상을 졸업한 사연이지 싶다. 설 잠이라도 엄마 옆에서 자고 일어났더니 어딘지 모르게 몸이 한결 가볍다는 생각이 든다. 오랜 만에 집에서 맞이하는 아침 공기는 많이 쌀쌀했다. 초겨울이라 그런지 병실에서 못 느껴본 조석(朝夕)기온(氣溫)차가 확연(確然)하게 느껴진다. 낮 기온도 이제는 제법 쌀쌀해졌다. 정말 인젠 완연한 겨울이다. 요즘 주말에는 저희 아이들이 어머니 옆에서 살펴주는 경우가 더러 있었다. 그래서 나는 남편병실에서 한 두 시간 더 있다 올 때가 종종 있다. 아마도 병실에 주말이면 1 ~ 2시간 더 머물게 되었던 이유가 주로 주말을 이용해 친척들이 병원을 찾아오신 관계로 그랬지 싶다. 평일에는 대부분 어머님 모시고 남편 병실에 잠시 들렸다가 오는 것이 나의 요즘 하루 일과다. 그러니까 남편 손이 잘려 두 달 동안 병원에 있을 때처럼 나는 어머님 모시고 남편 병실을 들려보는 정도이며 필요한 물건이 있으면 사다주는 것이 고작 내가 해 줄 수 있는 일이다. 그렇지만 하루라도 남편 병실을 찾아가지 않으면 남편 혼자 많이 외로울 것 같아 나는 한 발도 스스로 내딛지 못하시는 어머니를 한발 한발 내딛게 해 힘겨웁게 차에 태워서 해운대 병원까지 매일 다니는 이 고난의 행진을 계속하고 있는 것이다. 몸을 부려버리신 어머니를 현관에서부터 차에 태워드리는 과정이 저 혼자서는 너무 고달픈 과정이다. 더러는 어머니를 언니가 보살펴 줄때가 많이 그리워진다. 어머님을 모시고 병원 현관 앞에서 차를 세워놓고 휠체어를 가져와 어머님을 옮겨 앉혀드리는 과정이 난코스라 할 정도로 힘든 과정이다. 주차장에 차를 주차하고 휠체어 가지러 가면 이런 난감한 상황은 없다. 그렇지만 엄마 혼자 차에 있는 시간이 너무 길어 나는 어쩔 수 없이 병원 입구에 차를 정차하고 뛴 이유다. 이 무렵 우리가 렌트한 휠체어 날짜가 다되어 반납을 해버린 상태라서 저는 병원 도착하면 병원 입구에 차를 세워두고 휠체어를 가지러 가기위해 일단 뛴다. 해운대 병원 입구로 들어오는 차량들이 많아 가능한 빨리 차를 빼줘야 하는 부분에서 오는 부담감이 크다. 그러니까 저 혼자서 휠체어 가져와 엄마를 앉혀 드리기까지 시간은 대략 3 ~ 4분 정도다. 그렇지만 몸을 부려버리신 엄마를 앉혀드리는 일은 그리 만만치 않은 일이다. 더구나 추운날씨에 어머니를 로비에 잠시 누군가에게 부탁해놓고 주차장에 주차를 해야 하는 과정은 그리 쉽지 않은 코스라 하겠다. 저에게는 엄마를 매일모시고 남편 병원을 들렸던 부분들이 사실 쉽지 않은 과정이다. 그리고 잠시잠깐이라도 나와 떨어지는 것을 두려워하시는 엄마를 생각해 주차 하면 바로 무조건 뛰어야 했고 남편 병실 나서면 다시 이 과정을 반복하게 된 부분이 애로사항이라면 애로사항이었다. 그러나 집에 도착해 아이들 중 한명이라도 집에 있으면 도움을 받을 수 있었으므로 저에게 이런 날은 계 타는 날이다. 제가 하루라도 이렇게 하지 않으면 저희 어머님은 하루 온종일 소파에 앉아만 계시고 더구나 현제는 주무시는 것 또한 앉아서 주무시는 상황이라 이렇게 반 강제성을 띄워서라도 어머니를 악착같이 모시고 다닌 이유였던 것이다. 엄마는 소파와 한 몸이 돼버린 형국이라 굳은 엉덩이에 바람도 들어가게 해야 되고 뻣뻣한 다리도 풀어주는 차원으로 저는 억척을 부리며 어머니와 동행(同行)을 강행(强行)하게 된 이유다. 그런데 우리가 남편 병원 들려 집에 들어오노라면 학교 마치고 돌아오는 큰딸 모습이 요즘 들어 수심(愁心)가득 찬 표정(表情)이 종종 제 눈에 비쳤다. 대학 시험이 얼마 남아 있지 않아 걱정이 많을 것이라 생각한다. 사실 큰 딸은 입시생임에도 불구하고 두 환자 간병하는데 간변인 보조역할 하느라 시험공부는 뒷전이었다. 추측컨대 아마도 큰 딸 얼굴에 수심이 가득했던 이유가 시험공부를 마음껏 하지 못해 나름 고민이 되었으리라 짐작한다. 가장 치열하게 공부를 해도 자기가 원하는 대학에 들어갈까? 말까? 하는 시기인데 이렇게 두 환자를 번갈아 가면서 간병(看病)하는 상황이 되고 있으니 입시생으로써 시험공부에 전념하지 못한 부분이 나름 고민이고 대학진학 문제도 걱정이 되는 것 또한 당연하리라 생각한다. 2학기 들어가서는 나는 큰딸에게 대학 들어가는 문제는 걱정하지 말라고 했었다. 딸에게 어떻게든 네가 원하는 대학에 들어가게 될 것이라는 믿음을 주었었던 것이다. 지금 생각해 보면 무슨 배짱으로 그리 말 했는지는 알 수 없지만 아무튼 대학 꼭 들어가게 될 터이니 너무 걱정하지 말라는 말을 했다. 아마도 그 이유는 저희 어머니를 믿고 있는 저의 마음의 믿음에서 나왔던 말이었다. 나도 큰 딸 대학진학이 나름 고민이 되었다. 그래서 며칠 전 어머니께 큰딸 대학 문제를 다시 말씀 드렸다. 그랬더니 어머니께서 괜찮을 것이다. 라는 말씀을 해주셨던 것이다. 저도 어머님 그 말씀을 믿고 있는 상황이라 대학 들어가는 문제는 크게 고민하지 않고 있다. 신념(信念)은 마력(魔力)과 같은 힘이 있다고 하였다. 그리고 엄마도 괜찮을 것이다. 라는 말씀이 힘이 되었던 것이다. 저는 울 엄마 괜찮을 것이다. 라는 그 말씀을 철썩 같이 믿고 있다. 그러나 공부 할 시간이 없는 큰 딸은 걱정이 앞선 듯 고운 얼굴에 수심이 가득 차 있는 것이 그저 안쓰럽다. 며칠 후 비바람 속에서 딸아이는 대학입시 시험을 봤다. 그래 지금은 입시시험이 끝나서 허가(許可)받은 지원군이 나는 생겨 시간적으로 여유로워진 것이다. 어려운 여건 속에서 좌절하지 않고 시험 치뤘던 큰 딸이 고맙다. 시험 결과(結果)는 하늘에 맡겨두고 서 울 엄마에게 정성을 더 쏟고자 다리 마사지에 총력을 쏟고 있다. 큰 딸이 시험 끝나고 집안 살림을 맡아서 해주니 나는 엄마 옆에 꼭 붙어 앉아 뻣뻣하게 굳어가는 다리를 집중적으로 주물러 드린 중이다. 엄마는 한 달 가깝게 앉아만 계셔 엉덩이 부분에 욕창(蓐瘡)이 생길까봐서 나는 어머니를 좌우로 흔들어 드리며 다리를 주물러 드리는데 온 신경을 집중한 중이다. 와상(臥床)환자를 모신 분들의 숙제가 바로 욕창(褥瘡)이라 생각한다. 오랫동안 눕지 못하신 어머니 궁둥이를 자주 들어 혈(血)이 잘 돌 수 있도록 주물러 주는 일에 제일 신경을 많이 쓰고 있다. 요즘 의학용품 발달로 에어매트가 다양하게 나와 있어 환자 가족(家族)분들 수고를 덜게 하고 있어서 저희도 하나 구입하고 픈 마음도 없진 않았지만 워낙 저희 어머니께서 최첨단으로 발전해 가는 문명의 혜택을 전혀 받지 못하게 하시니 아무리 좋은 의료기구라 할지라도 저희에게만은 화중지병(畵中之餠) 그러니까 우리에게만은 그림에 떡이다.

　우리는 이렇게 저렇게 또 일주일을 보낸다. 어머니는 한 달 넘게 앉아만 계신 상태라 발이 퉁퉁 부어 있어 보기가 안쓰럽다. 저 나름 쉼 없이 다리 마사지를 해드리고는 있지만 그것도 그 순간뿐이지 잠시 손길이 멈추면 바로 다리는 통나무처럼 굳어진다. 저희를 곤혹스럽게 했던 발뒤꿈치 괴사를 수시로 나는 살펴보는 것을 잊지 않고 제가 바닥에 누워 소독하고 거즈도 새것으로 갈아드린다. 이 방법은 다소 낯설지만 엄마가 눕지 못하시니 제가 누워서라도 거즈 갈아 드린 것이다. 괴사는 우리 예상(豫想)과 다르게 가장 악조건인 상황인데도 불구하고 조금씩 아물고 있는 것이 육안으로도 느낄 수 있을 정도로 호전을 보여 기분이 좋다. 어쩌면 우리나라 속담 중 시간이 약이다. 라는 뜻이 바로 이런 상황을 두고 하는 듯이라는 사실을 깨달은 것이다. 해운대와 김해 사이를 오가며 두 환자 살피기를 40여일 째 되던 날 남편이 많이 회복(回復)이 되었으니 이젠 슬슬 남편 퇴원 시킬 준비를 해야 할 것 같다는 생각이 들었다. 지금 현 시점에서 내가 직면하고 있는 가장 큰 문제가 가장이 환자가 되었다는 사실이다. 우리 가정은 경제적(經濟的)인 측면(側面)에서 오는 문제(問題)가 가장 큰 고민거리다. 두 환자 밑으로 지출이 심해 만원짜리 구경한지 오래 되었지 싶을 정도로 여유가 없다. 이제 정말 퇴원을 해야 하기 때문에 병원비 마련이 시급해 현재(現在)나의 숙제라면 숙제가 된다. 그 흔한 보험 하나도 들어놓지를 못해 경제적인 부담이 제 마음을 무겁게 했다. 소액 암보험을 들어 만기까지 마쳤지만 중간에 약관대출을 받아 이자를 갚지 않아 실효(失效)가 되었다. 중간에 다시 넣었다가 생활이 궁색해져서 다시 보험해약을 하는 사례를 여러 차례 반복하게 되어 저희 가족을 위해 들어 놓은 보험이 이 시기에는 하나도 없다는 사실이다. 세상만사(世上萬事)중에 궂은일은 사람들이 방심 할 때 생긴다고 하더니 그 말이 참밀로 맞는 말이었다. 남편을 위해 들어 놨던 보험들이 다 실효되고 해약되었을 때 이렇게 남편이 암(癌)이라고 진단을 받고나서 비로소 그때 깨우친 것은 바로 복(福)과 화(禍)은 분명 하늘이 관장(管掌)하는 것이라는 것을 깨달은 사례다. 화(禍)와 복(福) 그리고 상(賞)과 벌(罰)이 엄연히 존재(存在)하여 자신의 삶에 다시 이렇게 반영(反影)이 된 것을 보니 정녕 우주(宇宙)의 법칙(法則)은 호리(毫釐)도 어긋남이 없다. 라고 했던 말을 깨달은 것이다. 사람 나고 돈 났지. 라는 말고 사람이 중요하지 돈이 중요하냐? 라는 말도 맞지만 내가 반세기 넘게 살아보니 돈도 참으로 중요하다는 사실을 부정 할 수가 없다는 사실을 깨달은 것이다. 돈이 있어야 사람도 살릴 수 있다는 뜻이다. 돈 없고 재산 없으니 병원에서 받아주지 않았으며 돈 없는 환자 받아주는 조건은 보증인을 재산 있는 사람으로 새워야 입원이 가능하다는 사실이다. 집에 세금들이 여러 달 밀려있으니 그 압박은 저에게는 무거운 짐을

지고 고지를 올라가는 정도로 빈곤에서 오는 무게감에 시달린 것이다. 가장이 경제활동에서 손을 놓아버린 상황이라 더욱 병원비가 걱정이 된 상황이다. 그나마 생활비는 손이 잘렸을 때 월 200씩 넉 달간 나눠주기로 회사와 합의를 하여 그나마 숨을 쉴 수가 있었고 다행히 남편이 암이라고 하니 저희형제들이 한 집 당 30만씩 받아 5남매가 어머니 간병비로 저에게 150만원을 맞춰주니 두 환자 데리고 생활하는 대해는 큰 부족함이 없었다. 막상 회사로부터 받았던 4개월이라는 기간이 벌써 이번 달이 끝나는 달이라 마음 한편이 여간 무겁고 부담스럽다. 그렇지만 나라에서 언제부터인지 모르겠지만 암 환자에게는 병원비를 10%로만 적용을 한다고 하니 이 해택을 받을 수 있다니 저로서는 정말 다행이다. 예전에는 가족 한사람이 암에 걸리면 집 한 체 정도는 암치료비로 쉽게 나갔다고 이야기를 들었다. 우리나라 복지제도가 이렇게 좋아져 제가 그 해택을 받는다고 하니 이 또한 감사 할 일이다. 저희 어머니는 암 환자가 아니라 고관절 수술비하고 간담도 시술 비 포함이 상상을 초월 할 정도로 병원비가 많이 나왔었다. 그래서 어머님 병원비에 비하면 남편 병원비는 적게 나왔지만 그래도 암수술 비는 천 만 원이라는 돈을 육박하게 나와 저로써는 부담이 크다. 예상하지 않고 병원비 걱정 안한 것은 아니지만 그래도 막상 청구서를 받고나니 눈썹에 불붙은 심정이다. 과연 나는 이렇게 큰돈을 어떻게 마련을 할 것인가? 저는 형제들에게 150만원이라는 돈을 얼마 전부터 엄마 간병비로 받기 시작했다. 어머니 간병비는 명분상이지 실제로는 어머님 생활비가 무시 못 할 정도 6~70만원 웃돌게 들어갔다. 엄마에게 큰딸 노릇 톡톡히 하는 언니에게만은 특별히 간병비를 절반정도만 받는다. 간병비 150만원 받았다고는 하지만 실제로는 그 액수가 아니다. 제 형편 고려해 볼 때 언니도 그다지 여유롭지 못한 환경에서 물심양면(物心兩面)으로 내 편리를 제일 많이 봐주

왔기 때문에 당연히 언니에게만은 차비라도 돌려주어야 했다. 이때는 장기간 엄마가 입원하신 관계로 서로 형편들이 어려웠다. 언니는 회사를 휴직하면서까지 절 도와줬기 때문에 나는 언니를 생각하지 않을 수 없었다. 간병비를 배로 올려 5남매가 30만원씩 챙겨주는 바람에 저에게는 조금 여유가 생겨 병중이신 엄마 반찬 하나라도 더 만들어 드릴 수 있어서 나름 마음이 편했다. 남에게 받은 돈을 어떻게 쓰느냐? 에 따라 마음도 편할 수도 있고 불편 할 수도 있다는 사실을 깨달은 것이다. 나는 가능한 형제들이 챙겨준 간병비는 주로 엄마 위해 쓰게 된 이유다. 요즘은 어머님의 기저귀 값이 나가지 않지만 어머니를 모시다 보면 환자라서 알게 모르게 은근히 돈이 많이 지출이 된다. 매일 장거리를 오고 가다보니 기름 값과 주차비가 무시 못 할 정도였다. 하루는 나름 주차비를 아껴보려고 병원 모퉁이에 차를 새워두었다가 그만 견인 해가 버려서 차를 찾으려 수정동까지 택시 타고 가서 차를 찾아오니 벌금과 택시비까지 포함하니 무려 7만원을 더 쓰게 되었던 것이다. 그때 생각하기를 인생사 잔머리 좀 썼더니 돈은 돈대로 더 들어가고 시간은 시간대로 허비하고 고생은 고생대로 하는구나. 라는 사실을 깨닫고 다시는 병원에서 만큼은 주차비 아끼려 하지 말자. 라는 생각을 했다. 사정상 어쩔 수 없이 매일 어머니를 모시고 남편 병원을 찾아가는 상황이라 주차비 도로 비 기름 값을 대충 계산 해보니 하루 2~3만 원 정도 차 유지비가 들어갔다. 우리 형편에는 무시 할 수 없는 돈이었다. 지금 이 상황에서 어느 한사람을 소홀히 할 수가 없어 저는 이 많은 지출을 감수해서라도 두 환자를 병행해서 살펴야만 했다. 이제는 암 수술도 마쳤고 퇴원해야 되는 시기라 당연히 기뻐해야 하겠지만 저희 어머님 병원비도 비록 6/1일이라 할지라도 여러 달이라 이 또한 카드로 여러 달 나눠 결제를 하다 보니 아직 일부 병원비가 남아 있는 상황이다. 남편 방사선 치료도 카드

였기에 카드 값이 아직 적지 않게 남아 있다. 남편 퇴원 비를 카드로 하기에는 한도 초가 될 것 같아 병원비 걱정에 잠을 여러 날 자지 못했다. 방법은 분명 있지 않겠나 싶다. 저는 그 방법을 찾아야만 되었다.

　다음 날 나는 어머니를 큰 딸에게 부탁해 놓고 남편 병실을 찾았다. 남편도 퇴원(退院)날짜가 다되어가니 병원비가 걱정이 되었는지 병원비를 어떻게 할 것이냐고 저에게 물었다. 남편도 막상 퇴원을 하려고 보니 나름 돈 걱정이 되었던 것이다. 남편도 사람이고 가장인데 어찌 돈 걱정이 되지 않겠는가? 싶다. 한 가정에 가장이고 가장이 10개 월 벌이가 없었으니 당연히 걱정이 되었던 부분이라 생각한다. 나는 남편에게 아직 준비는 되지 않았지만 나름 방법을 찾고 있으니 걱정은 하지마소. 라고 했다. 나는 남편에게 본인카드에서 사용 할 수 있는 한도(限度)액이 얼마정도 남았는지를 물었다. 우리 수중에 돈이 일단 없으니 병원비 일정부분을 할부로 결제해야 된다. 저희 부부 카드 3개로 결제 할 수 있는 금액을 합산(合算)해 보았다. 병원비 딱 절반 밖에 안 되는 액수가 나온 것이다. 더 준비 할 금액은 4 ~ 5백이 부족하다. 지금 형편으로는 400백이 넘은 돈은 분명 작은 돈은 아니라는 사실이다. 낙담(落膽)만 하고 있지는 않을 것이다. 분명 좋은 방법이 있을 것이라 생각하고 그 방법을 강구해야만 했다. 그동안 이런저런 사연이야 많았지만 그래도 날이 가고 달이 가니 이렇게 남편은 퇴원하게 되니 마음 한 구석이 시원했다. 남들에게는 길 다면 길고 짧다고 하면 짧은 45일이라 하겠지만 나에게 45이라는 날은 한 번도 자리에 누워보시지 않고 끙끙 앓고 계시는 어머님 때문에 너무나 긴 나날이다. 남편도 암 수술을 했지만 위중하신 장모님 덕분에 45일 입원했던 날 중 한 달은 남편 혼자 보냈다고 해도 과언은 아닐 것이다. 언니가 2주 간병하다 간 후로는 주로 어머니와 저는 그저 남편 병원에 들려 얼굴만 비춰주고 돌아오는 것이 전부였으니 남편은 많이 외로웠을 것이다. 잠깐만이라도 어머니와 제가 병원에 들려보지 않았으면 더 혼자지내기가 쓸쓸하지 않았을까? 라는 생각에 저희 모녀는 힘겨웠지만 열심히 다녔다. 거동 불편한 어머님을 모시고 다녀야 하는 상황이라 제가 해 줄 수 있는 부분에 한계가 있어 저는 입원해 있는 남편에게 해준 것이 별로 없어 그랬는지 남편 병원 생활에서 기억나는 것이 아쉽게도 별로 없다는 사실이다. 남편은 매사 생각하는 부분이 부정적인 측면으로 남달랐으므로 마음고생을 더 많이 했지 싶다. 혼자 장루를 교체하면서 변이 하늘로 치솟아 난감했던 일을 하필 나 없을 때 여러 차례 겪었다는 이야기도 들었다. 옆 사람들이 왜? 집사람은 장모님만 살피고 남편을 이렇게 방치 하느냐면 처갓집에는 사람이 없느냐는 질문을 많이 받았다고 했다. 남편은 간병인 없이 장모님 덕분에 병원 생활을 홀로 잘 지내줘 고맙다. 저에게 이 한해는 이렇게 저렇게 사연이 참 많았고 사연 깊어 한 해를 병원에서 보낸 사연이다. 다음날 저는 또 다시 딸에게 어머니를 맡겨두고 병원으로 향했다. 퇴원 문제로 볼일이 좀 생겨 어머님을 딸에게 부탁하고 병원으로 간 것이다. 마침 남편이 조만간 퇴원한다는 말을 듣고 마산 사는 막내 남동생이 주스 한 박스 사들고 병문안을 와 있었다. 막내 남동생은 주말이면 종종 어머니를 찾아왔던 관계로 본의 아니게 막내 동생하고는 자주 얼굴을 보고 있어 특별히 나눌 이야기 없었다. 그래서 막내 동생은 그야말로 잠시 앉아 있다만 갔다. 저도 딱히 남편 옆에서 특별히 할 일도 없고 그렇다고 어머니를 소홀히 할 수 없어 병원청구서만 챙겨 급히 김해로 넘어왔다. 마침 광주에 사는 둘째 남동생이 김해 사는 친구 결혼식에 참석하기 위해 잠깐 가족들과 우리 집에 들려 어머님께 인사만 하고 간다고 들렸다. 하지만 매형 병원까지는 다녀 갈 시간이 되지 않아 그냥 엄마 얼굴만 보고 간다고 왔다. 이렇게 우리 집에 들려 잠깐이라도 엄마 얼굴 보러온 것이 너무 고맙다. 하지만 생각지도 못한 마산 큰 올케도 함께 왔다. 이제껏 따로 시어머님 병세를 물은 적 없었다. 왜? 둘째 동생하고 동행을 했을까? 라는 의구심이 잠시 일었다. 평소에 시어머님 병환이 염려되어 인사 왔었다면 가상히 여겼겠지만 왠지 그 마음은 분명 아니라는 것쯤은 알고 남음이다. 이렇게 둘째 동생과 함께 라도 큰 올케가 엄마에게 인사 온 것을 그저 고맙게 생각 할 뿐이다. 둘째 동생은 시간이 없어 매형한테 가보지 못한다면서 일명 금일봉을 저에게 챙겨 줬다. 병문안 못 할지라도 이렇게라도 성의를 보여주니 고맙다. 그렇지만 마음 한 구석이 불편하게 느껴지는 제 마음은 어쩔 수가 없다. 얼굴은 웃고 있으나 마음에 담고 있는 나의 대한 불신(不信)은 아직도 버리지 못한 것이 내 마음에 비춰진다. 둘째 동생이 나를 사기꾼으로 보는 마음 또한 편치 않을 것이라 생각한다. 그리고 큰 올케가 동행했던 이유는 아마도 내가 둘째와 자기 이야기를 할까봐 어려운 걸음을 한 것으로 느껴졌다. 아직까지 나를 고깝게 보는 시선이 아직 남아있다는 것을 직감한다. 둘째 동생이 저를 유독 불신(不信)으로만 봤던 이유가 아마 저와 같이 지낸 세월이 없어 그랬을 것이라고 이해한다. 나를 곁에서 겪어 보지 않아 더욱 오랜 세월 곡해(曲解)했고 오해(誤解)을 하지 않았을까? 라는 추측만 있다. 말 못하시는 어머님 요구(要求)조건(條件)들이 유독 많아 여러 오해(誤解)들이 발생했을 수도 있었을 것이라 이해도 한다. 심증(心證)만 가지고 형제(兄弟)를 의심(疑心)한다는 것은 옳지 못한 처세(處世)이지 싶다. 그래 사람들은 그런 오류를 범하는 것을 방지코자 중용(中庸)을 지켜 중도(中道)로써 본질을 알아봐야만 한다. 중도로 본질을 보는 차원은 그리 쉬운 것은 아니다. 그러니까 중도로 세상을 헤아려 보려는 사람 대부분 넓은 학식과 지혜(智慧)를 얻고자 자신(自身)을 끊임없이 갈고 닦는 수련(修

練)을 걸쳐 자신을 극기(克己)하고 자신에게 주어진 의무(義務)와 임무(任務)를 망각하지 않고 진기(盡己)해 자신을 성찰(省察)하여 스스로 겸손(謙遜)을 배워가는 것이 현명(賢明)하고 지혜(智慧)로운 사람의 처세(處世)이라 생각한다. 요즘 국민정서 흐름은 가진 자(者)의 특권(特權)에 짓눌려 가난한 자(者)의 지혜는 개(犬)도 쓰지 않는다고 하니 빈자(貧者)의 경험은 그야말로 아무 쓰잘데기 없는 주접이다. 둘째 남동생만 탓하기는 멋쩍지만 그래도 남을 의심 하는 자체는 바르지 못하다. 몰라도 너무 모르니 둘째 동생과는 가능한 마찰을 피하는 것이 오리려 악순환을 막는 방법일 수 있다. 나에게는 큰 올케나 둘째 동생의 오해(誤解)와 의심(疑心)은 어쩌면 나에게는 필요악(必要惡)이 된다. 둘째 남동생과 큰 올케가 나를 고깝게 보는 시선(視線)을 반면교사 삼아 더욱 올곧게 살아가라는 메시지라 생각한다. 하늘은 이런 파장들을 거울삼아 더욱 진솔하게 살아가라는 뜻이다. 둘째 동생이 제게 아무리 오해가 깊다 한들 하늘이 뻐개지는 일은 분명 없을 것이고 땅이 내려앉을 일은 더욱 없을 것이다. 서로 맞지 것을 억지로 맞추려다 삐걱되는 것보다는 세상만사(世上萬事)모든 것을 자연 순리(順理)에 맡겨두고 오해하든 곡해하든 더 이상 신경 쓰지 않기로 마음먹는다. 하늘이 굿다가도 맑게 개는 것도 하늘의 성질(性質)을 다 하는 것이고 땅이 질다가도 단단하게 굳는 것도 땅이 지 성질(性質)을 다 하는 것이고 둘째 남동생이 저를 오해 하다가 이해하는 것도 둘째 동생이 지 성질을 다하는 것이다. 오해(誤解)하든 이해(理解)하든 모든 것은 자기 안목이고 자기 몫이다. 그리고 자기가 아는 만큼만 보는 것이 세상이치고 그 사람의 경지(境地)다. 인간사(人間事)복잡하게 엉킨 사연을 그저 순리(順理)에 맡기는 것도 지혜이지 싶다. 하늘은 공명정대(公明正大)해서 호리(毫釐)도(저울눈금)어긋남이 없음을 나는 잘 알고 있다. 진리도 역사나 시대흐름에 보편타당하게 변하는 것이 진리임을 잘 알고 있다. 인생사를 억지로 짜 맞추려하지 않는다.

　하늘은 땅에게 거만스럽지 아니하고 해는 달에게 거만스럽지 못하고. 나는 것들은 물에 잠긴 것들을 업신여기지 아니하며 동물들은 식물들에게 난체를 하지 않는 것이 우주(宇宙)에 법칙(法則)이고 자연이 이치다. 그렇지만 소이 만물의 영장(令長)이라 일컬으며 고등동물(高等動物)인 우리인간(人間)은 분명 폄하(貶下)적이고 편중되어있는 부분 있어 한쪽으로 치우치려는 성향(性向)이 다분(多分)하다는 사실이다. 모든 사람들이 다 그런 것은 아니겠지만 대부분 사람들은 내게 틀리면 그릇된 것이고 내게 맞으면 옳은 것이라 여기는 인식 작용을 많이 하고 사는 것이 보편적 사람들 사고방식이라는 사실을 제 경험을 통해서 깨달은 부분이다. 그러나 높은 수양(修養)을 겸비(兼備)하고 인격(人格)이 도야(陶冶)되어 깊이 있는 사람들은 모름지기 중용(中庸)을 지키려 노력한다는 사실이다. 더러는 인격을 갖추고 품격을 높이고 참다운 인간상을 추구하는 사람들은 대체로 첫째는 자신을 먼저 극기(克己)했던 것이고 둘째로는 자신을 애기(愛己)할 줄 아는 사람이다. 셋째는 인간세상의 다양한 체험들을 통해 풍부한 경험을 축적(蓄積)함으로써 자신을 더 낮추는 지혜를 얻고자 함이다. 세상을 중도(中道)로써 보려는 사람 대부분 자신의 경험에서 체험하고 습득(習得)한 지혜를 갖고 만사(萬事)와 만물(萬物)을 대할 제 곤란함을 꾀로써 빠져나가기 보다는 지혜로써 곤란함을 헤쳐 나가고자 자신을 더 닦는 것이라 생각 한다. 저는 아직 애옥살이는 못 면했다하더라도 그래도 의식(意識)은 살아 있지 않겠나? 싶다. 나의 의식(意識)은 언제나 나 하나쯤이야. 라는 생각보다는 나 하나만이라도. 라는 생각을 항상 갖고 살았다. 그 이유는 특별 할 것 없다. 다만 나만이라도 남에게 상처주지 않으려는 마음이 강했던 이유다. 내가 먼저 양보(讓步)하고 배려(配慮)하고 이해(理解)하고 사노라면 우선 내 마음이 편했던 이유다. 저 나름 만사(萬事)를 중도(中道)로 보려는 의식(意識)이 조금 세워졌을 뿐이다. 나의 사회생활 경험은 다른 사람들에 비하면 별로 많지는 않다. 내 나이 55세가 넘다보니 사람과 사람사이에는 자고로 혀끝을 조심해야 된다는 사실을 깨닫게 된 것이다. 인간관계 모든 화(禍)의 근원(根源)이 바로 혀끝에서 나오고 그 혀끝을 움직이게 하는 것이 생각이라는 것을 알게 된 이유다. 옛말에 이르기를 즉 혀끝이 날카로우면 상대의 마음을 상하게 하고 눈매가 매서우면 상대의 가슴을 서늘케 하고 생각이 극에 달하면 사고를 일으킨다는 말이 있듯이 혀끝에서 나오는 하찮은 말 한마디라 할지라도 더러는 상대에게 큰 상처를 줄 수가 있다는 사실을 깨달은 것이다. 생각이 극에 달하면 좋은 생각을 갖지 못한다는 의미가 된다. 더러는 하찮은 말 한마디가 남에게 상처가 되기도 하고 커다란 희망을 안겨주는 메시지가 될 수 있다는 사실을 알았다. 이왕이면 좋은 말을 해서 보이지 않은 덕(德)을 쌓고 살아가는 것도 괜찮을 것이라고 생각하는 차원이다. 고사성어에 구시화문(口是禍門)이라는 단어가 내포하고 있는 뜻이 바로 입(口)이 화(禍)를 불어 들이는 문(門)이다. 라고 한다. 내가 나이 들어보니 진정 이 말이 진리 중에 진리였다. 제 마음 속 깊이 새기면서 정말 입이란 잘 쓰면 천하제일의 무기가 되기도 하겠지만 잘 못쓰면 세계를 전쟁터로 만들게 된 도화선(導火線)이 된다는 사실을 공감(共感)한 부분이기도 하다. 옛말에 이르기를 상대에게 어떤 말을 전하려거든 세 번 더 생각을 하고 난 후 말을 전해라. 라는 말이 전하는 뜻도 같은 맥락이라 하겠다. 삶이란 무대에서 보면 모든 것이 미흡하고 부족하지만 그래도 잘 할 수 있는 것이 무엇이겠는가? 라고 생각해 볼 때 그것은 돈 들이지 않아도 되는 것 그리고 조금만 조심하면 되는 것 특히 누구나 쉽게 잘 할 수 있지만 일상에서 놓치고 사는 것 바로 그것이 상대를 어여삐 보는 것이라 생각한다. 상대에게 다정한 말 한마디 정도는 걸어 줄 수 있는 진솔한 마음이지 싶다. 저는 어머님을 모시게 되면서 형제들이 어디서 무슨 말을 전해 들으면 여부는 확인하지 않고 바로 다짜고짜 저에게 무조건 악부터 쓴 경우가 많았다. 그럴 때마다 내가 깨닫기를 혹여 나에게 이런 경우가 생긴다면 최소한 상대에게 진의 여부정도는 묻고 난 후 잘~잘못을 논(論)해도 늦지 않겠는가? 라는 생각을 했었다. 예를 하나 들자면 몇 해 전 저희엄마 78번째 생신을 맞이해 가족들끼리 대전 막내 여동생 집에서 이모님들 모시고 미역국이라도 끓여 먹기로 했다. 그때 저도 어머니 모시고 두 딸과 함께 대전 여동생 집에 도착 한다. 그런데 대전에 도착한 저는 예상 못 했던 둘째 남동생과 대접전으로 하극상(下剋上)의 불미스러운 일을 자초(自招)하게 된 사연이다. 이 날 사건이 터지기까지 오랜 세월 나는 무던히 참고 살아온 인고(忍苦)의 세월을 보냈던 사연이라 하겠다. 참는 것도 한계(限界)가 있고 이해(理解)하는 것도 어느 정도이지 싶었는지 나의 깊은 쪽 마음의 분개의 표출이 나왔다. 나의 내면에서는 어차피 자기들이 어머님 모시지 않을 것을 알기에 이제는 천하에서 제일 비굴한 인간처럼 살 이유 없다는 생각을 했을 것이다. 형제간에 이간질 하는 모습을 마냥 간과(看過)만 할 수 없어 이 기회를 빌미로 그동안의 잡스런 소리를 종식시키기 위해 나는 봉기를 든 것이다. 봉기를 들었던 장소(場所)가 그러했고 봉기를 든 방법(方法) 또한 틀렸던 것이고 감정(感情)이 배제(排除)되지 않은 상태에서 이성(理性)으로 푼다는 것은 어불성설(語不成說)이었다. 제 경험상 감정이 남아 있는 한 오해(誤解)를 풀기란 쉬운 일이 아니라는 것을 큰 실수를 저질러 놓고 난 뒤 깨닫게 된. 사연이다. 물론 봉기든 효과는 컸다. 하지만 내 일생일대(一生一代)의 가장 큰 실수이지 싶다. 평생을 두고 후회(後悔)할 사건이 바로 이 사건이라 생각한다. 큰 실수를 하고 나서 그때 깨달은 부분이 있다면 어떤 일을 풀어버리고자 할 때에는 감정(感情)보다는 한 발 물러서서 이성(理性)으로 접근하려는 마음가짐이 꼭 필요하다는 사실을 깨달은 것이다. 감정이란 요물과 같아 어떠한 마음에 부추김을 받았느냐에 따라 성인(聖人)도 되기도 하고 괴물도 된다는 사실을 내 감정 체험을 통해 확실(確實)하게 느꼈다. 큰 실수였지만 마냥 양상군자(梁上君子)가 되어 그저 웃고 지내기에는 관계가 선(線)을 넘어섰던 것이고 장유유서(長幼有序) 질서의 법칙이 아직 엄연히 존재하건만 마냥 사과만하고 살아가니 힘 있는 자의 특권처럼 돈 있는 자의 권리처럼 함부로 가난한 자를 아주 업신여기고 있어서 나는 이 부분을 기필코 타파(打破)해 주고 싶었다. 정의(正義)를 숨기고 비록 지금 바보처럼 살아가지만 나름 거대하고 거룩하지는 않더라도 뜻있고 목적을 두고 나름 고행(苦行)길을 자처(自處)한 경우건만 밟아도 너무 밟으니 나의 의식(意識)은 아직 죽지 않고 살아있음을 약간이라도 표출(表出)하고 푼 마음에 분개한 사건이다. 좋은 날 엄마와 이모님들 마음을 불편하게 만들었기에 후회가 많이 남은 사건으로 남게 된 사연이라 하겠다. 이날 둘째하고 대접전을 벌렸던 부분만큼은 절대로 후회하지는 않는 부분이다. 후회(後悔)된 부분이 있다면 성치 않으신 어머니 앞에서 화기애애(和氣靄靄)한 모습은 고사하고 형제 다툼으로 끝나버린 울 엄마 생일 정말 어머님께만은 죄송한 마음이고 후회한 일이다. 저변(低邊)에 썩은 부분을 도려내고 가족 화기애애(和氣靄靄)하고자 하는 마음이다. 옥석(玉石)도 가리지 못하는 형제를 꾸짖고자 일부러 일으켰던 나의 분노였다. 그 날 이후 둘째 남동생은 나에 대한 불신(不信)이 사라진 것은 아니었지만 그래도 최소한 육두문자(肉頭文字)를 고향집 냉장고 사건이 일어나기 전까지는 하지 않았던 사건이다. 오랜만에 만난 둘째 남동생과의 사이는 아직까지도 서먹하고 어색하였다. 둘째 동생네와 큰 올케는 그야말로 어머님께 인사만 하고 선걸음에 떠나갔지만 그래도 이렇게 어머님께 다녀갔다는 것에 나는 큰 의미를 두었다. 우리 집까지 찾아오기까지는 나름 갈등도 많았을 텐데 그래도 그 마음 뒤로 하고 이렇게 찾아줘 고맙게 생각하는 부분이다. 다음날 아직 병원비 준비가 덜 되어 있어서 마음 한쪽은 무거울지라도 이제는 두 환자가 치료를 다 마쳤다고 생각하니 마음 한구석이 후련하다는 생각이 들었다. 정말 이제 두 사람은 치료가 끝났으니 그야말로 집에서 요양(療養)만 잘하면 빨리 쾌차(快差)하는데 문제 될 것이 없을 것이라는 생각하니 희망(希望)이 생겨 마음 한구석이 가벼워진 느낌이다. 나의 현실은 부족한 병원비를 어떻게 해결해야 될지? 정말 이 숙제도 만만치 않게 고민스럽다. 나는 무거운 마음으로 남편 병원을 서둘러 다녀왔다. 퇴원 날짜가 잡혀있어 담당교수님 면담이 따로 있었다. 퇴원 3개월 후 항문 복원수술 문제다. 특별 할 것은 없으나 장루 부위가 괴사가 잘 되니 조심하라는 당부셨다. 나는 담당교수님 면담 끝나고 바로 집으로 와 울 엄마 발뒤꿈치 거즈를 갈아드린다. 그때 지인동생이 어머니께 인사차 손에 맛있는 것을 잔뜩 사들고 찾아온 것이다. 예상치 않은 아는 동생 방문이라 나는 깜짝 놀랬다. 이 동생은 제가 아산병원 처음 올라갈 때 언니가 제일 고생이 많다. 라고 하면서 서울 올라 갈 때 옷이나 사 입고 가라고 하며 큰돈을 손에 꼭 지어주었던 고마운 동생이다. 그때도 사실 서울 올라갈 차비가 많이 부족해서 고민하고 있던 차 때마침 이 동생이 병실로 찾아와 옷 사 입고가라고 준 돈을 나는 너무나 요긴하게 썼던 것이다. 그 은혜 잊을 길이 없다. 그런데 연락도 없이 갑자기 찾아오니 반갑다. 이 동생은 어머니께 인사드리고선 거두절미(去頭截尾)하게

"형부 병원비 어떻게 했어?"

라고 물었다. 나는 아직 다 구하지 못해 고민 중이라고 했다. 이 동생은 지갑에서 카드를 꺼내주며 우선 이 카드로 병원비를 내. 라고 하며 카드를 준다. 더구나 사업자 카드라 한도액이 크다고 말한다. 막상 카드를 주니 염치(廉恥)불구하고 받았다. 사실 카드를 받으면서 나름 저만의 계산법이 스친 것이다. 병원비를 구(求)하다 구하다 못 구했을 때 이 동생카드를 히든카드로 써야겠다는 계산(計算)으로 일단 동생이 내민 카드를 받는다. 마음은 말로 표현 할 수 없을 정도로 염치없고 감사하고 미안했다. 마음이 너무 무겁다. 그렇지만 어쩔 수 없는 상황이고 형편이라 찬밥 더운밥 따질 여건은 분명 나는 아니다. 이 동생에게 신세를 져서라도 급한 불을 꺼야만 된다. 나는 급한 데로 신세를 져야 할지도 모른다는 생각에 손을 넓죽 내밀어 카드를 받아든 것이다. 형제들은 이 무렵 저와 같은 사정이고 같은 형편이라 형제들에게 손을 내밀 상황은 아닌 것이다. 남편 병원비는 어떻게 할 것이냐고 물어본 형제도 더군다나 없다. 이 동생은 이렇게 찾아와 남편 병원비 걱정을 해주며 급한 대로 자기 카드로 할부로라도 결재해서 밀고 나가보자고 하니 나는 그 마음이 너무 고마워 울컥해졌다. 이 동생은 지난 20년 넘게 옆에서 나의 경제적인 문제들이 생기면 항상 많은 도움을 주던 동생이다. 이 표현이 적절할지는 몰겠지만 저에게는 비상 카드 같은 존재다. 항상 고마운 동생이다. 저 역시도 실낱같은 신용 하나라도 지켜보려고 애는 썼지만 그래도 이 동생 성의(誠意)에 내 신뢰는 미치지 못한 부분이 많았다. 나의 지난날 삶 역시도 이 사건 해결 하고 나면 저 사건이 터졌던 고단한 삶의 연속(連屬)이라 약속(約束)을 제대로 지켜주지 못한 부분들이 많았는데 신용 별로 좋지 않는 나에게 이 동생은 한도가 큰 카드를 선뜻 주고 가버린 것이다. 지인 동생이 주고 간 카드가 사업자 카드라 액수 단위가 큰 카드라 부담이 컸다. 카드를 받아는 났지만 실지적으로 남의 카드까지 쓰고 싶지는 않다는 것이 내 생각이다. 한 참 생각한 끝에 제가 그 동생에게 전화를 걸었다. 일부는 내 카드까지 합해 카드 3개로 결제를 할 것이라 4백 정도만 있으면 된다고 말했다. 그 동생은 그럼 알았어. 라고 하면서 바로 통장으로 400만원을 입금시켰다. 달리생각하면 이런 부분에서 나는 복(福)이 참 많은 사람이라 생각한다. 특히나 고비 고비가 생길 때마다 이렇게 저렇게 구원투수가 나타나니 베일에 쌓인 인생(人生)에 대한 미래의 나의 인생 묘수(妙手)가 관건이다. 진공묘유(眞空妙有)라는 불교용어에서 내포하고 있는 뜻이 바로 마음을 진정(眞情)으로 비웠을 때 묘(妙)한 수가 있다. 라고 하는데 아마도 이 묘수가 바로 이 묘수지 싶으며 지금 그 묘수(妙手)에 진가를 나는 실질적으로 경험하는 차원이다. 인생 바르게 사노라면 온갖 시련 속에서도 사는 방법이 생기듯 나의 삶 고비 고비마다 이렇게 저렇게 신세를 지인들에게 지고 살고 있으니 본의 아니게 염치없고 면목 없어 마음 한 쪽이 무겁다. 밤새워 고민했던 병원비를 이렇게 처리 할 수가 있어 축복받은 마음이다. 빨리 이 애옥살이에서 벗어나 이 고마움에 답(答)하려 노력(努力)할 것이다. 이 동생한테는 이글을 통해 오랜 세월 가난한 언니 옆에서 같이 걱정해주며 살아오느라 수고 많았다고 전(傳)한다. 보잘 것 없고 내 세울 것 없는 나를 오랫동안 믿고 따라준 부분(部分)에 대해서도 너무 감사(感謝)했었다고! 전한다. 저는 이렇게 병원비 걱정에서 행방이 되었다. 옛 속담에 이르기를 산 입에 거미줄 치지 않는다. 라는 말을 되새겨 보는 개기다. 이 아득한 시기에 하늘은 이웃동생을 구원투수로 보내주셔 제 고민을 깔끔하게 해결해주심을 나는 마음 깊이 천지신명님께 감사드린다. 옆에서 이 상황을 지켜보시던 어머니께서 이웃동생이 가고나니 저에게 바로 그것이다. 바로 그것이야잉. 라고 하셨다. 아마 울 엄마 이 말씀은 바르게 올곧게 자식 된 도리를 하고 사노라면 하늘은 분명 길을 열어주신다는 의미로 해석된다. 바로 이런 경우를 두고 천우신조(天佑神助)라고 하는 뜻이라 여겨진 것이다. 남모르게 고민이던 병원비 걱정에서 해방되고 보니 마(魔)의 고지를 단숨에 넘는 기분이다. 저에게는 시간적(時間的)여유도 조금 생겼다. 이유는 큰 딸이 마음에 부담이고 현실적으로 고민스러운 수능이 끝나 두 환자 보조 간병인 역할을 톡톡히 해줘 나에게 많은 편리를 준 것이다. 진학 할 대학을 정(定)하고 합격(合格)통지(通知)를 받은 것이 아니라 나름 고민은 남아 있는 상황이다. 학교 수업이 많이 줄어들어 할머니 옆을 큰딸이 그나마 사수해주고 있어 나에게 조금 시간적 여유가 생겨 남편 병원도 조금 여유 있게 다니는 편이라 하겠다. 울 엄마는 한 달 보름이 다되어가는데 아직까지 한 번도 자리에 눕지 못해서 정말 안쓰러울 정도로 끙끙 앓고 계신 것이다. 오직 내 생각은 어찌하면 울 엄마가 자리에 편안하게 누워 주무실 수 있을까?라는 생각이 제 머리 속에서 떠나지 않고 있다. 이 또한 시간이 해결해줄 것이라 믿고 또 믿고 있다. 참 어지간히 울 엄마를 힘들게 하는 것 같아 때론 신(神)의 세계가 원망스럽게 느껴진 부분이다. 그 가운데 남편 병원비를 다 맞춰놓고 나니 그야말로 모든 시름에서 해방된 기분이다. 나는 어머니를 마음 편하게 딸에게 부탁을 하고 서둘러 해운대병원으로 출발한다. 유독 저만 그런지 모르겠지만 이렇게 혼자 운전을 하고 가노라면 온갖 잡스런 생각들이 물밀 듯 밀려왔다. 병원으로 가는 1시간동안 오만가지 생각들을 하게 된다. 남들은 혼자 운전을 하고 가노라면 대체로 무슨 생각을 하고 운전을 하시는지가? 궁금하다. 나와 같은 상황들이었다면 과연 남들은 어떤 선택을 했을까? 싶다. 나는 그렇게 부질없는 생각들을 열심히 하다 보니 병원 앞에 어느새 도착하였다. 이곳 병원까지 오는 동안은 딴 세상에 온 느낌으로 다녔지 싶다. 잡다한 생각들로 인하여 수개월 동안 다녔던 해운대 가는 길이 늘 새로운 길이 되었던 이유다.

이곳을 가벼운 마음으로 떠나게 되었다고 생각하니 마음 한편이 시원하다는 생각이 든다. 모든 수술이 끝난 것이 아니고 3개월 후에 항문 복원 수술이 기다리고 있지만 그것은 별문제가 아니라고 교수님께서 언질이 있어 그런지 왠지 항문복원 수술은 크게 걱정되지는 않는 부분이다. 3개월 후 다시 항문을 제자리로 돌려놓는 수술을 한다고 하였으니 우리는 편안하게 마음먹고 3개월을 또 기다리면 될 것이다. 나는 병원 도착하자마자 잠깐 남편 병실에 들려 보고서 이곳저곳을 뛰어다니며 퇴원 수속을 밟았다. 마지막 코스가 될 수납 창고 앞에서 대기자 번호표를 들고 순서를 기다리는 중이다. 10여분 후 제 차례가 되어 수납 창고 앞에 가서 퇴원수속을 담당하신 분께 제가 돈이 부족해 카드 3개로 병원비를 나눠 내야 될 것 같아요. 라고 말씀 드렸다. 담당자 분께서

"열장이든 서른 장이든 상관하지 마세요."

라고 하시며

"석장 가지고 뭘 그러세요."

다른 사람들은 열장도 넘게 가져와 나눠 내시는 분들도 많아요. 라는 말씀을 하신다. 이 말씀은 저를 위로 아닌 위로를 하신 듯 하는 느낌이 들었다. 가난은 부끄러운 것은 아니지만 그렇다고 자랑스러울 것도 아니다. 다른 사람들도 저처럼 곤곤(困困)해서 여러 장의 카드로 병원(病院)비를 나누어 내신 분들이 그동안 많이 계셨던 모양이라 추측한다. 병원비가 대학병원이라 그런지는 모르겠으나 저희 어머님 병원비 낼 때도 느꼈지만 엄청난 액수들이라 자식이 여러 명이 아니고 외동을 두신 분들은 더러는 부담스러운 금액이다. 사람 생명을 살리기 위한 지불이라 아깝지는 않지만 돈 없으면 살고 싶어도 못 사는 경우가 이런 경우지 싶다. 그러나 다행히도 요즘은 암(癌)환자들은 나라에서 많은 의료해택을 주고 있으니 그나마 불행 중 다행이다. 나는 수납을 다 마치고 다시 병

실로 올라가 남은 남편 짐을 마저 챙겨 병실 분들께 작별 인사를 하고 나선다. 그리고 간호사님으로부터 처방전을 받고 있다. 큰 딸에게서 전화가 왔다. 집에서 오는 전화는 대부분 울 엄마 때문에 오는 전화라 세포가 날을 세우는지 피부가 거칠어진다. 우리가 긴장하고 1년 가깝게 살아 그랬는지 아무튼 머리카락까지 곤두섰다. 전화기 속 큰딸 목소리가 떨린다. 나는 큰 딸 목소리에서 예감이 좋지 않다는 생각이 먼저 들었다. 딸은 다급한 목소리로 엄마 할머니가 이상해요. 라고 하는 것이다. 나는 딸아이의 다급한 목소리에 세상이 아득했다. 너무 긴장해서 그런지 딸아이 말이 귀에 들리지 않는 것이다. 머릿속은 응급상황이 발생했다는 생각만 있을 뿐 우리는 다급한 딸 목소리를 듣는 순간부터 해운대병원에서 어떻게 마무리 하고서 김해에 왔는지 기억이 전혀 없다. 그렇지만 없는 기억(記憶)속에 유일(唯一)하게 남은 기억은 남편을 태웠고 남편은 허둥대는 제 모습을 그저 못마땅하게 여겼던 것이 어렴풋한 생각만 남아있다. 저는 큰딸 연락을 받는 순간부터 얼마나 당황했던지 나중에 안 일이지만 병실에다 남편 짐들을 그냥 그대로 놓고 왔던 것이다. 집에 도착해 한 참을 지나서 담당 간호사님께서 짐을 놓고 갔다는 연락을 해주셔서 알았던 것만 기억에 남아있는 사연이다. 저는 잠시잠깐 이었다고는 하지만 남편 퇴원수속 밟으면서 잠깐이라도 노모님을 망각하고 수속을 밟았던 댓가를 이렇게 혹독하게 치렀으리라 짐작만 한다. 울 엄마는 제가 잠시 소홀하면 이 틈을 이용해 저를 이렇게 혼비백산(魂飛魄散)하게 만드시는 대해는 일가견(一家見)을 가지고 계신 듯하였다. 저희 부부는 어머니께서 이상하다는 말을 듣고 어떻게 해운대병원을 빠져나왔는지 기억함이 없지만 저는 딸에게 급한 대로 할머님께 우선 해열제라도 드려보라고 말을 했었던 같다. 그리고 딸은 우리가 김해 넘어오는 동안 급한 대로 해열제를 할머니에게 드렸는지 저희가 김해 도착을 했을 때는 어머니는 많이 진정이 되셔서 소파에 편안하게 앉아 계신 것이다. 엄마는 너무도 평온한 목소리로 집에 도착한 저희 부부에게 왔어? 라는 인사를 해주신다. 저는 김해로 넘어오는 동안 그 얼마나 긴장하고 걱정했던지 저도 모르게 깊은 시름에서 나오는 소리로
 "네 저희 왔어요. 저희 없는 사이 혼나셨죠?"
 라고 여쭈었다. 그랬더니 엄마는 천연덕스럽게 나도 모르겠다. 라는 말씀을 아무 감정 없이 하셨다. 저는 이 상황이 너무 당황스러워 해운대에서 김해까지 숨도 제대로 쉬어보지 않고 뛰어온 마라톤 선수처럼 다리가 후들거렸다. 그러나 저희 어머님 무탈하심에 천지신명님께 자동으로 감사드렸다. 사실 어머님 말씀처럼 나도 모르겠다. 라고 말씀 하신 어머님인들 일부로 이렇게 급한 상황을 만들고 싶겠는가? 싶은 것이다. 잠시라도 저를 경악하게 만들었던 순간(瞬間)을 조금 이해(理解)해 보렸다. 위험했던 순간이 지나고 지금은 다행스럽게 편해 보이신 엄마모습에 감사하며 이 또한 내가 겪어야만 하는 인생 한 고비였을 것이다. 긴장했고 두려웠던 김해 넘어오는 길의 긴박했던 나의 생각과는 달리 어머님께서 다소 평온하게 앉아 계시는 모습을 보고서 나는 이제사 안정된 숨을 좀 쉰다. 후들거리는 다리는 진정되지 않고 연신 후들거려 나름 다리에 힘을 꽉 주며 다리를 좀 풀어본다. 엉겁결에 집에 도착한 남편은 그래도 45일 만에 집에 도착해 마음이 편한지 얼굴빛이 밝다. 울 엄마는 한 달반이 넘도록 자리에 눕지 못하신 상태라 몹시 고통스러울 것이라는 생각이 든다. 지금 나는 무엇을 어떻게 해야 누우실까? 라는 생각뿐이다. 이제 사위가 집에 왔으니 눕는 일을 강구해봐야 된다. 사실 건강한 사람도 45일 동안 앉아만 있으라고 하면 아무도 견뎌 내는 사람 없을 것이다. 저희 어머니는 성치 않은 몸으로 그것도 발뒤꿈치 괴사가 아직 아물지 않은 상태에서 그 기나긴 날들을 감내 하셨다. 그 얼마나

괴로우셨을까? 장장 45일간 홀로 앉아 이렇게 버티고 계셨던 고통스런 과정들을 그 누가 있어 알아주겠는가? 싶다. 비록 영민(穎敏)하지는 못하지만 저라도 우울 엄마 희생(犧牲)과 정성(精誠)을 망각(忘却)하지 않을 것이다. 아무튼 45일간은 누군가에게는 행복(幸福)하고 즐거웠던 날들이 되었을 것이다. 대운(大運)을 만나 승승장구(乘勝長驅)하는 시절 운을 만나 성공자의 길로 접어들었을 것이다. 반면 누군가는 비운(悲運)을 만나 나처럼 고난의 시기를 이겨내려 안간힘을 쏟아 어둡고 긴 터널을 빠져 나가려 몸부림을 치는 시간이 되었을 수도 있을 것이다. 이 두 가지 종류에 해당되지 않은 사람들도 더러는 있겠지만 대부분 인간 사이클은 크게 두 종류로 나뉘어져 있기에 대체로 유사점이 있다는 것이 특징이다. 예를 들면 초년고생 하게 되면 늙어서는 호강이라는 노후(老後)가 보장 되어 있을 것이고 초년에 쾌락을 찾아 즐긴 사람은 늙어 초라한 노후를 맞이한다는 스토리가 보통 우리 인생 보편적 사이클이다. 보편적 사이클을 봤을 땐 아마 나는 늙어서는 괜찮지 않을까? 싶다.

저는 이 고통스러운 과정들을 마냥 고달프다고 생각하지 않고 의연하게 견뎌 볼 생각이다. 나는 6주간 특별 훈련을 받은 특전사라 여길 것이다. 아직 풀지 못한 숙제가 있다는 사실이다. 이제껏 전혀 눕지 못하신 어머니를 오늘부터라도 편하게 눕게 해드리는 것이 오늘 제가 특별히 해야 될 숙제다. 울 엄마 여러 날 정말 고생 많으셨다. 우리에게 45일은 너무나 길고 긴 터널을 도구 없이 걸어온 고달픈 인생 여정(旅程)이었지 싶다. 당사자인 어머니는 그 얼마나 고통스럽고 힘겨운 나날이었을까? 라는 생각이 든다. 달 자식(子息) 과부 만들지 않으려고 이렇게 힘겨운 과정을 감내하고 계셨으니 그저 이 부분이 너무 안쓰럽고 미안한 마음이다. 정말 그동안 45일은 참 많이 힘들었다. 우리 엄마 고통에 비하면 나는 고생했다는 생각을 한 자체가 송구스러울 뿐이다. 울 엄마를 빨리 눕게 해 드리는 것이 가장 급선무이고 지금 제가 해야 할 일이다.

길고 긴 45일간의 고달픈 여정이 끝났다

　남편이 이렇게 퇴원하고 보니 다행한 일은 두 환자를 같은 공간에서 보살펴 드릴 수가 있다는 사실이 나에게는 가장 큰 위로다. 모두 식구들을 옆에 두고 밥이라도 마음 편히 챙겨줄 수가 있어 이 또한 행복이지 싶다. 이젠 나도 잠을 가끔씩이라도 편안하게 잘 수도 있을 것 같다. 남편이 퇴원해 집에 이렇게 왔으니 우리 엄마가 제발 자리에 편하게 누워 주무시는 것이 지금 나의 소원이다. 내 마음은 오직 어머니께서 누워 주무시게 해달라고 마음속으로 빌고 또 빌어본다. 나는 집에 도착하자마자 용기 내어 이제껏 앉아만 계셨던 어머님께 조심스럽게 누워보시자고 권해보려 엄마 등 뒤에 받쳐 있는 이불들을 조심스럽게 다 빼내고서 어머니 옆에 조용히 앉았다. 나는 아주 조심스럽게 엄마 이제 조서방도 퇴원해 집에 왔으니 이제 좀 누워봅시다. 라고 권했다. 그랬더니 저희 어머니도 그럴까? 라는 답을 수월하게 해주신다. 제가 정말 듣고 싶었던 답이라 생각한다. 저는 어머님께 그래요 이제는 누워보셔야지요. 라는 말을 하고 제 손을 어머님 등 뒤로 하고서 등을 받쳐 조심스럽게 옆으로 눕혀드렸다. 어머니는 고관절로 쓰러지신 이후로 배가 유독 불편하게 불룩 나와 있는 상태다. 그래서 바르게 누우시지를 못하셨다. 나는 엄마를 살짝 옆으로 돌려 눕혀드린다. 불룩 나온 배가 불편해 바로 눕지 못하시니 이번에도 바로 눕지 못하시고 옆으로 비스듬히 누우셨다. 이 순간은 옆으로든 바로든 어머니가 눕는다는 것이 중요했다. 마침 어머니는 거짓말처럼 누우셨다. 우리에게는 기다리는 시간이 약간 필요했다. 잠시 어머님 누워계신 상태를 잠시 지켜보는 시간을 가졌다. 우리들은 울 엄마 일거수일투족(一擧手一投足)을 숨죽이며 살펴보는 과정이라 해도 과언(過言)은 아니다. 어머니는 옆으로 누우신 뒤로 다시 일어나시지 않으셨다. 나에게는 바로 이 순간이 기적을 경험하는 시간이라 하겠다. 어머니 누우시고 일어나시지 않는 것을 보고서 나는 안도의 숨을 겨우 쉰다. 우리가 그렇게 염원(念願)하던 그 순간을 맞이한 순간이다. 그동안 우리가 그 얼마나 학수고대(鶴首苦待)하며 기다리던 순간이 아니던가? 싶다. 장장 45일간의 고통이 한꺼번에 다 사라져버리는 순간(瞬間)이 바로 이 순간이지 싶다. 정말 이 순간은 나에게만큼은 인간 승리(勝利)의 기쁨이고 감격에 순간이다. 그러니까 힘겨운 진통 속에서 얻어지는 기쁨을 나는 어떻게 표현해야 될지 몰겠다. 모든 시름 내려놓는 홀가분한 기분이다. 글이나 말로써는 정말 표현하기 곤란한 부분이 바로 이런 부분이다. 그리고 내 입장에서는 그 얼마나 애간장을 녹이며 지내온 45일이다. 그동안 애간장 다 녹이는 과정이기도 하다. 이런 고통스런 과정들은 일반인들은 이해 할 수 없을 것이라 생각한다. 사실 우리나라 의학 발달은 세계 제일 수준인 반면 우리는 그런 해택을 받을 수가 없었으니 어느 누가 우리 애간장 다 녹였던 45간의 고행(苦行)의 날들을 누가 이해할까? 싶다. 엄마는 드디어 누우셨다. 아 정말 행복이 바로 이런 것이구나 싶을 정도로 행복한 순간이다. 저에게는 진정 감격적인 순간이다. 우리 엄마 인내(忍耐)의 승리(勝利)가 바로 이순간이 아닌가? 싶다. 비현실적(非現實的)인 이야기이다. 하지만 남편이 퇴원해서 집에 들어오자마자 어머니는 바로 편안하게 누우셨으니 이런 조화가 어디 있겠는가? 싶다. 누가 이런 상황을 믿어 주겠는가? 더구나 세월이 흐르고 나면 저희 가족들은 아마 이 과정을 기억하지 못 할 것이라 생각한다. 왜냐 하면 울 엄마를 이제껏 이해하지 못하고 살았기 때문에 서로 기억하는 부분이 저와는 좀 다르리라 생각한다. 한 달 반 만에 극적으로 누우신 관계로 비록 다리와 발은 통통 부어 있다고는 하지만 제가 또 열심히 옆에 앉아 마사지로 부은 다리는 풀어드리면 곧 괜찮아지실 것이라 다리가 통통 붓은 부분은 크게 걱정하지 않는다. 울 엄마 성치 않으신 몸으로 오랫동안 힘든 과정 잘 견디어 오셨으니 나는 그 부분에 대해 마음 속으로 엄마 정말 수고 많으셨어요. 라는 말을 어머님께 전했다. 이해(理解)불가(不可)한 이 상황을 남들은 어떻게 생각 할까?싶다. 이 부분은 저 개인적인 생각으론 분명 신의 조화(造化)라 여긴다. 일단 믿기지는 않지만 그래도 엄마는 남편 퇴원에 집에 들어오자마자 바로 누우시니 나의 모든 시름이 사라진 느낌이다. 엄마가 누우신 것을 보고서는 나도 마음이 조금 느긋해졌는지 너부러진 마루가 이제사 보인다. 한 달 전에 언니가 어머님 수발하면서 주변에 놓아두었던 각종 살림살이들이 이제껏 치워보지 못하고 그대로 놔뒀다. 저 역시 하루 온 종일 앉아계시는 울 엄마 단 1분 1초라도 편하게 해드리고 싶어 매 순간순간 온갖 것들을 번갈아가며 사용했던 물건들이다. 순간만이라도 울 엄마 덜 고통스럽게 덜 불편하게 해드리고 싶어 언니 오나는 머리를 나름 많이 썼다. 어머니가 원하신 것은 아니었다. 하지만 저희 자매가 어떻게 하면 엄마가 앉아 계시더라도 다리가 덜 붓고 조금이라도 편하실까? 라는 생각에 여러 가지 물건들을 옆에 갖다놓고서 응용 했던 흔적(痕迹)이라면 흔적들이다. 이제는 엄마께서 기적같이 누우셨으니 이 물건들은 이제는 필요치 않다. 시간 나는 데로 치워버려야 할 것이다. 우선 두 환자 식사준비 하는 것이 좋을 것 같아 나는 엄마 옆에서 일어섰다. 수술 잘 받고 왔다고 장모님께 인사 한 남편은 방으로 들여가지 않고 우두커니 장모님을 바라보고 있다. 무슨 생각으로 쳐다보았는지는 묻지 않았다. 자기 퇴원수속 할 때. 정신없게 만든 장모님이 원망스러워 혹시 쳐다보지 않았을까? 싶은 생각이 들었다. 자신도 생사(生死)의 갈림 길에서 무사히 집으로 돌아왔으니 만감(萬感)이 교차(交叉)해서 바라보았을 것이라 이해한다. 나는 두 사람 점심식사 끝내고 나서야 시간을 보게 된다. 시계를 쳐다보니 어느새 오후 2시가 넘었다. 오늘은 남편 퇴원시키고 엄마가 위급한 상황이 발생해 혼비백산한 훈련을 혹독히 하였다. 평소보다 정신적으로나 육체적으로 고달팠던 하루였다. 어머님 점심 식사 후 또 눕지 못하시면 어쩔까? 라는 걱정이 잠시 일었지만 다행스럽게도 엄마는 점심 식사 마치시고 자리에 다시 누우신 것이다. 그러다보니 너무 긴장했던 마음이 한 순간 너무 감사한 마음으로 바뀌었다. 엄마가 식사 후 또 눕지 못하실까봐 너무 긴장을 했던 것이다. 다행스럽게 엄마가 누우시니 갑자기 나른해졌다. 그렇지만 마음을 편하게 놓을 상태는 분명 아니다. 나는 누워계신 엄마의 굳은 다리를 주물러 드리고 나서는 발뒤꿈치를 살펴본다. 우리가 왔을 당시만 해도 혈액순환이 제대로 되지 않아 다리 색이 검푸르스레했었다. 엄마가 누우신 뒤로 다리 피부색깔이 조금씩 살색을 띄우는 느낌이다. 나무토막처럼 뻣뻣하게 굳어져있던 살들이 피가 돌면서 많이 부드러워진 상태다. 그래서 어머님 누워계신 틈을 타 발뒤꿈치에 소독하고 거즈를 새로 갈아드린 중이다. 마침 장루 교체시간이 되었는지 안방에서 남편이 나를 부른다. 참말로 그 타이밍도 방정맞다. 아니면 남편도 자기에게 관심 좀 가져달라는 응석인지 아무튼 안방에서 여러 차례 부르고 있어 일달 대답 먼저 해놓고서 발뒤꿈치에 반창코를 마저 붙여놓고 안방으로 들어간다. 남편은 그야말로 대자로 누어 나 오기만을 장루를 펼쳐놓고 기다리고 있는 중이다. 내가 들어 왔을 때 장루봉지를 펼쳐도 늦지 않을 텐데 남편은 자기가 부르면 곧장 내가 올 줄 알았는지 장루를 미리 펼쳐놓고 있었다. 펼쳐져 있는 장루를 보고 엉겁 결에 봉투를 교체하고자 새 장루봉투를 사이즈에 맞게 가위로 오리면서 독백(獨白)하길 하필 엄마 뒤꿈치 치료하고 있는데 굳이 이 타이밍에 갈아달라고 하는지? 라고 불평하며 오려놓은 장루봉투를 옆에 갖다놓고 장루를 뜯는 순간 두 줄기 분비물이 힘차게 천장에 닿을 정도로 치솟았다. 똥줄기가 종종 이렇게 높게 치솟는다는 사실을 잠시 궁시렁거린다고 망각했던 것이다. 제가 장루교체를 몇 번 해보지 않아 복부가 평창해 있다가 장루를 뜯어내면 분비물이 치솟아 오른다는 사실을 예상 못해 이런 변을 당한다. 저는 갑자기 치솟는 분비물을 보고 너무 당황해 휴지 한 주먹 뽑아서 치솟아 오른 똥 줄기를 덮었다. 순식간에 벌어진 일이라 다른 생각이 떠오르지 않아 급한 대로 이렇게라도 해서 사방으로 튀는 것을 막아야만 했다. 치솟는 것은 막았다. 하지만 옆으로 쉼 없이 삐질삐질 세어 나온 것이다. 저는 또 다시 휴지를 한 움큼 뽑아 주변을 봉쇄한다. 참 기가 막힌 장면이 아닐 수 없다. 굳이 이런 경험은 안 해도 되는데 어휴 더구나 남편 퇴원한다고 새로 깔아 놓은 이불들이 똥 세례를 몽땅 받아 놨으니 아득하다. 이 장면은 제 스스로 생각해 봐도 복(福)이 유별스럽게 많다는 생각이 든다. 한숨만 쉬고 있을 상황은 아니다. 나는 다시 이불을 걷어내고 다시 깔아야 했다. 남편도 반듯이 누운 상태에서 장루를 교체 하다 보니 그 분비물이 주로 어디로 떨어졌겠는가? 일단 각자의 상상에 맡긴다. 아무튼 내가 내 삶을 돌이켜보니 정말 얄궂은 운명(運命)이지 않나 싶을 정도로 험한 경험을 한다. 굳이 이런 경험은 건네 뛰어도 되는데 하필 이런 경험을 하고 있다. 옛 동네 풍습 중에 행실(行實)이 바르지 못한 자(者)에게 마을에서는 주로 똥바가지를 던졌다. 지금 딱 봐도 이 모습이 바로 그 모습이 아니겠는가. 하는 생각이 들었다. 자고로 하늘은 상(賞)과 벌(罰)을 주시는 부분만큼은 확실(確實)하다는 것을 깨닫는다. 장루도 아무 때나 교체(交替)하는 것이 아니라는 사실을 알게 된다. 그저 장루 봉투 찼으니 비운다는 개념에서 벗어나 장(腸)이 어느 정도 가스가 빠져나간 뒤 장이 진정되었을 때 바꿔줘야지 그렇지 않을 땐 이런 사단이 생긴다는 사실을 체험하고 있는 중이다. 저는 서둘러 모든 문들을 열어놓고 방을 닦고 폭탄 세례를 받은 세탁물들을 세탁기에 쑤셔 넣고 방으로 다시 들어왔다. 냄새 또한 기가 막히다. 남편도 이 현실이 기가 막히는지 넋을 잃은 사람처럼 멍하니 누워있다. 자신의 이런 모습이 조금은 초라한지 한 팔을 이마위에 올려놓고 커다란 눈만 허공을 응시하고 있는 중이다. 남편은 이 상황에서 무슨 생각을 그리 골똘히 할까요? 남편은 평상시에도 근심걱정이 남보다 20배나 많은 사람이다. 본인(本人)도 인정 할 수 없지만 자신이 이런 모습이 될 것이라고는 상상도 못했을 일이다. 자신의 초라한 모습에 충격이 커서 생각이 복잡한지 인상은 별로 좋지 않다. 지금 자신모습을 보고 무엇을 깨달았는지 알 수 없다. 과거는 과거에 묻어두고 용기내서 하루 빨리 밝은 마음을 가졌으면 싶다. 저는 어머님이 찾기 전 마루로 나와 어머님 옆에 앉았다. 정말 오랜만에 누워계시는 어머님 병색 짙은 모습을 바라보니 안쓰럽기 그지없다. 지금 이 순간 어머님께서 편히 누워 계신다는 것이 그저 저는 감사 할 뿐이다. 나는 막간을 이용해 다시 어머니 다리를 주물러 드리고자 손을 어머니 다리에 갖다 댔다. 어머니는 깜빡 잠이 드셨는지 차디찬 제 손 때문에 깜짝 놀라시며 왔어. 라고 하셨다. 아마 제가 안방에 있는 줄 알고 계시다가 제가 옆에 앉아 어머니 다리를 주물러 드리려 하니 기분이 좋은 듯 어머님 말씀이 왠지 부드럽고 따뜻하게 들린다. 젊으나 나이 드나 건강이 좋지 않을 때에는 누군가 옆에 있어 자신에게 관심을 가져주는 것을 사람들은 대부분 다들 좋아 한다는 느낌을 받는다. 엄마 다리는 그동안 제대로 쭉 펴보지 못해 그런지 아직까지는 발과 다리가 조금 차가웠다. 하지만 제가 집에 도착하고 서너 시간 밖에 흐르지 않았는데도 벌써 다리에는 핏기가 돌고 있는 것이 느껴진다. 마사지를 해서 어머님 다리에 힘을 불어넣어드리고 굳은 근육도 풀 겸 열심히 주물러 본다. 한 달 반 동안 앉아만 계셨기 때문에 혹시 엄마 엉덩이에 욕창(褥瘡)이 생길까봐 전전긍긍(戰戰兢兢)하면서 이쪽 궁둥이 주물러 혈을 돌게 하고 저쪽 궁둥이를 주물러 드리기를 반복(反復)하면서 지내왔던 지난 45일간의 우리들의 행동들이다. 다행히도 이제는 앉아 계실 수 있고 누워계실 수 있어 정말 기적이라 생각하고 천지신명님께 감사드린다. 이제는 같은 공간에서 두 환자를 살피 수 있어 이 또한 감사 할 일이다. 우리 집 두 환자분 친(親)하게 지내서 잘살아 봅시다. 라는 생각을 나는 한다. 이젠 남편마저 퇴원하고 나니 시간적 여유가 나에게 생겼는지 갑자기 날짜가 궁금해 달력을 쳐다 본다. 벌써 12월도 중순이 된 듯하다. 3월부터 우리에겐 변고가 많이 생겨서 올 한 해는 어떻게 우리는 지냈으며 어떻게 살았는지 기억 할 수 없다. 자연의 순리로 식물들은 싹이 돋아났을 것이고 꽃이 피고 열매 맺고 열매는 언제 떨어졌는지… 주변 가로수들은 어느새 나목(裸木)이 되어 앙상한 가지만 엉성하게 서 있는 것이 베란다 창문을 통해 눈에 들어 왔다. 일 년 가깝게 언제 계절이 바뀌고 시간이 이렇게 흘러 벌써 연말이 되었는가? 싶다. 세월 참 빠르다는 생각이 든다. 시간을 따로 생각 할 수 없을 정도로 우리들에게 급박(急迫)한 상황(常況)들이 너무 많아 이렇게 계절이 바뀌어가는 것을 느끼지 못한 체 살아왔던 것 일 수 있다. 어머님 다리를 주무르면서 편히 누워 계시는 어머님 모습을 오랜만에 보고 있노라니 모든 시름이 사라지는듯한 느낌을 받았다. 다시는 눕지 못하시면 어쩌나? 하고 걱정이 앞선 던 일이다. 그러니까 불과 3~4시간 전만 해도 초긴장 상태였다. 지금 울 엄마 편히 누워계신 모습을 보니 긴장이 풀렸는지 저도 모르게 꾸벅꾸벅 졸고 있는 저의 모습을 제가 보고 있다. 인간은 참으로 간사하다는 걸 새삼 느끼며 나는 졸고 또 졸고 있는 것이다. 어느새 나도 모르는 사이 잠이 들었는지 정말 오랜 간만에 어머니 발아래서 정신없이 잠을 잤고 아침을 맞이한다. 연말이라 그런지 날씨가 많이 춥다. 아침에 일어나니 공기가 많이 차갑게 느껴져 어머님 누우신 자리에 온열매트를 깔아 드렸다. 하지만 어머니는 아직 추위를 못 느끼시는지 온열매트를 못 마땅하게 여기시는 바람에 매트를 걷어 어머님 옆으로 치워놓는다. 까탈스럽기로 말하자면 세계 제일이고 고집은 메가톤급인 분이 바로 저희 어머니가 아닐까? 싶을 정도로 울 엄마는 고집불통이다. 엄마는 제가 일어나 설치고 있으니 본인도 일어나시려 몸을 뒤척이셨지만 혼자서는 쉽게 일어나시지 못하신지라 나는 얼른 다가가 엄마를 받쳐드렸다. 어머니는 몸이 자기 마음대로 움직이지 않으시니 자연스럽게 나온 말이 아이고 참 말로. 라는 푸념을 하시며 저에게 기대어 일어나 앉으셨다. 우리의 부추김 없이는 일어나시는 것이 불편한 엄마가 이렇게라도 누워 주무셨고 우리 곁에 이렇게라도 계셔주시고 있다는 사실이 너무 감사하다. 일반 사람들은 45일간 눕지 못하셨던 엄마의 행동들이 상상이 가지 않을 부분이다. 그러니까 왜 그냥 누우시면 될 걸 엄마는 왜 눕지 않으셨는가. 라는 생각이 머물기 때문이다. 그러나 저희 엄마도 그동안 여러 차례 누워 보시려고 나름 노력을 많이 하셨다. 하지만 어떤 이유로 우리 엄마를 눕는 것을 못하게 하였는지는 잘 몰겠지만 아무튼 애써 힘겹게 누워보셨지만 누우시고 1분도 채 못 되 일어나시며 아직 아니네. 라고 하시며 일어나시는 바람에 무려 45일이라는 날을 눕지 못하셨던 이유다. 엄마는 정말 오랫만에 편안하게 주무셨는지 일어나 앉자마자 저에게 이마 땡을 해주셨다. 그러니까 이 이마 땡의 의미는 아마 저에게 정말 수고 많았다는 인사이지 싶다. 그리고 말로 표현 할 수 없어 이마로 엄마표 사랑 표시를 하신 것이라 여겨진다. 어머님 양쪽 팔은 옆으로 넘어지는 것을 막기 위해 지지대 삼고 있어 어쩔 수 없이 이마를 갖다 되신 것이다. 다시 말하면 소파가 유난히 큐션감이 좋아 꿀렁거림이 심했다. 그러다보니 기력 없으신 엄마로서는 무게중심잡기 어려워 넘어지지 않으시려고 양쪽 팔을 지지대 삼으신 바람에 이마 땡을 하신 이유다. 평소에는 팔 동작 하실 때 소파에 등을 기대고서 팔 동작을 한다. 그래서 엄마 이마가 먼저 내밀어져 주로 이렇게 예정표시를 한다. 그러나 그 동작은 그 무엇과도 비교 할 수 없을 만큼 저희 어머님의 따뜻한 사랑이 묻어나는 애정(愛情)표시다. 더구나 이런 사랑을 주신 엄마가 저희들 옆에 이렇게 계셔 행복하다. 저희 어머님의 따뜻하고 다정한 이 모습을 마음 깊이 새긴다. 엄마도 나도 참으로 오랜만에 두 다리 쭉 펴고 편안하게 잤다. 그리고 오늘부터는 해운대 병원을 가지 않아도 된다. 끝이 없을 것 같았던 이런저런 일들이 어느 정도 갈무리 되고 있어 시름에 겨웠던 깊은 마음도 이젠 안도감이 생긴다. 일단 가족들이 집에 다 모여 있어 그런지 오늘 아침은 왠지 몸도 마음도 한결 가볍게 느껴져 편한 기지개를 마음껏 펴며 아침을 맞이한다. 그런데 안방에서 혼자 자던 남편이 이른 아침부터 나를 급하게 찾는다. 아마 이렇게 급하게 나를 찾는 것을 보아하니 장루가 터져 이불을 다 적신지 않았나? 하는 방정맞은 생각이 먼저 든다. 나는 남편 급한 목소리에 방으로 뛰어 들어가니 지독한 냄새가 방안 가득했다. 더구나 아수라장이 된 방안을 보고 몸이 할 일을 잊은 듯 잠시 동작이 멈췄다. 이런 냄새가 뭐가 중요하겠는가? 싶고 이불이 젖으면 또 빨면 되는 것을. 라는 생각으로 이불들을 거두어 세탁기에 넣어 시작버튼을 눌렀다. 이불은 어제 퇴원하자마자 와서 새로 갈았지만 또 이렇게 다시 똥 세례를 받고 보니 기가 막혔다.

그러나 누가 일부러 이런 상황을 만들겠는가? 싶어 애써 침착하려한다. 하지만 이 상황 앞에서 남편은 또 짜증으로 저를 대하니 나도 화가 치밀려한다. 그러나 이 또한 내가 참아야 하고 본인은 미안해서 화를 냈을 것이라 이해(理解)한다. 그런데 때마침 어머니도 마루에서 아야 아이 라고 급하게 찾으신 것이다. 나는 엄마가 부르시면 열일 젖혀놓고 달려가야만 했다. 엄마가 나를 찾는 것이 심상치 않아 자동적으로 내 행동이 빨라진다. 저는 이불만 대충 장롱에서 꺼내주며 나머지 뒷일은 남편에게 처리를 하라고 해놓고 어머님에게 갔다. 엄마도 급하게 찌찌[변] 보신다고 나를 부르신 것이다. 나는 이동용변기를 소파 옆으로 갔다. 놓고 엄마를 일으켜 드리려는 순간 으악 어머니는 그만 옷에다 두두두 소리와 함께 실례를 해버리신다. 무슨 조화인지 5분 전만해도 안도감으로 행복했는데 이 무슨 운명에 장난인지… 날씨가 추운데도 땀이 흘러 눈으로 들어가는 바람에 눈을 뜨지 못할 정도의 통증이 왔다. 눈이 아프다고 말 할 수 있는 상황은 분명 아니다. 나는 눈을 감고 엄마를 안고 여름언니와 제가 땀을 뻘뻘 흘리며 심혈을 기우려 만든 이동식좌변기를 끌어 당겨 옆으로 놓는다. 때는 이미 늦었다. 일단 실례를 이미 하셨기 때문에 나는 어머니를 한 손으로 붙들고 한손으로 옷을 내려드리고 난 후 물티슈로 몸에 묻은 부위를 일부 닦아내고 변기에 조심스럽게 앉혀 드렸다. 그리고서 어머님 마무리 하시는 틈을 타 따뜻한 물을 떠와서 이곳저곳을 깨끗이 씻겨드리고 난 후 아래옷도 갈아서 다리에 걸쳐놓고서 마저 보시게 한 다음 안방으로 얼굴을 살포시 내밀어봤다. 역시나 남편 얼굴이 험상궂다. 짜증으로 가득 차 있다. 그도 그럴 수밖에… 아직 상처가 다 아물지 않아 현 상태로는 허리를 구부리지 못한다. 혼자 장루 교체를 못해 펼쳐놓은 상태라 화가 잔뜩 나있다. 나 역시 혼자서 아직 장루 교체를 하지 못한다는 사실을 순간 잊어버린 것이다. 그러니까 내 입

181

장에서는 우선 엄마가 급해 마루로 달려 나와 어머님 뒤처리를 다하고 안방 상황을 엿보니 남편은 여태껏 장루를 벌여놓고 마누라가 와서 교체해주기를 이제껏 기다리고 있었던 것이다. 일단 남편에게 잠시만 기다리라고 하고 엄마 상황을 살펴보았다. 엄마 상황도 아직 볼 일을 다 보지 못하신 느낌이 든다. 나는 그 막간을 이용해 남편 장루를 서둘러 교체한다. 다시 어머니에게 가보니 어머니도 볼일을 다 보셨다는 신호를 하신다. 나는 어머니 뒤처리 해드리고 나서야 숨을 제대로 쉰다. 일이 공교롭게도 겹쳐 당황해 그렇지 힘든 일은 분명 아니다. 이렇게 겹쳐도 잠시잠깐만 분주 할 뿐이다. 두 환자가 동시에 공교롭게 나를 찾으니 경황없다. 이 무슨 조화인지 안방에서 남편이 저를 찾으면 어머니도 덩달아 아야 아이 하고 찾으시니 이 무슨 조화인지 그저 일부로 어머니가 심술을 부리지는 않겠지만 이렇게 나를 당혹스럽게 한다. 어머니가 일부러 나에게 이러시겠는가 싶어 애써 마음의 평정(平正)을 갖고자 한다.

다음 날 주말이 되었다. 남편은 퇴원한지 이틀 만에 오랫동안 병실 생활을 해 답답했는지 이전에 다니던 현장을 둘러보고 오겠다고 하면서 집을 나선다. 주말이라 아이들도 친구와 약속이 있다고 하며 모두 나간 상태다. 엄마와 단 둘이 앉아 평소처럼 엄마 다리를 주물러 드리고 있다. 엄마와 둘이 있어도 대화가 많지는 않다. 일 년 가까이 병원 생활을 했고 늘 상같이 있어서 그런지 특별하게 엄마와 이러쿵저러쿵 긴 대화를 나누지는 않는다. 그래서 엄마와 둘이 있으면 절간처럼 조용하다. 그런데 마침 마산 막내 남동생이 엄마 보러 왔다. 막내 남동생은 인접지역 마산이라 종종 엄마를 이렇게 찾아와 아들 노릇을 톡톡히 하고 간다. 나는 오랜만에 온 막내 동생 따뜻한 점심이라도 먹여 보내고 싶어 잠시 남동생에게 엄마 옆에서 엄마 살피라고 해놓고 부엌으로와 점심 준비를 한다. 나는 반찬 하나 더 만들어 점심상을 차려 볼 심산으로 야채를 꺼내 싱크대에서 야채를 씻고 있는데 갑자기 등 뒤에서 쐐하는 바람소리가 들렸다. 이게 무슨 소리지? 하고 뒤돌아보는 순간 투명한 총알이 007 영화에서 봤던 총알이 강하게 회전을 쒸이윙 하며 김치 냉장고쪽에서부터 눈에 선명하게 보이며 내 이마 정면 그러니까 인당(印堂)에 바로 탕 하고 꽂혔다. 총알을 맞은 나는 고개가 쉽게 젖혀졌다. 이 총알을 맞는 너는 죽어야 돼 라는 소리가 허공을 가로 질렀다. 물론 찰나의 순간이다 이것은 분명 내 목숨과 직결되어 있다는 사실을 직감한다. 하지만 내 죽는 것은 두렵지 않으나 우리 엄마를 지켜야 한다는 생각이 먼저 앞선 것이다. 그래 나도 반사적으로 나는 절대로 죽을 수 없어. 우리 엄마를 지켜야하기 때문에 라고 말 했다. 순식간에 일어난 현상이다. 그러나 예사롭지 않은 현상이라 직감한다. 그래 바로 서있는 상태로 넘어지면 뇌진탕 우려가 있어 나는 어떻게든 냉장고를 기대서라도 미끄러지듯 내려앉아야겠다는 생각을 했다. 그래서 거리가 고작 2M정도 밖에 안 된 냉장고를 향해 등을 싱크대에 기댄 체 걸어가려 하니 벌써 몸이 말을 듣지 않고 있음이 느껴진 것이다. 그러나 이대로 넘어질 수 없었다. 그래 겨우 등을 싱크대에 기대어 냉장고 가까이 다가가 손이 막 냉장고에 닿으려는 순간 냉장고까지는 미처 가지 못하고 냉장고 앞에 놓여있는 식탁의자를 붙들고 고꾸라지듯 넘어간다. 아직 의식이 뚜렷했다. 나는 엄마라도 불어 도움을 청해야만 했다. 나는 온 힘을 다해 간절하게 엄마 엄마 엄마 를 외쳐 불렀다. 우리 엄마 또한 내가 위급한 상황에 처한 것을 직감하셨는지 마루에서 애타게 아야 아이 아야. 라고 불으시는 소리가 제 귀에 들렸다. 그 순간 막내 남동생도 내 목소리가 이상함을 느꼈는지 순식간에 내게 달려 와 누나 누나 왜 그래 라고 하며 나를 심하게 흔들더니 내가 의식이 있는 것을 확인하고서야 나를 일으켜 앉혀주었다. 나는 남동생 부추김을 받고서 잠시 멍하니 앉아 있다가 정신을 가다듬고 남편에게 전화를 했다. 왠지 나의 이상한 기운이 남편에게로 간듯하였다. 쓰러진 와중에 남편을 전화로라도 챙겨본 이유다. 그 와중에 남편 챙기는 것은 보면 누가 보면 애틋한 부부라고 오해 할 소재이지 싶다. 나는 남편 목소리가 밝은 것을 확인하고 이렇게 무탈함에 감사드린다. 이런 초자연적인 현상을 그 누가 믿겠는가? 싶다. 막내 남동생이 나를 부추겨 일으켜 새운 부분만큼은 기억하리라 생각한다. 하늘은 제게 어머니를 진정으로 생각하고 있는지를 묻고 계신 뜻이라 생각한다. 나는 또 다른 하루를 맞이한다. 물론 두 환자 간병하는 부분은 특별 할 것 없다. 아침 6시면 어김없이 기상해 엄마 씻겨드리면서부터 하루가 시작된 나의 하루 일과이다. 신의 조화인지 남편에게 서러움 더 주시려는지 남편이 장루를 펼쳐놓은 순간 엄마는 귀신 같이 아야 아이 라고 나를 호출하신 부분이 아무래도 이렇게 절묘하게 타이밍이 맞다니 이것을 두고 남들은 어떻게 해석 할지? 공교롭다 못해 감시카메라로 보고 계신 듯 절묘한 상황을 만들어 가는 이 과정이 난 너무도 기가 막힌 부분이다. 동시에 두 분께서 불러 되니 참으로 난감타 못해 어이가 없다.

정말 신(神)의 조화가 아니면 이런 절묘한 타이밍은 흔하지 않다는 생각을 한다. 그러니까 남편이 퇴원한지 벌써 일주일이 다 되었건만 아직도 절묘한 순간을 겪고 있으니 귀신 곡할 노릇이다. 남편에게 신경을 좀 써줄려고만 하면 바로 엄마는 귀신같이 알고 아야 아이 라고 급하게 나를 절규하듯 찾으시니 보통일은 분명 아니지 싶다. 하여튼 공교롭게도 두 사람 볼일이 겹쳐 나를 난감하게 만드니 오히려 내가 남편에게 미안한 마음이 들 정도다. 반면 하늘은 남편에게 너는 죄(罪)를 많이 지었으니 니 스스로 곤란을 극복(克服)해 죄 값을 치러라. 라는 메시지라 생각이 든다. 어머니는 내 일거수일투족을 보고 계시는지 절묘한 타이밍을 놓치지 않으시고 아야 아이 라고 부르시며 저를 애타게 찾는다. 남편은 복도 지지리도 없다는 생각이 든다. 하필이면 어머님 위독(危篤)하실 때 암이 걸려 암 환자 대우를 전혀 받지 못하고 가족들은 어머님 빈도 높은 위급 상황으로 지칠 대로 지쳐있는 상태이고 감정은 마를 대로 말라 남편이 암이 걸렸다고 해도 동정어린 말 한마디 건넨 사람이 없었다는 사실이다. 저는 이런 상황을 겪으면서 깨달은 것이 있다면 이 또한 자신이 쌓아놓은 업보(業報)가 아니겠는가? 생각했다. 지금 내가 마주한 상황은 남편에게 신경을 좀 쓰려고 하면 어머니도 덩달아 급하다고 하시니 남편에게 일절 도움을 주지 못하도록 하늘은 막는다는 느낌이다. 우리 엄마가 절묘한 찬스를 만들어 일부로 사위를 돌보지 못하도록 하시지는 않을 것이라는 생각이다. 누가 일부로 이런 중복된 상황을 연출 하겠는가?싶다. 신(神)의 세계에서는 능히 가능 하다는 사실이다. 나는 중간 중간 일이 겹쳐 난감한 상황이 연출되면 이런 생각했다. 하늘은 남편에게 많은 서러움을 주어 자신의 지난날을 반성해 운명에 흠을 고쳐가라는 메시지라는 생각이다. 그러니까 하늘은 남편에게 너의 죄가 많으니 절대로 남의 도움 받지 말고 스스로 운명(運命)의 흠을 고쳐가라는 뜻이라 해석한다. 저희 어머니 성격상 남을 돕고 사시려는 분이시지 남을 불편하게 하려는 분은 절대로 아니시다 는 것이 내가 알고 있는 우리 엄마 성품이다. 그래서 저는 다른 각도로 생각을 많이 했던 부분이 바로 이 부분이다. 그리고 깨달은 것은 남편에게 이렇게 저렇게 서러움을 주는 이유가 스스로 엮어놓은 실타래는 스스로 풀어 가라는 뜻으로 해석하게 된다. 더구나 저희 어머니 성품은 남의 도움을 받고자 하시는 분이 단연코 아니라는 사실이다. 나는 어머니를 존경했고 어머님 뜻을 존중해 드리는 차원이다. 저희 어머니도 내가 경황없이 허둥대며 이리 뛰고 저리 뛰고 있으면 조금은 미안한 마음이 드신지 나도 모르겠다. 라는 말씀을 종종하셨다. 누구의 탓으로 돌리기에는 너무나 완벽한 각본들이라 저를 더욱 당황하게 만들기도 한 두 환자 간병기다. 다른 각도(角度)로 나는 생각하게 된다. 다른 각도로 생각하고 보니 이 또한 내가 겪어가야 하는 인생여정의 숙제라 생각했다. 인간의 힘으로는 갑자기 일어나는 생리(生理)현상(現象)을 마음대로 조정하기는 어렵다는 사실(事實)이 나에게는 관건(關鍵)이었다. 두 환자가 동시에 생리현상 때문에 저를 불러 곤혹스럽게 만드는 과정은 아마도 나를 더 연단(鍊鍛)시켜 담금질한 이유라 생각을 한다. 더러는 공교롭게 생리현상이 동시에 일어나서 나는 허둥대다가 생각하기를 왜? 하필이면 이때를 맞추어 어머니는 딸을 이다지도 난처하게 만드시는지 아무튼 울 엄마는 남편 편리를 좀 봐주려 하면 필히 나를 찾으셨으니 심술쟁이 노모님으로 오해하기 딱 좋은 케이스다. 제 머리는 왜 어머님께서는 이렇게까지 하시는지 이해하기 어렵고 고약한 이런 상황이 저를 당혹스럽게 만들어 주시니 그저 저를 이렇게 난처하게 만드시는 이유가 과연 무엇일까? 라는 의구심이 생기기도 한 부분이다. 나는 우리엄마를 이해한다. 더구나 보이지 않은 세계의 조화도 믿고 있다. 이 고비 또한 지나가리라. 생각한다. 무슨 조화인지 알 수 없지만 이렇게 겹쳤던 응가 사건들은 남편 항문복원수술 때까지 3개월 연속되었다. 별난 두 환자 덕분에 나는 겨울임에도 불구하고 땀을 흘리면서 연말을 보낸다. 그 와중에도 소홀히 할 수 없는 부분이 있다면 저희 어머님 발뒤꿈치를 매일매일 5 ~ 6차례씩 자로 제어 0.1m 줄어든 것을 확인하며 거즈를 갈아드리는 일을 반복한다. 발뒤꿈치 괴사와 시름한지 9개월이 넘어 가니 어느새 괴사되었던 부분들이 이제는 정말 끝을 보이고 있다는 사실이다. 이제는 정말 육안(肉眼)으로도 알 수 있을 정도로 매일 머리카락 한 두 가닥 정도 차이로 가장자리부터 미세하게 아물어 들어간 흔적들이 영역하게 보였다. 이젠 정말 보람을 느껴도 될 만큼 괴사가 아물고 있다. 하루에 5차례이상을 거즈를 갈아드려 그랬는지는 모르겠으나 정말 이제는 속도가 빠르게 호전 된 것이 육안으로도 확연하게 느낄 정도로 속도감도 있다. 보편적으로 병원에서는 보통 치료가 거즈 한번 갈아 놓으면 다음날 가는 것이 보통이다. 나는 오직 어머님 괴사된 부분에 젖은 거즈가 닿지 않도록 하기 위해서 거즈에 진물이 조금만 묻어있어도 무조건 갈아드리고 있었다. 요즘 괴사가 눈에 띄게 호전(好轉)되어가니 희망(希望)이 보여 그런지 지금 나의 처지가 힘들고 고달프다는 생각이 전혀 들지 않다. 근래(近來)에 와서 어머님께서는 눈에 띄게 무기력해 보이신다는 것이 고민이라면 고민이다. 어머니가 하는 일이 그저 누웠다 일어나 앉으셨다만 반복하시는 일상이라 그런지 유독 무기력해 보이신 것이다. 저는 어머니께서 이렇게 스스로 일어나 앉으셨다 누웠다 라도 반복 하신다는 사실이 저에게는 기적과 같아 이런 행동만이라도 위로가 된다. 어머니는 육체에 모든 통증이 사라지셨는지 대체로 안색이 평온한 모습이다. 사람은 보통 몸 어딘가에 통증이 있으면 반듯이 인상이 자동적으로 찌푸려진다. 요즘 어머님 얼굴에서는 인상 쓰는 일이 전혀 없어 엄마 건강은 다소 안정적인 편이라 하겠다. 장담 할 수 없다. 더구나 저희 어머님 병은 무조건 방심하면 사단이 나서 민방공 훈련을 정신 못 차리게 시켰으니 아무튼 입방정 떨면 절대 안 되는 것이 우리 엄마 간병(看病)일지(日誌)다. 어머니께서 활기가 전혀 없으시니 제 입장에서는 눈치가 많이 보인다. 할 일이 있는데 그 할 일을 못하고 있다는 느낌이다… 나는 생각을 하게 되고 그 생각 속에서 어머님 무심하신 이유를 찾았다. 이 말 하기에는 시기적으로 아직은 이르다는 느낌을 받는다. 어머님 저렇게 무기력하게 아무 감각 없는 사람처럼 누워계시니 안타까운 마음뿐이다. 아직 어머님 건강상태로는 장거리 떠나기엔 아직 이른 감이 있다. 제 입장에서는 어머니 스스로 활기를 갖고 작은 움직임이라도 해보셨으면 좋겠다는 생각을 하고 있다. 요즘 소파에서 혼자 일어나시는 모습을 보노라면 재활(再活)운동도 가능하지 싶은 생각이다. 엄마는 아직 때가 되지 않았는지 재활운동을 운운(云云)하면 그저 나도 모르겠다. 라는 말씀으로 일관하시며 짜증내시니 재활운동 해보자는 말을 꺼내지 못한다. 저희 어머님 주장과 고집이 얼마정도인지 언니가 2주 가량 머물면서 겪었던 일이라 저희 어머님 아주 아집스런 고집(固執)은 아무도 꺾을 수 없음을 잘 알고 있을 것이라 생각한다. 메가톤급 울 엄마 아집을 조금이나마 언니가 경험했으니 그나마 내 속 타는 부분을 어느 정도 이해하리라 생각한다. 언니 말고는 엄마의 메가톤급 주장(主張)을 만류 할 수 없음을 알지 못한다. 나로서는 이 부분을 다른 형제들이 알지 못한 부분 같아 다소 유감(有感)이라면 유감이 된다. 어머님 입장에서 생각하면 할 일은 많은데 마냥 누워있는 몸이라 심기가 편치 않으시다는 것이다. 어머니는 평소 자주 고향집에 들려 집 청소를 해 놓고 잡초도 다 뽑아놓고 오시는 것을 낙(樂)으로 사셨다. 그런데 근 1년을 이렇게 꼼짝 못하시고 누워 계시니 울 엄마 마음은 얼마나 답답하시고 고향집이 그 얼마나 걱정되시겠는가? 싶은 생각이 든다. 이렇게 되시기 전까지만 해도 어머니는 고향집을 한 달에 한 두 번은 꼭 다녀오셨던 분이다. 이렇게 누워만 계시고 있어 고향집을 갖다오지 못하고 있으니 성한 사람도 병이 날 지경이라 생각이 든다. 고향집에 다녀오시는 것이 저희 어머님의 유일한 낙이였지 않았을까? 라는 생각도 해본다. 저희 어머님 집착일수도 있다. 그러나 이런 집착마저도 엄마에게 없었다면 나이 들어가지는 삶의 의미를 찾지 못하셨을 부분이다. 울 엄마는 고향집에 내려가시면 불편하신 몸인데도 불구하고 새벽에 일어나 텃밭에 잡초도 뽑아놓고 집둘레 잡초까지 뽑아놓고 몇 년 전

심어놓은 도라지와 민들레 크는 것을 보며 흐뭇해하시기도 하셨다. 봄에는 여러 나물들이 탐스럽게 자라면 여러 가지 나물들을 뜯어 김해 가지고 온다든가 아니면 마산 큰 아들 집에 나눠주고 올 때도 있었다. 나는 우리 엄마 발이 되어주고 싶어 운전 열심히 배운 덕분에 엄마가 가자.라고 하면 신랑 눈치 보면서 울 엄마 고관절로 쓰러지시기 전까지 열심히 고향집을 내려갔다 오곤 했었다. 그동안 엄마는 수차례 사선(死線)을 넘나들었고 괴사 때문에 회복 속도가 많이 늦어지는 바람에 고향집을 근래 들어 자주 들려보지 못했다. 예전 같으면 1달에 한 두 번씩 다녀왔던 것이 기본이었지만 올 들어서는 고작 3~4차례 아무도 모르게 다녀왔을 뿐이다. 순간순간 막간을 이용해 다녀왔지만 엄마가 걷지 못하시니 그냥 고향집 마당에서 물끄러미 고향집만 바라보시다 오시곤 했다. 어머님 생각은 죽을 고비를 수 없이 넘기는 과정을 겪으면서도 고향집으로 나와 함께 이사 못가는 이 상황이 애가 타시고 속이 상하서 지금 침묵하시는 이유이지 싶다. 제가 집이 팔리지 않는다는 이유로 고향으로 가는 것을 서둘지 않아 몹시 심기(心氣)가 편치 않으신 것이 분명하다. 저는 8월 중순경 꼼짝도 못하시는 어머니를 모시고 고향집을 다녀왔었다. 그러니까? 퇴원하고 한 달 조금 넘어 어머니 성화를 못 이겨 할 수 없이 그저 우리 엄마 마음이나 편하게 해드리고자 하는 마음에 모험을 했던 고향 길이었다. 어머니가 퇴원하시고서는 처음 다녀왔던 시기가 8월 달이다. 우리 형제들은 아무도 모르는 일이다. 오직했으면 중환자이신 분을 모시고 고향집에 들렸겠는가? 라는 주제가 관건일 뿐이다. 어머님 사선을 넘나드는 몇 개월 사이 고향동네 폐교가 다른 사람에게 넘어가서 나는 그 폐교를 인수 하셨던 사장님과 아름아름 어렵게 연락을 취해 그 강렬한 뙤약볕 아래 그늘하나 없는 연못가에 서서 폐교를 인수하신 사장님과 잠시 만나 이런저런 이야기를 나누었던 기억이 있을 뿐이다. 건강이 좋지 않으신 어머님 모시고 그 먼 길을 갈 때는 저희 어머님 암묵적(暗黙的)협박(脅迫)이 너무 강하게 있었음을 누군가는 알아 줬으면 한다. 어머님 고집(固執)을 감내(堪耐)할 수가 없어 저도 어쩔 수 없이 고향(故鄕)행(行)을 강행(强行)했던 사연이다. 제 입장에서는 고향 내려가는 도중 혹시라도 어머니에게 위급(危急)한 상황(常況)이 발생(發生)하는 것도 나의 운명(運命)이라 여길 것이다. 라는 전제(前提)하에 출발했었다. 초면부지(初面不知)인 폐교사장님을 만나 저희에게 저렴한 가격으로 폐교(閉校)를 넘겨주시면 공익(公益)을 추구(追求)하는데 심혈을 기우리겠다고 폐교를 싸게 저희에게 넘겨주십사. 라는 부탁을 드렸다. 인수하신 분께 저는 병중이신 어머니께서 퇴원(退院)하신지 얼마 되지 않으신 몸인데도 불구하고 김해에서 이 먼 길을 찾아온 이유는 저희 어머님께서 유독 폐교에 대한 남다른 소명 의식이 있어 폐교를 인수하시고자 하신다고 사장님께 말씀을 드렸던 기억이 있다. 그 사장님께서는 차안에서 꼼짝도 못하시는 저희 어머님에게 다가와 인사를 정중하게 해주시며 먼 길 오시느라 고생 많으셨습니다. 라는 말씀과 함께 빨리 쾌차 하세요. 라는 말씀을 하시는 바람에 그분 인품이 남달라 보였다. 그분께서는 저희가 얼토당토않은 이야기를 꺼내 불쾌시실 텐데 그런 기색 없이 저에게 김해 낭자께서 이런 기특(奇特)한 생각을 하셨습니까? 라고 하시면서 오히려 저희 모녀를 칭찬을 해주셨던 부분이 저로 하여금 숙연하게 했던 부분이었다. 자기가 폐교를 인수하고 태양열을 설치한지가 이제 겨우 3~4달 밖에 되지 않아 아직은 팔수가 없다고 정중하게 거절 하시며 저희 어머니에게

    "건강 꼭 회복하세요."

라는 인사를 해주시며 자리를 떠나셨던 추억만 있다. 그 당시 저희 어머니도 이분이 떠나시고 나니 저에게 아직 아니네. 라는 말씀을 하셨는

데 아마 어머님 이 말씀의 의미는 아직 때가 아니다. 라는 뜻으로 해석된 부분이다. 그리고 저 나름 그분의 인격(人格)이 남 달아 보였기에 제 기억 속에 뚜렷이 남아있는 이유다. 이런 사연들이 있었으니 저희 모녀가 형제들 모르게 조용히 고향집을 쓰러지신 이후 처음으로 8월 중순경에 한번 다녀온 기억이 있다. 그리고 추석이 되기 며칠 전 9월 하순쯤으로 기억한다. 그렇지만 정확한 날짜는 잘 모르겠다. 그 당시 집 앞 논에는 타작이 되지 않아 누렇게 익어가던 벼들이 너무 풍요롭게 느껴졌던 풍경이 어렴풋이 기억에 남아있다. 그리고 10월 달에도 형제들 모르게 추석을 새고 하루 다녀왔던 생각도 든다. 그때는 남편이 하단 병원에 손이 잘려 입원하고 있을 당시 잠깐 시간 내어 아무도 몰래 다녀왔었다. 아마 그때 기억하기로는 고향집 앞 논에 나락들이 다 타작이 되어있었고 노란 은행잎들이 우리 집 마당을 온통 덮어놓고 있었지만 장시간 차 안에만 앉아계셨던 어머니께서 너무 힘들어 하셔 마당을 쓸지 못하고 돌아서 왔으므로 한동안 마당을 쓸지 못하고 내려 왔던 부분이 오랫동안 남아 마음이 무거웠던 기억이 있다. 아무도 모르게 고향집을 다녀 올 때는 어머님 상태가 너무 좋지 않아 고향집에 내가 다녀온다고 말하면 여기저기서 아우성이 터져 나올 것이 불을 보듯 뻔해 알리지 않고 다녀왔던 사연이지 싶다. 나는 오직 울 엄마가 원하시는 일이라면 위험을 감내하고서라도 저희 어머님 뜻에 따라드렸던 이유이다. 우리 모녀가 형제들 몰래 그렇게 고향집 다녀 온지가 두 세 달이 되고 보니 요즘 들어 어머니께서는 고향집이 또 걱정되고 생각나신 것이 아닌가? 라는 생각이 든다. 어머니는 마음속으로 고향집 다녀오자는 요구(要求)사항이 있으신지. 요즘 표정(表情)이 영 밝지 않다는 사실이다. 그런데 마침 제 예감이 맞았는지 제가 어머님 옆에 다가가 앉으니 이제껏 가만히 누워만 계셨던 분이 살포시 일어나 앉으시며 저를 보시고서는 무슨 말씀을 하시는데 영 어머님 말씀만 가지고는 도통 알아듣지 못하는 수준이라 저는 다시 마음으로 어머니와 접근을 해야 되는 상황이다. 이미 마음으로 어머님 의도를 느꼈던 터라 어머님 뜻을 알아차리는 대해는 별로 어렵지 않았다. 제 느낌처럼 어머님 뜻 또한 다시 고향집에 다녀오자고 하시는 것이다. 그런데 다른 날과는 다르게 며칠 쉬었다 오자고 하시는 뜻으로 해석되었다. 제 느낌이 틀릴 수도 있다. 그러나 제 느낌이 빗나가지는 않을 것 같다. 제 느낌으론 고향 내려가서 며칠 있다가 오자는 뜻 같아 나는 잠시 당황스럽다. 제가 어머님 말씀을 해석(解釋)을 달리 할 수도 있어 이 부분을 다시 확인하고자 어머님께

"엄마 강진 내려가서 며칠 있다오자는 뜻이에요?"

라고 엄마 의중을 다시 물어보았다. 어머니는 망설이지 않고 바로

"그렇지."

라고 하시며

"바로 그것이야."

라고 말씀하신다. 그리고 저에게 하나, 둘, 셋, 넷 이라고 하시며 손가락 일곱 번째가 나오도록 세어 주셨다. 그러니까 어머니가 세어주신 숫자가 7이니 분명 이 뜻은 분명 고향집에서 일주일 정도 머물다 오자는 뜻이라 해석한다. 울 엄마 뜻이 나의 예상과 일치 하지만 여러 날 있다가 오자는 것이 추가 되니 제 생각이 잠시 복잡해진 것이다. 당일로 고향 다녀오는 것도 고민이 되는 이 상황에 일주일이라고 말씀하시니 나는 선뜻 답을 드릴 수가 없다. 시골 내려가는 경비도 고민이 되지만 남편 퇴원하지 일주일도 안 되었고 우리 집 늦둥이 방학도 아직 하지 않았다. 그런데 고향집에 들려 그것도 일주일 있다가 오자고 하시니 난감하다. 더군다나 이 엄동설한 추위와 눈보라 속에 그것도 목포 친척집까지도 들려보자고 하신다. 아 정말 이 겨울 날씨에 그 먼 길을… 요즘 남부

지방에는 눈이 자주 내려 뉴스에 자주오르내리는 겨울철 빙판길을 가자고 하시는 이유는 과연 무엇일까? 이전 어머님 요구하시는 것과는 사뭇 달라 궁금하다. 목포에는 어머님의 먼 친척 되시는 모자(母子)가 살고 계신다. 저희 어머님하고는 촌수로 따지면 5촌쯤 되는 조카며느리 정도로 알고 있다. 나이는 50대 후반정도이고 아들은 서른 살 정도이다. 그분들은 정상이 아니고 장애(障礙)가 많이 있었다. 그것도 정신(精神)지체 더구나 돌봐줄 가까운 친척 하나 없고 유일하게 어머님 형제들이 가장 가까운 친척들이라고 들었다. 가난하고 장애를 갖고 살다보니 찾아주는 사람들이 하나도 이제껏 없었던 것으로 알고 있다. 저역시도 10여 년 전까지는 그분들의 존재의 여부도 몰랐다. 10여 년 전 무더운 어느 여름날 저희 어머니는 갑자기 저에게 목포 가서 꼭 찾아야 할 사람이 있다 는 의사표시를 하시고서 무작정(無酌定)목포로 가자고 고집(固執)을 부리셨던 것이다. 그 당시도 나는 울 엄마 성화(性火)에 못 이겨 저는 막연하게 목포까지 갔다. 더구나 주소도 모르고 이름도 모르는 사람을 찾아 나섰다는 것은 아주 무모한 행동이라 여겼지만 저도 어쩔 수 없이 우리엄마 원이나 들어드린다는 심산으로 무조건 목표로 떠났던 사연이다. 제가 무식(無識)했던지 아니면 용감(勇敢)했던지 둘 중에 하나는 맞다. 그러니까 무식(無識)하면 용감하다. 라는 말이 진리(眞理)라는 사실(事實)을 경험하게 되었던 사례다. 그 당시 초보운전자였던 저로서는 무모하면서도 큰 용기가 필요했던 어느 한여름 나는 어머니를 모시고 목포로 향하게 되었고 목포를 가는 도중에 강진 터미널에 들려 광주에 사시는 이모님을 만나 동행(同行)을 하게 되었다. 사전에 이모님에게 목포를 가야하는 이유를 미리 말씀을 드렸다. 친척 만나야 하는 이유 때문에 나는 광주사시는 이모님과 강진에서 만나 동행을 한다. 저희 어머님 하고는 의사소통(意思疏通)이 어렵다. 그 옛날 어렸던 이모님 기억을 빌려 저희 어머니 외갓집을 찾아보고자 무조건 목표로 떠났다. 이때 어머니가 무조건 저에게 목포로 가고자 하셨던 이유는 아주 오래전에 연락이 끊어진 친척을 찾고자 하신 이유였다. 저 역시도 어쩔 수 없이 목표를 가게 된 이유 또한 제가 잘 알지도 못하는 일가를 찾고자 하시는 저희 어머님 굳은 신념(信念)때문이다. 이런 사실을 아신 이모도 우리 엄마 고집을 아시고 저와 함께 동행을 하고서 소식 끊긴지 오래된 친척을 찾은데 도움을 주고자 이모도 먼 길 마다하지 않으시고 동참을 해주셨던 부분이다. 저는 그 당시 어머님과 이모님을 모시고 강진을 출발해서 1시간 넘게 달려 목포에 도착을 하게 된다. 저는 어머님과 새벽부터 김해에서 출발해온 몸이라 고단도 하였지만 그래도 어머니 모시고 이모님과 같이 목포까지 와서 식사를 함께 할 수 있는 기회가 생겨 우리 세 사람은 점심을 먹는 행복한 시간을 보내기도 했다. 그런데 저희 이모님께서 점심 값을 내시는 바람에 감사했었고 한편으로는 오히려 대접을 해야 하는 것이 내 입장인데 오히려 이렇게 멀리까지 오신 이모한테 점심을 대접을 받고 보니 미안한 생각이 들었다. 반면 이모님께서는 오히려 저에게 우리언니 잘 모시고 사는 너에게 꼭 한번 밥을 사주고 싶었다. 라는 말씀을 하시는 바람에 저는 그만 이모님 성의(誠意)를 거절하지 못했던 이유다. 이모님께서는 저에게 별난 엄마 뜻을 싫다하지 않고 이렇게 따라주고 있는 너에게 참 말로 고맙다는 의미(意味)이다. 라는 말씀을 덧 붙여 해주시며 이모들은 항상 너를 최고로 여기고 있으니 속없는 동생들이 너를 오해(誤解)해서 이러쿵저러쿵 말이 많더라만 이모들은 오직 너를 믿고 있으니 동생들에게 너무 서운한 마음 갖지 말 그라. 그리고 세상사(世上事)모든 이치(理致)가 그러하듯 세월(歲月)이 흐르고 나면 동생들도 니 마음을 알게 되는 날이 분명 올 것이다. 라는 말씀을 저에게 해주셨다. 그러니 마음 한 곳이 뭉클해졌던 사연이다. 그때 저는 이모님 그 말씀을 잘 기억하고 지금까지 그 말씀을 잊지 않고 우리 엄마 모시는데 꾀부리지 않으려 노력중이다. 그 당시 이모님 말씀을 내 방식대로 해석하자면 내 부모 내가 더 귀(貴)하게 여기고 사노라면 언젠가는 우리 형제들도 나를 바로 볼 것이다. 라고 해석했다. 이때 저희 세 사람은 점심을 먹고 이글거리는 태양을 벗 삼아 유달산 좁은 골목길을 이 골목은 차로 올라가 보고 저 골목 너무 좁아 차가 가지 못하면 보행이 불편한 울 엄마를 부추겨가며 오르락 내리락을 반복하기를 유달산자락을 무려 7 ~ 8번째 골목까지 오르내리기를 반복했다. 그 당시 나는 유달산 자락이 한두 군데 정도로만 생각했는데 유달산을 깃점으로 그렇게 많은 골목들이 형성되어 그 많은 집들이 골목골목마다 빼곡하게 들어선 것을 알게 된다. 그리고 이곳에 터전을 잡은 분들은 대부분 6. 25동란을 깃점으로 피난 온 사람들이 판잣집을 지어 이곳에 눌러 살게 된 곳이 바로 유달산 자락의 달동네다. 저희 세 사람은 그렇게 산자락을 오르락내리락 반복을 하다 보니 어느새 해가 뉘엿뉘엿 목포해양대학교 건물 뒤로 떨어지려 할 때쯤 그러니까 유달산 전체 산자락이 18자락이라고 들었다. 더구나 산자락마다 마을들이 형성되어 가난해서 평지에다 집을 짓지 못하신 분들의 고단한 삶을 고스라니 않고 있는 유달산 자락마다의 사연 많은 풍경들을 보며 유달산 절반을 가깝게 돌고 나서 또 다시 새로운 자락을 거슬러 올라가다가 유달산 정상에 도달 할 쯤 마을 하나를 찾아서 차를 겨우 될 수 있는 작은 공간이 보여 나는 그곳에 주차를 했다. 그런데 때마침 마을어르신 서너 분이 여름이라 부채 하나 씩 들고 나와 계신지라 인사를 정중히 드리고 나서 저희가 찾는 친척 분 함자를 가르쳐드리게 된다. 그런데 저희가 찾는 친척 분 성씨가 좀 독특하게도 변씨라는 점이 조금 특이(特異)하다면 특이한 점이다. 더구나 일반 사람들과는 다르게 장애(障礙)가 있다 보니 이 동네에서 가장 오래 살아오신 분께서 어머님 친척 되시는 가족들을 기억을 하고 계셨다. 그리고 그 분은 저희들을 우리가 찾고 있는 친척집까지 안내를 해주셨다. 저희들은 천신만고(千辛萬苦)끝에 동네 분들 도움으로 친척 분을 우여곡절 끝에 다행히도 찾을 수가 있었던 사례다. 동네 분께서 저희에게 하시는 말씀이 일가친척 하나 없는 외로운 사람들이라 지금까지 찾아오는 사람 하나 없었습니다. 라는 말씀을 하셨다. 그러면서 모자(母子)가 변변치 못해 불쌍한 사람들이니 종종 찾아봐 달라는 부탁 말씀까지 하신 것이다. 저희들은 천신만고 끝에 목적했던 일가 친척집을 어렵게라도 찾을 수 있었던 사연이다. 저는 처음 유달산에 도착해 이집 저집 이 골목 저 골목을 뒤집고 다녔었을 때만 해도 과연 우리가 찾는 사람들을 찾을 수 있을까?라는 생각에 그저 막막하고 막연하였던 일이였지만 그래도 하늘이 도와주셨는지 뜻을 두고 찾아 해매서 그런지 어쨌든 해 떨어지기 전에 친척을 찾았으니 이 또한 보이지 않는 어떤 힘에 도움이 분명 있었다는 것을 알게 된 사례다. 천신만고 끝에 찾았을 때 느끼는 보람은 아주 컸다. 더군다나 그 무더운 여름 날 담을 비 오듯 쏟으며 오르고 또 오르기를 반복하며 보행이 불편하시고 건강도 그다지 성치 않으신 어머니를 부추겨가며 산자락 따라 오르막을 올라가노라면 숨이 턱에 부딪쳐 숨도 제대로 쉬어지지 않았던 일이 다반사였던 것이 기억에 있다. 날씨는 한여름이라 너무 뜨거워 살갗을 태우는 수준에 강열한 태양이라 땀은 비 오듯 흘러내렸지만 그래도 어머니께 친척 분을 꼭 찾아 드려야겠다는 일념(一念)으로 어머님 모시고 오르고 또 오르고를 반복했고 내려오는 길에서는 너무나 두 다리가 떨리고 힘겨웠지만 포기는 할 수 없었던 일이고 보람을 느꼈던 엄마와 이모 그리고 저만의 추억이다. 보람을 느끼게 해주셨던 숨은 공로자는 바로 우리 광주이모님이셨다는 것을 저는 잊지 못한다. 다행스럽게도 광주 이모님께서 시간을 내주셨고 그 먼 길

마다하지 않고 같이 동행해주시며 보행 불편하신 저희 어머니를 옆에서 많이 부추겨주셔서 정말 저에게는 너무나 큰 힘이 되어주신 지원군이셨다는 사실에 감사함을 전한다. 이모께서는 아주 어릴 적 외할머니 손을 잡고 이곳이 외갓집이라고 찾아오셨다는 그 기억을 유추해서 찾으려 다녔던 것이 친척 찾는데 많은 도움이 되었던 부분이다. 어릴 적 기억은 저희 어머니께서 더 많이 갖고 계셨지만 저희가 어머님 말씀을 잘 알아듣지 못한 경우가 많았고 어머님 말씀을 이해하기도 어려울 때가 많이 있어 이모 기억을 보태면 조금은 수월하지 않겠는가? 라는 생각이 들어 이모님과 동행했던 것이 저희 어머님 원을 풀어드릴 수 있었던 사연이고 보람이 유독 컸던 목포 친척 찾기다. 그러나 마냥 어머님 기억을 무시할 수가 없었던 이유가 어머님께서 뚜렷하게 유달산 꼭대기 근처(近處)라는 확신(確信)을 갖고 계셨기 때문에 그 기억을 깃점으로 해서 저희들은 이 골목 저 골목을 오르고 내리기를 반복 했던 기억이 지금 와 생각하니 새삼 새롭다. 어머님 예상과는 다르게 빨리 찾지 못하고 내려오는 길목에선 어머니는 땀을 뻘뻘 흘리시며 저희에게 미안해하시며 이곳도. 아니네. 라고만 하셨던 기억이 어렴풋이 남아있다. 저희 세 사람 정성(精誠)이 통(通)해 그랬는지 모르겠으나 그래도 천우신조(天佑神助)로 친척 분을 찾을 수가 있어 감사했었던 사연이고 친척 찾기가 무진장 고달팠던 사연이다. 더구나 60년이 훌쩍 넘는 아련한 그 옛날 이곳이 바로 저희 어머니와 이모님께서 외할머니 손잡고 찾아왔던 저희 어머니 외할머니 댁이고 그렇게 찾고 싶어 했던 외가식구들 사셨던 곳이라서 더욱 감회가 깊었던 나의 추억이다. 오랜 세월이 흘러 지난날이 아련하지만 그 유명한 유달산 산자락이라는 것을 어머니께서 기억을 했던 것이 큰 도움이 되었던 부분이다. 바로 이 산이 그 유명한 (목포의 눈물)옛 노래 가사에서나 듣던 유달산이라는 사실에 감회가 남달랐던 부분이다.

울 엄마는 저에게 이렇게 또 다른 경험과 또 다른 사연 하나를 만들어 주셨던 10여 년 전 사연이다. 저희들이 친척을 찾지 못했다면 저희 어머님 성격상 찾을 때까지 계속 이곳을 찾아오실 분이라는 사실이다. 그렇지만 어머님 정성이 닿았는지 그나마 반나절 만에 찾을 수 있었던 것도 어쩌면 천우신조(天佑神助)라 생각한다. 달리표현하자면 뜻이 있는 길에 분명 길은 있다. 라는 의미다. 저희 어머님 마음속에는 오로지 돌아가신 외할머님 친척 분들 찾아 변씨(氏)가문의 뿌리를 보존(保存)하시고자 하셨던 뜻이라 저는 유추한다. 저희 어머니도 돌아가신 친정어머님에 대한 사모지효(思慕之孝)가 깊으셨던 관계로 저희 어머님께 무모하리만큼 용감한 이런 용기(勇氣)가 생기지 않았을까? 라는 의구심이 생기게 된 사연이다. 말씀은 이제껏 하지는 않으셨더라도 형편이 되면 엄마는 오래전부터 꼭 찾고 싶었던 친척이었을 것이고 그것도 꼭 찾아서 살펴 드려야한다는 책임의식(責任意識)도 남다르게 강하게 갖고 계셨던 부분이지 않겠나? 생각한다. 저희가 친척 분을 찾았을 때 친척 분들은 정신지체(精神遲滯) 장애를 갖고 계셔서 그런지 살펴 줄 일가친척이 없어 그랬는지 아무튼 빈곤하기 그지없는 곤란(困難)한 생활을 하고 계셨지만 나 역시 곤곤한 삶을 살고 있는 형편이라 많이 도와 드릴 수 없는 사정이 많이 안타까웠던 부분이다. 장애인들에게 지원되는 정부지원(政府支援)금이 따로 있었지만 두 모자가 쓰기에는 턱없이 부족했는지 우리가 찾아 갈 당시 생활이 정말 초라하기 그지없었던 것으로 기억한다. 저희 어머니는 곤란한 생활을 하고 있을 것이라 예상하셨는지 아무튼 친척 주시려고 미리 돈 봉투를 준비하시고선 돈 봉투를 꺼내 친척에게 주셨다. 그런데 돈 봉투가 두툼한 것을 보아 아마도 금액은 2백만 원 정도로 유추한다. 사실 저희 어머님은 항상 돈을 5만 원 권으로 바꿔

가지런히 정리를 하신다. 그리고 항상 5만 원 권으로 바꾸러 다닌 사람이 바로 나였다. 그래서 5만 원 권 두께 어느 정도가 백만 원이라는 것쯤은 알고 있어서 2백만 원 정도 금액이라 유추한 것이다. 이모님도 호주머니를 다 털어 친척 분께 돈을 챙겨드리셨다 이모 봉투도 만만치 않게 두툼한 것을 봐서는 적지 않은 액수라 여긴다. 어린 소녀들이 외할머니 혈육을 찾고자 6~70년 세월을 거슬러 목포 산비탈을 헤매고 다녔던 사연은 해외토픽감이지 싶다. 엄마 이렇게 쓰러지시기 전까지 엄마는 나를 앞세워 서너 차례 더 그분들 찾아 목포까지 다녀왔었다. 목표에 빨리 못 가면 어머니는 저를 시켜 중간 중간 돈을 송금해주시기도 여러 차례 하셨다. 어머니는 성치 않으신 몸인데도 불구하고 남모르게 어려운 처지에 계신 분들 사정을 미리 아시고 이리 살피고 저리 살피시며 살아오셨던 분이다. 거동도 전혀 하시지 못하면서도 목표를 다시 가자하시고 고향집에서 며칠 있다가 오자고 하시니 내 입장에서는 난감하다. 나는 엄마 퇴원하신 뒤 여러 차례 고향집을 들렸다 왔는지 문득 긴급한 상황만 겨우 면하면 고향집을 아무도 모르게 다녀왔던 기억들이 잠깐 주마등처럼 스쳤다. 그러니까 태양이 이글거리던 8월 달 폐교를 인수하신 사장님을 폐교 앞에서 만났던 기억… 그리고 또 한 번은 그냥 집만 한 바퀴 돌아보시고 왔던 기억 그리고 또 한 번은 늦가을 쯤 어머님 논을 경작하시는 집안 오빠를 방앗간 앞에서 만나 집안 오빠가 엄마께 고모 이왕 오셨으니 지금 방아 찍고 있으니 잠시 기다렸다가 새로 찍은 쌀을 가져가세요. 라고 하시는 바람에 우리모녀는 3~40분 동안 방앗간 앞에 차를 세워두고 기다렸다가 쌀 20kg 3포대 가져왔던 기억 더구나 고향집만 겨우 들려 나오다 가장 친한 친구 어머님 부고를 듣고 조문 할 수 없는 상황이라 친척 편에 조의금만 보내게 된 사연들이 새록새록 기억이 떠오른다. 어머니는 병중에도 불구하고 그만큼 고향집을 못 잊어 걸지도 못한 몸을 이끌고 고향집을 꼭 다녀와야만 직성이 풀리셨던 분이다. 그러니까 저희 어머님 삶의 희망(希望)이 바로 고향(故鄕)집이요 생명(生命)연장(連章)에 끈도 고향집이요 이렇게 살아가는 목표(目標)점도 고향집이 아니겠는가? 싶은 생각이 든다. 그렇게도 살아생전(生前)에 고향집으로 내려가셔 살고 싶어 하시던 고향집이며 오매불망(寤寐不忘) 잊지 못하시는 울 엄마 보금자리 고향집이기도 하다는 결론이다. 그렇지만 지금은 한겨울이라 빙판길이 문제가 되고 냉기(冷氣)가 서려있는 고향집에 성치 않으신 엄마를 모시고 여러 날 있다가 오려하니 정말 당황스럽다. 꼼짝도 못하시는 어머니를 모시고 장거리를 간다는 것 자체가 내 입장에서는 망서러지는 부분이고 염려(念慮)되는 부분이 아닐 수 없다. 고향집으로 가자고 하시는 의사표시를 완고(完固)하게 하시고선 조금도 물러설 기세(氣勢)는 정녕 아니시며 꼭 고향집에 다녀와야겠다는 의지가 확고하시니 난감하다. 어쩌면 좋을지 어머님 표정(表情)은 고향집 꼭 가야겠다는 굳은 집념까지 내면(內面)에 내포(內包)하고 있음이 역력했다. 그렇지만 내 입장에서는 엊그제 퇴원(退院)한 남편을 두고 그것도 며칠 고향집에 머물다가 오자고 하시니 고민이다. 제가 어머니 의사(意思)를 해석(解釋)을 정말 달리 하고 있나 싶어 두세 차례 더 어머님 의중을 다시 물어보고 또 물어 보았으나 역시나 고향집에 가자고 제 눈치만 살피시고 계시는 어머님 표정이 그저 안쓰럽다. 저 역시 용기(勇氣)내서 그래요 갑시다. 라고 쉽게 답이 나오지 않는 상황이다. 그러나 달리 생각해보면 저희 어머니께서 건강이 조금 좋아지셨다는 것으로 해석되기도 해 마냥 나쁘지만은 않다는 생각도 든다. 제가 워낙 궁(窮)한 처지(處地)라 선 뜻 답이 나오지 않는 것이다. 그런데 어머니께서는 저의 빈곤한 마음을 아셨는지 고향 가는 경비를 본인이 내시겠다는 의사표시(意思表示)를 하신다. 그렇다면 저는 주저하고 망설일 필요는 없을 것이라 생각했다. 물론 저희 어머님 고관절로 쓰러지시기 3개월 전 그러니까 작년 이때쯤 폐교를 인수하시고자 하시는 마음이 너무 강하셔 준비가 전혀 되어있지 않는 저를 그야말로 달달 볶는 수준으로 채근하셔서 어쩔 수 없이 작년 12월 말일쯤 눈보라를 헤치고 강진으로 내려갔었다. 그때 아마 제가 기억했던 부분은 하얗게 눈이 쌓인 강진교육청으로 들어가 주차장에 주차 하고 보행(步行)불편한 어머님을 부추겨 건물 안으로 들어갔다. 눈보라 속 이방인(異邦人)의 방문(訪問)과 거동(擧動)이 불편해 보이는 모습이 남들 눈에 강하게 비춰졌는지 많은 사람들이 저희 모녀를 유심(有心)히 쳐다보았던 기억(記憶)이 있다. 저는 교육청(敎育廳)에 들렸던 이유는 폐교 경매(競賣)가 누구 명의(名義)가 되어 있는지를 알아보고자 함이다. 교육청에서 명의를 확인 하니 폐교(閉校)는 10여 년 전 개인(個人)에게 낙찰(落札)이 된 사실(事實)을 확인(確認)하고 학교주소를 받아 등기소에 들려 등기부(登記簿)등본을 보고 난 후 폐교 평수(坪數)와 소유자(所有者)를 확인 하였다. 폐교는 네 사람 명의로 된 것을 확인 할 수 있었다. 우리 모녀는 등기소를 나와 세찬 눈보라를 맞으며 어머니와 저는 다시 고향 동네에 새워져 있는 폐교를 들려 보게 되었다. 우리가 다니던 폐교는 그야말로 폐가수준이었다. 더구나 눈이 펄 펄 펄 내리고 있어 그런지 하늘과 땅 사이는 그야말로 건곤일색(乾坤一色)이라는 표현이 맞을 정도로 어두침침하니 일색(一色)을 띄우고 있어 왠지 으스스 할 정도로 싸늘했다. 아름드리 고목나무들도 유난히 칙칙하니 어두운 색을 띠며 여기저기 쓸쓸히 서있는 모습이다. 교문 안으로 들어가는 입구 양옆으로 커다란 고목들이 펑펑 내리는 눈을 맞고 눈꽃으로 하얗게 눈 꽃을 피었다. 워낙 나무들이 크다보니 나무 아래 전체가 밤을 연상 할 정도로 어둡고 칙칙해 대낮이 무색 할 정도로 어두웠다. 나는 차를 서서히 몰고 골프연습장 들어가는 문 앞으로 갔다. 나는 차에서 내리기 전 차 안에서 폐교 일부는 골프연습장으로 되어있었음을 보았다. 한쪽에는 학교 건물이 그대로 유지되고 있는 것을 본다. 나는 엄마를 모시고 실내에 설치된 커다란 난로에서 벌겋게 장작이 타는 것을 보며 골프장 안내실로 들어선다. 경기가 좋지 않아서 그런지 골프연습하시는 분들이 전혀 없었다. 몇 해 전만 해도 우리가 고향집 들려보려 노라면 늦은 밤까지 연습하시는 분들이 많았던 곳이다. 세월이 흘러 그런지 사장님 말고는 연습하는 사람 없으니 정말 상막 할 정도로 썰렁했다. 나는 골프장 사장님께 우리가 온 연유를 설명했고 골프장을 운영하신 사장님이 바로 이 학교 선배이시며 초등학교동창 오빠라는 사실을 사장님과 대화 도중에 알게 된다. 눈이 허옇게 쌓여 있는 이날 어머니와 저는 골프장 휴게실에 피어놓은 장작난로 옆에 앉아서 차를 한잔 얻어 마시며 이곳 사장님께 폐교를 매입(買入)하고 싶다는 의사를 전했었다. 그때도 싸게 주십사하고 말을 띄웠다. 그랬더니 사장님께서 매입해서 식당을 할 것이냐면서 식당을 하게 되면 잘 될 거라고 말씀을 해주셨다. 이때 만약 폐교를 우리가 인수(引受)하게 된다면 심히 염려(念慮)스러운 부분이 생긴 것이다. 가장 염려스러웠던 부분이 바로 오랜 세월 학교와 세월을 같이 해 크게 자란 고목(古木)들이었다. 남들은 오래된 고목들을 보시면 주로 어떤 생각들을 하시는지 모르겠지만 주로 우리 세대는 비록 나무라고는 하지만 오래된 나무는 정령(精靈)들이 깃들어 있어서 우리가 함부로 베어서는 안 되는 것 중에 하나라고 인식하고 있는 것이다. 즉 모든 초목과 돌에는 육체를 떠난 혼령들이 깃들어 있다는 의미로 종교에서는 정령(精靈)이 깃들어 있다고 하여 함부로 훼손하는 부분을 자제시키는 경우라 왠지 내 마음에 많이 망설이게 한 부분이 고목나무를 마약 우리가 폐교를 인수하게 되면 어떻게 처리를 할까? 라는 것이 걱정거리가 되었다. 그런 이유에서 그랬는지 모르겠지만 그때 제 마음속에서는 누군가 저 나무들을 처리를 해주면 참 좋겠다는 생각한다. 폐교 인수한 부분은 조금 시간을 갖고 생각하는 것이 좋겠다는 생각을 한다. 지금으로서는 다 부질없는 우려(憂慮)였다. 저는 그 당시 왜? 그런 생각을 했는지는 모르겠다. 작년 이만 때쯤 어머니와 저는 눈보라 속에서 폐교를 들러보았고 커다란 난로(煖爐)속에다 열심히 나무를 밀어 놓으시며 저희를 맞이해주신 사장님을 기억하며 사장님을 만나신 후 어머니는 차에 올라타시며 제게 아직은 아니네. 라는 의미심장(意味深長)한 말씀만 해주셨던 것을 기억 할 뿐이다. 그리고 3개월 뒤 설 명절을 보내고 얼마 지나지 않아 저희 어머니는 고관절로 쓰러지게 되셨다. 그리고 그 치료 과정에서 위급한 상황을 수십 차례 겪다보니 다소 회복이 더디었고 설상가상(雪上加霜)으로 발뒤꿈치 괴사가 심해 병원 생활을 일 년 가깝게 하셨는데도 불구하고 괴사가 아직 다 낫지 않아 거동을 전혀 하지 못하시는 상황이 지금 우리가 처해있는 현주소다. 그러나 저희가 어머님 병마와 사투를 벌이고 있는 동안 폐교는 다른 사람에게 매매가 되었고 지금은 동네 분들 반대에도 불구하고 태양열이 들어서있는 상황이다. 더구나 우리는 이 사실을 알고 8월 중순경에 폐교를 인수하신 사장님을 뵙고 저희 의사를 전한 뒤 고향집을 잠시 들렸던 기억만 있을 뿐이다. 폐교 사장님하고 약속 잡고 잠시 만나 뵌 뒤 우리가 바로 김해로 가야 하는 상황이라 고향집은 그야말로 잠시 들렸다 갈 생각으로 들렸다. 그 당시 나는 고향집 마당에 차를 주차한 다음 어머님께 차에 그대로 앉아 계시라고 하고 잠깐 방안을 살펴보게 되었다. 내가 엄마를 차 안에 계시게 하고 방문을 열자 메케한 냄새가 몇 달 동안 사람이 살지 않았다는 것을 증명이라도 한 듯 코를 찔렀다. 저는 서둘러 잠시잠깐이라도 공기 좀 통하라고 문들을 다 열어 젖혔다. 그런데 차 안에 앉아 계시던 어머니도 방으로 들어가 보시겠다고 말씀 하셔서 제가 어머니를 업고 고작 서너 개정도 밖에 안 된 계단을 덜덜덜 떨면서 기어 올라가 토방마루에 어머니를 앉혀드렸다. 그 당시 어머니는 앉은 자세로 궁둥이를 밀면서 안방으로 가셔서 반년 넘게 오지 못한 집에서 찾으실 물건이 있으셨는지 방에 들어 가시자마자 궁둥이를 밀고 다니시며 이곳저곳을 다 뒤지셨다. 엄마 표정을 보니 아주 중요한 물건 같다는 생각을 갖게 했다. 어머니는 무엇을 그리도 열심히 찾으시는지 알 수 없었으나 찾으시는 폼새를 보아 분명 아주 중요한 물건이라는 느낌이다. 장롱 속 서랍 밑까지도 낱낱이 뒤져보시는 것이 보통 물건이 아니라는 것이다. 엄마 쓰러지시기 전 고향집 오셨을 때와는 사뭇 다른 행동이라 아주 소중한 물건임은 틀림이 없다. 더구나 찾으신 물건이 빨리 보이지 않자 사뭇 진진하시고 안색마저 불안한 모습이 역력해 지신 것이다. 엄마는 여기저기 궁둥이를 밀고 다니시며 찾으시다가 하시는 말씀이 여기도 없네. 여기도 없고. 라는 말씀만 되풀이하셔서 저는 옆에서 보고 있다가 엄마 찾고 계시는 것이 무엇인데요? 라고 물었다. 대답 없이 곰곰이 생각하시는 것 같아 저는 다시 무엇을 그렇게 찾으시는데요? 라고 다시 여쭈었다. 하지만 어머니는 그저 없다 없어. 여기도 없네. 여기도 없고 저기도 없네. 라고만 하신 것이다. 그 당시 울 엄마 표정을 봤을 땐 분명 소중하고 귀중한 물건임엔 틀림없다는 느낌을 받았다. 제가 다시 무얼요? 했더니 어머니는 본인 핸드백을 열어 보이시며 여기도 없고 저기도 없네. 라고만 하시며 크게 불안해 하셨다. 저희 어머님과 대화는 대부분100% 주어(主語)가 생략 되어있다는 것이 관건이다. 더욱 울 엄마 말씀을 말로서 알아듣기가 무척 힘든 부분이다. 그리하여 저라도 어머님 말씀을 마음으로 들으려 나름 노력 하는 중이다. 가끔 단어 한마디 정도는 너무 정확하게 하신 경우가 종종 있다는 사실이다. 그래서 지금처럼 없다. 라는 말과 그것이 아니네. 라는 몇 마디 정도는 저희 보다 더 발음이 정확하게 하신다. 저는 이때 생각하기를 어머니께서 저렇게도 근심어린 모습으로 찾고 계시는 물건이 과연 무엇일까? 도대체 어머님께서는 무엇을 저리도 열심히 찾고 계시는가? 라는 주제를 놓고 저는 조용히 우리엄마 마음을 느끼려 잠시 생각을 했다. 그 물건은 이제껏 저희 엄마 핸드백 속에 있었던 물건이라는 느낌을 받는다. 혹시 물론 저의 추측이 맞을 수도 있고 틀릴 수도 있다. 어머니께서 소중히 여기는 물건이라고 생각하니 갑자기 제 머릿속에 떠오른 것이 있다. 그것은 바로 울 엄마께서 가장 소중히 여기시는 고향 집문서와 논 답 그리고 산 문서라는 사실이다. 많지 않은 논밭들 문서지만 저희 어머니가 가장 소중히 여기시는 것 중에 하나인 것이다. 제 생각이 맞는지 몰라 어머니께 엄마 그럼 등기필증을 찾고 계시는 중인가요? 라고 물었다. 혹시나 우리 엄마가 찾는 것이 문서가 아닐까? 라는 추측에서 나는 등기필증이 아닌지 여쭈어보는 이유다. 이유는 언제부터인지는 알 수 없다. 저희 어머니는 고향집을 비우신 이후로 각종 문서들을 어머님 핸드백 속 제일 밑자리에 간직해 놓고 어머니가 항상 가지고 다녔던 것이다. 혹시나 그 문서들이 아닐까? 싶어서 물어 본 것이다. 저희 어머님 눈빛에서 그 문서를 찾고 있다는 마음을 읽었던 것이라 하겠다. 그 문서들은 항상 가지고 다니셨기 때문에 등기필증 겉봉투가 너덜너덜 달아졌던 것을 나는 기억한다. 등기들이 전부 어머님 명의로 된 이유가 저희 아버님 돌아가시니 바로 6남매가 재산(財産)분배(分配)해서 나누어 가지려고 하여 제가 그때 형제들에게 모든 재산(財産)은 어머님 명의로 해드려라. 나이 들면 재산이 큰 힘이 된다. 그 재산들은 어머님 돌아가시고 난 후에 나누어 가져도 늦지 않으니 얼마 되지 않는 재산(財産)탐(貪)하지 말고 어머니 앞으로 해드려라. 라고 했더니 그 당시 모든 형제들이 군말 없이 어머님소유로 등기했던 문서다. 그 당시 제 생각은 나이 들고 호주머니에 돈 없으면 초라하고 쓸쓸해 보인다는 사실을 알았던 것이다. 나는 이 법칙(法則)을 잘 알고 있었다. 가능한 어머님 지갑을 열심히 채워드리려고 노력했던 이유다. 자식들 중 누군가는 노인네가 무슨 돈이 필요하느냐? 라고 반박했다고 나는 들었다. 그 말은 절대적(絕對的)으로 틀린 말이다. 나이 들수록 벌이가 없다 보니 심적(心的)으로 궁핍(窮乏)하다는 사실이다. 감정표현도 물질(物質)에 비례(比例)해 손자들에게 용돈 주는 방법도 일종(一種)에 애정(愛情)표현(表現)이 되는 것이라 생각하기 때문에 나는 나이 들수록 호주머니가 두둑해 있어야 된다고 주장하는 사람이다. 어머님 제가 말한 등기필증이 맞는 듯 어머님 눈빛이 유난히 빛난다. 제 말이 미처 끝나기도 전에 힘찬 목소리로 그렇지 바로 그것이야. 라고 하신 것이다. 저는 이제껏 어머님께서 가지고 다니셨던 등기에 관해 크게 신경을 쓰고 살지 않았다. 등기필증은 언제나 어머님 핸드백 밑자리에 항상 있었던 것으로 기억했다. 언제부터인지 문서뭉치가 보이지 않아 핸드백이 무거워 엄마 살림살이가 들어 있는 다른 가방에 따로 넣어두고 그 가방은 큰 아들집에 놓고 다니신 것으로만 생각했다. 엄마 스스로가 문서를 빼내서 따로 보관 하시지는 않았던 모양이다. 저희 어머님 그렇지. 라는 말씀에 저도 믿어지지 않아 글쎄요? 이제껏 엄마 핸드백 속에 항상 있었던 것은 생각이 나는데 그렇지만 언제부터인지 엄마 수첩 꺼낸다든가 지갑을 꺼내 드릴 때 너덜 너덜해지 문서 뭉치가 보이지 않아 나는 엄마가 큰 아들집에 들렸을 때 그곳에다 일부로 놓고 오신 줄 알았는데요. 라고 했다. 제가 생각했던 것과는 전혀 다르신 듯 어머니는 그것이 아닌데 그것이 아니어. 라고 하시며 깊은 한 숨을 내쉬셨다. 그럼 이곳 장롱 속에다 엄마가 잘 두셨는지 천천히 살펴봅시다. 라고 말을 하고 저도 고향집에 들린 김에 함께 장롱 속과 방안 이곳저곳을 두 어 시간 뒤졌다. 문서봉투는 그 어디에도 보이지 않았다. 어머니는 아버지 돌아가시고 고향집을 종종 비우는 경우가 있어 문서만 항상 핸드백 속에다 꼭 가지고 다니셨던 것을 나는 다른 형제들 보다는 기억이 뚜렷하다. 제가 엄마 모실 때 남편 건설업 실패로 정말 수도가 끊기고 전기가 끊기는 상황들이 여러 번 반복된 상황이 많았다. 전화 끊기고 산 것은 다반사였고 가스는 물론이고 각종 세금들이 밀려 압박을 많이 받던 시절이다. 지난 10여 년 동안 나는 엄마를 모시고 살면서 급하면 엄마에게 엄마 나 지금 3만원만 빌려주세요. 2만원만 빌려주세요. 라는 말을 툭 하며 살다보니 본의 아니게 달을 채우는 경우가 종종 발생한다. 조금씩 조금씩 빌린 돈들이 더러는 한 달이 되면 2~30만원이 될 때가 많았다. 나는 남편 일한 돈이 들어오면 제일 먼저 한 일은 먼저 엄마 돈을 갚는 일이었다. 제가 그렇게 매월 돈을 갚을 때마다 엄마는 늘 바로 그것이야. 라는 말씀을 하셨던 것이다. 아마 저희 어머님 바로 그것이야. 라는 말씀의 의미는 작은 돈이라 할지라도 가족끼리 잘 갚아야 한다는 뜻으로 저는 해석 했던 부분이다. 더구나 저에게도 돈이 생기면 그 돈을 어머님께 용돈 쓰시라고 드리게 되고 그 돈들을 5만 원 권으로 바꿔서 한 방향으로 가지런히 정리해서 어머님께 드리면 엄마는 다시 돈을 정리해서 지갑에다 넣으시곤 하셨다. 제가 없는 형편에도 불구하고 빌린 돈 이자라고 드리면 엄마는 더러는 아이고 참말로. 라고 겸연쩍어 하시기도 하고 더러는 그랬어. 라는 말씀을 하시는데 아마도 그 말씀의 의미를 해석하면 너도 없을 텐데 나를 주냐. 라고 해석 된다. 어머니는 누워계시다 벌떡 일어나 앉으시며 ○○○에게 연락을 하라고 하신다. 갑자기 내린 명령이라 이해를 못하고 빨리 못 알아듣고 있으면 엄마도 상대 이름이 말로 나오지 않을 땐 그때 수첩을 꺼내 ○○○대상을 가르쳐주시며 ○○○에게 돈을 얼마를 붙여주라는 말씀을 하시며 종종 돈을 챙겨주셨다. 나는 우리 엄마 핸드백 속을 자주 보게 된 이유이다. 어머니는 일가친척 분들 경조사

(慶弔事)를 철두철미(徹頭徹尾) 챙기셨던 분이다. 우리는 일가친척이 남들 곱절이다. 저희 어머님 기억력이 메가톤급이시라 아주 잘 챙기셨던 부분이 이 부분이라 하겠다. 나는 이런저런 이유로 우리 엄마 핸드백을 자주 열어보게 된 사연이다. 저 개인적으로는 저희 어머님 이런 행동들이 이해가 되지 않을 때가 가끔 있었다. 경조사 관련이 아닌 부분에 대해 더욱 이해가 가지 않았다. 내가 직접 애옥살이 아이 분유 값이 없어 생우유를 사 먹여야했던 고달팠던 시절을 생각하고 수도 끊겨 화장실을 쓰지 못했던 시절을 겪어보았을 때 누군가 설분 형편 알고서 쌀 한 포대 값이라도 주고 가면 눈가가 뜨거웠던 경험들을 겪어오다 보니 저희 어머니가 곤란을 겪고 있는 사람 심정을 미리 헤아리고 자기 용돈 아껴 남이 알까봐 몰래 몰래 돈을 보내시는 것은 보통 마음은 아니라는 것을 깨달은 것이다. 어떤 날은 어머니 마음에서 시키시는 일인지 새벽 같이 일어나서 돈 봉투 챙겨 옆에 두고 외출 채비를 하시고선 무조건 저에게 새벽 6시인데도 불구하고 막무가내로 어디로 가자고 성화를 내시는 경우가 종종 있었다. 제 입장에서는 우리 아이들 밥해서 셋을 등교시켜야 하는 상황에 무조건 가자고 성화를 부리시는 바람에 저 역시 당황한 일이 차례. 엄마가 그렇게 돈을 챙겨주는 상대는 모두 제가 아시는 지인이기도 하고 친척이기도 해 찾아가는 부분은 그다지 어렵지 않았다. 사실 저는 몰랐지만 그 분들은 대부분 경제적 어려움을 많이 겪고 계시던 시기라 여겨졌던 것이고 그 사실을 엄마는 알고 이렇게 작은 도움이라도 주고 싶어 찾아 갔던 것이다. 그분들 형편을 보고난 나는 우리 엄마 기행(奇行)을 마냥 비판만 할 수 없었던 이유였다. 이 부분은 우리 엄마가 정말 존경스러운 부분이라고 말하고 싶다. 누가 말하지도 않았는데도 어머니는 미리 곤경에 처해있는 사람을 알고해 작은 성의라도 보여주셨으니 저로써는 저희 어머님이 달리 보였던 부분이라고 말한다.

저희 어머님 핸드백을 나는 이런저런 이유로 자주 열어보게 된 이유고 자주 열다보니 핸드백 밑바닥에 너덜너덜 해진 체 들어 있는 등기문서를 자주 보았던 이유다. 언제부터인지 알 수 없으나. 어머니 핸드백 속 질서(秩序)가 좀 낯설다. 라는 느낌만 있었을 뿐이다. 이 또한 제가 잘못 알고 있을 수가 있어 크게 신경 쓰지 않고 살았다. 어머니는 이제껏 말은 통(通)하지 않고 문서(文書)는 보이지 않아 내심(內心)걱정이 많으셨던 것이고 그 문서를 혹시나 고향집에 놓아두었나 싶어 이렇게 성치 않으신 몸으로 열심히 찾고 계신 것이다. 엄마는 고향집에 온 김에 장롱 속을 다 헤집어 보고서 문서가 안 보인다고 근심이 크시다. 어쩌면 20여 년 넘게 어머님 핸드백 속에 고이간직 했던 문서들인데 아이러니하게 소중하게 여기시는 문서들을 찾고 계시니 저는 이 상황이 믿어지지 않는 것이다. 저희 어머님 평소 기억력은 메가톤급이셨다. 문서를 따로 어디다 보관 하시지는 않으셨으리라 생각한다. 나는 이 상황이 더욱 믿어지지 않아 설마 하는 심정으로 어머니와 저는 다시 마음을 잡고 다시 이곳저곳을 뒤져보았다. 저희 어머니가 뇌경색으로 쓰러지신 이후 초반에는 큰 아들집에 계시다가 조금 시일이 된듯하면 딸들 집에 계시다가 더러는 고향집에 머물기도 하시는 바람에 어머님 소지품들이 여기저기 나눠져 있는 상황이라 혹여 다른 짐 속에 있지 않을까? 싶은 생각도 든 것이다. 어머님께서는 혹시라도 자기 짐 보따리 속에다 문서들을 집어넣었지 않았을까? 라는 생각에 고향집에 들려 최근에 가져다놓은 짐 꾸러미들을 집중적으로 뒤져보셨다. 저희 어머니는 문서(文書)만은 목숨처럼 아끼신 부분이라 핸드백 속에다 잘 간직 하였을 텐데 도대체 문서가 어디로 갔는지 아무튼 귀신 곡할 노릇이 바로 이런 경우이지 싶다. 남들처럼 어머니가 말씀이라도 잘하시면 속 시원하게 답이나 들어 볼 텐데 말은 통하지 않고 애타게 찾는 물건은 보이지 않고 해는 지고 있으니 이젠 서둘러 김해 가야 되는 상황이라 마음은 급(急)하고 시간은 자꾸 흘러만 가니 난감(難堪)하고 난감했다. 김해서 내려 올 때에는 문서들이 고향집 짐 속에 있을 것이라 믿고서 걱정 하시지 않고 오셨는데 막상 고향집에 와 본인 짐 속에도 그 어디에도 문서가 없으니 울 엄마가 적지 않게 당황 하고 계신다. 어머니는 문서 찾는 것을 멈추시고 저에게 아야 없다. 그것이 아닌 디 그것이 아니어. 라고 너무 상심을 크게 하셨던 이번 8월 여름의 기억이 아직 나는 선명하게 남아있다. 제가 지금도 이해 되지 않는 부분이 어머니께서 그렇게 애지중지로 잘 간직한 문서들이 언제 어디로 사라졌는지 의문(疑問)스럽다. 어머니께서는 35 ~ 6년 전에도 살고 계시던 집과 산을 특별(特別)조치(措置)법 때문에 집안 오빠 손으로 넘어 갈 뻔 했던 사건이 있어 유독 문서에 대한 애착이 남들보다는 더 강하신 이유다. 이런 저런 이유로 이제껏 어머니는 비록 몸은 저희와 함께 살고 계셨지만 본인 주소만은 절대로 김해로 옮기지 않으셨던 이유가 그 이유였던 것이다.

너무 무리한 수를 두지 않았나?

일단 고향집에서 일주일가량 있다가 오자고 하시니 나는 고향집에 가기는 가야 되겠고 사정은 여의치 않으니 이 또한 고민이다. 저희 어머니는 다른 분에 비해 유독 고향 집에 대한 미련이 너무 많으신듯하다는 생각이 든다. 특히나 마음속에 품고 있는 또 다른 뜻이 있으셔 그랬는지는 알 수 없으나 아무튼 지금 당장 고향집으로 내려가자고 성화가 심하시니 받들자니 참으로 입장 난처하고 외면하자니 참으로 고민이 된다. 지금 제 입장으로서는 조금 당황스런 요구이시지 않나 싶기도 한 상황이다. 남편 퇴원한지 일주일도 지나지 않아 장류 교체는 필히 옆에서 도와줘야 하는 상황이건만 울 엄마는 사위 편리를 조금도 봐 줄 생각이 없는 듯한 느낌이 든다. 지금은 12월 달이라 남부지방에 폭설 주의보가 내려진 상태인데 하필이면 이 추운 날씨에… 그것도 몇 달 사람 손이 닿지 않아 엉망이 되어 있는 고향집에서 며칠을 지내고 오자고 하시는 이유가 과연 무엇인지? 저는 우리엄마가 나의 입장을 전혀 고려하지 않고 막무가내로 고향집으로 가자고만 하시는 울 엄마가 살포시 원망스러워지는 순간이다. 그동안 비워놓은 고향집을 내려가서 청소 할 일을 생각하니 한숨이 절로 나온다. 눈이 펑펑 쏟아지고 있다는 뉴스가 나오는 강진을 어머님 계시지 않는 고향집은 제가 수십 차례 다녀보았지만 늘 비워놓은 집이라 쌓여있는 먼지와 거미줄 그리고 거미줄에 걸려 있는 수백 마리의 날파리 시체가 저희들을 맞이해주던 것이 머릿속에 그려진다. 날씨마저 눈보라 휘날리는 이 시기에 굳이 꼭 가자고 하시니 저도 모르게 한숨이 절로 나온 것이다. 구정 새기 전에 꼭 다녀와야 된다고 고집을 부리시고 성화가 심하시니 난감하다. 어쩌면 좋을지? 형제들은 이러한 사실을 알면 성치 않으신 어머님 모시고 이곳저곳을 다닌다고 속도 모르고 분명 나를 맹비난 할 것이 불을 보듯 뻔한 일이다. 우리 형제들은 언제부터인지 알 수 없으나 쓴 소리에 달인들이 되어있다. 분명 좋은 소리 할지는 만무(萬無)하다. 이러한 사실(事實)을 형제들이 알면 엄마 마음과 제 마음에 큰 상처(傷處)가 될 뿐이지 득(得)이 되는 일은 단연코 없을 것이다. 이번에는 여러 날 걸릴 것이 예상되니 형제들에게는 고향집에 도착(到着)을 해서 연락을 취하는 것이 오히려 나을 듯싶다. 저는 이 시점에서는 오직 우리 엄마 마음이나 편안케 해드리자. 라는 뜻에 목적(目的)을 둘 것이다. 형제들이 병든 어머니 모시고 고향집에 갔다고 정신이 있니 없니 라고 왈가왈부(曰可曰否)할 때에 울려 퍼지는 잡스런 소리는 내가 감내 할 것이다. 더군다나 성치 않으신 어머님 뜻이 꼭 고향집에 머물다 오시겠다고 하시는데 굳이 다른 이유가 있을 필요는 없다. 숨 쉬는 시간이 예정된 것이 없다보니 당연히 울 엄마 작은 소망이라도 들어 드리고 픈 차원이다. 나는 형제들 원성(怨聲)쯤은 두렵지 않다. 원망 좀 듣고 말지. 라는 생각만 한다. 나는 남편에게 어떻게 말을 전해 남편 마음을 덜 상하게 하고 갈 것인가? 라는 주제가 숙제(宿題)일 뿐이다. 저는 남편점심을 차려주고 나서 조용한 시간을 이용해 용기 내서 남편에게 엄마가 고향집에 다녀오고 싶다고 하시는데. 라고 말을 꺼냈다. 역시나 남편 반응(反應)은 차갑다. 자기는 어떻게 하라고 며칠을 고향에 내려가 있느냐고 성질 부리를 한다. 나는 남편에게

"큰 딸 수능시험 끝나서 집에 있으니 큰 딸 보살핌을 좀 받고 있어요."
라고 했다. 남편의 반응(反應)은 썩 내키지 않은지 좋지 않다. 그렇다고 지금으로서는 다른 방법(方法)은 없다. 우선(優先)병든 어머님 의사(意思)가 중요하고 자식은 당연히 먼저 어머님 의사를 존중(尊重)해드리는 것이 우선 순서이지 않겠나 하는 마음뿐이다. 남편 불만이 있을지라도 저는 고향 가는 길을 택한다. 저희 어머님 성품상 딸을 고생시키려고 일부러 이런 상황을 만들지는 않을 것이고 이렇게 밖에 할 수 없는 어머니도 나름 생각을 많이 하셨을 것이다. 어머니도 쉽게 내리신 결정은 아니실 것이라는 생각한다. 성치 않는 자기를 두고 고향 내려가는 마누라를 원망하는 남편을 남겨두고 나는 거동 못하시는 어머님을 모시고 고향집으로 갈 준비를 한다.

다음날 저는 이른 아침부터 서둘렀다. 며칠 머물 생각에 반찬이 좀 필

요해 평소보다는 짐이 좀 많다. 지난밤에 이것저것을 챙겨 두어 말 그대로 차에 실어 놓기만 하면 되었다. 이렇게라도 고향집에 가시게 되신 울 엄마는 비록 육신(肉身)은 타인(他人)의 부추김을 받아야 움직이셨지만 마음은 왠지 가벼워 보이셨다. 어머니를 차에 앉혀드리고자 지하주차장에서 차를 몰고 와서 현관 앞에 세우다. 저는 언제부터인지 모르겠으나 뛰어다닌 것이 이젠 습이 되었다. 내 생각은 오로지 1분 1초라도 저희 어머니 기다리게 하는 것이 싫어 무조건 뛴 이유다. 제가 계단을 헐레벌떡 뛰어 어머니를 모시고자 현관문을 열었더니 벌써 저희 아이들 셋이 할머니를 조심스럽게 부추겨 현관 앞으로 걸어 나오고 있다. 저희 아이들 셋이서 조심스럽게 할머니를 부추겨 나오는 이 모습은 제 개인적인 생각으론 세상에서 제일 가슴 훈훈한 모습이라 여겨진 부분이다. 우리 아이들 셋이 외할머니를 부추겨서 나오는 폼새가 가히 일급 간병사 수준이라 해도 부족함이 없을 정도로 할머니를 편하게 모시고 이동하고 있다. 아들과 큰 딸이 할머니를 아주 조심스럽게 불면 날아갈까 만지면 깨질까? 나의 이런 표현이 적절하지는 모르겠지만 제 시선에서 느껴지는 우리아이들의 조심함이 계란을 받침 없이 머리에 이고 깨트리지 않으려고 숨죽이며 걷고 있는 신중함처럼 느껴진 것이다. 아들과 큰 딸이 할머님 양쪽 팔을 감싸 않고 할머님 한발 한발 내딛도록 보조를 맞추고 있는 모습이 지극함이 보여 제 마음이 뭉클해졌다. 막내딸은 할머니 핸드백을 들고 할머니 등을 받쳐가며 계단 내려오는 모습이 너무도 보기가 좋다. 돈으로도 살 수 없는 모습이 바로 이러한 모습이 아닐까? 싶다. 이렇게 아이들 협심된 모습들이 아마도 우리가 희망(希望)하는 자식(子息)상(像)이지 않나 생각한다. 저는 아이들이 조심스럽게 어머니를 부추겨 차에 앉혀드리는 과정을 살피며 조수석 문을 최대한 열어 울 엄마가 차에 앉으시는데 불편하지 않도록 했다. 우리 아이들과 함께 엄마를 앉혀드리니 너무 수월하다. 나 혼자 엄마를 차에 태울 때는 온 사지가 떨릴 정도로 힘을 주며 태웠다. 오늘은 아이들 셋이 엄마를 이러게 부추겨주니 우리가 함께함에서 오는 수월함을 경험하게 된 사례. 나는 저희 아이들이 차까지 할머니를 조심스럽게 일심동체(一心同體)하여 모셔다주는 모습이 너무 이뻐 제 기억 속에 오래 남을 것 같다는 느낌이 든다. 이런 모습 속에서 가족(家族)은 많으면 많을수록 좋다는 사실을 새삼 느꼈다. 백지장(白紙張)도 맞들면 더 수월하다는 말이 진리였음을 깨달은 부분이다. 나는 아이들이 한 목소리로
 "엄마 조심히 다녀오세요."
라는 인사 받고 출발한다. 더구나 아이들 합심(合心)된 힘찬 목소리를 듣고 나니 어딘지 모르게 든든하고 기분이 좋아진다. 다만 아직 건강이 안심 할 단계가 아닌 울 엄마를 모시고 눈길 장거리를 가야하다는 사실이 부담은 있다. 그러나 마음은 왠지 홀가분함을 느낀다. 우리가 인생길 사노라면 더러는 결정을 하고 결단을 내리기가 망설여지는 경우가 종종 있다. 그렇지만 결정 짖기 힘든 상황과 마주하면 내 경우에는 일단 부모님께서 원하시는 쪽으로 결정을 보편적으로 많이 하고 살았다. 이유는? 어른 말 들으면 자다가도 떡을 얻어먹는다. 라는 속담을 가장 큰 진리라 여기며 살아왔던 이유 때문이다. 진리의 경중(輕重)이 따로 있지는 않을 것이라 생각한다. 제 개인적인 생각으로 판단했을 때 어른들은 경험이 많다는 것에 주안점을 두고 있는 부분을 생각하면 대부분 큰 지혜는 많은 경험에서 나오기 때문이다. 저는 그 많은 속담 중 어른 말 들으면 자다가도 떡을 얻어먹는다. 라는 속담에 의미를 두고 살았던 것이다. 차는 집에서 출발 했다. 내 차가 가스 차다보니 연비가 좋다. 그래서 나는 이렇게 부담 없이 울 엄마가 원하시는 그 어디라도 다니고 있지만 더러는 추운데 히터를 바로 틀지 못한 점이 약간 불편하다는 정도이다. 그렇지

만 가스 값이 워낙 싸 기름 값 걱정하지 않고 다닐 수 있어 가스차가 내 형편에는 정말 딱이다. 그러나 오늘은 영화권이라 차안이 많이 춥다는 느낌이다. 나는 조수석에 얌전히 앉아 계시는 우리 엄마 잠깐이라도 추우실까봐 어머니를 살펴본다. 그리고

"엄마 춥지 않아요?"

라고 물었다. 그랬더니 엄마는 바로

"나는 괜찮다."

라고 한다. 우리 모녀가 말없이 1시간가량 달려 진주쯤 가다보니 눈발이 서서히 내리기 시작했다. 아직은 걱정할 수준의 눈은 아니었다. 다만 제가 새벽 길 블랙아리스 고속도로 큰 사고 경험이 있어 정신적으로 긴장이 될 뿐이다. 눈길 고속도로 주행하기란 특별한 의지가 없으면 가기가 어려운 길이라 나는 생각한다. 몸이 자유롭지 못해 여러 가지가 불편한 상태이신 어머니를 모시고 눈길을 마다않고 목표까지 간다는 것은 대단한 의지 아니고선 나서지 못한 길이라 생각한다. 그런데 울 엄마는 자기가 직접 운전을 해보지 않아 눈길 위험을 모르셔 목표까지 가자고 성화를 내셨으니 더러는 울 엄마 막가파 수준의 고집을 누가 이길 수 있을까? 싶다. 병든 부모 뜻 거스르지 않고 험한 길 가노라면 분명 하늘의 조화가 생겨 우리 가는 길을 살펴주시지 않겠는가? 라는 마음으로 나는 무모하게 대설주의 내려진 전라도를 향해 달린다. 나는 무슨 배짱으로 가는지는 알 수 없으나 우리 엄마만 믿고 나선 고향 길이다. 저는 말없이 앉아 계시는 어머니를 한번 돌아본다. 오랜만에 고향가시는 길이라 그런지 어머니 얼굴이 한결 편해 보였다. 어머님 안색이 편해 보여 나도 안심을 하고 운전대를 꽉 잡았다. 무슨 결심을 하고 운전대를 꽉 잡은 것은 아니다. 그렇다고 의지의 한국이라는 뜻으로 잡은 것도 더더욱 아니다. 다만 울 엄마 안전하게 모셔야한다는 사명감이나 갖고자 내 속마

음 표시로 운전대를 힘주어 꽉 잡아 본 것이다. 나는 눈이 휘 날리고 있으니 생각이 많아진다. 장거리 길에 휠체어 없이 가는 길이라 만약시 휴게소에 휠체어가 비치되어 있지 않다면 나는 낭패(狼狽)다. 그러나 요즘 공공장소는 장애인 편리 시절과 장비가 잘 비치되어있다. 어떻게 생각하면 각자 여유만 있으면 참 좋은 세상이고 편리한 세상이라 생각한다. 저희가 건강보험에서 렌트한 휠체어는 사용기간 5개월이 되어 반납을 했다. 중간에 추가로 2개월 더 연장을 해 썼지만 이젠 더 이상 추가 연장이 불가(不可)해 휠체어 없이 이렇게 가는 중이다. 지금 이렇게 장거리 이동시에는 꼭 휠체어가 필요하다.

나는 중간에 어머님께 휠체어 하나 사자고 권했지만 어머니는 휠체어 사자는 우리들 말에 노발대발 하시어 휠체어 사는 부분에 대해 이제는 절대로 생각하지 않기로 했다. 외출 할 때 휠체어가 없어 병원이면 병원에 것을 이용하고 휴게소 들리면 휴게소 것을 이용하며 다니는 상황이고 집에서는 아이들 의자를 휠체어처럼 사용하다보니 없으면 없는 대로 그때그때 상황에 따라 대처하고 적응하다보니 이젠 어느 정도 요령도 생겼다. 그러나 때로는 휴게소가 아닌 다른 곳을 방문 할 땐 절실히 휠체어가 생각났지만 불편(不便)하면 불편(不便)한대로 살아 가야하는 것이 나의 운명이다. 특별하신 저희 어머니께서는 무슨 심술로 저에게만은 문명에 편리한 해택을 전혀 못 받게 하시니 어떨 땐 심술궂은 엄마가 맞다. 는 생각이 절로 들기도 하다. 그러나 불평불만을 갖노라면 저희 어머님 마음 불편하고 제 마음 또한 불편해 가능한 어머님을 이해하려고 노력중이다. 반면 다행스럽게도 휴게소마다 휠체어가 잘 비치되어 있어 제가 이 부분만큼은 편리(便利)하게 이용(利用)하며 다니고 있어 이 또한 견딜만한 인생(人生)여정이 아닌가 싶다. 더구나 집에서는 아이들 책상의자가 바퀴가 달려 있어 책상 의자를 이용해 욕실로 이동하거나 외출(外出) 할 때는 현관 앞까지 책상 의자를 밀어 이동을 하다 보니 집에서는 불편하지는 않다. 하지만 그래도 이렇게 장거리 다닐 땐 휠체어가 하나 있었으면 더 수월하지 않았겠는가? 라는 여운(餘韻)은 조금 남아 있다. 별난 어머니 덕분에 문명의 해택이라고는 자동차외에는 전혀 못 받게 하시는 부분은 편리성을 논했을 때 심술쟁이 엄마가 맞다. 우리들 상식 밖의 일들을 종종 시키시는 바람에 너무 어이없어서 제가 하루는 어머니께 아이고 심술쟁이 아줌마 미워라. 라고 했다. 엄마도 심술쟁이 아줌마 미워라. 라는 제 말이 어이가 없으셨는지 한바탕 껄껄 웃으셨던 기억이 있다. 예를 하나 들자면 저희 삶과는 너무나 동떨어진 사례고 나에게는 너무 황당한 일중에 하나이고 너무 우리 삶과 일치하지 않는 경우다. 우리 삶은 서민이다. 정치와는 전혀 관계없는 사람이라 여기며 살아온 사람이다. 어느 날 고향에서 추석을 보내시고 바로 저희 집으로 올라오셔서 저에게 다짜고짜 하시는 말씀이 국회로 가서 박근혜 당시 한나라당 의원을 빨리 만나야 된다고 하시며 빨리 서울로 올라가자고 성화가 어찌나 심하셨다. 보통 마음으로는 이해가 되지 않는 부분이 바로 이런 부분이라 여긴다. 성화가 너무 심하시고 이해도 되지 않은 상황이라 멍하니 우리 엄마를 뚫어져라 쳐다봤다. 나는 어머님 성화를 못 이겨 서울 올라가면서 울 엄마에게

"워메 아줌마 미워죽겠네."

라고 했었다. 엄마도 어이없으셨는지 엄마가 껄껄껄 웃으셨던 기억이 있다. 그때 어머니께서 곤란한 일들을 자주 시켜 난감(難堪)한 경우가 많았지만 지금 현제는 그런 어머니마저 계시지 않으니 그때가 가장 행복했고 그 시절이 이제는 그립기까지 하다. 저는 저희 아이들이 우리를 배웅하면서 조심히 다녀오세요. 라는 인사말을 했다. 오늘은 왠지 다

시 되뇌어 진다. 이유는 모르겠다. 아마도 오늘 눈길이 예상 되니 조금 불안감이 심중에 서려있어 되새겨 보지 않았나 싶은 생각이다. 저는 차에 앉으면서 어머님께 엄마 지금 우리 겨울여행 떠나는 겁니다. 그러니 안전벨트 단단히 메세요. 라는 말을 끝으로 어머니와 저는 한 시간 넘게 말없이 고속도로를 달려가고 있는 중이다. 저희 모녀는 날마다 같이 있다 보니 딱히 할 말은 그다지 없다. 어머니와 대화(對話)가 원활하지 못하다보니 더욱 할 말이 없는 이유이지 싶다. 이렇게 한동안 말없이 가노라면 저희 어머니는 제가 운전 중에 졸까봐 옆에서 종종 잠자. 라고 큰 소리로 물으시곤 하셨다. 아마도 제가 운전 중에 졸까봐 염려가 되어 일부로 큰 소리로 잠자. 라는 말씀을 하셨을 것이라 생각한다. 우리 모녀는 종종 이렇게 저렇게 근 10년을 다니고 있는 중이다. 올 들어 예상치 못한 변고로 어머님 보행이 어렵다는 사실과 건강이 안심 할 수 있는 단계가 아니라 조금 염려스러울 뿐 예전과는 별 다른 차이점은 없으니 아마 이것도 우리 모녀만의 여행이고 행복이지 싶다. 저희 모녀가 이렇게 자주 고향집을 들락거리니 그 누군가는 돈을 길에다 뿌리고 다닌다는 비아냥거린 말도 있었다. 자기들이 차비 한번 보테주지도 않으면서 남의 말이라고 함부로 하는 경우가 있는데 참으로 상대방 입장 전혀 고려하지 않고 내 뱉는 말이 더러는 상대방에게는 큰 상처가 된다는 사실을 알아주었으면 한 입장 바꿔 생각해보노라면 젊은 우리도 머지않아 늙고 병드는 것이 기정(旣定)사실이다. 우리는 예견된 장애인 이다. 나는 기회를 더 만들어 병든 부모님 한 번 더 모시고 다닐 수 있어 너무도 다행이라 여긴 사람이다. 복(福) 많은 사람만이 이런 기회(期會)도 주어진 것이라 나는 생각하고 있다. 남의 말 함부로 하고 사는 사람들도 될 수 있으면 남의 말은 좋게 하고 내 행동은 바르게 하고 사는 것이 좋은 것이다. 입장 바꿔 잠깐이라도 생각 했더라면 상황 좋지 않은 이 시점에서 나라고 여러 날 고향집에 가서 있고 싶겠는가? 아직 늦둥이가 어려 엄마 손이 절실히 필요한 이 시기에 어린 딸 등교시켜주지 못하고 유별나신 엄마 수발드는 일이 보통 일은 아닐 텐데 수고한다는 말은 고사하고 길에다 돈 뿌리고 다닌다는 말이 들리니 이제는 엄마와 나의 행보(行步)를 비밀로 하고 다니게 된다. 나 역시나 효하는 마음 보다는 저희 어머님 살아계실 때 원(願)하시는 일이라면 가능한 들어주고 싶은 마음만 있다. 왜 그런지는 잘 모르겠으나 저 또한 좋아서 하는 일은 절대 아니다. 저도 돈 아까운지 알고 움직이면 돈이 들어간다는 사실도 잘 알고 있다. 어머니께서 종종 차비를 주시면서 가자고 황소고집을 부리시니 저 또한 거절 할 수 없는 이유이다. 저희 어머니 바깥바람 한 번 쐐드리는 것도 나쁘지 않다는 생각을 해 지친 몸을 이끌고 다니는 이유다. 차비 한번 보태준 적 없는 인사들이 뒤에서 내는 잡소리란 헛 숭헌. 저희 모녀가 말없이 1시간 30분쯤 가다보니 진주를 지나 광양으로 들어가는 새로운 고속도로로 진입하게 된다. 1~2년 전부터 목포로 가는 고속도로 길이 새로 생겨 고향 가는 길이 예전보다는 훨씬 시간이 단축되었다. 예전에는 광양에서 장흥까지 가는 시간이 대략 두 시간 가깝게 걸렸다. 새로 난 고속도로 가다보니 30분 정도가 빨라진 것을 알게 된 것이다. 새로 생긴 광양과 장흥구간에 생긴 터널만 무려 20개 정도가 된다는 사실이다. 그 덕분에 곡선이던 길들이 직선 도로가 많아진 것이다. 현대는 참 기술이 좋다는 느낌이다. 언제 이렇게 길들을 닦아 놓았나 싶을 정도로 도로공사들이 이용하는 입장에서는 일사천리로 진행 된 것 같은 느낌이다. 저희 모녀는 보성 휴게소에 들려 그곳에 비치된 휠체어에 어머니를 앉히고 화장실을 다녀왔다. 졸음을 쫓고자 커피 한잔 저 혼자만 마시게 된다. 어머니 고관절로 쓰러지시기 전에는 아침에 일어나자마 어머니와 나는 마주 앉아 모닝커피를 한잔씩 꼭 습관처럼 마셨다. 그리고 커피마시고 나신 엄마는 언제나 맛있다. 라는 말씀을 해주셨다. 이렇게 쓰러지신 후로는 그 리듬이 깨졌다. 이제는 이렇게 졸음을 쫓고자 이렇게 저 혼자 커피를 마신다. 무슨 이유인지는 잘 몰겠지만 어머니는 쓰러지신 이후론 커피를 일절 잡수시지를 않으신다. 차를 타게 되면 더욱 음식도 거절하신 것이다. 아마도 제 추측으론 화장실 문제가 걱정 되서 그러지 않았나? 하는 생각을 한다. 커피를 다 마신 나는 또 다시 울 엄마 안전벨트를 점검하고 서둘러 목표를 향해 길을 출발한다. 저희가 김해에서 출발 할 땐 눈이 내리지 않았다. 진주를 지나고나니 눈이 조금씩 날리던 것이 보성 휴게소를 지나고 부터는 제법 눈발이 휘날려 시야가 잘 확보되지 않다. 목적지 목포까지는 아직도 두세 시간을 더 가야 하는데 하얀 눈발이 제법 휘날리고 있으니 보기에는 낭만적이고 아름답기는 하지만 빙판길이 될까봐 조금 걱정이 되고 시야 확보가 좁아진 것이 다소 불편하다. 내리는 눈을 자세히 보니 눈이 앞 유리창에 닿자마자 사라져 빙판길 염려는 크게 안 해도 될 것 같다는 생각이 든다. 예측할 수 없는 것이 기상이라 나도 모르게 걱정부터 하게 된다. 지금 저희가 가는 곳은 목포다. 저는 꼼짝도 않고 말없이 앉아계시는 어머니에게

"엄마 오늘 꼭 목포 들려야 되요?"

라고 물었다. 어머니는 거두절미(去頭截尾)하고 그렇지. 하신 것이다.

"엄마 이렇게 눈이 많이 내리는데 그 먼 곳까지 가자고요?"

라고 다시 물었다. 어머니는 평온한 음성으로 괜찮을 것이다. 라는 말씀을 하신다. 그 말씀은 눈이 많이 내리지 않으니 걱정하지 말고 가자. 라고 하시는 뜻이다. 나도 엄마 말씀만 믿고 군말 않고

"알았어요."

라고 하고선 휘날리는 눈보라를 헤치며 달리는 차 운전대를 꽉 잡고 목포를 향해 달린다. 저는 어머니와 말없이 한 시간 가량을 달렸을 때쯤

달리는 길이 무언가 조금은 낯설다는 기분을 갖게 된다. 평소에는 보통 보성에서 1시간가량 운전을 해서 가다보면 낯익은 고향 산천이 멀리서 보였다. 고향동네는 보이지 않고 낯선 산천이 펼쳐지는 것을 보니 평소에 다니던 고속도로가 아니라는 것이다. 예전에는 목포를 우리가 가더라도 고향집 앞으로 나있던 국도를 꼭 지나가야만 했다. 의도치 않더라도 먼 거리에서 고향집을 바라보며 지나갔던 목포행이다. 새로 생긴 고속도로는 고향집 뒤쪽으로 지나가게 되었는지 한참을 달려도 낯익은 고향산천은 보이질 않았다. 네비가 새로 난 길을 안내 했는지 무심코 네비 따라오다 보니 어느새 고향 산천을 지나고 강진읍 쪽을 지나가는 것을 알 수 있게 된다. 비록 이곳도 고향 산천은 산천이지만 한 번도 와보지를 않아 낯이 설었다. 이 방향 고속도로를 처음으로 지나가는 목포행이 낯설어 나는 운전대를 더 꽉 잡았다 눈길이라 더더욱 꽉 잡는다. 산 높이가 있어 기온차가 있음을 느끼게 했다. 길은 낯설고 눈마저 제법 휘날리며 눈이 쌓여가는 것을 보고가노라니 더욱 더 팔에 힘이 주어졌다. 하지만 어머니가 옆에 계시기 때문에 많이 의지가 되어 불안한 마음은 없다. 언제나 저에게는 저희 어머니가 정신적이나 육체적으로 든든한 지주셨다. 어머니가 옆에 계시면 불안한 마음이 사라진 것이다. 이제껏 저를 지켜주신 분이 바로 저희 어머님이시며 어머니가 바로 나의 신앙이셨던 것이다. 저는 말없이 가만히 앉아만 계시는 어머님 상태를 종종 살펴가며 목포에 안전하게 도착 한다. 나는 근처 과일가게 앞에 차를 세워두고 눈을 맞으며 귤 한 박스를 하나 사서 트렁크에 넣었다. 눈발이 날리는 것을 봐서는 날씨가 예사롭지 않는다. 과연 우리가 친척 분을 만나 뵙고 강진까지 갈 수 있을지가? 의심스러울 정도로 눈보라가 세차졌다. 우리가 친척집 근처에 다다르니 눈은 더 새 차게 내려 앞이 분간이 어려울 정도로 함박눈이 내린 것이다. 하늘은 온통 짙은 잿빛이라 온 세상이 밤처럼 어두워지기까지 했다. 하늘과 땅이 같은 회색으로 변해버린 이런 현상을 두고 건곤(乾坤)일색이라 표현했던 것이라 생각이 든다. 친척집으로 올라가는 길은 제법 경사가 있는 골목길이라 눈이 이렇게 많이 내리는 날에는 내 간(肝)은 콩알만 해진다. 함박눈 내리는 빙판 길이고 가파르고 좁은 언덕길이라 간이 작은 내 입장에서는 간이 경직되기 일보직전이라 하겠다. 하지만 내일을 기약 할 수 없는 울 엄마는 이 궂은 날씨에도 불구하고 꼭 친척집을 찾아가셔야만 된다고 하시고 어머님 소원이시라고 하시니 나의 위태위태한 감정 따윈 안중에도 없는 것이다. 저는 목포해양대학교 앞에 다다라 친척 조카한테 전화한다. 우리가 잠시 후 그곳으로 갈 터이니 대문 앞에서 얼굴 좀 보자고 했다. 그 아이는 좋아라고 한다. 정상인이라면 아주 건장한 청년의 모습이라 하겠지만 정상이 아니다보니 그저 정신연령이 마치 4~5세 수준이다. 어머님은 더 이 아이를 챙겨주고 싶은 마음이고 더 안타까운 마음이 있어 본인 자신도 생사(生死)의 갈림길에서 겨우 빠져 나오신 몸인데도 불구하고 이 먼 길을 찾아오신 이유이지 싶다. 오늘은 다행스럽게 친척아이가 집에 있는 것으로 보아 어머니는 7촌 된 손주 얼굴이라도 보고 갈 수 있어 그나마 성치 않는 몸을 이끌고 김해에서 목포까지 눈보라를 맞으며 온 보람이 있어 정말 다행이다. 저희가 이곳에 서너 차례 찾아 왔지만 그때마다 이 손주는 교회 나가고 없는 바람에 두 번은 얼굴을 보지 못하고 돌아갔었던 사연이 있었다. 이번에는 다행히 집에 있다고 하니 만나볼 수 있을 것 같아 다행이다. 저는 멀리서 보면 미끄럼틀처럼 생긴 좁은 언덕길을 바라보며 운전대를 더 힘을 주며 잡았다. 유달산 정상을 향해 올라간다. 빙판 길이라 내 머리끝은 쭈뼛쭈뼛해진 상태다. 자동적으로 나의 온 신경세포가 곤두서버린 상태다. 나는 용기를 내서 유달산 좁은 언덕길을 향해 조심스럽게 올라간다. 몇 년 전 처음 이곳을 와서 느낀 점은 유달산 산줄기 따라 올망졸망 지어진 집들은 6. 25때 지어진 집처럼 하나 같이 그만그만하고 낡아 보인 것이 특징이었다. 산줄기 따라 형성된 동네이다 보니 형편들은 그야말로 초가삼간보다 더 못한 상태였던 것이 특징이라면 특징이었다. 지금은 그 형편을 안타까워 할 여유가 없다. 눈이 펑펑 쏟아지는 언덕길이라 차를 서서히 몰며 올라가다보니 친척집 바로 앞에 차가 겨우 2대정도 주차할 공간이 보였다. 그곳에 차를 주차해놓고 다시 전화 걸어 우리가 집 앞에 도착했다고 연락을 했다. 친척이 이곳으로 오시는 동안 잠시 차창 밖을 보았다. 펄펄 쏟아지는 눈발이 세차져서 그런지 내려다보이는 집들이 온통 하얗게 눈에 쌓인 산처럼 보였다. 산꼭대기이라 기온이 뚝 떨어졌는지 앞 유리창에 눈이 소복이 쌓여져 있다. 눈이 쌓이는 모습을 보고 있노라니 불현듯 몇 년 전 이곳에서 땀을 뻘뻘 흘리며 이골목저골목을 뒤지고 다녔던 기억이 아련히 떠올랐다. 그때만 해도 저희 어머니께서는 70대이셨다. 날렵하게는 걷지 못하셨지만 천천히 걸어 다니신 데는 큰 문제는 없었다. 몇 년 사이 어머님은 어느새 80세가 넘으셨고 지금은 전혀 걷지를 못하시니 만감이 교차한 순간이다. 잠시 회환에 젖어 있을 때 두 모자가 이 추운 날씨에 얇은 속옷만 입고 나와 덜덜 떨며 조수석 앞으로 다가왔다. 친척 분께 인사를 하기 위해 차에서 내렸다. 막상 밖으로 나오니 바닷바람이라 그런지 살갗이 에일 정도로 차갑게 느껴졌다. 올케 되신 분께 나는 인사를 하고서 오는 길에 사가지고 온 과일박스를 아들에게 꺼내주며

"할머니께서 몸이 많이 좋지 않지만 그래도 목포 식구들이 어떻게 살고 있는지 걱정이 되어 이 먼 길을 찾아왔어요."

라고 했다. 그런데 이 사람들은 정말 정신지체장애가 심한 사람들이 맞았다 정상적인 사람들 같으면 병색 짙은 할머니 얼굴을 보면 금방 알 수 있어서 우선 먼저 할머니 안부를 묻고 건강 상태를 물어오는 것이 정

상적 인사다. 그런데 이 두 모자(母子)는 인사는 제쳐두고 차 옆으로 다가와 조수석 문이 조금 열려 있는 틈으로 두 손을 내밀며 빨리 주세요. 라는 몸짓으로 엄마에게 손부터 내민다. 그러면서 하는 말은
 "용돈 얼마 주고 갈거예요?"
 라고 묻는다. 두 모자(母子)는 서로 손을 저희 어머님 앞으로 더 가까이 내 밀다 서로의 손을 밀쳐내고 달려들고 야단이 아니다. 엄마는 불편한 몸이지만 나가려 차문을 열려하지만 두 사람이 서로 돈을 받으려 달려드는 바람에 차문을 열지 못하신다. 내가 차창 문을 내려드린다. 엄마가 걷지 못하시기에 엄마가 차 문을 열 필요는 없다. 인사가 그런 것이 아니기에 엄마는 차문을 기대서라도 밖으로 나가 친척에게 인사정도는 하고 싶었던 것이다. 차문을 두 모자가 막고 서있어 문이 열리지 않았던 것이다. 엄마는 친척들이 엄마를 보자마자 손을 내미는 바람에 미처 봉투를 아직 꺼내지 못하신 상태다. 얼마주실 건데요? 라고 보채신 것이다. 엄마는 이 장면을 보고 핸드백을 열고자 지퍼를 열어보지만 손에 힘이 없어 그런지 자꾸만 지퍼가 미끄러져 엄마 손에서 빠져버린다. 나는 옆에서 지퍼를 열지 못해 당황하시는 엄마에게서 핸드백을 받아 지퍼를 열어 드렸다. 엄마는 언제 준비하셨는지 한얀 봉투 두 개를 꺼내셨다. 내 눈에는 하얀 봉투를 보잖니 화가 났다. 자기 쓸 돈도 모자랄 판에 이 눈 길 속을 달려와 할머니 몸은 좀 어떠신지를 묻지 않고 막무가내로 손을 내밀고 얼마를 주고 갈 것이냐?고 묻고 서로 밀치며 손을 내밀고 있는 모습이 몹시 짜증스러웠던 것이다. 손을 서로 밀치는 엄마나 아들이나 똑 같은 정신 연령임에는 틀림없는 사실이다. 이 사람들을 우리 엄마가 이렇게 길들여 놓지 않았나? 싶다. 저희 어머니는 이 사람들의 철없는 모습에 아랑곳 하지 않고 봉투 두개를 꺼내서 따로따로 건너 주신다. 누군가에게 돈을 주게 되면 항상 편지봉투에 넣어 정성스럽게 드린다.

그 돈은 늘 어머님 지갑 속에 넣기 전 가지런히 같은 방향으로 정리를 해두셨다가 이렇게 돈 주고 싶은 사람이 생기면 봉투에 넣어 드린 것이다. 저 같으면 이렇게 시근 없이 차문도 열기 전 달려와 손을 내밀면서

"얼마 주시고 갈거예요?"

고 말하며 서로 밀고 당기는 과정이 얄미워 돈을 주지 않았을 것이다. 하지만 어머니는 성치 않으신 몸인데도 불구하고 이 먼 곳까지 와서 그것도 손이 불편한 관계로 핸드백 지퍼도 열지 못하시면서 누구를 살피고자 여기까지 오셨는지? 참으로 옆에서 보기가 안쓰럽다. 본인도 건강하시지 못하셔 타인의 부추김 없이는 한 발짝도 움직이시지 못하시면서 이 먼 곳까지 찾아오셨을까? 의문스러울 뿐이다. 무엇 때문에 일가친척이라는 책임감? 아니면 정상이 아니라 연민 때문에 어쨌든 나는 가끔 이렇게 행하시는 저희 어머니를 이해 할 수가 없을 때가 많다. 하지만 한편으로는 분명 남과 다르신 저희 어머니가 존경스럽기도 하다. 그리고 아무나 못하는 이런 행동들이 제 가슴을 뭉클하게 한 부분이기도 하다. 이분들도 울 엄마보다는 더 가까운 일가친척들이 계실 것이라 생각이 든다. 가난하고 정상적인 사람들이 아니라 이제껏 찾아오는 사람들 없이 외롭게 사셨을 것이라 생각하니 한편으로는 한 없이 불쌍한 사람이라 생각이 든다. 한편으로는 이렇게라도 울 엄마라도 찾아와 작은 돈이라도 챙겨주시고 가시니 이 사람들은 마냥 즐거워하신 모습 또한 안쓰럽기 짝이 없음이다. 상대가 아픈 것에는 전혀 관심이 없고 다만 돈을 받으니 기분 좋아 어쩔 줄 몰라 하는 모습은 정말 보통 사람들과는 확연히 다르다는 것이 차이라면 차이다. 어머니는 장애(障礙) 때문에 대우받지 못하고 사는 친척을 더 살펴드리고 싶은 마음에서 본인 몸도 성치 않으셔 내일을 기약 할 수 없는 상황이지만 이 먼 길을 찾아오신 이유다. 저는 어머니의 애달픈 마음을 보면서 어떤 생각 하나가 문득 스쳤다. 그

리고 그 스치는 생각에 비춰 잠시 이런 생각을 해봄이다. 과연 사람들은 얼마만큼의 자기 도리를 하고 살아가고 있는지? 그리고 얼마만큼 자기 자신에 대해 만족하며 살고 있는지? 자신은 과연 얼마만큼 행복을 느끼면서 살고 있는지? 더구나 만약 뜻하지 않는 사고로 장애(障礙)를 가졌다면 과연 몇 사람이나 나를 찾아 줄 것인가? 라는 생각이 나의 뇌리(腦裏)를 스쳐간다. 그리고 저희 어머니께서 지금 저에게 무엇을 가르쳐 주려고 이 눈 속 먼 길을 찾아와 용돈 얼마 줄거예요? 라고 하는 상식 밖의 모습을 보라고 하시는 뜻인지? 이 궂은 날씨에 이 먼 곳까지 저를 데리고 와 이 철없는 행동을 하는 두 모자를 보여주는 울 엄마 의중(意中)이 궁금하다. 넓은 의미(意味)로 보았을 때는 인명(人命)은 제천(諸天)이다. 좁은 의미로 볼 때는 나이순이요 병이 있고 없고의 차이(差異)이고 죽고 사는 것도 각자(各自)의 운명(運命)일 뿐이다. 울 엄마 명(命)은 나이순에 해당되고 병중에 계시기 때문에 자식 입장에서는 이렇게 다니는 것이 불안(不安)한 것이 자식의 염려다. 병(病)도 깊은지라 내일을 기약도 할 수 없는 상황이다. 어머니는 비록 육신은 쇠퇴(衰退)한 노구(老軀)이셨지만 아직 저희 어머님 정신(精神)세계(世界)는 젊은 저희들 생각이 미처 미치지 못하는 영역(領域)에 계신 것이 분명 한 것이다. 그러니까 사람이 쇠퇴(衰退)되지 않고 늙을 일 없고 병(病)들지 않은 영역이 바로 정신세계이고 깨달음에 경지인 해탈(解脫)의 세계이지 않겠나? 싶다. 바로 이런 부분을 직접 체험해 스스로 깨우침을 얻으라고 일컫는 교육이시고 필히 다양한 경험을 체험하여 나에게 마음 깊은 사람이 되라는 뜻이라 생각된 부분이다. 이런 부분을 저에게만은 특별히 가르치고자 하시는 울 엄마 특별교육이라 생각이 든다. 제가 잠시 마음을 가다듬고 보니 어머니께서 저를 이 먼 곳까지 데리고 와 보여주려고 하셨던 뜻이 무엇인지 알게 된다. 세상만사(世上萬事) 모든 것은 영원한 것이 없으니 집착(執著)하지 말 것이며 예쁜 것도 한철이고 미운 것도 순간(瞬間)이니 편견(偏見)갖지 말고 사물을 대하고 눈에 보이는 것이 전부(全部)가 아니니 한쪽으로만 치우치는 사고(思考)는 삼가하고 만물(萬物)을 마주 할 땐 한쪽 방향(方向)으로 치중(置重)하지 말 것이며 만사(萬事)에는 중용(中庸)을 지켜 중도(中道)로 보라고 가르치고 계신 것이다. 만사(萬事)에는 중용(中庸)을 지키라는 뜻이고 인간관계(人間關係)에서는 중도(中道)지키고 세상만사를 접 할 때는 항상 조심하고 조심해서 살아가라고 가르쳐주시는 뜻이다. 사람들과 어울려 왈가왈부(曰可曰否)하지 말 것이며 내 안목에서 옳고 그름을 가름하려 들지 말고 길고 짧음을 논(論)하는 시비 장단(是非長短)에서 벗어나 살라고 하시는 울 엄마의 가르침이다. 어머니는 이렇게 몸소 실천(實踐)함으로써 저에게 큰 가르침을 주신 가장 큰 이유는 실천이 가장 중요하다는 것을 강조(强調)하신 부분이라 여겨진다. 고로 저는 생각한다. 과연 참교육이란 무엇인가? 라는 주제를 놓고 의구심(疑懼心)이 일었다. 현대 사람들은 모든 교육은 학교에서만 이루어지고 있다고 생각하는 것이 상례다. 학교도 좋은 학교를 선호하는 이유가 될 것이다. 좋은 학교를 졸업했을 때 부수적으로 따라오는 편견은 명문학교에서 지식을 쌓았으니 배움 또한 크게 받았을 것이다. 라고 여기는 것이 보통사람들 생각이다. 현대인들은 명문학교에서 학문을 배웠으니 분명 수준 높은 교육(敎育)을 받았을 것이다. 라고 정의(正義)를 현대사회(現代社會)는 내리기까지 한다. 사회 편견이 이러하다보니 대부분 부모님들은 명문대만이 최상(最上)의 교육(敎育)이라고 여기고서는 부모는 높은 교육열 때문에 허리가 휘는 현상이고 빚을 내서라도 자녀들 교육만은 최고의 수준까지 이끌어주고 싶어 하신다. 현세는 높은 교육열로 가정경제는 밑바닥 수준으로 치닫고 있다. 과도(過度)한 교육열 때문에 젊은 세대들이 겪고 있는 고학년(高學

年) 청년(靑年)실업(失業) 문제(問題)가 야기된 시발(始發)점이다. 이런 생각은 사회성(社會性)부족(不足)한 저의 무지한 생각일 뿐이다. 정저지와(井底之蛙)우물 속에 갇혀 하늘을 쳐다보고 있는 개구리처럼 개구리가 보는 세상은 우물 둘레만한 세상이 전부이듯 제가 보는 세상도 저의 시야(視野)에 들어오고 이제껏 제가 경험(經驗)해온 것이 전부라 어쩌면 세상사(世上事)어두운 자(者)의 안목(眼目)에서 보았던 좁은 소견이다. 저는 잠시의 망상(妄想)에서 벗어나 현실(現實)과 마주하니 눈발이 휘날리는 유달산줄기 어느 산등선에 자리 잡고 있는 아주 초라한 집 앞에서 처음부터 정신(精神)이 정상(正常)이 아닌 사람들과 정신(精神)은 정상 이였으나 나이 들고 병이 들어 육신(肉身)이 정상이 아닌 사람들을 보고 있다. 한쪽은 육체는 건강하나 정신이 건강치 못해 정신세계를 가름 할 수 없고 다른 한쪽은 육체(肉體)는 병(病)들고 늙어서 초라할지라도 정신(精神)세계(世界)는 그 누구도 범접(犯接) 할 수 없으며 그 한계(限界)를 가름 할 수 없는 초인(超人)이 되어버리신 저희 어머니를 저의 시선에서 보고 있다. 지금 저는 무엇을 생각 하는가? 그렇다. 의식(意識)이 뚜렷한 사람과 의식(意識)이 결여(缺如)된 사람을 가름하는 인식(認識)작용(作用)의 힘을 논(論)하려 하는지도 모르겠다. 분명(分明)한 것은 저희 어머니는 이제껏 의식(意識)이 확고(確固)하셨던 분이셨다는 사실이다. 그래서 이제껏 곤란(困難)을 겪고 계신 몇 사람들만이라도 어머님 방식(方式)대로 살피면서 이제껏 살아오셨던 분이다. 그리고 이러한 어머니모습을 오랫동안 가장 가까이에서 보고 살아온 저는 저희 어머님을 존경(尊敬)하게 된 이유이며 존경했던 이유(理由)다. 그러나 저희 어머님의 거룩한 발자취들을 다른 형제들은 모르는 일이라 저로써는 더러 이 부분이 조금은 아쉬운 부분이라 하겠다. 제가 이렇게라도 어머님의 행적(行蹟)들을 말하지 않으면 그냥 과거(過去) 속에 묻고 가는 사례가 될 수도 있다. 이 시점에서 어머니께서 생존해 계셨다면 이런 이야기들을 꺼내보지 못 할 이야기들이다. 지금은 저희 어머니께서 다른 세계에 계신 관계로 저는 조심스럽게 울 엄마 발자취들을 비춰보려 하는 이유다. 이 글 목적 자체가 제가 어머님을 모시면서 직접 겪게 되었던 사례(事例)를 소재로 한 것이며 그 속에서 더러는 깨달은 부분을 바탕으로 하고자 하는 마음이다. 저의 주관적인 생각들이 조금 비춰진 부분이 조금 있는 것 같아 조심스럽다.

지금 나는 정상적인 사람이 아니라서 그런지 인정(人情)이라곤 눈썹털이기 만큼도 보이지 않는 두 모자를 보노라니 만감(萬感)이 교차했다. 정을 받지 못하고 살아서 남에게 정을 주는 법을 모른지도 몰겠다. 아니 인정스러움을 조금이라도 기대했던 내가 더 어리석은 것이다. 눈앞을 분간 할 수 없을 정도로 눈은 펑펑 쏟아지고 있건만 두 모자는 속옷 바람으로 나와 그저 얼마 줄거예요? 라는 말만 무한 반복하니 할 말을 잊는다. 두 모자는 이곳에서 맞는 바람도 바닷바람이라 살갗을 에는듯한 칼바람인데도 불구하고 이곳에 찾아주는 우리가 반가워 한걸음에 달려오느라 얇은 속옷만 걸친 체 맨발로 나와 지금 얼마 주실거예요? 라는 말만 되풀이 하니 안쓰럽다. 과연 돈이 무엇일까? 공돈이 생길 것 같아 이 추위가 느껴지지 않는 것 같이 느껴진다. 나도 여러 해 궁핍하게 살다보니 돈은 정말 우리 삶 속에서는 없어서는 안 되는 물질이라는 것을 나 역시 깨달은 것이다. 돈 앞에 모자관계도 잊은 듯 서로 손을 밀치며 자기가 먼저 받겠다고 손을 밀어 넣고 있는 친척 모습은 나로 하여금 참 많은 생각을 갖게 한 부분이다. 울 엄마도 이 모습이 몹시 안쓰러우신지 눈발이 세차게 휘날리고 있는 가운데도 불구하고 어머니는 자꾸만 차문을 열려 하신다. 그렇지만 두 모자가 차문을 밀고 있는 상황이라 엄마 힘으로는 도저히 문을 열 수가 없는 상태다. 나는 엄마 쪽 차 문을 열지 않고 차 유리창문을 내려드렸다. 엄마 쪽 차창이 열리니 속없는 두 사람은 손을 엄마 얼굴에다 갖다 밀며 얼마 주실 건데요? 라고 보챈다. 어머니는 손을 내밀며 빨리 달라고 보채는 그 모습을 보시고 서둘러 핸드백 지퍼를 열어보려 하지만 손에 힘이 없어 그런지 지갑 여는 것이 힘겨워 보였다. 내가 핸드백을 열어 지갑을 꺼내 드렸다. 지갑을 건네받은 어머니는 어제 밤 돈을 세어 하얀 봉투에 담아 놓으셨는지 지갑사이에서 하얀 봉투를 커내 모자(母子)에게 하나씩 나눠주셨다. 내 생각에는 이 돈은 어머니 혼자 쓰시기도 여유롭지 않을 돈이다. 그 돈들을 아껴 이렇게 주시는 것을 보니 아무튼 생각이 많아졌다. 어머니에게 아무것도 묻지 않았다. 저희 어머님 사려(思慮)깊은 마음을 알고부터 더 이상 불평(不平)도 하지 않는다. 돈은 제가 이 시점에서는 더 필요 할 수도 있겠으나 저는 궁핍(窮乏)하면 융통(融通)할 수 있는 요령 정도는 갖고 있어 어머니의 이런 행동에 대해 불만(不滿)갖지 않는다. 한편으로는 저희 어머니가 자랑스럽다. 이곳을 찾는 일은 자주 있는 일은 아니다. 워낙 거리가 멀어 큰마음을 먹지 않고는 목포까지 오지는 못 할 코스다. 다행히 이분들 계좌번호를 알고 있어 돈을 보내고자 마음먹으면 돈 송금하는 일은 그리 어려운 일은 아니다. 얼마 전까지만 해도 이곳까지 오지 못하면 종종 돈을 송금했었다. 어머니께서 떠나신 지금도 나름 나는 작은 마음의 표시(表示)는 하고 있다. 엊그제만 해도 장애아들이 고환(睾丸)에 암(癌)이 생겨 수술(手術)을 해야 한다고 수술비를 달라고 했었다. 남편도 암 수술 후유증(後遺症)으로 어머니 떠나시던 바로 1년 후 공교롭게도 또 다시 남편은 장이 꼬여 10여일 입원해 있다가 결국 대장 30 ~ 40cm 정도 장(腸) 절제(切除)수술(手術)을 하는 바람에 경제적(經濟的)여유가 전혀 없어 여기저기 빌리고 모자란 부분은 큰딸아이 알바비 받은 것까지 빌려 보내주었던 사연이 있다. 없는 돈 여기저기서 빌려 돈 보내준 부분은 나의 오지랖일 수 있겠다. 내 생각은 일단 사람 먼저 살려놓고 봐야 할 것 같아 여기저기서 빌려 보낸 것이다. 이런 일들이 종종 나에게 일어나면 나는 가끔 무엇이 착한 일인가? 란 주제(主題)를 놓고 생각을 많이 한다. 상대가 어려워 돈을 줬다고는 하지만 착한일이라고는 말할 수 없다는 사실이다. 다른 각도로 해석하자면 내가 기억하지 못한 전생 빚이 있을 수 있다는 생각이 든 것이다. 물질적(物質的)보시(普施)는 3살배기 아이도 한다고 했다. 아마 그 보시 차원은 손에 들고 있는 과자를 나누워 줬을 때 보시(普施) 일부(一部)라 추측한다. 과연(果然)착한 일이 무엇인가? 라는 주제(主題)를 놓고 정의(正義)를 내리지 못한 것이다. 정의(正義)를 내리지 못하는 이유가 끊임없이 저 자신을 고난의 삶 속에서 그 무엇인가를 깨우치기 위한 과정에서 행(行)하고 실천(實踐)하며 겸손과 겸양을 배우기 위함이라 생각하기 때문이다. 이 시점에서는 과연 이 세상에서 착한 일은 과연 무엇인가? 라는 주제의 의문을 풀지 못한 이유가 저 자신을 더 갈고 닦아서 더 깊이 있는 사람이 되고자 함이지 싶다. 무엇이 가치 있는 일인가? 라는 주제(主題)는 그냥 저 만의 의문(疑問)으로 남겨 놓을 것이다. 보람 있는 일과 부질없는 일에 차이(差異)는 그 얼마인가? 뜻있는 자(者)와 덧없는 자(者)에 차이는 얼마인가? 라는 주제를 않고 한 걸음 한 걸음 세상을 향해 걸어 가 볼 생각이다. 나는 이것도 팔자인지 모르겠지만 신(神)의 세계와 밀접한 관계가 있는 어머니를 가까이서 보고 살다보니 나도 모르게 자연스럽게 보이지 않는 또 다른 세계가 궁금했다. 눈에 보이지 않는 공기나 산소가 우리에게 없다면 우리 인간은 그야말로 5분도 지나지 않아 죽고 만다는 사실이다. 지금 숨 쉬고 있는 보이지 않는 세계의 무한(無限)한 힘 앞에 우리는 티끌과 같은 존재(存在)라는 사실이다. 나는 옛 성현들께서 예언 해두신

정감록과 격암유록을 집중으로 읽었다. 정감록(鄭鑑錄)이라는 예언서는 상. 중. 하를 8번 읽었다. 열 번 정도 읽노라면 형여 깨달음이 있지 않을까? 하는 마음에 읽었지만 이 책 내용에는 옛 고승(高僧)들의 일화들이 내 마음에 와 닿았던 것이다. 말세에는 신(神)이 인간의 모습으로 직접 내려오신다는 점이 나를 의구심을 갖게 했다. 신(神)의 화신(化神)으로 한반도 땅에 내려오셔 국경과 전쟁 그리고 종교가 없는 세상으로 이끌어서 지상낙원을 만드신다는 내용들이 관심을 갖게 했다. 신(神)께서 인간의 모습으로 오신다는데? 과연 나는 어떻게 살아야만 인간(人間)으로 오신 신(神)을 알아 볼 것인가? 라는 주제를 놓고 나의 생각은 많아진 것이다. 나는 어떻게 살아야만 인간으로 오신 신인(神人)을 알아 볼 것인가? 라는 것이 나의 숙제다. 신인(神人)을 표현하기를 사람 같지만 사람이 아니다. 라는 뜻으로 사인불인(似人不人)이라고 표기 하고 있다. 사도부도(似島不島)그러니까 섬 같지만 섬이 아닌 곳에 나투신다. 고 했다. 그것도 동방의 땅 한반도에 사실 한반도를 보면 3면이 바다고 위로는 두만강과 임진강이 가로질러 있어서 위성으로 볼 땐 남한 땅이 섬 같이 보이기도 하다는 것이 관건이다. 신인(神人)출현(出現) 남한 땅이 맞는다. 우리 한민족에게 강력한 힘을 가지신 분이 왠지 나투셔 국민의 울분 되고 설분(雪憤)마음을 치유해주실 것만 같은 느낌이 들었다. 지구상의 낡은 제도를 강력한 리더십으로 인간들을 교화시키고 이끌어 주실 분 그리고 쾌락(快樂)만 추구(推究)하여 타락(墮落)해가고 있는 말세(末世)에 강력(强力)한 구심점(求心點)이 되어 주실 분… 나는 그 분이 나투시기를 오랫동안 열망하고 있는 사람 중에 한 사람이다. 과연 나는 어떻게 살아야만 메시아라 일컫고 미륵이라 칭하고 신인(神人)이신 분을 알아 볼 수 있을까? 우주만물이 학수고대(鶴首苦待)한 우주(宇宙)의 창조자(創造者)이신 분을 그러나 지금은 병 깊은 울 엄마 보필하는데 나는 꾀부리지 않고 최선을 다 해야만 한다. 우리나라에서 가장 유명한 고사성어(故事成語)호사유피(虎死留皮)인사유명(人死留名)에 버금가는 사무실이나 관공소에서 쉽게 볼 수 있는 고사성어중 사전적 의미로는 사람으로 할 수 있는 있을 다 하고나서 하늘의 명(命)을 기다린다. 라는 진인사대천명(盡人事待天命)을 되새겨보면 하늘은 자기에게 주어진 환란(患亂)을 인내(忍耐)하고 극기(克己)하고 사노라면 그런 것들이 바로 신인(神人)을 알아 볼 수 있는 열쇠가 되지 않겠는가? 한다.

 저는 삼학도를 내려다보면서 친척분과 작별을 하고 유달산 골목에서 내려간다. 생각은 울 엄마를 빨리 쾌차시켜 다시 이곳에 올 것이라는 생각하며 휘날리는 눈보라를 벗 삼아 쓸쓸한 고갯길을 조심스럽게 내려갔다. 다시 올 거라는 내 생각은 그저 생각으로 끝이 났다. 눈보라를 헤치며 가파른 유달산 골목길 추억은 이제 다시 엄마와 함께함은 불가능해졌다. 엊그제 이야기지만 이젠 함께했던 어머님이 계시지 않아 어머니와 함께하지 못한 슬픈 마음만 간직해야만 나의 목포에 대한 추억이다. 저희 모녀는 눈발이 휘날리는 좁은 골목길에서 잠시 멈추어 삼학도를 건너 다 봤다. 이곳은 그 유명한 유행가 가사에서 많이 들었던 삼학도라는 사실이 실감이 나지 않을 정도로 섬은 사라지고 도시개발로 평지가 되어있는 것이 지금 현 삼학도 모습이다. 옛날에는 분명 섬 이였던 삼학도가 개발로 바다가 매워져 섬이라고 할 수가 없는 것이 삼학도 현 실태다. 이름만 거창하게 삼학도이지 처음 본 사람들에게는 누가 가르쳐주지 않는 이상 그냥 목포의 한 부분으로 변했다. 저희도 몇 년 전 처음 이곳에 와서 친척집을 찾아 헤매 일 때 점심을 이모님과 함께 먹으면서 식당아주머니께 삼학도가 어디 있어요? 라고 물었다. 그때 식당 아주머니께서 바로 이곳입니다. 라고 말씀을 해주셔 알았던 삼학도다. 산천(山

川)은 의구(依舊)한데 인걸(人傑)은 간곳없다. 라는 말이 적절하지 못한 부분이 바로 이 부분이지 싶다. 옛날에는 10년이면 강산도 변한다. 라는 말도 이제는 다 옛말이 되지 않았나 싶다. 현재는 문명의 발달로 일 년이면 주변(周邊)이 바뀌는 세상인지라 산천(山川)은 의구(依舊)하다. 라는 말은 옛말이 된 것이다. 우주법칙은 성주괴공(成住壞空)"즉, 나고 머무르며 허물어지고 사라지는 이치(理致)이며 자연은 생주이멸(生住異滅)그러니까 태어나고 성장하여 열매 맺고 사라지는 것이 자연(自然)의 이치(理致)라 영원한 것이 없으니 세상 것에 너무 집착하지 말고 살자. 라는 생각을 한다. 강진 내려가는 길에 고향집에서 며칠 머무는 동안 어머님 드실 반찬 좀 사가지고 갈려고 목포 항구 옆 시장에 들렸다. 눈 쌓이기 전에 고향집으로 들어가야 돼서 시간이 촉박하다. 여유롭게 시장을 들려 볼 시간이 없어 시장입구 가게에 들려 생선 서너 가지 사고 야채도 몇 가지 사서 차에 실어놓고 마지막으로 울 엄마가 제일 좋아 하는 홍어를 사가지고 열심히 달려 고향집으로 들어섰다.

  저희가 새벽부터 김해에서 서둘러 다녔지만 거리가 워낙 먼 거리라서 어느새 주변이 어둑어둑 해진 상태다. 아무튼 날이 어두워져 나는 자동차 라이트를 켜고 고향집으로 들어선다. 왠지 어두컴컴하고 아무도 반겨주는 사람 없는 고향집이 오늘따라 유독 적막하고 쓸쓸하게 느껴졌다. 눈까지 날리고 바람까지 불고 있어 쓸쓸함이 더했다. 이른 아침부터 목포까지 가는 길이 눈길이다 보니 긴장 하며 다녔던지 몸이 더 천근만근이다. 하지만 성치 않으신 울 엄마를 생각해서 나는 더 씩씩하게 몸을 움직였다. 유독 오늘따라 고향집이 너무 춥게만 느껴지고 서늘한 기운까지 깃드는 이유가 아마도 눈이 내리는 겨울밤이고 오래 동안 비워둔 집이라 더욱 춥게 느껴질 것이라 생각한다. 나는 마당에 차를 라이트 켜

놓은 상태로 주차하고 방문열쇠를 찾아 방문을 열었다. 방문을 열고 보니 집안은 그야말로 한겨울이라 그런지 냉기가 가득했다. 이 상태론 어머님을 방으로 모실 수가 없었다. 어머니를 차 안에 앉아 계시게 하고 나는 방에 들어서자마자 보일러를 먼저 틀어 놓는다. 방을 대강 쓸고 닦아 놓고 이부자리를 두껍게 깔아 놓았다. 그 위로 전기담요를 깔아놓고 전기를 최고로 올렸다. 이제는 어느 정도 어머니를 방으로 모시고 들어와도 괜찮을 것 같아 마당으로 내려와 차에서 꼼짝 못하시고 계시는 어머니를 업고 마(魔)에 고지인 계단을 덜덜 떨면서 기어가다시피 해 토방마루에 어머니를 앉혀드렸다. 제가 어머니를 토방마루까지 업고 갈 때 어머니 복부에 무리가 갔는지 어머니께서는 아이구 참말로. 라는 말씀을 하신다. 그 말씀을 달리 해석하자면 나 때문에 네가 고생이 많다. 라는 뜻으로 아이고 참말로. 라고 하셨을 것이다. 토방마루에 앉으신 어머니가 궁둥이를 밀며 방으로 들어가신다. 아직 방에 냉기는 가시지 않았다. 이부자리위에 전기요를 틀어놓아서 그런지 이불속은 찬 기운이 사라졌다. 나는 엄마에게 방바닥이 아직 냉기가 가시지 않았으니 이불위에 올라가셔서 잠시 앉아 계세요. 라는 말을 하고 저는 다른 이불들을 여러 개 꺼내 어머니 몸을 둘둘 감아드린다. 오랫동안 비워 있던 집이라 그런지 좀처럼 방안에 훈기가 빨리 돌지 않는다. 어머니는 방안 공기가 많이 차가워서 그러셨는지 아니면 차에서 방안으로 이동하는 과정이 춥고 힘이 들으셨는지는 알 수 없었지만 엄마는 몹시 떨고 계셔서 나는 이불 하나 더 꺼내 어머니를 감쌌다. 그 정도 가지고는 한기(寒氣)를 빠르게 회복하기는 부족한듯하여 이불 하나 더 꺼내 덮어 드리고는 따뜻한 물 한잔을 준비해 마시게 했다. 제가 걱정하고 있다는 것을 아셨는지 어머니께서는 덜덜 떠시면서 저에게

"나는 괜찮을 것이다."

라고 말씀을 하신다. 그래서 저도

"그럼요. 당연히 괜찮아 지셔야죠."

라고 했다. 저는 어머니가 고향 집에 며칠 계실 것이라는 말씀을 하셨기 때문에 김해에서 어머니 잡수실 반찬들을 몇 가지 챙겨 왔다. 목포시장에서 생선들을 몇 가지 사왔던 터라 나는 서둘러 엄마 저녁밥을 지으려고 부엌으로 갔다. 부엌에 들어선 나는 기암을 한다. 부엌이 귀신 나올 정도로 흉물스럽다. 냉장고는 작년 여름 태풍에 정전이 되는 바람에 고장이 났는지 전혀 반응이 없다. 낭패다. 싸가져 온 반찬들은 겨울이라 부엌 창문 밖에다 우선 놓아두면 상할 염려는 없을 것이다. 문제는 부엌 바닥이 이제껏 사람이 살지 않아 그런지 바닥 장판이 일어나 사람 키 높이까지 올라와 있어 흉물스럽다 하지만 우리 집이라서 그런지 제가 활동하는 것이 불편할 뿐 무섭지 않다. 부엌에 열기가 들어오면 이 또한 장판들이 부드러워져서 다시 제자리를 잡을 것이라 생각한다. 겨울철이라 가지고 온 반찬들은 부엌 창문 앞에다 내놓으면 냉장고를 쓸 수 없더라도 며칠은 상하지 않고 괜찮을 것 같다는 생각이다. 나는 김해에서 가지고 온 반찬들과 목포에서 사가지고 온 생선들을 밖에다 내다 놓고 아쉬운 대로 어머님 저녁식사를 준비했다. 목포에서 사가지고 온 생선과 무우를 얇게 썰어 넣고 조려서 같이 밥상을 차려드렸다. 어머니는 한기도 어느 정도 가셨는지 식사를

"이것도 맛있다."

고 하시며 밥 한 공기를 다 잡수신다. 식사를 마치신 엄마는 한기(寒氣)가 사라졌는지 제법 안정된 모습이다. 어머니는 가끔 한기(寒氣)가 일어 저희들을 여러 차례 당황하게 했던 사건들이 많다. 그럴 때마다 어머니는 강한 정신력(精神力)으로 버티셨던 분이셨다. 오늘도 엄마는 강한 의지로 한기를 버티셨다. 다행스럽게 한기가 빨리 사라지니 나도 안

심이다. 이 적막(寂寞)하고 외진 고향집에서 한기(寒氣)를 빨리 떨쳐버리지 못하면 그야말로 저는 몸서리치는 날이 되었을 것이다. 상상도 하기 싫은 생각이다. 천만다행으로 한기가 빨리 사라져 이제는 마음이 편하다. 저녁상 설거지를 마치고 나서 나는 방으로 들어가 어머니 곁에 앉았다. 왠지 모르게 방 분위가 적적하고 허전하다는 생각이 들었다. 왜 방안이 적적하지? 라는 생각해보니 TV가 나오지 않았다. 오랫동안 비워두었던 집이라 무엇인 문제인지는 모르겠으나 아무튼 TV가 나오지 않아 그런지 조금은 눈이 심심하다는 생각이 든 것이다. 어머니께서도 허전함을 느끼셨는지 갑자기 저에게 내일 TV도 사고 냉장고를 사야한다며 읍내로 가자고 하신 것이다. 압력밥솥을 샀다. 특히 전자렌즈를 누가 가져가 버렸다고 전자렌지도 같이 사자고 하신다. 고향 집이 늘 비워 있다 보니 엄마랑 제가 사놓고 간 물건들이 가끔 하나둘 없어진다. 어머니와 저는 고향집에 들릴 때마다 무엇이라도 하나씩 사서 갖다놓고 간다. 사놓은 물건들이 하나둘씩 보이지 않을 때가 종종 있어 어머니는 아이고 참말로. 라는 말씀을 가끔 하신다. 집에 둔 물건들이 도둑 들지 않는 이상 어디로 가겠는가? 형제들이 많다보니 고향집 종종 들려 시골에서 쓰는 사람 없어 별 생각 없이 새 물건 있으면 들고 갔을 것이라 생각한다. 자주 그런 것은 아니다. 어머니가 다른 분에 비해 유독 살림 욕심 많으신 분이라 그러신지 우리 집에 좀 색다른 물건 있으면 꼭 사달라고 하셨다. 어쩌면 살림 욕심내는 마음도 언젠가는 고향집에 꼭 내려가셔서 살고자 하시는 마음이 강한 분이라 생각하고 나는 거절하지 않고 물건들을 사드렸던 이유다. 비록 사람이 살지 않고 있는 시골집이라 하더라도 저희 모녀가 들릴 때 마다 물건 하나라도 사가지고 가는 이유다. 아마 시골 사시는 분들에 비교하면 부족한 살림은 없었다. 언제부터인지 알 수 없으나 어머니가 신경 써 김해에서 사 놓고 온 물건들이 종종 사라졌다. 고향 내려오시면 어머니는 사 놓고 간 물건이 눈에 보이지 않으면 고향집 다녀간 자식들이 가져간 것이라 생각하시고 하시는 말씀은 아이고 참말로. 라는 한마디셨다. 저도 10여 년 전 저희 집 아이들 여름방학이 되어 고향에 내려와서 며칠 머물다 가게 되었다. 그때 초등학교 다니던 큰 딸이 누가 사놓았는지는 몰겠지만 새로운 헤어드라이기를 써 보더니 신기해하며 마음에 들어 했었다. 그때 그 모습을 보신 울 엄마는 외손녀가 드라이기를 마음에 들어 하는 것을 아시고 저희 가족들이랑 고향집을 떠나올 때 그 드라이기를 딸 가방에 일부로 챙겨 넣어주셨다.

그 당시 엄마가 하셨던 말씀이 시골집은 식구들이 없으니 네가 가져가서 써라. 라고 하시며 가져가기 미안해하는 큰딸 등을 토닥토닥 해주시며 빨리 가자. 라고 채근하셨던 기억이 있다. 그 드라이를 엄마가 분명 챙겨주셨던 것이었지만 드라이 받아간 것이 이상하게 와전되어 훗날 제게 들리는 소문에 의하면 저희 가족이 시골에 내려와 드라이기를 훔쳐 갔다는 소문이 들렸다. 그 소리는 나를 슬프게 했다. 애옥살이를 면하지 못하고 살다보니 형제들에게 듣는 소리란 도둑년 사기꾼이라는 소리뿐이라 한동안 마음이 많이 아팠던 사연이다. 그 당시 어머니도 제가 훔쳐 갔다는 소문을 듣고 저에게 그것이 아닌디 모른께 그러지 모르게 그런다잉. 라는 말씀으로 저를 위로를 해주셨던 부분이다. 엄마는 몸도 성치 않으시면서 고향집 전자 제품 몇 가지를 새로 바꾸실 의향이 강해 보인 것이다. 엄마는 이곳에 내려오시기 전 고향집에 낡은 전자제품들을 다 교체해놓고 가실 계획을 갖고 내려오신 이유 같다. 저녁 설거지 끝내고 방으로 들어온 나에게 엄마는 내일 읍내 가서 전자제품들 사잦다. 냉장고가 오래되었다. 아마 제가 15 ~ 6년 전에 사드렸던 것으로 기억 한다. 오래 되었기에 새로 사시는 사야 된다. 오랫동안 누전 상태에서 음식물 부패(腐敗)가 심해 냉장고 속 음식물들은 전부 녹아 버린 상태다. 그리고 부패된 음식들에게서 기생하는 곰팡이들이 머리카락 정도 굵기의 실선들이 냉장고 내부 전체를 감싸고 있다. 냉장고 전체가 녹이 많이 슬어 전기도 전혀 들어오지 않으니 정말 이번 기회에 냉장고라도 바꿔야 한다. 이번 기회에 어머니는 자신의 지갑을 열어 고향집 전자제품 일부를 바꾸실 생각으로 일주일가량 이곳에 계시겠다는 생각이지 싶다. 저희 어머님의 이런 모습 속에서 비록 병이 깊어 고향집에 오지 못하였지만 생각은 늘 고향집에 있었던 것이고 집 살림살이들이 낡아 기회 되면 가전제품들만이라도 바꿔놓으리라 생각을 늘 갖고 계셨으리라 생각이 든다. 울 엄마는 몸도 성치 않으면서 그리도 하고픈 일들이 많고 사고 싶은 것들이 많으신지? 다른 각도로 생각하면 어쩌면 하고 싶은 것이 많다는 것은 아직 의식은 늦지 않았다는 의미가 아닐까? 싶다. 저는 어머니께서 필요하신 전자제품들을 적어 놓고 다시 어머님께 확인을 받는다. 제가 엄마의 의사(意思)를 해석 달리해 제품들을 잘 못 살 수도 있다는 생각이 든 것이다. 제가 엄마의 뜻을 잘 못 이해해 다른 제품을 골라 엄마 마음 불편하게 만들고 싶지 않아 신중에 신중을 더 하고자 여러 차례 어머님께 스마트폰을 보면서 전자제품들 모델을 확인하고 확인 했다. 저는 이런 일들이 더러는 조금 조심스러운 부분이다. 소통이 어려운 엄마 의견 따르는 부분도 조심스럽고 이유도 정확히 모르면서 저에게 무조건 쓴 소리부터 해되는 형제들 아우성이 무서웠다. 저 나름 조심하고 신중하고 심혈을 기울여 엄마의 뜻에 부합(符合)하려는 것이다. 어머니 옆에 있다 보니 험한 말을 많이 들어서 그런지 아니면 가난해서 그런지 아무튼 나의 간(肝)은 쪼그라질 대로 쪼그라져있는 상태다. 어머니로 하여금 험한 세월을 많이 겪다보니 본의 아니게 어머님 돈을 쓸 때는 나의 모든 세포가 곤두섰다. 엄마 말씀을 아주 신중하게 받아드려야 했다.

저희 형제들 한 두 사람은 저와 어머니가 하는 일에 대해서는 쌍심지를 켜고 보고 고깝게 보는 차원이라 아무튼 울 엄마 하시는 일에 대해 흠집 내는 대해는 일가견을 가지고 있다고 해도 과언이 아닐 정도다. 나는 엄마 돈 쓰는 일은 무조건 신중해야 하고 조심스러운 부분이다.

 이제껏 엄마를 모시면서 어머니께서 나에게 시키시는 일은 신중(慎重)을 해도 뒤탈이 많았었으니 과거 경험(經驗)을 교훈(敎訓)삼아 조심하고 또 조심해 탈이 없도록 해야만 된다. 이번 일도 엄마가 원하시는 일이라 할 수 없이 따르기는 하고 있지만 말이 날까 두렵다. 아니 내가 여유가 있으면 다 바꿔드리고 싶다. 그렇지만 그리하지 못한 형편이라 마음이 많이 무겁고 두려운 것이다. 왜? 그 무엇이 내 마음을 이렇게 무겁게 하는 것일까? 왜 형제들은 엄마께서 아껴둔 돈으로 본인이 원하시는 것을 사겠다는데 왜 그렇게 다들 못 마땅하게 생각 할까? 참 우리 엄마 도둑년 사기꾼 소리 듣고 사는 나 때문에 본인 돈 쓰고도 좋은 소리 못 듣고 있으니 안타깝다. 전자제품 관련은 오늘 밤은 너무 늦어 내일 다시 의논해야 될 것 같다. 제가 여유롭지 못한 생활이라 어머님 지갑의 돈을 써야 된다는 사실이 내 마음을 무겁게 한다. 반면 일주일 후면 건보에서 환급되는 돈이 있어 어머님 지갑을 채워드릴 수 있어 다소 위로는 된 부분이다. 그러나 미묘(微妙)한 감정이 깃든다. 차라리 내가 전자제품을 사드리면 좋으련만 왜? 나의 삶은 이다지도 곤곤(困困)한지? 그저 한심스러운 내 처지가 원망스럽다. 성치 않으신 울 엄마 원하시는 것 하나 제대로 사드리지 못한 나의 애옥살이 형편이 모든 생각을 정지시켜버린다. 갑자기 피곤이 밀려왔다. 더구나 방안 공기도 제법 훈훈해졌다. 방바닥도 따뜻해져오니 그저 아무 생각 없이 자고 싶다는 생각만 있을 뿐이다. 나는 오늘 새벽부터 설쳤다. 더구나 온 종일 눈길을 긴장하고 운전했으며 병 깊은 엄마를 모시고 다녔더니 피곤함이 급격히 밀려왔다. 저는 어머님께 오늘밤은 아무생각 말고 그냥 자고 내일 가격도 알아보고 냉장고 사이즈는 어느 정도가 좋은지 알아보자고 말씀 드렸다. 어머니께서도 그러자고 하신다. 막상 자리에 눕고 보니 저녁 먹은 시간이 많이 흘러 어머니께서 출출하실 것 같다는 생각이 든다. 나는 벌떡 일어나 목포에서 사온 홍어 한 접시를 차려 어머니에게 갔다 드렸다. 엄마도 출출하셨는지 거절하시지 않으시고 맛나게 잡수신다. 저도 맛있게 홍어를 잡수시는 어머니 옆에서 홍어 한 점을 용기 내어 집어먹어 본다. 어머니는 홍어가 맛있다고 하시지만 저는 홍어를 좋아하지 않는다. 특히나 홍어가 썩어서 나온 암모니아 냄새가 역겨워 먹지를 못한다. 왜 사람들은 이 고약한 냄새를 풍기는 홍어를 맛있다고들 하니 입맛도 제각각인 것이 분명하다. 이 야밤에 고향집 내려와 엄마와 홍어 한 점 먹어보는 것도 나에게는 잊지 못 할 추억이 될 것이다. 어머니께서 어찌난 홍어를 맛있게 잡수시기에 저는 부엌으로 가서 찬장을 뒤졌다. 그리고 소주 한 병을 찾아와 어머니에게 소주 한잔 따라드리고 나서 나도 소주 한잔을 마셨다. 저희 모녀는 술을 잘 먹지 못한다. 다만 홍어가 있어 한잔 권하는 것이며 이 분위기를 맞추려 소주 한잔 마신 것이다. 술이 들어가니 얼었던 몸이 녹는 느낌이다. 아니 이렇게 어머니와 고향집 와서 소주 한잔이라도 나눌 수 있는 이 분위가 좋다. 일주일 전에까지만 해도 저희 어머니는 45일 동안 자리에 누워보시지 못하시고 앉아만 계셨었던 분이다. 지금 생각해봐도 그 때에는 정말 지옥행을 헤매는 중생 같았다. 그런데 그 고비 넘고 고향집에 내려와 이렇게 어머니와 비싼 홍어로 소주잔을 나누는 장면이 정말 나에게는 소소한 행복이고 큰 기쁨에 순간이다. 그러니까 우리네 삶의 사이클이 대부분 환란(患亂)이 생기면 인내(忍耐)를 요(要)한다. 그리고 연단(鍊鍛)과 담금질이 이어 필수적으로 따라와 사람을 겸손하게 만든 것이다. 엄마와 이렇게 마주하고 보니 내 인생에 가장 어려웠던 마(魔)의 고지(高地) 넘긴 기분이다. 엄마와 나는 비록 소주 한잔이지만 아무도 찾아주는 사람 없는 이 밤은 적막(寂寞)하기 그지없다. 함박눈이 펑펑 내리고 있는 시골집 마당을 창문을 통해 보는 것도 낭만(浪漫)이다. 온 종일 긴장하며 설치고 다녔는지 소주 한 잔에 나는 나른해 진다. 나는 술기운이 남보다 빨리 오른 체질인지 남보다는 빨리 취한다. 오늘은 유난히 더 빨리 취한 느낌이다. 방마저 따뜻해지니 언 몸이 녹은 듯 정말 누우면 바로 잠들 것 같다. 남편이 고향집 내려가는 것을 몹시 못마땅하게 여기는 바람에 마음 많이 무겁게 출발했다. 그 모습을 지워버리지 못한 상태로 새벽부터 달려 목표까지 돌아 다시 고향집에 내려와 어머님과 이렇게 오붓하게 앉아 모든 시름 잊고 홍어 한 접시와 소주 한 잔에 그동안 겪어왔던 설분마음을 날려버린 중이다. 한 잔 술이 내 몸을 늘어지게 한다. 어머니와 저의 주량(酒量)은 고작 소주 한 두어 잔이다. 정신력으로 버티며 먹으면 한 병은 거뜬히 먹겠지만 이 밤에 어머니와 나누는 한 잔 술은 굳이 정신력(精神力)으로 버티며 먹어야 될 이유는 없다. 딱 한잔이다. 어머니도 그렇고 저도 술을 배운지 불과 몇 년 밖에 되지 않아 술을 즐기지는 않는다. 사회 일원으로 모임이 있다 보니 분위기상 먹었던 것 뿐 즐기는 편은 아니다. 유전 일 수 있다. 저희 친정아버지께서 술을 일체 드시지 못하셨다. 배우자 선택함에 있어 술꾼 이야기는 남의 나라 이야기였다. 그러므로 언니와 나는 공교롭게도 술을 이 세상에서 제일 더럽게 먹는 배우자를 인지(認知) 못했던 부분이다. 사촌들은 자기 아버지가 술로 가족들을 힘들게 했던 부분을 고려해서 배우자를 선택했다는 말을 듣고 우리 자매가 아버지 덕분에 아주 주정뱅이들의 근성(根性)에 대해 무지(無智)했음을 알았다. 정막(靜莫)한 시골집에 어머니와 단둘이 앉아 이런저런 어렸을 때 추억을 되새기며 유독 섬 머슴아처럼 말썽을 제일 많이 부렸던 나의 과거를 회상하다가 취기(醉氣)가 올라 갑자기 나른해졌다. 저도 이제는 반세기를 훌쩍 넘은 나이이다. 상황을 예측(豫測) 할 수 없는 환자를 모시고 다니는 입장이라 늘 긴장을 하고 다녀야 했기 때문에 남보다 빨리 피곤을 느낀 것이다. 어머님께서 홍어 드셨던 상을 치운 뒤 요강을 씻어 마루에다 갖다 놓고서 나는 방으로 들어와 엄마 손을 부여잡고 함께 잠을 청한다. 참 오랜만에 고향집에서 어머니와 잠을 자게 되니 아련한 옛 생각이 떠올랐다. 어려서 유독 나는 어머니 젖을 탐했다.

아득한 그 옛날을 생각해보니 어머니는 동생을 본 내가 6 ~ 7살까지 젖을 먹으려고 하니 젖에다가 쓰디쓴 금개락을 발라 놓기도 하고 고약도 붙여 놓으시기도 하였고. 일명 아까쟁키(빨간약)도 발라 놓고서 아프다고 젖을 못 먹게 하기도 하셨다는 이야기도 많이 들었었다. 저역시도 아련하게 생각나는 것은 어머니께서 젖에다 고약을 발라 놓아서 어린 제가 걸레를 들고 와서 열심히 닦아 젖을 먹었던 기억이 있다. 저희들은 3 ~ 4년 전까지만 해도 여름이 되면 이곳으로 6남매식구들이 일제히 모여 고향집에서 여름을 즐겼다. 고향집에 모인 식구들은 각자 취미대로 낚시도 하고 개나리도 물속에서 캐내 삶아서 나물로 무쳐 먹기도 하고 피리를 잡아 튀겨먹기도 하고 닭백숙도 큰 솥에 끓여 이모님들과 시끌벅적하게 함께했던 추억이 많이 남아 있는 고향집이다. 더러는 형제간에 오해는 있었을지라도 가족 모임만은 남들보다 많이 가졌다. 지금 와서 생각해 봐도 그 시절이 정말 행복한 시간들이었지 않나 싶다. 엊그제까지만 해도 시끌벅적했던 고향집이며 어머니와 저희 형제들의 추억들이 깃든 고향집이다. 어머니 모시고 형제들이랑 이곳저곳으로 여행도 많이 다녔었던 기억이 어머님 손을 부여잡고 누워있으니 아련히 떠오른다. 그때는 가족들 모두 모여 화기애애하게 지내니 남들이 많이 부러워 했던 부분이다. 남들은 어머니에게 자식들이 효성스럽고 형제간에 우애하며 잘 산다고 어머니에게 복(福)이 많으신 분이라고 많이들 말씀하셨다. 세월(歲月)이기는 장사(壯士) 없다고 하더니 그 말이 진리인 듯 지금은 몸도 성치 않으시고 거동도 많이 불편(不便)한 신세이고 보니 무정한 세월이 그저 야속 할 뿐이다. 특히 저는 형제들에게 도외시(度外視)당하고 있는 신세이고 보니 더더욱 세월의 무상(無常)함에 마음이 절로 숙연(肅然)해진다. 저는 걱정하지는 않는다. 어차피 세상만사 모든 일은 사필귀정[事必歸正]이다. 정의(正義)는 분명 따르는 자가 없어도 승리(勝利) 하기 때문이다. 옳고 그름은 하늘에서 가름 할 터이고 길고 짧은 것은 대봐야 아는 것이고 누가 쭉 쟁인지 누가 여문 알곡인지는 시간이 흐르고 나면 말하지 않아도 자연히 알게 되는 것이 세상사 이치(理致)이다. 저는 그 어떤 것도 해명하려 들지 않을 것이다. 분명 말없는 하늘이 알고 말 못하시는 저희 어머니가 알고 말 할 수 없는 내 양심이 알고 있다. 그런데 그 무엇이 두렵겠는가? 라는 생각만 있을 뿐이다. 세상사 모든 이치는 시간이 흐르고 나면 자연스럽게 바르게 될 것이다. 옛말에 사지(四知)라는 말이 있다. 그 의미(意味)는 즉 하늘이 알고 땅이 알고 상대(相對)가 알고 내가 안다는 뜻이다. 우리는 자신의 양심에 떳떳하고 당당한 사람이 되어야 되는 것이고 무괴어천(無愧於天) 즉 하늘을 우러러 부끄러움이 없이 살아야 된다는 사실을 알고 있음이다. 이것이 바로 제가 알고 있는 우주(宇宙)의 법칙(法則)이며 그 속에서 바름을 추구(追求)하는 인간(人間)상이며 참사람의 모습이라 생각한다. 제가 저희 집 아이들에게 늘 강조(强調)하는 말이 있다면 그 말은 즉 남을 속일 수 있으나 자기 자신의 양심은 속일 수가 없으니 항상 자기양심에 떳떳한 사람이 되어라. 라는 말을 늘 읊조리면서 살아왔다. 이 말이 자식들 가슴에 어떻게 남아 있고 또 훗날 어떻게 반영(反影) 되어 돌아올지는 지금으로서는 미지수(未知數)이다. 제가 항상 읊조린 자신의 양심에 떳떳한 사람이 되라. 고 읊조린 부분은 훗날 저희 아이들이 바르고 곧게 성장하는데 밑거름이 되고 자양분(滋養分)이 되어줄 것이라 저는 믿는다.

    저는 오랜만에 고향집에서 단잠을 잤다. 특히 저의 우려(憂慮)와는 다르게 어머니께서도 편안하게 주무시어 혹시나 했던 마음이 그저 기우(杞憂)였음을 깨닫는다. 아침부터 저는 분주했다. 어머님 아침 일과부터 식사까지는 걱정이 없었으나 그동안 방치해놓은 집이라 습기로 인하여 부엌 바닥이 다 들고 일어나 있어서 걸어 다니는 것이 많이 불편해 부엌 바닥 수리하는 것이 급선무(急先務)다. 참 오래된 부엌장판이라는 생각이 든다. 예전에 시골집을 현대식으로 개조 할 당시 바닥을 좀 긁어내고 천장을 좀 높게 해달라고 하였지만 집수리를 맡으신 분이 그렇게 하면 위험하다고 하여 기존에 있는 기둥과 천장을 그대로 둔 채 집을 수리를 해서 부엌을 개조를 하는 바람에 싱크대가 너무 낮아 쓸모없는 부분이 더러 있는 부분들이 눈에 들어 왔다. 지금 그 쓸모없는 싱크대를 해체시킬 작정이다. 부엌 찬장에 있는 불필요한 살림들을 버려야 될 것 같다는 생각이 들었다. 특히나 부엌에 낡은 장판을 걷어내고 새로운 것을 사와 깔아야 할 것이라 제가 할 일이 산더미 같이 쌓여 있다는 것이 관건이다. 그 누가 있어 나의 이 고달픈 인생 여정을 알아줄까만 그래도 우리 엄마 살아 계실 때 울 엄마 마음 조금이나마 편하게 해드리고 싶다. 나는 아직 부엌일을 시작도 하지 않았는데도 벌써부터 마음이 바쁘다. 저는 어머니를 씻겨드리고 난 후 아침 식사를 챙겨 드렸다. 나는 항상 맛있게 식사하시는 저희 어머니께 늘 감사하는 마음이다. 그러니까 저희 어머니는 언제나 식사량은 많이 드시지는 않지만 늘 감사하는 마음으로 식사를 하신다. 늘 소박한 밥상이라도 언제나 이것도 맛이고 저것도 맛있다. 라고 하신 것이다. 저희 어머니는 매사(每事)에 감사드리면 사셨던 분 중에 한 사람이었다. 저희들이 필히 배울 점이 바로 이런 부분이라 생각한다. 무엇이든 맛있게 잡수시는 부분은 우리들 복(福)이다. 늘 생각하지만 어머니와 저는 항상 범사(凡事)에 감사(感謝)할 줄 아는 사람이지 싶다. 저는 식사를 맛있다. 하고 드시는 저희 어머니가 존경(尊敬)스럽다. 어쩌면 늘 변함없이 감사하는 마음으로 식사하시며 맛있다. 라는 말씀하신 이유가 아마도 신(神)에 대한 예의(禮儀)가 아닐까? 생각한다. 아무나 가질 수 없는 좋은 습관이라 하겠다. 그래서 식사를 차려드리는 저희도 어머님 식사 챙겨드리는 일이 즐거운 일이다. 지금 제 생각에는 어머니는 분명 혼자 숟가락질을 하실 수가 있을 것 같다는 생각이 든다. 그런데 무슨 조화인지 일 년이 다 된 이날까지도 숟가락질 하시는 것을 거부하며 나도 몰겠다. 라는 말씀으로 일관 하신 부분이 의문이다. 하지만 저는 그 이유(理由)를 불문(不問)하고 지금까지 식사를 떠드리고 있다. 오늘도 식사를 떠서 드리면서 오늘 작업해야 할 일을 대강 어머님께 말씀을 드렸다. 그랬더니 어머니께서 걱정하시고 계셨던 일이고 직접 할 수 없는 일이라서 나름 고민을 하셨는지 울 엄마는 매우 좋아하셨다. 그런데 욕실 수도꼭지마저 오래되어 고장이 나서 물이 새고 있다. 그동안 수도모터가 꺼져있어 집이 비어 있어도 그동안은 물이 새지 않았던 것이다. 그리고 어제 오자마자 보일러 기름을 체크해봤더니 10cm 정도의 기름만 남아있는 것을 확인했다. 아마 우리가 일주일 머물면서 보일러를 틀게 되면 바닥 날 기름이라 오늘 보일러 기름부터 넣어야 되고 LPG가스는 두 통 중 하나는 비워있어 가스도 하나 더 여분으로 사놓아야 될 것 같다. 어젯밤 함박눈이 내려서 오늘 읍내에 나가 볼 일이 많은데 길이 얼어버리면 어쩌나 하고 내심 걱정을 좀 하고 잤다. 그런데 막상 아침이 되어 마당을 내다보니 10cm정도 쌓였던 눈이 날씨가 조금 풀렸는지 많이 녹아있었다. 더구나 지금도 눈이 많이 내리기는 하지만 날씨가 매섭지 않아 그런지 다행스럽게 눈이 쌓이지는 않는 것이 그 나마 다행이다. 보일러 기름과 가스는 전화로 주문하면 된다. 그런데 TV가 나오지 않아 어제 밤에 조금은 무료함을 느꼈던 부분이라 우선TV를 나오게 세터박스 하나사서 연결하는 것이 오늘 해야 할 일 중에 제일 중요한 일이다. 하지만 그렇게 해도 TV가 나오지 않으면 TV도 사야 될 것 같다. 텔레비전도 낡아서 바꿔 드리면 좋겠지만 TV까지 사기에는 좀 무리가 있을 듯하다.

나는 엄마와 아침식사를 마친 후 전자제품들을 열심히 휴대폰을 통해 모델들을 골랐다. 전자제품들은 읍내 대리점에서 사지 않고 제가 20여 년 전 대우전자 주부사원으로 6년간 근무 할 당시 주부사원 관리를 담당하시던 분께서 하이마트 모 지점장으로 계셔서 연락을 해뒀다. 그 분을 통해서 사게 되면 다른 곳보다는 10원이라도 싸게 살 수 있었던 것이다. 나는 전자제품 살 때는 종종 지점장님을 통해 구입하게 된 이유이다. 아는 사람이 그래서 무서운 것인지도 모르겠다. 전자제품 살려고 하면 그 분이 먼저 생각나 그때 맺은 인연으로 나는 그 분께 연락해 전자제품 구매는 했다. 이번에도 시골집에 놓고 쓸 것이라 양문냉장고는 너무 크고 비좁은 부엌문을 통과하지 못 할 것 같아 일단 투 도어 560L로 결정을 했다. 압력밥솥과 전자렌즈는 저렴한 것을 추천해주셔서 추천 받은 것으로 구매하기로 결정 하고 주문을 했다. 제품들 제고 확인하고 보내주신다고 하셨으니 저는 일단 엄마한테 돈을 받아 오늘 송금해드리면 된다. 그리고 문자로 금액과 계좌번호를 받아 논 상태다. 나는 유난히 까탈스러운 우리엄마 마음 상하지 않기 위해 냉장고 사이즈와 디자인까지 여러 차례 보여드린 상태다. 어머니께 냉장고 모델 보여드리며 이것이면 괜찮겠냐고 확인하고 확인했던 이유가 물건 사놓고 뒤탈이 없기를 바란 마음에서다. 더러는 어머니와 저 사이에 의사소통(意思疏通)이 원활(圓滑)하지 못 할 때가 있어 가끔 곤란(困難)을 겪었던 경험(經驗) 있어 다시 한 번 확인(確認)하는 습관이 나에겐 생겼다. 어머니는 제가 스마트폰으로 냉장고 실물을 보여 드렸더니 좋다고 하셨다. 물건 사는 부분에 있어 우리 엄마는 워낙 까다로우신 분이라 신중에 신중을 하게 된다. 내가 사드린 것도 아니고 엄마 돈으로 사는 것이라 마음 한 쪽이 많이 불편하고 조심스러운 부분이다. 엄마 물건이라고 하면 무엇 하나 사드리는 것 자체가 두려움이 나에겐 있었다. 그렇지만 냉장고 사진 보신 엄마가 좋다. 라고 하시며 바로 지갑을 열어 돈을 세어주신다. 대충 3가지 제품 값이 80만 원 정도 나왔다. 엄마 스스로 할 수 없어 고민했던 일이였는지 돈을 새어주시는 엄마 얼굴이 많이 밝아졌다. 고향집에 내려와서 본인 돈으로 이것저것을 사고 나니 기분이 좋은 모양이다. 실은 자식 입장에서 생각하면 어머님 보기가 민망하고 부끄럽다. 내 생활이 만고풍상(萬古風霜) 겪은 뒤라 너무 궁색(窮塞)한 내 호주머니기 정말 원망스러운 것이다. 이 나이에 부모님 냉장고 하나 사드리지 못한 내 신세(身世)가 처량(凄涼)하기 그지없었다. 제 기분은 왠지 민망하고 부끄럽다는 생각이 들어 돈을 받는 네 입장에서는 서글프다. 나의 처지(處地)가 물질적(物質的)인 부분이 너무 곤곤(困困)해 실질적인 부분을 해결해 드리지 못한 부분이 마음에 걸린다. 지금 이 상황에서는 그저 어머님 뜻을 받드는 형국이라 한편으로는 돈을 지불하는 부분에서 종종 미안한 마음이 든다. 아마 지금 내 마음이 그 마음이다. 어머님 보기가 부끄럽다. 그러나 울 엄마 이렇게 물건 하나 사시는데 돈 걱정 않고 사시는 것을 보면 한편으로는 흐뭇한 마음도 없진 않다. 나는 돈이 필요 할 때 부담 없이 울 엄마가 쓸 수 있도록 지갑 채워드리는데 주력하며 산다. 그러니까 젊은 제 지갑은 가볍더라도 울 엄마 지갑만은 언제나 두둑했으면 좋겠다는 생각을 갖고 있다. 내가 남다른 생각을 갖고 있다면 바로 울 엄마 지갑 채워드리는 부분이다. 울 엄마를 모시면서 늙었다고 병(病)들었다고 뜻이 없고 욕심이 없지는 않다는 사실을 깨달은 것이다. 나이 드시면 수중에 돈이 있고 없고 차이로 삶의 질 또한 높이기도 하고 더러는 활력소가 된다. 주머니가 두둑하면 노인들도 큰 의지가 된다는 사실에 저는 어머님 지갑 채워드리는데 주력했던 이유다. 지금 저의 삶이 조금이라도 숨 쉴 수 있는 형편이었으면 고향집 냉장고 하나쯤은 제가 사드렸으면 좋으련만 사실 변명 같지만 나는 두 환자와 대 접전(接戰)을 벌리며 살아온 나의 지난 1년은 그야말로 애옥살이 초 절정에 이르게 만들었다. 지금 내 사정은 목구멍에 풀칠이라도 한 것에 감사 할 따름이다. 누군가 나에게 그동안 어떻게 살았냐고 묻는 다면 나는 밑에 돌 빼서 위에 막고 윗돌 빼서 아래 막으며 살아온 그야말로 하석상대(下石上臺)였었다고 말 할 정도다. 지금 울 엄마 냉장고 하나 못 사드린다는 내 신세가 그야말로 처량하고 처량해 훗날 나의 한(恨)으로 남을 것 같다. 다행스럽게 어머니께서 그나마 여유 있어 부담 없이 전자제품들을 사시고 목포에 들려 친척 용돈 챙겨주시니 이것도 저희 어머님 복이 아닐까? 싶다. 어머니께서 고향집 내려 오셔서 많은 돈을 지출하시게 생겼다. 시골 내려오셔서 여기저기 손 볼 일도 많이 생겼고 그동안 바꾸지 못했던 냉장고도 정전(停電)사태 덕분에 바꾸게 되었으니 지출은 불가피(不可避)하다. 이렇게 80만원이라는 돈을 소비하시더라도 내일 모레면 다시 채워드릴 일이 생겨 마음은 편하다. 이유는 병원비로 지출 되었던 돈 일부가 건강보험에서 환급(還給)된다는 연락을 받아 논 상태다. 엄마가 쓰셨던 전자제품 값 정도는 해결될 액수이지 싶다. 그동안 건보에서 3 ~ 4차례 돈이 환급 되었다. 액수는 일정치 않았고 금액도 그리 많지는 않았다. 나는 그런 돈들이 어머님 통장으로 입금되면 바로 은행가서 5만 원 권으로 찾아 어머님 앞에서 돈을 가지런히 정리해서 어머님 드리곤 했었다. 어머니는 봉투 한번 만져보시고선 저에게 지갑에 넣어두라고 하셨다. 그리고 한 달 전 그러니까 제가 어머니 주소를 고향집으로 옮겨드리기 바로 전날 건보에서 다시 78만원이 환급된다는 통지(通知)를 받았다. 그래 4일후면 그 돈을 환급 받게 된다. 일단 그 돈이 건강보험에서 들어오면 어머니께서 지출하셨던 부분을 어느 정도 메꿀 수 있어 다행이다. 이 부분은 누구나 공감하는 부분이겠지만 나이 들고 병들면 본인 지갑에 돈이라도 두둑하게 있어야지 불안하지 않고 덜 외롭지 않겠나? 라는 생각이 나의 생각이다. 이 부분은 제 경험(經驗)에서 깨달은 부분이다. 생각해보면 젊은 우리들도 지갑이 두둑하면 어디를 가더라도 기분이 좋고 마음도 어딘지 모르게 든든해서 발걸음 자체도 당당해진다. 나는 나이 드신 부모님들도 제 경험처럼 지갑이 두둑하면 어딘지 모르게 의지가 많이 될 것이라 생각했던 것이다. 돈이란? 제 경험상 연로하신 부모님에게는 효자 열 자식하고는 비교 할 수 없겠지만 정신적으로 많은 위로를 주기도 하고 의지가 된다는 사실을 나는 알았다. 돈은 하늘에서 주는 권력이라 그런지 사람들 마음을 편안하게 하는 부분도 있고 죽을 사람 살려 놓기도 하며 원하는 것들을 가질 수 있게 하는 가장 위대한 도구라는 사실이다. 그런저런 이유로 제 마음 저변(低邊)에는 항상 울 엄마 지갑을 채워드려야 한다는 것을 최우선으로 삼았다. 이렇게 했던 이유가 제가 아주 가난한 집으로 시집온 날부터 애옥살이 생활을 살아 본 결과 돈의 힘과 위력을 체험한 봐 돈의 위력 앞에 빈자(貧者)의 설분 그 마음을 그 누구보다 더 알고 있어 가급적 늙으신 부모님 지갑을 채워드리는 것에 치중(置重)을 많이 두었던 사연이다. 제

목적(目的)은 울 엄마 지갑 두둑하게 채워드리는 것이 목적이다. 특별한 이유는 제 경험상 돈에 위력(威力)은 그야말로 늙고 병들고 의지(依支)할 곳 없는 분들께 또 다른 의지처(依支處)요 마음의 힘을 갖게 하는 요인(要人)이요 용기를 불어 넣어주는 큰 도구다. 무심(無心)해가는 자식(子息)들만 바라보지 마시고 지갑의 두둑함에 의지(依支)해 용기 내시고 힘을 얻어 굳세게 일어나사라는 뜻이다. 자식들은 생명(生命)을 주신 부모(父母)님께 보은(報恩)은 고사(故事)하고 배은망덕(背恩忘德)하여 늙고 병이 깊으신 부모님 용돈 한번 생활비 한번 챙겨주는 것을 그리도 아까워하는 사람들을 종종 주변에서 보노라면 사람으로서 자식으로써 보기가 참으로 애석하고 서글픈 마음이 들었다. 저희 형제들에게도 신(神)의 한 수가 적용 한 사건이 바로 1년 전 저희 어머님을 이렇게 쓰러지게 만든 사건이다. 보이지 않는 세계의 각본이라 어느 누가 이 사연을 나 같이 해석하겠는가? 싶기도 하다. 하늘은 우리엄마 쓰러트려 놓고 자식들에게 자식으로써 효(孝)를 다 하라고 장을 만들어주신 기회라 나는 생각이 들었다. 자식들이 이제껏 부모 위해 돈 쓴 것이 없으니 병원비 지불함으로써 부모위해 억지로라도 돈을 쓰게 만들었던 부분이 바로 이 부분이다. 하늘은 자식들에게 부모님 은공(恩功)을 티끌만큼이라도 갚을 수 있는 기회를 만들어주신 부분이었다. 이런 기회(機會)도 복(福)있는 자(者)만이 누리는 기회다. 마침 이런 사실을 저만 알고 있는 줄 알았는데 다행스럽게도 막내 남동생이 어머님 쓰러지신 이유를 깨닫고 있었다. 그동안 말이 없었을 뿐이지 나름 생각이 깊었던 막내 남동생이 차원이 다른 세계의 영역을 이해해 주었다. 다시 말해 이제껏 막내 남동생은 어머님 말씀에 아직까지 토시한번 달아 본적 없이 존중하고 따랐던 이유가 나름 어머니를 이해했고 또 다른 세계와 밀접(密接)한 관계가 있으신 분이 바로 저희 엄마라는 사실을 깨달았던 것이다. 아직까지도 다른 형제들은 저희 어머니 쓰러지신 이유를 모르고 있으니 마음 한 구석이 쓸쓸하다. 막상 고향집에서 하루 밤 자고 났더니 밀린 일들이 산재(散在)되어있는 것처럼 무엇을 어떻게 붙잡고 작업을 시작해야 될지 여간 고민스럽다. 일주일 동안 어떻게 부엌살림들을 꺼내서 작업진행을 해야만 효율적인 결과를 얻게 될지… 둔한 머리는 빨리빨리 돌아가지 않고 있다. 어머니께서는 고향집에 오셔 마음이 편안하신지 전혀 환자 같지 않고 너무 편안해 하시며 이곳저곳을 궁둥이 밀고 다니시며 정리정돈 하시는 모습이 아주 건강하신 분 같다. 나는 밝아지신 울 엄마 모습에서 다소 긴장했던 마음을 해제시킨다. 많은 것을 한꺼번에 하려하기 보다는 상황 봐 가면서 하나하나 꺼내고 버리고 수리하는 것이 좋을 것 같다는 생각을 한다. 오래 동안 비워놓았던 집이라 그런지 왠지 손이 많이 갈 것 같다는 느낌이 든다. 부엌바닥이나 벽지를 보고 있잖니 할 일이 태산처럼 느껴진 것이다. 눈은 게으르고 손은 부지런하다. 했다. 눈은 그저 하기 싫고 손은 마음이 시킨 대로 무조건 하는 것이다. 나에겐 집 청소하는 문제보다는 냉장고 사는 문제가 조금 내 마음을 무겁게 했다. 언니라도 어머니께서 냉장고 사시는 부분에 대해 이해를 해주었으면 했는데 역시나 언니는 현실적이 사람이라 그런지 바로 싫은 소리를 했다. 머리로는 이해를 하지만 가슴으로는 뭣이 중헌디. 라는 주제가 언니 마음을 열지 못한 것 같다는 느낌이다. 허건 나도 현실 앞에서 겨울철이고 사람 살지 않는 고향집에 굳이 냉장고를 사야겠다는 생각은 없다. 우리 엄마가 원하는 일이라 그저 말없이 따를 뿐이다. 내가 돈을 드린 것도 아니라 반대 의견을 낼 필요도 없을뿐더러 우리 엄마 의식이 뚜렷하게 살아 있을 때 본인이 원하시는 것 본인이 사고 사시는 것을 나는 적극적으로 지지 할뿐이다. 북망산천이 가까운 우리 엄마 원하는 일이라 나는 절대로 반대 의견 내지 않는다. 언니에게 몇 일전 건강보험에서 돈이 어느 정도 나올 것 같다고 이야기 했었다. 그 돈이 나오면 시골집 냉장고를 살 것이라는 말은 안했다. 저도 냉장고를 어머니가 갑자기 사야 된다고 말씀을 하시는 바람에 이곳에 와서 알게 된 이야기라 어제 밤 언니와 통화 할 때 엄마가 냉장고를 사야 된다고 말씀 하셨다. 라는 말을 전하게 되었고 그 과정에서 언니는 바로 시골집에 냉장고 사는 일이 뭐가 그리 급하냐? 엄마 몸이 낫고 난 뒤에 시골 내려가실 때 사도 늦지 않을 텐데 무엇 하려 벌써부터 시골에다 냉장고를 사두냐. 라고 핀잔을 주며 저에게 쓸데없는 일하고 다닌다고 싫은 소리를 했던 것이다. 언니는 현실적인 사람이다. 언니도 저희 어머님 고집(固執)이 메가톤급인줄은 알고 있어 더 이상의 말은 하지 않았다. 제 생각은 이런 부분에서 형제들과는 생각을 달리한다. 이유는 울 엄마 원하시는 일이라면 내 호주머니 열어서라도 해드리고 싶은 마음이다. 살아가실 날이 한정(限定)이 되어 있듯 늙고 병 깊은 부모님에게 해드릴 수 있는 일도 이제는 한정(限定)이 되었다는 사실이다. 어머니의 생각을 받드는 또 다른 이유는 비록 늙고 병이 깊었을지라도 이렇게 원(願)하시는 일이 있다는 것은 아직 의식이 살아있다는 증거이고 사는 동안 사람답게 살겠다는 의지(意志)의 표출(表出)이라고 저는 생각하기 때문에 가급적 저희 어머님 의사(意思)를 존중해 드린 이유다. 저의 이런 행동(行動)들 때문에 더러는 형제들 마음을 불편하게 하고 있다는 사실도 알고 있다. 나의 모든 행동들이 옳다고는 주장(主張)하지 않는다. 만사(萬事)에는 호불호(好不好)가 엄연히 나누어지기 때문에 좋아하는 사람과 좋아하지 않는 사람의 차이(差異)만 있을 뿐이라 생각한다. 자신의 이익(利益)을 위해 부모(父母)님을 이용(利用)하고 다녔다면 당연히 비난(非難)받아야 할 일이다. 나 같은 경우는 대부분 어머님 의사(意思)를 존중(尊重)해 옆에서 말 못하시는 어머님 의사를 따라주는 차원이라 부끄럽다고 생각지 않는 부분이다. 일반

상식에서 벗어나 계시는 저희 어머님 뜻을 따르다보니 나는 오해받을 수밖에 없었고 이런 부분을 이해 못한 형제들 마음 불편하게 만든 부분은 아마도 나의 성숙하지 못한 처세에서 빗어진 갈등이라 생각되어 나만이라도 형제들을 원망해서는 안 되는 일이다. 형제(兄弟)들은 오히려 제가 어머니를 부추겨 이런 일들을 꾸미고 다닌다고 곡해(曲解)했고 오해(誤解)가 깊어지니 더러는 설분 마음도 없진 않다. 오해가 깊고 그 오해를 풀지 못하고 세월 보내다 보니 어느새 보낸 세월만큼 깊은 골 만큼 불협화음의 파장은 크다. 예를 하나 들면 1년 전 큰 올케가 저의 집으로 어머니 모시러 와서 다짜고짜 저에게 하는 말이 어머니 앞장 세워 비열한 짓거리만 골라서 하고 다니네요. 라는 말을 스스럼없이 악을 쓰며 했다. 그 당시 이 말을 손아래 올케한테 듣고 참으로 묘한 기분이 들었다. 충격도 컸다. 그리고 생각했다. 사실 나는 분명 옳다고 행(行)한 일이었지만 나를 지켜보고 있었던 그 누군가의 시선에는 비열하게 보여 지기도 하다는 사실을 깨달은 것이다.

그 당시 큰 올케에게서 그 말을 듣고 답하기를 세상사(世上事)모든 일은 사필귀정(事必歸正)이다. 세월 보내고 나면 알게 될 일이다. 라는 말은 하였지만 아무리 생각해봐도 이 말을 들을 자격이 나는 되지 않는다는 사실이다. 이제껏 나의 뜻과는 무관하게 어머님 뜻을 따랐을 뿐인데 어머니 앞장세워 비열(卑劣)한 짓거리만 골라 하고 다닌다니. 이 말은 정말 아무에게나 해서는 안 되는 말이라서 큰 충격이었다. 특히 의리하면 ㅇㅇ다. 라는 말을 듣고 살아도 모자랄 판에 그것도 손아래 사람에게 이런 끔직한 말을 들었을 때 기분은 씁쓸했다. 엄감생심(嚴勘生心)… 하늘을 우러러 부끄럼 없이 살고자 하는 나에게 감히… 엄마 앞장세워 비열한 짓거리나 하고 다닌다. 참 이 말은 미동(微動)하지 않는 바위가 벌떡 일어 기암 할 정도의 감정(感情)이 격하게 올라 왔었던 지난 날 나의 설분 사연이지 싶다. 그때 큰 올케로 하여금 크게 깨닫는 부분은 만사(萬事)는 투명(透明)해야만 나중에 반박도 할 수 있다는 사실을 깨달은 것이다. 말 못하시는 어머니와 관련(關聯)된 일은 더욱더 투명해야 하고 사심(私心)이 없어야하고 적법해야 됨을 명심하게 된 사연이다. 어머니께서 저에게 더 맑고 더 진솔하고 더 겸손(謙遜)하며 더 마음 깊어져 세상을 살아가라고 나를 연단(鍊鍛)시키는 과정(過程)이었던 것이라 생각했다. 저는 투명성(透明性)때문이라도 이전에는 건보에서 환급(還給)되는 돈이 나올 때면 언니나 여동생에게 미리 알려주었다. 언니는 그 돈은 그냥 여러 사람 알리지 말고 어머님 찾아 드리는 것이 좋겠다. 라는 말을 하기도 했다. 제 생각도 이 부분은 언니 생각과 일치한 부분이라고 할 수 있다. 건강보험공단에서는 어느 통장으로 환급 받을지를 기재하라고 했고 그럴 때마다 당연히 나는 엄마 통장번호를 기재해 건보로 서류를 다시 보냈다. 한 달 정도 날짜가 지나면 어머니 통장으로 환급금이 입금 되었던 것이다. 한번은 1백 만 원이라는 큰돈이 환급된다는 통지를 받고 액수가 좀 큰 관계로 이것을 어떻게 할까? 라고 다시 언니에게 의논(議論)을 하였더니 그때도 역시나 언니는 어머니를 찾아드리라고 하여 저는 기쁜 마음으로 찾아 드렸다. 경제적(經濟的)으로 빈곤(貧困)한 저희 자매는 이렇게라도 울 엄마 지갑을 채워드리는 기쁨을 가졌던 덧이라 하겠다. 저희 자매들은 이제껏 자식들이 어머님께 별도(別途)로 생활비나 용돈을 따로 정기적으로 주지 않은 사실을 알고 있었다. 명절 때나 행사가 있는 날은 어머니에게 개인적으로 각자용돈을 드린 것으로 알고 있다. 밥도 한 끼로는 일 년을 못 버티듯 나이 드시나 젊으나 평균적인 지출은 누구에게나 불가피 하다는 사실이다. 가능한 어머님 주머니를 언니나 나는 채워드리려 했던 이유며 가난한자가 가난한자의 사정을 잘 알 듯 우리 자매가 유독 비곤한 삶을 살다보니 울 엄마 주머니 사정을 이해했던 것이다. 우리 형제들은 어머님 용돈 챙겨주는데 너무 인색 했다. 건강보험에서 나온 돈만이라도 저희 어머니를 챙겨드리는 것이 당연하다고 언니나 나는 여겼던 이유다. 다른 집들을 볼라치면 딸들이 부모(父母)님 간병(看病) 도맡아 하고 있으면 병원(病院)비는 대부분 아들들이 내는 경우가 많다. 저희 6남매는 병원비를 6/1씩 분담하고 간병은 딸들이 도맡아 하였으니 딸들이 건강보험에서 나온 돈을 어머니 드리자고 하는 부분에 대해서는 문제가 되지 않을 것이라 생각했다. 제가 환급된 돈을 언니나 동생한테 이야기를 했던 이유는 남동생들에게도 돈이 얼마가 환급되었으니 알려주라는 뜻이었다. 제가 어머님 지갑을 악착같이 채우려 했던 이유가 아주특별하다. 우리도 이런 사실을 알기 전에는 말 못하시는 어머니를 노인양반 며느리가 용돈 안주겠다는데 굳이 받으려 하다. 라고 원망도 했었던 부분이다. 어머니께 나오는 기초노령 연금과 장애연금이 어머님 수중에 제대로 들어오지 않았던 사실을 알고 계셨던 터라 당연히 자기가 받아야 될 돈이 자기 수중에 들어오지 않으니 자기 돈 달라고 채근 하셨지만 우리는 그런 사실을 전혀 모르기 때문에 그저 며느리에게 용돈 달라고 하는 줄로만 알고서 왜 용돈 안주겠다. 는 며느리에게 돈 달라고 하냐. 라며 오히려 엄마를 탓했었다. 내가 엄마를 3년 가까이 모시면서 돈 달라고 하셨던 이유를 알고 어머님 마음을 미처 헤아려 드리지 못한 부분이 정말 미안했고 오히려 어머님 고집 탓만 했던 저의 어리석음을 반성하게 된 사연이 입장 바꿔 생각해 보니 그동안 말씀 못하신 관계로 본인 몫을 챙기지 못하셨던 부분이 얼마나 불편하셨을까? 라는 생각이다. 언제부터인지는 모르겠지만 엄마는 자식들에게 용돈은 못 받더라도 나라에서 주는 돈만이라도 이제는 챙겨야겠다고 마음먹었는지 아무튼 고관절로 쓰러지시기 일 년 전부터 엄마는 악착같이 자기 통장 돌려달라고 며느리에게 여러 차례 찾아가서 통장 돌려달라는 이야기를 꺼냈던 사연이다. 우리 자매들은 이런저런 이유로 저희 어머니 지갑을 채워드리고자 하는 마음이다. 어떤 연유가 있어 어머님 돈을 중간에서 제대로 드리지 못했는지는 잘 모르겠지만 말씀 잘 못하시는 말 못하시는 울 엄마를 기망한 소행(素行)은 헛 숭헌. 이라 할 것이다. 우리는 이런 바람직하지 못한 행동을 반면교사 삼아 삶이 비록 곤곤(困困)하고 애옥살이라 할지라도 더욱 정직하고 청렴한 사람이 되어야 함을 잊지 말아야 함을 되새겨보는 계기라 하겠다. 이 세상은 다양한 문화와 다양한 인종 다양한 성격을 가진 사람들 속에서 어우러져 사는 사회가 바로 지구촌의 세상이다. 그러므로 우리는 작은 것 하나라도 실천하고 서로 양보하고 배려(配慮)해 상생(相生)하려하는 마음 가짐을 갖고 사는 것이 좋을 것이다. 그러나 세계 어디를 가더라도 더러는 자기 이속(俚俗)에 눈이 멀어 사리(事理)에 어긋난 행동(行動)을 하는 사람이 종종 있어 눈살을 찌푸리게 한다. 그러나 인간 근본은 선(善)하여 자신(自身)의 본분(本分)을 지키며 남을 배려하며 살고자 하는 사람들이 더 많다는 사실에 우리는 주목하여 함께 어울리는 세상을 만들어가야 하는 사명감도 있는 것이다. 미꾸라지 한 마리 온 웅덩이를 흐트려 놓는다. 라는 말을 되새겨보면 더러는 상대에게는 내가 그 미꾸라지가 아니었을까 싶어 저 자신을 뒤 돌아보는 시간을 가져본다. 남다르게 화목(和睦)했던 저희 어머님 품이 어느 날 갑자기 우애(友愛)는 고사하고 오해와 곡해 속에 휘말려 우애 깊은 형제(兄弟)라는 단어가 산산이 흩어져 버린 경우가 되고 보니 바로 형제사이에도 중도가 필요하다는 사실을 깨달은 사연이다. 하늘은 우리형제 우애가 진정 얼마나 깊은지를 시험(試驗)하시고자 저희들을 이렇게 분탕(焚蕩)질을 해 형제우애를 가름하시고자 하지 않았을까? 하는 의구심도 있다. 지금 생각은 우애

(友愛)는 고사하더라도 어머님께서 뜻있어 하시는 일이니 옆에서 고깝게 보지 말고 욕도 하지 않았으면 좋겠다는 생각만 있다. 지난 추석 때쯤 막내 여동생이 제부와 함께 어머니를 뵈려왔었다. 그때 막내 여동생은 그동안 나에 대한 오해를 조금 풀었다. 그리고 그동안 우리 엄마 남모르는 고충을 듣게 된다. 아무튼 막내 여동생은 그제서야 작게나마 울 엄마가 어째서 그렇게 자기 통장 돌려받기를 원하셨는지를 알고 막내 여동생은 회한(悔恨)에 찬 목소리로 이제껏 우리 엄마가 이렇게 사셨구나. 라는 짧은 한마디를 했다. 깊은 탄식(歎息)에서 우러나오는 막내 여동생의 독백이었다. 막내 독백을 듣는 나는 막내딸의 한(恨)스러움과 애잔함에서 나오는 한숨으로 들려 되새겨진 부분이다. 그러니까 막내 여동생의 그 한마디는 너무나 이러한 사실을 모르고 살아온 자신을 돌아보게 하는 회한(悔恨)에 뉘우침이기도 하다. 그리고 한편으로는 한쪽을 폄하(貶下)해서 자신(自身)이 중용(中庸)을 지키지 못한 부분에 대한 반성의 말이 아니었을까?라는 추측만 있다. 이유야 막내 여동생의 그 한마디가 아직도 제 귀 속에 여운(餘韻)이 되어 남아 있는 것을 보면 그동안 형제(兄弟)끼리 오해(誤解)로 인하여 받은 상처(傷處)들이 서로가 컸었던 부분이다. 막내여동생은 저에 대한 오해가 남들 보다 더 깊었지 않았을까? 생각한다. 그 이유는 막내 여동생만은 어머니에게 보내줄 용돈이라 생각하고 다른 형제들과는 다르게 그 누군가를 믿고 꼬박꼬박 보냈던 것으로 알고 있다. 그리고 그 돈을 제가 중간에 어머니 드리지 않고 내 호주머니 채우고 살아가는 속물(俗物)로 각인(刻印)시켜두었지 싶다. 그래서 막내 여동생에게 둘째언니란? 사기(詐欺)성과 도덕성을 갖고 있는 그런 사람으로 인식(認識)되어 마음 깊은 곳에 두꺼운 유리벽을 쳐놓고 항상 나를 대했던 것을 나는 오래전부터 알고 있던 부분이다. 오래 동안 오해 속에 살다 보니 막내 여동생은 그때 저에게 나는 언니 말

이라면 왠지 믿음이 가지 않는다. 라는 말을 저에게 스스럼없이 했었다. 제가 여러 가지로 형제들 오해의 대상이 되어 살다 보니 사람이 살면서 가장 슬픈 일이 있다면 그것은 아마도 타인(他人)으로부터 신뢰를 받지 못한 부분이라 여긴다. 더구나 피를 나눈 형제들로 부터 신뢰(信賴)를 받지 못하는 부분이 가장 슬프지 않았을까. 라고 저 개인적(個人的)인 생각을 해보게 되었다. 곡해(曲解)와 오해(誤解)로 인한 불신(不信)은 사람을 가장 슬프게 한다는 것을 저의 경험을 통해 뼈저리게 느꼈던 감정(感情)이다. 제 스스로에게 다짐했던 부분이 나만이라도 남을 내 안목에서 평가하지 말자. 라는 말을 가슴에 새겨둔 말이다. 병든 어머니 앞에서 형제들끼리 불신하는 모습들은 정말 꼴불견이다. 정말 사람이라면 가장 삼가 해야 할 것이 바로 형제들 간에 이권(利權)다툼이고 불신(不信)이라 생각한다. 저는 가끔 그동안 어머님에게 용돈 한번 주지 않으려고 무던히도 애쓰던 사람이 생각난다. 더욱더 건강보험에서 환급해준 돈은 당연히 어머님 드리는 것이 마땅하다고 생각한다. 그 이유는 저희 6남매가 어머니를 살리기 위해 병원비를 지불했었지만 다행히 나라에서 고령이 되신 분들께 일정 금액을 환급해주는 제도라 이 돈은 마땅히 그리고 당연히 어머니 드리는 것이 맞고 맞는 것이다. 병든 노인(老人)이라 할지라도 지갑이 든든하면 이 또한 큰 힘이 되고 위안(慰安)이 되어 쾌차하시는데 원동력(原動力)되어 줄 것이라 나는 여긴다. 고향집에서 하루 밤을 지내고 나신 어머니께서는 몸 상태가 좋으신지 지난번에 와서 찾지 못한 문서들을 또 다시 찾기 위해 궁둥이를 이리저리 밀고 다니면서 온 집안을 또다시 뒤지시기 시작하셨다. 저는 그 모습을 뒤로 하고 부엌에서 사람 키 정도로 일어난 장판을 먼저 뜯어내고 찬장과 부엌 살림살이 절반정도 걷어내어 마당 한쪽 옆에다 쌓아 두기를 2시간가량 했다. 옛 어르신들이 일을 하시면서 주로 하시는 말씀이 세상에서 눈이 제일 게으르고 손이 제일 부지런하다. 라는 말을 종종 들었을 때는 어려서 그랬는지 그 말씀의 뜻을 잘 이해하지 못했다. 그런데 막상 부엌 살림살이를 2시간가량 끄집어내는 작업을 하고 났더니 어느 정도 정리가 된 것을 보고 나는 언제 이것들을 다 끄집어낼까. 라는 걱정으로 마음이 많이 심란 했었다. 꼭 해야 되는 일이라 마음 굳게 먹고 나는 가재도구들을 하나하나 꺼내서 장독대 옆에다 산더미처럼 쌓아놓았다. 부엌도 이젠 어느 정도 끝이 보 인 것이다. 어르신들 말씀처럼 역시 손은 부지런하고 눈은 게으르다는 것을 경험한다. 부엌 철거작업 시작할 때 내 게으른 눈은 산더미처럼 쌓인 살림살이들을 보고 이 일을 언제 끝낼꼬. 라는 생각이 있었다. 부지런한 손은 언제 하나하나 물건들을 다 끄집어내어버렸다. 경험 많으신 어르신들 말씀이 하나도 틀린 말씀이 없다는 생각이다. 부엌살림은 거의 다 꺼냈다. 막상 내놓은 살림살이들을 보니 묶은 살림살이들이 너무 많다는 느낌이다. 참 사람이 살면서 필요한 물건들이 왜 이렇게 많은지 필요해서 사놓았던 물건들이다. 시대의 변천사로 더 편리하고 더 효율적이 제품들이 나오다보니 이제는 정말 쓰레기로 변한 것이다. 저 물건들은 우리엄마 손때 묻은 살림살이 일부였다. 우리가 성장하는데 아주 편리를 주었던 살림살이였다. 이제는 버려야한다. 저는 이 많은 쓰레기를 보면서 과연 무소유(無所有)의 삶은 어떤 것을 의미하는지 무소유의 정의(正意)를 내리기가 쉬운 것 같으면서 난해하다는 생각이다. 텃밭 옆에 가득히 쌓아올려진 쓰레기 더미위로 어느새 하얀 눈이 소복이 쌓였다. 저는 눈이 하얗게 쌓인 모습을 뒤로하고 부엌으로 다시 들어와 울 엄마 이른 점심 준비를 서두른다. 몇 가지 반찬들을 챙겨 어머님 앞에 놓으니 어머니는 반나절 궁둥이를 밀고 다니셔서 그랬는지 다른 날보다 유독 더 맛있게 식사를 하시며 이것도 맛있고 저것도 맛있다. 라는 말씀을 잊지 않고 해주신다. 저는 맛있게 잡수시는 어머님 때문에 엄마 식사 차려드리는 것이 즐겁다. 이런 인사는 식사를 챙겨준 사람에 대한 예의(禮儀)가 아닐까 싶은 생각이다. 저도 저희 어머님의 이런 습관을 보면서 답습(踏襲)하고 싶은 마음이 생긴다. 훗날 나의 롤 모델이 바로 저희 어머님이 될 것이라 예상(豫想)도 한다. 어머니께서는 제가 떠드리는 식사를 너무 맛있게 잡수셨고 더러는 제가 떠드리는 숟가락질이 다소 불편(不便)하셨는지 더러는 손가락으로 반찬도 직접 집어 드셨다. 수저질은 아직 NO다. 그래서 아직까지 저의 숙제가 끝나지 않았음이라 여긴다. 어머니께서 이것도 맛있고 저것도 맛있다. 라고 하시며 드시니 나도 모르게 어머니에게 드려야 할 반찬을 들고 있다가 젓가락이 무의식(無意識)중에 제 입으로 들어간다. 반찬이 내 입으로 들어가면 어머니께서 어처구니가 없으셨는지 아이고 참말로. 라는 말씀하셔서 웃어넘기기는 하지만 더러는 민망 할 때도 있다. 자기 엄마인데 뭐가 어때서? 라고 생각 할 수도 있다. 제 생각엔 저희 어머님 간병만은 지극(至極)한 마음으로 해야 저희 어머니께서 빠른 쾌차를 보일 것이라~생각이 들기에 잠시 저의 소홀함이 다소 미안하고 민망(憫惘)하다. 정신일도(精神一到)하고 지극함으로 어머니를 모셔함을 잠시 잊은 것에 대한 민망함이다. 그렇지만 저희 어머님 식사하시는 모습 보면 모든 시름이 사라지며 나도 모르게 침이 꼴깍 삼켜진다. 맛있게 식사(食事)하시는 모습을 보노라면 현재(現在)병중(病中)이라는 사실(事實)을 망각(忘却)하여 근심도 가끔 나도 모르게 내려놓는다. 설거지를 마치고 읍내 나갈 채비를 했다. 지난밤 온도가 영하로 내려가 그랬는지 밤새내린 눈은 아직 녹지 않아있다. 설상가상(雪上加霜)격으로 지금 내리는 눈발은 굵기까지 하다. 세상이 온통 하얗다. 그러니까 지금 이 모습은 그야말로 아름다운 한 폭의 겨울 풍경화다. 시각적(視覺的)으로는 다소 춥게 느껴진다. 보는 것으로는 정말 아름다운 고향집 설경(雪景)이다.

우리가 점심을 먹고 나니 날씨가 많이 풀린 듯하다. 살을 에는 정도 강추위가 아니라 해가 떠오르면 아마 눈이 녹지 않을까? 싶다. 읍내 가려고 어머님 옷을 따뜻하게 입혀드렸다. 나는 자동차 시동을 켜놓고 어머니를 모시려 토방마루로 올라섰다. 어머니는 내가 자동차 시동 켜는 사이 혼자서 토방마루까지 벌써 궁둥이를 밀고 나와 계셨다. 나는 어머니를 들쳐 업었다. 난코스인 토방마루 앞에 놓여있는 계단을 보니 앞으로 내려와서는 절대 안 될 것 같다. 나름 머리를 써 어머니를 업고 뒤로 기어 내려왔다. 계단 내려오는 과정을 뒤로 기어 내려왔더니 불안함이 덜 했다. 나는 어머니를 조심스럽게 차에 앉혀드리고 난 후 운전석에 앉았다. 눈이 많이 쌓여있어 조심스럽게 고향집 어귀를 돌아 나왔다. 좁다란 시골길을 빠져나오니 연못에 살포시 내려앉은 안개가 눈에 들어왔다. 더구나 뿌옇게 내려앉은 안개가 낭만스럽기까지 했다. 한 폭의 풍경화 같다고나 할까? 짙은 안개로 건너편이 잘 보이지 않으니 베일 속에 감추어진 우리네 인생 같다는 생각도 든다. 우리네 인생은 안개 속에 묻혀 보이지 않는 세상처럼 내일을 알 수 없는 것이 바로 우리네 인생이지 않겠는가?"싶다. 더욱 우리는 자신의 행동들을 바르게 하고 인간된 도리(道理)를 망각(忘却)하지 말고 올곧게 걸어가고자 하는 것이 깨어 있는 자(者)의 의식(意識)이다. 나는 이런저런 생각을 하며 고향집 앞 연못가를 돌아 하얗게 쌓여있는 시골 길을 달리다 보니 군 동면사무소 앞에 다다른다. 나는 면사무소 옆에 있는 우체국 앞에 차를 세웠다. 내가 우체국에 온 이유는 예전에 어머니가 고향에서 사실 때 주로 어머니는 우체국통장을 이용을 하셨다. 통장에 혹시라도 잔고가 남아있지 않을까? 싶어 여차로 우체국에 들려 엄마 통장정리를 하려는 것이다. 오랫동안 사용하지 않은 통장이다. 아버지 살아 계실 때 제가 종종우체국 통장으로 조금씩 용돈을 붙여 드렸던 기억이 있어 혹시나 어머니께서 찾아 쓰지 못한 돈이 있지 않겠는가 싶은 마음에 우체국을 들려 본다. 물론 20년 넘게 사용하지 않은 통장이지 싶다. 혹시나 하는 마음에 확인(確認)이하고 싶었다. 저는 우체국에 들려 우체국 직원에게 어머니의 통장을 내밀며 잔고가 있는지 확인을 해달라고 했다. 직원께서는 통장을 확인하시고는 잔고가 있다고 하신다. 저는 통장을 해지해 달라고 하면서 그 통장에 들어있는 돈을 다 찾아 달라고 했다. 본인이 아니고서는 안 된다고 말씀 하신다. 나는 본인이 오셨지만 거동이 불편에서 차에서 꼼짝 할 수 없는 상태라고 했다. 우체국직원 분께서 그럼 자기들과 함께 어머님을 부추겨서 안으로 모셔오자고 하신다. 나는 우체국 직원과 함께 차에 앉아 계시는 어머님을 부추겨 우체국 안에 있는 의자에 앉혀 드렸다. 엄마를 앉혀드리고 나니 우체국직원께서 하시는 말씀이 본인이 CCTV에 얼굴이 정확히 보여야 되는 것이라 할 수 없이 이렇게 모시자고 하였다고 하신다. 우체국 통장에는 12만원이 들어 있었다. 왠지 그 돈 12만원은 공돈처럼 느껴졌다. 우리가 우체국 들렸던 것이 헛걸음이 아니라 다행이라는 생각도 든다. 우체국 직원분이 내민 돈을 받고 의자에 앉아 계시는 어머니께 가서 우와 엄마 우리 공돈 생겼네요. 라고 하며 제가 돈을 가지려니 해 어머님께 드렸다. 그랬더니 어머니는 아 그래. 하시며 돈을 받아 지갑 속에 일렬중대해서 넣으셨다. 우체국 들린 김에 나는 냉장고 값을 송금했다. 장기간 집을 비운 관계로 TV가 나오지 않아 우체국 직원에게

"시골집에 TV를 나오게 하려면 어디다 연락을 하면 될까요?"

라고 물었다. 그리고

"국가시책으로 전국우체국에서 세터박스를 무상으로 준다는 말을 들었는데 지금도 세터박스를 무상(無償)으로 받을 수 있는지요?"

라고 묻는다. 그런데
"무상으로 주는 시기가 지났습니다."
라고 하시며
"유선 아저씨를 소개 해드릴까요?"
라고 하신 것이다. 그렇게 해달라고 했다. 연락처 하나를 적어주셨다. 나는 그 연락처를 받아 호주머니에 넣고 다시 직원분과 함께 엄마를 차에 앉혀드리고 읍내로 모시고가서 나는 잠시 도배 집에 들렀다. 서둘러 장판 가격과 장판을 결정하고서 늦게라도 좋으니 집으로 오셔서 부엌장판을 깔아 달라고 부탁했다. 부엌 조그만 곳에 까는데 일당하고 합쳐서 20만원을 달라고 하신다. 가격을 조금 싸게 해달라고 했지만 요즘은 인건비가 비싸다고 하시면서 이정도면 싸게 하신 거라고 하시는 바람에 저는 더 이상 가격을 깍지 못하고서 차에 홀로 계시는 엄마 생각에 걸음을 재촉한다. 제가 서두른 것은 서둘러봤자 크게 차이는 나지 않겠지만 나름 종종걸음으로 다녀야만 했다. 차에서 혼자 계셨던 어머니는 이 순간까지 무슨 생각을 하고 계셨을까요? 제가 허겁지겁 뛰어와 차 문을 여니 어머니는 나의 고달픈 여정을 아셨는지 그랬어. 라고 하신다. 아마 그랬어. 라는 어머니 말씀은 나에게 수고한다는 의사표시로 하셨을 것이라 나는 해석한다. 나는 차에 앉자마자 유선아저씨께 전화를 걸어 고향집 주소를 불러 주면서 빨리 와달라고 부탁한다. 마트에 들려 엄마 간식거리를 좀 사고 찌게에 들어갈 야채를 간단하게 사서 집으로 향한다. 저희가 읍내에서 이런저런 일을 보고 다니는 사이 온통 세상은 더 하얗게 변해있었다. 차창 너머로 보이는 시골 풍경은 설경(雪景)을 담은 한 폭의 풍경 그 자체였다. 울 엄마가 건강하셔서 이렇게 다니는 상황이라면 더욱 낭만적인 상황이라고 할 수 있다. 그저 이 상황만 화면에다 담아 놓고 본다면 영화에서나 볼 수 있는 장면이다. 그것도 낭만적인 분위기가 한층 고조 되는 장면… 함박눈이 펄 펄 펄 휘날리는 상황이 차 유리에 부딪히며 사라지는 눈이 내리는 장면은 그야말로 낭만적이라 하겠다. 우리 두 모녀가 말없이 차창 밖만 응시하며 가는 모습이 연출되고 있다. 이 장면과 가로수에 하얀 눈이 소복이 쌓여있는 풍경 그리고 도로에 앞서간 차가 남기고간 자동차 바퀴자국이 보일 듯 말 듯 한 이 장면은 어느 영화에서 본 듯한 장면이다. 왠지 데자뷰 같은 설경(雪景)이라 하겠다. 간간히 휘몰아치는 바람소리도 효과음으로 충분 할 것 같은 느낌이 든다. 눈 쌓인 시골길을 지나가는 사람도 없고 차도 없는 길을 따라 가노라니 세찬 눈보라가 앙상한 나목들을 태질 하듯 새 차게 휘두름이 매섭기도 하고 쓸쓸함이 더 해진다. 읍내에서 고향집으로 가는 4km 구간이 오직 저희 차만 주행하라고 나 있는 길 같이 느껴지는 순간이다. 말없이 차창을 하염없이 응시하며 각자의 생각에 잠겨있는 우리 두 모녀의 기행(紀行)록의 한 페이지를 연출하고 있는 느낌… 특히 어느 영화 속 주인공이 되어버린듯한 느낌이다. 고향집으로 들어가는 시골길의 가로수들은 세찬 태질과 가혹한 추위에도 굳세게 잘 견디어 내겠다는 강한 의지를 보여주고 있는 느낌마저 서려 보인다. 사실 제가 살고 있는 김해에서는 이렇게 펑펑 내리는 눈을 볼 기회가 많지 않다. 오랜만에 차창 밖으로 하염없이 펑펑 휘 날리는 눈보라를 보며 가다보니 왠지 체면에 걸린 듯 철모르던 어릴 적 동심(童心)의 세계로 들어가 아련한 추억 하나를 부여잡고서 그 옛날 눈이 많이 내리던 어느 날을 더듬고 있다. 저희 집에서 초등학교 가는 길은 그다지 멀지 않다. 그러나 어느 겨울 온통 새하얀 눈으로 덮어 있던 길을 등교 하던 어느 날 눈이 많이 내려 어린 제 가슴팍까지 눈이 닿아서 학교까지 가는 동안 옷이 눈에 다 젖어 교실에서 오들오들 떨면서 수업 받았던 기억이 떠오른다. 윗옷이 많이 젖지 않았던 이유는 저희 어머님의 지혜로움 덕분이라 생각한다. 그 이유는 이 날 등교 하려는 저에게 어머니는 토방마루까지 나오셔서 지금 눈이 많이 내리고 있으니 아쉬운 대로 이것이라도 쓰고 가거라. 라고 하시며 내민 것은 요소비료자루였다. 농촌 생활이 그 당시는 너무 가난해 이집이나 저 집이나 우산 하나 살 여유가 없었던 시절이다. 우리는 종종 우산대용으로 비료 포대를 쓰고 다녔던 기억이 있는 것이다. 어머니는 등굣길에 눈이 많이 내린 것을 보시고 어느새 비료 포대 양옆을 잘라 어깨가 나오게끔 조끼처럼 만들어 저에게 씌워 주시며 이것이라도 쓰고 가면 보기에는 좋지 않지만 옷은 덜 젖을 것이다. 라고 하셨다. 저는 그 당시 비료 포대가 부끄러운 것이 아니라 가난해서 비료 포대밖에 씌워주지 못하신 저희 어머님의 씁쓸한 마음이 느껴져 비료 포대를 거부하지 못했었다. 제 어린 가슴에 마음 시리도록 여운이 남아있던 사연이라 그런지 가끔 이렇게 소복이 내려있는 눈을 보노라면 나도 모르게 그 토방마루에서 비료 포대 씌워주신 엄마의 서글픈 모습이 잊혀 지지 않는 추억이다. 아무튼 가난하고 고달팠던 70년대 초 어린 시절 마음시린 기억 한 부분이 나는 저희 어머니를 더 소중하게 생각하게 한 추억이다. 저희 어머니는 넉넉하지 못한 농촌 살림살이였지만 그래도 다른 집 어머님들과는 다르게 본인 입지 않으신 한복을 골라 종종 언니와 제 옷을 만들어 주셨다. 그때도 남다르게 모양을 만들어 주셔서 친구들이 많이 부러워했던 추억도 추억 한 페이지를 만든다. 우리 엄마는 다른 어머니들과는 다르게 시골 아주머니 갖지 않으시고 많이 지혜로우셨던 분이라 생각한다. 다른 형제들 기억에는 저희 어머니를 어떻게 생각 할지는 모르겠지만 제 기억으로 저희에게 주셨던 사랑도 좀 남다르게 주신 분이라 생각한다. 나는 눈이 펑펑 내리는 한적한 시골길을 어머니와 말없이 달리다보니 그 옛날 눈이 소복이 쌓여 발이 푹푹 빠지는데도 불구하고 새벽 4시에 일어나셔서 아래채 정지(부엌)에 미리 받아 놓은 꽁꽁 언 얼음물을 방망이로 깨서 냉수목욕 재계(齋戒)하신 후 정안수 떠놓으시고 천지신명님께 기도를 하고 계셨던 저희 어머님 모습을 유난히 잊을 수가 없다. 언제부터인지는 잘 몰겠지만 무엇을 얻고자 그리하셨는지는 알 수 없으나 울 엄마는 1년 365일 하루도 거르지 않고서 매일 정안수 떠놓고 지극(至極)한 마음으로 정성(精誠)드리는 그 모습은 정말 눈이 부시도록 귀품 있어 보였다. 나는 아직도 온기라곤 전혀 없는 마룻바닥에 무릎 꿇고 앉아 정성가득하고 지극함이 가득하신 울 엄마 모습을 아직도 생생하게 기억한다. 어느 영화에서나 볼 수 있는 잊지 못한 울 엄마 기도하는 아련한 옛 모습을 기억하며 부처란? 어떤 사람을 칭하는 것일까? 혹시 우리 엄마가 바로 부처가 아닐까? 라는 의구심(疑懼心)이 생긴다. 어린 저는 어머님 기도하는 모습을 대부분 인기척에 잠이 깨서 보는 차원이고 새벽이라 잘 떠지지 않는 눈꺼풀 사이로 기도하시는 어머님 모습을 보노라면 울 엄마는 무엇을 갈구하시기에 저리도 지극하게 기도를 하시는 것일까? 라는 생각을 종종했었다. 엄마 기도하는 모습은 왠지 그 누구도 범접(犯接) 할 수 없는 남다른 아우라가 있었다는 사실이다. 어두운 새벽 희미한 촛불 사이로 기도하시는 울 엄마 모습은 왠지 어린 마음에도 너무 고귀(高貴)했다. 어린 제 가슴에 어머님 기도하시는 모습을 다르게 비유하자면 어느 수녀님께서 넓은 성당에서 홀로 무아경(無我境)에 빠져 기도(祈禱)하시는 모습과 흡사하다는 생각이다. 저희 집 좁은 마루가 제 눈에는 아주 넓은 공간으로 연상 되었고 그 속에서 기도하시는 어머님 모습은 그 누구도 범접(犯接) 할 수 없을 정도의 이질(異質)감이 느껴졌다. 달리 표현하자면 해석하기가 좀 난해하지만 제 생각에서 느껴지는 그 느낌은 바로 분명 저희 어머님 모습이었으나 저희 어머니 같지 않고 천사 같은 느낌이라고나 할까? 더러는 낯선 느낌 아니면 경지가 다른 세계 아무튼 설명하기는 난해하지만 보통 엄마 모습은 아니었다. 왜? 그런 착시현상이 일어났는지는 잘 모르겠다. 그 모습은 너무나 고요함 속에서 빛이 났던 것이다. 그 모습은 어린 제 가슴에 각인이 되었는지 아직도 잊혀 지지 않는 장면(場面)이다. 이른 새벽 어두컴컴한 마당 모퉁이에 있는 얼어붙은 펌프를 물을 끓여 녹이는 과정이 더러는 달그락거리는 소리가 났지만 어머니는 그 소리에 자고 있는 사람들 깰까봐 어찌나 조심스럽게 펌프질하는 모습이 너무 조심스럽게 느껴져 바로 우리 엄마 성품은 타인을 배려하는 마음 없이는 저렇게 조심스럽게 펌프질 하시지 못하는 것이라 생각되었다. 너무도 조심스럽게 펌프질 하시는 엄마 마음이 제게 느껴지며 조심히 펌프질하시는 엄마 모습도 상상되기도 했었다. 울 엄마는 남을 배려하시는 것이 뼈 속까지 베인 것으로 간주(看做)되어 제 가슴 속 깊이 새겨진 부분이다. 어머니는 농촌생활의 고단함 속에서도 눈이오나 비가 오나 변함없이 1년 365일 한결같은 마음으로 냉수목욕 재계하시고 정안수 떠놓고 무언가를 빌고 계셨던 모습은 다른 분들과의 차이(差異)이라면 차이이다. 어머니는 예전이나 지금 그리고 이 세상을 떠나시는 순간까지도 그 무엇을 그리도 소원(所願)하시고 발원(發願)하셨는지? 어머님 떠나시고 나니 그 정성(精誠)도 덧없고 덧없음이고 제법(諸法)또한 무상(無常)인지라 나는 그 무엇에도 집착하지 않으리. 어머니도 한 때 저희들에게 물이 꽁꽁 언 겨울날 냉수 목욕하라고 성화가 심하셨던 시절도 있었다. 그것도 한때였는지 어머니께서는 어느 순간부터 지금까지 특별(特別)한 종교(宗敎)를 앞장세우고 종교행위를 강조하지 않으셨다. 나는 저희 어머니께서는 분명 종교(宗敎)를 초월(超越)하신 분이라 여겼다. 오랜 습관(習慣)으로 어머니는 고관절로 쓰러지시기 전까지 냉수(冷水)목욕(沐浴)을 아침저녁으로 하셨다. 그 어떤 종교적인 행위를 하신다거나 저희에게 종교생활을 강요하시는 일은 전혀 없었다. 생각하기를 비록 말씀은 못하시지만 세상사(世上事)이치(理致)를 다 깨달은 분이 바로 저희 어머님이 아니실까? 특히 이렇다. 라고 하시는 말씀 없으셨지만 근엄(謹嚴)함이 서려있는 저희 어머니 모습을 보노라면 느낌이랄까? 참으로 범상치 않으신 분이 바로 저희 어머니라 생각을 했다. 냉수목욕도 건강차원에서 좋은 습관(習慣)이라 생각한다. 나이 드신 분들께는 권하고 싶지 않는 것이 냉수목욕이다. 나이 들면 혈이 탁해져있어 상식적으로도 따듯한 물로 목욕하시는 것을 권하고 싶다. 냉수목욕은 정신건강 유지하는데 좋다. 육체적인 부분에서는 냉수목욕 하시는 것을 권하고 싶지 않다. 경험 없어 저희 어머님께서 냉수목욕으로 그나마 건강을 유지 하신다고 여겨 우리 엄마는 언제나 건강 하실 것이라는 안도감도 없지는 않았다. 저의 예상과는 다르게 어머니에게 뇌경색이라는 병이 빨리 찾아왔었다. 뇌경색 후유증으로 언어(言語)장애(障礙)가 생겨 저희와 소통(疏通)이 많이 어려워지게 되었다. 더구나 보행(步行)이 예전처럼 자유롭지 않아서 그런지 조금 더디게 걸으셨으니 냉수목욕이 마냥 좋은 것은 아니었다. 저희들과 어머님과의 소통이 크게 불편을 느꼈던 것은 아니다. 평상시 대화가 아니 다른 각도의 대화(對話)소재가 나오면 그땐 소통(疏通)이 다소 어려워 그때는 어절 수 없이 스무고개 방식으로 풀어가게 된다. 그리고 보행(步行)이 더디면 어머니와 보폭(步幅)을 맞추어 가면 문제(問題) 될 것이 없었다. 어머니께서 남다른 부분이 있어. 종종 문제가 발생(發生)하는데 그 문제가 바로 집안 식구 중 누군가 불만(不滿)을 갖고 있으면 어머니는 많이 아프셨던 것이 문제다. 신(神)의 특수성 때문에 남들은 이해 못하시겠지만 식구가운데 누군가 불만을 갖고 있으면 바로 울 엄마를 눕혔던 것이다. 일부 형제들은 현실적으로 맞지 않는 말이라 여기고 아프면 병원가지. 라는 말로 일축하여 어머님 아프시는 이유를 그다지 신경을 쓰지 않았다. 저의 현실은 어머니께서 너무 아파하시는 관계로 문제를 풀어야 했고 엄마 아프신 문제를 해결하기 까지가 나에게는 난코스가 되었고 남모르는 시련을 겪게 된 사연이다. 제 입장에서는 어머니 혼자 통증을 참아내시는 부분이 옆에서 보기가 너무나 안타까웠다. 엄마가 아파하시는 이유를 모르는 경우가 많다보니 그 이유를 알아차리기까지 다소 시간이 걸리는 경우가 있어 가끔은 빨리 통증이라도 가라앉혀 보려고 진통제를 갔다 드리기도 했었다. 어머니는 자기가 이렇게 아픈 이유를 풀려하지 않고 잔머리 써서 약으로 해결한다고 그 인자하신 모습은 온데간데없고 성난 모습으로 변해 그것이 아니당께. 라고 호통을 치시며 한사코 진통제 잡수시는 것을 거부하셔 저를 난감하게 만드신 경우가 많았다. 제가 어머님을 모시고 살면서 가장 힘든 문제가 이 부분이었으면 엄마 아픈 이유를 잘 몰라 문제를 해결하기까지는 많은 애로상황들이 발생했다. 아마 어머니께서 이런 부분이 다른 분과 판이하게 다른 면이라 더러는 나도 언니 말처럼 우리 엄마가 평범한 엄마였으면 참 좋겠다. 라는 생각을 참 많이 했던 이유이다. 너무 고통스러워하시는 어머니를 지켜보는 자식들 애간장 녹이게 했던 부분이기도 하다. 멀리 있는 형제들은 이런 고통스런 경험들은 그다지 하지 않았을 것이라 생각한다. 지난날 어머님께서 받으셨던 고통들을 생각하면 가슴이 먹먹하다. 매사(每事)에 정성(精誠)이 지극(至極)하셨던 분께서 이런 고통을 많이 겪으시게 되니 가끔 영민하지 못한 자식 입장에서는 그저 죄인이 된 입장이라 할 것이다. 그 옛날 어머니께서는 눈이 하얗게 쌓인 날이기도 마치시고서 다시 컴컴한 밖으로 새벽에 나오셔 외할머니 방에 군불을 지피시는데 아마 그 이유가 밤사이 외할머니 방이 식어 추우실까봐 제일 먼저 큰 솥에 물을 가득 부어 놓고 군불을 지피셨다. 어둠이가시고 날이 밝아지면 외할머님께서는 기침으로 일어났다고 신호를 하셨다. 어머니는 외할머님 기침을 신호로 토방마루에다 외할머니 세안(洗眼)하실 따뜻한 물을 세수대아에 부어놓으시고 할머님 양치하실 것과 수건을 옆에다 가지런히 갖다드리셨다. 외할머니 세수하실 때 물이 주변에 튕겨 외할머니 버선발이 젖으실까봐 세수대아 밑으로 깨끗한 걸레나 수건을 두껍게 깔아놓으셨던 것이다. 나는 그 모습을 너무도 생생하게 기억한다. 특히나 고향집 토방마루를 보면 외할머니께서 전갈한 모습으로 나오셔 세안하시는 모습이 나도 모르게 떠오른다. 저희 어머님 부모(父母)향한 정성(精誠) 지극(至極)하셨던 부분을 생각하면 나도 모르게 어머니가 더욱 존경스럽게 느껴진 것이다. 그때 그 시절이 비록 가난하고 소박한 농촌의 풍경이라 할지라도 소복이 눈 쌓인 하얀 마당을 보면서 저희 어머님의 지극한 효심(孝心)을 배웠고 그 효심을 보면서 자랐던 나는 정말 하얀 눈처럼 깨끗하신 저희 어머님 모습이 더욱 아름답게 비춰졌다. 어머니는 외할머님 식사를 챙기실 때는 항상 외할머님 밥상을 따로 차리셨다. 그 시절은 어느 집을 막론하고 쌀이 귀했던 시절이지 싶다. 보리밥도 제대로 못 먹은 집도 허다했으니 쌀밥이라고 하면 정말 부자 집 외에는 상상도 못 할 시절이지만 저희 어머님은 밥을 지으실 때면 항상 삶은 보리쌀을 솥 밑에다 깔아놓고 그 위에다 그야말로 딱 한 주먹 쌀을 가운데다 부어서 밥을 지으셨던 것이다. 그렇게 짓은 밥은 흰 쌀밥만 따로 떠서 저희 아버지도 드리지 않고 오직 외할머님께만 드렸던 모습이 지금도 아련하게 떠오른다. 그때는 저도 어린마음이라 잘 몰라 그랬는지 아니면 흰 쌀밥을 못 먹어 그랬는지는 몰겠지만 아무튼 그때는 왜 그렇게도 하얀 쌀밥이 얻어먹고 싶었는지 그 당시 외할머님의 하얀 쌀밥이 너무 먹고 싶어 수저를 입에 물고서 외할머니 밥상을 넘어다보았던 가난했던 시절의 씁쓸한 기억이다. 울 엄마께서 상을 정갈하게 차려 외할머니께 올리시는 모습을 지금도 종종 회상을 하노라면 우리들은 아직도 울 엄마의 정성에는 절반도 못 미친다는 사실에 가끔 반성하게 된다. 저희 어머니가 외할머님을 모시게 된 동기가 외삼촌들께서 모두 일본에서 사시는 관계로 외할머님을 모시게 된 사연이라 하겠다. 제가 기억하기로는 저희 가족들이 장흥에서 살고 있을 때 외할머님께서 장흥 저희 집에 여러 번 찾아 오셨다. 그때 외할머님께서 혼자 살고 있으니 저희 어머니에게 자기와 같이 살자고 제안을 하셨던 것으로 알고 있다. 저희 가족들은 이때 아버지 고향에서 방앗간이 따린 집을 새로 지어 1~2년 살고 있었고 아버지께서는 담을 싸 실려고 마당에다 돌멩이와 흙을 잔뜩 싸 놓은 상태라 담이 없어 우리 집 마당이 동네 아이들 놀이터가 되었다. 담을 쌓지 않아 집에서 바라보면 아주 시원하게 저 멀리까지 훤하게 농촌 전경이 펼쳐보였다. 우리 방앗간 바로 앞 냇가에서 불미스런 사건이 집안 일가친척끼리 벌어져 그 여파로 어머니께서는 아버지 고향인 그곳에서 살다가는 죽을 것만 같다고 하시면서 방앗간을 버리다시피 하시고서 어린 우리들을 데리고 조금 떨어진 장흥읍내로 이사 와서 살고 있을 무렵이다. 저희가 장흥으로 이사를 간지 2~3년쯤 되었던 시기에 저희는 지금 살고 있는 고향집으로 이사 와서 외할머니와 같이 살게 되었던 연유다. 어머님께서는 외할머님과 함께 사셨던. 추억이 서려있어 그런지 유난스럽게 고향집을 못 잊어 하시며 애착도 남다르시다는 것이 관건이다. 저라도 어머님의 뜻을 따라 드리는 것이 도리인듯하여 김해 집이 팔리는 대로 고향동네로 이사 갈 생각을 갖고 있는 중이다. 이렇게 내려오게 되면 고향집 근처에 시골집이 나온듯하면 눈여겨보고 있는 중이다. 내일을 기약 할 수 없는 병든 어머님 소원이기도 하여 가급적 빨리 움직여 보려 하지만 형편이 여의치 않고 집이 잘 팔리지 않아 만사(萬事)가 불협화음(不協和音)인듯하여 저희 어머님 애간장 다 녹는 심경이지 싶다. 암(癌)수술 해서 퇴원한 지 4일 밖에 되지 않아 일상생활이 불편한 남편을 아이들에게 맡겨두고 거동 못하시는 어머님 뜻 쫓아 멀고먼 눈길을 강행해 고향집에 내려와 1년 동안 사람 손길 닿지 않아 손 볼 것이 많은 고향집 정리를 대충이라도 해 볼 심산이라 마음도 바쁘고 해야 할 일은 산더미다. 건강이 안심할 단계가 못된 어머님을 모시고 이렇게 다녀도 되는가? 싶은 생각도 들어 가끔은 불안한 마음도 없진 않지만 우리 엄마 원하시는 일이라면 가능한 들어 드리려는 마음이다. 그러나 아무리 생각해 봐도 나에게는 시험 같기도 하고 무모한 일 같다는 생각이다. 병 깊은 어머님을 모시고 목포까지 눈길을 뚫고 갔다 온 일을 생각하면 아찔하기도 하다. 저에게는 선택(選擇)의 여지가 없었다는 사실이다. 너무 너무 저희 어머니께서 원(願)하시는 일이라 저는 거절(拒絕)을 할 수가 없었던 이유다. 저도 이렇게 어머님 뜻 받들어 이런 일들을 하고 있으나 워낙 형제들이 시비(是非)의 눈으로 저를 바라보고 있는 상황이라 저의 행동 하나하나가 너무나 조심스럽다. 저변에는 부모님 돌아가신 뒤 진수성찬(珍羞盛饌)으로 부모님 제사상 차려드리는 것보다는 오히려 부모님 살아생전(生前)에 부모님 원(願)하시는 것 하나라도 더 해드리려는 차원이다. 이젠 형제들의 원성(怨聲)따윈 크게 염두에 두지 않으려한다. 우리 엄마가 원하시는 일이라면 저만이라도 들어드리고 싶은 것이다. 저는 가끔 참 교육이란 무엇인가? 라는 주제(主題)를 놓고 종종 생각해본다. 답을 구하진 못했다. 그러나 참 교육이란?나의 경험상 그것은 바로 실천(實踐)이라 생각한다. 실천은 그야말로 말이 필요하지 않은 가르침이다. 저는 저희 어머니께서 실천하심이 바로 저에게는 참교육을 배울 수 있도록 장을 열어주신 교실이었던 것이라 생각한다. 더구나 어머니께서 저희 외할머니 섬기는 과정의 그 정성은 그 어떤 저울로도 젤 수없는 무게이고 자로도 젤 수 없는 지극함이라 생각한 부분이다. 저의 짧은 지식으로는 다소 어머님의 지극한 정성을 사실적으로 표현(表現)하기가 조금은 부족하다는 느낌이 들어 다소 아쉬운 부분이라 하겠다. 저희 어머니가 보통 아낙의 범주 모습은 분명 아니셨던 것은 확실(確實)하였다는 생각이다. 그 시절에는 어느 집을 막론하고 부모님 공경함이 당연시 여겨지던 시절이었으나 그래도 그 중에 차원적 차별이 있다면 작은 것 하나라도 농촌에서 생기면 외할머니를 먼저 챙겨드리고 난후 저희들에게 나누워 주셨던 부분들이 유난히 두드려지게 생각나는 것이다. 우리는 그 시절 어르신들께서 부모님 섬기시는 모습들을 시대가 변했을지라도 꼭 그 부분만큼은 답습해야 될 부분이라 저는 생각하게 된 이유다. 지금에 현실은 어떠한가? 라고 생각해보면 우선 자식 먼저 챙기고 부모님은 뒷전이 되고 있는 현실이 조금 아쉽고 애석한 부분이라 하겠다. 우리가 좀 더 멀리 보노라면 지금 부모님들의 모습이 바로 미래(未來) 우리들의 모습이라 여긴다. 그걸 아직 깨달지 못하는 사람들이 더러 있어 개인적으로 애석한 부분이다. 사실 요즘 현대사회는 디지털시대이다 보니 모든 것들이 편리위주로 돌아가고 있는 추세다. 대부분은 집안에 정수기 한 대 정도는 어느 집을 막론하고 사용하고 있지만 저희 어릴 때에는 수돗물은 고사하고 펌프를 사용하던 세대라서 저희 어머니께서는 외할머니 주무실 때 항상 자리끼를 챙겨놓으시며 손바닥으로 외할머니의 이불 밑까지 만져보셨다. 지금에 와 생각해보면 어머니께서 항상 아랫목을 거친 손으로 온도를 체크하셨던 이유가 아마도 외할머니께서 주무시는 동안 추우실까봐 방바닥 온도를 가름하시는 행위였지 않았나 싶은 생각이 든다. 어머니께서는 저희들을 야단치실 때 외할머니 듣지 않게 저희들을 집 모퉁이로 불러내 야단을 치셨던 부분도 남다르다 할 것이다. 이 부분을 다른 각도로 해석하자면 아마 외할머니께서 자식들 야단치는 것을 들으시면 혹여 마음 불편하실까봐 그리 하셨을 것이라 짐작만 해본다. 철없던 그 때를 잠시 생각해보면 야단도 매도 제가 제일 많이 맞았으리라 생각한다. 언니나 남동생은 겁이 많아서인지 어머니가 매를 찾아들면 미리 기절을 하는 바람에 매를 덜 맞았던 것으로 기억한다. 저는 고집이 좀 쎄는지 아무튼 쉽게 어머니에게 잘 못을 빌지를 않아 매를 제일 많이 맞았던 것으로 기억한다. 말썽도 제일 많이 불려서 매를 많이 맞았겠지만 저 나름대로 생각하기를 내가 잘 못을 하지 않았는데 왜? 매를 맞아야 하는가? 라는 전재 하에 똥고집을 많이 부렸던 이유다. 이이야기는 어머니에게서 직접 들은 저의 이야기지만 사실 철없던 저는 어머니께서 화가 많이 나계시면 잘못했다고 빌면 금방 용서를 받았을 부분인데 다른 형제와는 달리 고집을 유난히 부려 매를 더 맞게 되었다고 하셨다. 그 당시 제가 어머니에게 내가잘못이 없는데 왜 내가 잘못을 했다고 빌어야 하냐면서 되물어 매를 더 벌었던 상연이다. 그때 어머니께서 저를 매질하면서 깨달은 것이 있었단다. 그것은 같은 자식이지만 매로 다스려지는 자식이 있는가 하면 말로 타일러서 칭찬을 해주면 더욱더 말을 잘 듣는 자식도 있더라. 너는 매보다는 타일러서 칭찬을 해주면 말을 오히려 더 잘 듣는 아이라는 것을 그때 깨달았노라고 말씀을 해주셨던 이야기다. 제가 어렸을 때를 회상하면 저희 외할머님 또한 보통 분은 아니신듯하다는 느낌을 받았다. 왜냐면 보통 시골 할머님들을 보노라면 항상 밭에서 일하시다가 오셔서 그런지 언제나 작업복에다 생활고에 찌든 모습과 들일에 시달려 허리가 굽고 얼굴은 삶에 고단함으로 인생 계급장은 서너 개 깊게 새겨져 나 힘든 세월 많이 보냈소. 라는 알림판들이 이마에 잔뜩 새겨져 있었음을 알 수가 있었다. 그런데 저희 외할머님께서는 언제나 한복을 정갈하게 입고 안방 아랫목에 앉아 다 헤어진 책갈피가 말해주듯 책을 늘 곁에 두시면서 책을 읽고 계시던 모습 그리고 항상 옷은 회색이나 살색 그리고 약간 펄이 들어간 회색 니트를 계절마다 한복 위로 깔끔하게 입으시고 계셨던 모습만 보았는지 그 모습만 저희 외할머님을 회상하면 정갈하고 단아한 모습만 떠오른 것이다. 촌로(村老)라 할지라도 은근히 귀품(貴品)이 있으셨고 세련미가 풍기셨던 것을 확실하게 기억이 된다. 저희 외할머님에게 세련미가 있었던 이유는 외할머님께서는 일본에서 사시는 외삼촌 집에서 몇 년간 살다 오셔서 옷맵시가 좀 남들보다는 세련되지 않았을까? 싶다. 저희 외할머니이셨지만 언제나 점잖으셨으며 귀품이 있으셨고 항상 한결 같은 평온한 표정으로 생활하셨던 고품격 품위를 유지하셔 고매(고(高邁)한 인품의 소유자이셨던 것은 분명하다. 그 연세에 대부분 시골 할머님들은 남들 욕들을 하시는 경우가 더러 있었지만 저희 외할머님께서는 남들에게 육두문자 한번 쓰시는 것을 못 봤던 것이다. 실은 제가 외할머니랑 같이 잠을 잤었고 생활을 같이 오래 하여서 외할머님의 일거수일투족을 보고 자랐기 때문에 어쩌면 제가 외할머님에 대한 기억이 많은 것이다. 그런데. 저희 어머니께서도 나이 들어가시면서 그 옛날 저희 외할머님의 모습과 행동들이 많이 닮았다는 것을 느꼈다. 그래서 생각하기를 콩 심은데 콩 나고 팥 심은데 팥 난다. 라는 말이 진리(眞理)라는 생각을 많이 했었다. 이 말을 둘째 남동생이 저를 비아냥거릴 때 종종 쓰던 말이다. 둘째 동생이 저에게 어떤 의미로 종종 이런 말을 하였는지 모른 것이 아니다. 둘째 동생은 제가 도둑년이고 사기꾼이라서 우리아이들도 도둑과 사기꾼이 될 것이라고 은유법을 써서 저를 비아냥거린 뜻으로 해석된 부분이다. 길고 짧은 것은 대 보아야 아는 것이 세상사 이치다. 세상만사 정한(定限)이치(理致)대로 순응(順應)하다보면 언젠가는 무엇이 옳았는지 그릇되었는지를 가름 하게 될 것이다. 개관사정 (蓋棺事定)이라는 고사성어가 말해주듯 죽음을 맞이했을 때 관(棺)뚜껑 덮어봐야 비로소 인생 잘살았는지 못 살았는지는 타인이 평가하게 되는 법(法)이다. 제가 저희 어머님 작은 마음에서라도 섬겨보려는 이유도 저희 어머님으로 부터 부모

(父母)향한 정성스런 모습들을 보고 자라 학습이 되었던 것이고 울 엄마가 이제껏 행하셨던 행동들이 나에게 자연스럽게 스며들었던 부분이다. 학계에서는 멘델의 유전적(遺傳的)법칙(法則)의 의하면 부모 영향(影響)60%로가 자식들에게 작용된다는 학설(學說)이 있다. 유전적 법칙을 떠나서 인간(人間)이라면 최소한 생명을 주신 부모님 공경하고 받드는 것이 생명을 주신 분에 대한 최소한의 예의(例義)라 저는 생각한다. 나의 처지가 비록 상막한 현실이지만 나만이라도 거동 불편(不便)하신 저희 어머님을 악착같이 붙들고서 울 엄마가 원하시는 일이라면 그 무엇이라도 들어주고픈 마음이다. 저의 이런 모습을 보고 있는 형제들은 불만들이 많는지 어느 날 언니가 저에게 너는 제발 엄마가 원하는 것을 무조건 들어주지 말고 거절도 해라. 라는 말을 했다. 그때 언니 말끝에 나는 우리엄마가 원하시는 일이라면 하늘에 별도 따줄 마음이네. 라고 했다. 지금에 와서 생각하면 그 말도 다 부질없는 허세가 아니었던가 싶다. 노구(老軀)된 몸으로 원하시는 일이 그 얼마나 있을까? 라는 생각을 했기 때문 나는 울 엄마가 원하시는 일이라면 그 어떠한 일이라도 들어드리고 싶다. 이런저런 생각들을 하다 보니 어느새 고향 동네어귀를 돌고 있는 저를 발견한다. 잠시 현재의 나를 잊고 과거의 나를 만나고 온 기분이다. 저는 폐교 앞 다리를 지나 좁다란 연못가를 들어선다. 손 사례 치는 듯한 와이퍼사이로 휠 날리는 눈을 보고 고향집을 가노라니 고향동네 설경(雪景)이 그야말로 고향을 무대로 그려놓은 듯한. 한 폭의 설경화(雪景畵)처럼 보인다. 용물소로(고향연못명칭)떨어지는 눈은 그야말로 춤을 추고 있는 천사들 모습 같다. 지금은 겨울이라 봄 철 싱그러운 초록은 아닐지라도 갈색으로 변해버린 갈대위로 하얗게 쌓인 눈이 반사되어 연못은 그야말로 은쟁반처럼 반짝반짝 거린다. 우리 집 앞 연못풍경은 계절 따라 옷을 갈아입고 있어 철철이 연못 배경은 색깔이 다

277

르지만 고향은 언제 와도 정겹다는 것을 느낀다. 막상 마당에 들어서니 잠시 자연과 일체(一體)했던 마음은 온데간데없고 어머님을 업고 눈 쌓인 저 토방마루까지 올라가야 하는 현실이 막막했다. 읍내시장에서 뛰다시피 하고 다녀 몸이 천근이라 엄마를 업고 올라야하는 3단짜리 계단이 무서운 것이다. 내 피곤함은 뒤로하고 차를 마당에 주차 하고 나는 조심스럽게 어머니를 업었다. 나에게는 마(魔)의 고지라 할 수 있는 계단을 덜덜덜 떨며 기어올라 어머니를 토방마루에 앉혀 드렸다. 어머니는 내가 덜덜덜 떨며 오르는 모습이 안쓰러웠는지 그랬어. 라고 하시며 본인 이마를 제 이마에 갖다 대신다. 이런 행위는 오직 울 엄마만의 애정(愛情)표현(表現)이라 생각한다. 이면(裏面)에는 저에게 수고 했다는 뜻이라 생각이 든다. 저에게 이마 땡을 해주신 다음 궁둥이 밀며 방안으로 들어가신다. 저는 방으로 들어가시는 어머님을 뒤로하고 읍내에서 사가지고 온 물건들을 대충 토방마루로 나르고 난 뒤 방으로 들어가 보일러를 틀어드렸다. 그리고 장시간 차에 앉아만 계셨던 어머니에게

 "엄마 보일러 틀어놓았으니 이제 편안하게 한숨 주무세요."

 라고 했다. 그랬더니 엄마는 정말 피곤하셨는지

 "그럴까."

 라고 하신 것이다. 나는 어머님께서 누우시는 것을 잠깐 살펴드리고 부엌으로 들어와 다시 부엌 정리를 했다. 고향집 부엌은 그야말로 묵은 살림이 산더미였다. 아침나절 텃밭입구에 일부러 버렸지만 어차피 어머님 연로하셔서 해 묵은 부엌살림들은 불필요(不必要)할 것 같다. 미련 없이 가제도구들을 또 다시 꺼내 버리는 작업을 한다. 저 혼자서 들 수 있는 것들만 주로 옮겼다. 부엌 장판을 전체 교체해야 되니 일이 더 많다. 부엌살림들과 씨름하기를 2시간 정도 지났을 무렵 부엌일을 마무리 하고 이제 마당으로 나와 다시 쓸 물건들과 태워버릴 것들을 분리하기

위해 마당으로 나온다. 내가 부엌 가제도구 분리 작업하는 사이 하얀 눈이 쌓아놓은 물건들 위로 더 소복이 쌓여있다. 앞으로 계속 눈이 더 내린다면 걱정이다. 조금 있으면 장판 깔아주기로 되어 있고 유선도 달아주신다고 하였는데 이렇게 눈이 많이 내리면 길이 막혀 오후에 해야 할 일들이 지연(遲延)될 것 같아 걱정이다. 이곳 일을 어느 정도 마무리 해놓고 김해로 빨리 가야 한다는 생각이 많다. 김해 떠나 올 때 아이들에게 며칠 있게 될 수도 있으나 가능한 빨리 오겠다는 말을 했던 이유가 남편 장류교체 때문에 빨리 돌아가야만 한다. 갑자기 이곳으로 오는 바람에 김해 식구들 반찬을 전혀 해놓지 않아 가급적(可及的) 이곳 일들을 빨리 정리해놓고 김해로 돌아가야 된다는 생각이 앞선 것이다. 모든 일은 순리(順理)에 맡겨놓았겠지만 가끔 마음이 불안해져오면 나도 모르게 자연스럽게 기도(祈禱)를 했다. 지금 눈이 펄펄 내리고 있어 저도 모르게 천지신명님께 눈이 많이 내리지 않게 해달라는 기도를 마음으로 하였다. 하늘에서 하시는 일이라 기도를 한다고 해서 들어주시겠는가만 그래도 사람이다 보니 더러는 자기(自己)위안(慰安)삼아 이렇게 기도를 하는 중이다. 저는 마당에서 분리 작업을 대충하고 방으로 들어가니 인기척에 엄마는 일어나신다. 안방에 있는 장롱을 본격적으로 정리하기 시작했다. 이제껏 살면서 모아둔 옷가지들과 방에 필요 없는 가재도구들을 대충 챙겨 마당으로 내다 놓았다. 여러 가지 물건들을 마당으로 내놓고 보니 사람이 사는데 무슨 살림살이들이 이렇게도 많고 이렇게 많은 것들이 필요한 것인지? 이 물건들도 세월이 흘러가니 어느새 폐물들이 되었다. 정말 한때는 귀하게 여겼던 물건들이고 옷가지들이지만 이제는 그 누구도 가져가지 않은 그냥 쓰레기에 불과한 물건으로 전락된 것이다. 사람도 나이드니 어디를 가도 환영 받지 못한 부분도 더러 있다는 사실이다. 병들고 가난하면 더욱 차별(差別)이 암암리(暗暗裡)에 표출(表出)되어 대우가 다르다. 인간은 누구나 평등하다고는 하나 평등(平等)이 아니고 공평(公平)에 원리(原理)가 적용하여 노력(勞力)한 자(者)와 노력(勞力)하지 않는 자(者)의 좁힐 수 없는 간격(間隔)과 운(運) 있는 자(者)와 운(運)없는 자(者)의 차이(差異)도 무시(無視)할 수 없다는 사실을 깨닫게 된다. 제가 이렇게 설치고 다니면서 묶은 짐들을 꺼내 마당에 내 놓고 오면 울 엄마는 속이 후련하신지 아이고 좋다. 라는 말씀을 연달아 하시며 서랍 속에 고이 간직한 오래된 본인 옷을 꺼내주시며 버리라고 하시면 잔뜩 꺼내주셨다. 이런 일들은 본인 건강하셨을 때는 혼자서도 충분히 할 수 있던 일이다. 본인(本人)몸 하나 마음대로 움직일 수가 없는 상태라 아무튼 엄마 혼자서는 엄두도 못 냈던 일을 제가 대신하고 있으니 엄마 마음도 홀가분하신지 너무 좋아하시니 내 마음도 덩달아 좋다. 내가 여러 시간 낡고 묶은 살림살이들을 치우고 났더니 수리해야 할 곳이 여러 군데 더 보였다. 고향집을 예전에 저희 6남매가 돈 모와 집을 새로 지어드리자는 의견(意見)이 있었다. 형편이 서로 여의치 않아 새로 집 짖어드리는 일이 흐지부지한 계획이 되었던 것이다.

　고향집도 세월이 많이 흘러서 그런지 집이 낡아 손봐야 할 부분들이 눈이 많이 띈다. 마음 같아서는 다 허물고 새로 지어드렸으면 싶다. 나는 새로 지어드리고픈 마음만 있지 아직 애옥살이 연장선이라 새로 지워 들일 수 없음에 마음만 서글프다. 저희 어머님에게 고향집이란? 친정 어머님 품속처럼 따뜻하고 애착이 가는 보금자리이었으리라 나는 여긴다. 어머니는 유독 이집에 대한 애착(愛着)이 남들과는 비교(比較)할 수 없을 정도로 강하셨을 것이라 생각한다. 다른 사람들에 비해 고향집을 못 잊어하시는 하시는 이유가 따로 있을 것이라 생각하고 가능한 저희 어머님 의사를 존중해 드리려는 이유다. 달리 생각하면 울 엄마 생명(生

命)을 지탱(支撑)해준 원동력(原動力)이 되지 않았을까 싶다. 사람은 어떤 애착(愛着)을 갖고 산다거나 자기가 해야 할 일이 있다고 생각하면 그것은 비록 움직일 수 없는 육신(肉身)이라 할지라도 의식(意識)이 뚜렷해 저는 살아있는 의식이라 여긴다. 이 뜻을 다른 각도로 비유(比喻)하자면 작은 송사리라도 살아있으면 세찬 물살을 거슬러 올라가겠지만 죽어있으면 비록 거대(巨大)한 고래라 할지라도 잔잔한 물살에도 떠내려간다는 뜻이다. 사람은 의식(意識)이 살아있으면 비록 육신(肉身)은 병이 들었을지라도 자신(自身)의 뜻 한 바를 이루고자 작은 목소리라도 내보는 것이고 어떻게 해서라도 살아보려고 노력(努力)하게 된다는 의미이다. 나는 의식(意識)이란? 숨을 쉬고 있는 한 꼭 가져야 되는 마음이고 품어야 될 생각이라 표현한다. 저는 엄마가 장롱 속에서 낡은 옷가지들을 꺼내주시면 마당에다 내다 놓기를 몇 차례 반복(反復)했다. 그랬더니 어느 정도 장롱속이 훤하니 끝이 보인다. 더러는 이 과정(過程)이 여러 차례 반복되어 힘이 들긴 했지만 마음한편이 후련하고 기분도 상쾌하니 좋다. 그런데 일찍 보일러기름을 넣어야 되는데 보일러 기름 넣는다는 생각을 깜박 잊고 있었다. 그래 생각나는 김에 안방 벽에 크게 붙여있는 비상 연락처 일 수도 있고 시골 생활에 필요한 보일러기름 가스. 택시 연락처들이 적혀있는 우리 엄마표 연락처를 살펴본다. 시골 노인 분들에게는 필수 연락처라 할 수 있다. 항상 엄마는 본인 누워 계시는 머리맡에다 시골에서 자주 이용하는 전화번호가 적혀 있었다. 자주 이용하는 전화번호들을 찾으려면 벽을 보면 된다. 저는 보일러 기름집으로 전화를 걸어 기름 한 드럼 넣어달라고 부탁 했다. 저희들은 도시가스를 사용(使用)한 뒤로는 기름집을 잊고 살았다. 그래 참 오랜만에 사보는 보일러기름이다. 기름 값 잊고 살아 온지 오래되다 보니 어느새 기름 한 드럼 가격이 무려 266.000원이라는 사실에 깜짝 놀란 것이다. 세월이 그만큼 흘렀겠지만 저희들이 사용 때 보일러 기름 값 하고는 차이가 배 이상이 나오니 새삼 세월의 변천사 느낀다. 기름 값도 언제 이렇게 올랐는지 저희가 사서 넣을 때만해도 10만원 이였던 것 같은데 그 만큼 물가(物價)도 세월(歲月)만큼 올라 있다. 이제는 가스 하나를 더 시켜놓아야 된다. 한통은 비워있고 다른 한통은 묵직하나 양(量)을 가름 할 수 없어 여유분으로 하나 더 시켜 놓은 것이 좋을 것 같아 가스도 한통 배달시켰다. 가스 가격은 4만 5천이라고 하셨다. 이것도 배가 넘게 올라 있음을 느낀다. 우리가 LPG가스 써본지가 벌써 15년이 흘렀으니 물가도 그 만큼 많이 올라 있다. 이런 것들을 직접 사용(使用)하지 않고 살아서 잠시 이런 것들에 대한 가격(價格)을 잊고 도시가스 값 올라 가는대에만 촉각(觸覺)을 곤두세우며 살았다. 저처럼 누구나 자기에게 필요(必要)한 것에만 신경(神經)을 쓰며 살지 않을까 싶다. 보통은 자기에게 해당되는 것에만 관심(關心)을 두고 사는 것이 일반적인 사고(思考)방식이지 싶다. 이 두 가지를 시켜놓고 얼마 지나지 않아 기름차가 와 보일러기름을 넣고 있다. 배달 오신분이 젊다. 젊은 사람이 고향을 지키며 유조차를 운영하시는 모습이 왠지 대견해보였다. 이 젊은 친구가 저에게 이런 날씨에 어머님 모시고 고향집에 오셨냐고 말을 붙여왔다. 그리고

"성치 않으신 부모님 모시느라 고생이 많으시네요."

라는 말을 한다. 그 말끝에

"남들도 병중이신 부모님 다들 잘 모시며 살지요."

라고 했다. 그런데 이 젊은 친구는

"그렇지만 대부분 부모님을 모시지도 않은 형제들이 이러쿵저러쿵 말이 참 많네요."

라고 하며

"원래 모시지도 않은 자(者)들이 말이 더 많네요."

본인(本人)들은 병든 부모모시라고 하면 한 달도 못 모시면서 참 말들이 많아요! 라고 하는 것이다. 나 역시 이 부분만큼은 공감하는 차원이다. 왠지 나도 모르게 이 젊은 친구에게 동질(同質)감인 동병상련(同病相憐)의 아픔이 있을 것만 같은 느낌이 든다. 이런 이야기를 나눈다는 것은 본인이 현재 병든 부모님을 모시고 있으며 형제들 비난 또한 많이 받고 있다는 뜻이다. 이분도 나만큼 형제로부터 받은 상처가 많은듯하다는 생각이 든다. 이 젊은 친구와 기름 넣는 짧은 시간동안 이런저런 이야기를 잠시 나눴다. 이 젊은 친구가 바로 둘째 남동생 친구라는 사실도 알게 된다. 이 세상(世上)에서 가장 저에게 시비를 많이 걸고 살아 온 동생이 바로 둘째 남동생인데 둘째 동생 친구는 내동생과는 상반(相反)되게 고향에서 부모님을 직접모시고 살고 있는지? 더구나 나의 처지를 꿰뚫고 있는 것 마냥 내 처지(處地)를 이해(理解)하고 있으니 왠지 모르게 가슴이 뭉클해지고 눈가가 따뜻해진다. 그런데 이 친구는 다시

"병든 부모님 모시는 일이 보통일이 아니며 아무나 못하는 일입니다."
라고 하면서 내게 누님이 제일 고생이 많으시네요. 라고 한다. 더구나
"그래도 친구 어머님은 복(福)많이 받으신 분이십니다. 대부분 재산(財産)은 서로 한 푼이라도 더 가져가려고 눈이 벌겋게 혈안(血眼)이 되어있고 병든 부모님은 서로 모시지 않으려 양보하는 추세고 병든 부모님은 뒷전이라 꼴사나운 경우를 요즘 많이 주변에서 보게 됩니다. 그런데 누님께서는 이렇게 눈도 많이 오고 먼 길을 혼자서 거동 불편한 어머니를 모시고 오셨습니까?"
라고 다시 물으며 안쓰러운 눈빛으로 저를 애처롭게 쳐다본다. 아무튼 기름은 둘이 이야기 나눈 사이 다 넣어졌다. 그래서 대화는 끊어졌다. 나는 엄마 집 기름 값만큼은 내가 내는 것이 좋을 것 같아 내 카드로 결제 한다. 사실 고향 내려오는 기름 값은 엄마가 내셨기 때문에 자식인

나는 우리 엄마 집 기름 값은 내주고 싶다. 제 형편이라는 것이 남편 수술비를 얼마 전에 지불하는 바람에 경제적인 여유는 없다. 울 엄마 보일러기름은 꼭 사드리고 싶었다. 나는 카드로 3개월 할부 했다. 일단 결제를 마치고 나니 젊은 친구는 다른 곳에 배달을 또 해야 하기 때문에 눈 더 쌓이기 전에 다녀와야 한다고 하며 떠났다. 나는 동질감을 잠시 느끼게 했던 사람을 만나고 나니 세상에는 나보다 더 못한 상황에 놓여있는 사람들이 생각보다 많다는 사실을 알게 된다. 성치 않으신 부모님을 모시지 않은 사람들은 대부분 병든 부모님 모시고 사는 사람들의 고단함을 모른다는 사실이다. 나는 내 스스로 겪었고. 경험했고. 체험했기 때문에 둘째 동생 친구의 쓰라린 부분을 일부분이라도 공감하는 차원(次元)이다. 병든 부모 모시면서 가장 문제되는 부분이 바로 배우자(配偶者)와의 갈등(葛藤)이 제일 많다는 사실이다. 그 다음은 경제적(經濟的)인 문제(問題)가 될 것이라는 것쯤은 제가 직접 경험 하고 있어 기본적(基本的)으로 부모 모시고 사신 분들의 어려운 부분을 잘 알고 있다. 요즘 젊은 세대들은 자식들한테 투자한 백만 원은 아깝지 않다고 생각하지만 부모님께 용돈 드리는 십만 원은 무진장 아깝게 여기고 있으니 참으로 안타까운 현상이다. 기본 상식으로 생각해봐도 뿌리가 깊고 튼튼해야지 흔들림이 없고 가지도 굵고 열매도 실하다는 것쯤은 서로들 잘 알고 있는 상식이다. 보통 사람들은 내 자식의 뿌리가 부모님이라는 사실(事實)은 알고는 있으나 막상 본인(本人)에게 맡겨진 부모 있으면 보통은 회피(回避)하려는 의도(意圖)가 다분(多分)하다는 것이 안타까운 현실이지 싶다. 사정이 있어 모실 수 없는 형편이라면 가능한 작은 것 하나라도 자식 된 도리를 먼저 생각했으면 하는 마음에 제가 누군가에게 병든 부모님 모시는 것을 우선순위로 생각하라고 권(勸)하게 되는 사례다 하지만 대부분 반응은 보편적으로 너나 잘 하세요. 라는 반응(反

應)이다. 빈곤시대였던 70년대까지만 해도 우리 민족은 이웃 간에 나눠 먹고 이웃까지 살피며 살았던 시대였다. 물질만능시대가 되고부터 물질은 많이 풍부해졌지만 인정(人情)은 많이 각박해졌음을 느낀다. 의사(意思)전달 부분에도 세상이 각박해져 그런지 아니면 스피드시대를 요구해 그런지는 모르겠지만 요즘 추세는 대부분 부정적인 언어들이 난무하고 있어 세대 간 격지(隔地)감을 느끼게 하는 줄인 단어들이 범람하는 시대가 되었다. 아마 제 개인적인 생각으론 바로 이것이 예언서(豫言書)에서 자주 거론되는 신(神)의 출현(出現)을 알리는 언어도단(言語道斷) 시대이지 싶다. 인터넷시대라 그런지 자기가 직접 경험해보지 않고 사실 확인도 되지 않는 내용들을 의존하는 성향들이 많아지는 추세라 말 하나 전하기도 조심스러운 시대다. 제 경험상 같은 말과 같은 글도 듣는 사람 읽은 사람 기분(氣分)에 따라 판이하게 해석(解釋)을 달리 한다는 사실(事實)을 깨닫고 보니 이 또한 옳고 그름을 가름한다는 것 자체가 다 부질없다는 생각이다. 기분에 따라 마음깊이에 따라 같은 말을 놓고 누군가에게 좋게 들리기도 하고 나쁘게 들리기도 한다는 사실이다. 말과 글로써 사람들과 소통(疏通)하고 공감(共感)하는 부분은 맞다. 하지만 더러는 오해에의 소지도 다분하다는 점을 고려해 볼 때 우리는 말이나 글의 이중성(二重性)을 어떻게 해석(解釋)하고 이해(理解)하느냐에 따라 해석도 판이하게 달라진다는 사실을 알아야 할 것이다. 객관적(客觀的)인 입장에서 저희 어머님을 바라 볼 때 의학상식으론 그야말로 뇌경색에서 오는 중풍이다. 그러나 저는 다른 각도에서 어머님을 경험했을 때는 분명 저에게 말이나 글보다는 마음으로 전(傳)하고 듣는 법(法)을 가르쳐주시고자 어머니는 이제껏 말문을 닫고 계셨던 이유이며 저를 지혜롭고 자유로운 사람으로 다듬어 주시고자 이렇게 다양한 시련들을 주고 계신다는 생각이 들었다. 이렇게 생각하는 것은 저 만의 주관적 관점에서 하는 생각이다. 제 생각이 맞다. 라고 주장 하지 않을 것이며 설득도 하지 않을 것이다. 누군가에게 나의 이야기가 공감을 주고 느낌을 받게 했던 부분이 있다면 오히려 나의주장과 설득 보다는 본인 스스로 느낌을 받고 공감하면 더 좋지 않을까? 라는 생각만 있다. 지구촌은 다양한 인종(人種)과 다양(多樣)한 문화(文化)와 각 나라 풍습을 도드라지게 내세우는 경향이 있어 백인백색(百人百色)인 인간세상에서는 내게 옳다고 해서 상대에게도 옳은 것이라고는 볼 수가 없다는 사실을 깨달아야 한다. 주장과 설득은 신뢰가 있지 않으면 큰 효력이 없었다는 사실이다. 자신의 생각과 의견을 강조한다거나 강요는 더더욱 사람들 마음을 얻지 못한다는 점을 저는 여러 경험을 통해 깨달은 것이다. 우리가 어떤 사물하나를 놓고도 서로의 의견이 분분(紛紛)한 것이 세상사(世上事)이치임을 감안(勘案)해 볼 때 나까지 한목소리 내어 지저귀면 세상은 더 시끄럽기 그지없을 것이다. 인지(認知)도 없는 중생(衆生)이 내는 소리는 그 얼마나 잡스런 소리로 들리겠는가 싶다. 저는 1톤 트럭 물량 정도의 가제도구들과 옷가지들을 텃밭 옆에다 수북이 쌓아 두었던 것을 어떻게 처리를 할 것인가를 놓고 고민(苦悶)중이다. 더구나 눈이 하염없이 내려있는 상태에서 더 꺼내놓은 물건들 위로 하얀 눈이 어느새 수북이 쌓였다. 쌓아놓은 상태로 눈이 쌓이도록 두고만 볼 수는 없어 저는 집 모퉁이에 세워져 있는 커다란 양철 판 두 개를 가져다가 내다놓은 가재도구 위로 눈이 더 이상 쌓이지 않도록 덮어 씌워놓았다. 쌓아놓은 덤이 위로 더 이상 눈은 쌓이지 않아 불태우는데 크게 지장을 주지 않을 것이다. 내리는 눈만 바라 봤을 때는 김해에서 자주 볼 수 없는 평평 내리는 함박눈 모습은 그야말로 낭만적이며 어느 영화 한 장면처럼 아름답다. 낭만적인 것을 생각하면 이렇게 눈이 내리는 것도 괜찮다. 그렇지만 장판도 오늘 중으로 깔아야 되고 TV유선도 달아야하며 가스도 바꿔

줘야 하는 상황이라 형여 빙판길이 될까봐 조금은 염려가 된다. 저는 어머님 계시는 방으로 들어가 몸 좀 녹이면서 눈 내리는 것을 조금 지켜봐야 될 것 같다. 방에 들어오니 누워 계실 것이라 생각한 어머니는 벌써 장롱 서랍 밑까지 뒤지시고 계셨다. 방에 들어선 저를 보자마자 없네. 라고 하신다. 저희 어머님 표정을 보니 아마도 지난번에 왔을 때 그렇게도 열심히 찾던 집문서인 듯하다. 나는 없다. 라는 엄마 말씀의 뜻을 알고 있어

"그러게요. 왜 그것이 없을까요? 귀신 곡 할 노릇이네."

라고 했다. 어머니는 도무지 문서 둔 곳이 생각나지 않으시는 듯 씁쓸한 표정(表情)이 영역했다. 저희 어머니 열심히 문서 찾는 틈을 타 저는 어제 사온 홍어를 한 접시 썰어 울 엄마 출출하실 것 같아 방으로 작은 상을 준비해 들어간다. 엄마는 제가 홍어를 썰어 들고 들어가니 아랫목으로 내려오시면서 연신 고개를 갸우뚱 거리신다. 아마도 어머니 기억력을 총동원(總動員)해보려는 의도 같았다. 어머니는 장롱 뒤지는 일을 멈추시고 상 앞에 앉으시는지라 나는 홍어 한 점을 깨소금장에 찍어 어머님께 드렸다. 마침 어머니도 출출하셨는지 홍어를 맛있게 잡수셨다. 엄마 홍어 드시는 모습에 나도 모르게 침이 꿀꺽 하고 넘어간다. 마침시간이 오후 4시가 넘다보니 출출할 시간이다. 어쨌든 맛있게 덕스럽게 잡수시는 울 엄마 모습이 참 보기 좋다. 제가 어머니 홍어 드리고 있는 사이 마당으로 차한대 들어오는 소리가 들린다. 밖을 내다보니 이번에는 가스 차다. 그런데 밖은 어느새 눈이 자자들고 있었다. 날씨는 매섭도록 차가웠다. 그래서 방으로 다시 들어가 저는 겉옷 하나 더 걸쳐 입고 나와 가스배달 아저씨께 인사를 했다. 배달 아저씨는 말없이 가스를 교체해주시면서 가스통 값까지 요구하셨다. 보편적으로 가스통 값을 주지 않은 것이 보통 가스 값이다. 통 값을 달라고 하시는 바람에 당황해

서 가스통 값을 받으시는 이유를 물었다. 가스통 값을 받는 이유가 가스통이 년도가 너무 오래되어 반납하는 가스통을 폐기처분해야 되기 때문이라고 말씀을 하신다. 소비자 입장에서는 이해가 되지 않을 수가 있다. 엄밀히 따져보면 가스통 값을 지불 하는 것이 맞는다. 분명 가스통이 오래되어 가져가면 폐기처분 하신다는데 무슨 말이 더 필요 할까만 그래도 돈 한 푼이라도 아껴보고 싶은 생각에 배달 아저씨께

"통을 제대로 사용도 못해보고 통 값을 지불하기가 좀 그랬네요."

라는 말을 했다. 아저씨께서

"그럼 이번에는 그냥 가스 값만 받을게요. 하지만 다음 가스 교체 시에는 가스통 값을 꼭 지불하세요."

라는 말씀을 하시며 진짜로 가스 값만 받고 정말 그냥 가신다. 하지만. 막상 배달하신 분을 보내놓고 나니 가스통 값을 지불하지 못한 제 마음이 약간 불편했다. 이유는 어떻게 생각하면 가스통은 위험(危險)한 용기(容器)라 당연히 폐기(廢棄)처분(處分)해야 하는데. 라는 생각에 괜히 돈 몇 푼 아끼려다 오히려 마음이 불편해진 사례다. 돌아서면 잊어버리겠지만 그래도 위험(危險)한 통인데 그 통이 다시 유통(流通)이 되면 어쩌지? 하는 오지랖이 앞서 갑자기 마음이 불편하다. 가스통 하나 여유 있게 들려났으니 한 가지 일은 마침 샘이다. 그런데 부엌장판을 걷어내고 나니 낡고 삭은 벽지들이 눈에 거슬렸다. 더구나 심하게 훼손된 부분이 많아 그냥 지나치기에는 거슬리고 낡아도 너무 낡아 이대로 두기도 난감했다. 그래서 부엌 장판 까는 김에 벽지도 냉장고 뒤편만이라도 좀 붙여야 될 것 같아 나는 다시 읍내를 다녀와야만 했다. 목욕탕 수도꼭지도 낡아 물이 제법 새고 있어서 필히 수도꼭지를 교체 해야만 되었다. 그런데 오전에는 깜빡 잊고 사오지 못했던 것이 생각났다. 읍내 나간 김에 수도꼭지도 사야한다. 사실 어제 방앗간에 들려 집안 오빠에게 수도

가 샌다고 말씀 드렸다. 오늘 이른 아침 펑펑 쏟아지는 눈을 맞으며 자전거를 타고서 오빠가 찾아 오셨던 것이다. 수도꼭지를 수리하시려다 수도꼭지가 너무 낡아 못쓴다고 새로 수도꼭지를 사다놓으라고 하고 가셨다. 이번 읍내 다녀오는 길은 어머니께서는 같이 가시지 않겠다고 하셔 저 혼자 다녀오려고 서둔다. 고향집에서 읍내까지는 10여분 거리다 하지만 어머님을 혼자 두고 가노라면 마음이 불편하고 괜스레 바쁘다. 그러다보니 최대한 빨리 서둘러 다녀올 생각이다. 이렇게 혼자 나가니 어머님을 업고내리는 과정이 없어 편하기는 하다. 읍내에 들려 벽지사고 오는 길에 마트에 들려 방앗간 오빠께 드릴 삼겹살을 샀다. 방앗간 오빠는 제가 수도꼭지를 사오면 교체를 해주신다고 하셔 저는 감사인사로 삼겹살로 대신할 생각이다. 오랜 세월 아버지 안 계신 시골집을 방앗간 오빠께서 엄마의 불편한 사항들을 해결해주셨다. 우리엄마께서 많이 의지 하셨고 도움을 많이 받고 사셨다. 하지만 일절 사례비를 받지 않으시니 오빠가 좋아하시는 술안주로 삼겹살도 괜찮을 것 같아 삼겹살을 산 이유다. 나는 마트에서 나오니 읍내는 온 전체가 새하얀 눈으로 덮여 있어 설국에 온 느낌이 들었다. 다행스럽게 바퀴 자국 나는 도로는 대부분 눈이 녹아 쉽게 다닐 수 있다. 도로사정으로는 울 엄마 기다리시지 않으시게 예상외로 집에 빨리 갈 수 있을 것 같아 마음이 편하다. 그런데. 복병이 따로 있었다. 그것은 제가 찾던 욕조수도꼭지가 너무 오래되어 규격이 맞지 않았다. 그래서 읍내에 있는 철물점을 다 뒤지고 다니고 있다. 찾던 물건을 쉽게 찾지 못하다보니 갑자기 마음이 불안하고 초조해진 것이다. 분명 집에서 엄마는 나를 애타게 기다리고 계실 것이 분명하기 때문이다. 그런데 수도꼭지를 이렇게 찾지 못하고 시간을 지체하고 있으니 마음이 불안하다. 너무 오래된 욕조꼭지라 들려보는 철물점 마다 같은 기종 없다고만 하시니 정말 낭패다. 나는 어떻게 해서라도 오늘 중으로 수도꼭지를 꼭 사가야만 했다. 읍내에 있는 철물점 몇 군데 더 돌아 볼 심산이다. 욕조곡지가 너무 오래된 것이 문제다. 나는 수전(水栓)이라 하면 무조건 년도 관계없이 모델 관계없이 다 맞는 줄 알았다. 그것은 나의 착각이었다. 옛날 것 하고 요즘 나온 것이 찬물 더운물 나오는 파이프 간격 차이가 있다는 사실을 몰랐던 것이다. 이곳저곳 들려는 보기는 하지만 내가 찾는 물건이 없어 시간은 지체되고 엄마는 기다리고 계시니 애간장이 다 녹은 것이다. 저의 마음은 이렇게 바쁜데. 찾은 물건이 이곳저곳 5~6군데를 들려 봐도 없으니 낭패(狼狽)가 이런 낭패가 없다. 하지만 이렇게 시간을 허비(虛費) 할 수가 없다는 것이 문제다. 저희 어머님 기다리는 시간이 길어지면 심기(心氣)불편(不便)하셔 급격히 이상(異常)증세가 나타난다. 그런 상황(常況)이 닥치기 전에 나는 빨리 집에 가야만 한다. 이제는 찾다가 없으면 그냥 갈 생각이다. 집으로 가는 길에 마지막이라 생각하고 집으로 가는 방향 큰 도로 버스 정류소 앞에 아주 오래된 철물점 앞에다 차를 세웠다. 이곳에 이렇게 낡은 가게가 있었던가? 싶을 정도로 아주 오래되어 보이는 낡은 가게다. 저희들 초등학교 다닐 때나 있을 법한 그야말로 구멍가게 수준이다. 그러나 반가웠다. 이 좁은 읍내(邑內)에 한번이라도 더 들려 볼 철물점(鐵物店)이 있다는 것이 저에게는 너무나 반가운 일이었다. 막상 들어선 철물점(鐵物店)안은 그야말로 100년 세월(歲月)의 흔적(痕迹)을 오롯이 느낄 정도로 아주 오래된 낡은 가게였다. 골동품이나 중고품이 어우릴 것 같다는 느낌이 먼저 든다. 이 낡은 가게에서 제가 내민 물건(物件)과 일치하는 물건이 있다고 하신다. 그것도 오래되어 찾는 사람이 없어서 버릴까? 하다가 여차로 나두셨다고 하시면서 갖고 나오시니 그 얼마나 기쁜가? 집에서 고장(故障)난 수도꼭지를 오빠께서 주시면서 오래된 물건이니 가지고가서 대조해 보고 사야 규격이 맞는다고 하셔서 나는 이 수전을 이제껏 가지고 다니며 똑 같은 수전을 찾았다. 방앗간 오빠께서 미리 언질을 해주시지 않으셨다면 나는 마트나 가게에서 딜렁 욕조사워기를 사가지고 갔을 판이다. 방앗간 오빠는 미리 수전을 가지고 다니면서 대조해 보고 사오라는 말씀을 해주셔 이렇게 헛걸음이 되지 않아 다행이다. 애간장 녹이면서 찾은 물건이 있어 정말 기쁘기 말 할 수 없을 정도다. 만약 구하지 못했다면 수도 공사를 해야 하는 판국이다. 다행스럽게 이렇게 구 할 수 있어 정말 다행이었고 왠지 마음도 뿌듯했다. 신기루를 발견한 사막에 방랑자(放浪者)가 목마름을 적시고 난 후 느끼는 행복감(幸福感)이다. 사막에서 오아시스를 만난 기분이 이런 기분이 아닐까? 라는 생각에 제 마음을 이런저런 마음과 감정으로 기쁜 마음을 비유(比喩)한다. 저는 수도꼭지를 사가지고 뒤도 돌아보지 않고 집으로 향했다. 고향집으로 오는 길목에 방앗간에 들려 삼겹살을 드리며 오빠에게 수도꼭지 사왔노라고 말씀드리고 바로 집으로 돌아왔다. 저는 어머님 쓰러지신 이후로는 항상 마음이 초 긴장상태(緊張狀態)다. 어디를 갈 일이 있으면 그저 종종걸음으로 다녔던 것이다. 일 년 동안 위급(危急) 상황을 수 십 차례 겪다보니 자연스럽게 마음은 항상 비상근무(非常勤務)였다. 제가 집을 비운지 한 시간이 넘은 것 같아서 허겁지겁 방문을 열었다. 제 예상과는 사뭇 다르게 엄마는 너무 평온(平穩)하게 계신 것이다. 괜스레 저 혼자만 애간장 태우며 이리 뛰고 저리 뛰며 수전 사러 다닌 것이 너무 억울했다. 엄마 혼자서도 이렇게 편안(便安)하게 계셨으니 그 얼마나 다행한 일인가 싶어 억울한 마음 지우며 제 마음 제 스스로 울 엄마 이렇게 무탈하게 계셨던 것을 다행으로 여기며 억울하게 생각 하지말자. 라고 위로(慰勞)한다. 이번에는 유선 아저씨가 오셔서 유선을 달아주셨다. 수리비 청구를 10만 달라고 하셔 두 말 않고 드렸다. 그런데 세터박스만 달아주시고 낡은 유선 줄들을 교체 하지 않고 10만을 받아 가신 것이다. 막상 유선 아저씨 가시고 나니 조금 불만이 생겼다. 왜 낡은 선(線)도 교체(交替)해주셨으면 좋으련만 하는 미련이 조금 생긴 것이다. 이미 버스는 떠났다. 버스 떠난 뒤에 이러쿵 저러쿵은 의미 없다. 나는 유선비 10만원은 우체국통장 해약 할 때 나온 돈으로 해결했다. 우리가 오랫동안 사용 않던 통장을 확인하지 않았더라면 아마 휴면 계좌로 남았을 일이다. 공돈을 이렇게 요긴하게 쓴 것 같아 나름 뿌듯하다. 인적(人的)드문 한적한 시골집에 빙판길을 마다하시지 않으시고 오셔 유선 달아 주시고 가시니 그저 감사 할 따름이다. 특히 TV가 나오니 이젠 울 엄마 무료(無聊)함이 덜 하실 것 같다. 이제는 장판을 깔아야 할 시간인데 장판 집 사장님께서는 아직 기별이 없다. 제가 장판 집 사장님께 연락을 해 본다. 제 연락을 받으신 사장님께서는 제가 읍내 잠깐 나간동안 집에 들려보시고선 제가 없어서 눈 덮인 저희 집 뒷산(山)으로 난(蘭)을 캐러 가셨다고 하신다. 장판 집 사장님께서는 빨리 내려오신다고 잠시 기다리라고 하셨다. 제가 그 분과 전화를 끊고 10여분이 지나고나니 사장님은 온 몸에 눈을 잔뜩 묻히고 산에서 터벅터벅 내려오셨다. 나는 난(蘭)을 캐셨는지는 물어보지 않았다. 배낭 밖으로 푸릇푸릇한 식물은 한 주먹 삐져나와 있어 아마 헛걸음은 하시지 않은 모양이다. 사장님은 배낭을 내려놓자마자 일을 서둘렀다. 어둠이 내리고 있어 마음이 바쁘신 듯 장판 작업을 시작하셨다. 작은 주방에 장판 하나 까는데 일이 생각보다 몹시 상그럽게 보였다. 주방에 가재도구가 많아 그러지 않았겠나 싶다. 막상 부엌장판을 깔고 나니 나의 할 일이 생각보다 많아졌다. 벽지도 뜯어진 곳을 골라 붙여야 했기 때문이다. 싱크대를 이리저리 옮겨 놓은 상태라 그 밑까지 청소 해가며 싱크대를 이리 옮기고 저리 옮겨 제자리를 잡아둔다. 좁은 공간(空間)이라 쉬울 것이라 생각했는데 생각보다는 잔일이 많다. 제 입장에서 보면 큰 공사 하나를 마무리 한 기분이다. 고장 난 냉장고를 버려야 하는데 혼자하기엔 엄두가 나지 않는다. 그렇지만 방법은 있다. 냉장고 밑에다 발판을 깔아서 밀어 보니 쉽게 움직여 한쪽 구석에 자리를 잡아 놓고 그곳으로 밀어 놓았다. 보기보다는 쉬운 일은 아니다. 부엌살림들을 제자리 잡아 이리저리 옮겨놓고 나니 벌써 시간은 저녁 식사 시간이 되었다. 부엌 청소는 대충해 놓고 목포시장에서 사온 생선 한 마리 구어 어머님 저녁상을 차렸다. 나는 구운 생선을 작은 상에다 올려서 어머님 앞에 갖다드리니 어머니는 저에게 그랬어. 라고 하신다. 밥상 앞에 앉아 식사를 떠드리는데 엄마는 저에게 이마 땡을 해주신다. 그래서 저도 어머니에게 어리광을 부리며
"네 그랬어요."
라고 했다. 어머니는 제 말이 끝나자마자
"바로 그것이다잉 바로 그것이야."
라고 하신다. 아마 이 말씀은 부엌을 말끔하게 정리해서 엄마 마음이 아주 흡족하시다는 뜻으로 저는 해석 한다. 저는 구운 생선과 남은 홍어에 식사를 맛있게 하시는 엄마 마음이 다소 편해 보여 내 기분도 말 할 수 없이 좋다. 부엌이 깔끔하게 정돈된 것을 마음에 들어 하시는 엄마를 보고 있노라니 바로 이순간이 행복한 순간이지 싶다. 사실 행복은 저 멀리 있는 것이 아니다. 우리 일상에서 소소하게 일어나는 일 가운데 있는 것이 행복이지 저 언덕 너머에 있는 것이 행복이 아니다. 라는 뜻이다. 그래서 현재를 영어로 Present라고 라고 하는 이유이고 현재는 바로 선물이라는 뜻으로 선물도 Present라 하는 이유다. 우리는 이렇게 살아 있음에 감사하고 지금 현재 엄마를 모실 수 있음에 나는 감사드린다. 울 엄마가 홍어 한 점이라도 맛있게 드시는 것에 감사드린다. 어머니께서 잡수시는 것도 잘 드시고 어디 크게 불편해 하시지 않고 편안해 보이시니 제 마음 편타. 나는 어머니 드신 것을 뒷정리 하고 방으로 들어와 앉

아 오늘 있었던 일들을 잠시 돌이켜봤다. 저 나름 종종거리며 오늘 하루 참 많은 일들을 했다는 생각이 들어 뿌듯했다. 큰마음 먹지 않고는 쉽지 않은 부엌정리를 어느 정도 마치고 났더니 마음도 개운다는 생각이 든다. 시골이라 밤이 깊어가니 딱히 할 일이 없어 잠시 TV라도 보려고 어머니 옆에 누웠다. 피곤이 밀려와 등을 바닥에 붙이면 곧 잠이 들 기세다. 어머님 아직 주무실 기미가 보이지 않아 울 엄마 말벗이나 되어 드리고 싶어 바짝 엄마 옆에 자리를 잡고 누웠다. 마침 밤 9시가 다 되어 가는데 전화가 울린다. 낯선 전화다. 그래서 받을까? 말까? 망설이다 어차로 받는다. 이제껏 눈이 많이 내리고 밤이 늦어 깜빡 잊고 있었던 냉장고 배달 소식이었다. 전화하신 배달기사님 말씀에 따르면 전국에 눈이 많이 내리고 있고 시골 도로들이 유독 눈이 많이 내려 있어서 이제사 우리 고향마을 어귀에 도착하셨단다. 가로등 하나 없는 칠흑같이 어두운 이 산 밑에 저희 집 들어오는 길이 유독 좁아 5톤 트럭이 들어 올 수 없어 동네 입구에서 휴대용 수레에다 냉장고를 옮겨 싣고 지금 저희 집을 향해 들어오신 중이라고 하신다. 저희 고향집 들어오는 길 3 ~ 400m정도는 5톤 트럭이 들러오기에는 적합하지 않는 길이다. 배달기사 아저씨들은 의무감으로 이 늦은 밤, 이 눈길을 헤치고 이 적막하기 그지 없고 가로등이라고 있는 것이 거리상 너무 멀어 가로등 덕을 볼라 쳐도 볼 수 없는 연못가 끄트머리 집을 이 늦은 시간 찾아 찾아서 여기까지 오신 것이다. 저는 시간이 너무 늦었고 눈 속이라 까맣게 잊고 있었던 배달인데 저는 전화를 끊고 마당에 설치된 마당을 비추는 외등과 마루를 비롯 부엌 등까지 불이라고 생긴 것은 다 켜놓고서 기사님들을 맞이한다. 기사님들은 시간이 늦은 관계로 숨 고를 시간 없이 일을 시작하셨다. 옆에서 말 붙여보기가 민망 할 정도로 냉장고 설치 집중하신 상황이다. 저는 기사님들 능수능란한 해체작업과 옮기는 과정을 옆에서 지켜보면서 역시 경험자(經驗者)와 전문가(專門家)는 그 무엇인지 모르겠지만 어딘지 모르게 미묘(微妙)한 차이(差異)정도라도 다르다는 것을 깨닫는다. 우리 집 부엌으로 들어가는 마루 공간 폭이 1m넓이라 워낙 협소해서 스킬이 좀 있어야 무리 없이 들어가는 입구다. 좁은 공간에서 냉장고를 옮기는 부분은 전문가 보다는 경험자가 유리하게 이끌어 가지 않을까? 라는 생각을 나는 하고서 잠시 지켜보는 중이다. 다시 말해 냉장고 하나 옮기는 것도 협소한 공간을 많이 경험했던 유경험자가 냉장고 해체 전문가 보다는 다른 차이점 있었음을 이 분들을 통(通)해 나는 간접(間接)경험(經驗)을 하게 된다. 시골집 부엌으로 들어가는 입구가 워낙 좁다보니 기술자보다는 냉장고를 많이 옮겨보신 유경험자가 유리하게 머리를 쓰는 것이 제 시선(視線)에 들어왔던 것이다. 이렇게 협소(狹小)한 공간(空間)에서는 힘만 가지고는 절대로 되지 않는다는 사실을 제가 경험(經驗)한바가 있어 이럴 때에는 많은 경험에서 얻어진 지혜가 필요하다. 이런 경우 전문가는 어떻게 냉장고를 옮기시는지 궁금했고 저 역시 이런 유사한 일을 겪게 된다면 한번쯤은 활용(活用)해보고자 눈여겨본다. 인생을 살면서 주부가 왜 이런 경험 한번 쯤 없겠는가? 그러나 무거운 짐을 나를 땐 힘보다는 머리를 써서 수월하게 옮기는 것을 배워두는 것도 나쁘지 않다. 저는 경험(經驗)많은 기사님의 요령(要領)을 배우려 눈여겨보고 있다. 한편으로는 냉장고 문을 분리해서 다시 설치하는 부분에서는 전문가의 능수능란한 손놀림이 한 몫을 차지한다. 그러나 두 기사님의 손발이 척척 맞아 힘들이지 않고 무거운 냉장고를 쉽게 옮겨 놓은 것을 보니 환상의 복식(複式)조가 맞다. 한 수 배우려 했던 제 생각이 어리석었는지 모르겠다는 생각도 든 순간이다. 이분들은 그동안 얼마나 협소한 장소를 다녔는지는 몰겠지만 부엌으로 들어가는 협소한 공간이 난코스가 아니었다. 두 기사님의 협동(協同)심은 그야말로 대통령상감이라 표현한다. 그리고 생각한다. 분명 이분들도 처음에는 삐걱거리는 시간을 보냈을 것이라는 것을 그런데 지금은 어떤가? 그야말로 손발이 척척 맞아 힘을 많이 쓰는 일을 힘도 드리지 않고 수월하게 진행해가는 환상의 콤비가 되어있다. 저는 이런 모습을 보면서 또 하나를 깨닫게 된다. 그것은 바로 사회에 모든 사람들은 분명 독불장군(獨不將軍)은 없다는 사실을… 우리가 이렇게 살고 있는 삶의 본질(本質)은 분명 사랑이며 협동심이다. 그 사랑과 협동심은 서로 협력하고 배려하는 마음에서 이뤄진다는 것을 사회는 서로가 힘을 나누고 winwin 하였을 때 그 힘은 배가(倍加)되고 삶의 질이 높아지는 에너지를 발산(發散)하는 요소가 되는 것이라 저는 깨닫는다. 그러나 보통사람들은 알면서도 협력(協力)하지 않으려 하는 사람도 있다. 그 또한 세월(歲月)을 살아가노라면 깨달을 것이고 사회(社會)든 가정(家庭)이든 어떤 단체(團體)를 이끌어 가는 부분에 있어 합심(合心)하는 마음에서 일어나는 효과(效果)는 크다는 사실을 사람들은 많은 실패와 경험 속에서 깨닫게 된다. 저는 숙련된 기사님들 손놀림에 놀라면서 냉장고가 깨끗하고 크니 마음에 쏘옥 든다. 농촌부엌이 작다보니 냉장고 560L 크기라면 시골에서 사용하기엔 그다지 작지 않을 것이라 생각이 든다. 냉장고 설치가 끝나니 전자렌즈 전기압력밥솥들이 방으로 들여졌다. 저렴한 가격 선에서 제품들을 선택했기 때문에 제품들이 썩 좋다고는 말 할 수 없지만 그래도 새 물건들이라 다 좋아 보인다. 방으로 들여진 제품들을 풀어서 자리를 잡아 놓는 동안 냉장고 설치를 마치신 기사님들께서 한 군데 더 배달할 곳이 남아있어 더 눈이 쌓이기 전에 서둘러 가야만 하시다고 차 한 잔도 드시지 않고 떠나셨다. 길은 어둡고 밤은 깊고 눈은 싸여있어 가는 길을 재촉하신 것이라 여겨진다. 이 시간까지 작업하고 퇴근을 해도 집에 가면 10가 넘을 것이다. 한군데 더 배달을 하셔야 된다고 하니 저분들 퇴근(退勤)시간은 도대체 몇 시일까? 라는 생각을 했다. 그렇다고 생활이 여유로운 것은 분명 아닐 텐데 사실 이번처럼 기상(氣象)악화(惡化)가 퇴근(退勤)시간(時間)을 좌지우지(左之右之)하는 변수(變數)가 되겠지만 지금 날씨로 봐서는 저분들 퇴근시간은 분명 자정(子正)이 넘을 듯 보여 조금 안쓰러운 마음이 든다. 사실 예언서 정감록이나 격암유록을 읽다보면 우리나라는 백마(白馬)타고 오는 초인(超人)이며 하늘에 신(神)이 인간의 몸으로 나투셔서 만민(萬民)을 이롭게 하실 것이라는 대목이 자주 등장하는데 분명 그 분은 신(神)이며 인간의 모습을 하고 계시기 때문에 신인(神人)이라 일컫는다는 대목이 나의 호기심을 자극했다. 그리고 신인(神人)등장 시기(時期)는 해인시대(海印時代)라 서술(敍述)되어있다. 그래서 종종 해인(海印)시대는 과연 어느 시대를 의미(意味)하는 것일까? 라는 의구(疑懼)심을 많이 갖고 살고 있다. 그런데 그 해인시대는 바로 세계인들이 너나 할 것 없이 SNS을 통해 소통(疏通)하는 매개체(媒介體) 인터넷시대라는 것을 나는 최근에서야 비로소 알게 된 것이다. 인터넷시대를 은유법을 써서 해인시대라 함) 물론 신인(神人) 등장하시기까지는 사람들은 대부분 그분을 신인(神人)인줄 몰라보고 그분을 미친놈이라고 일컫기도 하고 사기꾼이라고 여기기도 한다고 적혀있다. 나는 이 대목에서 과연 미친놈이고 사기꾼이라고 칭하고 있는 사람 그러니까 신인(神人)을 알아보려면 과연 나는 어떻게 살아야만 알아 볼 수 있으련지? 정녕 나는 신인(神人)을 알아 볼 수 있는 안목(眼目)이 되려면 어떤 마음으로 살아야만 알아 볼 수 있을지? 나는 이 대목에선 유난히 관심(關心)이 많은 듯하다. 엄마는 나에게 말씀하시기를 탐욕도 버리고 성냄도 버리고 사노라면 하늘을 보게 될 것이야. 즉 심결천견(心潔天見))이 라는 말씀을 늘 해주셨던 부분이다. 나는 유독 인간으로 오신 신인(神人)출현(出現)을 갈망(渴望)한다. 그 어떤 것들이 신

(神)을 알아 볼 수 조건들이 되는지는 지금으로써는 알 수 없는 일이다. 평상심(平常心)도(道)이듯 우선 내게 맡겨진 일에 꾀부리지 않을 것이며 병든 부모 홀대(忽待)하지 않고 나만이라도 공경(恭敬)하며 살 것이다. 나는 고사성어(故事成語)명언(名言) 진인사대천명(盡人事待天命)이라는 글귀를 아주 심도(深度)있게 마음에 새긴 것이다. 수인사대청명(修人事待天命)이라고 하는 글귀도 같은 맥락이라 이 글도 마음에 새겨둔 사연이다. 저도 주변에서 주로 바보 멍청이라는 소리와 형제들에게 사기꾼 도둑년 소리를 이제껏 듣고 살고 있으니 그 얼마나 어리석게 살고 있는지 몰겠다. 그러나 후회(後悔)는 없다. 백마 타고 오는 초인(超人)을 남보다 늦지 않게 알아 볼 수 있은 마음을 만들어 가는 것이 나의 숙제다. 국민의 권리와 주권이 상실되어 인간의 존엄성이 말살되어 삶의 노예가 되어가는 현실 앞에 국민들이 생활고에 시달리지 않고 나이 드신 부모님 편안하게 모실 수 있도록 나라제도가 바뀌었으면 하는 것이 나의 큰 바램이다. 예언서를 빌리자면 역대 대통령들 등장시기와 특징이 적혀 있는데 18대 대통령은 여자이고 와(瓦)라는 정원에서 나온다는 뜻으로 18女瓦園이라고 했으며 마지막에는 천허권래(天許權來)라는 글이 내포하듯 하늘에서 허락한 사람… 더구나 우리나라는 다시 입헌군주제가 실시 될 것이라는 예언이 있다는 점이 희망을 갖게 한다. 그러니까 5년마다 치러지는 대통령 선거로는 나라개헌하기가 힘들다는 의미가 될 것이다. 나라 질서가 바로 세워지기까지는 대통령 제도로는 개헌하기가 어려운 부분들이 많아 다시 입헌군주제가 다시 부활하지 않겠는가? 라고 추측해본 이유다. 현 대통령제도 5년 가지고는 지상낙원을 이끌어 가기에는 역부족이다 보니 새롭게 법을 개헌해 강력한 입헌군주제 부활로 오랫동안 국민의 중심이 되시고자 하시는 뜻이라 나는 해석함이다. 아무튼 이제부터는 국가를 위한 국민이 아니고 국민을 위한 국가가

되었으면 하는 바램이고 국민(國民)들이 의식주(衣食住) 걱정 없이 잘 사는 나라가 되었으면 좋겠다는 마음이다. 나는 냉장고 자리를 잡아놓고 널브러진 부엌도 어느 정도 정리 해놓고서 방으로 들어가 어머님께

"엄마 냉장고 설치를 마쳤으니 새로 사온 냉장고 구경 좀 하실래요?"

라고 어머님께 여쭈어본다. 어머니께서도 궁금하셨는지

"아 그래."

라고 하시며 불편한 몸을 일으키시려고 저를 꼭 붙드셨다. 저도 있는 힘껏 어머님을 일으켜 세워드렸다. 어머니께서는 조심스럽게 발을 옮겨보시려는지 한쪽 팔은 저를 꽉 잡고 다른 한 쪽 팔은 벽면을 지탱하시고서 한발 한발 내디디신 것이다. 부엌까지 걸어가시도록 옆에서 부추겨 드리니 어머니는 제법 발에 힘을 주어 걸으셨다. 이렇게 재활만 열심히 하노라면 다시 걷는 것은 문제가 되지 않겠다는 생각이 든다. 막상 부엌으로 오셔 냉장고를 보신 어머님 반응이 영 탐탁지 않아하시고 얼굴빛이 서늘하시다. 엥? 무엇이 잘못 됐을까? 어찌 어머님 표정(表情)이 왜 이러시는지? 갑자기 분위기가 심상치 않다는 것을 직감한다. 제가

"엄마 왜요?"

라는 말로 조심스럽게 어머님 의중(意中)을 물었다. 그러자 바로 어머니는 아주 못마땅해 하시며

"이것이 아닌데 이것이 아니어."

라고 하시고선 몹시도 언짢은 표정으로 돌변(突變)하셨다. 저는 급격히 변하신 어머님 표정에 너무나 당황스럽다.

"그럼 김해에 있는 냉장고 같은 양문냉장고 말씀 하시는 것인지요."

라고 물었다. 바로

"그렇지."

라고 하신 것이다. 냉장고를 새로 사서 좋아 하실 것이라고 상상한 저

는 상상을 초월한 엄마의 싸늘한 반응에 큰 충격을 받았다. 새로 산 냉장고가 어머님 마음을 언짢게 만든 것이라 낭패다. 새로 산 냉장고를 못마땅하게 여기시며 쓸쓸해하시는 어머니 모습을 보고 있잖니 저 역시도 그저 난감(難堪)하기 그지없어 잠시 멍하니 어머니를 쳐다본다. 저는 몹시 불쾌하게 여기시는 어머니를 방으로 모시고 들어와 앉았다. 지난밤에 분명히 냉장고 사진들을 어머님께 스마트폰으로 여러 차례 보여드렸고 재차(再次) 확인(確認)하고 확인까지 하여 어머니가 원하시는 냉장고가 맞는지를 묻고 또 물어 투 도어 냉장고로 결정(決定)을 하고 신청했것만 투 도어와 양문 냉장고를 어머니는 착각하신 모양이다. 이 일을 어찌해야 될지 분명 어제 밤 이런 일이 생길까봐 여러 차례 어머니와 확인을 했던 부분인데 아무튼 무엇이 문제였는지 어머니와 제가 의사소통(意思疏通)에서 차질(蹉跌)이 생긴 것 같다. 그러니까 작은 스마트폰에서 본 냉장고를 어머니는 양문도어로 착각(錯覺)하셔서 그것이면 좋겠다고 말씀 하셨을 것이라 생각한다. 이 깊고 눈 내리는 이 밤중에 이 썰렁한 분위기 나는 정말 곤혹스럽다. 좋을지 곤란한 상황(常況)과 직면(直面)하고 있는 이 상황이 정말 나는 싫다. 좋을지 나는 우리엄마가 무섭다. 근엄(謹嚴)하고 카리스마 있으신 울 엄니가 더욱더 무섭게 느껴진다. 울 엄마 화난 표정에서 나는 어찌 할 바를 몰라 벌써부터 마음이 떨고 있다. 조심스럽게 묘책 하나를 내어 어머니께 말씀 드려본다

"엄마 이 냉장고가 마음에 들지 않으시면 이 냉장고는 저희가 이곳으로 이사 올 때까지만 쓰고 계시다가 저희가 이곳으로 이사 오면 이 냉장고는 저희가 가져가서 사용하고 엄마 냉장고는 그때 가서 필히 양문으로 바꿔 드릴게요. 그러니 마음에 드시지 않더라도 그때까지 잠시 사용하도록 합시다."

라고 했다. 어떻게 생각하면 냉장고 560L정도 크기면 시골에서는 쓸

만 할 것 같은데 어머니는 무슨 뜻이 있으신지 양문 도어 냉장고가 꼭 필요하신 모양이다. 나의 제안(提案)이 탐탁지 않은지 어머님 기분은 몹시도 언짢다. 어머님께서 생각한 냉장고가 아니라 기가 막히신지 아무런 대꾸를 하지 않으시고 계시니 그저 나는 불안하다. 어머니께서 이제껏 살아오시면서 마음속으로 기대하고 바라고 원하셨던 냉장고가 아니라 실망이 크셔서 너무 황당해 하시고 기막혀 말문을 닫고 계신듯하니 옆에서 보고 있는 내 마음 또한 불안하고 초조하다. 분명 내가 냉장고 모델을 보여 드릴 때만 해도 분명 좋다고 하셨던 분인데 아마도 스마트폰으로 보여드린 것이 어머니께서는 양문 도어 냉장고로 착각하셨던 모양이다. 나는 다시 어머니에게

 "이 냉장고는 우리가 시골로 이사 오면 쓰도록 할 터이니 엄마 병 다 낳으면 사도 늦지 않을 것 같아요. 이왕 이 밤에 배달되었으니 당분간 이것 쓰시다가 우리 이사 내려오면 그때 가서 하나 꼭 사드릴 게요."

 라고 했다. 그러나 저희 어머님 마음은 이미 실망하셔 삐지셨다. 울 엄마에게 이런 구차한 말이 뭐가 필요하겠는가? 사실 내 입장에선 어머니 연로 하시고 건강하신 몸이 아니라 큰 냉장고는 필요 없지 않겠나? 라고 생각했다. 그렇게 생각 한 제 생각이 문제이고 잘못된 생각이었다는 걸 나는 이제 사 깨닫고 후회한다. 좋을지 막상 바꿔드리자니 이 밤중에 배달하신 분께 미안하고 가격을 싸게 주신 분께 죄송한 마음이 든다. 마음이 복잡해 이때는 어머님 마음 편하게 냉장고 바꿔드릴 생각을 미쳐하지 못했다. 아니 여기까지 머리가 돌아가지 않았다. 교환하는 과정이 많이 복잡 할 것 같아 아예 생각을 하지 못했다. 한편으로는 저희가 고향동네로 금방 이사 올 것 같아 어차피 저희도 냉장고가 하나 더 필요해 제가 어머님 냉장고 하나 사드리고 이 냉장고를 저희가 가져가 쓰는 것도 괜찮다고 생각이 들어 쉽게 바꿔드리는 것을 염두에 두지 않

앉다. 그 어떤 말도 이미 서운한 저희 어머님 마음을 풀어드릴 수가 없었다. 이미 화가 나신 어머니는 연이어 혀를 차시기 시작하시는데 쯧쯧쯧 끌 끌 끌… 엄마는 밤늦도록 화가 풀리지 않으시는지 장시간 그저 쯧쯧쯧… 그러니까 냉장고 하나 자기 마음에 든 것 하나 못사신 부분이 한스러우신지 좀처럼 마음을 풀지 않으시고 신세한탄(恨歎)이라도 하신 듯 시름에 겨운 소리를 내시며 잠을 이루지 못하신 것이다. 저 역시 어머님 마음을 불편하게 해드린 것이 너무 죄송해 잠을 이루지 못하고 있다. 저는 이날 하루 왠 종일 동분서주(東奔西走)뛰다 시피하고 다녀 몸은 천근만근이 되어 몹시 피곤(疲困)한 상태였다. 냉장고 잘 못 샀다고 노여워하시는 어머님을 옆에서 모습을 보고 있잖니 모든 세포가 곤두서서 그런지 피곤은 달아나고 초 긴장상태라 비록 불을 끄고 누워있지만 잠을 청하지는 못하고 있다. 저는 어처구니없게 실컷 고생해 놓고 냉장고 잘 못 사는 바람에 그동안 수고가 수포로 돌아간 격이다. 너무 실망하고 계시는 어머님을 뵙잖니 미안코 죄송해 정신적으로 커다란 늪에 빠져버린 상태라 하겠다. 아무리 생각해 봐도 냉장고를 다시 반품(返品)하기가 많이 민망할 것 같다는 생각이 들어 더 고민스럽다. 눈은 계속 내리고 김해로 빨리 돌아가야 된다는 생각에 냉장고 교환 할 생각을 하지 못했던 이유이지 싶다. 지금생각해도 제 인생에 있어 가장 후회스러운 일이 바로 냉장고 교환 못한 일이라 생각한다. 이유 물문하고 저희 어머님 노여하시고 계시니 그저 나의 삶이 아득하여 세상살이가 갑자기 싫어진다. 특히 어머님의 한스러운 탄식을 들으니 시계초침 돌아가는 소리마저 날카롭게 들려 귀에 거슬리기까지 한다. 참으로 옛날 노래 가사처럼 북풍한설 몰아치고 있는 이 한적한 산골 집에 두 모녀는 같은 공간 같은 시간에 생각이 달라도 너무 달라 방안 공기마저 북풍한설(北風寒雪)처럼 차갑고 냉기가 무겁게 깔린 이 긴 밤을 어머니는 어머님대로 저는 저대로 까만 밤을 하얗게 지새우고 있는 중이다. 우리 모녀가 침묵으로 그렇게 긴 겨울밤을 지세고 나니 어김없이 날이 밝았다. 무거운 침묵 속이라 어머님 수발드는 것도 겁이 났다. 이 침묵을 깨어주시려 오셨는지 동이 트기 전 이른 새벽 방앗간 오빠가 살을 에는 추위를 뚫고 오셔서 욕실수도꼭지를 교체해주시는 작업을 하셨다. 낡은 수도관이라 녹이 슬어 다소 어려움이 있어 시간이 지체되었다. 별다른 일 없이 수전 교체가 마무리를 보았다. 오빠에게 답례라도 하고 싶지만 워낙 고집이 오빠도 황소고집이라 이번에도 또 신세를 졌다. 오빠는 나가시다 말고 저에게 뜬금없이 자네 같은 사람은 없을 것이네. 라는 말씀을 하신다. 물론 주어(主語)가 빠진 말씀이라 이해가 다소 어려웠다. 오빠께서 다른 요구가 있는 줄 알고⋯

"오빠 그 말씀이 무슨 뜻이죠."

라고 되물었다. 그랬더니 방앗간 오빠는

"자네가 진정한 효녀라고."

라는 말씀을 하신 것이다. 제가 이렇게 엄마 모시고 고향집을 오게 되면 종종 방앗간 오빠 집을 찾아뵌 것은 사실이다. 항상은 아닐지라도 될 수 있으면 오빠를 찾아뵙고 다녔던 것이다. 어머니 모시고 고향집에 다녀가노라면 오빠께서는 저에게 자네가 이렇게 자주 어머니를 모시고 고향엘 다녀가는 것을 보면서 자네가 분명 효녀(孝女)라고 생각을 하네. 라는 말씀을 자주 해주셨다. 이번에도 또 이런 말씀을 해주시는 바람에 그 말씀 듣기가 참 부끄러웠던 것이다. 그래서 제가

"오빠께서 그렇게 이쁘게 봐주셔서 감사합니다만 그 말씀 듣기가 참 부끄럽습니다."

라고 했다. 특히나 오늘 아침 이 말씀은 왠지 듣기가 더욱 불편하고 또 불편했다. 칭찬을 듣는 다는 것은 있을 수가 없는 상황이다. 괜히 냉

장고 잘 못 사서 저희 어머니 마음 불편하게 했으므로 참으로 오빠 말씀 듣기가 너무도 부끄럽고 부끄럽다는 생각이 들었다. 표면적(表面的)으론 엄마 모시고 이렇게 자주 고향집 들려보는 부분은 효녀(孝女)일지 몰라도 내면(內面)으론 엄마가 그리도 원하시는 냉장고 하나 사드리지 못한 제 자신이 너무나 원망스럽고 후회막급(後悔莫及)이 된 것이다. 지금도 그때를 생각하면 너무 내가 미련했음을 시인한다. 어머님 원하시는 냉장고로 바꿔드렸으면 만사가 해결 될 텐데. 라는 아쉬움만 가득한 사건이다. 저변(底邊)에는 어제 밤 그 추운날씨에도 아랑곳 않고 협소한 부엌문 쪽에서 사투를 벌여가며 설치하시 분들 노고가 미안했었던 부분이 첫 번째 이유였다. 그러다보니 냉장고를 바꿔드린다는 사실이 엄두가 나지 않았던 첫째이유다. 냉장고 때문에 엄마 눈치 사정없이 보느라 정신없어 방앗간 오빠의 이런저런 인사도 귀에 들어오지 않는다. 저는 방앗간 오빠 다녀가신 후 일찍부터 그동안 산더미처럼 모아놓은 가제도구와 옷가지들을 불태워버리기 위해 비록 눈은 가득 쌓여 있을지라도 쓰레기덤이 위에 양철 판 두 개를 덮어 씌어두기 때문에 불을 지피는 대해는 문제가 되지 않을 것 같다. 옆으로 불이 번지지 않도록 하기 위해 저는 커다란 양철 판 하나를 더 갖다 엎어놓고 불을 지폈다. 불은 활활 타는 수준이 아니고 시나브로 타기 시작한다. 바로 집 뒤쪽은 산이라서 쓰레기 더미가 크다보니 불이 타오르면 불기운을 걷잡을 수 없을 정도로 클 것 같아 저 나름 머리를 써 쓰레기를 태운다. 불이 일단 활활 타오르지는 않지만 시나브로 장시간 탈 것이라 생각한다. 어제 양철판을 덮어씌우기 전 눈이 많이 내려 어제 내놓았던 가제도구들이나 옷가지들이 축축하게 젖어 있어 불 화력은 쌔지 않을 것이라 생각한다. 가제도구 한 부분은 하얗게 눈에 쌓여서 쓰레기가 마르면서 타는 형국이다. 그동안 저희들과 오래 동안 같이했던 물건들은 장장 7～8시간 불태워졌다. 저녁 무렵 불이 사그라지고 커다랗게 쌓여있던 가제도구들은 이제는 한 소쿠리 정도 재로 남았다. 혹시라도 불씨가 남아 있을지 몰라 나는 물 한 동이 받아 잿더미 위에 부었다. 이제는 정말 불 날 염려가 사라진 것이다. 불이 타고 있을 때에는 혹시라도 바람이 불어 다른 곳으로 불똥이 튈까 봐 나름 전전긍긍했다. 그리고 그 자리를 수시로 지켜보고 나는 서 있었다. 아직 어머님 마음이 풀리지 않은 상태에서 고향집에서 벌써 5일째를 맞이한다. 며칠 동안 머물면서 버릴 것 버리고 벽지 붙이고 부엌 장판 깔아놓고 이런저런 낡은 물건들을 버리고 났더니 낡은 집이 제법 깨끗해졌다. 그리고 며칠 동안 저희가 머물고 있다 보니 집안에도 훈훈한 사람훈기가 배어있어 고향집도 제법 훈훈하게 느껴졌다. 하지만 이곳에서 여러 날을 보내다보니 퇴원한지 얼마 되지 않던 남편이 언제 올 것인가를 묻는 전화가 자주 왔다. 큰 딸이 대입시험이 끝나서 가족들 잘 살피고 있겠지만 그래도 주부가 있는 것하고 없는 것 하고는 확연이 차이가 있을 것이라는 생각이 든 것이다. 내 입장을 뻔히 아신 어머니는 5일이 지나도록 김해로 가자는 말씀을 하시지 않으시니 내 마음이 편치 않다. 그렇다고 제가 먼저 이제 어느 정도 시골집은 정리가 되었으니 김해로 가자는 말을 꺼내기가 냉장고사건 때문에 눈치가 보여 말을 차마 꺼내지 못하고 있다. 어머니는 냉장고가 마음에 들지 않아 냉장고 들어 놓는지 4일이 지났건만 아직까지도 엄마기분은 언짢다. 제가 제시한 요구도 마음에 들지 않으셨는지 한동안 말씀이 없으셨다. 요 며칠 동안 그 짧은 단어 몇 마디도 하지 않으셨기 때문에 저는 침묵(沈默)만 하고 계시는 엄마에게 점심식사를 떠드리고는 있지만 어색한 기분이다. 나는 용기 내어 엄마에게 엄마 오늘 건강보험에서 환급금이 들어오는 날짜가 되었으니 우리 같이 읍내로 나갈까요? 라고 조심스럽게 어머님 의중을 떠 본다. 어머니는 그 말끝에 아 그래. 라고 하시며 그럼 그러자. 라고 하신 것이다. 저 혼자 훌쩍 읍내를 다녀오면 저도 마의 고지인 계단을 내려오지 않아도 되니 외출이 쉽겠으나 이렇게라도 해서 엄마 기분도 좀 풀어 드리고 어머니를 움직이게 하고 싶어서 읍내 같이 가자고 제안한다. 이렇게라도 이유를 만들어 어머니를 움직여 보도록 유도(誘導)하는 것이 사실 나의 의무라 생각한다. 제가 이런저런 이유를 만들어 외출을 하게 되면 엄마는 억지로라도 토방마루까지는 혼자 궁둥이를 밀며 방에서 나오셨기 때문에 난 자주 외출을 유도 하게 된 이유다. 제 입장에서는 토방마루에서 엄마 신발 신겨드리고 난 후 엄마업고 서 너 계단 내려 마당에 있는 차까지 모셔서 앉혀드리는 과정은 필할 수 없는 필수코스다. 거리상 불과 10m정도다. 하지만 저에게는 이 코스가 난코스였다. 어머니를 업고 계단을 내려와야 하는데 유독(惟獨)어머님 복부(腹)가 볼록하고 튀어나와 업는 자세(姿勢)가 영 불안정(不安定)했다. 그리고 비록 서너 계단 밖에 안 된 계단은 유독 폭이 좁고 층고(層高)가 다른 계단 두 배라서 저는 이 계단을 마(魔)의 고지라 일컬었던 이유다. 더구나 어머님 배가 유난히 볼록 나와서 폭 좁은 계단을 밟을 때면 항상 기우뚱거려 불안(不安)이 가중(加增)된다. 그래 나에게는 토방 밑 3계단이 가장 위험(危險)한 코스다. 그런데 지금 와서 생각해보면 그때는 왜? 그렇게 미련했을까? 싶은 생각이다. 때늦은 후회지만 굳이 어머님을 업고 내려오기보다는 토방마루에서부터 돗자리를 깔아 놓고 어머니 스스로 서서히 내려 와도 될 과정들을 굳이 업고 내려오면서 불안해하였던가? 싶다. 옛 속담에 미련한 대해는 약도 없다. 라고 했는데 아마도 이 속담은 이 경우를 두고 하는 말이지 싶다. 그때를 돌이켜 생각하면 제가 미련하기 그지없었다는 것을 제 스스로 인정한다. 심리적(心理的)인 요인(要因)도 배제 할 수가 없다는 사실이다. 예전에 폭이 좁은 이 계단에서 어머니를 업고 내려오다 발목이 삐끗하여 엎어질 뻔 했던 경험이 있어 더욱 불안하게 여겼던 이유이기도 한 것이다. 나는 이 계단이 정말 무섭다. 그리고 이젠 제 나이도 무시 할 수 없는지 다리가 어머니를 업으면 후들거리는 현상도 있다. 계단 올라가는 문제는 업고 기어가는 식으로 올라가면 그런대로 괜찮다. 하지만 내려오는 과정이 유독 망서러지는 것이 나의 현실이다. 그러나 이 적막(靜寞)한 산모퉁이 고향집에 이렇게 추운 날씨에 누가 찾아 와 도움을 줄 사람은 없다. 그래서 이 순간 오직 저는 할 수 있다는 마음에 의지(依支)를 믿고 젖 먹던 힘까지 내어 어머님을 업는다. 어머니께서도 떨어지지 않으시려고 나의 어깨를 꽉 잡으셨다. 저는 계단을 한발 두발을 딛으면서 조심스럽게 내려서서 어머니를 차 안으로 조심스럽게 앉혀 드리고서 숨을 헐떡였다. 시간은 불과 1~2분이지만 지옥을 경험한 기분이다. 저에게는 초긴장과 최대의 힘을 요하는 타이밍이라서 다리가 후들거리는 현상은 어쩔 수 없지 싶다. 어머니를 차에 앉혀드리고 나서 토방마루로 올라가 어머님 핸드백을 챙겨 자동차 뒷자리에 넣어드리고 나서 방문을 닫고 집 열쇠를 잠갔다. 나는 1분 1초라도 단축하려고 서둘다보니 아직 어머님 업고 내릴 당시 숨이 차서 씩씩거림의 여운(餘韻)이 아직 남아있다. 운전석에 앉아 잠시 숨을 고른다. 나의 이런 모습을 보신 어머니는 이런 제가 안쓰러우셨는지 며칠 만에 그랬어. 라는 말씀을 하셨다. 저는 어머니에게서 이 말씀 듣기까지는 며칠 동안 마음이 지옥(地獄)행(行)이었었다. 어머님께서 원(願)하시는 냉장고를 사드리지 못해 이렇게 심적(心的)으로 벌(罰)을 받아야만 하였는지? 제 자신이 아무리 생각을 해봐도 이해가 되지 않는 부분이었다. 염치 불구하고 냉장고 교환을 해드려야 했었는데 지금 와 생각해 봐도 이 부분에서 제 자신 스스로 이해가되지 않는 부분이다. 왜 그랬을까 도대체 왜? 울 엄마 원하시는 냉장고로 바꿔드리지 못했을까? 부엌으로 들어가는 부분에서 냉장고 문까지 다 뜯고도 겨우 집어넣었던 부분이라 더 큰 냉장고 부엌으로 넣는다는 것이 불가하다는 생각과 우리도 고향으로 이사 내려오면 냉장고가 필히 필요하기 때문에 그때 새로 사드리면 더 좋지 않을까? 라는 생각 때문에 바꿔드리는 마음을 접었던 이유다. 어머니께서 그랬어. 라고 하시며 본인 이마를 저에게 살포시 갖다대어주셨다. 그나마 어머니께서 이렇게라도 애정(愛情)표현(表現)을 해주시니 무거웠던 마음이 조금 가볍다. 저는 죄스러운 마음은 잠시 접어두고 시동을 걸어 집 앞을 빠져 나온다. 옆집에서 울타리로 심어놓은 사철나무가 많이 잘아 그 옆을 지나가는 우리차를 어김없이 또 긁는다. 차 긁히는 소리가 찌이익 찍찍 하고 들리니 마음이 불쾌하다. 옆자리에 앉아 계시던 어머니께서도 차 긁히는 소리가 듣기 싫으신지

"아이고 참 말로."

라고 한마디 하신다. 시골에 살면서 이 부분이 옆집 아짐과 불편한 부분이다. 오래전부터 고향집을 들고 날 때마다. 제일 불편한곳이 바로 이곳이다. 옆집에서 봄에는 나무를 잘라 다듬어놓으면 나무들이 작아 봄에는 사실 크게 불편함을 못 느끼고 다닌다. 하지만 나무가 여름에 무성하게 자라버린 상태에서 이곳을 통과 하노라면 어김없이 차를 많이 긁는다. 그래서 저희들은 옆집 울타리가 여간 불편한 것이다. 차에 스크래치를 내면 기분이 썩 좋지 않다. 그러다보니 어머니도 못마땅하시다는 표시로 아이고 참말로. 라고 표현하신 것이다. 이 부분은 저희가 수 십 년 동안 일가친척이며 이웃으로 살면서 수 십 차례 건의를 했었던 부분이다. 하지만 그때마다 근본적인 해결책이 아닌 임시방편으로 나무만 조금씩 잘라 줄 뿐이다. 그렇지만 살아있는 식물이라 자라는 속도는 촌각을 다투며 자라서 집으로 들어가는 길이 협소하다보니 어쩔 수 없이 울타리 쪽으로 차를 붙여 들어가게 되어 차를 긁히고 들어간 경우다. 정겨운 고향집에 들어가면서 저희들 인상을 찌푸리게 했던 곳이고 저희

어머니의 마음을 불편하게 하는 울타리다. 저희 모녀는 추운겨울이라 을씨년스러운 연못가를 보면서 이곳을 말없이 빠져나와 하얀 눈길을 달려 읍내에 도착을 했다. 어머님과 하루 엔 종일 같이 있다 보니 특별히 할 말이 있는 것이 아니다. 가끔 저희 모녀는 아주 조용하게 지내고 있을 때가 많다. 저는 읍내에 있는 은행주차장에 차를 세워두고 어머니에게는 차 안에 그냥 앉아 계시라고 하고 뛴다. 은행에는 휠체어가 비치되어있지 않기 때문에 어머님을 모시고 가고 싶어도 갈 수가 없다. 혼자 서둘러 은행 CD기를 이용해서 건보에서 들어온 돈 78만원을 찾아 차에 앉아 계시는 어머니에게 갖다드렸다. 저는 언제나 그랬듯이 돈이 생기면 항상 오만 원 권으로 바꿔 어머님께 갖다드린다. 그것은 많은 액수의 돈이 어머님지갑에 가득히 채워졌으면 하는 마음이 컸던 이유다. 저는 저희 어머님 지갑이 꽉 차있을 때 대리만족(代理滿足)인지 모르겠지만 제 마음도 풍요(豊饒)로워 지는 것 같아 그 느낌이 좋았던 것이다. 비록 적은 액수의 돈이라 하더라도 가능한 어머니 지갑에 넣어드리려 나름 신경을 쓴 것이다. 제가 살면서 다른 부분은 욕심을 내지 않았지만 그래도 우리엄마 지갑 채워드리는 부분은 욕심을 조금 냈다. 어머니 지갑 채우는데 목적(目的)을 두고 살았다고 해도 과언(過言)은 아닐 것이다. 울 엄마 행복(幸福)이 곧 나의 행복(幸福)인 것을 알았는지도 모르겠다. 저는 이번에 고향집에 내려오셔서 전자제품사신다고 돈을 제법 쓰시는 바람에 가벼워진 우리 엄마 지갑을 이렇게라도 채워드릴 수가 있어 다행이라 여긴다. 제가 여유가 있었다면 당연히 전자제품 값을 내가 지불 했겠지만 나의 현실(現實)이 정말 경제적으로 최저점을 찍어 하석상대(下石上臺)하고 있는 상황이라 우리 엄마 냉장고 하나 사드리지 못한 내 신세가 처량하기 그지없어 마음 한구석은 몹시 불편했다. 새로 산 냉장고가 어머니 마음에 들지 않아 마음이 무겁다. 저희 모녀는 읍내에서 특별히 할 일은 없는듯하여 은행에서 돈을 찾자마자 바로 고향집으로 들어왔다. 어머니는 잠시의 외출(外出)이 피곤(疲困)하셨는지 읍내를 다녀온 뒤로 바로 자리에 누우셨다. 어머니 누워계시는 틈에 나는 마당으로 나와 아래채를 열어보았다. 일주일가량 이곳에 머물고 있으면서 유독 내 손길을 타지 못한 곳이 바로 이곳이다. 사실 10여 년 전만 해도 작은집 할머님께서 기거하시며 바느질을 하셨던 아래채다. 작은집 할머니께서는 아래채에서 십여 년 넘게 살으셨다. 그러나 엄마가 쓰러지시고 자주 시골집을 비우게 되니 작은 할머니도 친정근처로 이사를 가신 상태다. 그래서 지금 아래채에 사람이 살고 있지 않고 비워져 있는 것이다. 나는 식사 때면 엄마와 번갈아가며 작은 할머니를 업고 윗채로 식사하시라고 모시려 다녔던 옛 기억을 회상하며 굳게 잠긴 열쇠를 열었다. 아래채 역시 사람 손길이 필히 필요한 상태다. 아래채 열고 보니 작은 할머님께서 쓰시던 재봉틀이 주인을 잃고 시간이 멈춘 듯 그때 그 모습 그대로 멈춰있는 것이 눈에 들어왔다. 재봉틀이 놓여있는 자리가 다른 집 재봉틀과는 유독 판이하게 다른 형태로 재봉틀이 놓여있는 것이 눈에 유독 띄었다. 그 이유가 작은집 할머니는 한쪽 다리가 없는 1급 장애자(障礙者)셨던 것이다. 더구나 남아있는 한쪽다리는 오직 엄지발가락 하나뿐이셨다. 손가락들은 뼈가 부서져서 다 꿰맸는지 여기저기 꿰맨 흉터뿐이라 손놀림도 자유롭지 못하셨던 분이셨다. 엄지발가락 하나뿐이라 중심잡고 일어서는 과정이 많이 힘들어 하셨다. 그러니까 작은집 할머니는 사회에서 소위 말하는 중증(重症)장애(障碍)인이셨다. 중증장애를 가지신 할머님을 위해 우리 엄마표 특별한 방이 탄생한 사연이다.

사실 20여 년 전 어머니는 어느 날 연로하시고 장애가 심한 작은집 할머님을 아래채에 모셔다 놓으시고 작은집 할머님 편리를 위해 주저 없이 방구들을 폭 1m 깊이 60cm정도 파 놓고 시멘트 바르고 장판 깔아놓고 재봉틀을 그 밑으로 넣어 드렸다. 아래채 전체 수리목적(目的)은 오직 작은 할머니 편리를 위함이었다. 다리 없으신 분이 연탄 갈기 힘드실까봐 기름보일러로 바꿔드리고 부엌은 현대식으로 하되 싱크대는 다리 없이 놓아드렸다. 연로하시고 다리가 하나 밖에 없으신 할머니께서 일어서지 않고 앉아서 부엌일을 할 수 있도록 편리를 고려하셨다. 욕실도 현대식으로 바꿔드렸다. 작은할머니께서도 냉수목욕에 달인이시라 앉아서 목욕탕으로 이동할 수 있도록 문턱을 없애고 욕실 문 가까이에 수도를 설치하셔 할머니께서 욕실과 화장실을 불편 없게 사용하실 수 있도록 개조를 하셨다. 이렇게 개조하기까지는 저희 아버지 반대도 만만치 않았겠지만 저희 어머니 또한 자식 된 도리라 여기시면 본인 결정을 반복하신 분은 아니 시다는 것이 관건이다. 구들장 밑을 깊이 파서 그곳에다 재봉틀을 넣어드리니 작은 할머니는 다른 일하시다가도 엉덩이를 밀고 가셔 재봉틀을 돌릴 수 있어 작은 할머니 매우 흡족해하셨던 부분이 바로 이 부분이다. 두 다리가 멀쩡한 젊은 우리도 바닥에 앉아다 일어나면 온 힘을 두 다리에 주고 일어나게 된다. 그러나 양손가락이 모두 굳어있는 상태이고 오직 엄지발가락 하나만으로 80평생을 살아오신 작은 할머니 애로사항(崖路事項)을 저희 어머님은 알고 아래채를 이렇게 개조를 하셨던 이유이다. 이렇게 공사를 하기 까지는 4 ~ 500이라는 큰돈이 시골에서 들어가니 여러 식구들 반대가 있었지만 어머니는 식구들 반대에 아랑곳 하지 않고 작은 할머니 사시는 동안 편하게 사시기를 바라시는 마음에 구들장을 팠던 것이다. 작은집 할머니는 10여 년 동안 아래채에서 사시다가 90세가 다 되어 친정(親庭)식구들 옆으로 가신다고 떠나셨다. 그리고 저희 어머님 탁월한 효심으로 아래채는 특이한 구조가 되었고 지금은 주인 잃은 재봉틀만 덩그러니 남아 있는 것을 보니 세월이 참 무상하다는 것을 실감한다. 적막한 시골집에 주인 없는 아래채를 보고 있노라니 일어나시기 몹시도 힘들어 하셨던 작은 할머니께 아픈 다리라도 덜 아프게 하시고자 애쓰셨던 저희 어머님의 지혜로움과 음식하나라도 정성껏 만들어 작은집 할머니 챙기셨던 모습이 스친다. 울 엄마는 비가 오나 눈이오나 매일 할머니를 아래채에서 위채로 업고 올라오셨던 것이다. 비가 오면 더러는 쟁반에다 식사 챙겨 가져다드리곤 했던 일들이 아련하게 떠오른다. 저희 어머님 효심(孝心)이 유독 남달라 한때는 저희가 질투(嫉妬)를 느끼기도 했던 시절도 있었다는 사실이다. 지금 와서 그때를 생각해보면 작은 할머니는 그래도 인생후반(人生後半)에 들어서 저희 어머님을 만나 시댁식구들 작은 정(情)이라도 느끼시지 않았을까? 싶다. 그 당시 몸집이 좋으신 작은할머니를 매일 식사 때가 되면 어머니가 할머니를 업고 윗채 까지 모시고 오시는 것을 보고 저희들도 우리 엄마 힘을 조금이라도 덜어 드리고 싶은 마음에 종종 작은할머니를 업고 윗채로 올라오기도 했던 시절들이 주마등처럼 스친다. 하지만 유수(流水)같은 세월(歲月)은 무심(無心)하게 흘러 흘러 어느새 30여년의 세월을 보내고 있으니 세월이기는 장사 없듯이 이젠 두 분 모두 고령의 나이가 되셔 어느새 저희 어머니께서는 82세를 가르치고 있고 작은집 할머니는 지금은 92～3세가 되지 않았을까? 생각된다. 이젠 두 분 다 누군가의 부추김이 필요 하는 시기라 어머니는 자주 고향집을 비우셨고 작은할머님은 홀로 시골집에 계시는 것이 다소 불편 하셨을 수도 있겠으나 그래도 이곳에 계셨더라면 가끔 우리가 이렇게 내려오게 되면 뵐 수 있었을 텐데 아쉽게도 어떤 연유에서 이곳을 떠나시게 되셨는지 어쩌면 그 연유가 따로 있을 것만 같기도 하다. 나중에 어머님께 들은 이야기로는 작은 할머님 떠나신 이유가 사실 둘째 남동생의 어떤 여파가 있었다는 사실과 그 사실로 인하여 작은 할머님 떠나셨고 이 부분에 대해서 저희 어머님께서는 아주 불쾌해하셨지만 이제는 되돌릴 수 없는 과거가 된 사연이다. 예전에 그렇게 저희 어머니와 함께 다정하게 지내시던 작은집 할머님도 떠나가시고 오래 동안 공가(公家)가 되다 보니 그렇게 깔끔하게 사시던 작은집 할머니 방이 거미들 놀이터요 수많은 날 파리들의 서식지가 되어 있는 것 같아 지금은 폐가수준의 아래채로 변해있는 것을 보니 세월의 무상함 앞에 애착도 집착도 다 부질없다는 것을 새삼 깨닫는다. 예전처럼 이곳에 작은할머니라도 아쉬운 대로 살고 계셨더라면 아래채가 이렇게 험한 모습은 아니었지 않았을까? 라는 아쉬운 마음이 든다. 이렇게 어머니가 고향집에 종종 내려오시면 반겨주는 사람 없는 것보다는 누군가 반겨주는 사람이 있었더라면 하는 미련도 있다. 집이란 사람이 살고 있지 않으면 아무리 좋은 집도 사람 훈기가 없어 그런지 금방 이렇게 험하게 변하는 것을 실감한다. 옛말에 이르기를 집과 여자는 수시로 단장을 해야 한다. 라고 하던 그 말 또한 진리였지 않았나 생각한다. 나는 지난해 태풍이 쓸고 간 아래채를 보노라니 서글픔이 밀려온다. 저희 어머니가 이곳에 계셨더라면 고향집을 이렇게 방치하지 않았을 것이라 생각하니 씁쓸한 마음이다. 제가 손볼 수 없는 일 들 뿐이라 미련만 가득 남겨놓고 나는 아래채 문을 닫고 자물쇠를 잠근다. 폐허가 되어버린 아래채 모습을 어머님께 보여드리고 싶지 않은 마음이 컸다. 울 엄마께서 이렇게 험하게 변해버린 아래채를 보셨더라면 마음이 많이 상해하실 일이라 울 엄마 눈에 가급적 띄지 않게 문을 잠가버린 이유다. 나는 아래채 문을 잠가두고서 눈이 쌓여있는 마당 한가운데서서 차가운 겨울바람을 맞으며 어릴 적 다복(多福)했던 저희 가족들을 떠올려본다. 저희 부모님 젊으셨던 모습과 우리 6남매 다정했던 시절을 떠올려본 것이다. 다른 가정에 부모님들과는 다르게 저희들에게 쌍스런 말들을 하지 않으셨던 것으로 나는 기억한다. 부모님 기억하는 부분은 형제들 각자가 다르겠지만 제가 기억한 저희 부모님들은 참 멋진 분들이셨다는 것… 눈 쌓인 고향(故鄕)집을 한 바퀴 돌아본다. 고향집을 둘러보니 뒤에는 우리 산이 둘러싸고 있고 집 앞으로는 길이는 알 수 없고 폭이 약 50m정도 되는 논을 건너서는 커다란 연못이 있다. 깊이는 연못 가운데부분은 아마 3m정도 깊이다. 연못에서 특이하게 한 번도 인명 사고 같은 것이 없는 것이 관건이다. 풍수적으로 고향집은 그야말로 배산임수(背山臨水)최고의 풍수(風水)다. 오늘처럼 눈이 하얗게 내려 있는 풍경은 그야말로 한 폭의 설경(雪景)이라 해도 과언은 아니다. 오른쪽에 있는 창고 지붕이 전부 날아가고 없다.

그 옛날 아버지가 살아 계실 때는 곡식들이 한 칸에는 가득 차 있었고 다른 한 칸에는 아버지께서 소중히 여기시는 기계와 연장들로 가득했던 창고(倉庫)가 흉가(凶家) 모습처럼 흉물(凶物)스럽기 그지없다. 창고가 이렇게 방치된 것은 어머니께서 그동안 얼마나 위중(危重)하셨는가를 증명(證明)하고 있는 것만 같아 마음이 많이 울컥해진 것이다. 어머니가 위중(危重)만 하시지 않았더라면 엄마는 분명 빚을 내서라도 창고를 이렇게 방치 하지는 않았을 것이다. 주인(主人)관심(關心)을 잃은 고향집은 그야말로 초라하기 그지없어 어디서부터 손을 보고 고쳐야 할지 난감(難堪)하다. 그렇다고 지금 어머님 병세(病勢)가 완쾌 된 것이 아니고 이제 겨우 위험(危險)한 고비만 넘긴 상태(常態)라 고향집 수리 할 엄두를 내지 못한 상황이라 더욱 씁쓸하다. 이 시점에서 나의 숙제는 오직 어머니의 건강(健康)을 회복(回復)시켜드리는데 주력 할 뿐 집수리하는데 까지 눈길 돌릴 여유가 없다. 이런저런 생각에 잠겨 창고를 보고 있노라니 나의 시선을 강하게 끌어당기는 물건하나가 보인다. 그것은 너무 낡아 이제는 정말 아무짝에도 쓸모없이 변해버린 리어카가 창고 한

쪽에 덩 그라니 놓여 있어 제 눈에 들어와 잠시 나를 그 옛날로 이끈다. 지금은 하늘이 훵하니 보이는 창고 한쪽에 사람 손길이라고는 20년 동안 한 번도 닿지 않은 리어카가 왠지 세월의 무상함을 같이 느낀듯하여 리어커를 보는 나의 마음을 애잔하게 만들었다. 그 옛날 이 리어카는 어린 우리들 손에 이끌리어 이 논으로 비료 실어 나르고 저 논으로 모판 나르던 호시절이 있었건만 어느새 낡고 닳아져 사용(使用)목적(目的)이 사라져버리니 누구하나 관심 갖지 않는 그야말로 흉물스럽게 쓰레기로 변해버린 상태다. 식구들마저 하나 둘 떠나고 나니 사람 손길 하나 닿지 못한 체 썩어가는 그야말로 나무토막신세 그 자체다. 사람도 늙고 병들고 나니 자식도 친척도 이웃도 찾아주지 않은 것이 상례(常例)가 되듯 리어카를 관리해주는 사람 없어 썩어가는 것을 보노라니 왠지 우리네 인생 같아 서글프고 씁쓸한 마음이 깃든다.

  한편으로 생각하면 바쁘고 치열(熾烈)한 현대(現代)를 살다보니 정서적(情緒的)으로나 감정적(感情的)으로나 환경(環境)적으로 인정(人情)을 베풀면서 살기에는 더러는 현사회가 주는 삶이 더러는 버거운 느낌이 들 수도 있다는 생각에 이해(理解)하려는 마음도 있지만 그래도 늙고 병든 부모만은 최소한 자식(子息)도리의 의무만은 놓지 말자는 말을 하고 싶은 것이다. 우리도 비켜가지 못하는 노병(老病)의 길이라 허긴 뉘라서 늙고 싶겠는가? 그리고 뉘라고 병들고 싶겠는가만 너와 나만이라도 최소한 자식 도리만은 최소한하고 살자. 라는 뜻이 나의 생각이다. 어떻게 생각하면 인간도리(道理)의 범위는 광범위(廣範圍)해 성현(聖賢)도 다 하지 못하는 것이 아마 인간도리였을 것이다. 최소한 인간(人間)이 가져야 하고 놓아서는 안 되는 기본(基本)도리(道理)인 자식 된 도리만이라도 놓지 말고 살아가자고 나는 말하고 싶다. 나는 잠시 어릴 적 천둥벌거숭이처럼 뛰놀던 기억을 회상하다 안방에서 들려오는 어머님 인기척소리에 잠시 어릴 적 저희 형제들과 리어카에다 탈곡했던 가마니들을 싣고서 앞에서 끌어주고 뒤에서 밀면서 집으로 들어오기도 하고 농번기철에 용이하게 이용했던 리어카와 함께했던 시절을 지우고 어머님에게로 달려 들어갔다. 어머니는 밖에서 들어오는 저를 보시고 의아한 듯 저를 빤히 쳐다보신다. 그 눈빛은 어디를 갔다 왔느냐? 라고 묻고 있는 것 같기도 했다. 그래 나는 어머님께

"아래채 좀 살펴보고 왔어요. 그런데 생각보다는 지붕 날아간 쪽이 목욕탕 쪽이라 방에는 특별하게 훼손된 곳이 없네요."

라는 말씀을 드렸다. 제 말이 사실이기도 하다. 제 말끝에 엄마는

"아 그래."

라고만 하신다. 아마도 직접 아래채를 보지 못하셔서 걱정스러운 부분도 있을 것이라 생각한다. 아래채 방은 피해가 없다고 하니 안도하는 안색이다. 엄마는 말씀은 하지 않으셨지만 마음속으로는 나름 아래채 걱정을 하셨던 부분 같다는 생각이 든다. 나는 오늘 특별히 해놓은 것 없이 벌써 저녁 준비를 한다. 새로 들여 놓은 냉장고가 텅 비어 있어 그런지 냉장고 속이 너무나 하얗고 깨끗해 비록 엄마는 못마땅하신 냉장고라고는 하지만 저는 왠지 깨끗하고 뽀얀 해서 마음에 쏙 들었다. 엄마는 목포에서 사온 홍어를 매일 식사 시간마다 서 너 점씩 맛있게 드셨다. 다른 음식 같으면 벌써 질렸을 법도한데 엄마는 홍어가 질리지 않으신지 저녁에도 홍어를 달라고 하신다. 저는 이렇게 홍어를 맛있게 드시는 울 엄마가 좋다. 그리고 무엇이든 맛있게 드시는 엄마가 오랫동안 이렇게 우리 옆에 계셔주셔서 더더욱 좋다. 그리고 인품(人品)또한 그 누구하고도 견줄 수 없을 만큼 고매(高邁)하셔서 나는 더더욱 엄마가 존경(尊敬)스럽고 자랑스럽다. 저는 홍어를 맛있게 드시는 어머니에게 마음

속으로 엄마 우리 힘내서 빨리 쾌차 합시다. 라며 어머니에게 마음으로 응원(應援)하며 아마 숟가락으로 밥을 떠드리고 있는 이 시간은 어쩌면 나에게는 잊지 못 할 엄마와의 추억이 될 것이라 생각이 든다.

    나는 엄마 저녁 식사 마치고 설거지마저 끝내고서 방으로 들어와 엄마 간식 챙겨드리며 TV를 보고 있다. 밖은 어둠이 깔려 외등 없이는 한 치 앞도 분간이 어려운 칠흑 같은 그야말로 어두컴컴한 밤이 되었다. 그런데 깜깜한 마당에 차량 불빛이 들어오는 것이 보인다. 이 적막(寂寞)하고 한적한 산 밑 집에 그것도 발길 끊어진지 오래요 밤 깊은지 제법 된 이 시간에 찾아 올 사람 없건만 이 시간에 이곳은 찾은 이는 과연 누구더란 말인가? 라는 의구심(疑懼心)에 일어나 방문을 열고 마루문마저 열어본다. 차량 불빛에 하얀 눈발이 휘날리는 모습은 마침 천사가 날아가는 모습처럼 밤을 밝혔다. 마당에서 멈춘 차량 불빛이 반사되니 차가 정확히 보이질 않아 더욱 누구인지 단 몇 초라도 궁금했다. 그러나 왠지 차가 눈에 낯익다는 생각이 든다. 차가 낯설지 않고 큰 동생 차 같다는 생각이 든다. 나는 비상경계 태세를 풀고 차에서 내린 사람이 누구인지 유심히 본다. 차에서 내린 사람은 정말 생각지도 않은 마산 큰 동생이 아들과 함께 내린 것이다. 이 어둡고 쓸쓸하고 눈이 펄펄 내리는 이 겨울밤 우리엄마가 제일 좋아하는 우리 엄마 큰아들이 찾아 온 것이다. 그저 간간이 연못에서 물오리 푸드득거리는 소리만 들리는 이 음음적막(陰陰寂寞)한(사전적 의미론=분위가 어둡고 쓸쓸함)산모퉁이 찾아오는 이가 바로 울 엄마가 제일 좋아하는 장남이 찾아 온 것이다. 지금 이 순간 더 이상 무슨 말이 필요 할까요? 싶다. 나는 구세주를 만난 듯한 순간처럼 울 엄마 표정이 환하게 빛나는 순간이 바로 이 순간이다. 인적 드문 시골에서 오랜만에 만난사람 그 사람 울 엄마가 오매불망(寤寐不忘)

그리워한 장남 나도 생각지도 않은 큰 동생을 이곳에서 만나보니 반갑다. 나도 이렇게 반가운데 엄마는 그 얼마나 반가울까? 싶다. 저는 방으로 들어서는 동생을 보고 당황해
"네가 이 밤중에 웬일이냐?"
라고 물었다. 동생은 아들과 어머니에게 무릎을 꿇고 인사부터 드린다. 그리고서 울 엄마 손을 부여잡고
"엄마가 많이 좋아지셨네."
라고 하며 엄마 손을 힘주어 잡는 것이다. 간병하고 있는 내 입장에선 엄마가 많이 좋아지셨네요. 라는 말이 참 듣기가 좋다. 나는 큰 동생에게 이 밤중에 이곳에 들린 이유를 묻고 저녁밥을 어떻게 했는지를 물어보았다. 동생은 아들과 휴게소에서 저녁은 해결했다고 한다. 그리고 집사람이 친정인 해남에서 김장을 담고 있어 회사 마치고 데리려 가는 길이라 이렇게 늦었고 처갓집 가는 길에 우리가 고향집에 있다는 소식 듣고 잠시 들렸다고 했다. 이곳을 들린 이유야 어찌되었든 이렇게 어머니를 잊지 않고 찾아와주는 것만도 나는 너무 고마웠고 반갑다. 우리가 며칠 시골에 있다 보니 답답한 기분도 없지 않았으나 큰 동생이 그래도 처가(妻家) 가는 길에 이렇게 아들과 함께 어머니에게 들려주니 그저 반갑고 고마운 마음뿐이다. 그리고 어머니 잡수시라고 여러 가지 간식거리를 사와서 같이 사온 것들을 나누어 먹으면서 며칠 동안 부엌 장판 깔고 냉장고도 하나 사고 없어진 전자렌지와 밥통까지 사놓았다고 말했다. 물론 그러니까 둘째 동생의 끔찍스러울 만큼 후속타가 기가 막히게 있을 줄 모르고 큰 동생에게 자랑질을 속없이 했다. 더구나 건보에서 병원비 일부 환급(還給)되어 그 돈으로 샀노라고 했다. 엄밀히 따지자면 엄마 돈으로 전자제품 샀다. 그리고 엄마가 제품사시며 쓰신 돈을 나는 건보에서 나온 돈으로 메꿔드린 차원이다. 그 돈은 오늘 찾았으니 냉장고

사고 난 후 4일 있다가 엄마 찾아 드렸으니. 당연히 건보에서 나온 돈으로 제품 샀다고 이야기 했다. 큰 동생은 아 그래. 라는 정도의 의사표시(意思表示)만 이었을 뿐 잘했네. 못했네. 라는 반응(反應)은 전혀 없었다. 큰 남동생은 마음속으로는 불만(不滿)이 있었는지는 모르겠다. 싫은 내색이 없어서 나는 그냥 큰 동생도 냉장고 사고 장판 바꿔 놓은 것을 좋게 생각 하겠지?라는 생각만 한다. 엄마가 사놓은 냉장고가 작아 마음에 안 들어 몹시도 언짢아 하셔서 쬐끔 죄송한 마음이 든다. 라는 말도 했다. 큰 동생은 시골에서는 이정도 사이즈면 되지. 라는 말을 했다. 큰 동생은 냉장고 산 부분에 대해 불만이 있는 것 같지 않다. 반기는 것도 아니다. 우리모녀가 5일 동안 부엌 정리하고 수전 갈고 유선 달고 등등 많은 일을 했는데도 불구하고 수고했다는 말 한마디가 없다. 칭찬 받기 위해 했던 일은 분명 아니다. 암수술 받고 퇴원한지 며칠 되지 않은 남편 두고 여러 날 동안 눈 속에서 병든 어머님 모시고 큰 작업을 했건만 무심한지 갈 길이 바빠서 그런지 다소 냉소적인 느낌이다. 큰 동생이 처가 가는 길에 이렇게나만 어머니를 잠시라도 찾아뵙는 모습이 보기가 좋다. 나는 그것이면 만족한다. 몇 달이 지나도 엄마를 찾아주는 형제들이 없어 다소 서운한 마음이 일어 마음속으로 형제들이 어머니에게 관심 좀 가져주었으면 하고 바라고 있던 부분이라 이렇게 찾아 주는 부분이 반가웠다. 남동생은 해남까지 가는데 더 눈이 내리고 밤 깊어지기 전에 간다면 일어섰다 그러면서 자기들은 내일 오후쯤 김장을 마치고나면 마산으로 갈 것이야. 라는 말을 남기고 남동생은 아들과 함께 그렇게 해남으로 떠났다. 큰 동생이 떠나가고 얼마의 시간이 흐른 뒤 잠이 쉽게 오지 않아 나는 엄마 눈치 보며 김해 가는 일을 조심스럽게 의논하고자

"엄마 우리 이제는 고향집에서 일을 다 본 것 같으니 김해로 돌아갑시다. 벌써 이곳에 내려 온지 6일 째가 됐어요."

라고 나는 말을 꺼냈다. 침묵만 흐를 뿐 어머니는 아무런 답을 주시지 않는다. 무슨 생각으로 이렇게 계시는지는 알 수 없다. 그러나 여러 날 김해를 떠나있었더니 김해 식구들이 언제 올 것이냐? 라며 자주 전화가 오고 있는 상황이고 어머니는 쉬이 대답을 주시지 않으시고 침묵만 지키고 계시니 참으로 내 마음은 좌불안석(坐不安席)이다. 결국 저는 어머님의 대답을 듣지 못하여 밤을 설쳤다 다음날 아침 어느 때와 마찬가지로 어머님 세수 시켜드리고 아침식사를 떠드리면서 그저 어머니 눈치만 살피고 있다. 여전히 어머니는 김해로 가는 것에 대한 말씀을 한마디도 하시지를 않고 계셨다. 저는 특별히 할 일도 없이 반나절을 의미 없이 보냈다. 그런데 마냥 이곳에서 시간을 보낼 수 없어 어머니에게 김해로 가자고 다시 말을 꺼냈다. 어머니는 김해로 가시지 않겠다고 하신다. 참으로 난감한 상황이다. 시골집에서 딱히 하는 일 없이 어머니하고 우두커니 TV만 보고 있는 이 상황이 정말 싫다. 어쩌자고 김해로 가시지 않겠다고 하시는지. 도무지 어머니 의중을 헤아릴 수가 없어 참으로 난감하다. 몇 년 전에도 이런 유사한 일이 있었다. 이번에도 어머니는 몸도 제대로 움직이시지도 못하시면서 또 김해로 가시지 않겠다고 왕고집을 부리시는 중이라 어쩌면 좋을지 그저 막연하여 멍청하게 어머님 처분만 기다리는 내 신세가 처량타. 이번에는 무슨 이유이신지 모르겠지만 저더러 혼자 먼저 가라고까지 하신다. 참 이 상황에서 이러지도 못하고 저러지도 못하는 처량한 내 신세가 한(恨)스러워 신세타령이 절로 나온다. 어머니는 김해로 가시지 않겠다고 버티시는지 도대체 이유가 무엇인지? 참으로 하늘이 원망(怨望)스러울 정도로 난감(難堪)하다. 이번에는 믿는 구석이 있다는 사실이 저를 용기를 내게 했다. 제가 움직이면 분명 어머니도 움직일 것이고 차선책(次善策)으로 해남으로 간 큰 동생이 오는 길에 어머님을 마산까지만 모시고 오면 제가 마산 가서 어머니를 다

시 모시고 오면 될 것이라는 생각이 스친다. 나는 용기를 내어 어머니께
"그럼 엄마가 정 가시지 않겠다고 하시니 저 먼저 김해로 갈게요. 그리고 만약에 중간(中間)에 엄마마음이 바꿔지면 제가 다시 돌아오던지 할게요. 그리고 아직 큰아들이 해남에서 출발 하지 않았으니 큰 아들 마산 올라 갈 때 엄마도 그때 같이 올라오세요. 그러면 제가 마산까지 엄마 모시려 갈게요. 그러니 제가 떠나고 나면 생각 잘해보시고 미리 연락 주셔야 합니다. 그래야 제가 멀리까지 가지 않았을 때 돌아 올수가 있으니 잘 생각하시고 빨리 연락 주세요."

라고 나는 엄마에게 신신당부를 했다. 만약시 혼자 계실 것을 대비해서 어머니가 움직이지 않아도 드실 수 있는 것들만 골라 엄마 머리맡에 두유 떡 과자와 홍시 손닿으면 드실 수 있게 해놓고서 저는 떨어지지 않는 발걸음을 뒤돌아보고 또 돌아보고를 곧 백번 한 다음 나름 준비를 철저히 한다고 하였지만 못미더워 저는 어머님께 또다시 고집 그만 부리고 김해가자고 설득을 한다. 울 엄마 고집은 똥고집 아무튼 요지부동(搖之不動) 역시나다. 저희 어머니께서 쉽게 접을 뜻이었다면 이렇게까지 나오시지는 않으셨을 것이라 생각한다. 우리 엄마 메가톤급 고집의 진면목(眞面目)을 발휘하고 계시니 울 엄마 고집을 뉘라사 감당하겠는가? 싶다. 좌우지간 남의 집 어머니가 아니고 바로 울 엄마지만 고집(固執) 하나는 탁월(卓越)하시고 정신력(精神力)또한 월등하셔서 당해 낼 자(者)가 없는 것이 문제다. 지금 막상 엄마를 이곳에 홀로 두고 김해로 가야할지 말아야 할지 판단을 내릴 수 없었다. 그저 입에서 한숨만 나오고 있다. 그러나 마냥 시간을 지체 할 수 없다. 애가 타는 제 마음은 엄마가 원망스러운 순간이 바로 이렇게 난감하게 만든 사항이다. 저는 엄마에게
"아이고 아줌마 미야 죽겠네."
라고 했다. 저는 떨어지지 않은 발걸음 때문에 뒤돌아보고 또 돌아보

다가 시간이 3시가 넘어 성치 않으신 어머님 홀로 두고 서둘러 고향집을 빠져 나왔다. 제가 이렇게 떠나버리면 어머님께서도 결정을 내리시기가 쉬울 수도 있을 것이라 생각이 들어 일단 떠나본다. 나의 행동은 정말 불효자식(不孝子息)의 소행(素行)이라 할 것이다. 와병(臥病)중이신 어머님을… 이렇게 홀로 두고 떠날 수가 있는지 저 스스로 자문(自問)해보아도 도저히 용납(容納)이 되지 않는 부분이다. 제가 이런 유사한 경험을 여러 차례 겪은 몸이다. 내키지 않고 미련은 남지만 용기(勇氣)내어 어머니를 홀로 남겨 두고 김해로 돌아가는 길을 재촉했다. 여차(如此)하면 가다가 다시 돌아오면 될 것이고. 상황 봐서 내일 다시 일찍 어머님 모시러 오면 될 일이다. 한 두어 시간 있으면 큰 동생이 이곳에 들려 볼 것이라 이번에는 다른 때보다는 걱정을 덜 하고서 일단 출발한다. 저는 어머니에게 인사를 하고 고향집 마당을 벗어났다. 고향동네 어귀를 돌아설 무렵 집안 올케 되신 분을 만났다. 저는 올케 분께 돈을 드릴 터이니 종종 저희 어머니를 드려다 봐 달라고 부탁을 했다. 이렇게 부탁하는 마음도 분명 불편했다. 성치 않으신 어머니를 두고 떠나면서 남에게 엄마를 부탁한다는 것은 정말 어려운 부탁이라 들어 주실 것이라 생각은 하지 않았지만 저 같았으면 딱 잘라 거절은 못했을 터인데 올케께서는 냉정(冷情)하게 한마디로 거절하셨다. 이렇게 거절(拒絶)하는 것이 현명(賢明)한 처사(處事)라 생각한다. 노인 분들 내일을 기약(期約)할 수 없거늘 집안올케에게 괜한 부탁을 드렸나 싶을 정도로 거절하신 것이다. 한편으로 생각하면 오히려 거절하신 부분이 당연한 것이라 생각이 들어 부탁했고 서운했던 마음이 오히려 부끄럽고 후회스럽다. 올케분의 입장 생각하니 당연한 것이다. 그렇지만 성치 않으신 어머니를 두고 가는 내 마음은 어떤 말이나 글로 형언 할 수 없을 정도로 참담하다. 인명(人命)은 제천(諸天)이라 하지만 고집 센 저희 어머님 정말 미워 다. 저는 고향집을 돌아보고 또 돌아보면서 정말 가야할지? 말아야 할지를 두고 한참 열심히 마음이 갈등중이다. 제가 운전을 하고 있는지 과연 지금 선택한 행동이 옳은 것인지 생각이 많아 감각까지 무디어진 상태다. 한편으로는 어머니께서 해주셨던 말씀 나는 괜찮을 것이다. 라는 말을 상기하며 다시 힘과 용기 내어 볼 것이다. 저희 어머님 말씀 나는 괜찮을 것이다. 라는 말씀은 언제나 저에게는 희망의 메시지다. 더욱 어머님을 믿고 또 믿어 고향을 떠나고 있다. 저는 쓸쓸한 고향(故鄕)집에 어머님 홀로 두고 막상 떠나가니 복잡한 마음은 더 복잡해 의식(意識)없이 운전을 하고 있었는지 뒤따라오던 차들이 옆을 스쳐지나가면서 경적을 빠앙 하고 울린다. 제가 속도를 내지 않고 달리고 있어서 그랬지 않았을까? 싶다. 경적소리에 정신이 바짝 들어 주변을 보니 어느새 장흥을 지나 보성으로 가고 있는 중이다. 나는 홀로 있을 엄마가 어떻게 계시는지 염려(念慮)가 되어 전화를 걸었다. 이 시점에서 어머니께서 김해로 가신다면 차를 돌려 어머니를 모셔가는 것이 옳을듯하여 전화를 한 것이다. 전화를 받으신 엄마는 또

"나는 괜찮을 것이다."

라고 하신다. 나는 어머니에게

"아직 마산 식구들이 해남에서 출발 하지 않았으니 엄마 마음 바뀌시면 저한테 빨리 연락주세요. 그래야 큰아들에게 마산 오는 길에 엄마 모시고 오라고 합니다."

라고 했다. 엄마는

"오냐."

라고 하셨다. 전화를 끊고 큰 동생에게 전화를 나는 걸어 언제쯤 출발을 할 것인가를 물어 보았다. 아직 해남에서 출발은 하지 않았지만 곧, 있으면 출발하게 될 것이라고 한다. 그렇다면 해남에서 고향집까지는

대략 한시간정도 시간이 예상 되는 거리다. 일단 1시간은 어머니께서 조금 더 생각 할 시간이 될 것이라 생각한다. 마음에 여유는 없다. 지금 이 상황에서 어머니께서 마음에 변화(變化)를 갖고 아들과 함께 마산까지만 와주시기를 간절히 바라고 바랄 뿐이다. 저는 이때부터는 어머님을 하늘에 맡기며 기도한다. 이때부터는 어머님을 오직 신(神)의 영역에다 맡겨두고 하느님 천지신명님 부처님 그리고 돌아가신 외할머님 전(前)에 저희 어머니께서 제발 마음에 변화를 가고 큰아들 차를 타고 부디 김해로 오시게 해달라고 빌고 또 빌며 운전을 한다. 이 시간에 이렇게라도 빌지 않으면 제 정신이 온전하지 않을 것 같다는 생각까지 들었다. 어머님을 떠나 있으면 불안. 공포. 두려움이 몽땅 제 것이 되어 버린다. 제가 이렇게 빌고 또 저렇게 빌며 운전을 하는 중이다. 그렇게 빌며 10여분 정도 물론 정확한 시간은 아니지만 운전을 하고 가는데 나의 기도가 통(通)했을까요? 아니면 우연(偶然)이었을까요? 우연치고는 절묘한 타이밍이지만 나의 기도(祈禱)가 정말 하늘에 닿은 듯 기적처럼 광양쯤 가고 있을 무렵 때마침 어머니에게서 전화가 걸려왔다. 전화기 속 어머님 말씀은 아야 하고 저를 부르시면서 그것이 아니네. 그것이 아니어. 라고 하신 것이다. 어머님 말씀을 저 나름대로 해석하자면 혼자 못 있겠다는 뜻이었다. 제가 그럼 알았어요. 제가 지금고속도로라 돌리는 것이 어려우니 아들한테 전화를 해놓을 터이니 큰아들 오면 그 차타고

"꼭 오세요."

라는 말씀을 드렸다. 어머니께서도 제 말을 알아들으셨는지 바로 알았다. 라고 하신다. 저는 어머니에게

"그럼 옷 갈아입으시고 아들 오면 바로 출발 할 수 있게 준비(準備)하고 계세요."

라는 말을 하고 전화를 끊었다. 저는 큰 동생이 해남에서 출발하기 전

에 전화를 하는 것이 좋을 것 같아 급히 큰 동생에 전화를 걸었다. 서둘러 전화를 걸어보니 다행히도 아직 해남에서 출발(出發)을 하지 않았다고 했다. 천지신명님의 도움으로 위기를 넘긴 상황 같아 나도 모르게 안도의 숨인 휴 가 절로 나왔다. 저는 큰 동생에게 사정이야기를 설명하고 어머니를 일단 마산에까지만 모시고 오라고 했다. 그리고는 내가 마산을 가던지 아니면 큰 동생 근처에 살고 있는 막내 남동생에게 어머니를 김해로 모셔다 주라고 하던지 일단 마산까지만 모셔 달라고 한다. 그랬더니 큰 동생도 알았다고 하면서 그렇게 하겠다고 했다. 어머니께서도 큰아들 차타고 오시겠다고 하시니 모든 시름이 사라져 버린 듯 비로소 내 마음에도 평온이 찾아왔다. 저희 어머님 마음이 돌아섰던 것은 여러 신명(神明)님들 은덕(恩德)이라 생각하고 마음깊이 감사(感謝)하다고 마음으로 읍(揖)한다. 그런데 사람 마음이라는 것이 더러는 간사(奸詐)한 동물(動物)과 같다고 하더니 진정 그런 것 같다는 생각이 든다. 막상 어머니께서 김해로 오신다고 하시니 안도감(安堵感)도 안도감이지만 한편으로는 다른 마음이 생긴 것이다. 그것은 지금 시간이 저녁 무렵이다 보니 어머니께서 마산에 도착하면 분명 8시가 넘은 밤이 될 것이라는 생각에 하루 밤만이라도 큰아들 집에서 주무시고 김해로 오셨으면 좋겠다는 마음이 갑자기 든다. 참 사람 마음이라는 것이 정말 간사하기 그지없음을 내 마음에 변덕과 바램을 통해서 나 역시나 속물이라는 사실에 놀란 것이다. 현재 울 엄마 건강상태(常態)로써는 그리 할 수 없다는 사실을 나는 그 누구보다 잘 알고 있다. 나의 욕심이었는지 아니면 늦은 밤 엄마를 마산까지 모시려 간다는 사실이 버거웠는지 나는 자꾸만 어머니께서 귀여운 손자들 옆에서 하루 밤만이라도 주무시고 날 밝으면 김해로 넘어오셔도 무방하지 않겠는가? 라는 생각이 자꾸만 머리에 맴돈다. 큰아들 내와가 모시려는 의사(意思)가 있다면 이 또한 크게

325

어려운 일은 분명 아니라는 생각이 든다. 큰 동생은 분명 저희 어머님 장남(長男)이니까. 당연한 의무감(義務感)도 없지는 않다는 사실이다. 어제 손자 녀석이 왔을 때 비록 어머니는 말씀은 잘 못하시지만 얼마나 그리웠던지 그 그리움을 손자 손을 가져다가 자기 얼굴에다 부비시며 그동안의 그리움을 표시(表示)하시는 쓸쓸한 모습을 저는 분명 보았던 것이다. 어젯밤 엄마가 손주 손을 자기 얼굴에다 갖다 대시고선 부비시는 그 모습을 보고서 나는 그 얼마나 손주가 보고 싶었으면 저러실까? 라는 생각을 했었던 것이다. 요즘 현대인들은 부모들의 그런 속 깊은 정(情)을 헤아려보지 못한 듯하니. 다소 그 부분에서 서글픈 마음이 들었던 부분이다. 요즘 사람들 특성이 자기중심적(自己中心的)인 성향이 강하다고나 할까? 저희 어머니가 제일 좋아 하는 큰 아들이니까 하루 밤만이라도 아들집에서 주무시다 오시는 것도 나쁘지 않다는 생각을 해본다. 막상 어머니께서 오시겠다고 하니 운전을 하면서 이런 생각을 하는 것을 보니 옛 속담처럼 정말 사람은 간사(奸詐)한 동물(動物)이다. 라는 말이 천번만번 맞다는 것을 제 자신으로부터 경험한 사례라 하겠다.

제**4**장

나의 좌우명(座右銘)은 100전 99패 1승이다

오늘도 역시나 둘째에게 나는 패자(敗者)다. 둘째 동생에게 바램이 있다면 무슨 일이든 직접 눈으로 보지 않았거든 의심하지 말고 직접 보았더라도 사실이 아닐 수 있으니 더 심사숙고(深思熟考)하고 사실이 그렇더라도 진실은 다를 수 있으니 마음 깊어져 중용(中庸)으로서 세상(世上)에 벗되고 중도(中道)로써 세상사를 논하며 살기를 바란다. 다양한 사람이 어울려 사는 세상을 살다보면 더러는 상대에게 양보(讓步)하고 더러는 알고도 모른 척 해주는 아량(雅量)도 갖고 살아가기를 바란다. 천망회회 소이불루(天網恢恢疎而不漏)라는 뜻은 하늘에 그물은 엉성하여 성깃성깃 하는듯하지만 하늘에 그물은 물 망울 하나 샐 틈이 없다.라고 했던 듯을 나는 기억 할 것이다. 사소한 것 하나라도 하늘 감시카메라를 벗어날 수 없는 것이 우리들 행동이라는 것을 명심하여 올곧게 나는 살아 갈 것이다. 이러한 사실을 우리가 알고 살아간다면 우리들은 자동적으로 몸가짐이나 마음가짐을 조심하려 노력할 것이라 나는 생각한다. 우리의 삶을 겸손한 자세로 사는 것도 하나의 지혜가 일어나는 것이라 생각한 부분이다. 즉 적자지심(赤子之心)사람이 때어날 때 가지고 온 순수한 마음 그대로 때 묻지 않고 사노라면 타인에 대한 의심이 사라지고 다툼도 멀어지고 욕심도 없어지니 걸림돌이 없어져 원만한 성품으로 변해 품격을 갖춘 인격체가 되지 않겠는가? 라는 생각을 해본다. 우리 각자가 이런 마음으로 살아가노라면 분명 사회(社會)에 나가 부딪침 없이 원만(圓滿)하게 살아가지 않겠나 생각한다. 제가 어렸을 때 엄마는 저에게 남에게 자기 속을 절대로 보여서는 안 되는 것이라고 가르쳐 주셨다. 물론 무슨 의미로 이런 말씀을 저에게 하셨는지는 잘 모르겠지만 세월 흐르고 보니 저희 어머님의 의미심장(意味深長)한 말씀이 왠지 오늘따라 되뇌어지고 그 의미가 무얼 뜻하셨는지 어렴풋이 해석이 된다. 저희 어머님 말씀은 남에게 자신의 뜻이나 폭(깊이나 넓음)을 함으로 보여서는 안 된다는 뜻이다. 남들이 보고도 종잡을 수 없는 사람이 되라고 하셨는데 아마 그 의미는 정확히는 알 수 없으나 울 엄마 그 말씀이 왠지 어린 제 마음에 크게 와 닿았던 것이 오늘 새삼 되뇌어 진다. 엄마의 말씀이 있어서 그랬는지는 잘 모르겠지만 더러는 바보처럼 더러는 속없는 사람처럼 나는 울 엄마 그 가르침을 따르며 행(行)하며 살아가는 중이다. 바보처럼 살면서 깨달은 것이 있다면 제가 표출하고 싶은 말이나 행동들을 자유스럽게 표출하고 산다는 사실이다. 더구나 꾸밈없이 짜임없이 자연스럽게 하는 행동을 나는 동경하는 차원이다. 바보스럽게 살아가는 나의 모습을 제 삼자의 눈으로 내가 나를 바라 볼 때. 바보스럽게 살고 있는 내 모습이 내게는 너무 잘 어울린다는 생각을 종종하며 살고 있다는 사실이다. 가끔 생각하건데 아마도 내가 마음 속 깊이 추구(追求)하고 갈망(渴望)하던 모습이 바로 이런 모습이 아닐까? 라는 생각을 가끔 한다. 주책없는 내 모습이 어쩜 나의 실체이고 나에 본성(本性)이라 여긴다. 하지만 인간으로써 자식으로써 도리만큼은 기본이라도 하면서 살아가려 노력한다. 아직까지 나를 위해 그 어떤 이익(利益)을 추구(追求)것 없다. 그리고 나의 이익을 위해 남을 이용해 본적도 없다는 사실이다. 하물며 남을 이용해서 나의 이익(利益)을 아직까지 추구(追求)한 봐 없는데 어찌 성치하지 않으시고 소중한 저희 어머님을 이용했을까? 싶다. 나에게 사기꾼이고 도둑년이라는 말은 가당치 않으며 어림없는 소리다. 3 ~ 4년 전에 저희 어머니께서 고향에 한번 다녀오자고 말씀을 하셔 그때 제가 고향 다녀 올 경비가 없다고 말 했다. 어마는 나에게 현금 직불카드 주시면서 5만원을 찾아오라고 하셨던 일이 있었다.

어머니를 모시면서 처음 있는 일이다. 내 처지가 그때는 압류 빨강 딱지를 여러 번 받아놓은 상태고 정말 하석상대(下石上臺)하던 때다. 오죽하면 내 성격상 어머니에게 카드를 받아 돈을 찾으러 갔겠는가? 라는 생각을 한번쯤 해 볼 부분이다. 처음으로 엄마에게서 카드 받고 은행을 갔더니 통장에 잔고가 2만원뿐이었다. 나는 망설이다가 이왕 나온 김에 2만원이라도 찾아드리고자 2만원을 찾아서 엄마를 갖다 드렸던 사연이다. 나는 난생처음으로 어머님 통장에서 돈을 찾게 된 것이다. 그 2만원을 찾아드리고 2개월 후 친정아버지 기일이 가까워질 무렵 어머니는 정말 너무 많이 아프셨다. 그렇게 몸이 좋지 않은 상태인데도 불구하고 어머니는 아버님 기일이 다 되었으니 마산 아들집으로 가신다고 고집을 부리셨다. 큰아들 부부가 김해로 와서 본인을 데려가기를 너무도 집요하게 원하셨다. 아들 내외가 김해로 와서 엄마를 모셔 가면 무난하게 지나갈 일이다. 더구나 큰 동생하고 시간이 맞지 않으면 내가 어머니를 마산으로 모셔다 드릴 수도 있는 일이었다. 나는 아버지 제삿날 엄마 모시고 가서 아버지 제사에 참석하는 의미로 저와 함께 아버지 제삿날 맞추어 가자고 어머님께 여러 번 제안 했었다. 하지만 무슨 연유인지는 잘 모르겠지만 엄마는 유난히 통증에 괴로워 하셨다. 엄마는 아버지 제사 일주일 앞두고 큰 아들에게 전화를 걸어 자기를 데리려 며느리와 함께 필히 김해로 오라고 간곡하게 부탁했었다. 며느리도 화가 단단히 났는지 절대로 못 오겠다고 버티는 과정이 정말 만만치 않았다. 그 과정에서 엄마는 일반인과 달라서 그런지 유독 통증이 심해졌다. 옆에서 보기 괴로울 정도로 많이 아파하셨는데 그 아픈 이유가 큰며느리에게 있다고만 하시며 무조건 며느리랑 같이 오기를 애원하셨던 사연이다. 남들은 이해 못할 부분을 엄마는 강요한 경우다. 또 다시 며느리에게 아들과 꼭 함께 와야 된다고 사정사정하고 애원까지 하신 사연이다. 아들에게는 마누라와 꼭 같이 와야 된다고 아들에게까지 애원하고 애원하는 상황이 되었다. 어머니가 일반인과 다른 점 때문에 가족들은 이런 애로사항과 종종 직면한다. 이럴 수밖에 없으셨던 저희 어머님 입장에서는 신(神)의 세계를 아들이나 며느리에게 설명 할 수 없어서 그저 아들 며느리에게 하시는 말씀이라고는 그것이 아니다잉 그것이 아니어. 라는 말씀만 연거푸 하신 이유다. 이렇게 밖에 하실 수 없는 울 엄마 의중(意中)을 조금이라도 알고 있는 내 입장에서는 못 오겠다고 버티는 며느리나 그것이 아니다 그것이 아니 그것이 아니다. 라고만 일관하시는 울 엄마 모습을 옆에서 지켜보는 것도 사실 괴로운 일이다. 통증이 얼마나 심하신지 너무 괴로워하시는 어머니를 옆에서 보고 있는 내 입장은 정말 지옥이 따로 있는 것이 아니고 바로 이것이 지옥이지 싶을 정도로 올케가 맞서고 있으니 이럴 땐 나는 정말 어떻게 해야 할지? 난감했던 사연이다. 어머님 병세가 일반 약으로 해결이 되고 통증이 없었다면 굳이 며느리에게 이렇게까지 애원하셨을까? 싶은 사연이다. 그러나 어머님 통증은 무슨 조화(造化)속인지 필히 며느리가 함께 김해로 와야 어머니 통증이 사라진다고만 하시니 나도 우리 엄마 일이라 어쩔 수 없이 따르고 있지만 버티고 있는 큰 올케도 보통은 아니라 생각이 들었다.

    어머니는 며느리에게 꼭 같이 와야 한다고 애원하시고 며느리는 그래도 못 오겠다고 버티기 작전에 돌입했는지 요지부동이 되었고 이렇게 저렇게 시간은 흐르고 어머니는 너무 괴로워하시니 차마 눈뜨고는 못 볼 광경이었다. 엄마는 통증해서 하는 해결책이 큰며느리한테 있다고 큰아들에게 간곡히 부탁하는 수준이 되었어. 그렇게 실랑이를 세 너 시간가량 하는 사이 엄마는 큰 아들에게 수십 차례 전화 걸어 사정하고 애원해서 결국 해가 서산에 넘어가고 나니 큰 동생과 올케가 저녁식사 할 무렵 저희 집에 도착했던 것이다. 그날 마침 진영에서 직장 생활하고 있는 이종 사촌동생이 이모 얼굴보고 간다고 인사차 점심 때 조금 지나 들렸었던 것이다. 사촌 동생은 옆에서 이런 사연을 다 보게 되었다. 나는 이렇게 찾아준 이종 사촌에게 이모랑 저녁이나 같이 먹고 가라고 저녁 식사 준비를 하고 있는 중이었다. 이 무렵 사촌동생은 김해에서 근무하면서 지난 2~3년 동안 저희 어머니를 자주 찾아줘 너무 고마운 동생이었다. 이날도 사촌동생은 이모 좋아하신다고 홍시 2box를 사와 이런저런 이야기 나누고 있다가 공교롭게 제수씨 악쓰는 장면을 보게 된다. 나는 비록 못 오겠다고 실랑이가 조금 있었다고는 하지만 그래도 이렇게 큰 동생과 올케가 오니 고마워 현관에 들어선 큰 동생과 올케에게

"어서 오소."

라고 했다. 현관에 들어선 올케는 그 얼마나 벼르고 온 일인지 현관 들어서자마자 어머니를 향해서 자식들을 어머님 마음대로 주무르려 하세요? 라는 말부터 시작해서 악쓰며 마루로 들어서는데 정말 가관이 아니다. 엄마가 통증이 너무 심해 고통스러워하시니 이 상황을 참기는 하겠는데 아 정말 병든 부모님 앞에 무례(無禮)하기 그지없다는 생각이 들 정도로 악을 쓰고 있어 정말 내 마음 같아서는 개구리 짓밟듯 짓밟아버렸으면 좋겠다는 생각이 들 정도로 무례하기 짝이 없다. 나 역시 엄마 통증을 해결하기 위해선 참아야 했고 어쩔 수 없이 아니 저희 어머님 법칙으로 모른게 그러지 싶어 제 감정을 누르고 또 누른다. 올케는 생각도 못했던 2개월 전에 2만원 찾아 엄마 드렸던 이야기를 하며 다짜고짜 나를 향해 악을 쓰는 바람에 좀 당황했다. 울 엄마는 올케가 이렇게 분노하고 있음을 미리 알고 계셨던 것이고 그 여파로 본인이 심한 고통을 받고 있다는 사실을 알고 큰아들과 큰며느리를 김해로 불렀던 이유였다. 올케가 나를 미워하고 있다고는 짐작하고 있었으나 이렇게까지 증오하

고 경멸하는 수준까지는 상상해보지 못했다. 악쓰는 품새를 보니 경멸을 지나 저주에 가깝다는 것을 느끼게 된다. 두 달 전 엄마 심부름으로 2만원 찾아 드린 사실을 알고 올케는 마루로 들어서자마자 나에게 형님은 어머님 앞장세워서 비열한 짓거리만 골라서 하고 다니데요. 라고 한다. 나는 올케한테 이 말을 듣고 나니 어안이 벙벙했다. 자기한테 허락도 없이 돈을 찾아갔다는 것이 올케가 분개한 이유다. 올케는 나에게 왜 내가 어머님 통장 관리 하는 줄 뻔히 알면서 내 허락 없이 돈을 빼가세요. 형님이 돈을 말없이 빼가는 바람에 전기세가 밀렸잖아요. 라고 한다. 참 어처구니없는 말이다. 난 올케 말끝에 나는 우리 엄마 돈이라서 자네에게 허락을 받을 필요가 없다고 나는 생각하네. 그리고 자네가 왜 우리 엄마 통장을 관리하는지 그 이유를 모르겠네. 그리고 엄마 앞장 세워 비열한 짓거리만 골라서 하고 다닌다고 했는데 그렇게 보는 저의(底意)가 무엇인가. 물었었다. 그 말에 대한 답은 듣지 못했다. 오해가 깊으니 사소한 것 하나도 오해가 되고 있는 상황이라 내 땀 뻘뻘 흘리며 울 엄마 받들고 사는 결과가 올케에게서 어머니 앞장세워 비열한 짓거리만 골라서 하네요. 라는 말까지 듣게 된 사연이다. 하지만 이 말 또한 어림없는 소리이다. 다만 저희 어머니께서 유독 남과 다르셔서 나에게 시키시는 일들이 유달리 많고 남다르다는 것뿐이다. 하지만 사실을 알고 나면 그 또한 어머니께서 시키셨던 일이다. 그 이면(裏面)에는 엄마가 타인(他人)을 이롭게 하는 방법(方法)중에 하나였었다는 사실을 알았으면 좋겠다. 일반 사람들은 분명 이해 못하는 부분이 바로 이런 부분이라 하겠다. 다만 엄마는 분명 다른 세계를 알고 계셨던 분이셨고 그러다 보니 그때도 굳이 꼭 아버지 고향 가서 소나무 다섯 그루를 심어야 한다고 우기시면서 차비하게 5만원을 찾아 달라고 하셨던 이유다. 어머니는 어떤 운(運)을 보시고서 해(害)하고자 하는 기운(氣運)이 보이면 미리 알고 계셨던 부분이고 그런 일들을 미연에 방지코자 하시는 마음에 행(行)하셨던 일중 제가 중간에서 울 엄마 손발이 되었을 뿐인데 올케는 나에게 거침없이 어머님 앞장 세워 비열한 짓거리만 골라서 하고 다닌다는 말을 서슴없이 했다. 그래서 이 부분은 일반 사람들은 전혀 이해 불가하여 가급적 어머니께서 그동안 행(行)하셨던 일들을 가능한 운운(云云)하지 않으려 했던 이유다. 그러니까 옛말에 말하고 싶으면 오히려 침묵하고 펼치고 싶으면 오히려 자제 하라고 했듯 지금은 침묵(沈默)만이 좋은 해법(解法)이라 생각했던 이유이다. 그리고 여기저기서 터져 나오는 잡다한 소리에 나는 귀기우려 하지 않을 것이며 그런 가운데 내 자신을 바로 세우고 다스려 평온함을 유지하고 어머님 손발이 되고자 하는 마음이며 울 엄마 살피는데 미력(微力)한 힘이나마 보탤 것이라는 생각만 있었다. 그리고 이면(裏面)에는 저 나름대로 제가 추구(追求)하는 인생관(人生觀)이 따로 있을 뿐이다. 나의 인생관(人生觀)을 확고(確固)하게 확립(確立)해서 자유자재(自由自在)한 마음으로 일관(一貫)할 것이며 만사(萬事)에 중용(中庸)을 지켜 나갈 것이며 좀 더 많은 수련(修練)을 거쳐 중도(中道)로서 폄하하지 않는 마음을 갖고자 하는데 치중(置重)을 두었고 의미를 두고 살고 있다. 비록 경제사정이 애옥살이 살림이라 할지라도 마음만이라도 유유자적(悠悠自適)하고 푼 마음이다. 자유자재라 함은 좌절 없고 곤란 없는 것이 아니다. 다만 좌절과 곤란한 상황에서도 몸과 마음을 평온하게 유지하고 침착한 마음을 유지하려는 마음이다. 고단함 삶 속에서 저희 어머님의 온화(穩和)하고 포근한 성품을 답습(踏襲)하고 싶은 마음이며 항상 사람으로서 해야 할 일과 해서는 안 되는 일을 구분 짖는 지혜를 얻고자 하는 마음이며 더러는 제가 추구하는 것들을 서원(誓願)하고 행(行)하여 원만(圓滿)한 형상(形象)을 유지하고자 노력(努力)하려는 것뿐이다. 어떻게 보면 온유(溫柔)함이라는 표현(表現)이 맞을지 몰겠다. 다른 형제들은 울 엄마에게서 무엇을 배우고 느꼈는지는 모르겠지만 나는 울 엄마만이 표출(表出)하는 온유(溫柔)한 모습을 제가 동경(憧憬)하기 때문에 나는 그 모습을 답습하고픈 마음이며 저희 어머님을 나의 롤 모델로 삼았을 뿐이다. 그런데 집안은 나로 인하여 잠잠할 날이 없으니 나는 왠지 고약한 운명과 마주하고 있는듯 하여 마음이 편치 않다. 아무튼 둘째 동생 전화가 강풍이 휩쓸고 간 자리만큼 마음에 상처를 준다. 그리고 형제간 우애가 틀어진 모습에서 저희 어머님 마음은 얼마나 속상하실까 싶어 엄마 얼굴 보기가 민망하다. 어쩌면 속으로 울고 계시고 계시지나 않은지 걱정이다. 엄마는 전화기를 던져버리고서 미동(微動)도 없이 눈을 감고 계신 것이다. 둘째도 엄마를 바로 알면 우리엄마가 너무 자랑스럽고 존경스러울 것이다. 엄마를 아직까지 바로 보지 못하고 있으니… 엄마를 알지 못하는 너는 누구인가? 라고 마음으로 묻고 있다. 둘째 동생도 한 생각 버리고 어머니를 바로 보았더라면 우리 엄마가 바로 부처님으로 보일 텐데 어찌하여 우리 남매는 와병 중이신 노모님 앞에서 이런 불미스러운 일을 만들었는지? 달리 생각하면 둘째 동생을 탓하기보다는 아무래도 내가 울 엄마 원하시는 냉장고를 사드리지 못해 하늘이 나에게 이렇게 큰 벌을 내리신 것이라 생각한다. 추운날씨에 일주일 동안 고향집에 머물면서 고생했던 일들이 헛일이 된 듯해 참으로 어머니 뵙기가 부끄럽고 민망(憫惘)하다. 울 엄마 원하시는 냉장고로 바꿔드리지 못해 마음도 무겁다. 어서 이 비운(悲運)의 고비를 헤쳐 나가서 우리 엄마가 원하시는 냉장고를 빠른 시일 내 필히 사드려야겠다는 마음뿐이다. 지금 감정은 뒤로하고 이성(理性)으로 감정(感情)을 잘 다스려 울 엄마 보살피는데 꾀부리지 말자. 라는 생각이다. 그리고 둘째하고는 좀 더 시간을 갖고서 오해(誤解)를 풀어감이 좋을 것이라 생각이 든다. 가족들과 관계개선(關係改善)차원에서는 누군가의 중재가 필요(必要)하겠지만 너무나 골 깊은 오해는 스스로가 깨닫지 않고는 어려운 숙제지 싶다. 더 좋은 방법은 엄마가 빨리 쾌차(快差)하셔서 말문이 트인다면 더 이상 바랄 것이 없다. 이제껏 나에게 불명예(不名譽)스럽게 씌워진 누명(陋名)들은 한낱 잡소리였다는 것도 알게 될 것이다. 문득 말없이 누워 계시는 어머님을 보고 있노라니 왜? 예전에는 다른 사람 못지않게 다정했던 우리 6남매가 본디 없이 이런 사이가 되었을까? 싶다. 내 입장에서 추측해 보자면 지난 20여년이 넘는 동안 말씀이 어눌해져 버리신 저희 어머님 뜻을 제가 거절(拒絶)못하고 받들다보니 자연스럽게 형제로 하여금 오해가 쌓였고 그런 오해들을 풀지 않아서 오늘날 근본도 모르는 쌍놈이 탄생 된 것이 아닌가 싶다. 그렇지만 심한 오해(誤解)를 받고 살아 더러는 설분 마음은 조금 있지만 나는 이제껏 울 엄마 뜻 받들며 살아온 것에 대한 후회(後悔)는 조금도 없다. 아직 엄마 생존해 계시니 분명 머지않아 오해들을 잠식 시킬 수 있는 기회가 있을 것이라는 희망을 갖고 나는 저희 어머님 살펴드리는 데 정성을 더 기우려보려는 마음이다. 나의 속된 마음일지 모르겠지만 우리 엄마 꼭 쾌차(快差)하시게 되면 정말로 진검승부(眞劍勝負)한 번 꼭 가리고 싶은 것이 내 속마음이다. 지금 이 시점에서 진정 내가 원(願)하고 바라는 것은 오직 형제(兄弟)와 의기투합(意氣投合)해 엄마를 빨리 낫게 해드리는 것이 나의 목적이고 나의 절실한 바램이고 진정한 소원(所願)이다. 내 목표(目標)다. 그러나 내 생각이 어리석었는지 아니면 착각(着角)이었는지 그렇지 않다면 허상(虛像)의 꿈속에서 미망(迷妄)에 사로 잡혀 살았는지 알 수 없지만 그래도 난 항상 울 엄마만은 다른 분과 다르시기 때문에 우리 6남매가 합심(合心)해 정성(精誠)으로 엄마를 살피노라면 분명코 엄마는 건강(健康)을 회복(回復)하실 것이라는 믿음을 아직까지 의심해 본적 없다는 사실이다. 꼭 그렇게 될 실 것이라 나는 믿고 또 믿는다. 이 부분이 제가 어머니를 끝까지 포기 하지 않고 사는 이유이고 신앙처럼 믿는 마음을 갖게 된 동기다. 믿음에서 오는 신념(信念)은 기적을 만들어 내지 않을까? 라는 희망을 갖는다. 울 엄마 건강이 회복되는 날 엄마는 20년 넘은 세월 단어 몇 개로만 살아야만했던 이유를 본인 스스로 말씀 해 주실 것이라는 기대도 갖고 있다. 신념(信念)은 마력(魔力)과 같다고 했다. 나는 울 엄마는 분명 우리 6남매 합심하게 되면 꼭 말문이 트이게 될 것이라 믿고 또 믿는다. 나의 생각이 맞는지는 알 수 없다. 지금 나의 생각이 맞는 것인지 왠지 모를 마력(魔力)과 같은 힘을 얻는다. 나는 이 신념(信念)하나로 도둑년 사기꾼이라는 소리를 듣고도 견딜 수가 있었던 이유다. 저변(底邊)에는 울 엄마를 꼭 낫게 해드려 진실을 밝힌 뒤 거나하게 타작(打作)한번 하고 싶은 마음도 없진 않다. 어머님을 떠나보낸 지금은 그 굳은 신념도 부질없음이 되었고 타작(打作)한번 하고자 했던 그 마음 또한 부질없게 되어버렸다. 지금 생각은 무엇이 잘 못되어 우리 어머니를 떠나보내야만 했었는가? 라는 의구심만 가득 남아있는 상태다. 우리 6남매의 분열(分裂)된 모습을 보시고 엄마는 얼마나 실망(失望)하셨을까? 싶었다. 엄마는 유난히 삶에 대한 애착(愛着)이 남다르셔서 무척이나 살고 싶어 하셨는데 왜 그런 어머님을 나는 지켜드리지 못하였는가. 라는 후회만 남아있다. 옛말에 이르기를 지성(至誠)이면 감천(感天)이다. 라는 말이 있어 저 나름 꾀부리지 않았는데 우리네 인생은 이래도 후회하고 저래도 후회하는 차원이라 가능한 생명을 주신 부모님만은 열일을 제쳐두고서 라도 우리는 받들어야 할 의무와 사명감이 있다는 사실을 잊지 말아야 했었는데 무슨 기구한 운명인지 아무튼 나는 울 엄마를 지켜드리지 못한 불효자식이 되었다. 옛 고사성어중 앙사부모(仰事父母)라는 글이 내포한 뜻이 그러니까 즉 부모를 우러러 섬긴다. 라는 글을 우리는 되새겨 잘났든 못났든 어떠한 경우라도 늙고 병든 부모를 지극한 마음으로 섬겨야할 의무가 있음을 망각하지 말아야함을 잊어서는 안 된다. 제 경험상 울 엄마 떠나시고 나니 그저 잘해드리지 못한 부분만 새록새록 생각이 나고 살아생전 더 지극하지 못했던 부분이 도드라지게 나타나 자동적으로 어머니를 생각하노라면 떠오르기 때문이다. 내가 깨달은 부분은 옛 선조님들께서 스스로 경험했던 부분들을 덕담으로 만들에 오래도록 사람들 가슴속에 스며들게 하여 후손들을 이정표가 되도록 엮어놓은 속담들을 허투루 듣지 말고 반면교사 삼아 겸손하고 겸손해져 인생길을 길어 가라는 뜻으로 해석해 본다. 명리(命理)라는 말을 되새겨 보았을 때 명리는 사전적 의미로는 하늘에서 주어진 명(命)과 자연(自然)의 이치다. 라고 서술 되어있다. 이 대목을 다르게 해석하자면 인간은 자유의지대로 살아 간듯 하지만 결론은 신(神)이 관장하고 있는 피조물(被造物)이라는 의미다. 우리 인간은 우주의 법칙에 순응(順應)하며 사는 것도 현명한 처세라이지 싶은 생각이다. 저는 어머님을 떠나보내고서 나는 무엇을 그동안 추구(追求)하였고 그동안 무엇을 얻었으며 내 삶속에서 무엇을 배웠으며 무엇을 깨달았는가? 라는 의문에 쌓여있다. 어머니를 잃은 슬픔으로 나는 망연자실(茫然自失)하여 그동안 신념(信念)이라 확신(確信)하고 살았던 생각들마저 끊어졌지만 그래도 어머니로 하여금 나름 목적을 두었고 진정으로 행(行)했던 부분이 있었다면 그것은 오직 자식의 도리(道理)이다. 인간도리(人間道理)중에 첫째이며 으뜸이라 할 수 있는 것이 바로 자식도리라 여기며 살았다. 남들과 비교했을 땐 영민하지 못해 더러는 제가 많이 부족하고 미련해 비록 불초(不肖)한 자식이라 할지라도 그래도 부모(父母)님 공경(恭敬)하고 섬기는 것이 으뜸이라 여기며 살아온 인생이다. 제가 실천하는 부분에서 다소 미흡했다는 것이 문제라면 문제겠지만 그래도 저 나름 인간세상에서 늙고 병든 부모님에게 자식 도리가 최고이며 으뜸이 되는 일은 없을 것이라 생각하여 꾀부리지 않았다. 저 개인적인 생각으론 자식 된 도리만은 꼭 실천함으로서 생명을 주신 부모님 은혜에 작은 정성이라도 쏟으려 노력했던 나의 과거사고 부모님 봉양이 인간 도리 중 첫째라 여긴 부분이다. 인간(人間) 도리(道理)중 둘째라 생각하는 부분은 부부된 도리이지 싶다. 부부(夫婦)의 도리는 신뢰(信賴)로써 백년해로(百年偕老)를 마치는 것이 최상(最上)이라 생각한다. 셋째는 형제의 도리이다. 동기간(同氣間)에는 서로 배려하고 우애(友愛)하는 것이 최고(最高)의 도리이지 싶다. 넷째는 부모 된 도리이다. 사실 부모 된 도리는 자식(子息)들에게 참된 행동(行動)으로서 자식들의 이정표(里程標)가 되어 주는 것이 최고의 가르침이요 부모의 도리가 아닐까 생각한다. 다섯째는 일가친척 간에 도리가 될 것이다. 일가친척 간에는 화목(和睦)함을 중요하게 여겨야함을 아는 것이 도리라 여긴다. 옛날에는 한 부엌에서 8촌까지 나왔지만 요즘 8촌은 거의 남이다. 우리가 일가친척들과 화목하고 잘 지낼 때 자손들에게는 참교육이 될 것이다. 여섯째는 이웃된 도리다. 이웃 간(間)에는 이익(利益)이 있는 곳에 먼저 의리(義理)를 생각하는 도리가 바람직하다. 더 나아가 일곱 번째 도리는 나라에 국민(國民)된 도리다. 그것은 존 F 케네디대통령께서 한 말이 구차한 말이 필요 없이 아주 적절한 국민 도리의 핵심이 될 것이다. 즉 나라가 나에게 무엇을 해주었는가? 라고 생각하지 말고 내가 나라를 위해서 무엇을 하였는가? 를 먼저 생각하라. 라는 이 말은 최고의 명언이다. 나 역시 인간의 도리를 다 행하고 살지는 못 한다. 성현(聖賢)들도 광범위(廣範圍)한 도리를 다 행하고 살 수는 없었을 것이다. 나 하나쯤이야. 라는 생각보다는 나 혼자만이라도 라는 생각에서 나는 나 나름 윤리(倫理)를 지켰고 도덕성(道德性)을 지키며 산다. 누구를 위해서가 아니다. 분명 그것은 나를 위한 공부였고 나의 미래(未來)를 밝히는 이정표가 될 것이라고 확신(確信)했기 때문에 작은 도리라도 실천하려 노력 했던 이유다. 저는 애석(哀惜)하게도 둘째 남동생과 큰 올케하고 오해를 풀지 못한 상태라 동기간(同氣間)의 우애(友愛)가 원만하지 못한 상태라 동기간에 우애를 운운(云云)할 자격이 없다. 그 얼마나 내가 바라져야 이 관계개선에 있어 원만(圓滿)해 질까? 라는 것이 나의 숙제며 풀지 못한 운명(運命)의 실타래 같다는 생각에 지금은 마음이 많이 불편하다. 비온 뒤에 땅이 더 단단하게 굳어지듯 저희형제들도 이제껏 집안에 일어났던 불미스런 사례(事例)들을 거울삼아 그동안 쌓인 오해들이 풀어져 예전처럼 다시 화목(和睦)하게 지내게 될 것이라 희망한다. 세상은 다양한 사람들이 모여 사회를 이루어가다보니 자주 마주치는 곳에서 불협화음이 일어나는 것은 당연한 이치이겠지만 그래도 가능한 형제간에는 서로 조금씩 양보하며 사는 아량도 필요하다는 사실이다. 자기생각이 옳다고 주장(主張)하는 부분에선 우리서로 생각을 좀 달리 해 볼 필요가 있다. 자기가 아는 것이 옳다고 주장하는 사람에게 그 어떤 것을 이해시키기란 귀머거리한테 소리 지르는 것과 같은 맥락이라 가능한 부딪히는 것을 피하는 것이 좋다는 결론을 내 경험상 감히 내린다. 동물들에게 피자 맛을 설명해주는 것이 어렵듯이 일단 귀를 닫고 있는 상대를 공감시키는 일은 정말 난공불락(難攻不落)과 같다는 사실을 수차례 경험을 통해 깨달은 것이다. 굳이 닫고 있는 상대(相對)마음을 억지로 열려하지 않는 것이 내 철칙(鐵則)이 되었다. 그리고 자기 생각이 옳다고만 주장하는 사람들 유행은 보편적으로 입장 바꿔 생각하는 부분이 다소 부족하다는 점이 특색이다. 본인 스스로 비바람을 겪어가면서 보슬비구름인지 소나기구름인지를 직접 겪어봐야 깨닫게 된 부분이라 하겠다. 금수저가 흙수저의 서러움을 모르듯 본인이 직접 병든 부모모시면서 겪어봐야 병든 부모님 모시는 과정이 쉽지 않다는 것을 알게 되고 자기가 피 눈물을 흘려봐야 그 피 눈물 속에서 겪었던 슬픔과 쓰라림의 고통을 알게 되듯 본인 스스로가 직접 겪어보지 않은 사람들은 남의 아픈 고통을 헤아려보지는 못하다는 것이 상례(常例)다. 한편 자기가 아는 것이 전부라고 생각하는 사람들 대부분 자신의 깊은 쪽 마음에 안내를 받기 때문에 타인의 충고(忠告)를 대부분 밀어내는 형국(形局)이라서 대부분 상대 말에 귀 기울지 못 한다는 사실을 경험한 것이다. 일단 현명한 사람이라면 자기 생각이 옳다고 무조건 주장하기보단 그 어떤 주제이든 열린 마음과 중립적인 자세로 받아드려 자신의 행복과 발전(發展)을 위한 일이라면 열린 마음 중립적인 자세로 배워 미래(未來)를 지향해 가는 것도 나쁘지 않다. 우리는 말은 항상 덕(德)이 있어야 하고. 마음은 항상 맑게 가져야 되는 것이고. 생각은 항상 거룩하게 가질 것이며 행동은 언제나 올곧게 해야 하는 것이며 꿈은 항상 크게 가져야 할 것이라 난 생각한다. 저는 둘째동생이 악 쓰며 했던 욕들이 귀전을 맴돌고 있다. 그 얼마나 나는 깨끗해지고 바라져야 하는지 또 얼만큼 세월 보내야 이 욕도 지워지고 오해도 풀리련지 지금 같아선 오해를 풀고 살 수나 있으련지 미지수(未知數)다. 이런 처사는 분명 둘째 동생이 집안질서(秩序)잡아 보려고 한 둘째 동생의 마음일 것이라 난 이해하련다. 엄마는 항상 저에게 언제나 좋은 생각하라고 하셨다. 항상 좋은 말만 쓰라고 가르쳐주셨던 부분이라 나는 가능한 좋은 생각을 가져보련다. 이런 고충을 겪어내고 엄마 가르침을 실천 하다보면 운명(運命)의 흠(欠)이 알게 모르게 고쳐지는 방법이 되었을 것이라 생각한다. 내 마음도 깊어져 아량도 생겨나 타인(他人)을 먼저 배려(配慮)하는 마음도 생겨나지 않을까 싶다. 나는 이렇게 저렇게 사노라면 언젠가는 좋은 세상을 맞이하게 되지 않겠는가 생각한다. 이 시점에서도 저희 어머님 말씀 모르게 그런다 모른께 그러지. 라는 그 말씀이 분명 진리라 여긴다.

사실 나도 울 엄마 이런 가르치심이 없었다면 내 자신도 마인드 콘트롤이 안 되 정신(精神)이 많이 피폐해졌을 부분이다. 저희 어머니께서 긴 긴 세월 많은 시련을 감내하시면서 가르쳐주신 이 가르침이 헛되지 않게 나는 부모님이 희망하는 자식상이 되도록 노력 할 것이다. 영민하지 못한 제가 빨리 깨달지 못해 어머니를 너무 많이 고생시켜드린 것 같아서 왠지 죄송한 마음이 든다. 어머니께서 가르치시고자 하셨던 의도가 분명 나에게 마음으로 보는 법을 가르치고자 하셨던 이유를 이제 사 깨달고 나니 그것이 바로 교외별전(敎外別傳)이며 염화미소(拈花微笑)라는 것을 이제 겨우 깨우친 것을 너무 죄송하게 생각한다. 나는 몇 일 동안 고향 내려갔다 온 것이 남편에게 미안했는지 괜스레 남편 눈치 보고 있는 제 모습이 처량했다. 그럴 필요까지는 없다. 남편이 짜증내면 사실 저희 어머님 입장에서 보면 딸네 집에 계신다는 이유로 마음 불편 하실까봐 늘 조마조마하고 변덕스런 남편 또 무슨 변덕부릴까봐 늘 살얼음판을 걷는 듯 조심스럽다. 몸 성치 않은 자기를 두고 여러 날 시골 있다가왔다고 심술을 어지간히 부리고 있어 자동으로 눈치 보고 있는 상황이다. 남편 마음을 이해 못하는 것이 아니다. 저변(底邊)에는 자기는 살펴주지 않고 어머니만 챙긴다고 불만(不滿)이 많다는 것도 알고 있다. 내 입장에서는 선택에 여지가 없는 것이다. 제가 여러 날 집을 비운 관계로 남편 짜증을 이해하려한다. 입장 바꿔 생각하면 남편이 화낼 만하다는 것이다. 보통사람도 이런 나의 행동을 이해하기는 쉽지 않을 것이라 생각한다. 나는 화내고 짜증으로 일관하는 남편 탓만 할 수 없어서 그저 남편 성냄을 이해하고자 한다. 어머니는 아직도 제가 안방으로 건너가서 장루 교체해주고 옆구리 소독도 좀 해주고 나오면 역(易)으로 어머니가 화가 나있어서 나를 당황하게 하니 사실 나도 이 부분이 제일 괴로운 일이다. 딸 과부 만들지 않으시려고 남편 뒷치닥 못하시게 하는 뜻이라 생각하여 가능한 우리 엄마를 이해하려하지만 더러는 심술궂은 엄마 같아서 짜증도 난다. 병상 생활이 장기전이 되다보니 더러는 평범하게 살고 싶다는 생각을 나도 가끔 해본 이유다. 니 역시 이런 상황들이 한 두 차례로 끝 날 것이라 생각했는데 최근 들어서는 오히려 더 엄마는 제가 남편 케어 좀 하고 나오면 아주 매서운 눈빛으로 나를 쳐다보시며 혀를 끌 끌 끌 차시는 모습을 보면 저이 무슨 조화(造化)속인지 모르겠다. 무슨 운명을 타고 났길래 이다지도 나의 운명은 상그러운지? 정말 유행가 가사처럼 운명(運命)을 나는 앓고 사는지? 운명이 나를 앓고 사는지? 나의 얄궂은 운명이 서럽게 느껴진다. 딸 과부(寡婦)만들지 않으시려고 장장 45일간 하루도 누워보지 못한 고통을 감내 하셨던 분이 바로 우리 엄마라는 사실이다. 울 엄마의 희생된 이 부분을 누가 이해하고 알아줄까 싶어 나만이라도 울 엄마를 이해하고 받든다. 현실적으로 보면 남편을 돌보지 못하게 하는 심술궂은 엄마가 맞다. 남편 편리 좀 봐주려고 하면 아무튼 무서운 모습으로 변하시니 이 과정이 제일 불편코 어머님 눈치 보는 부분이다. 이런 일이 자주 일어나고 있어서 한번은

"엄마 왜 자꾸 그렇게 하세요?"

나도 마음 불편하구만. 이라고 했다. 엄마는 나도 몰겠다. 라고 일관하셨다. 어머니는 자신도 이런 상황을 만들기를 원치 않지만 딸인 제가 사위 도와주고 나오면 본인도 모르게 화가 나신다고 하신다. 이 무슨 고약한 운명인지? 같은 공간(空間)에서 두 사람을 간병하게 되면 모든 것이 편 할 줄 알았다. 생각도 못한 이 난제(難題)는 도대체 무슨 조화란 말인가? 남편은 남편대로 어머니만 살피고 자기는 안중(眼中)에도 없다면서 불평(不平)이 많아지니 이제는 두 사람 다 병원에서 나와 같은 공간에서 간병하니 좀 편하게 지내겠지? 라는 생각은 물 건너 간 것이다. 그렇지만 허튼 일 한번 하시지 않으시고 남을 배려하고 살아오신 어머

니께서 남편을 살피지 못하게 하는 부분에 대해서는 분명 이유가 있을 것이라 생각하고 엄마를 이해 해보련다. 울 엄마가 이렇게 심술부리시는 이유가 분명 인과응보(因果應報)의 법칙(法則)이 작용되었지 않았나 싶다. 죄(罪)는 지은대로 가고 덕(德)은 쌓은 대로 간다는 말이 맞을 수도 있다는 뜻이다. 다시 말해 우주법칙은 호리(毫釐)에 조금도 어긋남이 없다는 뜻이라 하겠다. 남편에게는 죄 값을 치르게 하려는 뜻으로 마누라 도움을 전혀 받지 못하게 하는 경우지 싶은 생각이다. 그렇게 생각하는 것 자체가 내 착각일 수 있겠다. 하지만 하늘이 관장하는 모든 일에는 분명 상(賞)과 벌(罰)이 엄연히 존재하고 있음을 나는 알고남음이다. 문득 지난 옛일을 생각해보면 나는 인과응보(因果應報)의 법칙이 왠지 남편에게 작용 될듯하여 오래전부터 나는 종종 남편에게 우리 존귀(尊貴)한 인간(人間)으로 태어난 것을 복으로 생각하고 이왕이면 사람답게 바르게 살아가자 그리고 이왕지사 가치(價値)있는 사람이 되어 타인의 모범이 되어 살자. 라는 말을 남편에게 읊조리면서 살았다. 남편의 방자(放恣)한 행동(行動)들이 쉽게 변하지 않았으며 방탕자(放蕩者)의 극치(極致)를 달렸던 인간이 바로 남편이었다. 친정동생들이 나를 유독 도외시(度外視)한 이유가운데 한 가지는 분명코 남편 방탕생활의 여파가 한 몫을 크게 작용 하지 않았나 싶은 생각도 들었다. 예를 하나 들자면 즉 배우자(配偶者)직급(職級)이 높으면 그 배우자 또한 덩달아 그 직급만큼이나 대우를 받는 것이 우리사회의 보편적 관념(觀念)으로 보면 무시 할 수 없는 인과관계(因果關係)라는 것이 남편 직급이다. 내 경우가 이런 부분과 유사점이 있다고 볼 수 있다는 것이다. 이런 부분이 바로 무시 할 수 없는 보통사람들 시선이라 형제들 무시를 피 할 수 없던 이유이라 생각한다. 이렇게 생각한 제 생각이 정확하다고 말 할 수는 없다. 하지만 어느 정도 남편 품행(品行)여파(餘波)로 느껴지는 묘(妙)한 느낌… 왠지 남편으로 인하여 도외시(度外視)당하고 무시당하고 있는 느낌이다. 소외당하는 입장에서 보면 자격지심(自激之心)일수도 있다. 더러는 같이 소매 급으로 취급당하는 묘한 시선은 피 할 수 없었다. 남편 품행제로 덕분에 친정식구들로 하여금 멸시당하지 않는 것만으로 나는 위로삼아야만 하는 신세였다. 집에서도 장루교체 때마다 엄마 눈치 살펴야 하는 신세다. 유난히 유별나신 울 엄마 또한 이렇게 할 수 밖에 없는 사연을 나는 조금이라도 이해하고자 한다. 설상가상(雪上加霜)으로 인공 항문은 조화(造化)를 부리기까지 한다. 무슨 조화인지 몰겠지만 일단 남편 장루 교체 때와 울 엄마 찌찌(변)가 이상하리만큼 공교롭게 겹치는 것을 보면 이 부분은 어쩌면 인간의 힘으로는 도저히 맞추지 못한다는 사실이다. 타이밍을 절묘하게 맞추고 있어 나는 생각한다. 분명 하늘은 제게 더 시련을 주시는 과정이라고. 그래 남편 편리를 조금이라도 봐주다가 나도 모르게 어머님 눈치를 살폈던 이유다. 별난 어머님 눈치 살피다보니 장루교체 빨리 끝내고 어머니에게 가야 한다는 생각만 오직 제 마음 속에 있어서 장유교체를 서둘게 되고 서둘다보면 실수가 생기고 실수를 하면 남편은 즉각 날을 세워 칠칠맞게 성의(誠意)없이 해준다고 핀잔이 늘어졌다. 그렇지 않아도 어머님 눈치 보면서 장류처리를 하고 있건만 남편까지 이러쿵저러쿵 기보수를 늘어놓으면 정말 진땀이 난다. 특히 마음 바빠 서둘다보면 그 변(便)줄기는 저를 조롱이라도 한 듯 1m가량 치솟아 올라 남편 주변으로 떨어지고 그 줄기는 어김없이 남편을 겨냥한 듯 자연스럽게 똥 줄기는 피 할 틈도 없이 남편을 향했다. 이런 상황을 일부로 누가 만들고 싶겠는가? 싶다. 이런 일들이 심심치 않게 일어나니 참으로 난감(難堪)다. 속으로는 통쾌(痛快)한 기분도 들 때도 있다. 하늘이 저를 대신해서 벌(罰)하시는 느낌이 들기 때문이다. 사실 제 마음속은 진즉 정신 차려 바르게 살지 오직하면 하늘이 이렇게 죄

(罪)를 물으실까 라는 생각을 종종 한다. 냄새도 한 몫을 했다. 정말로 어쩔 땐 아이고 참 말로. 라는 말이 저절로 나올 정도로 지독하다. 하늘의 벌이라 여기기 이전에 변이 치솟는 경우는 분명 경험(經驗)부족에서 오는 불찰이었을 것이라 생각한다. 여러 차례 시행착오(試行錯誤)겪다보니 나중에는 요령(要領)이 생겨 장루 뜯고 바로 변(便)이 솟아오르기 전 미리 휴지뭉치로 인공항문을 막고서 장루 교체하니 일단 변이 위로 솟아오르는 일을 없어졌다. 이 시기 나의 일상은 두 환자 수발하는 것이 육체적으로는 다소 힘들었지만 더욱 저를 힘들게 했던 부분이 바로 정신적으로 어머님과 남편 사이에 보이지 않는 묘한 기류 때문에 심적(心的)으로 많이 고달팠던 사연이다. 어려운 여건 속에서 발뒤꿈치 괴사는 완벽(完璧)하게 완쾌되어 실오라기 같은 줄이 떨어져 나가면서 마무리를 지게 된다. 발뒤꿈치 일부가 함몰된 상흔(傷痕)은 깊게 남아있어 마음을 아프게 했지만 그래도 장장(長長)9개월간의 길고긴 과정(過程)하나를 이렇게 마무리가 되고나니 울컥한 마음이 일기도 했다. 이 과정도 분명 녹녹치 않게 많이 힘들었던 과정이었기에 나도 모르게 가슴이 뭉클해진 사연이다. 엄마는 엄마대로 많이 힘이 들었던 발뒤꿈치 괴사와 사투 과정을 막상 마무리를 짓고 나니 감회가 새롭기도 하다. 나는 나대로 꼼짝도 못하고 어머니 발뒤꿈치를 사수하는 과정에서 나도 허벅지에 괴사가 생겨 나름 통증에 시달리기도 했었던 과정이다. 거즈를 하루에 여러 차례 갈아 드리면서 느꼈던 부분이 인체(人體)란 참 경이롭다는 것을 알게 되었던 사례이지 싶다. 괴사는 어머니께서 앉아계시면 몸무게가 발에 쏠려서 진물나면 아물려했던 얇은 막이 생겼다가도 뒤꿈치가 퉁퉁 불어 벗겨지는 일이 수 백 번 반복된 과정이 되었다. 불구하고 막이 생기는 조건만 되면 바로 막을 만들어 내는 것을 보고 우리 인체 재생력의 신비를 체험하게 된 것이다. 어머니께서 누워계시면 진물이 멈

추고 또 다시 얇은 막이 형성되어 상처부위를 덮는 과정이 반복된 것과 괴사된 부위주변으로 머리카락 굵기 정도 테두리를 만들어 상처(傷處)부위(部位)를 좁혀가는 과정들을 보았던 것이다. 상처부위가 어느 정도 회복 되는 단계라 그랬는지 몰겠으나 아주 미세(微細)하게나마 살이 차올라 오는 것 까지도 육안으로 확인 할 수 있었던 것이 저에게는 놀라운 경험이라 하겠다. 아무튼 이 과정을 세밀(細密)하게 살펴보다가 제가 느꼈던 것은 인체(人體)에 재생(再生)능력(能力)이 너무나 경이롭고 신비롭다는 사실을 깨달은 것이다. 상처가 조건이 맞지 않으면 헐다가도 상처 아물 수 있는 조건이 되며 다시 막을 형성하는 과정들은 정말 신비로웠다. 제가 인체의 재생능력의 탁월함을 보면서 깨달는 것은 우리네 인생도 수많은 고난과 역경을 겪으면서 자신의 꿈과 목표를 향해가는 모습과 어딘지 모르게 유사점이 있다는 것을 느꼈다. 인체(人體)는 비록 깊게 페인 상처(傷處)의 흔적(痕迹)을 남겼더라도 결국에 가서는 이렇게 완쾌시켜주듯 우리네 인생도 오해와 누명 속 그리고 곤란한 역경속이라 하더라도 목표와 꿈을 향해 끝까지 포기하지 않은 이상 그 꿈은 꼭 이뤄질 거라는 희망을 갖는다. 그 목표와 결합(結合)하기 위해 겪는 과정(過程)이 비록 험난할지라도 결코 포기 하지 않은 이상 인고(忍苦)의 세월의 지나고 나면 분명 목표와 꿈을 이루어서 고진감래(苦盡甘來)라는 목적지에 도착하지 않을까? 생각한다. 그러니까 누구에게나 곤란이 닥치더라도 곤란(困難)을 딛고 일어서야하는 사명감이 있는 것이다. 그 곤란과 좌절(挫折)을 자양분(滋養分)삼아 더욱 전진(前進)하게 될 강한 정신을 선물로 얻게 될 거라 믿는다. 힘겹고 곤란한 경험(經驗)이 없는 자(者)의 성취과정(過程)은 타인(他人)에게 크게 감흥(感興)을 줄 수가 없다는 사실이다. 우리는 그동안 겪어온 사연들과 경험들을 밑거름삼아 지혜로 승화(昇華)시켜 더 활기차게 더 힘차게 내일을 비상(飛上)하기 위한 날개 짓이라 생각하고 우리는 어떠한 경우라도 포기하지 말고 도약(跳躍)해 나라가 열망(熱望)하는 인간상이 되어 가는 것도 나쁘지 않을 것이다. 사람은 쉽게 포기해서 얻어지는 것은 하나도 없다는 뜻이다. 우리들은 가끔 매스컴을 통해서 성공하신 분들의 성공(成功)담을 들어보게 되면 대부분 쉽게 이룬 것 하나 없었고 쉽게 포기(抛棄)하는 일은 결코 없었다는 사실을 누구나 알고 있는 스토리다. 그 만큼 치열(熾烈)한 경쟁(競爭)사회(社會)에서 성공(成功)하기 까지는 죽을 만큼 힘든 시련들을 수 없이 겪어내셨기에 타인(他人)의 귀감(龜鑑)이 될 수가 있었던 성공사례(事例)들이다. 우리는 꿈이 없고 지향하는 목표점이 없다면 사실 삶의 노예에 불과하다. 그래서 꿈을 먼 곳에서 찾기보다는 자신(自身)이 종사하고 있는 분야(分野)에서 성공(成功)하신 분들의 발자취를 이정표(里程標)삼아 꿈을 향해 도약했으면 좋겠다. 둘째 동생의 전화 여파가 컸는지 태풍이 휩쓸고 간 자리만큼이나 황폐해진 마음을 겨우 추스리고 일상으로 돌아와 울 엄마 궁둥이 밑을 사수하고 있는데 괴사가 남긴 함몰된 뒤꿈치 상흔(傷痕)을 어머니께서 자꾸만 만지작거리고 계셔 나도 궁금한 마음이 일어 잠시 뒤꿈치를 들여다보게 되었다. 매일 보아왔던 곳이지만 그래도 말끔하게 아문 것을 다시 확인하고 보니 왠지 가슴이 벅차며 만감이 교차(交叉)했다. 더구나 마지막으로 떨어지는 실같은 피부 조직을 3cm 길이정도를 뜯어내고 나니 저희가 오랫동안 통과하지 못했던 아주 어둡고 긴 터널을 통과(通過)했다는 통쾌감(痛快感)이 들어오니 더 울컥해졌다. 깊이 파인 부분이 어머니도 손끝에 느끼는 촉감이 다르신지 연신 손이 발뒤꿈치만 만지작거리고 계신다. 이제까지는 거즈가 붙여 있는 곳이라 직접 함몰된 부위를 만지시는 것은 오늘이 처음이지 싶다. 낯선 느낌 때문이라서 그런지 어머니도 발뒤꿈치가 낯설어 자꾸만 손이 그쪽으로 향한 모양이라 생각한다. 이제는 상처가 다 아물었으니 그야말로 재활운동만이 필요 할 시기다. 울 엄마 병세는 조화속이라 엄마에게 재활운동 이해합시다. 라는 말은 아직까지 꺼내보지 못한다. 요즘 바깥 날씨가 맹추위라서 쉽게 운동 해봅시다. 라는 말이 쉽게 나오지 않는 것이다. 이 추위가 물러가고 따뜻한 봄이 오면 서서히 걷는 연습하고자 한다. 요즘 들어 울 엄마는 무슨 생각을 그리도 골똘히 하고 계시는지 둘째 동생 전화 온 뒤로는 도통 말씀을 하시지 않으시니 불안한 마음만 자꾸 생겼다. 특히 최근 들어 무기력해 보이시기까지 하시니 나도 울 엄마 무표정한 모습에 걱정이 늘어진 덧이다. 요즘 들어 유독 말씀이 없으시고 기분도 썩 좋지 않아 보여 저는 분위를 바꿔야 될 것 같았다. 어머니 기분 좀 풀어드릴 겸, 다소 실없지만 어머니에게 엄마 우리 노래나 불러볼까요? 라고 제안을 했다. 언제부터인지 모르지만 울 엄마 독점 프로그램 6시내고향이나 가요무대 같은 프로그램을 전혀 보시지 않으셔서 사실 알게 모르게 저 나름 고민이 많아졌다. 다르게 표현 하자면 삶의 의욕이 상실된 분의 전형적인 무감각의 사례가 이러하듯 엄마는 그렇게 잘하시던 표현력이 확 줄어들었다고 할 수 있을 정도로 그 어떤 일에도 반응을 보이시지 않으시니 제 입장에서는 고민이고 난제(難題)다. 우리 엄마 너무 무료하게 누워만 계시는 것이 안쓰러워 종종 동요(童謠)를 불러드렸다. 나는 최악에 음치라 노래라고 말하기에는 민망 할 수준이다. 그 옛날 울 엄마께서 저희들에게 불러주셨던 그 기억을 상기(想起)하며 나는 박치 음치 총 동원해서 부른다. 제가 어릴 적 생각하면 우리 엄마도 잘 부르지 못한 동요였지만 저희들을 바르게 자라라는 의미로 불러주셨듯이 나 역시 우리 엄마 젊었을 때 우리들 끼우시며 잘 자랄 것이라는 희망을 갖고 불러주셨던 노래를 나도 울 엄마 기분이 좋아지셨으면 하는 희망을 갖고 불러 본다. 못한 노래지만 그래도 제가 옆에서 노래를 흥얼거리면 어머니도 제법 따라 불으시는 경우가 더러 있어 이번에도 불러본다. 엄마는 노래를 따라 부르실 때 저는 종종 저희 어머니가 어눌하게 말씀하시는 분이 맞나? 싶을 정도로 가사가 정확해 가끔 놀래기도 한다. 저는 동요 가사를 두 줄 이상을 기억하지 못하는데 어머니는 전혀 잊어버리시지 않고 오히려 가사를 몰라 제가 흥얼거리는 부분에 가선 어머니가 혼자 불으시는 경우가 많다. 저는 그때 어머님 그 모습을 보면서 깨닫기를 분명 울 엄마는 말씀을 못하시는 것이 아니라 지금 자시들에게 상대의 말을 마음으로 듣는 법을 가르치시느라 말씀을 안 하시고 계신다는 사실을 깨달은 것이다. 나는 생각하기를 울 엄마는 저희들 수양이 어느 정도 되면 분명코 정상적(正常的)으로 돌아서 말씀을 하시게 될 것이라는 기대를 더욱 갖게 된 이유다. 이런 기대를 하고 있는 저를 허무맹랑한 기대를 하고 있다고 조롱 할 수 있겠으나 나는 이런 기대감이라도 있어 행복한 사람이라 생각한다. 저는 노래를 잘 부르지는 못하지만 종종 이렇게 어머니와 함께 동요(童謠)를 부르고 있는 지금 이 순간(瞬間)이 저에게는 작은 행복(幸福)이다. 이 시간이 지나고 나면 다시는 돌아 올 수 없는 시간이다. 그래서 나는 어머니와 함께한 이 순간(瞬間)이 가장 소중한 시간이다. 엄마와 함께한 오늘 하루도 나는 감사하다. 어쩌면 내일을 기약할 할 수 없는 불안전(不安全)체가 바로 우리네 인간(人間)이고 누구도 예견(豫見) 할 수 없는 것이 우리의 명(命)이라고 생각하면 내게 주어진 이 시간은 아주 소중한 시간이다. 우리 엄마 아직까지 우리들 곁에 계신다는 사실이 나는 너무 감사하다. 요즘 들어 엄마는 도통 말씀 하시지 않고 계시고 뒤꿈치 괴사도 다 아물어 그런지 나는 왠지 할 일을 잃은 사람처럼 어딘지 모르게 허전함이 느껴졌다. 오랫동안 발뒤꿈치를 펼쳐서 소독하고 자로 재어 오늘은 어느 정도 차이가 있는가? 를 확인(確認)하는 절차(節次)가 사라지고 나니 정말 할 일이 없어진 것이다. 그렇게 괴사를 살피던 과정도 살아 있는 사람의 몸짓이었는지 그런 과정들이 살아지고 나니 갑자기 방향을 잃어버린 사람처럼 무엇을 해야 할지 방황하고 있는 내 모습을 내가 보고 있는 것이다. 나는 이 무료한 시간 싫어 자주 엄마에게 노래 불러드린다고 자청한 이유다. 저는 예술적 감각이라고는 1도 없는 사람이다. 음악은 더더욱 소질(素質) 없다. 그래서 음정박자 가사까지 다 무시하면서 어머니에게 따라 불러 줄 것을 청하며 나는 퐁당퐁당 노래를 부른다. 그런 내가 어이없어서 엄마는 아이고 참말로. 라고 하시며 마지못해 같이 흥얼거리신다. 그 옛날 어머님들은 보리 고개를 겪으면서 보고파 칭얼대는 아이들을 재워주실 때 아이들에게 자장가 같은 동요를 불러주며 배고파 우는 아이를 재워주시던 옛 어머님들 모습들이 가끔 엄마와 노래를 부르노라면 아련히 그려지기도 한 대목이다. 울 엄마는 동요가사를 전혀 잊어버리지 않으시고 저와 같이 부르시는 모습이 참 좋다. 나는 더욱 우리 엄마 정신세계가 의문이다. 의학(醫學)상식(常識)으로는 도저히 저희 어머니를 이해하지 못한 부분이 바로 뇌(腦)엑스레이를 찍었을 때 나타난 현상이다. 울 엄마 뇌 사진이 보여주듯 더러는 일반적인 상식을 벗어나 계셔서 이해 할 수 없는 부분이 우리 엄마에겐 엄연히 존재 하고 있다는 사실이 저를 가끔 의구심을 갖게 했다. 부산개금대학병원 응급실에 처음 입원할 당시 담당의사께서 하신 말씀이

"할머니께서는 인지(認知)능력(能力)과 기억력이 전혀 없으신 분이시네요."

라고 하셨다. 저희 자매가 이구동성(異口同聲)으로 울 엄마 기억력은 메가톤급이라고 했었던 부분이 의학상식을 뛰어넘은 사례였다 더구나 의사선생님도 저희 자매들 말을 듣고 의아해 하시며

"상식 밖이네요?"

라고 하셨던 부분이 바로 이런 부분이다. 울 엄마는 다른 분들과 차이

(差異)가 확연이 있었음에도 불구하고 그저 엄마를 병든 노인으로 치부(置簿)했던 형제들이 내 입장에는 서운한 부분이다. 엄마가 요즘 너무 무기력하게 계시니 왠지 불안한 마음이 방정맞게 자꾸 든다. 엄마가 너무 침묵만 하고 계셔 자격지심(自激之心)인지 모르겠지만 냉장고를 잘못 사드려서 그러지 않나 하고 눈치를 더 살피고 있다. 엄마 옆에 멍하니 앉아 있기는 하지만 엄마 무표정한 표정살피고 눈치 보느라 마음이 불편하고 좌불안석이다. 엄마 눈치 보면서 엄마 발밑을 떠나지 못한 이유가 잠시라도 옆에 없으면 또 싫어하신 것이다. 무슨 연유인지는 모르겠지만 아무튼 잠시라도 내가 옆에 있지 않으면 혀를 쯧 쯧 쯧 차시는 바람에 어머니 발밑을 떠나지 못하고 있다. 지금 생각해 봐도 이해되지 않는 부분이 이 부분이기도 하다. 이때는 화장실 한번 다녀오는 것도 엄마 허락(許諾)을 받고 다녀올 정도였으니 대략 어느 정도였는지 짐작 할 것이다. 시골집 다녀오시고 둘째동생 악다구니를 듣고 난 뒤로 안색(顔色)이 어딘지 모르게 많이 어둡다는 것이다. 제가 냉장고를 잘 못 사서 저러시는지 아니면 둘째 아들 전화 받고 속상해서 말문을 닫고 계시는지 어머님 마음을 읽을 수는 없다. 그렇지만 느껴지는 부분은 있다. 그러니까 엄마가 침묵하신 이유가 아마도 자식들이 부모 위해 썼던 돈을 아깝게 생각한다는 이 영(靈)에 세계에서는 바람직하게 보시지 않으셨던 것이다. 어떤 화(禍)가 저희들에게 미치지 않도록 어머니는 영계와 소통 중이신 것이 확실했다. 어머니께서는 홀로 고개를 저의셨다가 끄덕이셨다가를 반복하신 이유다. 제 짐작으로는 엄마는 영계(靈界)와 타협점을 찾고 계신 것이 분명하다. 평소보다는 엄마 얼굴에 수심이 가득해 보여 불안한 마음이 자꾸만 든다. 괜스레 나는 엄마 눈치를 더 보게 되는 이유고 눈치를 보다보니 행동들이 자동적으로 조심스러워진다. 집안 분위기가 어딘지 모르게 어둡다. 이렇게 눈치보고 있는 이 시간이 나

에게는 지옥이고 괴로운 시간이다. 암울한 분위기를 바꾸고 싶은 생각에 나는 형제들이 어머님께 안부(安否)전화를 자주 했으면 하는 바램이 더 간절해진 것이다. 울 엄마 처음 입원했을 당시처럼 여러 형제들이 번갈아 가면서 하루에 한 사람씩 어머니에게 관심 갖고 안부 전화 해주었으면 하는 마음이 나는 간절했다. 만약 형제들이 일주일에 한 번씩만 안부 물어도 우리 엄마는 일주일 내내 자식들 목소리를 위로삼아 이렇게 무료하게 지내고 계시지는 않을 것이라 나는 생각한다. 엄마 병수발 드는 일은 이제는 나 혼자서도 할 수 있는 상황이다. 어머님 기분 전환시켜 드리기에는 나 혼자서는 역부족(力不足)이라는 사실을 깨달은 것이다. 울 엄마는 이렇게 우울해 하시다가도 자식들 전화 오면 언제 우울하셨던가 싶을 정도로 생기가 돋으셨다. 나는 그 기분을 엄마에게 드리고 싶다. 물론 엄마가 병상생활 하신지가 오래되다보니 더러는 어머니 생각하는 마음이 소원해진 것이라 생각한다. 엊그제 고향집에서 큰 동생이 처가(妻家)가는 길에 찾아왔고 막내는 마산에서 이곳까지 어머님 모시고 왔지만 일부로 엄마에게 안부 묻고자 행했던 일은 아니다. 둘째 동생은 엄마 병세는 묻지 않고 그저 냉장고 샀다고 따지고자 전화를 했을 뿐이다. 이유야 어찌되었든 엄마 병상생활이 길어지다 보니 언제부터인지 모르지만 엄마와 나는 이젠 괄호(括弧)밖에 사람이 된듯하여 씁쓸하다. 나는 이 적막하고 씁쓸함을 잊고자 또 다시 엄마에게

"엄마 내가 노래 멋지게 불러 볼 것이니. 같이 따라 불러주세요."

라고 했다. 나는 세상에서 둘도 없는 퐁당퐁당 노래를 편곡(編曲)해서 부른다. 음정박자 왕 무시된 퐁당퐁당이다. 내 기억 속 가사 한 두 소절이라도 잠재하고 있었는지 자동(自動)으로 퐁당퐁당 돌을 던지자 누나 몰래 돌을 던지자 냇물아 퍼져라 멀리멀리 퍼져라 건너편에 앉아서 나물을 씻는… 다음은 어머니께서 우리 누나 손등을 간 지러 주어라 더 이

상 두 사람 모두 가사를 모른다. 저희 모녀가 아는 구절(句節)이 여기까지가 한계(限界)다. 결국은 다음소절이 생각이 나지 않아서 서로 얼굴만 쳐다보다 결국은 엄마와 나는 이마를 맞대고 이마 땡으로 마무리를 짓고 어이없는 웃음으로 끝을 맺는 것이 다반사(茶飯事)다. 나는 무엇이 효(孝)인지 잘 모른다. 다만 내가 효라 생각한 것은 저희 어머니께서 저희를 낳고 기르실 때까지는 수많은 인고(忍苦)의 세월을 보내셨을 것이라 생각한 것이다. 농촌(農村)삶이란 것이 너무 척박해 여러 자식들 배곯지 않게 하는 것이 부모님들의 최고(最高)숙제였을 것이라 생각했다. 내 비록 진수성찬(珍羞盛饌)은 아닐지라도 작은 마음에서 우리 엄마를 성심성의껏 봉양하고자 했던 이유다. 그때 그 시절에는 어느 집을 막론하고 끼니를 걱정해야 되는 시절인데도 불구하고 저희 아버지는 유독 바깥 일 보다는 그저 어질기만 하셨던 것이고 책 읽기만 좋아하셔 경제관념이 전혀 없으셨다. 경제관념 없으신 남편 밑에서 엄마는 오랫동안 신병(神病)까지 겹쳐 남보다는 더 힘들게 사셨던 것이다. 그렇지만 엄마는 저희 육남매 배곯지 않게 하시고자 여러 방면으로 노력하셨던 부분을 나는 기억하기 때문에 더욱 우리 엄마를 귀히 여기는 것이다. 학교는 다 가르치시지는 못하셨지만 그래도 척박한 환경 속에서 저희들을 바르게 잘 키워주셨기 때문에 나는 우리 엄마 은혜에 조금이나마 보답코자 하는 마음이다. 나만이라도 생명(生命)을 주신 부모의 대한 예의(禮儀)만큼은 저버리지 않아야겠다는 마음을 갖고 그 은혜에 보답코자 작은 정성이라도 쏟는다. 저희 모녀가 못 부르는 노래를 불러가며 이럭저럭 며칠 보내고 나니 불쑥 막내 남동생이 엄마를 찾아왔다. 막내 남동생이 홀로 아이들을 데리고 어떻게 사는지 엄마가 제일 애틋하게 생각하는 막내아들이다. 어머니께서 이렇게 쓰러지시기 3~4년 전 건강이 썩 좋지 않으셨지만 그런대로 걸어 다니시는 수준이라 갑자기 홀로된 막내아들 집에서 2년 가깝게 계시게 된 사연이 있다. 엄마가 막내 아들과 함께 살게 된 이유가 어린 손자들 학교 갔다 오면 아무도 없는 집에 쓸쓸하게 놔둘 수 없다. 라는 이유다. 어머니는 성치 않으신 몸인데도 불구하고 손자들 보신다고 막내아들과 2년 가깝게 마산에서 같이 사신 것이다. 어느 정도 손주들이 고학년이 되었고 어머님 몸도 과히 좋다고 볼 수 없어 제가 다시 김해로 엄마를 모시고 와 1년 반 정도 살다가 이렇게 어머니는 고관절로 쓰러지셨고 그 후유증으로 우리들 애간장을 태우고 계신 중이다. 저희 어머님 마음속에는 홀로 아이들 키우고 사는 막내아들이 가장 아픈 손가락이다. 그런데 그런 아들이 찾아오니 몹시도 반가우신지 자리에서 벌떡 일어나 앉으시며 막내아들 손을 부여잡고 본인 얼굴에다 비비시고 또 부비신다. 사실 엄마 입장에서는 찾아주는 어느 자식인들 반갑지 않은 자식이 있겠는가만 그래도 그중에 막내아들을 반기셨다. 막내 동생은 저희 어머니를 이해를 많이 해주었던 아들이다. 유독 살갑게 굴며 엄마 말씀을 한 번도 거역함 없이 잘 따라주던 막내아들이다. 막내 남동생은 유난히 어머님 말씀이라면 그 어떤 일에도 아니요. 라는 싫은 말 한마디 하지 않던 아들이다. 나에게도 아직까지 쓴 소리 한번 하지 않는 착한 동생이다. 어쨌든 생각지도 못한 막내아들이 찾아오니 어머님 얼굴빛이 놀라울 정도로 밝아지셨다. 막내는 오는 길에 엄마가 제일 좋아하는 홍시를 2box나 사가지고 왔다. 나는 동생이 사온 홍시를 어머니께 갔다드리고 나서 잠시 틈을 타 막내 남동생에게 둘째형이 건보에서 나온 돈으로 엄마 냉장고 사드렸다고. 악을 한판 거나하게 썼노라고 말을 했다. 그렇지만 막내 남동생은 가타부타 말이 없다. 제가 막내에게서 어떤 동정에 말을 듣고 싶어서 한 이야기는 분명 아니다. 너도 건보에서 나온 돈으로 어머니 냉장고 샀으니 알고 있으라는 뜻이었다. 그렇다고 형제끼리 싸웠다는 말을 해서 마음 상하게 하고 싶은 마음은 없다. 자식들이 이제껏 어머님께 용돈 한번 제대로 드리지 못했으니 그 돈은 엄연히 따져 엄마가 쓰실 자격이 있다는 것을 알았으면 하는 마음에 말을 한 것뿐이다. 엄연히 이 돈은 저희 6남매가 엄마 병원(病院)비를 지불했지만 나라에서 일정부분 환급해준 부분이라 당연히 엄마를 드려야 된다. 하지만 다른 형제들 생각은 그렇지 않더라도 너만이라도 그렇게 인식했으면 좋겠다는 뜻이다. 이렇게 생각한 자체가 나의 일방적인 생각일 수 있다. 막내도 다른 생각을 가졌을 수 있었을 것이다. 막내가 말은 하지 않지만 나름 불만(不滿)을 가졌을 수 있고. 반면(反面) 흔쾌히 좋은 생각이라고 받아 드릴 수도 있을 부분이다. 언니는 사실 이 부분을 이렇게 말 했었다. 돈 엄마 드리는 것은 좋은 생각이나 시골에 필요도 없는 냉장고를 산다는 것은 조금 못마땅하다. 라고 했었던 부분이다. 저 또한 언니가 그렇게 말한 부분에 대해 이해(理解)도 한다. 어머니께서 꼭 냉장고를 사셔야겠다고 우기시는데 무슨 이유가 따로 필요할까 싶은 것이 내 생각이다. 엄밀히 따져서 냉장고 값은 엄마가 지불하셨고 나는 건보에서 나온 돈을 엄마 찾아드린 것뿐이다. 더 정확하게 말하자면 시골집에 냉장고를 꼭 사야 된다고 고집하셔서 엄마 돈으로 사신 것이고 때마침 건보에서 돈이 나와서 나는 형제들에게 건보에서 나온 돈으로 시골집 냉장고 샀다고 말 했을 뿐이다. 그렇게 말한 파장은 너무 컸다. 처음부터 솔직하게 엄마 돈으로 냉장고 샀다고 했으면 아무도 뭐라고 할 사람 없었을 텐데 아무튼 냉장고 잘 못 사서 울 엄마 마음 아프게 한 벌(罰)로 나는 호되게 깊은 상처만 남겼고 마음에서는 후회 막급한 사연이다. 이 부분에서 깨달은 것은 처세(處世)를 내가 정말 잘 못했다는 것이다. 막내 남동생한테 건보에서 나온 돈으로 얇아진 어머님 지갑을 채워 드렸다고 했지만 반응은 싸늘타. 물론 칭찬 받기위한 것이 아니다. 그래도 반응(反應)없으니 어딘지 모르게 쓸쓸하다. 막내도 오해 없었으면 하는 바램이다. 막내 동생은 얼마 전 마산에서 엄마를 모셔오는 바람에 그때 엄마를 봐서 그런지 잠시 머물다가 바로 떠나갔다. 말이 통화지 않은 엄마 옆에서 특별히 할 말은 없어 갔을 것이라 생각한다. 이렇게라도 찾아와준 동생한테 감사하는 마음이다. 누구나 나이 들고 늙어 갈수록 자식들 얼굴 자주보기를 소원하지만 현실은 그러질 못한 것이 안타까운 현실이지 싶다. 자식들이 번갈아 가면서 늙으신 부모에게 얼굴 보여주고 자주 전화 드려 안부(安否) 여쭌다면 더 할 나위 없이 좋은 모습이라 생각한다. 병중이신 분들에게 가족들이 더 관심 갖고 자주 찾아주는 것만큼의 선물은 없을 것이라 나는 생각한다.

며칠 후 연말이 다가 왔다. 내일 모레가 크리스마스다. 공교롭게 친정아버지 기일이기도 하다. 나는 친정아버지 기일에는 참석 할 수 없을 것이다. 성치 않으신 엄마모시고 잠시 들려 손자들과 여러 자식들을 볼 수 있는 기회를 만들어 드릴 사항도 아니다. 바램이 있다면 마산에서 김해까지는 40분정도 걸리니 둘째 동생이 아버지 제사에 참석하게 되거든 어머니에게 한 번쯤 다녀가든가. 안부전화라도 해주었으면 하는 바램은 있다. 둘째는 이제껏 시비(是非)하고 욕이나 할 때 전화 했을 정도로 엄마에게 따로 안부전화가 없었다. 병 깊으신 엄마에게 여러 달 따로 안부전화 한통 없다보니 아무리 그래도 그것은 자식 된 도리가 아니라는 생각이다. 감정(感情)은 누나인 나하고 있는 것이지 엄마하고 있는 것이 아니기 때문에 의당 자식 된 도리로 어머니에게 필히 안부를 물어 주었으면 하는 마음이다. 강요는 안 할 것이다. 그도 나의 형제이니 자식도리를 조금이라도 했으면 하는 욕심이다. 이 또한 나의 오지랖이다. 어찌어찌하다보니 크리스마스가 돌아왔다. 연말 분위기가 매스컴을 통해서 느껴진다. 가끔씩 날이 흐려 눈발이 휘날리면 엊그제 고향집에서 이것

저것 집 정리했던 일들이 문득문득 생각났다. 새 냉장고를 사놓고 왔기 때문에 냉장고 고장은 있을 수는 없다. 라는 생각에 고향집에 사놓은 생선들과 반찬이 상 할 걱정은 하지 않고 있다. 어머님께서 근래에 와서 많이 호전 되시어 제가 약간만 옆에서 부추겨드리면 발을 비벼 혼자 변기에 앉으시니 이 모습은 장족에 발전이라 할 것이다. 그 품새는 트위스트 추는 모습과 흡사하다. 이전에는 엄마 엉덩이 한번 소파에서 들어올리기가 너무 힘이 들었다. 지금은 많은 시간을 보냈고 났더니 엉덩이도 소파에서 가볍게 일어나주시고 발을 가볍게 조금씩 옮기시는 과정을 보노라니 참 보기가 좋다. 아산병원에서 처방 받았던 약들을 요즘 들어서는 완강히 거부하시는 바람에 다소 걱정이 된다. 엄마는 아직도 숟가락질 하시기를 거부하시며 나도 모르겠다. 라고만 일관하셔 이 또한 아직 때가 아니구나. 라고 생각하고 엄마에게 숟가락질 하시기를 권하지 않는다. 하늘은 나에게 더 정성을 드려 어머니를 모시라는 의미로 받아 드리고 일단 어머니께서 스스로 수저질 하실 때까지 기다려 볼 생각이다.

참으로 다사다난했던 한해가 저물어 간다

나는 오늘도 어머니와 퐁당퐁당 돌을 던지자. 라고 부르다가 그것마저 한계를 느껴 눈에 들어오지도 않은 TV를 켜둔다. 흘러간 옛 노래라도 나오면 어머님 들으시라고 하면서 이럭저럭 또 일주일을 보냈다. 이제는 정말 2012年 이해의 끄트머리에 와 있다. 나에게는 기막히고 사연 많은 한 해이었지 않았을까? 라고 생각한다. 아무리 사연이 많았다. 하더라도 아직 어머님이나 남편이 완쾌되기까지는 아직 갈 길이 멀다. 위급한 상황에서 이제 겨우 벗어났을 뿐이다. 오늘은 친정아버지 기일이다. 어제는 크리스마스였다. 종종 친정아버지 기일이 크리스마스 날과 일치 할 때가 있어 우리들에게 크리스마스란 아버지 제삿날로 연상되기도 한다. 이번 제사는 크리스마스 하루 지나 평일이 되고 보니 멀리서 참석하는 형제들에게 제사에 참석하는 것이 더러는 망설여지는 부분도 없지 않을 것이라 생각한다. 아버지 기일이라 그런지 아침 일찍부터 언니와 여동생한테서 전화가 왔다. 언니는 평일이라 참석 못한다는 연락이고 막내 여동생 식구들은 늦게라도 제사에 참석한다는 말을 전했다. 사실 아버지기일이 오늘처럼 평일 때가 종종 있어 더러는 대전에서나 광주에서 회사마치고 마산까지 제사 모시려 온다는 것이 조금 무리였다. 제사 시간 맞추는 것은 별 문제가 없으나 제사를 마치고 돌아가는 것이 문제가 된다. 한겨울인데다 주로 눈길이고 밤길이라 빙판길 위험성이 높기 때문에 평일 날 제사 참석은 멀리 있는 가족들에게는 무리다. 더구나 저희 가족은 2004년 12월 25일 크리스마스 날 저희 아버지 기일을 맞이했다. 공교롭게도 이 날 필리핀에서 쓰나미가 일어나서 세계를 공포로 몰고 갔던 바로 그 쓰나미이다. 세계 사람들이 이 날을 특별한 날로 기억 하듯 저희 가족에게도 저승길 문 앞까지 갔다 왔던 날이라서 잊을 수가 없는 아주 특별한 날이다. 저희도 이날 새벽 정말 쓰나미 급 고통사고를 그것도 가장 위험하다는 새벽 길 블랙아이스로 인한 큰 교통사고를 광양고속도로에서 당하게 된다. 이 무렵 막내 남동생은 저희 집 근처에서 살고 있었던 때다. 이때 나는 하루 전 남동생에게 전화를 걸어 내일 아버지 기일을 맞이해 고향집을 어떻게 내려 갈 것인가를 물었다. 남동생은 제사음시 만들어야 하기 때문에 새벽에 출발한다고 했다. 딸들은 친정아버지 제사라 음식 만드는 일은 올케 둘이서 아주 잘하고 있어 점심 먹고 출발을 해도 제사 지내는 시간에 무리 없이 도착한다. 이 날은 왠지 막내 남동생 식구들이 새벽에 내려간다는 말이 자꾸만 마음에 거슬리고 거슬려 밤늦은 시간에 나는 다시 남동생에게 전화해서 말하기를 내일 시골 가는데 우리차가 크니 우리차로 가자. 라고 했다. 물론 평소 같으면 이렇게 말하면 막내 동생은 그냥 편하게 따로따로 갑시다. 라는 말을 한다. 막내 남동생도 이날따라 느낌이 있었는지 순수하게 그렇게 합시다. 라고 하여 우리는 다음 날 새벽 6시에 우리 집 지하주차장에서 만나 막내 동생 차는 주차장에 두고 남동생 가족 4명과 저희 식구 4명은 같은 차로 친정아버지 기일 날을 맞이해 고향으로 내려가게 된다. 아버지 기일 다음 날이 막내 동생 생일이라 막내 올케는 남편 생일 날 어머니와 함께 케이크 같이 나눠먹고 온다고 케이크도 하나 미리 장만해서 가져왔다. 저희 남매 가족 8명이 저희 차를 타고 가다가 남해고속도로 순천방향 근처에서 새벽길 블랙아이스에 미끄러져 돌면서 5중 충돌 사고가 났다. 그 당시 우리 차는 빙판 길에 미끄러지면서 불가항력으로 전복되었다. 차가 크고 무게감이 있어 그랬는지 모르겠지만 아무튼 전복된 상태에서 차는 몇 바퀴 돌게 되었고 도는 과정에서 도는 속도가 많이 줄어 먼저 사고 나서 전복 되어있는 5톤 트럭 앞차와 부딪쳤지만 우리가족들은 크게 다친 사람들이 없었다. 이 당시 사고를 회상하면 정말 신(神)의 존재를 느꼈다. 보이지 않는 신(神)께서 보살펴주신다는 사실을 알게 된다. 저희가 이렇게 4중 충돌 사고 난 줄도 모르고 열심히 달리고 있을 때 갑자기 희뿌연 안개가 멀리서부터 용(龍)형상으로 바뀌며 저희 차 앞 막는 듯 저희 차 앞에 나타나 보였다. 나는 막내 동생에게 어찌 저 안개는 꼭 용을 닮았다. 라고 하니 동생도 그렇게. 라고 말하는 찰나 그 용안개가 갑자기 우리 차 앞으로 달려드는 바람에 막내 동생이 너무 놀라 브레이크를 밟게 되었고 그 순간 차는 미끄러지면서 날라 전복 되었던 사건이다. 그러니까 2004년 12월 25일은 친정아버지 기일이고 크리스마스며 쓰나미가 일어나 수천 명 죽던 날 우리들도 저승 문턱에서 천우신조(天佑神助)로 살아 돌아왔던 기막힌 사건이라 하겠다. 그때 깨닫기를 사고(事故)란? 순간(瞬間)이고 사고란 불가항력(不可抗力)도 있다는 것을 실감 하였다. 이날 천우신조가 없었더라면 저희는 저희처럼 연거푸 블랙아이스 괴력에 미끄러지며 중앙 분리대를 부딪치고 달려드는 트럭들에 의해 2차사고의 희생양이 되는 기막힌 상황이 연출되었을 것이라는 생각도 들었다. 차가 전복 되고 보니 차에서 나오기가 쉽지 않아 두 집 식구들이 황천(黃泉)길 앞에서 구사일생(九死一生)으로 살아 돌아왔던 기막힌 경험이 있어 유독 눈길 밤 운전을 두려워한 이유다. 이때도 저희 어머니께서는 미리 이런 일이 있을 것을 예견하셨는지 저희가 고속도로에서 사고가 일어나기 두 달 전부터 엄마는 나에게 100만원이라는 큰돈을 무조건 해달라고 하셨다. 그 당시 나의 경제(經濟)사정(事情)이 최고조(最高潮)로 상황이 좋지 않아 매일 돈을 구해 압류 하나 풀고 나면 다른 곳에서 다시 압류딱지 붙이는 과정을 반복하던 시절이고 세금들이 밀려 전기 수도 가스가 끊기는 사례들이 반복하는 바람에 우리 집 늦둥이 분유 값이 없어 축협에서 생산된 생우유 990원짜리로 늦둥이 분유를 사 먹이는 상황이라 나에게 100만원이라는 돈은 크게 느껴졌던 시절이다. 엄마가 100만원 해달라는 돈을 해드리지 못했다. 나는 이런저런 이유로 돈을 해드리지 못하고 한 달가량 지나고 나니 어머니는 그 돈 해주지 않는다고 화를 심하게 내셨다. 자기 자신을 심하게 때리시면서 우메 이일을 어쩔까? 우메 이 일을 어쩔까? 이 일을 어째 라는 말씀을 연거푸 하시면서 소파에서 폴딱폴딱 뛰시고 앉으시고 수차례 반복하신 것이다. 그 100만원 빨리 안 해준다고 본인 얼굴을 어찌나 세차게 후려치시기를 여러 차례 반복 하신지라. 이 상황을 어떻게 설명을 해야 적절한지 몰겠지만 너무나 울 엄마 그 모습이 안쓰럽고 괴로워 어떻게 대처를 해야 될지 정말 난감했다. 다른 각도로 울 엄마 행동을 생각하니 분명 울 엄마는 나에게 100만원을 해달라고 하실 때에는 그만한 이유가 분명 있을 것이고 그 이유는 아마도 사람 목숨과 연관되어 있다는 것을 느끼게 된다. 엄마가 이성을 잃은 사람처럼 날뛰시며 고통스러워하시니 엄마가 괴로워하시는 이유의 심각성이 무서울 정도라는 것을 깨달은 것이다. 어머니는 이때도 저희 집에 계셨는지 나에게 100만원 해주지 않는다고 난리난리 그런 난리가 없을 정도로 광기를 부리셨던 것이다. 저희 어머님 성품으로 보아 정도가 너무 심했고 그 수준이 광기(狂氣)수준이라 정말 내가 감당하기엔 불감당(不堪當) 그 자체였다. 평소에 저희 어머님 성품에서 나오는 행동은 분명 아니라 나는 너무 놀라고 너무 무서웠다. 얼마나 위급(危急)한 상황(常況)이 닥쳐올지? 울 엄마가 저리도 변(變)하면서까지 자식 목숨을 구하려 하시려는 것일까? 라는 생각이 들었다. 평소 울 엄마 모습이 전혀 아닌지라 어쩌면 분명 예사로운 일이 아닐 것이라는 생각이 든 것이다. 어머니께서 저리 심하게 난리 치실 때는 분명 저희 가족들에게 좋지 않는 변고가 닥칠 것을 예감하시고 저희 가족들 살려주시고자 저렇게 몸부림치고 계시다는 것을 느꼈다. 엄마는 자기 몸을 희생하시며 자식 살리고자 하셨던 울 엄마 몸부림을 나는 무시하고 살았더라면 아마도 저희는 이 세상 사람이 분명 아니었다. 남들은 알지 못하는 세계… 그리고 울 엄마만이 아는 세계… 그러나 나는 영민하지 못하고 저희 어머님 역량을 가름하지 못하고 깨닫지 못했지만 그래도 저희 어머니께서 애타하시는 마음을 이해하고자 그 돈을 바로 빌려 해드렸다. 그 돈을 받으신 어머니는 그때서야 비로소 안도(安堵)하시며 하시는 말씀이 아이고 이제는 됐다. 아이고 이제는 됐어 이제는 살겠다. 라는 말씀을 혼자 여러 차례 하셨다. 만약 이

때 저희 어머님의 이런 행동(行動)을 무시(無視)하고 살았다면 아마도 저희는 씻을 수없는 후회(後悔)를 않고 살아가는 운명(運命)에 놓여있지 않았을까? 라는 생각을 한다. 이 당시 급박했던 상황을 몇 글자로 표현하고 설명하기에는 좀 난해(難解)한 부분이 많다. 하지만 저희 어머니는 분명 전쟁터에 나가 있는 아들에게 총알을 피하는 법을 가르쳐주시기보다는 총알이 아들을 피해가는 법을 가르쳐주신 것이다. 나는 고속도로 블랙아이스로 저승길 앞에까지 갔다 왔던 경험을 잊을 수가 없어 유독 겨울철 빙판길과 겨울철 밤길운전이 제일 싫다. 이 사고가 있고 난 후 어머니께서는 아버지 제사가 휴일이 겹치지 않으며 며칠 앞당겨 주말에 가족들 다모이도록 해서 제사를 지내게 하셨다. 엄마는 남편 제사를 주말에 지내게 했던 가장 큰 이유가 집안행사를 통해 그동안 흩어져 지낸 식구들 모여 정 나누고 살라고 조상님들께서 제사지내는 의미라고 하시며 날짜는 그리 중요하지 않다고 하셨다. 가족 화목이 인간 세상에서는 가장 큰 기쁨이라 이렇게 저렇게 자주 피붙이들 만나노라면 길거리에 피붙이인지 모르고 싸울 일은 없다고 하셨던 부분이다. 제사를 주말에 지내게 되니 멀리서 오는 가족들도 편했고 휴일이라 회사 다닌 사람이나 아이들도 같이 참석 할 수 있어 여러모로 좋았다. 저희들도 고향에서 평일 날 제사 지내면 아이들 조퇴를 해서 내려갔던 기억이 있다. 평일에 제사를 지내노라면 아이들이 참석 못 하지만 주말에 제사를 지내게 되니 아들들까지도 다함께 갈 수 있어 가지고간 음식을 펼쳐 야외에서 같이 먹을 수 있는 여유도 가졌던 것이다. 그때 생각하길 가족들이 어머님을 모시고 많은 시간들을 갖다보니 이것이 바로 행복이지 않을까 하는 마음도 들었다. 점심 먹고 각자 가게 되더라도 장거리 운전하는데도 한밤중에 간다든지 새벽 빙판길에 가는 위험(危險)이 없어 여러모로 저희들은 편리(便利)했었다. 시대(時代)가 변(變)하면 시대(時代)에 따라 약간씩 개선(改善)해서 미풍양속(美風良俗)을 지켜가는 것도 나쁘지 않을 것이라 생각한다. 이 또한 사람이 만들어 놓은 문화요. 법칙인지라 조금씩 시대에 맞추어 가는 것도 괜찮지 않을까? 싶은 생각이다. 죽은 조상보다는 산 조상(祖上)을 잘 모시는 것이 원칙(原則)이다. 라는 말이 옛 부터 전해 내려오는 이유는 아마도 살아 계실 때 잘 모시는 것이 돌아가시고 난후에 진수성찬으로 천번 만번 제사 지내는 것 보다 훨씬 좋다는 뜻이라 나는 해석한다. 부모(父母)님을 모시고 안 모시는 것은 각자(各自)자유의지(自由意志)이지만 그래도 나만이라도 부모님 살아 계실 때 비록 시래기 국에 보리밥 한 그릇이라도 살아 계시는 동안 마음 편히 모시고자 한 것이 내 생각이고 뜻이다. 엄마는 10여 년 전부터 저에게 고향 내려가서 같이 살자고 성하가 심하셨다. 저희 아이들이 아직 어려 선뜻 답을 드리지 못하고 살아가던 중 유난히 2~3년 전부터는 고향 내려가서 살자고 성화가 너무 심하셨던 것이다. 그러다보니 남모르는 고민 중 하나가 이 부분이었다. 소위 말하는 매일 달달 볶는 수준이 되고 보니 할 수 없이 성치 못하신 어머님 뜻을 마냥 미룰 수 없어 나도 어쩔 수 없이 고향 내려가서 살기로 결심하게 된 동기다. 남편 반대는 결사반대(決死反對)였다. 이혼(離婚)을 불사(不辭)해서라도 병든 어머니 뜻을 따르기로 결정(決定)을 했던 이유다. 어느 날 언니에게 엄마 성화를 못 이겨 어쩔 수 없이 고향 내려가서 살아야겠네. 라는 말을 언니에게 했었다. 저 역시도 쉽게 내린 결정이 아니다. 어머님께서 워낙 고향 내려가서 살자고 하는 부분이 너무나 간곡(懇曲)하다 못해 애원하시는 바람에 반대하는 남편하고 이혼을 강행해서라도 연로하신 어머님 뜻 따라 고향으로 내려가 어머니를 살피면서 살고자 하는 마음을 가졌던 것이다. 고향에 있는 어머님 집으로 들어가서 살기보다는 나는 엄마 집 근처에 조그마한 땅이라도 매입해서 집 하나지어 살 생각으로 내려 갈 계획을 갖은 것이다. 이 무렵 엄마와 나는 고향동네 폐교를 매수하고자 여러 차례 고향을 다녀왔다. 고향에 있는 어머니 소유 재산을 탐하고 차지하겠다는 마음은 전혀 꿈도 꾸어보지 못한 것이다. 내가 고향집에서 엄마와 같이 산다고 하더라도 저희 어머니가 분명 불허(不許)하실 부분이다. 더욱 아니 고향집에서 같이 산다는 것은 언감생심(焉敢生心)생각해보지 못한 부분이다. 저희 모녀가 폐교를 인수하고자 고향을 여러 차례 다녔던 일은 비밀리에 다녔기 때문에 형제들은 모르고 있는 부분이다. 다만 마을 이장되신 집안 오빠에게만 저희 모녀 의사(意思)를 조금 비추고 새로 폐교를 인수한분의 연락처를 그 무렵 이장되신 오빠에게서 받아두었던 사연이다. 그리고 올 여름 8월 달에 폐교 앞에서 폐교사장님을 만났던 연유다… 물론 어머니 모시고 고향으로 내려가면 조그마한 땅이라도 매입해 김해식구들이 살 집을 새로 짓는 동안만 엄마 집에서 잠시 지내게 될 것 같아 나는 언니에게 이 이야기도 했다. 불상사를 미연에 방지코자 언니네 엄마 집에 가더라도 몇 개월 정도라고 언질 했던 이유가 혹시라도 내가 엄마 재산 탐해 고향 내려간다고 할까봐 미리 이런 계획까지도 미리 말 했는데도 불구하고 정말 내가 엄마 모신다는 핑계로 고향집을 넘보고 고향으로 내려가는가? 하고 저를 못 믿어 의심하는 형제(兄弟)가 정말 생겼던 것이다. 생각도 가상하시지 도둑놈 눈에는 도둑놈만 보이고 부처님 눈에는 부처님만 보인다고 하더니 정말 내가 그 꼴이 된 것이다. 내가 직접(直接)들은 애기는 아니다. 그런데 내가 엄마모시고 고향 내려간다는 말을 언니에게 하고 난 뒤 며칠 지나지 않아 잠시 외출을 하고자 어머님께 다녀오겠다는 인사를 하고 집을 나서는 찰라 오랜만에 막내 여동생에게서 전화가 왔다. 그런데 내가 여보세요 라는 말을 꺼내기도 전 막내 여동생은 나에게 다짜고짜 왜 또 하필이면 고향으로 내려간다는 말을 해서 또 집안을 이렇게 시끄럽게 하고 올케 마음을 불편하게 만드는데? 라는 여동생 높은 음표 괴성이 내 귀청을 가로질러 뇌를 자극했다. 소위 말하면 악을 쓴 것이다. 이 무렵 나에게 형제들이 번갈아가면서 이렇게 악을 쓰는 일이 한 두 번인가? 싶을 정도로 연유도 묻지 않고 악부터 쓰던 일이 다반사다. 이제는 형제들이 번갈아가면서 악쓰는 소리도 이골이나 정다운 속삭임으로 들릴 수준이 된 시절이다. 관심이 있으니 이렇게 악이라도 쓰는 것이라 생각도 들었다. 여동생이 악을 쓴 이유는 내가 엄마 모시고 고향 가는 것이 올케 마음을 불편하게 만들었다는 것이다. 나는 올케가 마음 불편하게 생각한 그 연유가 궁금했다. 내가 고향으로 이사 가는데 올케 마음이 왜 불편한지 그 이유를 전혀 몰라 여동생에게 그 말이 무슨 뜻이냐? 라고 물었다. 여동생이 말은 큰 올케가 엄마모시고 내가 고향으로 내려간다는 소리 듣고 몹시 불쾌하게 생각한다는 것이다. 내가 이런 일을 미연에 방지코자 언니에게 내가 시골로 가는 부분에 대해 올케가 못마땅하게 여길 수 있으니 내가 고향 내려가더라도 엄마집 근처에 허름한 땅 사서 우리 집 짓는 동안만 엄마와 잠시 살 거야. 올케에게 그렇게 알고 다른 걱정은 하지 말라고 하소. 라는 말까지 해두었다. 올케는 분명 언니에게서 이러한 내 뜻을 분명 전해 들었을 텐데 나를 믿지 못해 그랬는지 아니면 지킬 재산이 많아 그랬는지 또 막내 여동생에게 불만을 늘어놓아서 여동생이 이렇게 악을 쓴 이유다. 막내 여동생이 이렇게 악을 쓴 이유는 사실 내가 기침소리만내도 집안이 시끄러우니 제발 올케 마음 불편하지 않게 잡음 만들지 말라는 뜻이라 생각한다. 들기로는 내가 고향으로 엄마모시고 내려간다고 하니 올케가 언니에게 말하기를 나중에 자기 아들이 장성하면 고향 내려가서 할머니 할아버지 제사 지낼 텐데 왜 딸이 고향으로 내려 가냐? 라고 하면서 못 마땅하게 생각하고 있단다. 나는 사람이 살면서 가능한 형제들하고 오손 도손 지내며 사는 것이 제 소망이라면 소망이다. 더군다나 어머니와 함께 오손 도손 산다는 부분이 바로 복(福)중에 복이 아닐까? 라고 생각한다. 제가 어머니를 모시게 되면서부터 무엇이 잘 못 되었는지는 잘 모르겠지만 어쨌든 저 때문에 친정이 종종 잡음이 일어났다. 사실 잡음이 일어났던 부분을 돌이켜 생각하면 나도 어쩔수 없이 엄마가 시키시는 일을 대신 했을 뿐이다. 나에 대한 선입견(先入見)이 그저 사기꾼이고 도둑년의 프레임을 씌워져 있어 그랬는지 어머님을 모시면서 고약한 시련들을 겪어가는 중이다. 내가 친정어머님을 모실 수밖에 없었던 동기와 그 이유를 말하자면 남다른 사연을 말 안 할 수가 없다. 제가 본격적으로 어머님을 모시기전에는 엄마가 대부분은 큰아들 집에 계시다가도 3개월 지나면 딸들이 번갈아가면서 어머님을 2~3개월씩 모시고 살았다. 엄마가 마산 큰아들 집에 계실 때 큰올케가 하루는 나에게 전화를 했었다. 시기는 2005년도 7~8월경인 듯싶다. 이 때는 형제들 모두 잘 지내던 시절이라 큰 올케와도 자주 전화 통화를 했다. 엄마가 어디계시든 나는 엄마에게 매일 전화 드린 것이 나의 일과의 시작이다. 유난히 내가 이 부분에 있어 다른 사람들과는 달랐는지 제가 자주 전화한다. 그 이유는 시골계신 부모님들이 염려되어 시집 와서 부터 해오던 아주 오래된 습관이다. 뇌경색으로 쓰러지신 분이라 유독 나는 전화 드려 엄마 목소리로 엄마 건강을 체크하는 차원이다. 나는 매일 엄마 목소리 듣고서 하루를 시작한 것이 30년이 다 되었다. 더구나 큰올케도 마산으로 이사 온지 얼마 되지 않고 저희 집하고는 마산이 가깝다 보니 더 자주 전화를 했었다. 그러던 중 어느 날 큰 올케는 내게 전화해 대뜸 하는 말이 어머니와 함께 외출(外出)하게 되었고 어머니 모시고 이곳저곳을 돌아다니다가 어느 가게에 들려보게 되었단다. 그런데 가게에 들어서자마자 엄마는 화장실이 급하셔서 화장실 가고 싶다는 표현을 여러 차례 며느리에게 했지만 말이 어눌하다보니 올케가 빨리 못 알아들어 급한 마음에 화장실 가시겠다는 뜻으로 며느리에게 찌찌 찌찌라고 하셨던 모양이다. 올케는 그렇게 말씀하신 우리 엄마가 올케 입장에서는 너무 창피했던 모양이다. 올케가 전화해서 제게 하는 말이 어머니가 사람들 있는 곳에서

"찌찌 찌찌라고 말씀 하셔서 너무 창피 했어요."

라고 말을 했다. 저는 어머님 그런 모습이 너무 창피(猖披)했어요. 라는 올케 그 말에 더 충격을 받았다. 올케의 그 말을 듣는 순간(瞬間)탄식이 절로 나왔다. 실망감에서 오는 탄식… 그러니까 아 아 우리가 사람을 잘 못 보고 있었구나. 라는 생각이 들었던 것이다. 올케는 말씀이 어눌한 시어머니가 창피했다는 것이고 그 말을 듣는 나는 그야말로 충격 그 자체였다. 소위 말하면 그야말로 나에게는 이 세상에서 제일 귀한사람이 누구냐고 묻는다면 주저하지 않고 바로 저희 어머니입니다. 라는 말을 해도 부족함이 없는 우리 귀한 엄마였지만 그 누군가에게는 나이 들어 장애가 생긴 엄마를 창피하게 생각하고 있다는 사실에 충격을 받았던 사연이다. 나는 올케 그 말을 듣는 순간부터 내 머릿속이 멍해졌다. 하지만 넋을 놓아서는 안 될 것 같아 정신을 가다듬고 좋은 방법을 찾고자 생각을 많이 했던 부분이다. 저희 어머님 성품(性品)을 헤아려 볼 때 참을성이 메가톤급 수준으로 대단한분이시다. 어머니께서 찌찌라는 말씀 하셨을 때는 참고 참아 한계점에 다다라서 찌찌라고 하셨을 것이라 생각한다. 그 모습을 창피라고 생각하니… 나는 그 당시 올케가 했던 말을 다시 한 번 상기(想起)하니 어머니께서 말 못하시고 쩔쩔매셨던 장면이 눈에 선하게 그려졌다. 얼마나 급하셨으면 그리 말씀을 하셨을까? 싶었다. 그 당시에 말 못하시는 울 엄마가 느꼈던 괴로움은 올케가 느꼈던 창피한 것 보다는 더 괴로웠을 것이라 생각하니 가슴이 먹먹해졌다. 저희에게는 가장소중하고 귀(貴)하신 엄마가 언어장애로 그렇게 밖에 표

현 못하셨던 것을 생각하니 가슴이 아려왔다. 저희들에게는 가장 소중하신 분이 저희 어머니가 아니던가? 그런데 그 누군가에게는 어느새 창피함에 대상(對象)이 되었나 싶은 생각이 들어 마음이 한 동안 멍했다. 저는 그때 생각했다. 아니 굳은 결심(決心)을 했다. 그리고 성치 않으신 엄마를 창피하게 느끼는 올케에게 어머니를 더 이상 모시게 할 수 없다는 사실을 깨달은 것이다. 그런데 공교롭게도 이 무렵 나의 삶이 척박하다 못해 위기였다. 그러니까 경제사정이 가장 어려워 땟거리 걱정하는 상황이고 인부들은 일주일 간격으로 현관문을 두드리는 일명 빨강딱지를 9차례 붙이던 시기다. 더구나 그 과정이 몇 개월 되고 집달리가 자주 찾아오니 남편은 궁여지책으로 2개월 전 제주도가서 돈 벌어서 200만원씩 붙여주겠다는 전제하에 제주도로 떠나고 없었다. 남편은 일당이 샌 제주도가서 생활비를 벌어보겠다고 떠났다고는 하지만 그것은 순전히 도피고 밀월여행이라는 사실이다. 첫째는 인금 달라고 찾아오는 인부들 피하고자 하는 행동이고 둘째는 사흘이 멀다 않고 찾아오는 경매를 진행시키려는 집 달리들 피하고자 하는 마음이며 셋째는 현장 근처에서 사귀게 된 노래방도우미와 밀월여행(蜜月旅行)이 목적(目的)이라는 것이 관건이다. 허울 좋게 삼척동자(三尺童子)도 아는 사실을 남편은 생활비 벌겠다는 핑계로 굳이 제주도 행을 택해 떠났던 이유다. 옛 속담에 안에서 새는 바가지 밖에서는 안 샐 라고? 가 정답이다. 그런 사실을 알면서도 남편을 붙잡을 수도 없었던 이유가 남편 바람기가 20년이 넘은 결혼 생활동안 3개월마다 여자가 바뀌는 터라 남편 바람 끼에 나는 이골이 나있어서 오히려 마음속으로 제가 남편을 제주도로 유배 보낸 격이라 생각하고 보냈다. 그 시절 나에게 부부 감정 따윈 그저 호사스러운 단어 일뿐이라 생각한 사람이 되었다. 과부 소리 안 듣고 이혼녀 소리 안 듣는 것이 목적이고 바람 피는 남편이 그나마 생활비(生活費) 조금이라도 보태주는 것에 감사(感謝)하며 그래도 언젠가는 바른 가장으로 돌아 올 것이라는 기대감으로 살아온 세월(歲月)이다. 남편 제주도 행(行)은 저에게는 상처(傷處)가 되지 않았고 남편 제주도로 떠나던 날 제 수중에 있던 돈 3만원까지 탈탈 털어 남편 여비에 보테 쓰라고 챙겨줬다. 여자와 함께 가는 것도 알고 있었다. 나는 남이 제주도로 떠나던 날 때마침 신당(神堂)을 차렸던 아는 동생을 불러 점심을 남편과 셋이서 같이 먹었다. 신을 받은 지인 동생과 같이 점심을 먹었던 이유는 신(神)을 모시게 된 지인 동생으로부터 보이지 않은 세계에서는 바르게 살지 않으면 분명 후환이 따른다는 사실을 말해주기를 바랬던 이유다. 차마 그 말을 아는 동생에게 전하지 못했는데 마음이 통했는지 식사도중 아는 동생이 남편에게 말하기를 집안이 망하려면 먼저 여자가 나타난다. 라는 말을 해줘서 아 이것이 바로 교외별전(敎外別傳)이고 염화미소(拈華微笑)가 아니겠는가? 라고 깨달았다. 저에게 남편의 부재가 어머니를 본격적으로 모시라는 기회(機會)를 만들어 준 개기(開基)다. 저희 집 늦둥이가 3살밖에 되지 않아 형편은 땟거리 걱정해야 될 상황이지만 3살 박이 두고 직장 다니다는 것이 많이 망설여지던 찰라 어차피 놀고 있을 바에는 엄마를 내가 모시는 것이 옳을 것이라는 생각을 했다. 그리하여 나는 언니에게 아무래도 엄마를 이쪽저쪽에서 모시는 것보다는 내가 책임을 갖고 모시는 것이 좋을 것 같아 라는 말을 했다. 형제들 입장에서 생각하면 그래도 어머니는 장남 집에서 사시는 것이 제일보기 좋은 모습이라고 생각했을 것이다. 나 역시도 그렇게 생각한 사람 중에 한사람이다. 부모님들 생각도 당연히 늙으면 장남 집에서 사시는 것이라 생각하는 부분이다. 우리나라 아름다운 풍습 중 가장 으뜸이 되었던 풍습도 장남 집에 부모님이 계시는 것을 원칙(原則)으로 삼았기에 우리 나이에는 대부분 부모님이 장남 집에 계시는 것을 원칙으로 알았고 당연시 여기며 살았다. 나도 울 엄마 의사(意思)를 존중(尊重)해서 큰 아들집으로 가시겠다는 엄마 뜻을 굳이 말리고 싶은 마음은 없었다. 가급적(可及的)장남 집에서 어머님 마음 편안하게 지내시게 하려고 저희 3자매들은 번갈아 가면서 2~3개월씩 엄마를 모셨던 지난 10여년 세월이다. 지금은 말 못하시는 엄마가 창피하다는 말을 듣고서 어찌 자식으로서 방관(傍觀)만 하고 있을 수 있겠는가?싶었다. 그러다보니 제가 어머니를 모시는 것이 서로 편 할 것 같아 제가 어머님 모시기를 자청 했던 부분이다. 언니도 제가 모시겠다고 했더니 언니도 반겼다. 언니는 내게 네가 엄마를 모시게 되면 엄마 생활비를 형제들에게서 받아 줄게. 라는 말도 했다. 그 말 끝에 나는 그 부분에 대해선 언니가 알아서 해. 라고 했었다. 내 형편이 어려울 때. 어머님 생활비를 준다면 어머니 맛있는 것 사드면 되는 것이라 생각하고 일부러 어머니 생활비 준다는 말에 거절 하지 않았던 이유다. 더구나 남편이 돈을 벌어다준다는 전재 하에 제주도로 갔지만 과연 그 약속(約束)이 잘 지켜질지가 미지수였던 것이다. 안에서 샌 바가지 밖에 가서는 안 새라고 라는 속담의 의미가 준 핵심을 알고 있었지만. 그래도 한 번 더 믿어주는 것이 좋을 것이라는 생각에 믿어는 보지만 확신은 없었다. 그때 제주도로 돈 벌겠다고 떠난 님의 생각은 첫째가 밀월이고 둘째는 피신이고 셋째가 가족들 먹여 살리기 위함이다. 남편은 부재중이 맞다. 이때 저희 집 경제적 상황을 볼라치면 압류가 여러 곳에서 들어와 사면초가(四面楚歌)였고 경제적 빈곤이 최고점을 찍고 있던 시절(時節)이었다. 어찌 산사람 입에 거미줄 칠 것이며 성치 않으신 노모님 한분 못 모시겠는가? 싶어서 나는 2005년 9월 추석지내고 난 다음날 바로 어머니는 저희 집으로 오시게 되었던 사연이라 하겠다. 아마 날짜는 9월 하순경이다. 나는 이때부터 본격적으로 어머니를 모시게 된다. 어머니는 저희 집에서 6~7년을 그럭저럭 지내시다가 본격적으로 나에게 고향 내려가서 살자고 매일 같이 닦달 하셨다. 나는 매일 고향으로 내려가자고 성화가 심하신 엄마 성화에 못 이겨 할 수 없이 고향 내려가 살아야겠다고 결심을 하였던 동기다. 남편과 이혼을 불사(不辭)하면서 까지 어머님 뜻을 마지못해 쫓고자 함이었다. 나의 이런 고충은 헤아려 보지 않고 내가 친정재산(財産)이나 탐(貪)하는 속물(俗物)로 보였던지 내가 고향 내려가서 살겠다는 말을 하니 큰 올케는 걱정이 많았던 모양 이다. 이유는 장남한테 물려줄 재산을 혹여 내가 중간에서 가로채지나 않을까? 내심(內心)걱정이 많았던 이유가 아닐까? 생각한다. 내가 그렇 게 생각한 이유는 아직 초등학교 4학년밖에 안된 큰 올케 아들이 훗날 장성해 고향으로 내려가 할머니 할아버지의 제사를 모시게 될 것인데 왜 하필이면 딸이 고향집으로 내려가서 살려고 하느냐. 라며 올케가 난 리가 아니었다. 라는 말을 들었던 것이다. 나는 그동안 올케의 성품을 겪어온 사람으로 분명히 오해가 있을 것 같아 이런 오해(誤解)를 미연에 방지코자 미리 고향집에서 땅 사서 집 짓는 몇 개월 동안만 살게 될 것 이라는 언질(言質)을 언니에게 해놓았었는데 걱정 많은 올케는 나의 처 세(處世)가 미덥지 못해 마음이 편치 못했던 부분이라 여겨진다. 제가 미덥지 못해 부모님 재산을 탐(貪)할 생각이 추호(秋毫)도 없음을 알지 못하니 유독 걱정이 많았던 모양이다. 내가 나의 불편함을 감소하고 엄 마 모시고 고향으로 가겠다고 하는데 막내 여동생까지 악을 쓰는 이유 는 무엇일까? 라는 의문이 생겼다. 막내 여동생이 이렇게 소리를 지르는 이유를 유추 하건데 아마도 여동생 생각은 괜히 언니인 내가 고향으로 내려가겠다는 말을 해서 또 다시 집안을 시끄럽게 하느냐? 라는 뜻이라 생각한다. 막내 여동생 말인즉 왜 가도 하필이면 고향집으로 가느냐? 라 는 의미는 올케가 그렇게 싫어하는데 굳이 고향집을 가는가? 가 관건이 다. 내가 흑심을 먹지 않았다면 굳이 고향집이냐? 라는 늬앙스가 관건이라 하겠다. 다짜고짜 저에게 악부터 쓰는 막내 여동생에게 내가 고향으로 가는 이유는 오직 한 가지… 그것은 오직 울 엄마가 나와 함께 고향 내려가서 사는 것을 너무 소원(所願)하셔서 우리 가족들 불편한 상황들과 아이들 학교문제들을 배제하고 오직 성치 않으신 울 엄마 원(願)이나 없게 들어드리고 싶은 마음에 내 모든 것을 포기하고 오직 울 엄마 마음 편하게 해드리고자 고향가려는 뜻이다. 엄마 돌아가신 후에 진수성찬(珍羞盛饌)으로 생색내는 제사상(祭祀床)차리는 것보다는 차라리 살아 생전 비록 시래기 국에 보리 밥 한 그릇이라도 거짓 없는 마음으로 봉양하는 것을 원칙(原則)으로 삼으며 살아가는 몸이다. 라고 여동생에게 단호하게 말했다. 막내 여동생은 제 말에 공감이 갔는지 바로 그건 그리어. 라고 했다. 나는 다시 여동생에게 나는 병든 부모님 위한 그 어떤 것도 생각에만 머물지 않고 실천 하고자 한다. 이제껏 나는 남의 것도 아직까지 탐하지 않고 살아 왔는데 어찌 부모형제 것을 탐 할까?싶다. 내 비록 지금 애옥살이 살림이라 할지라도 그 어떤 것도 욕심 부려 본적 없었으므로 부모 형제 것 또한 탐하는 마음이 전혀 없으니 내가 고향 가서 사는 것에 대해서는 너무 걱정하지 말라고 올케에게 말해라. 그리고 내 비록 여자이고 배운 것 없지만 땅 몇 평 등기부(登記簿)등본에 등재(登載)하고자 살아가는 몸 아니니 그 부분에 대해서는 너무 걱정하지 말라고 꼭 전해. 라고 막내 여동생에게 말하고선 전화를 끊었었다. 이 시절은 올케가 입만 뻥끗하면 언니 둘째 남동생. 그리고 막내 여동생이 번갈아가며 이렇게 소리를 질되던 시절이었다. 이 무렵은 내 귀는 기차화통 삶아 먹은 소리와 친해져야 했던 시절이라 여긴다. 지난 날 저희 형제 모두가 큰 올케하고 다정했던 시절이 많았기 때문에 가능한 올케 마음을 편하게 해주고 싶은 마음에 나에게 유독 소리를 질렀을 것이라 나는 생각하고 이해한다. 떠난 마음 돌려놓기는 쉽지 않을 것이고 세상사 모든 것을 고깝게만 보는 마음에는 치유하는 약이 그리 많지 않기에 옛 속담처럼 세월이 약이다. 라는 생각만 갖고 산다. 세상이치가 밥도 뜸 들이는 시간이 꼭 필요하듯 세상사 모든 일에는 다 때가 있기 마련이고 그때가 되면 자연스럽게 진실을 알게 되는 것이 자연에 순리이고 나 역시 시절 운이 도래하면 그때는 여보란듯이 살지 않겠나 하는 생각이다. 만사(萬事)는 사필귀정이 우쥬(宇宙)의 법칙(法則)이고 인심(人心)은 곧 천심(天心)인지라 길고 짧은 것은 대봐야 되는 것이 인간(人間)세상사 이치(理致)이라 생각한 부분이다. 인간사는 오묘(奧妙)하고 변화무쌍(變化無雙)하여 이것이 옳고 저것이 그르다고 주장(主張)하지 못 한 것 또한 인간세상의 이치이며 법칙이다. 나는 비록 영민하지 못해 큰 깨달음은 비록 얻지는 못했지만 가능한 사람의 도리에 원칙(原則)과 기초(基礎)를 두려는 마음이고 이익(利益)앞에서는 가능한 의리(義理)와 양보를 먼저 생각하려는 마음을 갖고 살고자 할 뿐이다.

이제 남편 항문 복원 수술 할 날짜가 되었다

어느덧 1월 하순이 되었다. 큰딸 고등학교졸업식 날을 맞이했다. 나는 아들에게 할머니를 잠깐 살펴달라고 해놓고 잠시 우여곡절 속에서 서럽게 졸업하는 큰딸 졸업식에 참석하고자 남편과 함께 학교로 달려갔다. 비록 꽃 한 다발이 전부인 졸업식이지만 훗날 큰 딸에게 양친부모님 살아 계셔 졸업식에 참석했다는 부분에 큰 의미를 두고 참석 한 이유다. 지난해 우리가족들에게는 파란만장했던 사건사고들이 너무 많아 내게는 큰딸 졸업식이 꿈만 같다. 큰딸 고등학교 졸업식 흔적이라도 남겨 볼 겸 다녀오게 되었고 우리는 정말 사진 몇 장으로 흔적만 남겨둔 큰딸 고등학교 졸업식이다. 나는 이렇게 30분이라도 참석했고 사진 몇 장으로도 대만족하고 우리는 또 서둘러 집으로 왔다. 서두르게 된. 이유는 시간을 지체하면 어머니께서 걱정하실까봐 남들이 졸업식 날 흔히 먹는 짜장면 점심식사는 뒤로 한 채 집으로 달려오게 되었던 사연이다.

저희 어머님 애타게 나를 기다리실 것을 생각하니 짜장면 외식이 나에게는 왠지 호사(豪奢)가 될 것 같아 서둘러 달려온 것이다. 1분 1초라도 아껴볼 마음으로 딸과 나는 남편이 시동 켜는 사이 차 옆에서 졸업사진 서 너 장을 황급히 찍었던 사연이지 싶다. 이날이 지나고 나면 다시 돌아오지 않을 졸업 장면이라서 흔적만이라도 남겨두고 싶었다. 우리들 사연이야 어찌되었든 남편과 나는 큰딸 졸업식 보는 행운을 얻은 격이다. 다음 날 남편 항문복원 수술날짜가 내일로 잡혀있다. 남편 입원 할 것을 챙겨 차에 실어놓았다. 그리고 어머님께 또 다시

"조 서방 수술 잘되게 해주세요."

라는 부탁도 드렸다. 어머니도 역시나 괜찮을 것이다. 라고 해주셨다. 나는 저희 어머님 그 말씀에 힘을 얻고서 어머님께 병원 다녀오겠습니다. 라는 인사를 드리고 남편과 함께 다시 해운대 병원을 향해 출발을 한다. 집을 나서기 전 수술하기 때문에 이틀 정도 집에 올 수가 없을 것 같아 큰 딸에게 할머님 잘 살펴드리고 식사 잘 떠드려 할머니 불편함을 느끼지 않도록 해 달라고 신신당부(申申當付) 하고서 나선 것이다. 요즘 어머니는 책상의자를 의지해서 화장실을 다니시니 아이들에게 엄마를 부탁함에 있어 조금은 염려가 덜되었다. 만약 예전처럼 엄마 소파에서 일어서지 못하신 상태라면 정말 대소변 갈아드리는 부분이 아이들에게

는 조금 곤란한 부분이 되었겠지만 그래도 다행스럽게 요즘 엄마 혼자 소파에서 일어나시니 간병하기가 많이 수월해졌기 때문에 애들에게 엄마를 부탁한 것이 가능해진 것이다. 울 엄마는 남보다는 의지가 강하신 분이라 웬만해서는 본인 스스로 일어나시려는 장면들이 왠지 뿌듯하게 느껴지기도 했던 모습이다. 혼자 일어나 보시려는 의도가 적극적이라 이렇게 며칠만 운동 삼아 움직여주시면 어머니도 머지않아 회복 되실 거라는 기대감에 모든 것이 그저 감사 할 뿐이다. 저희 부부는 한 시간 가량 침묵 속에 해운대병원에 도착한다. 그리고 예약(豫約)된 병실(病室)로 들어가서 병원에서 정해준 절차(節次)에 따라 환자복으로 갈아입고 나니 하나둘 또다시 링거들이 줄렁줄렁 매달린 것을 볼 수가 있다. 금식이라 특별히 챙겨줘야 할 음식도 없어서 나는 집으로 가도 괜찮을 같다는 생각이 들었다. 나는 엄마가 우선인지라 비록 밤은 늦었지만 김해로 내려가는 것이 좋을 것 같아 남편에게 집에 가서 자고 와야겠다고 하고 쓸쓸하게 누워있는 남편을 뒤로 하고선 병원을 급히 빠져나와 김해로 향했다. 내가 내일 수술하는 남편을 홀로 두고 오는 이유는 밤에 아이들한테 엄마를 맡겨 둘 수 없어 남편을 홀로 두고 나온 이유다. 내일 수술 할 사람을 홀로 두고 남편 병실 나오기가 정말 발이 떨어지지 않았지만 그래도 무엇이 우선인가를 생각했을 때 잠시잠깐이라도 내가 보이지 않으면 불안에 하시는 어머니를 생각해 내가 어머니 곁을 떠나 남편 옆에서 하루 밤을 보낸다는 것이 편치만은 않았던 것이라 할 수 없이 김해로 넘어 온 것이다. 남편 수술 시간이 내일 오전이라 어머님 옆에서 자다가 수술 시간 안에 병원 도착하면 수술하는데 크게 지장을 주지 않을 것 같아 일단 어머님 쪽을 선택해 밤이 늦었지만 김해를 향해서 출발 하게 된 이유이다. 늦은 밤에 연락도 없이 도착한 나를 보시고 어머니와 저희 삼남매가 놀라며 반가워했다. 물론 나 없는 사이 특별한 일은 없었던 듯하다. 엄마 화장실 문제는 삼남매가 할머니 양쪽 겨드랑을 호위해서 무리 없이 다녔다고 한다. 엄마가 집으로 퇴원해 오신지 6~7개월이 되었고 아빠 손 잘려 2달가량 입원해 있었고 특히 아빠 암수술 한다고 두 달가량 병원 생활을 하다 보니 저희 집 아이들은 본의 아니게 여러 차례 할머니 대소변을 갈아드렸던 경험들이 쌓여 우리집 삼남매를 일급간병인으로 훈련시켜놓은 것 같다는 생각이 들었다. 엄마는 늦게라도 이렇게 제가 오니 마음이 놓이신지 일단 안색(顔色)이 밝아 보인다. 나는 시간이 늦어 엄마가 출출하실 것 같아 홍시 하나 들고 가서 엄마 옆에 앉아 홍시를 스푼으로 떠드렸다. 엄마는 좋으신지 내게

"그랬어?"

라고 하신다. 아마 이 뜻은 어미가 걱정 되서 이렇게 왔어? 라는 의미(意味)로 내게 들렸다. 어머니는 내게 그랬어? 라고 하시면서 이마를 또 내미셨다. 그래서 나도 자동적(自動的)으로 제 이마를 내밀어 엄마 이마와 짠하고 부딪쳤다. 그리고 서로 얼굴을 마주보면서 웃는다. 어머니와 저만이 하는 애정(愛情)표현이다. 이제는 하루라도 이렇게 하지 않으면 왠지 허전하다는 느낌이 들 정도로 익숙다. 어느 날 저희 모녀 이마땡 하는 모습을 보던 언니가

"이것이 뭐요?"

"염소들이여."

라는 말을 하면서

"염소들이나 박치기를 하지."

라고 해 저희 세 모녀가 한바탕 웃었던 기억이 있다. 그래요. 엄마와 저는 염소들만 하는 박치기로 이렇게 애정표현을 아낌없이 하고 있다. 엄마가 이마 내밀어 애정 표시하신 이유가 실은 소파가 쿠션이 좋아서 앉아 계시면 기우뚱거리는 현상이 생겨 엄마 양손을 지지대 삼다보니

유일하게 자유로운 신체 부위 이마를 내민 사연이라 하겠다. 그렇게 엄마와 수시로 이마로 예정 표현을 하고 지내온 날들이 많아서 그런지 엄마 떠나시고 난. 지금에 와 생각하니 엄마는 나에게 아주 특별한 시간들을 주셨다는 것을 새삼 느끼게 된 부분이다. 그리고 그 시간들은 다시는 돌아오지 않는 아주 귀하고 특별한 시간이었음을 알게 된 것이다. 어머니는 남다르게 나를 사랑해주셨던 부분이 정말로 다시는 느낄 수도 가질 수도 없는 아주 소중한 시간들이었고 행복(幸福)한 시간(時間)들이었다는 것을 절실히 느낀 부분이었다고 감히 말 할 수 있다. 더구나 이젠 정말 그 어디서도 느낄 수 없을 것이고 그 어디 가서도 찾을 수 없는 저희 어머님만의 아주 특별한 사랑과 따뜻한 정(情)을 돈 주고도 살 수 없다는 것이 가장 큰 아쉬움이며 가장 소중한 어머니와 나만의 추억이다. 울 엄마만이 할 수 있었던 애정표현 그리고 그 사랑을 나는 무한(無限)히 사랑하고 흠모(欽慕)하고 앙모(仰慕)하는 마음에 이 글을 엄마에게 바치고자 쓴 이유다. 두 환자 살핀다고 더러는 고달픈 과정도 있었지만 그래도 울 엄마와 함께 라서 행복했던 추억이다. 나는 엄마를 장지에 묻어 들리고 오던 날 형제들과 헤어지면서 형제들에게 그동안 엄마를 모실 수 있는 기회를 줘서 고맙다. 그리고 내가 우리엄마를 모실 수 있어 행복 했었다. 라는 말을 형제들에게 했었다. 그런데 그 말끝에 큰 올케가 우리가 괜히 형님한테 행복한 시간을 많이 준 것 같네요. 라고 했다. 그런데 왠지 올케 그 말은 어딘지 모르게 어폐(語弊)가 있어 그런지 여운(餘韻)이 많이 되어 남아 있다. 나는 올케 그 말끝에 전하지는 못한 생각이지만 이런 생각이 든 것이다. 그래 그렇게도 시어머니 모시지 않으려고 좋은 머리로 지략(智略)을 펼치더니 결론(結論)은 네가 결국 쾌거(快擧)를 올린 샘이다. 좋은 머리 좋게 쓰지 않으면 보기 흉하다는 것을 너만 모르고 있었구나. 라는 생각이 들었던 것이다. 나는 올케 그 말 뜻을 좋은 방향으로 이해하려한다. 그렇지만 쉽지 않다. 이해해야만 된다. 사실 좋게 생각하지 않으면 우선 내 마음이 더 괴로워 원망하는 마음도 아쉬운 마음도 그리고 그리움까지도 세월 속에 묻어 버릴 것이다. 다음날 일찍 어머니를 씻겨 드리고 식사 챙겨 드리고 나서 서둘러 남편 수술시간 한 시간 전에 병원에 도착을 했다. 그리고 남편 수술하는데 지장 없도록 만반에 준비를 해두었다. 이번에도 수술도중 불상사가 발생해도 책임 묻지 않을 것이다. 라는 각서에 사인하고서 수술실로 이동했다. 수술실 안으로 들어가는 남편 보니 이번도 다소 불안한 마음이 있었지만 울 엄마가 괜찮을 것이다. 라고 하셨던 말씀을 신앙(信仰)삼아 남편에게 무탈(無頉)하게 수술 잘 마치고 오라고 손을 잡아 줬다.

인명(人命)은 재천(在天)이다. 그래서 누구나 장담 할 수 없는 것이 사람 명(命)이고 보니 남편의 운명(運命)을 하늘에 맡겨 놓고 잘 될 거라 믿고 또 믿어 보는 것이 배우자(配偶者) 소임(所任)이라 생각한다. 나는 또 초조한 마음으로 수술실 대기소 앞에서 4시간을 기다렸다. 그 기다리는 시간은 초조한 마음이 절반에 시간을 차지하지 않았을까 싶을 정도로 그만큼 애간장을 태우는 기다림이었다. 항문복원수술이라 간단하다고 교수님께서 말씀 하셨는데 복원수술도 그리 간단치만은 않았던지 예상했던 시간보다 2시간이 더 지체 되었다. 수술실 밖에서 기다리길 6시간이 될 쯤 수술실 문이 열린다. 그리고 남편 실은 침대가 서서히 문 밖으로 나왔다. 남편은 의식이 뚜렷치 않다. 그러나 내 입장에서는 남편이 이렇게라도 수술실 밖으로 나오는 모습을 보니 안도의 숨이 쉬어졌다. 남편은 의식(意識)이 없는데도 불구하고 얼마나 추운지 덜덜덜 떨면서 나온다. 그 모습을 보고 있잖니 애잔한 마음이 든다. 젊은 사람이 왜? 이런 고통을 두 번 겪으나 싶다. 안쓰러운 마음도 일어났지만 그래도 암 수술 결과가 좋아 항문(肛門)복원(復元)한 것이라 생각하니 이 또한 다행(多幸)이라 생각이 든다. 어떤 사람은 직장암이라 괄약근(括約筋)손실(損失)로 인하여 평생장루를 차고 변을 받아내는 사람도 있다고 들었다. 그래서 그나마 항문(肛門)복원(復元)한 부분에 대해 만족하고 감사(感謝)하는 마음이다. 내가 수술마치고 나온 남편을 마중을 하고 있잖니 집도 하셨던 교수님께서 수술실에서 나오시면서 내게

"남편 수술이 잘되었습니다."

라고 말씀하셨다. 그리고

"회복(回復)만 잘하면 정상인으로 살아 갈 겁니다."

라는 말씀을 해주시고 수술실 앞을 떠나셨다. 나는 수술이 많이 늦어지는 바람에 이날 밤은 신음하는 남편 옆에서 잠을 자기로 한다. 집에 계시는 어머니가 걱정이 되었지만 그래도 의식도 아직 없고 여러 장치들 속에 둘러 싸여 꼼짝도 할 수 없는 남편도 챙기기는 챙겨야 하는 것이 나의 의무다. 그런데 지난번 수술 할 때도 남편 침대 옆에서 잠을 잘 때. 내가 너무 코를 심하게 골아 곤란을 겪었는데. 이 날도 너무 긴장을 오랜 시간해서 오늘도 또 코 골까봐 내심 걱정이 앞섰다. 그렇지만 내 몸 상태가 남의 눈치 볼 수 있는 상황은 아니다. 라는 사실이다. 그러니까 나이는 어쩔 수 없는지 저 나름 이곳저곳으로 다닌다고 용기 내어 뛰어다니지만 내 몸은 정말 그로끼 상태다. 더구나 이 날도 정신적으로 긴장을 많이 했던 탓도 있지만 두 환자 번갈아가면서 살피느라 몸이 많이 지쳐서 기절 수준으로 몸이 깔아진 것이다. 더구나 수술실 밖에서 혼자 6시간 동안 지켜보는 과정들이 정신적으로 많이 지치게 했다. 나는 염치(廉恥)불구(不拘)하고 신음하는 남편 옆에서 잠을 청했다. 이곳은 일반(一般)병실이 아니고 집중(集中)관리실이다. 하지만 심한 환자는 남편뿐이고 다른 분들은 일반 병실로 내일 모레면 옮겨갈 사람들뿐이라

잠을 청해도 괜찮을 것 같은 느낌이다. 그리고 지난번 수술(手術)때와는 다른 것이 있다면 혈전(血栓)방지(防止)용 에어 복(服)을 입지 않았고 스타킹도 신지 않은 것이 더 위험수위(危險水位)가 높은 환자 같지 않다는 점이다. 그래서 옆 사람들이 볼 때 그렇게 험악해 보이지 않아 제가 잠을 좀 자는 부분에 대해서 덜 미안하게 생각이 든다. 그러나 막상 간이침상에 누워 신음 소리를 듣고 있잖니 잠은 오지 않고 집에 계시는 엄마 생각에 벌떡 일어나 복도로 나와 큰딸에게 연락을 해 울 엄마 상태를 여쭈었다. 딸이

"할머니 저녁식사도 잘하시고 편안하니 잘 주무시고 계세요. 그러니 여기 걱정은 하지 말아요."

라는 한다. 그래 딸에게

"고마워 아무튼 딸 없었으면 엄만 정말 두 환자를 돌보지 못했을 것이야 네가 고생이 제일 많다. 우리 이 고비 잘 넘겨보자 그리고 아빠도 수술 잘 마쳤으니 너무 걱정 말고 종종 할머니 살펴가면서 자거라."

라고 했다. 큰딸은 나에게

"엄마가 제일 고생이 많아요. 그리고 이 상황에서 엄마마저 쓰러지면 우리는 못 살아요. 어떻게 자리라도 마련해서 주무시도록 해보세요."

라고 한다. 큰딸은 이 어려운 과정들을 함께 겪다보니 어느새 속 깊은 숙녀가 되어버린 느낌이다. 나는 이런 딸을 믿고서 이번 수술 때는 언니를 부르지 않았던 이유다. 설 대목 밑이라 바쁠 것 같다는 생각이 들어 부르지 못했다. 저변(低邊)에는 제부네 회사를 너무 자주 결근(缺勤)하는 것도 보기 좋지 않을 것 같고 이번 수술은 그다지 어려운 것이 아니라고 했고 큰 딸도 졸업(卒業)을 했기에 딸과 이렇게 저렇게 교대(交代)하면 될 것 같아 언니를 오지 못하게 했던 것이다. 나는 남편 수술하던 날 밤만 병원에서 자고 매일 집에 와서 잠을 자야했다. 어머니께서 더

위중(危重)하다면 더 위중하셨던 것이라 나는 그리 선택 할 수밖에 없다. 대신 다행스럽게 큰 달이 있어서 엄마를 더 챙기는 것이 가능 했다. 남편 2차 수술 마치고 3일째 되던 날 주말이 되어 시누님과 둘째시동생이 병문안을 왔다. 좋은 모습으로 형제들을 자주 만나보았으면 더욱 좋았겠지만 사정이 있어 병실에서 만나게 되니 미안한 마음도 한편으로 들기도 했다. 결과가 좋아 항문복원 수술이라 마음은 그다지 무겁지는 않는다. 시집 식구들과 오랜만에 만나 이런저런 이야기 나누다 보니 점심때가 되어 시누가 밖으로 나가 점심 같이 하자고 해서 나는 따라나섰다. 오늘은 음력으로 내 생일이라 마음 한 구석이 왠지 서글픈 마음도 없지 않았는데 그래도 생일날이라고 이렇게 외식(外食)할 수 있는 기회가 주어졌다. 내 비록 생일을 맞이했지만 누구에게 미역국 얻어먹을 팔자는 못된 것 같아 내색하지 않고 있는데 공교롭게 시누와시동생이 찾아와 쓸쓸한 생일날이 될 뻔 했는데 복도 많게 시리 팔자에 없는 외식을 하게 된다. 우리 세 사람이 식당에 앉아서 이런저런 이야기 하다가

"오늘 마침 내 생일인데 이렇게 맛있는 것을 얻어먹게 되네요."

라고 했다. 시누는

"오늘 박근혜대통령도 대통령으로 취임 후 첫 생일이라고 하던데."

라고 한다. 박대통령님은 양력으로 2월 2일 생일이 되겠지만 나는 음력으로 12월 하순경이다. 그래도 공교롭게 양력 2월 2일이 마침 오늘 나의 음력생일과 일치되었던 것뿐이지 의미가 따로 있는 것은 아니다. 다시 말하면 공교롭게 우연(偶然)한 일치(一致)이지 큰 의미(意味)는 없다. 하지만 만고풍상(萬古風霜) 겪고 있는 나에게는 간병하면서 생일 점심대접 받으니 기분은 괜찮았다. 나에게는 의미 있는 생일날이고 기억에 남은 하루가 되지 않을까 싶다. 시동생이 형수 환자들 지키시느라 고생 많이 하신다고 점심을 사주니 그 기분도 괜찮다. 병원에서 맞이하는

나의 특별한 생일 날 나는 이렇게 우연을 가장한 하늘의 선물로 시집식구들로 하여금 맛있는 식사 대접받았다. 지금 내게 처한 상황(常況)을 고려(考慮)해보면 일부러 내 생일을 챙겨 먹지는 못할 상황인데 하지만 이렇게 우연을 가장해서 맛있는 생일 밥을 얻어먹게 되었으니 분명 내 인생이 마냥 복(福)이 없는 인생(人生)은 아닌 것이다. 나는 점심 식사 후 시집식구들을 보내놓고 잠든 남편 옆에 앉아 잠시 망중한(忙中閑)을 보내고자 조심스럽게 간이 침상을 꺼냈다. 생각이 깊어지면서 사연(事緣)많은 나의 삶을 돌이켜 본다. 내 나이 오십 중반까지 살아오면서 나름 원칙을 지키며 바르게 살아왔고 내 양심(良心)에 부끄럽지 않게 살아왔다고는 하지만 상상(想像)도 하지 못했던 둘째 동생과 오해(誤解)가 오랫동안 이어지다 보니 마음이 편치 않다. 나는 그런 오해들을 거울삼아 나를 더 정직(正直)하게 만들었고 마음을 더 굳건하게 다져가는 과정이고 나를 더욱더 바르게 세우는데 커다란 지침서(指針書)가 되었던 부분이다. 오랜 세월 도둑년 사기꾼으로 오해 되었던 부분들이 다소 늦은 감은 있으나 20년 넘게 말 못하시고 살아오신 울 엄마 중환자(重患者)실에 모셔놓고 그 누명은 어느 정도 가름이 되었다고 할 수 있다. 모든 형제로부터 오해를 푼 것이 아니므로 모든 문제에 대해 아퀴를 지었다고는 할 수 없다. 나는 오해가 쌓인 부분에 대해 크게 마음에 담아두고 있지 않다. 다만 오해를 풀지 못한 형제들에게는 현실적으로 생각 할 때 내가 이렇게 비운(悲運)을 만난 것을 두고 죄를 많이 짖더니 벌을 받는구먼. 이라고 생각 할 것 같은 느낌이 들어 조금 마음이 심란하다. 이렇게 생각한 것은 나만의 추측이고 생각이다. 이 생각 또한 부질없다는 생각도 한다. 지난 한해를 돌이켜보면 내가 겪어온 일들이 너무 어처구니없고 기막히고 한(恨)많은 지난 일들이 왠지 서럽게 느껴지는 순간이다. 남편마저 암 환자가 되었으니 아직은 누군가의 조소(嘲笑)는 피하지 못하고 당분간 지속 되리라 생각한다. 평범하지 못하고 녹녹치 않았던 나의 인생여정의 고달픈 시비(是非)들이 주마등처럼 스쳐지나간 순간이다. 그 누가 이렇게 살라고 시키지도 않았을 뿐더러~그 누가 이렇게 고달픈 삶을 선택해서 살라 하지 않았을 것이다. 숙명(宿命)인지 운명(運命)인지는 잘 몰겠지만 그러나 순탄치 않게 살아온 나의 과거가 애달프다. 수많은 시련 속에서 허우적거리며 살아온 내 인생 여정이 조금은 씁쓸하게 느껴진다. 잠시의 망중한을 보낸다는 것이 이런저런 생각들이 밀물처럼 밀려오니 마음이 심란하다. 아니 오만가지 생각들이 밀려와 마음은 더 시끄럽다. 마냥 과거 속이나 넘나들며 마음 불편할 필요는 없다. 나는 다시 심기일전하는 마음으로 감정들을 추수스리고 마음에 평정(平定)을 빨리 찾아야 된다. 쉽사리 마음에 평화를 얻지 못하고 있다. 나를 서럽게 했던 지난날들 오해와 누명들을 깨끗이 지우고 싶고 잊고 싶은데 내 마음 설분은 깊게도 자리 잡고 있는지 자꾸만 되뇌어지고 되뇌어지니 낭패다. 일반 지우개로는 지워지지 않을 모양이다. 누군가는 나에게 마음을 마음으로 다스릴 줄 아시네요? 라고 했다. 이 시점에서 내가 제일 잘 하는 마음에 초 강력지우개를 사용해서 지워보려 한다. 지금은 비록 고난에 행진이지만 훗날에는 그동안 나의 작은 실천(實踐)은 누군가에게는 울림이 될 것이고 누군가에게는 나침판이 되지 않겠는가? 하는 마음도 없진 않다. 그리고 힘겨웠던 시기(時期)가 많았지만 그래도 보람되었던 일이 더 많았기 때문에 내 인생을 되짚어 생각하면 마냥 헛되게 살아온 인생은 아니었다는 결론을 내 스스로 내려 본다. 나는 이런 저런 생각을 하다가 깜빡 잠이 들었다. 중간 중간에 깨서 신음하는 남편 입술에 거즈를 갈아 대주기를 반복하다가 날이 샌 것이다. 이젠 날이 밝았으니 엄마에게 달려 가봐야 할 시간이다. 남편이 마취에서 아직 깨어나지 않은 상태라 정신이 혼미하다. 남편 홀로 두고 김해로 가야 할지 잠시 망설여지는 순간이다. 망설여지는 이유는 차마의 법칙 때문이다. 하지만 나에게는 먼저가 엄마를 살펴드려야 하는 일이라 크게 망설인 부분은 아니다. 다만 발이 떨어지지 않을 뿐이다. 때마침 큰딸이 기별도 없이 병실에 들어선다. 나는 너무 반가운 마음에 딸을 와락 끌어안았다. 사실 움직이지 못하는 남편을 두고 김해로 넘어가기란 쉽지 않은 일이었다. 그 마음을 딸이 알았는지 연락도 없이 찾아오니 나도 모르게 뜨거운 눈물이 핑 돌았다. 나는 저희 집 아이들에게'사랑해! 라는 말과 포옹을 습관처럼 하고 살아왔다. 이런 말들을 달고 살아야 했던 이유가 너무 가난했고 남편은 너무 술과 여자들 세계에 빠져 살면서 집에 들어와서는 시비로 일관해 분위기가 살벌하다 못해 공포스러워 나 자신을 위로하기 위해 시작한 말이 그저 아이들에게'사랑해. 라는 말을 시작하게 되었던 사연이다. 험난한 삶을 살면서 나를 지탱해준 원동력(原動力)이 바로 사랑해. 라는 말과 장소를 불문하고 아이들을 껴안고 보는 습관(習慣)이 나를 지치지 않게 했던 것이다. 엄마가 시시때때로 나에게 이마 땡을 해 애정(愛情)을 쏟아주시듯 나 또한 저희 집 아이들 셋에게 쉼 없이 사랑해. 라는 말을 읊조리며 살게 한 이유가 바로 이런 이유였던 것이라 하겠다. 제가 이렇게 행동했던 가장 큰 이유는 지금 우리의 삶이 힘들어도 잘 견디어 밝은 미래(未來)를 맞이하자는 의미(意味)로 장소(場所)불문(不問)하고 아이들과 스스럼없이 포옹(抱擁)하고 살고 있다. 저희 집 아이들 셋도 장소불문 하고 스스럼없이 만나면 어디서든지 자연스럽게 포옹하고 뽀뽀하며 산다. 큰딸이 나에게는 여러 방면으로 든든한 지원군이다. 미리 와준 딸 덕분에 수술한지 이틀밖에 되지 않는 남편을 부담 없이 딸에게 맡기고 김해로 출발을 하려 준비한다. 딸 혼자 감당하기에는 더러 미진(未盡)한 부분이 있어 큰딸에게 아빠 간병함에 있어서 조심해야 되는 부분을 대충 일러주고서 김해가기위해 서두른다.

집중관리실에 계시는 환자들 케어는 주로 간호사님들 담당이라 보호자는 옆에서 지켜만 보는 수준이다. 그래도 어느 일정부분은 특별함을 요구하는 부분도 있어 나는 딸에게 몇 가지 참고하라고 일러주고 나는 병실을 나왔다. 제가 이렇게 또 매일 해운대병원을 오고가는 동안 벌써 구정 명절이 다가왔다. 남편은 의사 선생님 말씀과는 다르게 회복(回復)속도가 많이 더디었다. 우리가 복원 수술하려 갈 때 입원날짜를 계산해 보았을 때는 분명 명절 안에 퇴원이 가능했던 것이다. 어찌된 일인지 퇴원이 늦어져서 설 명절을 집에서 보내지 못하게 되었다. 의사선생님 예상과 다르게 퇴원이 일주일가량 늦어진 것이다. 그 이유를 유추하건데 하나에서 열까지를 시비(是非)지심으로 보는 남편의 심리(心理)가 회복속도를 남보다는 일주일가량 늦어진 사례라 할 것이다. 지난번 암 수술 때도 남보다 일주일가량 퇴원이 차질이 생겼던 이유도 너무 매사를 날카롭게만 생각하고 마누라 행동들을 못마땅하게 생각하고 있어서 퇴원이 남보다 늦은 이유다. 과학으로는 증명하기 어려운 부분이 바로 이 부분이다. 영(靈)의 세계에서 볼라치면 살아있는 것에 감사 할 줄 모르는 것에 대한 벌이다. 이번 퇴원도 지난번과 같은 차원이다. 입원하는 내내 남편이 시비로 보냈든 짜증으로 보냈든 이렇게 시간을 보내고 날을 보내고 났더니 그래도 환자가 많이 회복 되어 조만간 퇴원 소식이 있을 것이라 예상한다. 이제는 우리나라고유의 명절 설날을 하루 앞두고 있다. 나는 이번 명절은 정말 간단하게 지낼 예정이다. 두 환자 번갈아 가면서 시중을 들고 보니 시간이 없어 시장을 많이 보지 못했다. 이번 명절부터 명절 음식을 조금씩 간추려 볼 생각이다. 이제껏 제사 때나 명절 때 음식을 남보다는 적지 않게 했었다. 요즘 굶어죽은 사람 없으니 간소하게 지내는 것이 맞다. 요즘 남편은 혼자서도 병실 생활을 잘 하고 있다. 물그리고 퇴원 날짜가 도래해서 그런지 아무튼 많이 호전되어 요즘 간병인 없이 잘 지내고 있어 오늘은 딸에게 아빠한테 가지 말고 엄마를 오전부터 봐달라고 하고서 제사 음식준비를 한다. 오후가 되니 연락도 없이 큰 남동생이 어머니께 인사 차 찾아왔다. 이 무렵 나는 긴 병에 효자(孝子)없음을 온 몸으로 느꼈던 시기다. 남편이 아직 병원에 있다 보니 어딘지 모르게 큰 동생에게 바라는 마음이 조금 있었는지? 아니면 12월 중순에 고향에서 어머님 모시고 올라온 이후 두 달 동안 소식 한 번 없어서 서운한 감정이 서려 있었는지 아니면 냉장고 샀던 이야기를 둘째에게 어떻게 전했는지 아무튼 엄마와 제 마음을 그토록 갈기갈기 찢어 놓도록 했는지 왠지 냉장고 부분만큼은 매우 섭섭한 마음으로 다가와서 그런지 큰 동생이 찾아오니 반갑기 보다는 서운한 마음이 들었다. 큰 동생은 어머니에게는 큰아들이라는 타이틀에 걸맞게 자식의 도리라도 해보려고 이 바쁜 시간을 쪼개 어머니를 찾아주니 그 마음에 그저 나는 감사하다. 더 이상 무언가를 큰 동생에게 바란다는 생각을 지웠다. 그 어떤 행위(行爲)도 본인 성의(誠意)에 달렸다는 것쯤은 나도 알고 남음이다. 이 시점에서 큰 동생에게 더 무언가를 바란다는 것은 내 감정(感情)만 상(傷)할뿐이다. 명절 앞두고 안부인사 하나 없는 다른 자식들과 비교하면 이렇게라도 엄마 찾아준 큰 동생에게 감사하는 마음만 간직하고자 한다. 요즘 사회(社會)는 경쟁(競爭)시대(時代)로 변해가는 현상이라 조직 사회에서는 작은 실수도 용납이 되지 않을뿐더러 개인(個人) 사정을 고려(考慮)해주지 않는 부분이 많아 병든 부모님을 집에서 모신다는 것은 직장인에게는 어려운 문제다. 그래서 대부분 병든 부모님들 일반 병원에서 퇴원하시게 되면 십중팔구(十中八九)가 요양병원으로 직행(直行)하는 것이 자연스러운 현실(現實)이 된 이유이지 싶다. 그렇게 요양병원으로 타의(他意)에 의해 어쩔 수 없이 가시게 된 부모님들은 한두 달은 번질나게 찾아준 자식들 덕분에 외로움을 모르고 지내시다가 언제부터인가 뜸해지던 발길들이 2 ~ 3년이 지나면 일 년에 한두 번 찾아주는 것도 감지덕지(感之德之)하게 여겨야하는 것 또한 자연스럽게 생각하게 되는 것이 현실이 되었다. 내 자신도 요양병원 문화(文化)를 반대(反對)하는 것은 아니다. 시설 부분에서 환자가 지내시기 편리하게 되어 있어 편리를 추구하는 현대인들에게는 아주 편리한 시스템 같다. 시간 지나고 날이 가고 달이가노라면 자연스럽게 사람마음이 멀어지는 것이 세상사(世上事)이치(理致)이고 보니 자연스럽게 소원해지는 것이고 소원하다보면 자연스럽게 생각에서 잊혀 지게 되는 것이 자연의 이치다. 나는 그렇게 저렇게 부모가 잊혀지는 부분들이 싫어 나만이라도 악착같이 엄마를 곁에 두고서 불편하면 불편한대로 살아가는 이유다. 바쁜 현대에서는 그렇게 잊다보니 요양병원 찾아가는 것이 뜸해져 나중에는 요양병원에다 떠 넘겨준 수준이 되고 자연스럽게 방치(放置)가 되어버린 사례가 많은 것이 요즘 추세라 마음이 씁쓸하다. 제가 엄마 모시고 이 병원 저 병원 전전 할 당시 이런 유사한 사례를 여러 번 목격하면서 나만이라도 자식의 작은 도리라도 잊지 말아야 한다는 생각을 했다. 어려운 상황이 내게 닥치더라도 병든 부모님만은 절대로 요양병원으로 모시지 않을 것이라는 다짐하게 된 이유 몇 가지다. 첫째는 병든 부모님 말년(末年)에 외롭지 않게 해드리고자 엄마를 요양병원으로 모시지 않은 이유다. 둘째는 엄마는 자식들이 아프면 본인 고단함을 뒤로하고 긴긴 밤을 홀로 지새우시며 아픈 자식 간병하시는 모습에서 나는 우리 엄마 정성에 감동을 받았다. 내 비록 정성(精誠)이 지극하지 못하더라도 자식이라면 의당(宜當)성치 않으신 부모님 모시고 사는 것이 당연하다고 생각했다. 셋째는 생명을 주신 그 은혜에 작은 정성이라도 드려 보은(報恩)코자 하는 마음이다. 생명을 주신 그 큰 은혜는 그 무엇으로도 보은 할 길이 없음을 나는 잘 알고 있다. 나는 엄마에게 해드릴 수 있는 것이 한계(限界)에 부딪치면 마음이라도 내주고 싶은 마음으로 임 할 것이다. 주변사람들 잡음을 뒤로하고 암(癌)걸린 남편 병수발은 뒷전이 된 이유다. 병의 경중(輕重)을 생각하더라도 당연히 늙으신 부모가 우선이 되어야 하는 것이다. 현실은 누구나 할 것 없이 삶이라는 무대에서 바쁘게 살아가야만 도태(淘汰)되지 않는 것이 현실이다 보니 마음은 있었어도 형편 때문에 부모님을 모실 수 없는 경우가 많다보니 누구를 탓 할 수다. 우리나라 제도상 특별한 사람 아니고서는 2 ~ 3달 수입이 없으면 생활고를 면 할 길이 없다. 모시고 싶어도 부모를 모시지 못한 이유는 생활고(生活苦)가 호랑이처럼 무섭게 느껴지기 때문이다. 먹고 살아야 하는 문제 때문이라도 긴 병중이신 부모님은 자연스럽게 소원해지는 것이 보편화 되어 가는 것이 현대 흐름이다. 누구의 잘 못은 결코 아니다. 다만 사회구조가 나라는 세계 10위의 부자 나란데 국민들 생활은 세계 60위 정도라 우리가 정말 열심히 일하지 않으면 그야말로 땟거리 걱정해야 하고 밀린 세금으로 오는 스트레스가 목을 조여 오는 느낌까지 받는 형편이 우리가 지금 직면하고 있는 숙제다. 더구나 나이 드신 부모님 모시는 것이 이제는 장기전이라 특별히 부(富)와 명예(名譽)를 부여 받지 않는 이상 긴병으로 이어지는 과정에서 오는 피폐함이 부모님을 한결같은 마음으로 섬긴다는 것이 어려운 일이 되었다. 나이 드신 부모님들은 유병(有病)장수가 기본이 되다보니 하늘에서 내려주는 효심 아니고서는 보통 긴병 중이신 부모님 봉양하는 것이 어려운 숙제다. 우리나라도 예전보다는 복지 부분이 많이 좋아져 많은 사람들이 혜택을 받고는 있지만 더러는 사각지대에 놓여있는 분들이 예상보다는 많아 정부 혜택이 공정하게 분배되지 않은 부분이 조금 개인적으로 아쉬운 부분이라 하겠다. 정부에서 어느 정도 복지해택이 있다고는 하지만 더러는 사각지대에 놓여있는 사람들은 전혀 해택을 받을 수 없고 머리 좋은 사람들이 중간에서 사회기본법을 유린해서 자기 주머니 챙기는 사례들이 주변에서 종종 보노라면 나라 기본법이 개선되어 의식주(衣食住)걱정 않고 사는 시대를 열망해본다. 예언서에서는 말세(末世)에 해인(海印)시대가 열리고 그때 신인(神人)인 나타나 신정정치(神政政治)를 펼쳐 국민들 의식주는 걱정하지 않게 하신다는 부분을 생각하면 머지않아 우리는 돈 걱정하지 않고 사는 세상에서 살지 않겠는가? 라는 생각을 한다. 우리만이라도 힘들수록 더 부모 공격(攻擊)하지 말고 공경(恭敬)하며 살아갔으면 좋겠다는 생각이다.

세상을 살면서 우리들은 사실 옛날 성현(聖賢)말씀에는 귀를 많이 기우려도 보고 참고(參考)을 많이들 삼고 살아간다. 병들고 늙으신 부모님 말씀에는 항상 가까이 계시다는 이유로 귀기우려보지 않고 쓸데없는 소리한다고 면박 주는 경우가 더러 있다는 사실이다. 늙으신 내 부모님 말씀이 바로 불경이요 성경 말씀이라는 것을 알고 있는 사람은 그리 많지는 않다는 사실이다. 각자 부모님 인격과 성향도 무시는 할 수 없는 부분도 없지 않아 다 경전이다. 라고 논하기에는 다소 무리는 있다. 하지만 나의 입장에서 보노라면 탁월하신 저희 어머님 유독 남다른 부분이 있어 그런지 모르겠지만 나는 울 엄마 말씀이 바로 경전과 같았노라고 말 한다. 같은 어머님 밑에서 자라고 같은 솥에서 밥을 해서 먹고 자란 형제들도 아롱이다롱이라 탁월하신 저희 어머님을 놓고도 그저 하찮은 노인의 잔소리로 여긴 사람과 비록 늙고 병중에서 하신 말씀이라 할지라도 귀담아 듣고 지침서 삼아 인생길을 조심스럽게 걸어가고자 하려는 자(者)가 있을 뿐이다. 세상사 모든 일에는 양면성(兩面性)이 있기 마련이다. 그래서 같은 주제를 놓고 각자(各自) 어떻게 생각하고 어떻게 해석하고 받아드리느냐에 따라 차이(差異)가 있을 뿐이다. 만약 나라면 산에 못생긴 돌이라도 본인 돌을 다듬는데 유용(有用)하게 쓰는 지혜(智慧)로운 사람처럼 타산지석(他山之石)삼아 사는 것도 좋은 방법이 되지 않겠는가? 한다. 나를 힘들게 했던 사람들로 하여금 자신(自身)을 극기(克己)하고 자신을 다듬는데 반면교사 삼아 자신을 가치 있는 사람으로 다듬어보려 노력하는 것이 오히려 바람직한 생각이라 생각한다. 나라면 이왕지사(已往之事)좋은 방향으로 자신을 유도해 밝고 겸손(謙遜)하고 마음 깊은 사람으로 다듬어보는 것도 좋은 방법이 될 것이라 생각한다. 제 경험(經驗)을 비추어 볼 때 긍정적(肯定的)사고방식을 가지고 사는 사람들과 부정적(否定的)인 사고방식을 가지고 사는 사람들 생활(生活)이 전반적(全般的)으로 많은 차이가 있다는 사실을 알게 된다. 아마도 그 이유는 표정(表情)이나 말하는 습관(習慣)에서 많은 차이를 보였으며 누리고 있는 생활에서도 차이가 있어 대체로 보아 보편적으로 생각할 때 긍정적인 사람과 부정적인사람의 삶에 무대가 그러니까 밝음과 어둠으로 나누어 보았다. 한마디로 요약(要約)하자면 밝고 좋은 마음으로 세상을 바라보고 밝고 좋은 생각으로 미래를 지향해 가는 사람은 대체로 얼굴빛이 밝고 부정적인 성향의 사람은 대체로 얼굴색이 검다는 사실을 깨달은 것이다. 나름 생각하기를 이왕지사(已往之事)같은 세월 같은 길 살면서 이왕이면 동가홍상(同價紅裳)이라고 하듯 밝은 쪽을 바라보고 사는 것이 건강에도 좋을 것이라 깨달은 것이다. 제가 저희 어머님을 모시고 살면서 느끼고 경험한 바로는 비록 엄마는 말씀은 어눌하셨을 지라도 분명 젊은 우리들보다 훨씬 더 생각하는 부분을 밝게 가지셨다는 것이다. 특히 저희가 더러 남의 뒷담화라도 하게 되면 어머니께서는 바로 그러면 못써. 라고 하셨다. 그것이 아니다잉. 라고 꾸짖으셨다. 아마도 그 말씀은 절대로 남을 비방하지 말고 좋은 것만 보고 좋은 것만 배우고 살라는 뜻이다. 엄마는 다른 분과는 달리 유난히 남을 비방

하는 부분에 대해선 무척이나 민감하셨고 엄격하셨던 것으로 기억한다. 어느 집을 막론하곤 부모님들 가르친 교육은 바로 네가 두들겨 맞고 오더라도 남을 먼저 때리지 마라. 라는 말씀이 자녀들 가르쳤다. 이면(裏面)에는 남과 척(원한관계)짓는 것을 제일 두려워 하셨던 이유 때문이다. 그 이유는 남들과 원한관계(關係)를 맺고 살면 본인 인생길이 풀리지 않는다는 인과응보(因果應報) 법칙(法則)을 잘 알고 계셨기 때문이라 생각이 든다. 우리 엄마도 우리 어렸을 때 항상 우리들에게 네가 맞더라도 니가 먼저 때리지는 말아라. 라는 말씀이 기본이셨다. 울 엄마는 유난스럽게 남 험담하는 부분에 대해 유난히 엄격하셨던 부분이다. 요즘은 매개체(媒介體)를 통해 커뮤니케이션이 잘되어 있어 그저 남 비방하는데 재미를 붙였는지 그저 툭 하면 안티 글을 써 상대에게 스스럼없이 상처주고 있는 부분이 많아 정말 안타까운 현상이라 하겠다. 그런 말들은 상대에게는 깊은 상처가 되어 자살을 율이 높은 사례(事例)들이 발생(發生)하고보니 불안정한 이 시대가 바로 옛. 예언서(豫言書)에서 써놓은 언어도단(言語道斷)시대 즉 말과 글이 그리고 경전(經典)과 진리(眞理)가 단절(斷折)되고 도리(道理)가 끊어져버린 그 시대가 지금 이 시대가 아니겠는가? 싶다. 우리 세대가 느끼는 시대적위기(危機)감이 바로 이런 부분이다. 인터넷 발달로 세계 어디든지 공유 할 수 있는 수많은 개인 너튜브들 거짓정보가 범람하는 지구촌은 그야말로 말 말 말 글 글 글 시대이라 검증되지 않은 정보까지 난무(亂舞)하여 지구촌을 혼탁(混濁)하게 만들어가는 것을 보면 심히 걱정이다. 저희 어머니가 가장 주안점(主眼點)을 두신 부분이 공부보다는 인성(人性)을 가장중요하게 생각하셨던 부분이다. 실천을 몸소 하셨던 부분이 저희 어머님 특별한 가르침이라 여긴다. 어떤 이유인지는 잘 모르겠지만 이제껏 어머니는 본인도 불편한 몸인데도 불구하고 나를 앞장세워서라도 남의 어려움을 살피시며 이제껏 살아오셨다. 특이한 점은 평소에는 건강하시다가도 집안에 변고가 생길 것 같으면 어머님 몸이 먼저 아프셨다는 것이 특이점이다. 나는 어쩔 수 없이 비상 훈련하는 격으로 초긴장을 하며 엄마의 하명(下命)을 기다리는 격이 된다. 다른 표현으론 바로 신병(神病)인 것이다. 그것은 주위 분들 우환을 미리 방지코자 신의 세계에서 알려주신 뜻이다. 본인의 의사(意思)와는 무관하게 몸이 아프시니 어쩔 수없이 남의 일에 관여(關與)하게 된 사례가 많았던 이유다. 나는 이런저런 이유로 고통 받고 계시는 어머님 고충이 옆에서 보기가 너무 안타까워 나도 때로는 평범한 사람들처럼 아프시면 병원가시는 것을 원했다. 이 또한 운명인지 아무튼 인력(人力)으로는 바꿔지는 것이 아니라는 것을 알고 언제부터인지 모르지만 나는 이유 불문하고 가능한 저희 어머님 의사를 존중해 드리고 있는 편이다. 이런 사실을 우리 형제 중 어느 한 사람이라도 헤아려 볼 사람은 없었고 오히려 이면(裏面)에는 내가 엄마를 부추겨 쓸데없는 일이나 벌이고 다니다는 꼬리표가 붙어있어 그런지 아무튼 나에게 큰올케가 어머니 앞장 세워 비열한 짓거리만 골라서 하고 다닌다. 라는 말을 듣게 된 사연이다. 보통사람들이 살아가는 길에도 이런저런 이유로 파장이 일어나는데 우리는 특별하신 어머님으로 인해 저에 대한 곡해(曲解)가 더 심했던 이유가 아닐까 생각한다. 어머님께서도 본인이 원하지도 바라지도 않았지만 보이지 않는 세계에서 일어나는 현상이라 본인도 몹시 괴로워하셨던 부분이고 본인도 많이 힘들어 하셨던 일이다. 저희 어머니는 신병을 제외하고는 여러 가지로 지혜로우신 분이며 마음씀씀이도 다른 분들에 비해 깊으셨고 도량 또한 넓으셨기에 나는 자신 있게 저희 어머니가 바로 생불(生佛)이셨노라고 감히 말한다. 보통 사람들은 자기부모님이 곧 부처라는 사실을 몰라보고 돌이나 쇠로 만들어진 부처님형상이나 예수님 형상을 보고 열심히 절을 하는 모습을 보고 있노라면 더러는 지극해 보이지만 가끔은 이질감이 들기도 한 부분이다. 무엇을 위해 기도(祈禱) 하시는지는 잘 몰겠지만 나만이라도 종교(宗敎)나 신앙에 귀의(歸依)해서 부모를 멀리하기보다는 자신을 낳아주신 내 부모 말씀을 교리(敎理)삼고 이정표 삼으며 살고자 한다. 병(病)들고 나이 들었다는 이유와 종교(宗敎)가 다르다는 이유로 시부모님이나 처가(妻家)부모님을 홀대(忽待)하고 도외시(度外視)하는 사람들이 없었으면 좋겠다. 즉 획죄여천(獲罪如天)이면 무소도야(無所禱也)라는 이 글 뜻이 바로(하늘에 죄를 지으면 기도 할 곳이 없다.)라는 뜻인데 어쩌면 옛 성현(聖賢)들께서 이 글을 남겨놓으실 땐 자신의 부모님을 하늘과 비교 했던 것으로 해석된다. 제아무리 미련한 곰도 자기 부모를 귀하게 여기듯 나도 이 부분에서 만큼은 공감하는 부분이다. 자신의 부모를 하늘처럼 공경(恭敬)하라는 뜻으로 나는 해석한 부분이다. 내 나이 60 가깝게 인생 살아보니 정말로 절이나 교회에서 부처님이나 하느님을 따로 찾는 것은 어리석음이라 여겨진다. 연륜(年輪)과 경험에서 얻은 부모님들 지혜를 가난하고 늙었다는 이유로 흘러듣지 말고 귀 기울어 새겨듣는 것도 나쁘지 않을 부분이다. 저 자신도 혹여 부지불식간(不知不識間)에 저희 어머니 말씀을 귀 밖으로 흘러듣고 살지 않았을까 하는 반성하는 마음도 없진 않다. 가끔은 나를 좀 더 성찰(省察)할 시간을 갖고 반성(反省)하며 좀 더 겸손(謙遜)해지도록 노력하고 좀 더 깊은 사람이 되보려 노력 중한다. 이런 생각들이 나 혼자만의 생각에 머물지 않고 너와 내가 이러한 마음가짐으로 실천(實踐)하고 지켜나가노라면 분명 좋은 세상을 맞지 하지 싶다. 좋은 세상 맞이하기 위해선 일정부분 사회제도가 바뀌어야 될 부분이다. 제도를 바꿔주실 분은 예언서에서 자주 거론된 신인(神人)이 나투셔 만민의 강력한 구심점이 되어주실 것이라 기대하는 마음이다. 나같이 바보스럽게 살아가고 있는 사람들의 희망이기도 하다 더구나 나 혼자 지켜가는 질서가 아니고 우리 함께 지켜가는 질서라 생각한다. 사회란 혼자 살아가는 것이 아니고 여러 사람들이 구성원이 되어 어울려가는 곳이라 마땅히 질서가 꼭 필요하며 서로서로 배려와 양보하며 살아가는 것이 좋은 사회라 생각한다. 혼자보다는 둘이가 좋고 둘이보다는 여럿이가 낫고 너가 있어 내가 있는 것이 바로 지구촌이다. 우리서로 화합(和合)해서 둥글게 사노라면 어느새 서로가 서로를 아끼는 관계가 되어 자연스럽게 상생(相生)하게 되는 것이 세상사 이치가 될 것이고 열린 마음 깨어 있는 마음으로 너와 나는 Win win하며 살게 되는 좋은 세상에서 살게 될 것이다. 우리부터 부모님공경(恭敬)하며 효(孝)를 원칙(原則)으로 삼고 형제우애 돈돈함을 기초(基礎)로 하고 일가친척 간에는 화목(和睦)을 버팀목 삼아 살아가노라면 후손들에게 굳이 가르치지 않아도 되는 훌륭한 우리나라 교육문화가 될 것이다. 돈 주고도 살 수 없는 우리들의 자산이요 큰 유산이 될 것이라 생각한다. 우리가 이런 부분들을 근간(根幹)으로 삼았을 때 분명 천손(天孫)민족(民族)인 우리 대한민국은 다른 나라에 비해 분명 축복받은 땅이요 선택받은 민족이라 확실하게 우리나라 미래(未來)는 밝은 것이다. 500년 전에 써놓은 격암유록이나 1600전 기록한 원효스님 예언(豫言)에는 21세기가 되면 한반도(韓半島)에서 강력(强力)한 영적(靈的)지도자(指導者)가 출현하신다는 내용들이 자주 나오는 것을 참고하면 분명 우리나라에서 꿈같은 현실이 전개 될 것 같다는 예감이다. 인도의 타골도 동방에 등불은 한반도에서 나타나게 된다는 말을 했었다. 유추컨대 아마도 우리가 그렇게 학수고대(鶴首苦待)하고 기다리는 백마(白馬)타고 오는 초인(超人)을 뜻하는 것이며 바로 그 분이 신(神)의 화신(化神)이며 사인불인(似人不人) 즉 사람 같지만 사람이 아니다. 이라고 하신분이 나투어 지구질서를 바로 세워 지구촌의 3무(無)즉 국경 종교 전쟁을 없애버리고 지구가 하나이듯 나라도 One World 그러니까 세계통일을 이끌어 지상낙원(地上樂園)을 건설(建設)하게 된다는 내용들이 바로 예언서들 핵심이다. 예언서 관건 중에 주목할 부분은 바로 사람들 99%가 그 분을 못 알아보고 대부분 미친놈이니 사기꾼이라는 말을 스스럼없이 한다는 내용이다. 세인부지한심사(世人不知寒心事)라는 대목을 보노라면 세상 사람들이 그분을 누구인지 몰라보고 시대에 맞지 않는 말만 늘어 논다고 사기꾼이고 도둑놈이라 일컫는다는 뜻이다. 그 분을 누군가에게 알아봐달라고 강요하지는 못할 부분이다. 나만이라도 깨달았으면 깨어나 그 분을 마중 할 채비를 하고자 한다. 그 분을 알아보는 길은 어쩌면 자신을 닦고 수기(修己)하여 부모님 공경하고 올곧게 살아 갈 때 아마도 신인(神人)을 알아보는 심안(心眼)이 열릴 것이라 생각한다. 저희 어머니가 내게 입이 달도록 가르쳐주셨던 말씀 탐욕도 버리고 성냄도 버리고 사노라면 분명 하늘을 보게 될 것이다. 라는 말씀하셨던 부분을 참고해서 나는 더욱 바라지고 올곧게 살아야 할 의무가 있음을 알아야한다. 그래서 내 마음 깊은 곳에서는 항상 과연 나는 어떻게 살아야만 신(神)께서 인간모습으로 화(化)한 신인(神人)를 알아 볼 수 있을까?라는 주제가 아직 내가 풀지 못한 숙제다. 나는 울 엄마 말씀의 입각해 가능한 가까이 있는 것에 대한 소중함을 아는 지혜(智慧)을 얻고자 노력하고자 한다. 나 자신을 더 닦아 더욱 겸손하려 노력할 것이고 내 자신을 더 깊이 성찰(省察)하여 방종(放縱)된 행동을 삼가고 조심하고 또 조심하여 근신(謹愼)하는 마음으로 살고자 한다. 우리는 후천세계인 지상낙원을 맞이하기 위해 꼭 해야 하고 거처야 되는 일이 있다면 그것은 바로 늙고 병든 부모님 서럽지 않게 지켜드리는 것만이 우리가 꼭 해야 할 일이며 의무고 도리임을 망각하지 말아야 할 부분이다. 산수(山水)간에 몸을 맡겨 진리를 찾는 어리석음도 범하지 말 것이며 행(行)은 아니하고 하늘에

기도로써 복(福)을 구(求)하는 어리석음 또한 버려야 할 부분이라 생각한다. 기독교(基督敎)에서 전(傳)하는 박애(博愛)정신과 불교(佛敎)에서 가르치는 자비심(慈悲心)을 산속이나 십자가 밑에서 찾기 보다는 가까운 곳에서부터 하늘에서 맺어준 부모형제들 즉 시가(媤家)쪽과 처가(妻家)쪽 가족 분들은 분명 하늘이 맺어준 부모형제의 인연(因緣)임을 명심(銘心)하고 명심해서 배척(排斥)하지 말고 포용(包容)하며 살아가는 것이 가장 현명(賢明)한 처세(處世)임을 깨달았으면 한다. 만사(萬事)에는 실천(實踐)이 중요(重要)하다고 생각한다. 특히나 하늘이 맺어준 부모형제들에게 효(孝)하고 우애(友愛)하는 것이 가장 어려운 숙제라서 이 숙제를 실천(實踐)하고 사노라면 먼저 본인 마음이 평화가 와 있다는 것을 깨닫게 될 것이라 여긴다. 가까이 있어 소중함을 몰랐던 것에 대한 뉘우침으로 우리는 이제부터라도 가까이 있어 소홀했던 부분을 돌아보며 자숙(自肅)의 시간을 가져보는 것도 좋을 듯하다. 남들하고도 잘 지내는 판에 이왕지사 시집 식구 처가식구들하고 먼저 정(情)을 나누며 살아가는 것이 복된 삶이라 나는 생각한다. 무릇 불가(佛家)에서 전(傳)하는 인연법(因緣法)을 생각해보면 그러니까 주로 악연(惡緣)과의 갈무리를 아주 중요(重要)시 여긴다는 뜻이다. 아마도 그 이유는 전생에 원수가 다시 이승에서 악연 되어 만나게 되니 그 원한 관계를 갈무리 잘 해 다시는 악순환인 악연으로 인연 맺지 않도록 덕을 쌓고 자비를 베풀어 윤회를 벗어나라는 의미다. 나도 이 부분에 주안점을 두고 살고 있다. 나 자신도 윤회를 벗어나 지구에 다시 태어나는 것을 원치 않기 때문이다. 진정한 삶에 리더가 되려면 초년고생을 사서 해야만 할 것 같다는 느낌을 받고 나는 초년고생을 사서 한 경우라 볼 수 있다. 나의 미래가 어떻게 펼쳐 질 지는 미지수이나 그래도 남에게 손가락질 받고 살지는 않지 않겠는가? 라고 생각한다. 나는 일반인들 배우자 선택하는 부분에서 제일 기피하는 배우자를 택(擇)해 고단한 길을 걸었던 이유가 나름 이유가 있었던 것이다. 제가 이렇게 고달픈 인생길을 선택하지 않았더라면 어쩌면 참다운 인간미와 파란만장한 삶에서 겪는 감흥은 얻지 못했을 것이다. 나의 고달픈 인생여정에서 깨달은 부분이 있다면 그것은 언제나 나 자신에게나 타인에게 진솔해야 한다는 사실을 깨달은 것이다. 그 진솔함은 실천이 뒷받침이 되어야 가치가 있음을 깨닫게 된다. 더군다나 말씀 잘 못하시는 친정어머니를 모시면서 깨닫게 된 것은 나이 드신 분들께서 살아오신 경험이 바로 지혜이며 철학이라는 것을 배우게 되었다. 아마 교실에서나 책속에서 얻어지는 지식보다는 경험 속에서 얻어진 지혜야 말로 돈 주고도 살 수 없는 값진 지혜임을 알게 된 사연이다. 옛날 선조님들 속담 속에는 진리 아닌 말이 없고 철학 아닌 말이 없다는 사실이다. 주로 우리가 일상에서 자주 썼던 즉 경험만한 스승은 없다. 라는 말을 비롯하여 세월이 약이다. 그리고 지는 것이 이기는 것이다. 아는 것이 힘이다. 등등… 우리나라 속담은 선인(先人)들 경험 속에서 깨우친 말들이기 때문에 그냥 세월 속에서 나온 말들이 아니고 경험하고 체험에서 나온 말들이었다는 사실에 공감하는 차원이다. 긴 병에 효자 없다. 라고 하신 속담을 요즘 내가 체험하고 있고 경험중이라 새삼 이 속담을 이 시점에서 나는 다시 한 번 되새겨 생각해보게 된다. 긴 병에 효자 없다. 라는 속담은 제가 직접 경험해 본 결과 명언이었음을 깨달은 바이다. 환자와 지내는 시간이 오래 되다보니 더러는 감정이 무디어져 애틋한 마음이 시들어 버렸을 수 있을 것이라 이해도 한다. 저변에는 원래 부모님들은 세월가면 늙으시고 병이 찾아오는 것이라고 인식해버리는 것을 우리는 당연시 여겨서는 안 되는 부분이라 생각한다. 제 입장에서 보면 오랜 세월 병든 부모 수발에 지쳤는지 알 수 없으나 이제는 저희 형제들도 성치 않으신 어머님께 다소 소원(疏遠)해졌고 무심(無心)해졌다는 생각이 들어 조금 서운한 마음이 든다. 추석 명절인데도 불구하고 병 깊으신 엄마에게 전화 한 통 없는 형제에게 서운하다. 역지사지(易地思之)했으면 그리하였을까 싶기도 했다. 이런 생각을 한 자체가 오지랖이겠지만 얼마 전 나는 언니에게 형제들이 엄마에게 요즘 들어 전화 한통 없네. 라고 서운한 마음을 표출 했었다. 역시나 우리언니 대답은 현실적이었다. 언니 왈(曰)그런 일에 상관하지 말고 네 도리나 잘 하면 된다. 라고 해서 사실 많이 서운했다. 애타게 자식들 목소리 기다리시는 울 엄마 쓸쓸하고 무기력한 모습에서 나는 언니에게 화가 좀 났던 부분이다. 화난 이유가 사실 언니가 중간 역할로 동생들에게 엄마 자주 못 찾아가니 안부 전화라도 잊지 말고 하라는 말 정도는 해줬으면 하는 마음이 있었던 것이다. 내 입장에서는 엄마가 너무 무기력하게 누워계시면서 혹시나 자식들 전화오지 않을까? 하고 전화기만 만지작거리시다가 던져버리시는 모습 보면서 엄마가 말씀은 하지 않으시지만 그래도 자식들 소식을 속으로 많이 기다리시고 계시구나? 라는 느낌을 받았다. 언니에게 그리 말했건만 언니는 아주 냉소적이게 너만 잘하면 된다. 라고 해서 사실 많이 서운했던 것이다. 더구나 엄마는 내가 형제들에게 전화 하는 것을 원치 않으셨고 일부러 전화 하지 말라고 말씀 하셨기 때문에 내가 전화하기에는 조심스러운 부분이 많아 전화하지 못했다. 엄마는 명절이라 그런지 말씀은 따로 하지 않으셨지만 전화기를 들고 만지작만지작하시다 결국은 전화기를 획 하고 던져 버리셨다. 그 모습을 여러 차례 보고서 명절이라 엄마는 자식들 소식을 애타게 기다리고 계시는 중이라는 걸 알았다. 애타게 그리던 아들이 오랜만에 찾아오니 어느새 눈가가 촉촉이 젖는 모습이 보인다. 울 엄마는 강하신 분이셨다. 요즘 들어 몸이 성치 않아 그런지 많이 나약해 지셨다는 것을 알 수 있는 것은 이렇게 자식들이 찾아오면 눈가가 촉촉이 젖는 모습을 자주 보고 있잖니 내가 대신 할 수 있는 것이 한계가 있어서 씁쓸하다. 내 생각은 자식들이 6남매라 나 빼고 5남매가 번갈아 가면서 엄마에게 일주일에 한 번씩 안부 여쭈노라면 우리 엄마 일주일 내내 자식들 반가운 목소리로 기운 얻어 빨리 나으실 것만 같았다. 그것은 나의 착각이고 바람일 뿐이다. 현실은 명절이 되었는데도 불구하고 엄마에게 전화 한 통하지 않은 부분이 제 가슴을 먹먹하게 만든다. 내 입장에서는 자식들이 와병 중이신 어머님께 꾸준히 관심을 갖고 안부전화라도 해주기를 바라고 원(願)했던 이유가 그저 나 혼자 힘보다는 저희 6남매가 한 마음으로 한 뜻으로 엄마 위해 사노라면 울 엄마는 언제 그랬냐? 라는 식으로 빨리 낳게 될 것이고 그 관심에 부응(副應)해 더 빨리 일어나실 수 있다는 예감(豫感)이 들었기 때문이다. 유독 나는 더 애타게 형제들이 엄마에게 안부 물어주기를 절실히 아니 간절히 바라고 원했던 사연이다. 저희 어머님 병세가 이면(裏面)에 보이지 않은 세계와 연관성이 있어 유독 조화가 심했기 때문에 나는 저희 어머님 사활(死活)을 형제 협동심에다 두었고 우리 엄마 일으켜드리고자 형제들에게만은 조선팔도에도 없는 비굴함까지 보였던 사연이다. 영(靈)의 세계를 논리적으로는 논 할 수 없는 세계라 내 입장에선 더욱 설명하기 곤란하고 또 우리 형제는 그저 보편적인 사고방식과 현대 의학상식에 의존하는 수준이라서 엄마를 지키고 있는 내 입장에서는 영의 세계를 말 할 수 없어 더욱 안타까운 것이다. 나는 형제들에게 배척당하고 있는 입장이라 언니가 중간에서 동생들에게 엄마에게 자주 연락이라도 해드려라 정도는 해 줄 줄 알았다. 그것은 나의 착각이고 바램도 부질없다는 것을 느끼니 더욱 씁쓸한 마음 가눌 길이 없다. 이런 부분이 제 입장에서는 설명하기도 곤란하고 이해시키기도 어렵다보니 가장 힘들고 안타까운 부분이지 싶다. 특별하신 저희 어머니를 내가 이렇게 모시고 있을 때 저희 형제들이 함께 어머니를 걱정하고 작은 정성이라도 드리노라면 엄마는 언제 내가 아팠냐는 듯 자리를 박차고 일어나실 것이라 확신했던 이유다. 병중이신 부모님께 자주 안부 여쭙는다는 것은 자식이라면 의당해야 할 도리 중에서도 가장 기본도리이다. 나는 그 기본 도리에 입각해 당연히 형제들과 함께 할 것을 바라고 원했던 것이다. 우주 법칙을 관장하는 하늘은 자식들이 병든 부모에게 정성을 어떻게 쏟고 어떻게 섬기며 어떻게 봉양하는가? 라를 시험(試驗)하는 시험대라는 것을 깨달았다. 나는 형제들이 엄마가 처음 응급실에 가실 때 그 마음처럼 관심을 좀 가져주기를 절실히 원했다. 자식들이 와병 중이신 부모님을 마땅히 귀히 여기고 공경하는 것을 원칙이라 생각했다. 지성이면 감천이다. 라는 말이 나온 근원이다. 자식의 도리는 성치 않으신 부모님을 지극정성으로 살피는 것을 근본으로 해야 함을 우리는 절대로 잊어서는 안 될 것이며 절대로 소홀이 여겨서도 안 될 일이다. 분명 사람에게는 운명을 바꾸는 방법이 다섯 가지가 있는데 그것은 첫째가 부모님 공경하는 일이고. 둘째는 덕(德)을 많이 쌓는 것이다. 옛말에 적덕지가 필유여경(積德之家 必有如慶)이라 했다. 즉 덕을 쌓은 집안에는 반듯이 경사스러운 일이 있다. 라는 이유가 이런 의미(意味)라 하겠다. 셋째는 명리(命理)를 통찰하는 것이다. 즉 하늘에서 주어진 명과 자연에 법칙을 헤아려 자연에 순응해 가는 일이 될 것이다. 넷째는 많은 책을 섭렵(涉獵)하는 것이라 하였다. 사람들은 다양한 재주와 다양한 기술과 다양한 직업을 가지고 있고 다양한 모습을 가지고 살아간다. 인간세상을 비유할 때 천태만상(千態萬象)이요 백인백색(百人百色)이라고 하는 것인지 모르겠다. 대부분 사람들은 고생을 많이 하시는 분들이 주로 하시는 말씀 중에 안 해본 일 없이 다해봤다는 말씀을 주위에서 종종 들어보지만 사실 우리가 할 수 있는 일이라는 것이 보통 30~40개 직업을 가져보는 것이 전부인데 비해 대부분 고생 많이 하신 분들 말씀이 주로 안 해본 일없이 다 해봤다고 하신 말씀은 조금 과장된 표현이지 싶다. 평범한 사람들과 비교 했을 때 많은 일들을 했다는 의미라 여겨진다. 수 백 수천 가지가 넘은 다양한 직업을 볼라치면 일부에 지나지 않는 것이지만 다양한 책을 섭렵함으로써 우리가 해본 일 보다는 해보지 않은 일이 더 많기 때문에 책을 통해 간접 경험을 쌓을 수가 있으므로 옛 성인들은 많은 책을 보는 것을 권장한 이유다. 많은 공부를 하다보면 자신을 극기하고 수기(修己)하게 되므로 학문을 닦으면 곧 인격도 다듬어지는 과정이라 여겼기 때문에 책이 사람을 만든다. 라고 했던 이유이고 공부가 곧 수양덕목이라 한 이유이다. 책을 통해 충효(忠孝)염치(廉恥)절개(節槪)를 배우게 되는 과정이기 때문이다. 다섯 번째는 풍수이다. 그러니까 우리가 사는 곳에 바람이 잘 통하는 곳을 정해 자리를 정해야 하지만 바람이 몰아치는 곳이라면 그다지 좋은 장소라 볼 수 없고 풍수상 음택(陰宅)인지 양택 9陽宅)인지 잘 구별해 내가 머물 자리를 선택해 좋은 운을 맞이하고 물 흐름도 잘 파악해 물이 휘몰아쳐가는 곳인지 아니면 물이 드는지도 잘 살펴 상서로운 기운이 뻗어 번영하는 곳으로 보금자리를 택하는 것도 운명을 바꾸는데 유리하다는 것이다. 옛 선조님들은 풍수를 많이 따져 자기가 앉을 곳을 찾았던 이유가 아마도 우리네 운명과 직결되어 있어 가볍게 풍수를 여기지 말라는 뜻이라 생각한다. 제가 풍수를 알고 명리를 통찰하고 많은 책을 섭렵하고 덕을 쌓고 부모님께 효를 다했다는 뜻은 절대 아니다. 자식의 도리에 입각(立脚)해 가능한 어머님 말씀 거스르지 않으려 노력했던 것뿐이다. 형제에게는 이해타산(利害打算)을 떠나 우애(友愛)를 최우선으로 생각한 이유는 어쩌면 가장 소중한 사람이 바로 혈육(血肉)이라 생각했기 때문이다. 남과도 잘 지내는데 어찌 형제끼리 사이좋지 않을 이유가 없었던 것이다. 사람으로서 해야 할 일과 해서는 안 되는 일을 구분 짓는 지혜를 얻고자 한다. 문제는 어떤 일을 두고 분명 맞는데 아니라고 우기는 자가 있기 마련이고 아닌데 맞다. 라고 우기는 자(者)로 인해서 주위가 시끄럽고 불협화음의 파장으로 옥신각신 하는 것이 남의 일이 아니고 우리형제 일이 되고 보니 참으로 나는 인생을 헛산 격이다. 요즘 실태는 진짜보다는 가짜가 득세하고 옳음보다는 그름이 판을 치는 세상이라 더러 세상이 시끄럽다. 어떤 것이 가짜인지 진짜인지를 가름 하는 안목(眼目)은 깨끗하고 때 묻지 않는 마음가운데 있는 것이라 생각한다. 옳고 그름을 헤아릴 줄 아는 경지는 바로 자신을 바로 볼 줄 아는 혜안(慧眼)만이 가름하지 않겠는가? 싶다. 더 높은 경지는 바로 옳고 그름이 없다는 것을 아는 경지라 한다. 시간이 약이라고 하더니 명절날 병중이신 어머님에게 연락 한번 하지 않는 형제로 인하여 서운한 마음도 잠시 일었지만 이 또한 부질없는 생각이다.

어머님 숨소리가 예사롭지 않다

엄마 목욕시켜드리고 일주일가량 지나고 난 다음날 지난밤에 잘 주무셨던 엄마 숨소리가 아침식사를 마치시고 얼마 지나지 않아 심상치 않게 들린다. 나는 지체할 수 없음을 알고 남편에게 운전을 부탁해 개금 백병원 응급실을 다시 찾아갔다. 어머님 상태가 위급하니 응급실을 찾게 된 이유다. 응급실에 도착하니 온갖 검사를 또다시 시작했다. 방정맞은 생각이 앞선다. 또 다시 어려운 코스인가? 싶은 생각이 불현 듯 들어 불안한 마음에 긴장 상태가 된다. 마음은 제발 울 엄마에게 아무 탈 없기를 바라는 마음뿐이다. 또 다시 어머님 몸에 온갖 링거들이 줄렁줄렁 매달리고 있는 상황을 보니 괜스레 불안하고 초조한 마음이다. 나의 우려와는 다르게 누워계신 어머니 모습은 대체로 의연(毅然)하시고 편안했다. 나는 엄마 옆에 조용히 다가가 앉는다. 제발 이젠 아무 탈 없기를 기도(祈禱)드리며 그저 엄마 얼굴만 멍하니 바라보고만 있다. 내가 이 상황에 어머니에게 따로 해드릴 수 있는 것이라고는 하나도 없었다. 그저 말없이 어머님 옆에 앉아 묵묵히 검사 결과 나올 때까지 지켜만 보고 있는 것이 전부라면 전부다. 하필이면 응급실 입구에 어머니 침대가 놓여있다 보니 본의 아니게 응급실 상황이 한눈에 다 들어왔다. 대학병원 응급실 험한 응급환자들이 들고 나가는 것이 보지 않으려 해도 바로 내 눈 앞으로 환자 들고 나가는 상황이 적나라하게 보인 것이다. 그중에 골든타임을 놓쳐서는 안 되는 환자가 들어왔는지 커튼사이로 골든타임을 놓치지 않으려고 사력(死力)를 다하시는 의사선생님 그림자가 보였다. 어쩜 그 누군가는 우리가 알지 못하는 곳에서 저리도 꺼져가는 생명을 살리려고 사력을 다하시는 모습이 존경스러울 정도로 혼신의 힘을 쏟고 있는 모습이 정말 존경스러울 정도다. 더러는 의료사고가 생겨 저희처럼 고생 고생하는 환자도 더러 발생하지만 그래도 어떻게 해서라도 생명을 살리려고 노력하는 많은 의사선생님들 노고가 사뭇 존경스럽다. 검사결과 나오는 시간이 제법 길어졌다. 응급실에 들어 온지 1시간이 넘고 보니 나도 모르게 자연스럽게 옆 침대에 누워있는 환자에게 시선이 갔다. 육안으로 보아 남달라 보인 환자라 시선이 갔다. 머리에 하얀 붕대와 그물 같은 것으로 칭칭 감겨있어 성별도 구분이 어렵다. 다만 손톱에 매니큐어가 보이는 것으로 봐서 여자이지 싶다. 어떤 이유로 머리가 깨졌는지는 알 수 없다. 칭칭 감아놓은 하얀 붕대가 시간이 흐를수록 온통 피범벅이 되어가고 있다. 환자 바로 밑에는 네모난 큰 통하나가 놓여 있는 것이 보였다. 그 큰 통에는 벌써 피가 절반이 채워져 있는 것이 눈에 들어왔다. 옆에는 아들인지 고등학생으로 보이는 남학생이 혼자 망연자실한 듯 병원 천장만 하염없이 바라보는 모습이 내 시선 안으로 들어왔다. 애처로운 마음이지만 내 코가 석자인지라 애써 관심 갖지 않으려한다. 무슨 연유로 저 상태가 되었는지 가름하기는 어렵지만 참으로 안쓰러운 장면이다. 저희가 이렇게 시간을 보내고 있다 보니 이곳 응급실에 온지도 벌써 서너 시간이 지났다. 아직 검사 결과를 보고 받지 못한 상태라 우리는 하염없이 이곳에서 숨죽이며 기다리는 것이 전부다. 엄마는 산소 호흡기를 코에 꼽고 계셔서 그런지 대체로 호흡은 안정적이다. 시간이 많이 지체되고 있으니 엄마 얼굴이 불편해지기 시작했다. 나는 가급적 엄마 눈을 피한다. 너무 시간이 지체되니 기다림에 지쳐서 혹시라도 집에 가자고 엄마가 성화 부리실 것 같아 가능한 엄마 눈을 마주치지 않으려한 것이다. 아주 낯익은 사람이 우리 옆을 지나간다. 세월이 많이 흘러 확신 할 수는 없었다. 우리 옆을 지나가면서 내는 목소리가 아주 귀에 익은 이종 6촌 동생이다 는 것이 확실했다. 제가 효순 아 하고 불렀다. 그랬더니 그 동생은 뒤를 돌아보며 반가워했다. 특히

"이모가 이렇게 아파서 어떡해요."

라고 하며 인사를 했다. 동생은 막내아들이 갑자기 복통을 일으켜 응급실에서 연락받고 오는 중이라고 했다. 우리는 이곳에서 긴 이야기 할 상황이 아니라 그저 수인사 정도만 하고 동생은 아들 있는 곳으로 갔다. 반가운 사람도 편안한 곳에서 만나야 반갑지 이렇게 험한 곳에서 만나니 딱히 할 말이 없었다. 우리가 이렇게 수많은 응급환자들 신음 속에서 기다리고 있는지 정확히 알 수 없으나 4~5시간이 지나고나니 검사 결과가 나왔다. 검사결과는 늑막에 물이 많이 차 호흡곤란이 왔다고 하신

다. 다른 곳은 특별히 나빠 보이지 않는다고 하시며 등에 바늘을 꼽아 물을 빼내자고 하신다. 저희는 의사선생님 말씀에 동의를 하고 물을 빼내기로 결정했다. 나는 의사선생님 지시에 따라 늑막에서 물을 빼내기 위해 어머니를 바로 일으켜 앉혀드린다. 간호사님이 오셔서 줄렁줄렁 매달린 링거들을 제거 하셨다. 이곳에 들어오자마자 투입된 링거들 대부분 시간이 많이 경과되어 바닥을 들어내고 있어 그동안 시간이 많이 흘렀다는 뜻이다. 링거들이 제거되고 나니 호흡기내과 의사선생님께서 커다란 주사바늘과 링거빈병 하나를 들고 오셨다. 나는 엄마에게 등에서 물을 빼야 된다고 말씀 드렸다. 어머니께서 아 그래 라는 말씀만 하실 뿐 다른 말씀은 따로 없다. 상황을 보니 등에서 물을 빼내는 과정이 응급실에서 이루어질 것 같다. 이날따라 공교롭게 응급실은 포화 속 전쟁터처럼 피 많이 흘리는 환자들이 유독 많이 들어왔다. 내가 다른 사람들에 비해 응급실 다녀간 횟수가 남들보다는 많다고 해도 과언은 아닐 듯 사실 수십 차례 응급실을 들락거렸지만 오늘처럼 험하고 처참한 몰골을 한 환자들을 보지 않았다. 오늘은 유독 응급실 오신 환자들 상태가 너무나 험해서 정말로 야전병원이 이정도가 아닐까? 라는 생각이 들 정도로 피 범벅이다. 의료진들이 이리 뛰고 저리 뛰어 다니는 모습이 일단 어머니는 의사선생님 지시에 따라 의자에 앉으셨다. 자세는 뒤로 돌아 의자 등을 앉고 앉은 자세다. 어머니도 지난번처럼 의자를 붙들고 앉아 의사 처분만 기다린 상태다. 최고의 집중이 필요한 상황이다. 주변은 환자들 신음소리로 시끄럽기 그지없다. 주변 신음소리에 아랑곳하지 않고 의사선생님은 무척이나 조심스럽게 어머니 등에 커다란 주사 바늘을 꼽아 놓으셨다. 다시 어머님 등에 꽂았던 커다란 주사기를 빼낸다. 의료발달로 커다란 주사기속에 작고 부드러운 주사바늘이 이중으로 꽂혀있었던 것이다. 아마도 커다란 주사바늘은 살을 뚫고 들어가는 역할을 하는 모양이지 싶다. 요즘 의료기발달로 주사바늘이 이중으로 되어 있어 용도에 따라 이렇게 부드러운 주사바늘이 늑막에서 물을 뺀다든가 팔에 링거를 꽂을 때 사용하는 것을 나는 종종 보았다. 나는 현대 과학의 발전과 의학의 변천사를 보고 있는 중이다. 일반 병원에서는 잘 사용하지 않아 더러는 모르는 사람들도 있지 않겠는가? 싶다. 기존 주사바늘은 환자들이 움직일 때면 피부가 접히면서 주사바늘도 움직여 대부분 주사액들이 혈관을 뚫어 주사액이 옆으로 새어나와 이불을 적신다든가 아니면 바늘이 혈관을 뚫어 살 속으로 수액이 들어가니 팔이 통통 붓는 현상이 다반사였다. 요즘 상급병원에서는 이중구조로 되어있는 부드러운 주사바늘을 경우에 따라 쓰고 있어 다소 환자들 불편을 감소하고 있다는 사실이 눈여겨지는 부분이다. 등에 꽂힌 부드러운 주사바늘은 어머니가 호흡 할 때마다 같이 움직였다. 의사선생님도 주사바늘이 고정이 되도록 반창고를 잘라 여러 겹으로 바늘 주변을 칭칭 감아 에워 싸놓으셨다. 왠지 그 모양새가 그리 오래 가지 않을 것 같다는 생각이 든다. 등에 꽂아둔 주사바늘을 통해 희멀건 물이 한 방울씩 뚝뚝 떨어지는 것이 눈에 보인다. 우리는 지난해 엄마를 처음 아산병원으로 모시고 올라갔을 때 늑막에서 물을 빼낸 경험이 있다. 장시간 이 자세로 미동도 없이 앉아있어야 하는 고충이 따른다는 사실도 잊지 않고 있다. 엄마는 미동도 하지 않고 두어 시간 앉아계시고 나니 더 이상 늑막에서 물이 나오지 않았다. 떨어진 물량을 체크해보니 350cc정도 나온 것이다. 생각보다 많은 량이 아니다. 이동식 엑스레이를 통해 엑스레이 검사를 다시 했다. 검사결과 아직 잔물이 많이 남아 있다고 하셨다. 그리고 저희에게

"환자의 급한 상황은 면했으니 더 큰 병원으로 가서서 남은 물을 빼는 것이 좋을 것 같아요."

라고 하신 것이다. 막상 의사선생님 말씀을 듣고 나니 왠지 찜찜한 기

분이 들었다. 분명 이곳이 바로 상급병원이고 대학병원 응급실인데 더 큰 병원을 운운하시니 마음이 아득해진 것이다. 의사선생님 말씀은

"늑막은 여러 방으로 되어있어 어느 방에 물이 고여 있는지 전문 의사 선생님이 지금 계시지 않아 저희들은 잘 모르겠습니다. 그러나 환자의 위급한 상황은 벗어났으니 지금 다른 병원으로 옮기셔서 나머지 물을 빼내는 것이 좋을 것 같습니다."

라고 하셨다. 나는 의사선생님 말씀에 다시 아득해졌다. 마냥 낙심하고 있을 상황은 아니다. 라는 생각이 든다. 물을 더 빼낼 수 있는 방법을 찾는 것이 우선이지 싶다. 나는 이곳에서 더 머무를 필요 없이 다른 방법을 찾아야 된다. 나는 다른 방법을 찾고자 해운대병원 중환자실에 근무하고 계신 형부께 여차로 전화를 했다. 형부께서 바로 해운대 백병원으로 어머니를 모시고 오라고 하신다. 모든 검사기록은 같은 병원이라 자료 공유를 할 수 있으니 저희 더러 그냥 오라고 하셨다. 나는 모든 수속을 서둘러 마치고 또다시 불편해 하시는 어머니를 모시고 해운대병원 응급실로 향한다. 우리가 김해에서 출발 할 때는 오전 10경이였다. 언제 해가져서 밤이 되었는지 주변이 어두컴컴해져 있었다. 아직 추위가 물러가지 않은 겨울 끝자락이라 날씨가 매섭다. 해운대는 바닷가 쪽이라 바람 소리마저 윙윙거리니 괜스레 을씨년스럽기까지 했다. 나는 기도하는 마음으로 울 엄마 아무 탈 없기를 빌며 이전처럼 폐에서 물이 차는 것만은 막고 싶다는 생각이 먼저 든다. 엄마는 무슨 생각을 그리 하시는지 그저 말없이 앉자 계실뿐 별다른 의사표시가 없다. 아침부터 우리와 행동을 같이한 남편도 말이 없기는 마찬가지이다. 이런 상황을 만든 것도 저희가 한동안 방심한 탓도 있을 것이라 생각이 들어 죄송한 마음이다. 지금에 와서 호들갑을 떤들 무슨 의미가 있겠는가싶다. 좋은 생각 갖고 울 엄마에게 더 이상 아무 일 없기를 빌고 또 빌며 해운대병원 응

급실에 우리는 도착을 한다. 개금 백병원과 해운대백병원은 같은 계열 병원이라 어느 정도 환자 정보를 공유하는 것으로 알고 있다. 형부 말씀이 있었지만 그래도 혹시나 하는 마음에 어머님 CT검사 그리고 엑스레이 영상자료 및 다른 여러 가지 검사 결과들을 CD에 담아서 왔다. 응급실로 들어서면서 그 CD를 제출했다. 물론 응급실이라 환자를 신속하게 침상에 눕혀 링거 꼽아 놓기까지는 일사천리로 진행되어 안도의 숨이 쉬어진 상태다. 아무리 응급실이라 할지라도 늑막에서 물을 빼는 부분은 분명 전문의가 꼭 필요 하다는 것도 알고 있다. 늑막에 있는 막이 창호지보다 얇아 주사바늘이 살짝만 스쳐도 천공이 생겨 아주 위험하다는 말도 수차례 들었던 부분이다. 아주 조심스럽게 섬세하게 바늘을 꽂아야 되므로 전문의가 꼭 해야 되는 코스라고 알고 있는 것이 나의 의학상식전부다. 우리는 전문의가 오실 때까지 숨죽이며 엄마 침상 옆에 앉아 이제나저제나 하고 전문의(專門醫)를 기다리는 중이다. 그러나 그렇게 기다리는 한 시간이 훌쩍 지나갔다. 인턴의사들께서 자꾸만 이곳 병원규칙에 의해 새로 오신 분은 무조건 검사를 다시 해야 한다고 하시며 검사하기를 재촉했다. 마음이 불쾌하다. 수차례 조금 전 검사를 받고 왔고 그 자료 공유 한다고 들었다. 라는 말을 여러 차례 했지만 반영되지 않고 검사 다시 받기를 재촉한다. 괘씸타… 환자 위주가 아니 영리목적이 앞서 보여 불쾌하게 느껴진다. 병원로비 현판에는 인술제세(仁術濟世)라는 간판이 버젓이 있건만 하는 행동들을 볼라치면 환자를 상대로 영리를 취하고자 하는 의도가 다분해 기분이 몹시 언짢다.

생명존중을 우선으로 삼아야하는 인턴마저도 본분을 망각하고 환자 상대로 병원규정이라는 명분아래 병원 영리를 우선시하고 있는 것이 도드라지게 느껴지는 순간이다. 어느 정도 이해는 한다. 의사들도 먹고 살아야 되고 병원 운영차원에도 돈이 필요하다는 것쯤도 이해한다. 그러나 1시간 전 계열병원에서 환자 자료 공유하니 그대로 가시면 된다고 했는데 환자 물 빼는 것을 미루는 것이 괘씸타. 저희가 이 병원 중환자실 과장 되시는 형부를 알고 있지 않았다면 나도 어쩔 수 없이 새로 검사를 해야만 하는 상황이다. 우리들은 이제껏 환자의 모든 것을 의사선생님께 맡겨놓고 더러는 못마땅한 치료와 검사를 보면서도 따져보지도 불평한마디도 하지 않고 두 환자를 이 병원에 믿고 맡겼건만 이 경우는 너무 심한 경우라 나도 이쯤에서는 마냥 병원 시키는 대로 하지 않을 것이다. 그래서 검사하기를 권하는 응급실 팀들에게 서너 시간 전에 개금병원에서 검사를 다 마쳤고 그 자료들을 CD에 담아왔으니 그것을 참고 삼아 달라고 몇 차례 말 했다. 하지만 병원 측은 자꾸만 모든 검사를 새로 하자고 권하면서 물 빼기를 미루고 있으니 괘씸한 것이다. 엄마에게 검사 새로 할까요? 라고 물어보니 엄마는 바로 노기 띈 모습으로 아이구 참말로. 라고 하셨기 때문에 나도 쉽게 검사를 다시 하는 것을 허락하지 않고 있는 중이다. 서로 버티는 시간이 지체되고 보니 누워계신 엄마 보기가 미안타. 아니 어머니께서는 검사 다시 하자는 의사들 말에 놀라 자꾸만 집으로 가자고 닦달하신 차원이다. 엄마 보기가 여간 불편하다. 이렇게 자꾸만 시간이 지체되니 어머니는 여과(濾過)없이 저를 백안시(白眼視)하신지도 오래다. 그러니까 응급실 팀들이 검사하자고 채근하니 엄마도 못마땅하셔서 옆 눈으로 나를 쪼려보고 계시는 것이다. 이 시점에서 우리 의사를 무시하는 응급실 태도가 정말 야속타. 내가 검사료 100만원이 중요하기보단 분명 2시간 전 검사기록 CD를 제출했고 같은 계열병원이라 환자자료 공유하는 것이 당연하건만 그 좋은 시스템 두고 환자가족들 이렇게 돈 쓰게 하고 힘들게 하는 처사가 마음에 들지 않아 병원 측과 옥신각신 하는 사이 저희 어머님 인상은 더 고약해지셨다. 그러니까 곧 울 엄마 뇌성벼락 같은 호통이 떨어질 것 같아 불안한 마음이다. 나는 해는 벌써 서산 넘어 간지 오래되어 어두워진 밖을 보면서 할 수 없이 응급실 팀에게 이 병원 중환자실내과 교수님께서 이곳으로 오라고 해서 왔다고 했다. 그때서야

"진즉 그렇게 말씀을 해주시죠."

라고 한 것이다. 그 말투는 왠지 왜 이제사 그 애기를 하세요? 라는 투다. 오히려 중환자실 과장님께서 이곳으로 오라고 했다는 말을 이제사 이야기 하냐는 식으로 우리를 오히려 책망(責望)하는 투다. 정말 어처구니없다. 저희가 교수님 소개로 왔다고 하니 이제 사 어머니 등에서 물을 빼려고 서둘러주시는 모습이 야속타. 참으로 이런 경우는 정말 어처구니없는 경우다. 이렇게 환자 정보를 분명히 공유하면서 환자가족들 애간장을 다 녹였으니 참 씁쓸한 기분이다. 어머니는 이곳병원에서 또 다시 물을 500cc정도 물을 빼냈다. 그렇지만 다시 엑스레이를 찍어보니 아직 잔량의 물이 아직 남아있다고 하신다. 그리고

"우리병원에서는 한계가 여기까지입니다. 다른 방법을 찾아보세요."

라고 하신다. 나는 이런 상황에 어떻게 대처해야 될지 어떤 것이 좋은 방법인지 고민스러운 순간이다. 과연 이 상황에 어떤 방법을 선택(選擇)해 늑막에 찬 물을 마저 빼내야 할지 급한 상황이 아니라 다행이긴 하지만 다시 다른 방법을 찾아봐야 될 것 같다. 그런데 병원에서는 어떤 이유에서 늑막에 물이 찼는지를 알지 못하니 이 또한 고민이다. 이곳에서 시간을 너무 지체하다보니 어머니는 벌써 힘들어 하시고 화가 나있는 모습이 보여 불안해진다. 다른 병원을 알아보라는 해운대병원에 대한 미련은 버리고 우선 이 병원을 빠져나와야만 되었다. 저희는 아침 일찍부터 서둘러 어머님 숨 차오르는 것을 치료키 위해 이 밤이 깊도록 이 병원 응급실 저 병원 응급실을 옮겨 다니면서 겨우 한 것이란 응급처치

만 한 것 같아 집으로 가는 길이 아주 어둡고 칙칙하고 어둑한 밤하늘마저 무겁게 느껴졌다. 집으로 향하는 우리 세 사람은 무거운 침묵을 고수하고 김해로 넘어가는 중이다. 나는 두 사람의 무거운 침묵 속에서 어쩌면 또다시 어머니를 모시고 서한로 올라가는 것이 좋을 것 같다는 생각을 했다. 이 시점에서 엄마 의사가 제일 중요하다는 생각이다. 하루 웬종일 응급실에서 물 빼낸다고 고생하신 엄마에게 조심스럽게

"엄마 우리서울로 올라가면 어떨까요?"

라고 조심스럽게 엄마 의중(意中)을 물었다. 늑막에 찬 물을 다 빼지 않아서 마음이 불안했던 것이다. 나는 엄마 답을 기다리는 일분일초가 숨이 막혀버릴 것 같은 답답함까지 느껴졌다. 그래도 다행스럽게 남편이 이 시간까지 같이 있어주고 운전 해주니 그나마 위로가 된 상황이다. 아마 운전을 내가 운전을 했더라면 분명 밤길이라 헤매고 또 헤매다 김해 도착하는 시간이 더 늦어 졌으리라 생각한다. 일단 엄마 생각도 중요하지만 엄마가 허락하지 않더라도 아무래도 엄마를 모시고 다시 서울로 올라가는 것을 추진하는 것이 마땅하리라. 내 생각을 굳히고 동래역을 지나려고하는데 한동안 말없이 깊은 생각에 잠겨계셨던 어머니께서

"그럴까?"

라는 대답을 주신다. 분명 이 말씀은 서울로 다시 가자는 뜻이다. 그래서 나는

"알았어요. 그럼 우리 내일 바로 서울로 다시 갑시다. 그리고 별일 없을 것이니 걱정 하시지 마시고요."

라고 했다. 어머님께 나의 이 말이 위로가 되었는지는 잘 모르겠다. 하지만 이 말밖에 하지 못하고 이 말 또한 나를 위로하는 말 일 수도 있다. 그렇지만 걱정하는 마음이 최선은 아닐 터이니 내 스스로 용기 내는 것도 나쁘지는 않을 것이라 생각한다. 서울로 올라 갈 것을 정하니 마음

은 안정이 좀 된다. 그래서 시계를 보았다. 밤 9시가 조금 넘었다. 저희 세 사람은 하루 웬 종일 굶고 다녔던 것 같다. 달리 표현하자면 밥 사먹을 여유가 없었던 것이다. 특히 12시간만의 귀가라 조금 허전함이 느껴진다. 아무튼 하루 종일 긴장한 탓인지 집이 가까워지니 피곤함까지 밀려왔다. 그러나 두 환자 앞에서 나의 피곤함을 표시 할 수는 없다. 두 사람은 환자이다 보니 나 보다는 몇 곱절 더 피로를 느낄 것이기 때문이다. 나는 동 김해 어귀에 들어서면서 아이들에게 할머니 곧 도착하신다는 연락을 했다. 이유는 일분일초라도 어머니를 집안으로 모시기 위함이다. 늑막에서 물을 빼낸다고 하루 온 종일 고생을 많이 하셨다. 엄마를 신속하게 모셔드리기 위해 저희 아이들을 현관 앞에 대기시켜 놓은 것이다. 우리는 5분 후 저희 집 빌라로 들어섰다. 저희 아이들은 벌써 현관 앞에 나와 셋이 서성거리는 것이 차량 불빛에 선명하게 비추어진다. 나의 자랑스러운 든든한 지원군이다. 아이들은 현관 앞에 차를 멈추고 차문을 열자마자 셋이서 한 목소리로

"할머니 고생 많이 하셨어요."

라는 말을 동시에 읊조리며 아이들 둘이는 차에 앉아 계시는 엄마를 조심스럽게 부추겨 드리니 엄마도 그 힘에 살포시 다리 하나를 차 밖으로 내려주신다. 그 순간을 이용해 아이들은 할머니 양쪽 겨드랑에 팔을 넣고 부추겨 세워 엄마를 모시고 집으로 들어가고 한 아이는 짐 보따리를 챙겨 따라 들어간다. 일사불란(一絲不亂)하게 훈련이 잘 되어있는 모습은 아마도 1년간 아이들이 이런 경험을 수없이 해 완전 숙련된 간병인처럼 노련하고 능숙함이 너무 보기 좋다. 나는 우리 아이들 이런 모습에서 힘든 일 일수록 함께 하노라면 서로가 힘이 되는 것이고 아무리 힘든 일이라 하더라도 오래 지탱하는 원동력(原動力)이 되는 것이며 서로가는 길에 많은 의지와 위로가 되는 부분이라 생각한다. 저희 가족이 협

동(協同)심을 발휘해 이 위기(危機)를 잘 극복(克復)하노라면 분명 우리 가정에도 밝은 미래가 있지 않겠는가? 라는 생각에 피로(疲勞)를 밤바람에 날려버린다. 다음날 나는 이른 새벽부터 어머니를 씻겨드리고 식사마저 챙겨드리고 남은 식구들 식사 챙겨주고 나서 서울 갈 채비 하느라 나름 바쁘다. 다행스럽게 어제 어느 정도 늑막에서 물을 빼낸 뒤라 그런지 어머니 숨소리는 안정적이라 크게 걱정은 되지 않다. 다만 연로하시고 병중이시다 보니 어머님 모시고 다시 서울까지 간다는 것이 조금 마음을 무겁게 한 부분이다. 이 시점에서 마냥 걱정만 하고 있을 상황은 아니라 서둘고 서둘러서 어머니를 차에 먼저 앉혀드리고 남편에게 우리 이제 준비 되었으니 빨리 가자고 재촉을 했다. 내가 지난 일 년 동안 수 십 차례 겪어온 울 엄마 호흡곤란 증세는 나를 수십 차례 경악(驚愕)하게 만들었던 경우라 마냥 시간을 지체 할 수 없었다. 나도 떠날 준비를 마치고 어머님 옆에 앉아 자리를 잡고 앉았다. 무엇이 빠졌는지 무엇이 필요한지는 이제는 내려놓아야만 되는 시간이다. 저희 부부 오늘 목적은 안전하게 어머니를 모시고 가서 늑막에 물을 빼는 것이 목적이다. 다행스럽게 남편이 아직 회복 덜 된 몸인데도 불구하고 운전을 해주겠다고 하여 이렇게 동행하게 되니 고마운 마음이다. 나 혼자 서울까지 그 먼 길을 엄마 모시고 가는 것은 아무래도 무리라고 생각했는지 남편이 서울행을 자청(自請)하고 나서니 부담스러운 마음이 덜했다. 남편은 내가 서두르는 모습을 보고 바로 운전석에 자리를 잡고 시동을 걸어 차를 뒤로 후진하려 기아를 바꾼다. 저희 빌라가 특이하게 지하주차장에서 바로 올라와 현관 앞에 차를 대면 일단 뒤로 차를 잠깐 뺐다가 오르막을 올라가게 되어있는 구조다. 막상 차가 뒤로 후진하는데 무엇인가 낯설다는 느낌이 들었다. 왠지 어머님 옆에 앉아있는 제 자신이 평소에 느꼈던 익숙한 차안의 느낌이 전혀 아니라는 것이다. 어딘지 모르게 낯선 감각이 발바닥에 새롭게 느껴진다는 사실이다. 이 낯선 느낌은 왠지 발이 푹신하다는 걸 깨닫는다. 푹신한 이 낯선 느낌은 뭐지? 라는 의구심을 갖고 나는 내 발을 내려다보았다. 그 순간 헉 발에 신발이 없다. 그야말로 으악이다. 그만큼 엄마 호흡곤란이오면 초를 다투는 상황이 연출 될까봐 두려워 서둘다보니 맨발로 차를 탄 것이다. 만약에 이대로 신발을 신지 않고 출발했더라면 분명 중간에서 신발을 하나 사야 하는 상황이다. 휴게소에 신발 파는 코너는 요즘 들어 많이 생겼지만 그래도 흔하지는 않다. 만약 아무 느낌 없이 그냥 출발 했더라면 낭패 중에 낭패가 아니었을까? 싶다. 나는 남편에게 차를 잠시 멈추게 한 다음 차문을 열었다. 그런데 차문을 열고 보니 그곳에 내 신발이 가지런히 놓여있는 것이다. 아마 신발을 벗고 차를 탔던 모양이다. 정신없는 이 모습은 내 자신이 생각해도 어처구니가 없다. 신발을 들어 올리며 나는

"엄마 내가 이곳에다 신발을 이렇게 멋지게 벗어놓았네요."

라고 했다. 엄마도 어이없으셨는지

"아이고 참말로."

라고 하시며 웃으신다. 마음이 급하니 종종 이런 실수가 생긴다. 옛말에 호랑이에게 잡혀가도 정신만 바짝 차리면 산다. 라고 하였는데 나는 정신을 어디다 두고 사는지 하여튼 신발 벗고 차탄 해프닝 때문에 무거운 분위기를 바꿔서 가벼운 마음으로 어머니를 모시고 서울 아산병원응급실로 우리는 향한다.

아마 길고 긴 터널을 빠져 나오는 마음이 바로 이런 마음 일 것이다

3일 동안 저희들 행보(行步)가 헛되지 않기를 빌고 또 빌었다. 이 평온(平穩)한 시간이 너무 감사(感謝)해서 기도(祈禱)했던 것이다. 나는 평온하게 주무시는 어머님 얼굴이 오늘따라 곱게만 느껴졌다. 병든 노구(老軀)라 지치실 데로 지치신 몸인데도 불구하고 이렇게 고운모습으로 편안하게 주무시는 울 엄마 잠든 모습은 그야말로 부처님 모습이다. 반백발이 다된 헤어톤과 짧은 헤어스타일 엷은 미소를 띤듯한 울 엄마 인자한 모습은 그야말로 신선의 모습이요 부처님 모습이라 해도 과언(過言)은 아닐 듯하다. 때마침 어머니도 일어나 앉으셨다. 그래서 나는
"엄마 몸 좀 어떠세요."
라고 묻는다. 그랬더니 엄마는 나를 향해 엷은 미소를 띠우시며
"난 괜찮다."
라고 하셨다. 나는 울 엄마 난 괜찮다. 라는 말씀은 나의 희망이다. 엄마는 나에게 이마를 내밀며
"그랬어."
라고 하신 것이다. 우리 엄마 이 말씀 의미(意味)는 아마도 나에게 수고 많았다는 뜻이라 여겨진다. 울 엄마 이마 땡은 나에게만은 만병통치약이다. 그랬어. 라는 단어는 보약이다. 울 엄마 이런 모습 속에서 3일간 비록 애간장 녹이며 이 병원 저 병원 뛰어 다녀야만 했던 사연이 참 많았던 날들이었지만 그래도 이렇게 무탈하게 집으로 돌아오셨으니 이 또한 감사하고 감사 할 일이다. 그 얼마나 다행스러운 일인가 싶다. 나는 그저 어머니께 감사하는 마음이다. 아직은 안심 할 단계가 아니라 더 정

성스럽게 엄마를 모셔야겠다는 생각을 했다. 3일 동안 험난한 경험들을 교훈삼아 다시 내 자신에게 경각심을 주며 울 엄마 살핌에 있어 소홀함이 없도록 마음을 다시 잡는다. 최근 들어 어머님이나 남편이 점점 호전되고 있어 간병하는 사람 입장에서는 조금은 안일한 생각도 없지는 않았을 것이라 반성 한부분이다. 사람이라 함은 무슨 일을 하든 어떠한 경우라 할지라도 초심을 잃지 말아야 한다는 사실을 또 다시 경험하고 깨우치게 된 3일간의 체험이고 사례이다. 나는 다시 잠이 들었는지 새벽녘 해가 떠오르기 전 어머님 기척소리에 천근같은 몸을 일으켜 세웠다. 긴장했던 마음을 풀어 그랬는지 몸이 바닥에서 떨어지지를 않는다. 어머니께서 일어나 앉으신지라 마냥 누워있지는 못한 상황이다. 용기를 내 자리를 박차고 일어나서 엄마 세수 물을 따뜻하게 떠와 씻겨드렸다. 엄마께서 열심히 로션을 바르시는 틈을 타 이틀 동안 비웠던 집 청소를 대충해 놓고 엄마 아침식사를 준비를 했다. 엄마는 이틀 동안 늑막에 물 뺀다고 금식을 했었다 그래서 부드러운 음식을 차려드려야 하는데 막상 무엇을 차려드려야 할지 망설여진다. 엄마는 팔순이 넘는 연세지만 죽은 절대로 잡수시지 않으셨다. 무엇을 해다 드려야 할지 약간 고민 된다… 엄마는 연세 높으신 데도 불구하고 치아가 다른 노인 분들에 비해 어금니 하나 빼고는 치아(齒牙) 다 좋아 평소에도 딱딱한 것만 찾으셨던 분이다. 이젠 고령이시고 병중이시고 이틀 동안 금식을 하셨기에 나는 가능한 연한 음식재료를 찾아 요기 할 수 있도록 해드려야만 한다. 고민 끝에 냄비에 식은 밥을 펼쳐 누룽지를 만들고자 불을 줄여 냄비를 올려놓았다. 누룽지가 눌어지는 막간을 이용해 엄마 속옷을 갈아 입혀드렸다. 저희들이 새벽에 도착했기 때문에 엄마 속옷까지는 갈아 입혀드리지 못했다. 속옷을 갈아입으신 엄마는 나에게 자기 옷이 없다고 하셨다. 병중이시라 근래 몇 달 동안은 사실 옷을 사드리지 못했다. 누워계시는 시간이 많은 엄마는 약간만 옷이 불편해도 아무리 좋고 돈을 많이 주었을망정 달갑게 여기시지 않으시니 나는 울 엄마가 옷 이야기만 하면 마음이 천근이 된다. 경기(驚氣)수준이다. 그렇지만 누워 계시는 분 입장을 고려(考慮)하면 충분히 이해가 된다. 가능한 엄마 뜻에 따라 옷을 사드리고자 이리 뛰고 저리 뛰어다녔던 나의 과거사(過去事)다. 수차례 바꿔드리기까지 했던 경우가 많다. 옷이 없다고 하시니 옷 사로 다니면서 겪었던 사례가 파노라마처럼 스쳐지나가니 갑자기 또 숙제(宿題)를 풀어야 할 것 같은 느낌이다. 엄마가 옷이 없다고 말씀하시니 아무래도 조만간 시간을 내어 옷을 사로 시내를 다녀와야 될 것 같다. 그래 나는

"엄마 오늘 시간되면 맞는 옷이 있나 볼 겸 잠시 나갔다 올게요."

라고 했다. 그랬더니 엄마는 내심 좋으신지

"아 그래."

라고 하신다. 물론 어머니는 나에게 옷이 없다. 라는 표현(表現)을 하시기 전까지는 나름 생각을 많이 하시고 얘기를 하셨을 것 같아서 나는 거절하지 못한 이유다. 그리고 나는 울 엄마가 원하시는 일이라면 가능한 들어드리고 싶은 것이 내 마음이다. 그래서 나는 엄마에게만은 항상 YES woman이다. 내 마음을 모르는 주변 사람들은 무조건 어머니가 시킨 일이라고 하지 말고 거절도 해보라고 권하기도 하지만 나만이라도 아무리 곤란한 일이라 할지라도 엄마가 원하시는 일은 거절 하고 싶은 마음이 전혀 없다. 나는 다 끓여진 누룽지를 어머니에게 가지고 가서 떠드렸다. 하지만 엄마는 서너 수저만 겨우 드시고는 더 이상 못 잡수시겠다고 누룽지를 거절하신다. 따로 힘드셨다고 말씀은 없으셨지만 어머니도 나름 이틀 동안 몹시 힘겨우셨던 모양이다. 남보다는 특별하시고 강하셨던 분이신데 어느새 노구(老軀)의 몸으로 자식에게 의지하고 계시는 자신의 모습이 왠지 초라하게 느끼셨는지 엄마 얼굴이 오늘따라 쓸

쓸한 표정이 되어 계시듯해 조금 안쓰럽게 느껴진다. 누룽지가 맛이 없으신지 더 이상 먹지 않겠다고 손 사레를 치시니 무엇을 더 챙겨 드려야 할지? 엄마는 식사를 중간에 물리시는 일은 드문 일이다. 이제껏 80을 넘게 살아오신 우리 엄마는 특별히 음식 가린 적이 한 번도 없었던 것이다. 어떤 음식이든지 마음인지 정성인지 모르지만 거짓 없는 마음으로 차례 드리면 언제나 맛있다. 라고 하시면서 잘 드셨던 분이다. 간혹 내가 불편한 마음으로 상을 차례 떠드리면 울컥 하셨던 경우는 서너 차례 있었다. 엄마가 식사 도중 울컥하시면 나는

"엄마 왜요. 뭐가 입에 맞지 않으세요?"

라고 여쭈어본다. 그러면 엄마는 나도 모르겠다. 라고 하셨던 사례들이 몇 번 있었다. 나 역시도 나를 향해 고깝지 않은 마음들이 느껴질 때면 음식이 갑자기 매스껍게 느껴져 울컥 하는 경우를 종종 경험했던 터라 울 엄마 이런 현상을 그 누구보다 이해하는 차원이라 하겠다. 왜 엄마는 음식에 대한 반응이 좋지 않으실까? 라는 것이 숙제다. 그 연유와 해법을 찾고자 어머니와 머리 맞대 수수께끼를 풀어갔던 것이 우리 엄마와 제가 남다르게 살았던 부분이다. 울 엄마 식사 못하시는 이유가 아마도 내가 마음을 잘 못쓰고 있어 그러지 않나 싶은 생각이 든다. 그래서 나는 엄마에게 이실직고

"사실 어제 아산병원 응급실에서 엄마가 성질부려 내가 엄마를 쬐끔 미워했어요."

했다. 그랬더니 엄마는

"아 그래."

라고 하시면 제를 차갑게 쳐다보신 것이다. 아마 이렇게 매섭게 쳐다보시는 이유는 네가 그런 마음을 먹어서 네가 떠주는 누룽지가 받쳐 못 먹었다. 라는 뜻으로 쳐다보시는 눈빛이라 해석된다. 울 엄마는 상대 마

음가짐에 따라 엄마신체가 어찌나 민감(敏感)하게 반응(反應)하신지 귀신을 속이지 울 엄마를 속이지 못한 이유다. 다른 사람들이나 내가 엄마에게 불만을 조금이라도 가지고 있으면 엄마에게 이상 현상들이 일어나니 어찌 울 엄마를 평범하다 하겠는가? 부모 병수발하면서 잠시라도 한 눈 팔지 못하게 하는 부분과 순간이라도 소월하다고 느낄 때는 가차 없이 자고 이마를 갖다 대주셨다. 나는 엄마가 내민 이마땡 하며 나도 웃으며 아이고 참말로. 라고 했다. 엄마는 엷은 미소를 지으시며 한 번 더 이마를 제게 갖다 대시며 불편한 손 하나를 들어서 제 볼을 어루만져주신다. 저는 이렇게 사랑해 해주시는 어머니가 옆에 계셔서 참 행복한 사람이다 이렇게 어머니가 계셔 그윽한 마음으로 자식의 힘겨움을 어루만져 주신 어머님 아니 자식의 상처까지 매만져주신 울 엄마가 계셔 저는 분명 축복받은 사람이 맞다. 그윽한 사랑이 가득 찬 울 엄마 이마 땡으로 그간 힘겨웠던 시름이 다 녹아버린다. 그리고 정(情)이 가득 들어있는 엄마 따뜻한 쓰다듬어 잠시 불만스러웠던 내 마음도 다 녹아버린다. 저희 모녀는 이마 땡으로 고비 고비에서 일어나는 파장들을 웃음으로 승화시켜 버린다. 우리가 늑막에서 물 빼는 과정에서 다소 괴로운 일들은 이젠 과거가 되었고 한편에 기억으로 남은 것이다. 시간이 약이다. 라는 속담을 다시 한 번 되새겨 보게 했던 사건 하나를 만들었지만 그 또한 시간이 조금 흐르고 나니 이렇게 평화로운 시간과 마주하고 있는 것을 보니 진정 시간이 약이다. 응급실에서 엄마의 고함소리는 정말 나를 지옥행 기차를 타고 있는 사람 심정(心情)을 만들었지만 지금은 불과 몇 시간 지나지 않은 시간에 이렇게 평온한 시간을 갖게 되니 그저 모든 것에 감사 할 뿐이다. 나는 또 다시 일상으로 돌아와 어머님 궁둥이 밑을 사수하며 하루하루를 보낸다. 더구나 울 엄마 아들딸들은 번갈아가며 자주 안부를 물어주고 있으니 울 엄마도 마음이 많이 편해 보여 좋다.

이 무렵은 이모님들도 엄마 안부를 잊지 않고 해 주셔 너무 감사하다. 조금 아쉬움이 있다면 광주에 사는 둘째 동생도 엄마 안부를 좀 물어줬으면 울 엄마는 더욱 활기를 찾을 실 것만 같다는 생각이다. 둘째 동생은 엄마 돈 어디다 썼냐고 욕 할 때는 선두(先頭)에서서 악을 써 대지만 정작 해야 할 자식(子息)도리인 병중이신 어머님께 안부 묻는 것은 뒷전이라 아쉽다. 형제로써 제가 둘째 동생에게 이런 마음을 갖는다는 자체도 나의 욕심(慾心)이다. 나는 결코 하늘은 무엇 하나 허투로 기록하지 않는다는 사실을 알고 있어 형제가 일심(一心)으로 엄마를 생각하고 엄마를 존중한다면 그 기운으로 울 엄마는 자리를 박차고 일어나실 것이라 확신한다. 즉 천망회회소이불루(天網恢恢疏而不漏) 하늘의 그물은 넓고 커서 성긴듯하지만 무엇 하나 빠뜨리지 않는다. 라는 의미(意味)를 생각하면 자식들이 합심되어 엄마를 봉양하면 울 엄마 병은 기적을 나타낸다는 의미다. 하늘은 우리들의 행동 하나하나를 기록해 심판을 하기 때문에 이 말을 깊이 생각해 볼 필요가 있다. 둘째 동생이 참 도리가 무엇인지 모르는 것 같아 누나로써 마음이 아프고 아쉬운 부분이다. 기운 세고 말발 세면 이기는 세상이 요즘 세상이라 하더라도 무엇이 옳았고 무엇이 그릇되었는지 더 나이 들기 전에 깨달았으면 한다. 사람들은 대부분 자신(自身)의 안목(眼目)에서 만사를 저울질 하는 것이 보편적이듯 자기가 검은 안경을 쓰고 바라보니 세상 것들 모두가 시비(是非)에 대상(對象)이요 질타(叱咤)의 요인(要因)이요 눈에 가시거리로 인식(認識)된다는 사실을 모르고 있으니 안타까운 부분이다. 마음에 방해(妨害)가 있으면 세상 것 모든 것이 불공평(不公平)해 보이는 것이고 마음에 장애(障礙)가 없으면 바로 이 세상이 낙원이라는 것을 정녕 모르고 사는 사람도 부지기수(不知其數)인지라 그 또한 그 사람의 몫이요 그 사람의 경지(境地)다. 그리고 옥석(玉石)도 가름하지 못한 안목(眼目)에서 어찌 남의 잔치에 감 놔라 배 놔라. 라는 방법(方法)은 이 시대(時代)는 통(通)하지 않는다는 사실을 모르고 있으니 안타깝다. 나는 특별하신 어머님과 지식(知識)만 가득해 만사(萬事)를 지혜롭게 보지 못하는 형제들과 사이에서 많은 마찰을 경험하는 이유가 아마도 나에게 중도(中道)로써 세상을 관(觀)하라는 교육(敎育)이라 생각한다. 인간들이 사는 세상에 인간들이 만들어 놓은 법을 가지고도 왈가왈부(曰可曰否)하는 세상이라 그도 그럴 것이라 이해는 한다. 같은 것 하나를 두고 한쪽은 하얗다고 우기고 다른 한쪽은 검다고 우겨가는 차원이라 저희 형제들도 성품이 남다르신 어머님 때문에 10여 년간 불협화음(不協和音)으로 바람 잘 날 없었던 이유가 아닐까 생각이 한다. 나는 이 시기를 먼 훗날 어떻게 남들은 해석 할지는 알 수는 없지만 제 입장에서는 마냥 즐겁지 만은 않은 경험이다. 그렇지만 비온 뒤 오히려 땅이 단단히 굳듯이 우리 형제들도 오해(誤解)와 곡해로 신뢰가 깨진 이 상황에선 오해가 생겼던 요인(要因)하나만 제거 하면 예전처럼 다정한 우애(友愛)를 자랑하는 6남매가 될 것이다. 저는 요즘 무력해저만 가는 어머님을 보면서 사람이 초심(初心)을 잃지 않는다는 말은 헛된 말이고 어려운 말이라는 것을 깨닫는다. 어머님 누워 계신지 날이 가고 달이 가서 일 년을 넘기고 있다 보니 어머님 향한 관심(關心)이 어딘지 모르게 소원해지고 있는 것을 느끼고 있다. 그러니까 엄마 스러지시고 처음에는 형제들이 일주일에 한 번씩 꼭 다녀가던 일들이 이제는 여러 달이 지나도 못 오는 처지고 전화 안부도 뜸해지고 있다는 사실이다. 우리네 인생(人生)살이라는 것이 다 그러하듯 처음에는 모든 정성(精誠)을 쏟아 매진(邁進)하지만 달(月)이 지나고 년이 바뀌니 사람은 누구나가 그러하듯이 조금씩 관심(關心)이 둔(鈍)해지고 더러는 마음도 멀어져 간간히 소식 한번 전하는 것이 고작이다. 세월은 어느새 흘러 저희 집 큰 딸아이가 대학 입학 할 때가 되었다.

기숙사로 들어가게 되어 부모로서는 부담이 적어 다행이다. 장학금까지 받아 대학에 들어가니 더욱 큰딸 대학 들어가는 것이 왠지 공짜 같다. 어려운 가정환경에서 대학 진학한 딸을 기숙사까지 데려다 주고 싶은 마음은 엄마 입장에서는 굴뚝같다. 하지만 나는 어머님 발밑을 어제도 그랬고 오늘도 어김없이 사수하는 것이 나의 의무(義務)라 기숙사 데려다주는 일은 내 입장에서는 엄감생시 바라지 못한다. 더구나 먼 훗날 자유(自由)를 누리고자 나의 임무를 더 게을리 하지 않을 것이다. 안창호 선생님께서 말씀하신 자유(自由)란? 자기 의무를 다 한 자(者)만이 누리는 특권(特權)이다. 라고 말씀 하셨다. 다행스럽게 남편이 큰 딸을 기숙사까지 데려다준다고 말하니 마음이 한결 가볍다 나는 남편에게 막내딸도 함께 데리고 가라고 했다. 막내딸을 데리고 가라는 이유가 가는 길이 장거리라 내려오는 길에 남편 말벗이나 되어주라는 의미(意味)로 막내딸과 함께 다녀오라는 이유다. 남편은 아직 몸 회복이 덜 된 몸이라 장거리 운전하는 것이 무리였다. 큰딸은 어느새 기숙사에서 쓸 살림살이들을 다 챙겨 두었다. 기숙사에서 생활하는데 뭐가 이리도 짐이 많은지 아무튼 혼자 살 살림이지만 많은 생활용품들이 필요해 다 챙겼던 모양이다. 싸 놓은 BOX가 4박스다. 옛날에는 이렇게 많은 물건들 없이도 잘 살았는데 지금은 물질만능시대여서 그런지 필요한 것들이 너무 많아진 것이다. 사고 또 사도 끝이 없는 것이 요즘 생활 속 생필품이다. 사실 20여 년 전에는 차를 사면 내비게이션 하나면 족했다. 이제는 차 안에는 더 살 것이 없겠지 생각했는데 어느 시점에선 하이패스를 사야 되었다. 하이패스를 하나 달고 나서는 이제 더는 차량에 필요 할 것이 없는 것 같았다. 이제는 블랙박스를 사야 하는 시대라 블랙박스를 구입했다. 없으면 없는 대로 살아도 되겠지만 이왕지사 인생길 살아가면서 능력이 되면 편리하게 사는 것도 좋을 것이라는 생각 한다. 우리는 과학의 발전으로 여러모로 문명의 해택으로 참 편리하게 생활하고 있다. 우리 사회는 더 편리하고 더 쉽고 간단한 것을 요구하고 원하면서 살고 있어 아마 미래는 우리들의 상상을 초월한 기계 발달로 현대는 참 편리하게 살게 되지 않겠는가? 현대는 너무 편리성만 추구하다보니 가족들도 자기에게 조금 해롭다 싶으면 멀리하는 추세로 가고 있고 자기에게 짐이 될 것 같으면 부모 형제도 과감히 돌보지 않은 그런 각박함도 어느 부분에서 있는 것이 요즘 추세이고 보면 다소 염려스러운 부분도 없지 않다. 그런 사람들이 우리 주변에서 자주 볼 수 있어 참으로 안타까운 부분이고 우리 형제 또한 병든 엄마를 요양병원으로 모시려고 했던 것이다. 우리인간들은 동물과 다른 점이 있다면 부모(父母)공경(恭敬)하고 동기간(同氣間)에 우애(友愛)하는 것이고 일가친척 간에는 화목함이 근본이고 원칙이며 우리의 본바탕이며 의무(義務)요 책임(責任)이라 그 부분만큼은 인간의 도리를 벗어나 살지 않았으면 한다. 편리한 세상에서 살고 있다고는 하여도 기본적인 도리정도는 망각하지 않고 살아갔으면 한다.

어떤 강한 힘에 쓰러진 특별한 경험을 한다

막내 남동생은 일요일인데도 아이들을 데리고 오지 않고 혼자 어머니를 찾아 왔었다. 나는 어떤 초자연적인 힘에 의해 쓰러진 아주 특별한 경험을 하게 된다. 내가 쓰러졌을 당시 막내 남동생이 달려와 누나 왜 그러세요. 하며 부추겨줘서 내가 앞으로 고꾸라졌다가 일어난 사건이라 막내 남동생은 이날 일을 약간이라도 기억 할 것이다. 나는 이날 감히 엄두도

낼 수 없는 초자연 현상과 맞섰던 상황이라 지금도 아주 뚜렷이 기억하고 있는 일 중에 하나다. 다시 말해 소위 말하는 자연계에서 나를 데려가려는 현상을 보았고 나는 울 엄마를 지켜야 드려야 된다는 사명이 있어 절대로 죽을 수 없다고 버텼던 사연이다. 그러니까 소위 007영화에서나 볼 수 있었던 현상을 제 눈으로 똑똑히 보았고 투명한 총알을 정면으로 정 중앙 이마에 맞았던 사건이다. 그때 그 장면을 비슷하게라도 묘사를 하자면 문장력이 좋아야 사실감이 있겠으나 제가 글재주가 없다보니 제 눈으로 직접 보았던 장면과 그 총알을 맞고 느꼈던 체험부분을 어떻게 설명해야 할지 조금은 난감하다. 이 일은 사실이라 설명 부분이 다소 부족하지만 그래도 이야기를 하자면 제가 점심준비를 하느라 싱크대에서 야채를 씻고 있었는데 바로 제 뒤에서 이상한 소리가 쐐 엥 하고 들려서 나는 이게 무슨 소리지? 어디서 나는 소리지? 하며 고개를 돌아보는 순간 투명한 총알이 순식간에 날아와 제 이마 정면에 퍽 하고 관통을 했다. 쐐엥 하는 소리와 쏴한 느낌이 등 뒤에서 느껴졌고 무엇이 날아오는 소리를 듣고 싱크대에서 야채를 씻다 뒤를 돌아보려는 찰라 투명한 총알이 강력한 회전을 하며 제 이마를 향해 날아와 꽂히는 장면을 보았다. 제 귀에 이 총알을 맞은 너는 죽어야 돼. 라는 소리가 세 번 크게 들렸다. 특히나 투명한 총알의 파워가 어찌나 셌던지 퍽 하고 총알이 관통하는 순간 제 고개는 그만 뒤로 기억자로 꺾어진 것이다. 그 순간은 현실을 떠나 꿈속처럼 찰나의 순간이라 사실적으로 설명하기엔 한계가 있지 싶다. 이 총알을 맞은 너는 죽어야 돼. 라는 말과 동시에 총알을 맞는 순간 저는 신기하게도 정신은 멀쩡한데 갑자기 몸에 힘이 빠지며 균형마저 잃게 되었다. 저 역시 이 순간 이 소리에 순응할 수 없었다. 지금 이 상황은 제가 쓰러질래야 쓰러질 수가 없는 상황이었던 것이다. 제 자신도 모르게 보이지 않는 어떤 힘을 향해 안 돼 나는 이대로 쓰러질 수 없어. 나는 우리엄마를 지켜드려야 하기 때문에 절대로 이렇게 쓰러질 순 없어. 라는 말을 단호하게 두세 번 되뇌며 보이지 않는 어떤 힘을 향해 강력하게 죽기를 거부한 것이다. 그러나 이 상황은 제가 거부한다고 해서 거부할 수 있는 상황은 아니다. 라는 생각도 들었다. 그래서 나는 최소한 뒤로 넘어진 뇌진탕은 면해야겠다는 의지로 겨우 싱크대를 부여잡고 천천히 한두 발 걸어 냉장고에 등을 기대며 서서히 앉으려 했다. 그런데 제 몸이 내 의지대로 움직여지지 않고 나의 의지와는 다르게 식탁의자 쪽으로 고꾸라졌다. 몸과는 반대로 의식이 유독 뚜렷해 나는 이대로 죽을 수 없다. 라는 생각에 사력을 다해 엄마를 향해 엄마 엄마 엄마라고만 외친다. 어머니도 제가 엄마 엄마라고 부르는 제 소리가 심상치 않으셨는지 그저 소파에서 일어나시지도 못한 체 아야 아야 아야라는 말씀만 애타게 외치시는 것이 들렸다. 때마침 어머니 옆에 있던 막내 남동생이 우당탕하는 소리에 놀랐는지 아니면 제가 애타게 엄마 찾는 소리에 놀라 뛰어왔는지는 잘 모르겠지만 남동생이 재빨리 부엌으로 뛰어와 저를 일으켜주는 바람에 제가 일어났던 사건이다. 저는 이날을 한마디로 표현하자면 제가 우리 어머니를 보살펴 드려야 된다는 강한 생각이 저를 살렸다고 생각한다. 나는 그저 어머니를 제가 살펴드려야 한다는 일념(一念)하나로 쓰러지지 않으려 노력했고 만약 쓰러지더라도 충격을 덜 받기 위해 냉장고를 의지해야겠다는 생각으로 냉장고에 몸을 기대며 쓰러지려 했지만 생각과는 달리 냉장고 앞에 미처 도착 못하고 그만 식탁의자 쪽으로 몸이 기울면서 의자와 함께 넘어졌던 사연이다. 그리고 때마침 동생이 뛰어와 일으켜주는 바람에 막내 남동생을 의지해서 일어났던 사건이다. 아마 그 당시 제가 쓰러지는 과정에서 스치는 생각은 저마저 이렇게 쓰러져버린다면 울 엄마를 누가 살필 것이며 암 환자인 남편은 누가 책임지겠는가? 라는 생각이 먼저 떠올라 이대로는 죽을 수가 없었던 것이다. 그 당시 나는 어떤 보이지 않는 힘에 의해 불가항력적으로 쓰러지면서도 나는 이렇게 쓰러질 수는 없어. 라는 마음을 갖게 되었고 아직 나는 우리 엄마를 지켜드려야 하기 때문에 이렇게 쓰러지기는 싫어. 라고 강하게 쓰러지기를 거부했다. 저는 항상 우리 엄마를 지켜야 한다는 생각을 강하게 갖고 있다. 아무튼 제 일념(一念)이 보이지 않는 세계와 통했는지는 잘 모르겠지만 얼마 지나지 않아 나는 이상한 현상을 느끼게 되었고 그 느낌은 공기가 다 빠져버린 풍선처럼 흐물흐물하게 느껴졌던 제 육신과 정신에게 다시 기운이 불어 넣어지는 듯한. 느낌이 들어오는 것을 느끼게 된다. 그와 동시에 몸에도 기운이 차츰차츰 돌기 시작하더니 나는 곧 바로 일어나게 되었다. 이 당시 나는 순가락질 하나 제대로 할 수 없는 울 엄마에게 어떡해든 힘이 되고 의지처가 되어주어야 할 의무가 있는 사람이었던 것을 망각(忘却)하지 않으려 각심(刻心)했던 부분이 죽음을 면하게 된 운명이지 않았을까? 라는 생각을 했다. 이런 경험을 경험하지 않은 사람들은 이런 초 자연 현상이 주는 힘의 괴력을 이해하기란 쉽지 않을 것이라 생각한다. 흔한 현상이 아니라 달리 어떻게 설명을 해야 할지가 좀 난해한 부분이다. 이런 현상을 공감하는 분은 그리 많지 않을 것이라 생각한다. 지금도 가끔 그때 그 날 있었던 그 일을 떠오르면 아직도 가슴이 서늘해진다. 보편적으로 흔한 경험은 아니다. 믿을 수 없을 정도로 제 눈에 선명하게 보였고 제 귀에는 뚜렷하게 이 총알을 맞은 너는 죽어야 돼. 라고 들렸다. 저에게는 충격적인 장면이라 제 기억 속에 아직도 선명하게 그려진 이유는 제 눈을 의심할 정도로 뚜렷하게 총알이 보였고 귀에 들렸던 소리는 나를 데리고 가려는 소리가 크게 들렸던 터라 충격이 나름 컸다. 이날 갑자기 등 뒤에서 이상한 소리와 서늘한 느낌이 들어 뒤를 돌아보았다. 그런데 뭔가 저를 향해 뒤에서 날아오고 있는 장면을 보게 되었다. 그 장면은 바로 영화 속에서 보았던 투명한 총알이 날아오는데 강한 회오리를 일으켰고 바로 눈앞에서 제 이마에 퍽 하고 꽂혔다. 이런 현상은 찰나에 일어나는 현상이라 설명하기가 조금 곤란한 현상이다. 그러니까 투명한 총알이 회오리를 일으키며 김치냉장고 앞에서부터 나에게 날아오는데 눈 깜빡 할 사이 없이 제 이마 정면에 꽂히는 장면을 선명하게 제 눈으로 본 것이다. 나의 몸은 왜 그런 현상이 일어났는지 모르겠지만 이미 몸이 굳어 있어 피할 수도 거부할 수 없는 찰나이며 불가항력의 타이밍이다. 그렇지만 그 순간에도 의식은 뚜렷했고 그래서 내 의식은 왠지 회오리를 일으키며 날아오는 총알을 맞으면 왠지 안 될 것 같다는 느낌이 들었지만 피하지는 못했다. 그러나 의식이 살아있어 비록 몸이 얼음땡이 되어 꼼짝하지 못했지만. 이대로 쓰러지면 다시는 일어나지 못한다는 생각이 순간 머리에 스쳤다. 투명한 총알이 강한 회전을 하며 제 이마에 퍽 소리와 함께 꽂혔고 그와 동시에 저의 고개가 크게 젖혀진 것을 느끼게 된다. 그리고 그 충격에 나의 몸은 굳고 나의 의지와는 다르게 몸이 말을 듣지 않아 순간 겁이 벌컥 일었다. 아 사람은 이렇게 해서 죽는구나. 라는 생각을 했다. 이 상황에서 내가 할 수 있는 일은 서서 넘어지는 것을 피하는 것이라는 생각을 했다. 내 스스로 생각하기를 아 나는 이렇게 쓰러질 수는 없어. 아직 우리 엄마를 지켜드려야 할 의무가 아직 남아있는 사람이야. 나는 이렇게 쓰러져서는 절대 안돼. 라는 생각을 강하게 가졌다. 저 나의 의식(意識)과는 무관(無關)하게 몸이 점 점 점 기울어져만 가고 정신마저 혼미해지는 것을 느꼈다. 내가 이렇게 바닥으로 그냥 넘어진다면 키가 크고 등치가 커서 충격이 클 것이라는 생각이 들었다. 이것이 바로 의학계에서 소위 말하는 뇌진탕이 될 것이라는 생각이 스쳤다. 그 와중에도 저희 어머니를 의지하는 마음이 생겨 엄마에게 살려달라는 의도(意圖)로 엄마 엄마 엄마라고 불었던 사연이다.

오늘 일정이 무리였는지 몸이 천근이다. 식구들 저녁 반찬은 간단하게 차려주고 어머님 상을 차려 소파 앞에 놓고 어머니를 일으켜 앉혀드린 후 엄마식사를 떠드렸다. 엄마는 시장하셨는지 식사를 너무 맛있게 드신다. 식사 중에 잊지 않고 이것도 맛있고 저것도 맛있다. 라는 말을 또 해주셨다. 엄마의 이 말씀은 나의 찌든 피곤함을 잊게 만드시려는 의도이신지 울 엄마는 오늘따라 유난히도 이것도 맛있고 저것도 맛있다. 라는 말씀을 반복하신 것이다. 더구나 식사 중에 이마 땡을 하자고 이마를 저에게 내미시기까지 하신다. 저희 어머님 정(情)이 가득 찬 애정 공세(攻勢)를 받고 났더니 나도 모르게 모든 피로가 사라지는 느낌이다. 가끔 나는 엄마 따뜻한 손길과 사랑이 가득한 눈길을 보면서 우리 엄마는 순간순간 애정표현을 아주 적절하게 참 잘 해주신다는 생각을 종종 했다. 그러니까 20여 년 동안 오직 단어 스무 마디 정도만 겨우 구사 하셨는데도 불구하고 때와 장소 그리고 분위기에 맞게 단어들을 사용하시며 본인의 감정표현을 아주 적절하게 사용하시는 부분을 생각하면 나는 이렇게 훌륭한 분이 바로 저희 어머니라는 생각이 들어 저희 어머니가 너무 자랑스럽게 느껴졌다. 애정표현도 온 몸을 사용해서라도 다양하게 하여 간병하는 사람을 지치지 않게 해주시는 마력(魔力)도 가지고 계셨던 분이라 생각한다. 강진을 다녀오셔 피곤함에도 불구하고 엄마가 식사를 맛있게 잡수시니 이 또한 나에게는 또 다른 행복이다. 엄마 식사가 끝나 치우려고 일어서는데 남은 식구들이 나를 식탁에서 기다리느라 밥을 먹지 않고 우리모녀만 유심히 쳐다보고 있는 것을 본다. 막상 나를 기다리고 있었던 식구들에게 미안한 마음에

"왜 먼저 먹지?"

라고 했더니 막둥이 딸이

"오랜만에 엄마랑 밥 같이 먹고 싶어서요."

라고 한다. 그러고 보니 한 지붕 밑에 같이 살지만 식구가 같이 밥 먹는 것이 드문 일이였던 것이다. 식구들이 나를 기다려준 덕분에 오랜만에 식사를 가족들과 같이 하게 되었다. 나에게는 역사적인 날이 되지 않겠나 싶기도 하는 날이다. 나는 저녁 식사 후 설거지를 대충 끝내놓고 뒤도 돌아보지 않고 엄마 옆에 대짜로 누워버렸다. 엄마 이마땡으로 피곤함이 사라진 것 같았지만 그래도 누적된 피곤함이 밀려왔기 때문에 몸이 말을 듣지 않았다. 모든 시름 접어두고 잠깐만이라도 눈을 붙이고 싶었던 것이다. 얼마 지나지 않아 엄마 인기척 아니 부르시는 소리에 할 수 없이 일어났다. 엄마 용무를 마치고 나니 자동으로 누웠다. 마루에 부려진 내 몸은 천근이었던 것이다. 아니 몸이 바닥과 한 몸이 돼 용을 써 봐도 움직여지지 않았다. 고향 집에서 짧은 시간에 잡초를 하나라도 더 뽑아야 버려야 된다는 생각으로 용을 써서 그랬는지 아무튼 오늘따라 유독 몸이 바닥에서 떨어지지가 않고 자동으로 입 밖으로 나오는 소리는 아이고 고 고 고라는 소리가 절로 나왔다. 아니 정말 정말 몸이 말을 듣지 않고 그저 입 밖으로 아이고 고고라는 음파가 절로 샌다. 나의 이런 모습을 보신 엄마는 내가 안쓰러우신지 애처롭게 쳐다보시며 그랬어? 라고 애처러워 하신다. 나는 왠지 울 엄마 그랬어? 라는 말씀이 미안해하시는 느낌 같아 엄마에게 너스레로

"엄마 나도 이젠 늙었나 보네. 고향 집에서 잠깐 풀을 뽑았다고 몸이 이렇게 말을 안들어요."

라고 너스레를 부렸다. 울 엄마 일어나 소파에 앉으시면서

"그랬구나."

라고 하셨다. 울 엄마 그랬구나. 라는 말씀은 어딘지 모르게 정(情)이 가득 들어있는 울 엄마의 사랑으로 느껴진다. 제가 이렇게 아이고 고 고

고 라고 더 소리를 냈던 이유 또한 울 엄마에게 어리광을 부리는 차원이다. 너스레라도 부리지 않으면 특별히 나눌 이야기 주제가 많이 없어 더러는 적막함이 있다. 종종 나는 엄마에게 이렇게 어리광 부리고 철부지처럼 굴어 적막(寂寞)함을 해소하려 더러는 철없게 더러는 바보스럽게 살아가고 있는 이유다. 나의 지론(至論)은 늙어 가신 부모님 앞에서는 자식 나이가 중요하지 않다는 사실이다. 자식이 나이가 들어 환갑이 지나도 부모 앞에서는 언제나 자식인지라 나는 어머니 앞에서 어리광을 부리는 것이 자연스럽다. 자식이 부모 앞에서 어리광 부리지 않으면 그 누구에게 부리겠는가싶기도 해 나는 종종 이렇게 철부지로 돌아간다. 울 엄마에게만은 나는 마냥 어린아이이고 싶은 것이다. 나의 철없는 행동을 엄마가 옆에서 이렇게 맞추어주시고 웃어주시니 나의 철없는 행동들이 아직까지 가능하지 않았을까? 싶다. 울 엄마 특유의 표현으로 나의 어리광에 답해주셨던 울 엄마 제치는 나를 아직도 때 묻지 않는 아이로 돌아가게 하는 마법이지 싶다. 품위나 교양(敎養)면을 따지자면 품위나 교양은 분명 결여(缺如)되어있다. 우리 모녀에게만 특별히 있는 다정함이 남달리 가득할 뿐이다. 이런 행동(行動)은 내가 힘든 세상을 헤쳐 나가는데 원동력(原動力)이요. 세찬 비바람 속에서 나를 버티게 해준 자양분(滋養分)이다. 나도 저희 아이들을 키우면서 야단치는 것보다는 사랑으로 감싸주는데 주안(主眼)점을 두었던 부분이다. 내 경험으로 보더라도 야단치기보다는 오히려 격려(激勵)가 좋았던 것이고 격려보다는 따듯한 마음이 더욱 아이들 마음을 안정시켜주는 시너지 효과가 좋았다.

이젠 완연한 봄이다

어느새 유수 같은 세월이 흘러 벌써 4월로 들어섰다. 4월이라 진해에서는 벚꽃들이 벌써 만개(滿開)해서 시들어가는 시기(時期)다. 김해는 진해 인접 지역이지만 아직까지는 벚꽃향기의 여파가 느껴지며 벚꽃들이 여기저기 피어있어 아름다움을 뽐내고 있다. 아직 거리에는 여러 가지 꽃들이 활짝 피어있어 완연한 봄이 도래(到來)하였음을 느낄 수 있는 시기다. 시간이가고 달이 가니 남편도 이젠 몸이 어느 정도 회복되어 현장 일을 나가게 되어 요양하려면 더 많은 시간이 필요하겠지만 아쉽게도 워낙 궁색한 가정형편이라 마냥 쉬는 것도 남편 마음을 불편하게 했던 것 같다. 가장의 책임이 막중한지라 아직 회복이 덜 된 몸으로 삶의 현장으로 나가야 하는 형편이 왠지 내 마음의 서글픔이 되어 밀려왔다.

막상 남편이 공사현장으로 이른 새벽공기 가르며 일을 나서니 가난한 자(者)는 아파도 제대로 쉬지 못하고 삶의 현장으로 나가야만 하는 이 현실이 너무 싫다. 나라의 낡은 제도가 국민들을 너무 가난하게 만들어 가는 것만 같아서 싫은 것이다. 우리나라도 언젠가는 낡은 제도들이 모조리 바뀌어서 국민들이 의식주(衣食住)걱정 하지 않는 선진국(先進國)형 제도(制度)가 빨리 도입(導入)되었으면 하는 마음이 간절하다. 어쩔 수 없이 현장 나가야만 하는 남편 입장과 우리 처지를 생각하면 애처로운 마음도 들지만 또 다른 각도로 생각하면 기쁜 마음도 없진 않다. 이유는 남편 건강이 많이 회복되었다는 증거가 될 것이기 때문이다. 달리 생각하면 사람이 하고 싶은 일이 있어도 건강이 허락해주지 않으면 일을 하고 싶어도 못한다. 그래서 일 갈 수 있다는 것은 건강이 많이 좋아진 현상이라 나는 좋게 생각한 부분이다. 물론 우리 사정이 두 환자로 인하여 경제적인 측면은 많이 곤란하지만 그래도 형제들 덕분에 엄마 간병 비 명목으로 나는 6월간 150만 원이라는 큰돈을 받았던 것이다. 그동안 물심양면(物心·兩面)으로 나에게 큰 힘이 되어준 형제들이 있어 내가 견딜 수 있었던 부분이다. 형제들에게서 받았던 그 돈은 분명 나 혼자 독식은 하지 않았다. 환자이신 엄마에게 들어가는 생활비가 사실 무시할 수 없었다. 1년이 넘도록 엄마 병원비 분담하느라 경제적인 형편이 곤란한 형제도 있어 나 나름 나눠 썼다. 이제는 여러 달 주는 형제들 형편 생각해야 할 시기라 생각한다. 한 집 당 30만 원씩 6개월 준다는 사실은 무리다. 엄마 병원비까지 6/1씩 각자 부담을 했던 부분이라 지금 이 시기는 정말 형제들도 경제적으로 많이 어려운 시기라 여겨진다. 1년 넘게 저희 6남매가 경제적으론 힘들고 고달팠다. 형제가 어려운 고비에 힘을 합쳤기 때문에 엄마도 그나마 이정도 건강을 회복하셨지 않나 싶다. 남편도 건강이 많이 회복되어 매일은 아니더라도 종종 일을 나가게 되었으니 이제는 형제들에게 부담을 덜어 주는 방향으로 생각을 나는 해야만 했다. 내가 이런 생각을 하고 있을 즘 때마침 나의 생각을 읽었는지 내가 형제들 마음을 읽었는지 알 수 없지만 형제라 생각이 통했는지 대전 사는 막내 여동생 한태서 전화가 왔다. 이 무렵 우리 형제들은 엄마가 1년 넘게 병중이라 조금 지쳤는지 다소 엄마에게 소원해진 상태다. 오랜만에 전화를 한 여동생은 엄마 안부 먼저 일단 묻고 나에게

"오빠들이 간병 비를 절반으로 줄였으면 한다는 의사표시를 해왔어."

라고 했다. 그래 동생 그 말끝에

"나도 그 부분을 그렇게 생각하고 있다. 그러니 그렇게 해라. 그렇지 않아도 나도 그렇게 하라고 말하고 싶었는데 마침 전화 잘했다."

라고 했다. 물론 내 말끝에 여동생도

"알았어."

라고 하면서 전화를 끊었다. 돈이라는 것이 있으면 있는 대로 써지지만 없으면 없는 대로 또 아껴 쓰면 되는 것이다. 내가 좀 덜 쓰면 된다. 어쨌든 이렇게 해서 간병비가 절반으로 줄었지만 그 또한 여의치 않은 형제들 형편도 생각해야 하는지라. 나는 엄마 반찬값과 간식비 정도 돈이면 족하다. 울 엄마 이렇게 쓰러지시기 전에는 이런 지원들이 전혀 없어 약간 서운한 마음도 없진 않았다. 요즘은 간병비 명분으로 이렇게 돈이 형제들에게서 들어오니 남편 보기가 조금 떳떳함도 있다. 여자는 친정 부모님 모시고 사노라면 왠지 모르게 남편 눈치 보고 시집 눈치를 은연중(隱然中) 보게 된다는 사실이 조금 불편하다. 내가 엄마를 여러 해 모시고 살면서 형제들에게 서운했던 부분이 있다면 엄마를 생각하는 모든 부분에 대해선 남다르게 효심이 깊은 자식들이지만 엄마 용돈 드리고 생활비 주는 부분만큼은 유독 인색했던 것 같다. 내 삶이 여유가 없다 보니 가끔 엄마가 매일 6시 내 고향 프로를 보신다거나 생생 정보통신 프로 시청하시다가 해산물 나오는 장면 보시면 맛있겠다. 라는 말씀을 종종 하신다. 그러니까 엄마가 맛있겠다. 라는 말씀을 하실 때마다 자식 입장에선 부모님께서 맛있겠다. 라고 하셨을 때 바로바로 맛있겠다. 라고 하신 것을 사드리지 못함이 서글펐다. 내 형편이 곤곤해 엄마가 맛있다고 말씀 하신 것을 바로바로 사드리지 못했던 것들이 내 마음을 서글프게 했던 것이다. 가난하게 살아가고 있는 내 모습이 초라하게 느껴지기도 했던 부분이다. 요즘 형제들이 울 엄마 좋아하시는 것 정도 사드릴 수 있는 돈을 보내 주고 있어서 나는 울 엄마 좋아하시는 해산물 정도는 부담 없이 사 드리고 있어서 이 또한 나의 행복이다. 요즘 엄마에게 생 낙지를 자주 사드리고 있다. 낙지를 자주 사드리는 이유가 기력 없는 소에게 생 낙지를 주면 소도 기력이 회복되는 프로를 몇 번 봤었다.

우리엄마도 기력 회복하시는데 좋지 않겠는가? 라는 생각에 나는 자주 생 낙지를 탕탕이 해서 엄마를 드린다. 오늘도 나는 아이들에게 엄마를 잠시 부탁하고 새벽시장에 들려 낙지와 옥수수 그리고 오징어를 샀다. 오징어는 약간 삶아 초장과 함께 드리면 엄마께서는 맛있다. 라고 하시며 맛있게 드시니 울 엄마 이렇게 챙겨드리는 과정이 나는 즐겁다. 이런 부분도 나에게는 작은 행복의 요건이라 생각한다. 엄마는 봄 낙지를 자주 잡수셔서 그런지 소파에서 일어나실 때 조금 힘이 있어 보였다. 이전에는 누워 계시다 일어나 앉으실 때면 많이 힘들어 하셨는데 최근 들어 쉽게 일어나시고 앉으시는 것이 많이 수월해지셨다. 나이 들고 병 깊으면 드시는 음식이라도 잘 드셔 원기라도 충만하면 회복하시는데 큰 도움이 되지 않겠나 생각한다. 울 엄마는 언제나 작은 것 하나에도 감사할 줄 아셨던 분 같다. 그것에 답하고자 자식들이 챙겨주면 그것을 너무 맛있게 잡수시는 울 엄마 모습은 정말로 자식 입장에선 꼭 답습(踏襲)하고 픈 모습이다. 엄마가 소파에 누워계시다 일어나 앉으시는 과정이 눈에 띄게 가벼워 보였다. 머지않아 엄마는 곧 걸으시게 될 것이라 나는 믿고 있다. 나는 무료하게 누워계신 울 엄마가 빨리 일어나 걸으셨으면 좋겠다는 생각에 엄마에게 조심스럽게 다가가

"엄마 날씨가 좋으니 우리 걸음마 연습 좀 해봅시다."

라고 말을 했다. 그런데 엄마가 생각하는 때가 아직 되지 않았는지 운동하자는 내 말을 아주 못마땅하게 여기시고 나도 모르겠다. 라고 퉁명스럽게 대답하신다. 아마 이렇게 퉁명스럽게 아니 매몰차게 말씀하실 땐, 아직 때가 되지 않았으니 좀 더 기다리라는 뜻으로 나는 해석(解釋)한다. 일단 엄마 말씀이 평소보다는 냉소적이라 다소 놀랐지만 어머니만 알고 있는 또 다른 이유가 있을 것이라 생각하고 나는 어머니께 운동하자는 말을 다시는 하지 말자. 라는 생각을 하며 오늘도 엄마 발밑을

사수하며 오늘이라는 글자를 되새겨본다. 그러니까 언제나 끊임없이 무한(無限)반복(反復)되는 오늘? 이라는 단어는 많은 생각을 불러일으킨 것이다. 우리는 어제도 오늘이라는 시간을 보냈다. 그리고 내일도 모레도 오늘이라는 과정을 보내며 과거를 만들어 낸 것이다. 나는 바로 오늘 바로 이 시간 바로 이 순간, 나는 나에게 세상에서 가장 소중하신 울 엄마와 함께하고 있는 이 순간을 무한히 감사하게 생각하며 오늘도 어머니 모심에 꾀부리지 않으려 노력(努力)한다. 내가 울 엄마 발밑을 사수하는 동안 부지런한 계절은 쉼 없이 변해서 바깥세상은 어느새 봄이 왔는지 여기저기서 어여쁜 꽃들이 만발해 온 세상을 아름답게 만들어가고 있는 것이다. 작년 봄 이맘때는 봄이 어떻게 오고 갔는지 기억도 없다. 지금 이 순간을 작년과 비교 한다면 그때는 정말 울 엄마가 생과 사(生과死)의 길목에서 사투(死鬪)를 벌렸던 시절이다. 그러다보니 우리 형제들은 정신을 차릴 수 없을 정도로 경황없는 시간들을 보내야만 했었다. 그런데 지금은 어머님 건강(健康)이 많이 호전(好轉)되셔 이렇게 집에서 요양(療養)중이시니 어쩌면 1년 전과 비교한다면 나는 어머니를 다시 얻은 것이다. 그리고 장장 9개월간의 고통과 힘겨운 인고(忍苦)의 시간을 보낸 끝에 결국 발뒤꿈치 괴사마저 다 나은 쾌거를 얻었다. 나에게는 기적과 같은 완쾌다. 그러나 괴사로 생긴 상흔이 깊어 울 엄마 발뒤꿈치 3/1가량 함몰 자국이 남았다. 이 상흔(傷痕)의 흔적(痕迹)만 보더라도 엄마가 그동안 고통이 얼마나 심했는지 짐작 할 수 있는 흔적이다. 이 과정을 겪어보지 않은 사람은 이 과정에서 겪었던 우리들 고통 또한 얼마나 괴로웠고 힘이 들었는지 짐작도 할 수 없을 것이다. 우리와 같은 유사한 경험을 해본 사람과 이런 경험이 전혀 없는 분들께서는 제가 쓴 글만 가지고서 느껴지는 감정의 차이는 현저하게 다를 것이라 생각한다. 제 경험상 세상만사(世上萬事)를 논(論)할 때는 경험자(經驗者)

가 겪은 경험들은 경험자만 아는 것이고 그런 경험들이 쌓여 지혜가 될 수도 있다는 사실이다. 그리고 그 경험에서 얻어진 교훈(敎訓)이 바로 타인(他人)의 슬픔과 상처(傷處)를 헤아려보고 슬픔을 같이 나누고자 하는 마음과 깊은 배려심이 생긴다는 것을 깨달은 사례. 제 나이 50중반의 경험이라 비록 짧게 겪은 경험(經驗)이며 체험이라고는 하지만 이 시점(時點)에서 제 개인적(個人的)인 생각과 깨달음을 논하자면 이 세상에는 독불장군(獨不將軍)은 분명 없다는 사실을 깨달은 것이다. 사람은 모름지기 형제이든 이웃이든 상생(相生)하려는 마음으로 살아야 한다는 것을 배운 부분이다. 반면 수많은 고행(苦行)을 하고서 성공하신 분들은 직접 힘든 삶을 살아보셨던 경험이 있어 타인의 아픈 상처를 알아주신 부분이 고생해보지 않았던 사람과는 확연한 차이가 있음을 느꼈다. 그래서 국회의원들이나 장관을 뽑을 때 주로 사법고시생들만 뽑지 말고 저 밑바닥에서부터 온갖 시련을 겪으신 분들 위주로 시험을 통해 등용해보면 어떨까? 라는 생각을 해 본다. 이유는 본인 스스로가 어려운 과정들을 힘들게 겪으며 살아왔기에 그 누구보다 남의 고통을 알아주실 것이라 생각한 이유다. 그러니까 다양한 경험을 쌓고 살아오신 분들 대부분 책에서 이론으로 공부만 하고 살아온 분들과는 확연(確然)하게 포용력과 이해력이 남다르다는 것을 알게 된 이유다. 좌절과 고난 속에서 살아온 사람들 생각은 대부분 어려운 과정이 오히려 자신을 닦는 과정이었으리라 생각한다. 그리고 자신을 극기하는 인내(忍耐)의 시간이 되었을 것이고 자신을 강하게 다듬는 담금질이 되었을 것이라 생각한다. 많은 고난과 시련은 자신을 수양(修養)하는데 커다란 지침서(指針書)가 되었을 것이고 마음을 갈고 닦아 인격(人格)수양(修養)이 되어 남을 먼저 배려하려는 마음이 강하다는 사실을 깨달았을 것이다. 더구나 다양한 경험이 많은 사람은 어떤 일을 추진하더라도 가장 먼저 우선시 되는 것이 무엇인가를 먼저 가름할 줄 아는 안목이 열려있어서 경험 없는 사람보다는 어딘지 모르게 추진하는 부분과 사람을 리더 하는 부분이 경험 없는 사람보다는 유리하다는 사실이다. 그 사람에게는 높은 인격과 품성이 형성되어 상대 의사를 먼저 존중해주는 것이 돋보인다는 사실이다. 그러니까 장수들에게 항상 의견을 물어보는 유방 성품이 언제나 어떻게 하지? 라는 뜻으로 여하(如何)? 붙어 부하에게 의견을 먼저 물어보는 참여형(參與型)있으며 반면 항상 자기 의견에 동의만을 요구하는 항우장사(項羽壯士) 어떠냐? 라는 하여(何如)?라는 지시형(指示型)의 말 차이로 초나라 백전백승(百戰百勝)의 명장(名將)항우가 중국 강소성 폐현의 백수건달 유방에게 패배한 사건을 우리는 거울삼아 우리에게는 지배자(支配者)보다는 지도자(指導者)를 원하는 것이다. 그래서 현대사회는 어떤 면에서 오너[Owner]와 리더[leader]의 차이를 구분 지어 오너[Owner]는 네가 해라. 라고 지시를 내리지만 리더[leader]는 우리 함께 함께 해봅시다. 라며 상대를 이끌어간다. 라고 했던 부분을 상기해 본다.

요즘은 상대 말을 경청(傾聽)하는 시대는 사라져가고 있다는 것을 느끼는 시대다. 더구나 인터넷 발달로 다양한 학식과 다양한 정보들이 난무하게 쏟아져 나와 있는 현대 사회는 자기가 알고 있는 것이 전부 옳다고만 주장해 불협화음의 시대를 초래하기도 하니 그야말로 정보 과부하 시대고 정보 범람 시대다. 지금 이 시대가 말세(末世)를 야기하는 시대가 아닌지? 의문스럽다. 그러니까 인터넷 발달로 가정에서도 정(情)이 고갈(枯渴)되어 가는 현상이 나타나고 있어 조금은 사회가 삭막해져 가는 모습을 보는듯하여 다소 씁쓸하다. 인정(人情)과 배려(配慮)심이 많이 줄어가는 추세가 현주소라는 것 그리고 자기본위(自己本位), 이기심(利己心)이 강해져가는 추세다. 나르시시즘 에고이즘에 빠져 소통(疏

通)이 단절 되고 보니 이곳저곳에서 마찰이 자주 일어나는 현상이 많다는 것 손님 본위 즉 이타주의(利他主義)처럼 타인(他人)만을 위해 살라고는 할 수 없다. 합리적인 사고(思考)인 네가 좋으면 나도 좋은 것처럼 자타주의(自他主意)도 썩 권장 할 만 한 것도 아니라는 생각이다. 이런 개똥같은 철학은 단순히 제 개인적인 철학일 뿐이다. 그러나 더러는 공익(公益)을 위해선 사사(私事)로운 것은 버려야 하는 경우가 있어 대(大)를 위해 소(小)는 희생(犧牲)할 줄 아는 지혜도 더러는 필요(必要)하지 않겠나 싶다. 나의 시대적인 착오(錯誤)일지 모르겠지만 저희 아이들 셋에게만은 공부위주로 살지 않아 학원을 전혀 보내지 않았지만 사실 학원을 보내지 못한 이유는 경제적(經濟的)요인(要因)이 제일 컸다. 훗날 학원에서 배운 교육은 사회에 나가서는 크게 쓰이지 않을 것 같아 나는 굳이 학원 보내는 부분에 대해선 연연하지 않는다. 그런데 어느 날 막내딸 초등 3년 담임선생님께서 전화를 하셨다. 그리고 저에게 하시는 말씀인즉 어머니 어머니께서는 무슨 배짱으로 **를 학원에 보내지 않으세요? 라고 물으셨다. 그때 제가 담임선생님께 답하기를 서울대 보내지 않으려고요. 그리고 1등하지 말라고요. 라는 대답을 했었다. 학원 한 번 보내지 못한 부모로써 민망했다. 가난한 자(者)의 궁여지책(窮餘之策)으로 한 대답이며 궁색하고 유치한 변명이다. 그런데 선생님 왈.

"물론 서울대 안 보내고 1등하지 않아도 됩니다. 그러나 다른 친구들보다 실력이 떨어지면 자존감이 떨어져 함께 어울리는데 다소 장애(障碍)가 있으니 방과 후 제가 가르칠 테니 방과 후 저에게 보내주세요."

라는 말씀을 하셨다. 나는 이때 이 담임선생님의 진정성을 느껴 감동을 받았던 사연이다. 지금 이 시대에 스승은 사라지고 선생님만 남아있는 줄 알았는데 진정한 스승님이 이렇게 계신다는 사실에 아직 대한민국 교육이 죽지 않았다는 것에 감격했다. 더구나 세상을 나의 좁은 안목으로만 보았던 나의 저속(低俗)함을 반성했었던 사연이다. 하지만 나에게는 부모님 일찍 여윈 어린시동생 대학 뒷바라지가 우선이라 저희 아이들 학원 보내는 일은 호사(豪奢)였다. 다른 군식구들이 여러 명 있어 사실 함께 생활하는데 들어가는 돈도 나에게는 큰 부담이 되었던 시절이라 아무튼 저희 아이들에게 학원이란? 먼 나라 이야기였다. 그래서 저희 아이들 교육은 당연히 뒷전으로 밀리게 되어 저희 아이들 셋 학원은 꿈도 꿔보지 못했던 나의 고단한 인생여정이라 하겠다. 그러나 학벌과 지식으로 인생을 살아가기보다는 저희 아이들 3남매만큼은 다양한 경험을 쌓아 가는 것을 권하고 싶다. 하지만 현실은 마냥 경험만 쌓고 살아가기에는 다소 어려움이 따른다는 것이 문제라는 것이다. 그래서 더러는 현실과 조율도 필요하다는 생각을 한다. 저희 아이들만이라도 젊은 세대들이 너무 금전을 따지는 것보다는 더러는 손해(損害)보고 살더라도 멀리 보고 가는 것도 좋을 것 같아 자기가 좋아하고 자기가 잘 할 수 있는 것을 선택해서 직장도 가져보라고 권하는 차원이지만 이 또한 현실에서는 부딪치는 것들이 많다. 내가 세상 물정을 너무 몰라 이런 이야기를 하고 있는지도. 모르겠다. 그리고 너무나 현실과 동떨어진 이야기일 수도 있겠다. 젊은 세대들이 될 수 있으면 자기가 좋아하는 일 자기가 잘 할 수 있는 일을 찾아 삶을 영위하기를 바라며 각자의 재능과 역량을 힘껏 발휘 할 수 있는 곳이고 꿈과 목표를 실현할 수 있는 곳이 바로 직장이었으면 하는 마음도 간절하게 희망하는 부분이다. 우리가 이런 생각들을 절실히 원하며 바라고 사노라면 분명 미래(未來)는 현세(現世)보다는 더 좋은 세상으로 바뀌어 가지 않겠는가? 생각한다. 우리나라 미래는 이런 세상을 구현(具現)하고자 하늘은 강력한 구심점이 되어주실 분을 내려 보내주시지 않을까? 라는 저 개인적인 희망을 가져본다. 예언서마다. 말세(末世)에는 신(神)이 인간의 모습으로 나타나 지구

질서를 바로 잡아 지상낙원으로 이끌어 가신다는 부분들이 내가 역경을 이겨내고 견디어 낼 수 있는 원동력이라 생각한다. 그러니까 예언서마다 해인시대(海印時代)에는 신인(神人)이 출현(出現)하셔서 신정정치(神政政治)를 펼치시는데 그것이 바로 공존공영(共存共榮)시대가 될 것이라는 뜻이다. 우리인간은 서로 상부상조(相扶相助)하며 살아가야 마땅하지만 언제부터인지 약자(弱者)는 도태(淘汰)되고 강자(强者)만이 생존하는 동물세계와 같은 약육강식(弱肉强食)시대와 비슷하게 변해가고 있으니 하늘은 이런 부분을 바로 잡아 주시지 않겠는가? 라는 개인적인 생각만 있을 뿐이다. 더구나 울 엄마께서 늘 강조하셨던 부분이 바로 좋은 생각을 항상 생각해야 된다고 강조하셨던 부분이 아마도 이런 뜻이라 여긴다. 그러니까 그 이유가 좋은 생각이 좋은 결실을 맺는다는 의미라 나는 해석한다. 그리고 우리는 한마음 한뜻으로 절망보다는 희망을 품고 살아가야 되는 것이고 부정적(否定的)인 생각보다는 긍정적(肯定的)인 생각을 하며 사는 것이 더 좋다는 뜻이다. 더구나 생각 자체를 음지(陰地)쪽. 보다는 양지(陽地)쪽을 선택해야 하는 것이고 악(惡)보다는 선(善)을 행(行)해야만 되고 수동적(受動的)인 태도보다는 능동적(能動的)인 태도가 올바른 것이며 소극적인 것보다 적극적인 태도로 임해야 하는 정신이 바람직한 마음가짐이다. 진취적이고 발전적인 생각도 함께 깃드노라면 언젠가는 현재보다 나은 미래를 마중하게 될 것이다. 지금 우리 기성세대들은 먹고 살기위해 직장을 다녔던 세대다. 하루라도 벌지 않으면 당장 땟거리 걱정하는 세대라 더욱 자기가 좋아하고 자기가 잘 할 수 있는 직업을 선택해서 살아가는 사람은 극소수라서 삶이라는 무대가 참으로 고단했던 것이고 삶의 노예가 되어있어 삶이라는 것 자체가 짐이 되어 스트레스를 많이 받아 세상에서 존재하는 병은 다 갖게 된 요인이라 생각한다. 더구나 밥 먹고 살만한 나이가 되면 병이 들어 죽을 날을 기다리는 운명을 맞이하고 있으니 참 아니러니 하게 기구한 운명이 바로 우리세대이며 과도기를 살아야 했던 우리 윗세대다. 먹고살기 위해 힘겨운 노동도 불사하고 사셨던 분들 보면 육체(肉體)가 그 동안 고단한 삶을 말해주듯 허리가 구부정해지고 다리는 휘어진 모습을 보노라면 참으로 안타까운 모습이다. 세상 사람들 모두가 그런 운명은 아니라 할지라도 보편적(普遍的)으로 기성세대(旣成世代)들이 맞이하게 된 삶의 사이클이 대부분 비슷하다는 것이다. 그러나 이젠 의학과 과학이 우리의 상상(想像)을 초월(超越)할 정도로 발달(發達)되고 있어 우리의 삶의 질도 많이 좋아졌다. 그리고 수명도 대체의학 발전으로 많이 연장되어가는 추세다. 반면 돈벌이가 없어진 연로하신 분들 대부분 수명은 늘어났지만 수명이 늘어난 만큼 경제적인 고민을 안 할 수가 없는 것이 기정사실이고 우리 세대가 고민하는 부분이다. 아니 내가 노모님을 모시면서 피부로 느낀 부분이 바로 이 부분이다. 그러니까 노후 준비를 못하신 분들 대부분 마냥 긴 세월 자식들에게 의존하다보니 부모님은 부모님대로 부담스럽고 자식은 자식대로 부담스럽게 되는 사회문제가 야기되는 부분이다. 이 과정이 반복 되다보니 결국 자식과 부모 관계는 자연히 멀어지게 되는 추세다. 그래서 제가 바라는 것은 국가가 선진국처럼 나라만 잘살게 하지 말고 국민도 잘 살 수 있게 몇 가지 제도를 바꿔 예산 낭비된 부분을 철저히 막아 최소한 소외되고 연로하신 분들 의식주만이라도 해결해주었으면 하는 바람이다. 일반 가정이나 저희 가정도 2~3달 일하지 않으면 당장 땟거리 걱정을 해야 되는 실정이라 나라는 부자인데 반해 국민들 삶은 여유롭지 못하는 이 현실이 나는 정말 우리 모두 고민해봐야 될 문제다. 나라 제도가 너무 편파적으로 국민을 위한 제도 보다는 입법부에 있는 사람들 위한 제도(制度) 같아 국민 한 사람으로써 분계한 부분이다. 70년 된 낡은 헌법을 모조리 바꿔

주실 분 사인불인(似人不人) 즉 사람 같지만 사람이 아니다 라는 강력한 분이 나타나시어 국민을 이롭게 하는 헌법으로 새로 개정 될 것이라 나는 믿는다. 그리고 이왕지사 우리가 변하고 달라져서 밝고 건강한 마음가짐으로 자기가 하고 싶은 일 자기가 잘 할 수 있는 일 하면서 가족과 더러는 이웃들과 평화롭고 풍요로운 삶을 살아가는 그런 시대는 분명 도래 할 것이라 확신하고 기대하며 공존공영의 새로운 세상이 올 것이라 나는 오늘도 열망한다. 요즘 우리 집 생활은 매일 반복 되는 일상의 연속이다. 그렇지만 같은 일상인듯하면서도 똑같지가 않다는 것을 깨닫는다. 그러니까 엄마 밥상에 올린 반찬들이 다르기도 하고 내가 부른 퐁당퐁당 노래 음도 같지 않기도 하고 간간이 나누는 대화도 약간씩 다르다는 것이 차이라면 차이다. 내가 어머님께 드리는 간식도 다르다. 그리고 간식거리가 맛있으면 울 엄마는 어김없이 이마 땡을 하자고 저에게 이마를 내 밀어 주신 이마 각도도 다르고 그날그날 이마 땡을 하며 느낀 감정도 다르다. 나는 울 엄마 덕분에 남들은 쉽게 할 수 없는 수많은 경험을 공짜로 하고 있다는 느낌도 든다. 이 또한 내 복(福)이라 여기고 오늘도 활기차게 씩씩하게 울 엄마 발밑을 사수하고 있는 중이다. 이럭저럭 특별할 것 없는 일상 속에서 한주를 보냈다. 하지만 더러는 소위 말하면 무료하다고 느끼는 사람이 있는 반면 일주일씩이나 무탈했으니 이 또한 너무 감사한 일상이라고 생각하며 감사한 마음으로 하루하루 살아가고 있는 사람도 있듯이 나 역시 무탈하게 보내는 오늘 하루도 그저 천지신명님께 감사하게 생각하며 살고 있다. 내가 울 엄마 궁둥이 밑을 사수 하고 지낸지 벌서 1년 반이 넘었다. 아직까지는 내 개인적인 외출은 생각하지 못하고 살고 있는 중이라면 중이다. 이 시점에서 내가 생각지도 못한 일이 생겼다. 울 엄마의 특별한 나는 제부도에서 열린 고향동창 모임에 1박 2일 코스로 다녀오게 되었던 사연이다. 언니가 엄마 간병을 해줘서 가능했었던 외출이며 울 엄마가 필히 다녀오라고 권해 가능했던 보너스 같은 특별 휴가다. 이번 모임은 초등학교 동창이고 고향동네 친구 모임이다. 고향 동창들은 절반은 일가친척들이라 친구개념을 떠나 일가친척 만나는 기분이 들 때가 많다. 그러다보니 나는 3~4년 전 동창 모임이 부산에서 열릴 때 나는 울 엄마를 모시고 동창모임에 참석했던 추억이 있다. 그때만 해도 엄마는 약간 거동만 불편할 뿐 대체로 건강하셨던 시기다. 그래서 그때 나는 엄마를 모시고 동창 모임에 함께 참석했다. 그 당시 내가 동창 모임에 엄마를 모시고 간 동기가 엄마를 혼자 집에 무료하게 계시게 할 수 없어 엄마와 함께 동행 했던 동창 모임이었다. 동창 모임에 친정엄마를 모시고 간 사람은 없을 것이다. 그 당시 내가 엄마를 모시고 모임에 참석하니 좋아하는 친구도 있었지만 더러는 싫어하는 친구들도 없지는 않았을 사실이다. 그래도 점심 식사자리라 그런지 대체로 우리모녀를 반겨주는 친구들이 많아 좋은 추억으로 남아있는 동창 모임이다. 저희 어머니를 알고 있는 친구들이 태반이라 가능했던 동행길이었다. 그때 친구들이 저희 어머니를 보고서 부르는 칭호들이 다양했다. 그러니까 아이고 아짐 오셨오. 아이고 고모 오셨오. 아이고 사둔 오셨오. 라고 각자 불러주는 칭호는 비록 달랐지만 모든 친구들이 저희 어머니를 반갑게 반겨주어 내겐 아주 특별한 추억이 되었다. 그 당시 동창 모임에 엄마를 모시고 가기까지는 사실 고민을 많이 했었다. 그렇지만 그래도 생각 외로 저희 어머니를 친구들이 반겨줘서 정말 뜻 깊은 날을 만들어 준 친구들이다. 울 엄마에게 용돈까지 두둑이 챙겨준 동창들이 있어 너무 감사했던 추억으로 기억한다.

나는 꽃피고 새 우는 화려한 2013년도 봄날을 어머님 발밑을 여전히 사수하며 보내고 있는 중이다. 매일 엄마 세안해드리고 식사 챙겨드리고 다리 주물러 드리는 일이 반복된 일상이다. 그러니까 앞에서 언급했듯이 매일 반복된 일상이지만 언제나 긴장감이 돌고 한순간도 긴장을 풀어서는 안 되는 것이 연로하신 부모님 간병 생활이다. 이날도 변함없이 엄마는 아침 6시면 기상 하시고 깔끔하게 씻으시고 열심히 에센스 바르고 로션까지 어찌나 정성스럽게 바르신 모습이 정말 정갈스럽게 느껴져 그 모습을 물끄러미 옆에서 보고 있노라니 왠지 나도 저 모습은 답습했으면 참 좋겠다. 라는 생각이 들었다. 그리고 엄마는 다른 분과는 달리 삶의 대한 애착이 강하셨기에 험난했던 투병 생활을 잘 이겨내셨지 않았나? 싶은 생각도 든다. 기나긴 병상 생활 잘 이겨내셔서 엄마는 이렇게 멋진 모습을 보여주고 계신 것 같아 왠지 가슴이 한켠이 뭉클하다. 며칠 있으면 울 엄마 생신이다. 형제들이 찾아올 수도 있을 것 같다는 생각도 든다. 그리고 형제들이 찾아와 엄마 건강이 많이 호전된 것을 보고 기뻐할 것을 생각하면 절로 내 마음도 즐거워진다. 나는 남들보다는 어머니 생신날 의미 많이 두고 있다. 그래서 울 엄마 생신 때만 되면 기대하는 마음이 남다른 것이다. 그 이유는 저희 어머니께서 말문을 닫고 살아오신 이후부터 나는 언제나 이번 생신 지나고 나면 자식들 정성(精誠)으로 울 엄마 말문이 트이지 않을까? 라는 기대하는 마음이 항상 컸고 그 마음으로 살아온 지도 벌써 어언 20년이 되었다. 엄마는 늘 본인은 어느 순간 말을 하게 될 터이니 걱정하지 말라고 말씀하셨던 부분이라 나는 저희 어머니 그 말씀을 철석같이 믿고 살았다고 해도 과언은 아니다. 그리고 울 엄마 그 말씀을 나는 신앙(信仰)처럼 믿으며 이제껏 살아왔다. 그래서 항상 저희 어머니 생신이 다가오면 이번 생신 때는 기적(奇蹟)이 일어나 이제껏 답답하게 사셨던 부분들을 모두 날려버리고 속 시원하게 사시는 날이 오게 되지 않을까?라고 기대했고 기원하며 살아온 날이 벌써 20년이 넘는다. 그리고 꼭 그렇게 되리라 믿고 살았다.

또 그렇게 꼭 되어 줄 것이라. 믿고 또 믿으면서 우리 엄마에게 특별한 신(神)의 가호(加護)가 있기를 빌고 또 빌며 산 것이다. 반면 이면(裏面)에는 이제껏 제가 형제들에게 받은 오해(誤解)를 엄마가 직접 말끔히 해소(解消)시켜 주실 것이라 생각하는 마음 또한 간절했다. 우리 엄마가 말씀이 어눌해진 뒤로 나는 형제들 오해 대상 된 몸이라 나는 언제나 내 누명은 엄마가 직접 해소 해주실 것이라 믿고 이제껏 고난을 견디며 살았던 이유다. 더구나 울 엄마 병은 조화가 붙어 있어 언젠가는 꼭 말씀 하시게 되실 날이 올 것이라는 굳은 신념(信念)이 있었다. 그러나 그 신념은 언제부터인가 나에게 말 못 하시는 어머니를 잘 공경(恭敬)하라는 메시지로 생각되었다. 지금 와 생각해 보면 부질없는 신념이었지만 비록 어리석은 신념이라 할지라도 어느 부분에서는 희망을 갖고 살아가도록 기운을 북돋아 주는 과정 같아 그렇게 믿고 살아온 부분을 나는 후회하지는 않는다. 너무 제가 영민하지 못해서 울 엄마 말씀을 빨리 알아듣지 못했고 이해하지 못한 부분에 대해 엄마 마음을 일정부분 불편하게 했던 부분과 엄마 말씀을 해석 잘못해서 엄마 마음을 서운하게 했던 냉장고 사건이 자꾸만 되새겨져 엄마에게 죄스러운 마음이 크다. 달이가고 날이 지나고 보니 며칠 있으면 저희 어머님 생신날이 된다. 엄마 생신날이 다가오니 또 그놈의 기대심리가 이번에는 꼭. 기적이 일어나 우리엄마 말문이 틔었으면 좋겠다는 바램이 깃든다. 엄마 생신날이 다가오니 2년 전 저희 6남매가 어머니 80회 생신을 맞아 어머니와 이모님들을 모시고 충남 대천에서 독살 체험을 했던 추억 하나가 생각났다. 그 당시도 나를 보면 마음이 불편한 사람도 있었겠지만. 저희 6남매는 어머님을 모시고 이런저런 이유를 만들어 가족모임을 자주 가졌던 시기다. 아마 이때도 서로 보면 불편한 형제도 있었겠지만 그래도 가능한 불편을 감수하더라도 우리엄마 마음 편하게 해드리고 싶은 차원에서 나는 형제 모이는 장소는 가급적 피하지 않고 참석했다. 저변에는 어머니께서 모르게 그런다 모르게 그러지. 라는 말씀을 해주셨고 그런 어머니 뜻이 형제간에는 불편하더라도 자주 만나다 보면 오해도 풀리는 법이라고 말씀하셨던 부분이라 나는 가능한 어머님 모시고 형제 모임에 빠지지 않고 참석했던 것이다. 형제들은 오해(誤解)하기보다는 서로서로 양보(讓步)할 것은 양보하고 이해할 것은 이해(理解)해서 형제우애하고 살라고 어머님 신신당부(申申當付)말씀이 있어 나는 그저 엄마 뜻 따라 형제 모임에 부득불(不得不) 참석하게 된다. 더러는 나를 불편하게 생각하는 형제가 있어 다소 참석하기 싫을 때도 있었지만 그래도 모임의 주체이신 어머니를 모시고 가는 입장이라 불참한다는 것은 생각 할 수 없었던 것이다. 어쩔 수 없이 나를 동참 할 수밖에 없게 만들어 놓은 어머님 각본이기도 하다는 느낌이 들기도 했다. 제가 어머니와 함께한 삶을 다르게 표현하자면 울 엄마는 주연이고 나는 조연으로 출연하는 연극 무대 같다는 생각이 들 때가 많았다는 뜻이다. 한편 우리 인간은 지구라는 무대의 주인공이라는 말이 있듯 어쩌면 우리는 지구라는 무대를 통해 연극을 하는 광대이며 잠시 머물다 가는 과객(過客)이라는 생각을 했다. 옛 성현들께서 말씀하시기를 지구는 인간(人間)이 사람 되기 위해 시험 보는 장소일 뿐 집착하는 곳이 아니다. 라는 말씀을 하셨는데 왠지 이 말은 나에게 커다란 깨달음을 얻게 하는 메시지라는 생각이 들었던 부분이기도 하다. 저희 어머니는 주연이며 나는 주연을 뒷바라지하는 역할로 각색된 부분이지 싶었다. 주연 없는 조연은 큰 의미가 없다. 그리고 조연 없는 주연도 그다지 빛을 발휘하지 못할 것이라 생각한다. 그러니까 인간은 독불장군이 없듯 서로서로 협력해서 사는 것을 원칙으로 하고 서로 의지해서 사는 것을 명령받은 존재라는 생각을 한 것이다. 저희 어머니께서 써놓은 각본 속에 나를 출연시켜 놓고 유독 나에게만은 항상 관객의 불평불만을 응원 삼으라는 뜻인지 그저 모른께 그러지 모른께 그런다잉. 라고 하시며 무조건 나에게만은 모든 것을 이해(理解)하라는 내용의 각본 같았다. 그리고 항상 그도 나중에는 괜찮을 것이다. 라는 말씀으로 나에게만은 모든 것을 네가 양보하며 살아라. 라는 방식(方式)의 스토리가 주(主)를 이룬 각본이다. 관중 향해 네가 이해하고 양보하다 보면 세월 흘러 자연스럽게 너의 역할이 어떤 것이었는지를 알 수 있게 되는 날이 올 것이라는 의미다. 이런저런 이유로 유독 나를 경멸하는 형제와 불협화음(不協和音)속이라 만남이 다소 불편할지라도 울 엄마 말씀처럼 모른께 그러겠지. 라는 타이틀 아래 불편한 마음을 뒤로한 체 나는 어머니 모시고 아주 뻔뻔스럽게 가족 모임에 동참해 형제들과 이곳저곳을 다녔다. 저희 형제들은 엄마 80회 생신날 우리의 만남이 엄마와 함께하는 가족 모임이 마지막 생신날이 될 것이라는 것을 전혀 예상하지 못했던 날이기도 하다. 우리는 내일을 기약(期約)할 수 없는 미약한 인간이라서 그랬는지 아무튼 나는 언니와 이모님들에게 엄마 81세 생일 때는 어디로 가자고 목적지까지 의논 했던 사연이다. 미련한 나는 한 치 앞도 가름하지 못해 엄마 모시고 다니는 것이 80세 생일이 마지막이 될 것이라고는 예상하지 못했으니 우리는 그 얼마나 어리석은 존재인가? 싶다. 특히나 울 엄마만큼은 늘 저희와 함께 할 것이라는 착각 속에 살았던 것이고 엄마에게만은 북망산천이 가까이 있음을 아주 단단히 망각(忘却)하고 살았으니 그 얼마나 어리석은 인간이었던가? 생각한다. 내 삶을 내 스스로 위로(慰勞)하노라면 저희 6남매 모든 식구들과 함께 엄마모시고 자주 이곳저곳을 찾아 여행 다녔던 부분들이 저희 형제들의 자랑이지 싶다. 이모님 두 분도 언제부터인지는 잘 모르겠으나 저희와 함께 했던 날들이 많았다는 사실이 다소 위안이 된 부분이다. 그렇게 함께했던 그 시절이 바로 행복했던 순간이 아니었을까? 라는 생각도 많이 든다. 더구나 울 엄마 3자매는 언제나 다정함이 친구 이상이라 옆에서 보기가 너무 부러울 정도의 관계라 나는 울 엄마 3자매 모습을 보면서 우리 3자매도 이렇게 엄마 형제들처럼 다정하게 지내고 살 것이라 다짐했다. 우리 엄마 형제들은 유난히 다정하게 지내시는 부분들이 사실 너무 좋았다. 그래서 저희들은 자주 엄마 3자매를 만날 수 있도록 자리를 자주 만들었다. 물론 저희 형제들은 79세 엄마 생신날 이모님들 모시고 대전 막내 여동생 집에서 미역국이나 한 그릇씩 나누워 먹자고 했다. 그래서 가족들이 총출동하여 막내 여동생 집에서 다들 모이게 되었다. 이때는 갓 결혼한 울 엄마 외손녀 부부까지 참석했던 것이다. 나는 형제들로 도외시 당하고 있는 입장이었지만 엄마를 모시고 가는 입장이라 당연히 나는 참석하게 되었고 우리아들은 마침 군 복무중이라 참석하지 않고 저희 딸 둘만 데리고 갔던 날이다. 그리고 우리가 동생네 도착하니 언니와 이모님들이 함께 저희들을 반겨줘 그동안 안부를 물으며 화기애애한 분위기가 되었다. 그런데 우리가 도착하기 전 시장 나갔던 동생부부들이 한꺼번에 들어와 서로 인사를 나누웠다. 그리고 나는 현관에 들어선 큰 올케에게 어서 오소. 라는 인사를 일부로 했다. 그런데 무슨 연유인지 큰 올케는 나를 보자마자 경멸스럽게 쳐다보면 인사를 받지 않았다. 그렇다고 내가 무엇이라고 말 할 처지가 아니라 묵인(默認)하고 이모님들과 못 다한 이야기를 하고 있는데 주차를 하고 들어오는지 마지막으로 둘째 동생이 들어서면서 저를 보자마자 뚱땡이는 몽둥이 좀 가서 오소. 라는 말을 한다. 그것도 그 많은 가족들 앞에서… 사실 이때까지는 감정이 크게 요동치지 않아 둘째 남동생 말을 나는 농으로 받았다. 그런데 자꾸만 여러 가족들 앞에서 내가 엄마를 잘 모시지 않는다는 말하는 것이 도가 지나치고 있다. 그러니까 나를 비방하는 수준이 도를 넘기고 있는 것이다. 이 좋은 날… 하필이면 이 많은 가족들 앞에서 더구나 갓 결혼한 조카사위 앞에서… 나는 참아야 할지 말아야 할지 많이 망설여지는 순간이다. 그러나 장유유서(長幼有序)의 질서를 무너뜨린 둘째 동생 처세(處世)를 마냥 간과만 할 수는 없는 사항이다. 나의 침묵의 한계를 가름해야 될지도 모르겠다는 생각이 스쳤다. 지금 어머니와 이모님들과 여러 형제들이 화기애애하고자 오랜만에 모인 자리라 나는 어떻게 대처 할 것인가? 라는 생각에 잠시 괘씸한 마음을 접고 둘째 동생과 대화를 해 볼 필요가 있다는 생각을 했다. 둘째 동생은 나의 갈등하는 속내는 모른 체 많은 가족들 앞에서 이사람 저사람 반응을 살펴가며 모든 것이 나의 잘못이라고 험담 늘어놓기에 바쁘다. 주변사람들은 아무도 반응을 보이지는 않고 있다. 이 상황만 놓고 본다면 형제간에 세력 다툼 같기도 하고 힘자랑 하려는 것 같다는 느낌도 들기도 하고 파벌싸움 같은 느낌도 한편으로 든다. 둘째 동생 말을 듣고 있자니 가소롭기 그지없고 이제껏 저런 지식(知識)으로 누나인 나를 홀대(忽待)했던가? 싶어 어처구니가 없었다. 진정 무엇이 참인지 거짓인지도 분별도 못하는 지식과 지혜로 그리고 무엇이 옳은 것인지 무엇이 그릇된 것인지도 가름도 못하는 안목으로 누나인 나를 질타만 하고 형제끼리 모이면 성토대회 열어 나의 흠집 내는데 주력했나 싶은 생각이다. 사람이라면 의당(宜當)병든 부모님 앞에서 해야 할 일이 무엇인가? 를 가름 하려하지만 둘째 남동생은 무엇이 해야 될 일인지 무엇이 해서는 안되는 일인지도 헤아려 볼 줄 모르는 안목과 편견으로 오직 원칙(原則)만을 고수(固守)하고 살아온 나에게 오직 힘과 우격다짐으로 나를 제압하려는 처사(處事)가 꼴사나웠다. 나도 마냥 참는 것도 한계(限界)가 있고 이해(理解)하는 것도 정도(定道)가 있다. 지렁이도 밟히면 꿈틀거리듯 하찮은 미물도 자기 방어는 하는 것이 우주의 법칙인 것을 정녕 모르고 있는 것이 가소롭게 느껴진다. 자기는 병든 엄마 밥 한 끼 차려 드리지 않았으면서 내가 엄마 해로운 음식만 드렸다고 이사람 저사람 반응 살펴가며 말하는 모습은 정말 무지한(無知漢)사람의 처사였다. 이 자리가 더 이상 오해에서 나오는 불협화음(不協和音)의 소리를 잠식시킬 수 있는 좋은 기회이지 싶다. 나는 비폭력주의자다. 그래서 화평을 갈구하고 살아온 인생이다. 나는 신혼 초 신랑의 폭력 앞에서 당당히 맞서며 폭력 없는 가정을 만들고 살아온 기막힌 나의 인생이었음을 몰라도 너무 모르고 있는 것이다. 나는 더 이상 둘째의 무지함을 마냥 간과만 할 수 없다는 결론을 내렸다. 일단 감정보다는 이성으로 대화를 하고 싶다. 둘째 남동생과 나 사이는 다른 형제들에 비해 유독 같이 생활해 보지 못하고 살았다. 같이 살아온 세월도 다른 형제들보다는 짧다는 사실에 입각해 나는 일단 이성(理性)으로 대화를 해 보는 것도 나쁘지 않다는 결론을 내린다. 둘째 남동생은 나를 유독 겪어보지 못하고 살았으니 다소 오해를 더 할 수 있겠으나 오해의 수준이 이제는 경멸수준이고 보니 마냥 이렇게 긴 세월동안 깊은 오해 속에 살게 할 수는 없는 것이 나의 생각이다. 더더욱 나는 이성(理性)으로써 둘째와 대화로 풀어나가고 싶었다. 일단 내가 둘째 동생에게 밖에 나가서 애기 좀 하자고 둘째 손을 잡고 나가려고 일어서려는 순간 큰 남동생이 여기서 이야기 하라고 하면서 우리 두 사람 밖으로 나가는 것을 막아선다. 둘째와 나는 그 자리에 앉아 이야기를 시작했지만 목소리 큰 놈이 싸움판을 유리하게 이끌어가듯 여러 식구들 앞에서 모든 것들이 내 탓으로만 돌려 우겨대니 대화가 되지 않은 상황이 된다. 그렇다고 식구 중 누구하나 중간에서 중용을 지켜 중재를 하려는 사람도 없다. 둘째 동생 품새를 보아하니 그저 와력(瓦礫)만 가지고 세상을 살려고 하는 사람의 처세다. 내가 기세등등해 날뛰는 둘째 모습 보고 크게 깨달은 것은 마음이 닫혀있는 사람과는 가급적 대화를 하지 말아야 한다는 것을 깨달은 것이다. 이유인즉 귀가 닫혀있어 말이 들리지 않아 우김으로써 일관하려는 사람한테는 초나라 황우장사라 할지라도 이기지 못한다는 뜻이다. 남매가 옥신각신 하는 이 상황을 옆에서 보고 계신 엄마도 답답하신지 자꾸만 우리들 얘기 속에 간간히 끼어들어 둘째 동생에게 그것이 아닌데 그것이 아니어. 라는 말씀만 하고 계신다. 둘째 남동생도 이렇게 시비하는 이유도 다 부모님을 생각하는 효심에서 나를 책망하고 탓 했을 것이라 생각한다. 그래서 더러는 둘째 남동생 시비하는 이유를 어느 정도 이해는 하고 있어 이제껏 둘째의 온갖 욕설도 참아왔고 이해하려고 노력도 많이 했던 부분이다. 하지만 어머님 염려하고 걱정 하는 것은 알겠으나 좀 더 정확히 사연이나 알고 내게 질타를 하든지 욕을 했으면 하는 것이 내 바램이다. 이유야 어찌 되었든 우리 두 남매가 싸운 이유는 분명 노모님을 너무 걱정한 나머지 서로 불편한 관계가 시작되었던 것 같다는 느낌이다. 그러나 나를 질책하더라도 방법이 옳지 않다는 것이다. 첫째는 저희 어머니 특성상 다른 분들과 비교하면 유독 성품이 특별하시고 아집(我執)이 강하신 성품(性品)을 고려(考慮)했어야 되는 것이다. 그리고 둘째는 무슨 일이든 한쪽 말만 듣고 욕부터 하는 것은 삼가 해야 될 것이다. 셋째는 상대방의 평소 품행을 참고해서 옥석(玉石)을 가려보는 이성도 필요 했다. 세상에 난무(亂舞)하게 떠도는 그야말로 소문만 듣고 통풍에 지방이 좋고 나쁘다고 평하기보다는 좀 더 세밀하게 나이 드시고 성치 않으신 부모님을 살펴보았더라면 이런 불상사는 애초부터 발생하지 않았을 것이다. 그렇지만 둘째 동생은 무조건적으로 나에 대한 불신(不信)이 하늘을 찌르고 있어 주변 사람 말만 믿고 통풍이 있는 엄마에게 아주 해로운 지방만 드린다는 이유가 시비 거리가 되었고 엄마 아프시면 병원 모시고 가시지 쓸데없이 여기저기 돈이나 쓰고 다니며 쓸데없는 짓거리나 하고 다닌다는 것이 나에 대한 불만의 원인이요 시비의 요인이다. 그리고 제일 불만 중에 불만이 내가 나의 이익을 위해 우리 엄마 돈을 다 썼다는 것이 둘째 동생의 큰 불만이기도 하고 어머니를 이해 못한 형제들 불만이다. 우리 두 사람은 큰 동생 저지로 많은 식구들 앞에서 앉아 이야기를 시작하려했지만 그것은 아주 큰 착각이었다. 그러니까 나를 단단히 혼쭐내려고 벼르고 있던 차원이라 어떤 대화를 한다는 것이 불가했다. 어쩌면 골이 깊은데 어찌 고상한 말이 나올 것이며 이성이 지배해서 대화의 창이 열리겠는가? 싶은 생각이다. 당연히 말이 통하지 않은 귀머거리 하고 대화 하려했던 것이 나의 불찰이라면 불찰이다. 하지만 나는 다른 의도가 있었다. 그래서 우리 두 사람은 앉자마자 고성(高聲)이 오고간 싸움이 일어났고 그것도 부족해서 육탄전으로 번졌던 사연이다. 많은 식구들 만류로 1분 안에 끝난 싸움이지만 정말 나에게는 잊지 못하는 날이며 글로 표현하기 난해하고 말로도 설명하기 곤란한 경우가 이 경우이며 정말 성치 않으신 노모님과 이모들 앞에서 이 무슨 추태를 벌였나 싶어 후회(後悔)하는 마음과 죄스런 마음이 크다. 그러나 내가 이렇게 분개 할 수밖에 없었던 이유가 분명히 있다. 그것은 우리형제가 여러 해 동안 그 누군가의 간교한 이간질 때문에 이런 파장이 일어났던 것을 알고 있었던 것이다. 그래서 더 이상 그 간교한 머리에서 벗어나고 싶었던 차원에서 나도 살아있다는 의도로 싸움판을 벌이게 된 동기다. 이날을 깃점으로 다시는 헛소리로 인하여 집안에 일어나는 파장을 잠식시키려는 이유고 나도 이제부터는 마냥 사과만 하고 살지는 않겠다는 의미(意味)다. 그리고 아직까지 원칙을 고수하는 입장에서 나의 의식은 아직 죽지 않고 살아 있다는 의미이고 아직 힘도 남만큼 쓸 줄 안다는 뜻으로 둘째와 치열하게 부딪힌 이유다. 나는 이면(裏面)에는 우리 엄마 낳게 하는 비법이 바로 형제화목이라는 것을 알고 있어서 우리 엄마 빨리 낳게 해드리고 싶은 마음에 형제들과 화합하려는 차원에서 사실 모든 것을 양보했다면 했던 것이다. 그리고 조선 팔도에도 없는 비굴함으로 큰 올케에게 항복지심으로 사과만 하고 살았다. 나는 이제껏 비열 할 정도로 간교한 머리에게 사과만 하고 살았다. 그러다보니 집안은 더 시끄러워지고 있어 마냥 사과만 하고 사는 것이 능사(能事)는 아니다. 라는 사실을 깨우친 것이다. 사실 내 마음은 오직 우리 6남매 우애 돈독해져 울 엄마 마음을 평안케 해드리기 위해 비굴했던 이유다. 세상만사(世上萬事)가운데 형제 우애하는 일이 가장 어려운 일 중에 하나라는 것을 어머니를 떠나보내고서야 나는 깨닫게 된 사연이다. 다른 형제들은 이렇게 밖에 할 수 없었던 나의 속마음을 알지 못 한다. 그동안 중간에서 이간질만 했던 그 사람도 타성이지만 하늘이 맺어준 형제라 더 이상 그 사람에 대해서는 왈가왈부 하지 않을 것이다. 하지만 그래도 미련이 남았는지 이러한 생각이 들었다. 보통 우리들은 결혼하게 되면 배우자 부모님도 내 부모님이 된다는 사실을 상식적으로도 알고 있다. 그러나 참 사람은 배우자(配偶者)부모님을 우선적으로 귀히 여기고 공경하며 살아간다. 그리고 하늘이 맺어준 형제간에는 이간질하기보다는 화합하려는데 주력하고 살아간다. 이 부분은 우리가 가져야 하는 가장 기본적인 마음가짐이며 으뜸이 되는 처세다. 그래서 내 경험으로 볼라치면 자신을 가장 귀하게 여기는 사람은 우선적으로 상대방을 먼저 귀하게 여긴다는 사실을 깨달은 것이다. 상대적이라고 반론을 하는 사람도 있을 것이다. 내 경험상 내 자신이 먼저 한결 같은 마음으로 상대를 진실하게 대하노라면 상대 마음도 언젠가는 열릴 것이라 믿는다. 포기하지 않은 마음도 중요하다. 다만 감정싸움이고 골이 깊은 상처다보니 시간이 필요한 것뿐이다. 그래 나는 둘째 남동생과 접전을 기회로 삼을 것이라 생각했던 부분이다. 그리고 옛말을 비유하자면 비온 뒤 땅이 더 단단하게 굳는다. 라고 했다. 정말 이 말은 일리 있는 말이라 여긴다. 그렇게도 많은 옛 속담들은 나에게만은 다 타당한 말이라 생각이 든다. 나 역시 생각하기를 둘째 남동생도 나를 향한 오해를 풀고 나면 그 누구보다도 의리 있고 인정 많은 동생이라는 사실이다. 그래서 이제껏 둘째 동생 성품을 알고 있기에 오랜 세월 둘째 동생이 나에게 욕을 하더라도 그저 웃어버렸던 이유다. 그러나 지나치면 병이되고 본인 인생길에 화근(禍根)이 되는지라 정확한 사연을 알지 못하거든 너무 나서지 말라는 의미로 내가 크게 봉기를 든 이유다. 나에 대한 오해를 풀고 나면 자신의 행동이 얼마나 잘 못되었는지 깨닫게 될 터이고 그때는 후회해도 때는 늦은지라 이쯤해서 이제 그만 좀 악역(惡役)을 멈추라는 의미로 내가 감정을 약간 표출한 것뿐이다. 지금 이렇게 서럽게 당하는 상황들이 훗날 나에게는 자양분이 되어 나를 성장시키는데 밑거름이 될 것이라 여긴다. 이렇게 험한 일을 겪어가노라면 나에게는 뒤틀림을 방지하는 마디가 되고 밑거름이 될 것이고 훗날 내 인생 역전 드라마를 꾀하려하는 마음도 가지게 된다. 우리가 드라마를 보더라도 반전이 더 흥미롭듯이 나의 인생사를 고난의 체험으로 채워 써내려가노라면 언젠가는 분명 흥미진진(興味津津)한 인생 드라마가 되지 않겠나 싶은 생각도 든다. 부부든 형제이든 관심이 있으니 싸움도 하는 것이다. 관심 없는 부부는 싸움도 하지 않는다는 말도 있듯이 형제도 관심 있으니 싸웠을 것이라 생각한다. 그렇지만 어려서도 싸워보지 않았던 싸움을 나이 50이 넘어 하였으니 부끄럽다. 그것도 형제끼리 싸워봤으니 여한은 없겠으나 자랑 할 일은 분명 아니다. 이 부분은 내 스스로가 지혜롭지 못했다는 사실을 자인(自認)하고 반성하고 뉘우친 부분이다. 울 엄마 아니었으면 어찌 이런 험한 경험을 하겠는가? 싶기도 한 부분이지만 그래도 분명 병든 부모 앞에서 형제끼리 원성을 높였으니 부끄러운 일이 아닐 수 없다. 어머니는 저에게 세상을 제 아무리 바르게 살아도 바로 보지 못한 자가 분명 나타나니 이번 기회를 거울삼아 더욱 깨끗하고 정직하여 하늘을 우러러 한 점 부끄럼 없이 살아가라고 하시는 메시지라 생각한다. 그러니까 우리 주변을 돌아보노라면 타인의 귀감(龜鑑)이 되는 사람들 사례들이 주변에 무수히 많다는 사실이다. 그리고 그중에 가장 으뜸이라고 생각한 부분은 나의 소견으로는 부모님 공경(恭敬)하고 타인(他人)을 배려(配慮)하고 존중(尊重)하며 살아가시는 분들이라 여긴다. 더구나 그 사람은 뭇 사람들로 하여금 많은 존경을 받고 살아가고 계신 것이다. 남을 존중하며 사는 사람은 당연히 물질사적 관념(觀念)을 넘어 정신사적(精神史的)으로 아주 성숙(成熟)한 정신세계의 경지에 계신분이라 나는 생각한다. 남을 귀히 여기는 것을 실천하시며 사신 분은 정말 인간의 존엄성을 알고 계신 분들만이 할 수 있는 처세라 생각한다. 보편적으로 우리 인간이 갖춰야 할 가장 기본적(基本的)인 처세(處世)라고 하지만 현시대는 바보 소리 듣는 자(者)만이 하는 행동이다. 요즘 시대는 물질 만능시대라 그런지 일단 남을 배려하고 병든 부모모시고 사는 경우가 드물어지는 것이 지금 우리가 살고 있는 현주소다. 그렇지만 더러는 남을 먼저 배려하고 병든 부모 지극히 봉양하며 사시는 분들이 의외(意外)로 많다는 사실에 우리나라는 아직은 동방예의국가가 맞고 부모님 극진히 모시고 사시는 분들이 많아 우리나라는 아직 희망이 있는 나라다. 더구나 우리나라는 천손민족(天孫民族)국가로써 전 세계를 이끌어 갈 민족임을 잊지 말아야한다. 진실을 알고 나면 별것도 아닌 부분을 두고 우리 남매는 오랫동안 마음 불편하게 살고 있다는 사실이 가슴 아프다. 어디서 실타래가 얽혔는지는 모르겠지만 정말 얽힌 실타래라면 쾌도난마(快刀亂麻)라는 사자성어처럼 얽힌 부분을 미련 없이 싹뚝 잘라버리면 좋으련만 꼬인 부분이 감정이라. 이런저런 이유로 둘째와 나는 오해가 깊다. 그 깊은 오해가 내가 어머니를 모시고 살면서 어머니 돈으로 내 이익을 챙겼을 것이라는 착각을 하는 부분이 주를 이루는 부분이다. 그러니까 내가 나의 이익(利益)을 위해 엄마를 꼬드겨 엄마 돈을 다 써버렸다고 믿고 있는 부분이 가장 큰 오해의 소재이다. 그러나 어림없는 소리다. 나는 내 스스로 가장 자랑스러운 부분이 있다면 그것은 이제껏 살면서 남을 속이지 않았다는 사실이 자랑스럽다. 그것도 나의 이익을 위해서… 어쩌면 나의 양심에게 떳떳하고 당당하고 싶다. 그래서 나는 나의 양심에 부끄러운 행동을 하지 않는 이유다. 내가 속일 사람이 없어 나를 낳아주시고 길러주시고 말 못하신 내 부모를 속일까? 싶다. 그러나 하늘은 무심하지 않을 것이다. 일단 둘째 동생은 억지가 심하다. 더구나 자기 생각이 확실하다고 믿고 있는 부분이 가소롭다. 그래서 나는 둘째 남동생에게 심증(心證)만 가지고 착각(錯覺)하지 말라. 그리고 네가 물어야 하는 것은 엄마는 지금 와병중이시니 엄마 안부를 물어야 하는 것이 자식의 기본 도리이다. 또한 네가 주지 않은 돈은 엄마가 어디에 쓰든 어디에다 썼냐고도 묻지 말아야 하는 것이 참된 자식의 도리이다 더구나 내가 엄마를 꼬드겨 엄마 돈을 다 썼을 것이라고 착각은 더더욱 하지 말라. 엄마 돈 내가 10원짜리 하나 속이지 않았음을 말 못하시는 우리 엄마가 알고 말없는 하늘이 알고 말 할 수 없는 내 양심이 알고 있다. 라고 나는 말했다. 그 당시 엄마는 남모르게 어려운 사람들에게 자기 용돈 모아 보내주시며 사셨던 분이다. 그리고 집안행사나 이웃행사가 부지기수(不知其數)라 자주 경조사비 지출이 많았던 시절이다. 울 엄마 특징이 말씀은 비록 어눌하셨지만 총명함이 남다르셨던 분이셨다. 엄마는 이런저런 사연으로 자주 지갑을 여셨고 나는 그런 엄마 심부름하느라 자주 은행으로 송금하러 다녔던 것이 유죄(有罪)라면 유죄다. 그러나 이런 사실을 그 누구에게 말 할 수가 없었다. 아마 이런 사실을 형제들이 알면 또 내가 중간에서 엄마를 꼬드겨 돈을 쓰게 했다고 물고 늘어질 것이 뻔했기 때문이다. 내가 엄마를 모시고 사는 동안 자식들에게서 들어온 돈은 그다지 많지 않았다는 사실을 하늘은 알고 계실 것이다. 그리고 엄마에게 용돈 드리지 않은 그 이유가 아마도 나 때문이었을 것이라 유추한다. 제가 워낙 불신(不信)받고 있는 상황이고 경제적인 부분마저 신용불량자 신세를 겨우 면한 상태라 제가 엄마 돈을 중간에서 갈취 할 것 같아 형제들은 엄마 용돈을 일부러 주지 않았던 이유라 나는 생각한다. 그래서 나는 나 때문에 자식들한테서 용돈 한 번 제대로 받지 못하신 어머님께 죄송한 마음이 일어 악착같이 울 엄마 지갑을 채워드렸던 이유다. 울 엄마는 나 때문에 자식들에게서 용돈 한번 제대로 받지 못하시고 사셨으니 오히려 제가 엄마께 죄송한 마음이 크다. 그래서 나는 형제들로 하여금 그 어떤 모욕도 이해하려 했던 부분이지만 선(線)을 넘지 말아야 되는 선(線)까지 넘어버린 상태다. 더구나 형제들은 내가 문제를 일으키고 다니는 요주인물(寮主人物)로 각인시켜 놓고 있으니 나에 대한 적대심(敵對心)은 상상을 초월 할 수준이라 감정이 좋을 리 만무했다. 둘째 동생은 나에 대한 불신(不信)이 뼈 속까지 사무쳐 그랬는지. 윗사람에 대한 예의(禮儀)를 엿 바꿔 먹었는지 아무튼 나를 보자마자 똥땡이는 몽둥이 좀 가져오소. 라는 말을 서슴없이 했던 것이다. 그래서 분명 이 상황에선 좋은 말이 나올리는 만무(萬無)했다. 더구나 엄마가 종종 고통스러워했던 통풍에 나쁜 지방만 갖다 드렸다고 소리를 질러 되고 있으니 식자우환(識字憂患)이라는 말이 바로 이런 경우를 두고 하는 말이 아니겠는가? 싶었다. 일반상식(一般常識)만 가지고서 내가 어머니에게 해로운 지방을 드렸다고 분개하고 살고 있었으니 오히려 이 부분은 아는 것이 병이 된 경우라 생각한다. 세상살이라는 것이 자기 잘 난 맛에 산다고는 하지만 자기가 알고 있는 상식이 전부는 아닐 터인데 어쩌자고 이렇게 무지몽매(無知蒙昧)하게 굴어 되는지 참으로 기가 막혔다. 몇 해 전 막내제부 아버님 장례식 때 어머니는 보름간 둘째 동생 집에 계셨다. 마침 사돈이 돌아가셔서 둘째가 엄마를 대전장례식장으로 모시고 왔다. 그때도 사연 아니 울 엄마 완고한 고집 때문에 난감한 일이 있었다. 건강도 좋지 않으신 엄마를 혼자 고향집에 두고 왔어야만 했던 나의 기막힌 사연이다. 그때도 엄마는 혼자 고향집에 계시겠다고 너무 심하게 김해가시기를 거부하셔서 토, 일요일 고향집에서 엄마와 지내다 나는 딸들 학교 보내야만 해서 다음 날 엄마 모시려 다시 올 생각으로 나는 두 딸을 데리고 김해로 와야만 했었다. 다음 날 때마침 고향집으로 내려간 둘째가 홀로계신 엄마를 자기 집으로 모시고 가게 된 사연이다. 2주정도 지나서 사돈 장례식장에서 엄마를 다시 만나게 된 것이다. 나는 항상 같이 살던 엄마를 2주 만에 보니 무척 반가웠다. 어머니 옆에 앉아 수육 한 점을 어머님께 권했다. 둘째는 나의 행동을 요의주시해 보고 있었는지 아니면 꼬투리 잡을 이유를 찾고 있었는지 아무튼 수육 한 점 엄마에게 권함과 동시에 통풍에 해로운 지방을 엄마에게 권한다고 둘째 동생은 그 많은 조문객 앞에서 분노에 찬 눈으로 나를 향해 자기가 들고 있던 젓가락을 치켜들고 찌르려는 자세를 취했다. 참 기가 막힌 장면이었다. 이런 무지몽매(無知蒙昧)한 동생 행동(行動)을 보고 할 말을 잃은 나는 그 자리를 일찍 떠나야만 했던 사연이라 하겠다. 우리 인체는 3대 영양소라 일컬은 지방, 단백질, 탄수화물을 필수로 요구한다. 하루 권장량이 2~300g이 보편적인 섭취량이 일반상식이다. 저희 어머니는 소식(小食)하시는 분이라 많이 드셔봤자 겨우 서너 점이 엄마 량이다. 과식에서 오는 염려는 하지 않아도 되는 분이었다. 울 엄마 병명은 의학계에서 통풍이라 말하지만 내가 아는 사실은 영계(靈界)에서 형제(兄弟)우애(友愛)해 부모님께 효(孝)하라는 메시지였던 것이다. 어머니는 병원가자고 내가 말하면 그것이 아니다. 라는 말씀만 일관하셨던 분이다. 둘째 동생들이

나 다른 형제들 생각은 내가 엄마가 아프면 병원으로 모시지 병원으로 모시지 않았다는 부분을 놓고 불만(不滿)을 많이 갖고 있었던 이유다. 이 날도 둘째 동생은 엄마가 아프면 병원 모시고 갈 것이지, 아픈 엄마를 병원으로 모시고 가지 않았다는 부분을 놓고 왈가왈부(曰可曰否)한 것이다. 둘째 동생 말끝에 내가 어머니를 모시고 병원에 가지 않는 이유는 엄마가 병원 가시는 것을 너무 거부하시고 싫어하서 못 갔을 뿐이다. 엄마를 끔찍이 생각한 효자아들인 네가 엄마모시고 살면서 아프면 병원 모시고가서 치료해드리면 되겠네. 나도 아들들이 엄마를 편안히 모시는 것을 환영하고 좋아한다. 남들 보기에도 좋고 아들들이 부모모시는 것이 우리나라 전통문화이니 이제부터라도 네가 엄마를 모셨으면 좋겠다. 라는 말을 둘째 동생에게 했다. 이 말을 둘째가 이해했는지는 알 수 없다. 상황은 감정이 너무 격해져 있다 보니 분위기가 험악한 상태다. 워낙 많은 식구들 만류에 순식간에 몸싸움은 끝났지만 아직도 둘째는 엄마가 아프시면 병원으로 모셔가지 병원으로 모시고 가지 않고 오히려 엄마한테 해로운 지방만 드렸냐고 의기양양해서 악을 쓰고 있는 중이다. 둘째 동생 말끝에 그저 옆에서 말없이 싸우는 것을 지켜만 보고 있던 막내 남동생이 갑자기 벌떡 일어나 작은형이 그렇게 엄마 생각하면 형이 엄마 모시고 가서 병원도 모시고 가고 맛있는 것도 해드리면 되겠네. 라고 하니 갑자기 분위기가 막내 남동생 한마디에 숙연해졌다. 막내 남동생 말이 정말 정답이라고 나도 생각한다. 이유는 내가 어머니 모시는 것이 미덥지 못하거든 자기들이 모시면 되는 것이다. 자기들은 엄마를 모시지 않으면서 척박한 환경에도 불구하고 불만 갖지 않고 작은 정성이라도 들여 거짓되지 않는 마음으로 어머니를 모시고 있는 나에게 수고한다는 인사는 고사하고 그저 옆에서 이러쿵저러쿵 기보수나 늘어놓은 꼴이란 상스러운 짓이다. 막내남동생 말처럼 그렇게 내가 미덥지 못하고 엄마 생각하는 마음이 그 정도라면 본인들이 모시면 되는 일이다. 막내 남동생 말이 바로 정문일침(頂門一鍼)이고 명답이다. 울 엄마께서 늘 내게 되뇌어주시던 바로 그것이다. 라는 말씀의 뜻이 바로 이런 의미다. 남 탓하기보다는 내가 바로서 바르게 실천하는 것이 최고의 처세라는 의미다. 참된 사람이라면 절대로 남의 행동을 흠집 내는데 주력하기보다는 본인 스스로가 바로서서 바른 행동을 실천하며 사는 사람이 바로 참된 사람이다. 라고 엄마는 늘 제게 가르쳐 주신 부분이다. 험악했던 분위기는 막내 남동생 말 한마디에 게임 오버가 되어버린 상태다. 그렇게도 나를 잡아먹지 못해 씩씩거리던 둘째 남동생도 갑자기 말문이 막혔는지 조용해졌다. 딸인 내 입장에서는 아들들이 어머니를 잘 모셔주기를 소원하는 바이다. 엄마를 그렇게도 끔찍이 생각한 효자들이 모시면 간단 할 것을 모시지도 않은 인사들이 무슨 말이 그렇게도 많고 탈도 많은지 여자인 내가 생각해도 이해가 불가한 것이다. 이렇게 가족모임을 싸움판으로 이끈 나도 잘 한 것은 하나도 없다. 감정을 다스리지 못하고 감정이 격해 이성을 잃어 분위기를 험악하게 만든 부분에 대해 크게 반성 했다. 나는 어린나이에 제일교포이신 외삼촌댁에 가서 살았었다. 부자이라 국산이 무엇이 있는지도 잘 모를 정도로 풍요롭게 자랐지만 무엇 하나가 보이지 않으면 가정부와 내가 의심에 대상 1순위였던 시절이 있었다. 남에게 의심받는 사실이 제일 싫어서 나는 그 무엇 하나 거짓 없이 살고자 맹세했던 사람이다. 이런 맹세까지 하고 살아야만 했던 어린 제 상처는 정녕 몰라주더라도 형제 의심은 정말 하지 말고 살아야 되거늘 어찌 우리 형제가 이 모양 이 꼴이 되어 병든 어머님 앞에서 이 무슨 추태인가 싶어 반성하고 반성한다. 부모가 가난하다보니 어린 나이에 의심 받고 살아야만 했던 어린 시절 제 상처를 모르는 형제들에게 세세한 이야기는 필요하지 않지만 사회 분위기가 잘사는 사람만 인정해주고 잘사는 사람 말만 귀 기울러주는 현실이 바로 자본주의 우리 사회의 현주소이지만 그래도 가능한 한 가난하더라도 거짓되지 않고 정직하게 살고자 나는 노력한다. 믿지 않으려는 생각이 문제이지 나는 나름 하늘을 우러러 부끄럼 없이 살고자 한 사람이다. 우리는 대전에서 벌였던 일전을 뒤로 하고 1년 뒤 대천해수욕장에서 어머님 80회 생신을 맞이해서 다시 모였다. 그곳에서 둘째 남동생은 나에게 다가와서 왔는가? 라는 인사를 건네며 대전일은 잊어버리소. 라고 했었다. 잊고자 하면 잊어버릴 수 있는 일이다. 아직 오해를 풀지 못했는데 어찌 잊겠는가? 싶었다. 나는 둘째 동생에게 어떻게 잊어버릴 수 있어? 나는 절대로 못 잊어. 그리고 사람은 분명 어떤 사물하나를 놓고도 앞에서 본 자와 뒤에서 본 자의 견해차이가 판이하게 다르거늘 너는 어떤 쪽에서 나를 보았기에 그리도 무지몽매 하게 구느냐? 그리고 나는 지금부터 시작이다. 그래서 절대로 못 잊는다. 라고 말 했었다. 그 이유는 제 3자 말만 믿고 누나인 나를 너무 무시했고 오해했던 부분을 좀 더 자세히 알아보라는 차원에서 나는 절대로 못 잊는다. 라고 했던 이유다. 그렇지만 더 이상 좋은 자리에 또 다시 불난 만들기 싫었다. 그래서 감정을 뒤로 한 채 둘째동생이 3개월 된 아들을 안고 있어서 나는 어린조카에게 눈길을 돌려 조카를 안아보고자 손을 내밀었다. 둘째 남동생은 나에게 아들을 안겨주는 것을 강하게 거부를 했다. 나도 더 이상 안아 보고자 했던 마음을 접었다. 새털같이 많은 날 중에 그러면 어떻고 저러면 어떠하랴. 또 이렇게 좋은날 가족들이 모두모여 즐겁게 고기 잡고 맛있는 것 많이 해서 먹다가 가면 되는 것을 그리고 이렇게 저렇게 사노라면 고통스러운 아픔도 잊혀지는 것이고 깊은 상처도 언젠간 아물게 되는 날이 오겠지. 어차피 세월이 약이라 세월 흐르면 기억이 쇄잔 해질 것이고 흐린 기억 때문에 기억하고 싶어도 기억나지 않아 잊혀지고. 말겠지. 그리고 우리가 그렇게 잊고 사노라면 언젠가는 오해도 풀려 화목한 형제 만남으로 이어지겠지. 더구나 비온 뒤 땅이 더 단단해지듯이 어쩌면 우리 사이에 깊게 쌓인 오해가 풀어지면 오히려 결속력이 더 생겨 더 우애 깊어질 수도 있겠지. 어차피 세상 이치가 이와 같은데 나도 마냥 감정적으로 둘째 동생을 바라볼 수는 없다. 그리고 오늘 구름이 끼고 비가 온다고 해서 내일 다시 구름 끼고 비가 오지 않듯 우리네 인생길도 끼었던 먹구름 걷히고 화창하게 맑을 날을 맞이하듯 우리네 인생도 날씨처럼 매한가지이라 생각하고 더 이상 깊이 생각 말자라는 생각을 했다. 더구나 오해가 생겼으면 언젠가는 이해도 할 것이고 실패했으면 성공도 이룰 것이고 아픔이 있었으면 그 아픔만큼 성숙해지는 부분도 있을 것이다. 비운(悲運)을 맞았으면 언젠가는 태운(泰運)도 맞이할 날이 있을 것이다. 우리네 인생이 역(易)이 아니던가? 끊임없이 변모하는 것이 우리네 인생사요 우주의 법칙임을 내 분명 모르지 않을 터 아무튼 나쁜 기억은 가능한 빨리 잊고 사는 것이 내 인생 길에 좋다. 그리고 분명 저희 6남매도 언제가 될지는 모르겠지만 우리가 태어날 때 가진 순수하고 깨끗한 마음으로 합심(合心)하고 우애(友愛) 깊어져 살지 않겠는가? 하는 희망을 가졌다. 저희친정식구들은 이날 대천에서 어머님 생신을 맞이하여 독살체험으로 나름 즐거운 시간을 보냈다. 이날 대천 독살체험이 엄마와 함께했던 마지막 여행이 될 줄은 꿈에도 생각 못했던 부분이다. 그리고 엄마 이렇게 쓰러지셔 장기간 병중이 되고 보니 우리 인간은 정말 한치 앞도 가름 할 줄 모르는 것이 바로 우리라는 사실을 깨달았다.

이제는 아무리 원하고 바랄지라도 다시는 만날 수도 없는 곳으로 가버린 울 엄마를 그리며 지난 날 엄마와 함께했던 일들을 회상하니 우리가 잠시잠깐 머물다가는 인생이 무상(無常)하다는 것이다. 더구나 우리

나라 속담 중 어른 말 들으면 자다가도 떡을 얻어먹는다. 라는 말이 허언(虛言)이 아니다 라는 사실이다. 이유는 제가 우리 엄마 말씀에 귀 기우리지 않고 형제들 모임에 빠졌더라면 어머니와 함께했던 추억들이 다른 형제들보다는 적었을 것이라는 생각을 한 것이다. 그리고 어쩌다 만난 형제들은 오히려 오해가 깊어 서로 만나는 것 자체가 더욱 서먹서먹해져졌을 것이다. 그러나 나는 우리 엄마 말씀에 순응해 불편한 형제 모임 자리지만 불편함을 감내하고 악착같이 참석했던 부분이 이 시점에서 돌이켜보니 너무 잘한 일 중에 하나였다는 사실이다. 나는 어머님으로 하여금 다양한 경험을 겪은 것이 내게는 큰 공부였다. 특히 나는 저희 어머님 말씀을 법으로 알고 살았고 비록 영민하지 못해 빨리 깨우치지 못하고 더러는 불초했을지라도 저희 어머님 뜻을 따르고자 나름 노력했던 부분에 대해선 저 나름 보람도 크다. 어머니를 저 멀리 떠나보내 드리는 그 날까지 나는 울 엄마 말씀에 아니요. 라는 단어를 한 번도 사용한 적 없었다는 사실이 나에게는 그나마 위안(慰安)이라면 위안이다.

김선희 회상록

어머니의 숨결 Ⅱ

초판1쇄 발행 2025년 04월 15일

지 은 이 김선희
펴 낸 이 박선해
펴 낸 곳 도서출판 신정

주소 경상남도 김해시 우암로 8
전화 010-3976-6785
전자우편 sinjeng2069@naver.com
출판등록 김해, 사00008, 2020년 9월 22일

ISBN 979-11-92807-27-0 03810

정가 15,000원

* 이 책은 저작권법에 따라 보호받는 저작물이므로 무단전재와 무단복제를 금지하며,
  이 책 내용의 전부 또는 일부 내용을 재사용하려면 사전에 저작권자와 도서출판 신정의
  동의를 받아야 합니다.
* 저자의 의도에 따라 작품의 보조동사와 합성(=합성명사)어는 띄어쓰기나 방언에 따라
  표현이(지역어 향토어 속어 은어 표현 표기범 기타 등) 달라질 수가 있습니다.
* 잘못된 책은 교환해 드립니다.